非遗数字传播研究

数字传播经典案例研究报告

中国非物质文化遗产

薛可 郭斌 ● 主编

复旦大學出版社

序

党的二十届三中全会提出,要"建立文化遗产保护传承工作协调机构,建立文化遗产保护督察制度,推动文化遗产系统性保护和统一监管"。文化遗产的保护传承是党和国家历来高度重视一项文化建设工作。作为人类文化记忆留存与展示的明证,文化遗产凝聚了人类文明的智慧成果,根据其存在形态的不同,文化遗产可以分为物质文化遗产和非物质文化遗产(简称"非遗")两种形式,本书讨论的是非遗这种文化形态。

根据联合国教科文组织在 2003 年《保护非物质文化遗产公约》中的定义,非遗指的是"被各社区、群体,有时是个人,视为其文化遗产组成部分的各种社会实践、观念表述、表现形式、知识、技能以及相关的工具、实物、手工艺品和文化场所"。在中国,《中华人民共和国非物质文化遗产法》中对非遗的定义是"各族人民世代相传并视为其文化遗产组成部分的各种传统文化表现形式,以及与传统文化表现形式相关的实物和场所"。因此综合来看,非遗是历史遗留的人类精神文化及其物化表征和文化空间的集合体,是人类文化活态性的生动写照。

我国是非遗大国,截至 2025 年,中国共有 44 个项目列入联合国教科文组织非遗名录、名册,总数居世界第一;国内已经探明的非遗资源总量近 87 万项,国家、省、市、县四级非遗代表性项目 10 万余项。庞大的非遗资源也对其保护传承工作提出了更高的要求。近年来,在党和国家的统一领导下,乘着数字传播技术的"东风",我国非遗的保护传承工作与传统文化"创造性转化与创新性发展"的要求以及"国家文化数字化"战略规划要求同频共振、与时俱进,走出了一条具有中国特色的非遗数字传播赋能保护传承之路。

非遗数字传播不仅借助数字技术将静态的非遗传播开来,而且涉及使用数字技术全方位赋能非遗的采集、存储、再现、展示、传播、管理、效果评估等一系列流程,其最终目的是实现非遗在当代的有效保护传承。本书将非遗数字传播作为核心切入点,主要是基于两个方面的考量。

第一,非遗数字传播是提升国家文化软实力的重要手段。根据软实力理论提出者约瑟夫·奈(Joseph Nye)的定义,软实力表现为一国文化和意识形态的吸引力,以及借此达成本国目标的能力。在国际文化交流日益频繁的当下,非遗作为承载民族独特智慧与核心价值观的活态文化,其传播的广度与深度与国家文化形象的吸引力和国际话语权的增强息息相关。数字传播技术使非遗内容得以从传统的、静态的、区域性的束缚中解放出来,转化为更具普适性、吸引力与感染力的数字文化产品。这种转化增强了非遗在不同文化背景下的可理解性与接受度,同时也以"润物细无声"的方式将国家深厚的文化底蕴与价值理念传递给世界受众,在潜移默化中提升中华文化的感召力与亲和力,这正是文化软实力核心要义的体现。

第二,非遗数字传播是新质生产力在文化领域实践的生动体现。新质生产力的核心在于科技创新,其特征表现为高科技、高效能、高质量。对于非遗而言,数字传播技术的全面介入正是一场由技术革命催生的新质文化跃迁。首先,人工智能等技术极大地提升了非遗数据采集存储与分析研究的效能,为非遗的科学保护与活化利用奠定了坚实基础。其次,虚拟仿真、交互体验等技术革新了非遗的展示与传播方式,催生了数字博物馆、沉浸式文化体验等新型文化产品和服务。最后,数字平台与算法推荐优化了非遗内容的供需匹配,提升了文化资源的优化配置与传播效率。这充分展现了新质生产力推动下文化生产方式的革新、文化服务能力的提升以及文化价值创造的拓展,是迈向高质量文化发展的典范。

正是在国家文化软实力建设的持续深化与新质生产力加速形成的双重驱动下,从西北大漠的敦煌石窟艺术到江南水乡的氤氲丝竹雅韵,从北国寥廓的白山黑水间传唱的英雄史诗到"彩云之南"斑斓多彩的民族歌舞,非遗数字传播实践在神州大地如火如荼地开展着。在这股非遗数字传播的春潮之中,一系列令人瞩目的实践案例如雨后春笋般涌现,它们生动地向我们昭示了数字传播技术为非遗的保护、传承、活化与创新带来的无限可能,也为我们描绘了一幅文化与科技深度融合的壮美画卷。例如,在南通蓝印花布的保护传承实践中,数字技术充分调动社会化保护传承的力量,同心并力绽放"蓝白之美";敦煌乐舞借助数智技术的全新演绎成功走出国门、惊艳世界;数字创意将非遗与影视文娱巧妙结合呈现,牵动人们心驰神往于"去有风的地方"。

马克思主义实践观指出,本质上而言,人类的一切社会生活都是实践的过程。作为"感性的人的活动",基于实践所获得的鲜活经验创造了人类的历史与文化,也为后续的实践活动提供了不可或缺的镜鉴。正是基于这种理论考量以及既有非遗数字传播的优秀实践成果,我们推出了这部中国非遗数字传播经典案例研究报告,力求通过系统梳理和深入剖析,洞察在内容创新、技术应用、模式构建、传播策略等方面的成功之道,从中提炼出具有普遍性与启发性的规律、经验与启示。我们期望通过对这些"活的经验"的深度挖掘与学理阐释,能够为未来我国非遗数字传播学术与实践工作的科学规划、有效实施与创新发展提供坚实的理论支撑与实践参照,进而推动中华优秀传统文化在数字时代焕发更加绚丽的光彩。

本书分为八章。第一章从国家软实力建设的角度出发,奠定全书的理论基础,阐释非遗数字传播对于提升国家文化影响力的重要性,并明确案例的选取标准与分类依据;第二章作为技术概览,聚焦于分析符合新质生产力的技术形式,阐释其如何赋能非遗数字传播,为后续各章案例中的技术应用提供解读视角;第三章选择的代表性案例展示了数字技术在非遗本体留存保护与传承方面的创新应用;第四章通过一系列案例,剖析了数字时代的社会化传播在动员社会主体参与中的关键作用与多元模式;第五章汇集了非遗国际传播的成功案例,揭示其在数字时代有效传播的策略与实践路径;第六章呈现了非遗在教育场景下进行数字化融合的生动实践案例；第七章介绍非遗元素在影视文娱创意中实现创新转化与广泛传播的典型案例；第八章的案例探讨了非遗如何与数字文旅、数字产品等数字文化产业经济形态深度融合，实现其经济价值与社会效益的双重提升。

本书是继2023年《中国非物质文化遗产数字传播研究报告（2018—2022年）》和2024年《全球非物质文化遗产数字传播研究报告》之后推出的第三本系列著作，由上海交通大学、西北工业大学、同济大学的学者组成的联合编写组完成。我和郭斌教授协商提出全书体例和行文要求后，由课题组同仁分别执笔。具体分工如下：第一章时伟，第二章赵凯星、张琪琰、华远航、王平涛、裴雅涵，第三章赵凯星、张佳宇、牛源、胡书明、王娜、张秋韵、裴雅涵、曹若琛，第四章赵凯星、王聃清、刘丹、梁蕊、李宇暄、许图、闫天野、家玉、时伟，第五章郑素侠、张莹、刘浩哲、陈炫琦、孟岩，第六章黄馨舒荷、罗东才、王子伦、金天、龙靖宜，第七章江雪歌，第八章袁侃、石小川、李宇尧、张耀方、冯雨婷、帅克凡。基本编写流程是：主编统一讲解全书的立意、结构、体系、体例与要求，撰写者提出撰写设想、计划与案例备选，进行分别交流与集中讨论后，撰写初稿；主编提出修改意见，几经修改，完成终稿；主编进行审稿、统稿和定稿。龙靖宜协助主编参与了审稿与统稿工作。

特别感谢复旦大学出版社策划编辑方毅超与责任编辑李荃老师，是他们独特的眼光、前瞻性的视野与创新的情怀，才使得这一套非遗数字传播研究报告得以面世。我们共同的愿望是为中国非遗保护传承助力，为中国数字文化产业的发展与文化自信的强化做些踏实的工作。感谢上海大学上海美术学院李谦升副教授为本书第六章第三节提供的内容资料支持。

非遗数字传播课题新颖、领域广阔，尽管我们不遗余力，但由于知识和经验有限，在案例的选取和分析上难免存在疏漏和不足之处，请广大读者朋友和业内同道批评指正，以帮助我们改进和提升。非常感谢您的宝贵意见和建议！

薛　可

上海交大-南加州大学文化创意产业学院副院长、

教育部长江学者特聘教授

2025年5月9日

目 录

第一章　国家软实力与非物质文化遗产数字传播 1
　第一节　数字时代与国家软实力建设 2
　第二节　非遗与数字传播 9
　第三节　国家软实力与非遗数字传播内在关系 24
　第四节　非遗数字传播与国家软实力提升路径 33

第二章　新质生产力与非物质文化遗产数字传播 44
　第一节　新质生产力与非遗 44
　第二节　新质生产力与非遗数字保护 63
　第三节　全球非遗数字传播交互技术 83
　第四节　新质生产力与非遗数字推广 97

第三章　留存保护与非物质文化遗产数字传播 119
　第一节　徽州木雕：数智技术保留木雕传统技法 119
　第二节　工笔牡丹画：AIGC实现绘画技法传承 130
　第三节　永定河传说：智能创作传承北京人文历史 144
　第四节　孝义皮影：虚实技术激发皮影工艺新生 161

第四章　社会动员与非遗数字传播 175
　第一节　黎侯虎：社交情感建构非遗共意动员 175
　第二节　长子鼓书：视频直播打破非遗代际隔阂 189
　第三节　八义陶瓷：BGC运营实现非遗品牌传播 203
　第四节　南通蓝印花布：数字技术助力社会协同 216

第五章　国际传播与非物质文化遗产数字传播 237
　第一节　敦煌舞：丝路艺术数智再生舞向世界 237
　第二节　西游新篇："黑悟空"再塑中华新神话 249
　第三节　中华太极：传统武术的全球云端共享 260
　第四节　新郑黄帝拜祖祭典：华夏文化数字化文明互鉴 271

第六章　素质教育与非物质文化遗产数字传播 ····· 286
- 第一节　美育熏陶：杭州求知小学数字化非遗育人新篇章 ····· 287
- 第二节　科艺交融：北师大南山附校数字非遗实践新思考 ····· 295
- 第三节　活化再现：上海大学师生共创非遗保护新路径 ····· 309
- 第四节　文化共享：广州市文化馆打造公民非遗素养新场域 ····· 324

第七章　文娱创意与非物质文化遗产数字传播 ····· 343
- 第一节　动画电影：《雄狮少年》虚实结合传承狮舞精魂 ····· 343
- 第二节　电视连续剧：《去有风的地方》展现遗韵新风尚 ····· 357
- 第三节　数字游戏：《原神》激发非遗沉浸传播心流体验 ····· 372
- 第四节　文化纪录片：《非遗里的中国》呈现中华历史文明 ····· 389

第八章　产业经济与非物质文化遗产数字传播 ····· 404
- 第一节　腾讯智展：开创非遗藏品展览新模式 ····· 404
- 第二节　华为音乐：谱写非遗音乐产业新篇章 ····· 414
- 第三节　京东京造：助力非遗产业数字新营销 ····· 423
- 第四节　网易手游：带动非遗文旅产业新发展 ····· 431

第一章

国家软实力与非物质文化遗产数字传播

本章作为全书的理论基础,拟从学理上对全书内容进行理论性界定。本章将围绕国家软实力(soft power)与非物质文化遗产(以下简称"非遗")数字传播两个核心概念展开论述,在系统阐述国家软实力概念的内涵与意义的基础上,进一步明确其与非遗数字传播间的内在关系,并思考如何通过非遗数字传播有效提升国家软实力。

本章第一部分重点关注数字时代的国家软实力。全球化加深了各国的相互依存,随着和平发展、交流互鉴成为时代的主题,国家间的竞争不再局限于军事、科技和经济力量等硬实力的比拼,软实力日益成为提升国家影响力、强化国家话语权的关键[1]。世界各国都在积极通过文化产品输出、跨国文化合作以及全球文化对话等形式提升国家软实力、增强国际话语权。在西方语境中,软实力强调国家通过文化、制度、价值观和外交政策等非强制性手段赢得他国的认同和支持[2]。中国语境下的软实力概念则主要侧重文化软实力的意涵[3],是各类形式各异的国家文化软实力的复合体[4]。我国的软实力被看作国家综合国力建设最深沉、最持久的动力,尤其是国家文化软实力,作为中华优秀传统文化的集中展示,成为讲好中国故事、传播好中国声音的重要依托。

本章第二部分聚焦在非遗与数字化传播。在众多文化资源中,非遗承载着世界各民族多元文化生态的真实记忆,是人类文明的智慧结晶和宝贵财富,也为国家软实力的培育奠定了坚实的精神基础、提供了持续的文化资源支撑[5]。数字化浪潮为非遗的创造性转化与创新性发展提供了机遇[6],也催生了基于数字技术的非遗数字化采集、存储、复原、再现、展示、传播的一整套非遗数字传播流程[7]。在保存与展示上,通过数字摄像、三维(3D)扫描、虚拟现实(virtual reality, VR)等技术,非遗能够以数字化方式被长期留存与呈现;在传播与传承上,非遗可以借助数字媒体在全球广泛传播,引发更广泛的关注与更深层的文化共鸣,实现更有效的传承[8]。

---

[1] 王淑芳.国家软实力竞争与我国主流意识形态构建[J].山东社会科学,2012(2):16-20.
[2] [美]约瑟夫·奈.软实力[M].马娟娟,译.北京:中信出版社,2013:23-25.
[3] 李家祥.国家软实力问题研究[M].北京:高等教育出版社,2016:1-4.
[4] 董立人,寇晓宇,陈荣德.关于中国的"软实力"及其提升的思考[J].探索,2005(1):143-146.
[5] 梁文达.中国非物质文化遗产传承对国家文化软实力提升研究[D].北京:中央财经大学,2017.
[6] 薛可,龙靖宜.中国非物质文化遗产数字传播的新挑战和新对策[J].文化遗产,2020(1):140-146.
[7] 薛可,郭斌.中国非物质文化遗产数字传播研究报告(2018—2022年)[M].上海:上海交通大学出版社,2023:2-4.
[8] 夏迪鑫,宋巧丽.非物质文化遗产创新传播的文化审思[J].中国非物质文化遗产,2024(4):117-122.

本章第三部分阐述了国家软实力与非遗数字传播的内在关系。国家软实力与非遗数字传播之间形成了相互影响、相辅相成的互动关系。一方面，国家软实力为非遗数字传播提供了底蕴支撑，不仅奠定了非遗数字传播的文化根基，而且引领着非遗数字传播的发展方向，还能够显著提升全球化语境下的非遗数字传播效能，让中国非遗故事传得响、传得远[1]；另一方面，非遗的数字传播也推动着国家软实力建设，有助于增强社会认同与民族自豪感[2]，为国家软实力建设凝心聚力，并提升国家的文化产业软实力[3]，为国家软实力提供创意赋能，还能成为国家软实力的重要展示窗口，助力中国非遗出海，打造优秀的国家形象[4]。

本章第四部分提出了依托非遗数字传播促进国家软实力提升的路径。非遗的数字传播对于国家软实力提升具有重要的战略意义，在推进国家软实力建设的征程上，非遗在数字化传播过程中需要发挥新质生产力的文化赋能效用、数字技术对非遗本体的保护与传承效用、社会化媒体的传播动员效用、国际传播的交流互鉴效用、素质教育的文明教化效用、文娱创意的创新创意效用和产业经济的价值延伸效用等，促进国家软实力建设能级跃迁。

第一节 数字时代与国家软实力建设

软实力这一概念顺应历史发展潮流而生，它揭示了国家间竞争与合作力量的转型历程，并且经历了全球化时代背景下的概念内涵深化与延展过程，被赋予了新的时代意义。从西方到东方，从学界到政界，对软实力的概念内涵并未达成一致性共识，这也从侧面反映了此概念内在的茁壮生命力。无论立足中国还是放眼全球，提升国家软实力皆成为世界百年未有之大变局时代下适应新一轮全球化浪潮的必然选择。

一、软实力的概念产生：时代背景与发展流变

软实力概念诞生于国际局势风起云涌的1990年，一经提出便引发全球讨论，并成为各国发展战略的重点规划对象，中国也在改革开放后逐步认识到发展国家软实力的重要性。软实力概念并非横空出世，无论在西方还是中国，软实力的理论思想早已有其雏形。

---

[1] 梁文达.中国非物质文化遗产传承对国家文化软实力提升研究[D].北京：中央财经大学，2017.
[2] 黄永林，程秀莉.保护传承各民族非遗，铸牢中华民族共同体意识[J].贵州民族大学学报（哲学社会科学版），2023(6)：41-50.
[3] 刘鑫.非物质文化遗产的经济价值及其合理利用模式[J].学习与实践，2017(1)：118-125.
[4] 谈国新，何琪敏.中国非物质文化遗产数字化传播的研究现状、现实困境及发展路径[J].理论月刊，2021(9)：87-94.

(一) 软实力概念诞生的时代背景

20世纪70—90年代,国际政治格局经历了重大变革。美国作为当时的超级大国,在全球政治、经济和军事领域具有举足轻重的地位。然而,这一时期美国也面临着诸多挑战:从越战泥潭到世界石油危机,从布雷顿森林体系瓦解到中、日、欧等国家(组织)的崛起,加之冷战大背景下"苏攻美守"的战略形势,以美国历史学家保罗·肯尼迪(Paul Kennedy)为首的美国衰落论者提出,美国在政治、经济、军事等领域面临的诸多困境正在加速美国走向衰落[1]。在这样的时代背景下,1990年,美国哈佛大学教授约瑟夫·奈(Joseph Nye)先后在《美国定能领导世界吗?》一书及美国《外交政策》(*Foreign Policy*)期刊上发表的《软实力》一文中,率先提出并阐述了软实力概念。此后的数十年间,随着苏联解体、世界多极化、全球化趋势加速演进,软实力概念被学界与政界反复讨论,越来越多的国家意识到,在军事、科技和经济力量等硬实力的比拼之外,软实力正日益成为提升国家影响力、强化国家话语权的关键[2]。

与此同时,大洋彼岸的中国乘着改革开放的春风,经济发展水平和综合国力日益增强,逐步融入了全球发展体系,成为全球化的重要参与者。然而,随着中国在国际事务中的影响力日益增强,这引起了一些西方国家的担忧和疑虑,一些国家开始炮制"中国威胁论",认为中国的发展将对全球安全和稳定构成威胁[3]。在这种背景下,软实力建设被提上日程,成为中国打破不利的国际舆论环境,展示"和平、发展、合作、共赢"的外交政策理念以及负责任大国形象,增进与其他国家的相互理解和信任的重要举措[4]。就国内情况而言,国内战略发展需求同样对软实力建设提出迫切要求。随着改革开放的持续深入推进,各种社会矛盾和问题的解决需要通过精神文明建设、素质教育培训等软性力量的辅助来推动解决;从国家长远发展来看,文化、教育、外交等领域的建设作为国家实力的总体评估构成要素,体现的正是国家软实力的发展情况,中国需要有效地运用这些软实力资源推动国家的全面发展。

(二) 软实力概念发展的历史流变

虽然奈最先正式提出了软实力理论,但其内在思想历史悠久。这一概念可以追溯至马克思主义理论家安东尼奥·葛兰西(Antonio Gramsci)。在葛兰西提出的文化霸权理论中,他认为一个国家维持统治的关键力量不在于强制和暴力,文化层面的意识形态和价值观才是塑造全社会集体性共识的要义[5]。20世纪60年代,彼得·巴克莱奇(Peter Bachrach)和摩尔顿·拜拉茨(Morton Baratz)提出了"权力的第二张面孔"(second

---

[1] 张国祚. 中国文化软实力理论创新——兼析约瑟夫·奈的"软实力"思想[J]. 中国社会科学, 2023(5):188-203, 208.
[2] 王淑芳. 国家软实力竞争与我国主流意识形态构建[J]. 山东社会科学, 2012(2):16-20.
[3] 李小华. "权力转移"与国际体系的稳定——兼析"中国威胁论"[J]. 世界经济与政治, 1999(5):42-45, 75.
[4] 骆郁廷. 文化软实力:基于中国实践的话语创新[J]. 中国社会科学, 2013(1):20-24.
[5] [意]安东尼奥·葛兰西. 狱中札记[M]. 曹雪雨, 姜丽, 张跣, 译. 郑州:河南大学出版社, 2016:310-318.

face of power),指出权力中蕴含的文化、制度、政策等软性力量①。20世纪70年代之后,美国战略家约翰·柯林斯(John Collins)提出把影响民众思想和行动的政治力量、民众的性格、精神面貌和教育程度以及起领导作用的因素均视为政治权力的组成部分②;美国政治学家丹尼斯·朗(Dennis Wrong)也将政治权力划分为武力、操纵、说服和权威4种形式③。直至1990年,奈正式提出了软实力的概念。此后,奈针对这一概念继续进行了深入阐释,先后出版了《美国霸权的困惑》(2002)、《软实力:世界政治中的成功之道》(2004)等书。该概念提出以后,美国政界也对软实力愈发重视,美国前国务卿亨利·基辛格(Henry Kissinger)就指出:"美国不能只是为了维持力量均势而在世界上继续有目的地存在下去,除此之外还要推广美国的观念和价值。"④

在中国,软实力的理论思想更是古已有之。例如,《周易》中有"君子以厚德载物"的说法,意即只有品德高尚的人才能承载万物;《论语》中谈到"为政以德,譬如北辰,居其所而众星共之""远人不服,则修文德以来之"的仁德施政与交往思想;《老子》也说"上善若水""天下之至柔,驰骋天下之至坚";就连《孙子兵法》这种传达军事理念的兵书中也强调"不战而屈人之兵";等等。因此,中华传统文化思想中蕴含了丰富的软实力理念,潜移默化着中国人修身、齐家、治国、平天下的处世哲学。因此,软实力概念诞生之后,立即便引起了中国学者的注意。1993年,软实力概念以"软权力"的译名正式进入中国,得到了系统的梳理与阐释,并衍生出"文化软实力"这一中国学术语境下的特色概念,相关研究也在逐年增多。2007年,党的十七大第一次把软实力概念写进了大会报告,指出要"提高国家文化软实力";党的十八大、十九大、二十大报告均再次重申了这一要求。2024年7月,党的二十届三中全会将"提升国家文化软实力和中华文化影响力"作为"聚焦建设社会主义文化强国"的重要任务。2007年以来,每年的政府工作报告中也均将提升国家软实力作为年度重点工作推进。历经30余年的讨论,中国语境下的"软实力"逐渐成为一个具有中国特色社会主义思想理念的标志性词语。

二、软实力的内涵解读:概念界定与特征分析

虽然软实力概念的提出者约瑟夫·奈曾对其给出过明确的定义,但随着概念的讨论流变,就"软实力究竟是什么"这一问题,世界各国政府和学者相继提出了不同的看法。国际上侧重从国际关系视角对其进行解读,中国语境下则更强调从文化角度对其进行解读。软实力具有不同于硬实力的全新特质,正是这些新特质赋予了其在新时代的独特意义。

---

① Bachrach P, Baratz M. Two Faces of Power[J]. American Political Science Review, 1962, 56(4): 947-952.
② 刘绛华. 国家软实力分析[J]. 江西行政学院学报,2007(4):25-28.
③ [美]丹尼斯·朗. 权力论[M]. 陆震纶,郑明哲,译. 北京:中国社会科学出版社,2016:26-75.
④ Kissinger H. Year of Upheaval[M]. Boston: Little Bwwn Company, 1982: 242.

（一）软实力的概念界定

在如何界定软实力这一概念问题上，国内外不同学者由于文化传统、知识背景和价值观等层面的差异，有着不同的理解。在西方语境下，软实力概念的提出者奈认为，软实力是指一国通过吸引和说服别国服从本国的目标，从而使本国得到自己想要的东西的能力[1]。根据他的定义，国家软实力由3个部分构成：文化（在能对他国产生吸引力的地方起作用），政治价值观（当它在国内、国外都能真正实践这些价值时），以及外交政策（当政策被视为具有合法性及道德威信时）[2]。国家软实力被看作一种同化性力量，是指一个国家造就一种形势，从而使其他国家自愿服从本国意志并满足其利益需求，其重点在于"拉拢""合作"，而非"强制"[3]。2004年，奈进一步完善了他对软实力的概念界定，指出软实力依靠的是一种塑造人们喜好的能力，它通常与某些无形资产联系在一起，如富有魅力的人格、文化、政治价值观和制度，以及那些在他人眼里具有合法性和道德权威的政策等[4]。也有学者对奈的概念进一步凝练总结，如英国历史学家尼尔·弗格森（Niall Ferguson）把软实力描述为以"文化"为代表的非传统、非强制性力量[5]；美国学者尼古拉斯·斯皮克曼（Nicholas Spykman）把民族同质性、社会综合程度、政治稳定性、国民士气等视为国家的软实力[6]。尽管表述存在差异，但从概念内核上来看都与奈的概念具有一致性。

在中国语境下，学者们对软实力概念的界定也各式各样，并且出现了"soft power"译名的多元化，除了目前通用的"软实力"之外，还译作"软权力""软力量"。在最早引介软实力的文章《作为国家实力的文化：软权力》中，软实力被看作政治体系、民族士气、经济体制、科学技术、意识形态等因素的发散性力量[7]。阎学通认为，国家软实力是一个国家对物质资源的使用能力，而不是物质资源本身；它包括国家模式吸引力、文化吸引力、战略友好关系、国际规则制定权、对社会上层的动员力和对社会下层的动员力6个要素[8]。黄金辉等则认为，软实力主要指一国在文化力、制度力基础上所形成的对本国民众和其他国际行为体的感召力、吸引力、协同力与整合力；它包括国家软实力的资源禀赋结构和国家运用与创造各种资源的能力[9]。特别值得关注的是，中国语境下的软实力概念尤为强调文化的核心地位。进而言之，我国所说的国家软实力，并不完全等同于西方学者视域下作为国际政治理念的国家软实力，而是国家文化软实力[10]。文化软实力是指一个国家的文化

---

[1] Nye J S. The Changing Nature of World Power[J]. Political Science Quarterly，1990，105(2)：177-192.
[2] [美]约瑟夫·奈. 软实力：世界政治中的成功之道[M]. 吴晓辉，钱程，译. 北京：东方出版社，2004：11.
[3] [美]约瑟夫·奈. 软实力[M]. 马娟娟，译. 北京：中信出版社，2013：3-10.
[4] [美]约瑟夫·奈. 软实力[M]. 马娟娟，译. 北京：中信出版社，2013：3-6.
[5] YaleGlobal Online. Think Again: Soft Power[EB/OL]. http://archive-yaleglobal.yale.edu/content/think-again-soft-power.[访问时间：2024-10-02].
[6] 刘绛华. 国家软实力分析[J]. 江西行政学院学报，2007(4)：25-28.
[7] 王沪宁. 作为国家实力的文化：软权力[J]. 复旦学报（社会科学版），1993(3)：91-96，75.
[8] 阎学通. 中国软实力有待提高[C]//中国与世界观察. 清华大学人文社会科学学院国际问题研究所，2006：12.
[9] 黄金辉，丁忠毅. 中国国家软实力研究述评[J]. 社会科学，2010(5)：31-39，187-188.
[10] 李家祥. 国家软实力问题研究[M]. 北京：高等教育出版社，2016：1-2.

资源及其在运用过程中所产生的作用力,也就是文化在维护国家利益、提升国家实力、实现国家战略目标中的能力,通常体现为一个国家文化的吸引力、同化力、辐射力和感召力[①]。俞新天指出,国家软实力的核心是文化,而且主要是作为文化核心内容的价值观,它主要包括政府提倡或人民认同的思想、观念、原则、战略和策略以及制度等要素[②]。从我国学界到官方的话语中,"提升国家软实力"指的都是"提升国家文化软实力"。

从西方的原产地到中国的本土化,软实力的概念衍变凸显了其蓬勃的生命力与出色的适应力,从而使其在中国语境下深深地浸染了中国式现代化理论的气质,也为此概念与非遗的碰撞奠定了理论基础。

(二) 软实力的特征分析

1. 柔式影响性

软实力最显著的特征便是其非强制的柔式影响力。与硬实力(如军事、经济力量)通过强制手段实现目的不同,软实力主要通过文化、价值观、外交政策等软性手段影响国家民众。这种影响力并非通过直接的压力、制裁或威胁产生效果,而是通过吸引、说服和示范等方式,使民众自愿接受和认同国家、集体、组织的价值观、文化或政策。例如,好莱坞的大片、日本的动漫、韩国的影视剧和中国的网络文学作品被并称为"世界四大文化现象",它们体现了各自国家在文化领域的强大软实力,每一项都获得了全球粉丝发自内心的喜爱。这种非强制性使得国家在依靠软实力开展对内宣传或对外交往时能够更加应对自如,有效减少冲突和对抗,促进合作与理解。

2. 持久渗透性

文化、价值观等软实力要素往往深深植根于民族性格和国民精神,成为国家身份和民族认同的重要组成部分。这些内蕴的品质是长期培养熏陶的结果,因此,软实力也是一种潜移默化的渗透性力量,它能够逐渐改变社会大众的思维方式和行为习惯,塑造对国家、社会、组织或他人的积极认知和态度。软实力的持久渗透可以通过文化交往、教育交流、学术研究、公共外交等多种途径实现。例如,当外国学生来到一个国家学习时,长期的熏染会再塑他们的认知,获得对该国社会制度、民主价值观以及生活方式的深刻体验,形成更广范围的持久影响。

3. 交互主体性

软实力的彰显不是输出方的单方面行为,而是一个多方主体之间相互作用、共同参与的过程。在此过程中,软实力的输出方通过各种传播途径和手段展示自身的文化、价值观、制度优势等软实力要素;接受方则通过自身的感受、理解与反馈来回应输出方的这些展示。软实力的效果也在这种动态的主体间交互中不断演进和深化。软实力的交互主体性意味着在发挥软实力效能时需要考虑到多方的利益和需求,通过平等对话,共同探索解

---

① 李家祥.国家软实力问题研究[M].北京:高等教育出版社,2016:14.
② 俞新天.软实力建设与中国对外战略[J].国际问题研究,2008(2):15-20,71.

决问题的方式,增进彼此的理解和信任,从而达到共赢的局面。

4. 灵活适应性

当今"大变局"时代的突出特点就是国内、国外发展形势的不确定性①,一个国家要想提升其国际影响力,不仅要积极融入世界发展大潮,更要能够及时调整其在文化输出、外交政策、国际形象塑造等方面的战略,以应对新的形势。软实力能够根据国际形势和社会需求的变化灵活调整,适应不同文化和社会环境。在多元的文化背景下,同样的文化产品、对外政策或价值观可能在不同地区产生截然不同的反响。因此,软实力的灵活适应性能够帮助传播者培养高度的文化敏感性和市场洞察力,以确保他们的努力能够被目标受众准确理解和接受。

5. 战略前瞻性

软实力不仅关注当前的影响,还强调对未来趋势的把握和战略布局。通过建立良好的国际形象和文化交流,国家能够为未来的发展奠定基础,增强其在国际舞台上的竞争力。这种战略前瞻性体现在对文化、价值观等核心要素的长期投资上。其投资收益的获取非一朝一夕之功,它追求的是长时段内建立起的深厚文化认同感。这种认同感一旦形成,便能够成为国家或社会关系的稳定器,并且在国际交往和社会治理过程中有效适应新情况、引领新趋势。正如非遗的保护与传承,作为一项久久为功的持续性工作,留存了民族文明的火种,积淀着软实力的深厚底蕴。

三、软实力的战略意义:中国本位与全球视野

软实力对国家发展有着深远的战略意义。对中国而言,软实力是提升国家内部社会凝聚力、增强外部国际影响力的关键着力点;对全球而言,软实力在促进全球文明交流互鉴、推动世界各国合作与发展中承担着桥梁纽带的作用。

(一) 软实力对中国发展的战略意义

1. 对内增强社会凝聚力

在建设中国特色社会主义文化强国、推进中国式现代化的征程上,提升我国的国家软实力是一项基础性的事业,它是增强国民的文化自觉和文化自信,实现改革发展过程中全体人民凝魂聚气、凝心聚力的前提条件和基础。在中国语境下,国家软实力具体的外在表现形式之一是凝聚力和感召力②。这种凝聚力和感召力能充分发挥出社会主义制度集中力量办大事的优势,激励社会公众心往一处想、劲往一处使,形成建设中国特色社会主义的强大合力。在此基础上,人民群众的文化和精神生活需求能够得到有效满足,其与不平衡、不充分的发展之间的矛盾也将得到有效缓解,最终形成坚实的群众基础,从而坚定中

---

① 王永昌,李梦云. 世界大变局视野下的确定性与不确定性[J]. 人民论坛·学术前沿,2021(10):108-119.
② 许德金,焦晶. 何为文化软实力?[J]. 首都师范大学学报(社会科学版),2017(5):75-83.

国特色社会主义道路的发展方向,促进社会的全方位可持续发展以及和谐社会的构建。

2. 对外提升国际影响力

当前世界正处于百年未有之大变局,世界多极化、经济全球化、社会信息化、文化多样化深入发展,我国的软实力建设迎来重大战略机遇期。一方面,国家的软实力能有效转换成经济效益。约瑟夫·奈指出,文化产业经济的硬实力中同样蕴含着软实力成分①,无论是文化的经典重现还是创意再造,都能够成为吸引消费者青睐的有效因素。另一方面,制度、政策等层面的软实力提升能充分展示中国特色社会主义的优越性,为世界治理提供卓有成效的中国方案,从而有效提升中国在国际事务中的话语权和影响力。例如,中国在非遗保护与传承领域提出的"保护为主、抢救第一、合理利用、传承发展"十六字方针,为世界非遗保护提供了范例,进一步巩固了我国在世界上负责任大国的形象。国际知名的品牌价值评估机构"品牌金融"(Brand Finance)发布的"2024全球软实力指数"表明,中国软实力位居世界第三,是软实力进步最显著的国家之一②,中国的软实力在全球范围内已产生较大影响。

(二)软实力对全球发展的战略意义

1. 促进文明交流与互鉴

法国历史学家费尔南·布罗代尔(Fernand Braudel)指出,文明具有复数性,没有一个文明孤立存在或仅有唯一性的文化内核;相反,不同时期或群体的多元文明生态共同谱写出一个时代的"复调"文明③。这种文明的共生繁荣景观构成了软实力深厚的文化力量,其中蕴含的柔性传播力叠加了文化的软性内容,能够有效降低文化防备,增进不同文化间的理解与认同,从而消除文化隔阂与误解,推动文明间的跨国界传播与交流。各国文化在相互借鉴和学习的过程中,一方面取长补短,丰富了各自的文化内涵,另一方面也加速了全球文化的交融共生。与此同时,这一过程也激发了各国内生动力,从而更加积极地弘扬自身的优秀文化,增强文化自信,并在互鉴中实现文化的共享与繁荣,展现了软实力在促进全球文化多样性与共同发展中的深远影响。

2. 促进世界合作与发展

罗伯特·麦克唐纳(Robert McDonald)使用乌卡(VUCA)时代一词来描绘当前不稳定性、不确定性、复杂性与模糊性合一的时代。进入21世纪以来,战争、地区冲突、经济争端等问题频仍,世界和平与发展的大势受到冲击。基于硬实力的较量不断表明"零和博弈"的本质,冲击了全球发展的稳定。软实力的出场则为这一动荡的全球图景提供了一种全新的视角与解决方案。作为文化、价值观、国际影响力及政策吸引力的综合体现,软实

---

① [美]约瑟夫·奈. 软实力[M]. 马娟娟,译. 北京:中信出版社,2013:32-40.
② Brand Finance. Global Soft Power Index 2024[EB/OL]. https://brandfinance.com/reports/global-soft-power-index-2024. [访问时间:2024-10-08].
③ [法]费尔南·布罗代尔. 十五至十八世纪的物质文明、经济和资本主义[M]. 顾良,施康强,译. 北京:商务印书馆,2017:122-135.

力强调通过对话、理解和合作来促进共同繁荣。它通过鼓励共享资源与联合实践,促进全球范围内的创新资源整合,提升了全球治理的效能。例如,中国与马来西亚联合申报的世界级非遗"送王船",以合作促进文化保护传承,共同守护人类文明的瑰宝,生动展现了依靠非遗所蕴含的文化软实力所能带来的合作发展效能。

第二节　非遗与数字传播

非遗是人类文明的瑰宝,世界各国在长期的历史发展过程中都积累了类型多样、内涵丰富的非遗资源。进入数字时代,非遗与数字技术的相遇进一步促进了非遗的创造性转化与创新性发展。与此同时,数字时代的非遗保护与传承也面临着一系列亟须解决的问题。但展望未来,随着文化与科技相结合的程度日益加深,数字化必将继续助力凝聚非遗保护与传承的全球合力。

一、非遗数字传播的概念及内涵

人们对非遗及其数字传播的认知是一个逐步深入的过程,其概念内涵也在一次次的交流讨论中越辩越明。从联合国教科文组织到各个主权国家,热烈的讨论既表明了这一概念本身强大的生命力,也反映了非遗本身固有的多样化和复杂性特质。

(一) 非遗概念界定

从政府到学界再到民间,人们对非遗(intangible cultural heritage)概念的认知经历了一个渐进的深入过程。联合国教科文组织对廓清非遗的概念做出了突出努力。2001年3月,在联合国第31届成员国大会上,会议文件中指出非遗是"人们学习的过程及在学习的过程中学到的和自创的知识、技术和创造力,还有他们在这一过程中创造的产品以及他们持续发展所必需的资源、空间和其他社会及自然结构;这些过程会使现存的社区具有一种与先辈们相连续的意识,对文化认定很重要,对人类文化多样性和创造性保护也有着重要意义"[1]。2003年10月,联合国教科文组织第32届大会通过了《保护非物质文化遗产公约》,并在公约中详细界定了非遗概念:"被各社区、群体,有时是个人,视为其文化遗产组成部分的各种社会实践、观念表述、表现形式、知识、技能以及相关的工具、实物、手工艺品和文化场所。"[2]至此,国际上公认的非遗概念得到确立,非遗概念的认识论问题得到澄清。

---

[1] 爱川纪子,高舒. 联合国教科文组织《保护非物质文化遗产公约》的成型——一场关于"社区参与"的叙事与观察(上)[J]. 中国非物质文化遗产,2020(1):25-31.
[2] 联合国教科文组织. 保护非物质文化遗产公约[EB/OL]. https://unesdoc.unesco.org/ark:/48223/pf0000132540_chifangwenshijian. [访问时间:2024-10-07].

除了联合国教科文组织,世界各国也结合自身国情对非遗进行了特色化界定。在中国,2011年通过的《中华人民共和国非物质文化遗产法》对非遗进行了规范化定义,指出非遗是"各族人民世代相传并视为其文化遗产组成部分的各种传统文化表现形式,以及与传统文化表现形式相关的实物和场所"①。在日本和韩国,非遗被称作"无形文化财",日本的《文化财保护法》将无形文化财定义为"具有较高历史价值与艺术价值的传统戏剧、音乐、工艺技术及其他无形文化载体"②;与日本的定义类似,韩国的《文化财保护法》指出无形文化财主要是指"历史、艺术、学术等方面具有较高价值的演剧、音乐、舞蹈、工艺技术以及其他无形的文化载体"③。在泰国,非遗被称为"知识性文化遗产",指的是被各社区、团体或者个人视为文化遗产的各种实践、表演形式、知识和技能,及其相关的工具、对象、发明和其他与之相关的"文化空间"④。法国则用"民俗遗产"泛指非遗,主要指社会群体的物质存在方式与社会组织,知识、世界观,以及社会群体间相区别的基本元素⑤。

综上所述,非遗既是一种文化表征形式,也是与其相关的物化载体与文化空间的集合。其中,联合国教科文组织对非遗的概念界定具有较高权威性,得到了世界各国的广泛认可,也成为各国框定非遗概念范畴的重要参考;与此同时,各国也结合国情对非遗的内涵与所指进行特色化调整,如日韩"无形文化财"的称谓、中国对"多民族"和"文化空间"的重视等。

(二)非遗数字传播概念界定

传播是文化传承的基础。非遗是中华优秀传统文化的代表,以传播助力非遗的保护与传承是实现其创造性转化与创新性发展的重要途径。随着数字化浪潮的来临,人类的传播方式也日益呈现出数字化特色,形成了数字传播的新态势。对于非遗而言,通过数字传播方式融入现代大众文化氛围,有助于以优秀传统文化审美元素充实现代文化供给,丰富当代社会大众的精神世界和心灵家园,进而凝聚全社会文化认同⑥。

数字传播是指利用数字技术进行信息的处理、存储、传递和接收的过程,从传统的数字化内容传播到现代的网络和社交媒体平台上的互动式传播,它都涵盖⑦。对于非遗数字传播,可以将其理解为非遗、数字技术、传播三者的复合体,即非遗与数字技术相结合从而开展相关传播活动的产物,其所涉及的主要内容是基于数字技术、网络技术、计算机技术等开展的非遗数字化采集、存储、复原、再现、展示、传播等⑧。

---

① 全国人大常委会法制工作委员会行政法室.非物质文化遗产法释义及行政指南[M].北京:中国民主法制出版社,2011:1.
② 国家文物局第一次全国可移动文物普查工作办公室.日本文化财保护制度简编[M].北京:文物出版社,2016:6-12.
③ 许庚寅.韩国《文化财保护法》的架构探讨[J].文化遗产,2011(4):56-59.
④ 李春霞.遗产:起源与规则[M].昆明:云南教育出版社,2008:136.
⑤ 鞠熙.民俗遗产在法国:学术概念与政府工作[J].文化遗产,2016(1):63-70,158.
⑥ 卢海栗.数字化传播激发非物质文化遗产的美育活力[N].中国文化报,2022-06-07(5).
⑦ 薛可,龙靖宜.中国非物质文化遗产数字传播的新挑战和新对策[J].文化遗产,2020(1):140-146.
⑧ 朱千波.对非遗进行数字化传承[EB/OL]. http://edu.people.com.cn/n/2015/0519/c1053-27022565.html.[访问时间:2024-10-02].

国际上对于非遗数字传播的概念讨论较少。2003年联合国教科文组织曾颁布《数字遗产保护章程》,其中指出"数字遗产是特有的人类知识及表达方式。它包含文化、教育、科学、管理信息,以及技术、法律、医学以及其他以数字形式生成的信息,或从现有的类似的模式转换成数字形式的信息"①。国际研究更偏实务,关注非遗数字传播技术、现象、活动等在特定非遗项目中的实践应用②。相比之下,国内对于非遗数字传播的研究则充分重视了学理性的概念探讨。有的聚焦于非遗与数字传播的全流程结合,如黄永林等指出,非遗的数字化指的是"采用数字采集、数字储存、数字处理、数字展示、数字传播等技术,将非物质文化遗产转换、再现、复原成可共享、可再生的数字形态,并以新的视角加以解读,以新的方式加以保存,以新的需求加以利用"③。有的聚焦于数字化保护实践,如谭必勇等指出,非遗数字传播就是"将数字信息技术应用于民族、民间非物质文化遗产的抢救与保护,借助数字摄影、三维信息获取、虚拟现实、多媒体与宽带网络技术等技术,建立一个以计算机网络为基础的综合型数字系统"④。有的则关注非遗呈现形态的数字化,如胡惠林等认为,非遗数字传播就是"以数字采集存储和数字展示传播方式,将非遗资源转换为数字形态复现再生,主要侧重于产业融合和文化遗产保护"⑤。还有的关注非遗传播内容的数字化,如谈国新等指出,非遗数字传播就是"依托数字媒介的交互性、沉浸感、便利、简洁等特点,丰富非遗文化的表达形式,让非遗传播内容更具吸引力"⑥。

综上所述,数字传播为非遗在现代社会语境下的保护与传承开辟了新的生存空间,提供了新的发展动能。围绕非遗数字传播这一概念,中国学者从多元视角进行了充分探讨,总体来看均强调数字技术对于非遗从信息收集到数据处理再到全景呈现的流程再造,突出环节中的数字化内核。随着数字技术的持续革新,未来非遗数字传播的手段与方式必将日益创新多样,非遗数字传播的范畴也将不断延伸。

二、非遗数字传播的类型与特征

目前的非遗分类体系对于数字化因素重视不足,根据不同的类型学划分标准,非遗数字传播有不同的类型表征,总体上围绕着非遗本体与技术性因素展开。多元类型所属也展现出非遗数字传播内在的多样化特质,这些特质同样由非遗自身的文化属性和数字技术的功能特性共同形塑。

---

① 联合国教科文组织. 数字遗产保护章程[EB/OL]. https://www.saac.gov.cn/daj/lhgjk/201201/fee5d5c3cfcd4443-ba7b9f538fc7062f.shtml. [访问时间:2024-10-02].
② 薛可,郭斌. 中国非物质文化遗产数字传播研究报告(2018—2022年)[M]. 上海:上海交通大学出版社,2023:59-66.
③ 黄永林,谈国新. 中国非物质文化遗产数字化保护与开发研究[J]. 华中师范大学学报(人文社会科学版),2012,51(2):49-55.
④ 谭必勇,徐拥军,张莹. 技术·文化·制度:非物质文化遗产数字化研究述评[J]. 浙江档案,2011(6):30-33.
⑤ 胡惠林,单世联. 新型城镇化与文化产业转型发展[M]. 上海:上海人民出版社,2014:325.
⑥ 谈国新,何琪敏. 中国非物质文化遗产数字化传播的研究现状、现实困境及发展路径[J]. 理论月刊,2021(9):87-94.

(一) 非遗数字传播的类型

由于非遗与数字技术的多样性,目前对于非遗数字传播的分类并未达成共识。结合前文的概念阐释可以发现,从传播视角来谈非遗,有两个关键要素不容忽视:一个是"非遗本体",另一个是"技术媒介"。其中,技术媒介根据其应用形式又可细分为技术作用方式和数字媒介形态。相应地,非遗数字传播的多元类型也因要素的性质而有所区别。因此,本部分接下来将分别从非遗本体形态、技术作用方式和数字媒介形态的视角对已有非遗数字传播的类型进行梳理与总结。

1. 基于非遗本体形态的分类

非遗数字传播本质上是采用技术手段将非遗本体数字化之后进行的传播,即数字非遗的传播,因此非遗本体的不同形态决定了其数字传播方式和呈现模态的不同。例如,戏剧表演需要借助数字影像、全息投影甚至虚拟现实技术实现数字化再现,以帮助人们体验其原汁原味的文化内涵;民间文学则需要进行数字化存储形成完善的数据库,以方便随时查阅欣赏。因此,从非遗本体形态来看,数字非遗的形态可以分为4类。

① 传统表演类数字非遗。此类数字非遗包括传统音乐、传统舞蹈、传统戏剧、传统曲艺等形式,具有较强的观赏性。它们主要依托虚拟现实、增强现实(augmented reality,AR)、全息投影、混合现实(mixed reality,MR)等数字展示技术,呈现出极具观赏性的交互式舞台,强化传统舞台表演的视觉效果,提升观众观赏时的沉浸感,从而深化对此类非遗的感知。

② 传统游艺类数字非遗。此类数字非遗包括传统体育竞技、杂技艺术、少儿游戏等形式,具有较强的娱乐性。它们依靠数字技术实现了有效的记录、存储与传播,包括对动作影像进行数字化拍摄并存储,形成大规模影像资源,鼓励深入理解传统游艺非遗,加深对其的认知程度。

③ 工艺民俗类数字非遗。此类数字非遗包括传统美术、传统技艺、传统民俗、传统医药等形式,具有较强的操作性和实践性。它们通过数字技术展示复现,如借助严肃游戏寓教于乐,以加深公众对这些技法和技艺的理解。此类数字非遗还强调互动性,鼓励受众通过数字平台进行实际操作和体验,从而更好地理解和传承这些文化。

④ 民间文学类数字非遗。此类数字非遗包括民间传说、民间故事、歌谣、长篇叙事诗、谚语、谜语等作品的数字化存储与传播形式,具有浓厚的艺术抽象性和文学性。一方面,它们的数字化表现为数字化的采集与存储,如构建的大规模数据库,供随时检阅;另一方面,表现为作品的视觉化,如将民间文学作品中的情节通过生成式人工智能(AI-generated content,AIGC)绘画技术自动绘制出来,便于受众理解。

2. 基于技术作用方式的分类

不同的数字技术有着不同的功能可供性,非遗数字化处理的技术差异推动了不同数字非遗形式。例如,摄影摄像、三维扫描、数据库技术等通常用于非遗资源的采集与存储,形成静态的数字形式;数字博物馆、全息投影、虚拟现实等常用于非遗的数字化展示,以动态为主；档案管理系统、项目管理软件、大数据分析平台常用于非遗的数字化管理，灵活应对各类数字非遗的形式。因此，从数字技术的作用方式来看，数字非遗的形态可以分为3类。

① 以留存为主的数字非遗。此类数字非遗主要借助摄影摄像、三维扫描、无损录音等数字技术，对非遗的实物、场景、声音等进行高精度的数字化采集和存储，同时也可以灵活地对数字资料进行编辑、排序、备份、删除和增补。这些技术能够捕捉到非遗的细微之处，确保非遗资源的真实性和完整性。其目的在于长期保存非遗资源，防止非遗因时间流逝而消失，供后人研究和学习。

② 以展示为主的数字非遗。此类数字非遗主要依赖数字博物馆、全息投影、虚拟现实、增强现实等数字技术，将非遗资源以动态、交互的方式呈现给受众。此类技术能够创造出沉浸式的体验，使受众身临其境地感受非遗的魅力。其目的在于提高非遗的知名度和影响力，吸引更多人关注和参与非遗的保护和传承，同时也可以实现全球化传播，促进文化的交流互鉴。

③ 以管理为主的数字非遗。此类数字非遗主要凭借大数据、云平台、区块链、可视化运维管理等数字技术，对非遗资源进行系统的管理和分析，形成感知、数据、决策、执行、评估和反馈的管理模式，实现统一管控、业务协同、数据共享、智慧服务等目标。通过这一技术化管理流程，能够实现对非遗资源的有效组织、分类、检索和评估，为非遗的保护、传承和传播提供科学依据。

3. 基于数字媒介形态的分类

媒介是以各类数字技术为基础的技术综合体，具有比单一技术更系统化和复杂化的功能结构，不同的数字媒介形态对非遗的传播方式、范围和效果都会产生显著影响，促成不同的数字非遗形式。例如，大众媒介具有一对多传播的特色，网络媒介则是多对多式的传播，而智能媒介在兼具大众媒介和网络媒介传播形式的基础上，还实现了具有虚拟具身特色的个性化一对一传播形式。因此，从数字媒介形态来看，其数字传播类型可以分为3类。

① 基于大众媒介的数字非遗。大众传媒在传统上采用的是非数字化的电子模拟信号，数字化浪潮的来临也推动了大众传媒的数字化转型[①]。其在非遗数字传播中的应用包括3种形式：第一，基于平面媒介的数字非遗，杂志、报纸的网络电子版，通过数字化平面展示非遗；第二，基于广电媒介的数字非遗，如数字电视、数字影音在内容、表现与制作等方面进行的非遗数字化；第三，基于户外媒介的数字非遗，如博物馆、美术馆等公共文化服务空间的电子大屏、全息投影为非遗提供数字化展示与传播平台。

② 基于网络媒介的数字非遗。网络媒介包括门户网站与社交媒体，数字非遗依托这两种网络媒介形态进行展示与传播。就门户网站而言，其诞生于网络时代初期，是 Web

---

① 郭全中，肖璇. 我国传媒业数字化战略初探[J]. 西部学刊，2023(15)：161-167.

1.0 的代表性网络媒介形态①,主要以图片、视频、音乐等数字方式呈现非遗资源,受众可以通过浏览网页获取非遗信息,如"中国非物质文化遗产网·中国非物质文化遗产数字博物馆"。就社交媒体而言,它是网络媒介发展到 Web 2.0 时代的产物②,强调非遗数字传播的社会化动员,如在短视频平台上上传用户自制的非遗短视频。

③ 基于智能媒介的数字非遗。基于智能媒介的数字非遗多依托智能手机、智能手表、VR 眼镜等智能化的移动终端和可穿戴设备,打造具身化的智能感知空间,如非遗元宇宙,从而实现强化、延伸受众的身体感官,增强沉浸式互动体验,提升非遗的数字传播效果。如珠海高新区"唐家湾记忆非遗长卷"数字化项目,游客可以借助 VR 技术进入虚拟空间,在虚拟导游"小唐"的带领下沉浸式体验当地特色非遗,实现高效的非遗"智能+"数字化传播。

(二) 非遗数字传播的特征

1. 活态性:文化符号的鲜活数字化表征

民俗学理论中的活态文化观指出,人类生活实践领域存在一个活态层面,它难以言表,更无法固化在文字书本之中③。非遗正是民间活态文化的代表,其活态性表现为按照文化自身的规律性有着内在的发生、发展、存在与延续的状态④。具体而言,作为一个民族的个性和审美习惯的"活"的显现,非遗强调以人为核心的技艺、经验、精神,依托于人本身而存在,以声音、形象和技艺为表现手段,以口传心授的经验性和体验性作为传承延续的文化依托。在数字化的传播环境中,非遗的活态性具体体现在其能够利用数字技术记录和再现非遗的动态过程,使受众身临其境地感受非遗鲜活的魅力和生命力。这种传播方式能够最大限度地保留非遗原真的文化内核,并通过数字化手段将其呈现得更加生动、立体,有助于吸引更多人关注和传承非遗及其蕴含的文化精神。

2. 流变性:与时俱进的文化内涵与形态

吉尔·德勒兹(Gilles Deleuze)在其关于生成论中谈及流变性时指出,一切事物和概念在时间和空间中都处于持续变化和流动中,在与时代的协奏中呈现出多样性和变化性的存在形态⑤。对于非遗数字传播而言,这种变动不居的流变性主要体现在非遗及其内蕴的文化精神在数字时代不断与时俱进,适应创造性转化与创新性发展的需求。随着数字技术的不断进步和普及,非遗的传播方式也在不断创新和变化。从最初的文字、图片传播,到后来的音频、视频传播,再到现在的虚拟现实、增强现实等先进技术的运用,非遗的传播形式越来越多样化、丰富化。这种流变性不仅使非遗更加适应现代社会的传播需求,还为其注入了新的活力和内涵。

---

① 刘畅."网人合一":从 Web 1.0 到 Web 3.0 之路[J].河南社会科学,2008(2):137-140.
② 孙茜.Web 2.0 的含义、特征与应用研究[J].现代情报,2006(2):69-70,74.
③ 乔晓光.一个被忽视的活态文化传统[J].湖北美术学院学报,2002(4):13-14.
④ 吴兴帜.文化遗产保护的生态学视角[J].西南民族大学学报(人文社会科学版),2012,33(1):30-34.
⑤ [法]吉尔·德勒兹.尼采与哲学[M].周颖,刘玉宇,译.北京:社会科学文献出版社,2001:166.

3. 无界性：时空脱域的全球化交往共在

安东尼·吉登斯(Anthony Giddens)的脱域理论指出，现代技术的突出作用在于将个体与时空解离，促进了信息的广域传播①。同样，借助互联网和数字技术，非遗的数字传播打破了地域和时间的限制，可以跨越国界、地域和语言的障碍，实现全球范围内的传播和交往。这种无界性不仅扩大了非遗的受众范围，还促进了不同文化之间的交流和融合。特别是随着移动终端设备的普及，《全球网络使用数据分析报告(2024)》显示，全球移动通信普及率已达 69.4%②，高度移动化的数字环境下，受众可以在任何时间地点方便地通过网络观看非遗表演、了解非遗知识，感受不同地域、不同民族的文化魅力。

4. 共享性：理念兼容的跨文化数字共通

共享是数字时代网络社会的核心理念之一，它被看作塑造可见性、解构权威话语的有效手段③；同样，非遗也是为特定民族或群体共同拥有的集体财富，天然地蕴含着共享性特征④。二者具有理念契合性，共同形塑起非遗数字传播的共享性特征，这主要体现在非遗资源的数字化共享和共创上。通过数字技术，非遗资源可以被数字化、网络化，形成数字化的非遗数据资源库。这些资源库一方面可以为非遗的传承和发展提供丰富的素材和依据，另一方面也可以为公众提供便捷的获取途径和学习平台。通过数据库和开放平台，公众可以便捷地访问感兴趣的史料档案，了解非遗的历史渊源、文化内涵和表现形式，从而加深对非遗的认识和理解，在此基础上有助于增进对非遗保护与传承重要性的认知，促进社会动员。

5. 交互性：数实融合的虚拟化社会参与

非遗是在不同主体间产生、认定与传承的文化财富，是以人与人的交往、交流关系为基础的，是由相互平等、相互理解、相互认同的不同主体共同确认的⑤，因而是一个交互式的主体间性活动过程。与此同时，交互性同样是数字传播技术的重要功能之一。正如亨利·詹金斯(Henry Jenkins)指出的，互联网创造了一种参与式文化，它鼓励主体间的互动以促进关系建构⑥。非遗与数字传播的结合进一步延伸了人与人、人与非遗之间的交互式连接。通过数字技术，受众可以获得虚拟在场的社会临场感知，深度参与非遗的传播和体验，与非遗传承者进行实时互动和交流，从而更加深入地了解和感受非遗的魅力，激发情感共鸣，共同构筑起多维度交互的非遗数字传播生态⑦。

---

① [英]安东尼·吉登斯.现代性的后果[M].田禾,译.南京:译林出版社,2022:23-33.
② 搜狐网.全球网络使用数据分析报告(2024)[EB/OL].https://www.sohu.com/a/802897023_121994220.[访问时间:2024-10-02].
③ 吴世文,杨小雅,何屹然.从技术话语到价值理想:中国"网络共享"观念之演变(1980—2021)[J].新闻与传播研究,2022,29(4):38-55,127.
④ 刘魁立.非物质文化遗产保护的回望与思考[J].中国非物质文化遗产,2020(1):32-40.
⑤ 宋俊华.非遗"出海"何以能深化文明交流互鉴[J].人民论坛,2024(11):100-103.
⑥ [美]亨利·詹金斯.文本盗猎者:电视粉丝与参与式文化[M].郑熙青,译.北京:北京大学出版社,2016:26.
⑦ 郭斌,薛可.全球非物质文化遗产数字传播研究报告[M].上海:复旦大学出版社,2023:9-16.

三、非遗数字传播的演进与前景

非遗数字传播在政策、学术与实践层面均有着清晰的发展脉络,它伴随着数字时代的到来而涌现,在数字技术的辅助下于世界各国如火如荼地开展,从采集、存储,到展示、传播,再到新一轮的技术升级,循环往复。数字技术的介入有效解决了非遗在长期的历史发展中遭遇的诸多困境,随着一轮又一轮科技革命浪潮的来临,非遗也将会在一次又一次数字化保护与传承的技术流程迭代中迎来更光明的前景。

(一)非遗数字传播的脉络

1. 非遗数字传播的政策推进

从国际层面来看,对非遗数字传播的关注经历了一段漫长的探索历程。起初是对文化遗产的总体性关注,1972年联合国教科文组织颁布的《保护世界文化和自然遗产公约》,把对人类整体有特殊意义的自然遗产和文化遗产纳入保护范围;1989年,联合国教科文组织又通过了《保护民间创作建议案》,非遗保护与传承的国际政策初具雏形[1]。进入20世纪90年代,数字化浪潮的来临加快了非遗数字保护的节奏;2003年,联合国教科文组织正式通过了《保护非物质文化遗产公约》,为全球非遗保护提供了共识性框架参考;同年,联合国教科文组织又制定了《数字遗产保护章程》,明确了文化遗产数字化保护的内涵与边界,为非遗的数字传播提供了成文规范。

世界各国也充分认知到非遗数字传播的重要性,纷纷颁布相关政策与法律。日本早在1950年就颁布《日本文化财保护法》对"无形文化财"加以保护,规定通过录音、录影等方式建立非遗视听档案及数据库[2];韩国于1962年制定的《韩国文化财保护法》则规定"无形文化财"应备置录音物、摄像物及保存状况相片[3];2016年,泰国颁布了《保护非物质文化遗产法案》,并于同年成为《保护非物质文化遗产公约》缔约国,在联合国教科文组织的帮助下详细制定了非遗数字化保护的方案[4]。美国在1976年通过了《美国民俗保护法》,对民俗文化资料的数字化存储与保护工作作出了具体规定[5];英国则相继推出了《苏格兰盖尔语法》《威尔士语措施》《现场音乐会法》等法规,以促进非遗数字传播的发展[6];2011年,德国颁布了《认可与保护非物质文化遗产》,其中提出对全国非遗进行数字化采

---

[1] UNESCO. Recommendation on the Safeguarding of Traditional Culture and Folklore[EB/OL]. https://www.unesco.org/en/legal-affairs/recommendation-safeguarding-traditional-culture-and-folklore. [访问时间:2024-10-07].

[2] 徐红,郭姣姣. 数字化技术在日本民族文化传承中的运用及启迪[J]. 新闻大学,2014(6):47-54.

[3] 朴原模. 韩国非物质文化遗产的记录工程与数码档案的构建[J]. 河南社会科学,2009(4):22-25.

[4] 人民网. 泰国构建非遗保护传承立体格局[EB/OL]. http://culture.people.com.cn/n/2015/0706/c172318-27257549.html. [访问时间:2024-10-04].

[5] 李娜,刘同彪. 美国民间生活中心(AFC)的民俗档案实践与经验探讨[J]. 文化遗产,2016(6):96-102.

[6] 郭玉军,司文. 英国非物质文化遗产保护特色及其启示[J]. 文化遗产,2015(4):12.

集、存储与传播的具体要求。

中国是全球非遗数量最多的国家,对于非遗的数字化保护更是提供了完善的政策制度支持。2005年发布的《国务院办公厅关于加强我国非物质文化遗产保护工作的意见》明确提出,要运用数字化多媒体等各种方式,对非物质文化遗产进行真实、系统和全面的记录,建立档案和数据库①。2011年,《中华人民共和国非物质文化遗产法》正式实施,其中明确规定要"建立非物质文化遗产档案及相关数据库"②;2017年《关于实施中华优秀传统文化传承发展工程的意见》中提出要"完善非遗普查建档制度""推进戏曲保护数字化工作"等非遗数字传播工作要求③;2021年,《"十四五"非物质文化遗产保护规划》《关于进一步加强非物质文化遗产保护工作的意见》相继推出,进一步在非遗记录、传播等方面强调突出数字化建设内容;2022年《"十四五"文化发展规划》特别强调了关于非遗数字化保护与传承的具体措施,如戏曲传承振兴、新媒体传播、国家文化记忆等④;2023年《文化和旅游部关于推动非物质文化遗产与旅游深度融合发展的通知》提出要采用数字手段强化非遗的互动演示、体验教学等功能⑤;2024年的政府工作报告也将非遗的数字化保护与传承作为当年工作重点⑥。此外,各地方政府也积极开展非遗数字化保护的立法与政策制定工作,就完善非遗数据库、利用新媒体宣传和传播非遗等内容提出了具体的意见或措施。

2. 非遗数字传播的学术研究

随着世界各国对非遗数字化保护与传承的重视程度日益提高,学术界也在积极为非遗数字传播建言献策,通过学理性分析考察探索数字时代非遗传承与保护之法。在学科定位上,随着考古学、博物馆学、艺术学、语言学、民族学、建筑学、地理学、计算机科学等学科慢慢渗入,非遗学逐渐成为一门相对独立的交叉学科,从早期以文化研究、民俗研究为基础的人文研究领域,到加入社会学、心理学等与社会科学融合研究,再到之后与建筑学、地理学等学科开展"文理交叉"的研究,如今又融入计算机科学、电子信息、数据科学等更多元学科,逐渐发展成与人文科学、社会科学以及自然科学混融交叉的研究分支⑦。

从国际研究来看,根据科学网(Web of Science)的检索结果⑧,如图1-2-1所示,有关

---

① 国务院办公厅关于加强我国非物质文化遗产保护工作的意见[EB/OL]. http://www.gov.cn/gongbao/content/2005/content_63227.htm. [访问时间:2024-10-04].
② 中华人民共和国非物质文化遗产法[EB/OL]. http://www.gov.cn/flfg/2011-02/25/content_1857449.htm. [访问时间:2024-10-04].
③ 中共中央办公厅,国务院办公厅. 关于实施中华优秀传统文化传承发展工程的意见[J]. 中国勘察设计,2017(2):30-34.
④ 中国政府网. 中共中央办公厅 国务院办公厅印发《"十四五"文化发展规划》[EB/OL]. http://www.news.cn/politics/zywj/2022-08/16/c_1128920613.htm. [访问时间:2024-10-04].
⑤ 中国政府网. 文化和旅游部关于推动非物质文化遗产与旅游深度融合发展的通知[EB/OL]. https://www.gov.cn/zhengce/zhengceku/2023-02/22/content_5742727.htm. [访问时间:2024-10-04].
⑥ 中国政府网. 政府工作报告[EB/OL]. https://www.gov.cn/yaowen/liebiao/202403/content_6939153.htm. [访问时间:2024-10-07].
⑦ 薛可,郭斌. 中国非物质文化遗产数字传播研究报告(2018—2022年)[M]. 上海:上海交通大学出版社,2023:19-21.
⑧ 在科学网(Web of Science)中以关键词"digital/digitalization+intangible cultural heritage"检索得到。

非遗数字传播的研究起步于21世纪初，2003年第一篇关于非遗数字传播研究的文章《关于非物质文化遗产网络博物馆组织系统的研究》("A Study on the Cyber Museum Organization System for Intangible Cultural Properties")发表，此后非遗数字传播相关研究在波动中逐年增长，并在2013年、2020年、2023年分别迎来较高涨幅，研究热度逐年升高。

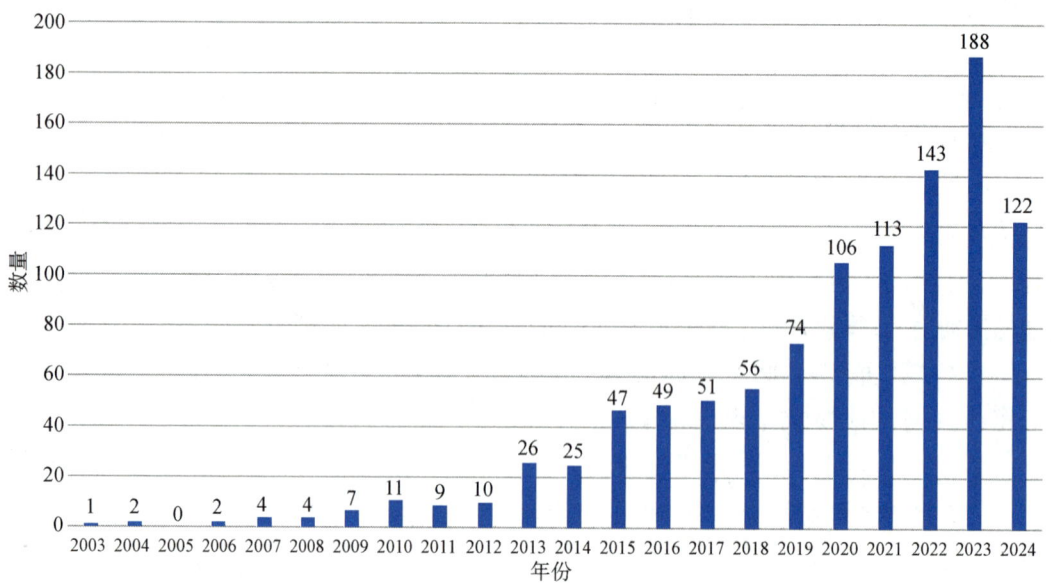

图1-2-1　全球非遗数字传播论文发表量年度走势图

(资料来源：课题组自制)

从研究内容来看，增强现实、虚拟现实、数字遗产(digital heritage)、实践/文化层面(practical/cultural aspect)是研究中的高频关键词，数字技术与数字技术应用是全球非遗传播中的重点关注内容。2006—2010年的高频关键词主要集中在人文艺术领域，如文化遗产(cultural heritage)、历史(history)、艺术(art)等；有关数字技术的高频关键词从2011年开始出现，如计算机辅助介绍(computer aided instruction)、数字技术(digital technology)、虚拟现实、增强现实等；2020年之后的关键词则更加凸显智能化色彩，如虚拟现实、人工智能(artificial intelligence，AI)、大数据(big data)、数据可视化(data visualization)等。总体而言，伴随着全球非遗数字传播的快速发展，相关学术研究与时俱进，能够及时跟进新问题、提出新方法、激发新讨论。从研究趋势来看，这一议题不仅成为过去20余年国际学术界有关非遗研究的重要方向，也将在未来的一段时间持续受到国际学者的关注。

从国内研究情况分析，根据中国知网的检索结果①，如图1-2-2所示，有关非遗数字传播的研究趋势与国际情况大致相同。同样是在2003年，第一篇关于非遗数字传播研究

---

① 在中国知网以关键词"数字非遗""数字非物质文化遗产"检索得到。

的文章《图书馆如何积极参与非物质文化遗产的保护》[①]发表,但此后3年出现断层,直至2007年非遗数字传播研究才再次出现;此后国内非遗数字传播相关研究数量在波动中增长,并在2018年、2021年、2023年分别迎来较高涨幅,2024年的发文数量也同样维持在高位。

从研究内容来看,非遗数字传播研究多在文化领域开展,主要涉及的研究内容有关非遗数字传播概念的界定、中国非遗数字化保护实践、非遗传承人、非遗法律等,在关键词上,与数字化相关的高频关键词有"数字化保护""非遗数字资源""数字化传播""新媒体""数字化传承""数字技术"等,侧重于从非遗数字化保护与传承的全流程入手,兼顾数字化的资源留存、处理与传播展示等各个环节。2015年之前的文章涉及的数字化保护技术相对初级,关键词集中于"音像""数字影像""档案信息化""数据资源库"等;2015年之后则出现了"虚拟展示""短视频""元宇宙""数智化""人工智能"等社交化、智能化相关关键词,总体而言呈现出与新技术发展和政策精神同频共振的研究趋势。

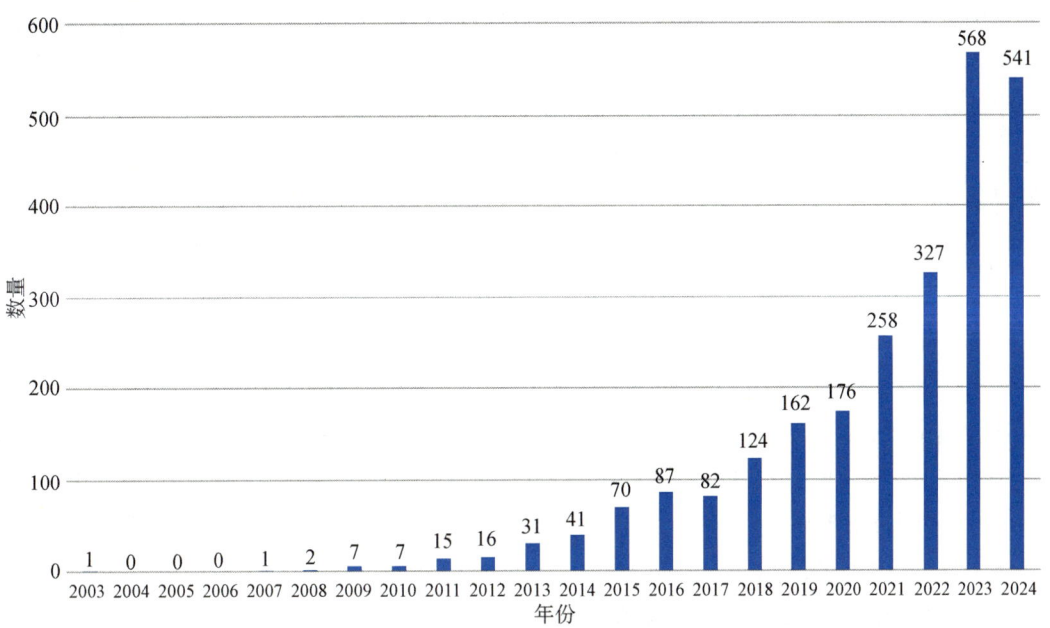

图1-2-2　中国非遗数字传播论文发表量年度走势图

(资料来源:课题组自制)

3. 非遗数字传播的实践发展

非遗数字传播的关键在于将理论知识、政策制度与数字技术真正应用于实践过程,发挥其应有的效能。从实践层面上来看,国内外均展开了一系列卓有成效的保护实践。在国际上,联合国教科文组织始终走在非遗数字化保护实践的前沿。自1992年"世界记忆"项目启动后,联合国教科文组织促进全球数字化非遗保护的步伐逐渐加快。2004年,联合国教科文组织启动了数字化保护丝绸之路文化遗产工程项目;2007年,亚太地区非物质

---

① 金晓妹,陈仰珊,钟志芸.图书馆如何积极参与非物质文化遗产的保护[J].图书馆杂志,2003(2):55-56,49.

文化遗产数据库建成,公众可以通过官网检索全球10余个国家及地区的非遗项目;2017年,国际非遗大数据平台发布,进一步为保护、传承、传播世界非遗做出贡献;2021年,亚太地区非遗信息分享平台"ich Links"正式上线,为亚太地区非遗工作者提供了便利。

世界各国的非遗数字传播实践也在积极开展。在欧洲,欧洲地区文化资源的典藏库"欧洲文化遗产在线"收藏了巴尔干民俗文化、楔形文字等非遗,共享欧洲文化资源;2013年欧洲开展"时光机"项目,通过数字化和人工智能技术对欧洲文化遗产进行挖掘,有效保护了欧洲的非遗大数据。法国国家图书馆于1997年推出"Gallica"数字图书馆工程,用于非遗数字化保护;英国开设了"泰特在线网"用于展示英国非遗。意大利发起了"因特网文化遗产项目",整合各类文化机构数字资源,实现了非遗信息资源共享,也为公众提供了开放的资源获取平台。

在亚洲,日本先后通过"文化遗产数据库""虚拟保护'精神链'工程"等项目积极推进非遗的数字化留存与传播;韩国自20世纪90年代以来也在积极推进民俗文化的数字化保护与传承,如韩国国立文化财研究所在1994—1997年对韩国传统音乐资料的音源进行数字化整理、分类[①];印度尼西亚采用数字技术对其世界级非遗巴迪克加以保护与展示,不仅成立了专业的数字化博物馆,还与科技公司合作开发了专门的设计软件来开发全新的巴迪克图案[②]。在中国,2006年,"中国非物质文化遗产网·中国非物质文化遗产数字博物馆"正式上线,成为中国展示非遗保护进程与成果的重要平台;2011年,中国国家图书馆启动"中国记忆"项目,运用新媒体等手段再现与传播蚕丝织绣、年画等非遗;2013年以来,中国依托"数字丝绸之路"建设,打造出"数字篆刻""数字皮影""数字太极"等一批具有代表性的数字中国非遗,向世界展示了中国非遗魅力[③];2020年,中国首条线上线下同步开放的非遗街区即广州非遗街区(北京路)与广州非遗街区(元宇宙)开放;此外,自2006年开始,中国设立"文化和自然遗产日",每年开展数字化展演等传播活动,2024年活动期间,全国范围内累计开展了近3 000项线上非遗展示活动,在10余家海内外主流社交媒体平台上持续引发关注[④]。

世界其他国家和地区也在非遗数字传播上做出了诸多努力。美国在1995年就启动了全国性虚拟图书馆"美国记忆"工程,目前已完成全国900余万份文献的数字化,其中有不少非遗相关的文献资料,并建立了相应的专题数据库方便检索[⑤]。加拿大推出了《非遗建档数字化执行指南》,提供了一套非遗数字信息采集与整理的系统化操作方案,有效指

---

① 朴原模.韩国非物质文化遗产的记录工程与数码档案的构建[J].河南社会科学,2009(4):22-25.
② 腾讯网.非遗保护融入国家战略,这些国家都是如何做的?[EB/OL].https://new.qq.com/rain/a/20240819A00S2A00.[访问时间:2024-10-05].
③ 苏畅.数字融合助力非遗国际化传播[EB/OL].https://www.cssn.cn/skgz/bwyc/202408/t20240822_5773209.shtml.[访问时间:2024-10-05].
④ 文化和自然遗产日|多项世界第一 我国遗产保护成效显著[EB/OL].https://baijiahao.baidu.com/s?id=1801254661034059 69.[访问时间:2024-10-04].
⑤ 中外非物质文化遗产数字化保护研究[EB/OL].https://www.bilibili.com/read/cv34434330/.[访问时间:2024-10-05].

导了非遗数字传播工作的开展。博茨瓦纳、塞舌尔、尼日利亚等非洲国家也在学校教育中融入非遗课程,采用数字化教学的方式展示非遗技艺,积极推进非遗的保护与传承①。

(二) 非遗数字传播的现状

1. 非遗传承人数字素养有待提升

非遗传承人在传承和发扬非遗及其背后的文化价值方面发挥着不可替代的作用。然而许多传承人年事已高,以中国为例,目前国家级非遗代表性传承人共 3 057 人,其中 70 岁以上的传承人占比高达 71%,百岁以上的传承人超过 40 人,而 50 岁以下的传承人目前仅 18 人②。大部分传承人更习惯传统的具身化展示与传播方式,对新技术接触较少,面临着数字素养不足的问题,具体表现在对基本的计算机操作技能的不熟悉,以及对数字媒体的理解、应用能力以及在数字环境中进行有效沟通和协作的能力的缺失等。此外,由于非遗技艺的复杂性与深奥性,学习非遗往往是一个旷日持久的过程,在兼顾非遗学习的同时兼顾其数字化传播并非易事,这就导致数字化技能在非遗传承人群体中的普及率不高。

2. 非遗数字传播社会动员不足

非遗寄托的是特定时代、特定群体的集体文化形貌,它并不为某一个人独有。这种集体性使得从非遗的数字化保护、传承到传播,各个环节都离不开社会各界的广泛参与和支持。然而,当前非遗数字传播的社会动员力度不足,主要表现在公众对非遗价值认识不足。本书课题组前期开展的全国性调研发现,70%的小学生、85%的中学生、96%的大学生未曾在学校接触过非遗相关教育活动,年轻人缺乏对非遗及其文化内涵的了解,自然缺乏保护参与的积极性。印度尼西亚科学研究所的调查显示,印度尼西亚全国只有 2%的公众参观博物馆,5%的人会去历史遗迹,尽管数字技术的应用在逐渐普及,但公众对传统博物馆和文化遗产的兴趣仍然较低,这反映了社会动员的不足③。

3. 数字非遗原真性内涵受冲击

文化原真性是非遗最深厚的价值体现,它彰显了非遗在历史传承中积淀的原初的形态、功能、精神等层面的文化魅力④。然而数字时代现代文化理念和生活方式的冲击使得非遗在数字化传承过程中的本真逐渐遗失甚至淡出人们的视野。例如,在机械化、数字化大批量复制的影响下,手工制作的精细化与独特韵味完全丧失,致使非遗的文化价值和文化底蕴被淡化。瓦尔特·本雅明(Walter Benjamin)在批判文化工业的机械复制弊端时就曾指出,大规模的机械复制使艺术品原有的"灵韵"(即原真性内涵)遭到灭失,沦为只有

---

① 非洲国家传承非遗的特点及经验[EB/OL]. https://www.cssn.cn/skgz/bwyc/202302/t20230206_5586123.shtml. [访问时间:2024-10-05].
② 九派新闻. 数读中国非遗的"喜"与"忧" 国家级项目增长 3.7 倍但传承人七成已超 70 岁[EB/OL]. https://new.qq.com/rain/a/20221207A01FTX00. [访问时间:2024-10-05].
③ National Commissions for UNESCO in East and Southeast Asia. Joint Research Report on National Commissions for UNESCO in East and Southeast Asia[EB/OL]. https://www.unesco.or.kr/wp-content/uploads/2024/06/Joint-Research-Report-on-NatComs-in-East-and-Southeast-Asia.pdf.
④ 阮仪三,林林. 文化遗产保护的原真性原则[J]. 同济大学学报(社会科学版),2003(2):1-5.

消费价值的工业品①。受此影响,传统技艺也受到冲击,长此以往浓缩在文化遗产中的非物质性"灵韵"将无法传承。流传于山东临沂一带的非遗布老虎目前就面临着因机械化加工品的冲击而失去产品艺术特色、制作技艺变异的困境。

4. 非遗数字传播渠道原始单一

目前非遗数字传播的展示与传播有两种。第一种方式是数字博物馆展示,如沈阳辽传非遗数字博物馆,集文物典藏、民俗展陈、学术交流、文献研究等多功能于一体②。这种展示方式要求高度忠实于原始信息,原汁原味地再现非遗内容。第二种方式是基于艺术设计的展示传播,以内容或者形式创新展示非遗的文化内涵,如真人体验、视频制作、剧场演出等。然而由于技术条件、资金成本、受众群体局限等原因,这两种方式在实践中受到很大局限。例如,中国非物质文化遗产数字博物馆目前主体运营仍以门户网站为主,面对日益普及的移动化数字浪潮反应不足。此外,一些非遗项目虽然建立了网站或社交媒体账号,但其内容更新不及时、互动性不强,难以吸引和留住受众。

5. 非遗数字传播技术应用滞后

当前依托数字技术和数字平台实现非遗信息共享的应用越来越多,如数字博物馆、数字图书馆,但多表现为非遗数字化采集、记录等留存方式,在传播上着力不足;单调、千篇一律的非遗数字化产品也让众多年轻受众渐行渐远。同时,在全球部分地区,对非遗数字资源的分析、处理、开发等工作中,全息拍摄、动作捕捉、虚拟现实等新技术并未实际深度介入和得到广泛应用,在技术及时跟进、实现转化再生、资源众创共享方面仍有不足,并未完全融入数字化传播体系。例如,在韩国,由于缺乏成熟有效的非遗数字化规范,元宇宙技术特征的非遗数字化实践在采集、存储、管理、交互式传播与再生产等方面的开发与应用始终难以落地,并进一步影响了韩国人工智能与非遗保护相结合措施的落实③。

(三) 非遗数字传播的前景

1. 留存:数字技术持续激活非遗当代活力

数字技术能够对非遗技艺进行全面、细致的记录,形成数字化的档案。这些档案不仅包含非遗技艺的演示过程,还包括与之相关的工具、材料、环境等细节,确保了非遗技艺的完整性和真实性,从而能够在数字化收集、存储与处理过程中对非遗技艺更加完善地进行保存、记录和传承,避免文化内核的流失和变异。同时,未来数字技术还有望为非遗技艺的创新发展提供新的机遇,通过与现代科技的结合,非遗技艺可以在保留传统精髓的基础上,融入新的创意和元素,实现传统与现代的融合,从而持续激活非遗所蕴含的文化活力,推动非遗的活态传承。例如,塞尔维亚将有关非遗的档案资料数字化处理为分门别类的数据库,制作出电子索引地图,并借助统一的国家信息系统来管理和保护非遗文献资料,

---

① [德] 瓦尔特·本雅明. 机械复制时代的艺术作品[M]. 王才勇,译. 北京:中国城市出版社,2002:3-14.
② 中国日报网. 全国首个数字化非遗博物馆 沈阳辽传非遗数字博物馆正式开馆[EB/OL]. https://ln.chinadaily.com.cn/a/202405/21/WS664c76cfa3109f7860dded19.html. [访问时间:2024-10-05].
③ 李莹莹. 元宇宙背景下非物质文化遗产数字化的挑战与应对[J]. 社会科学前沿,2023,12(7):4065-4071.

目前已经成功留存了约20 000份文件和3 000本书籍①,为全球非遗数据的数字化留存提供了参考样例。

2. 破域:智能技术有效驱动非遗全球传播

虚拟现实、增强现实、人工智能、大语言模型等智能技术能够打破时空限制,让非遗以更加生动、直观的方式展现在全球受众面前。在未来,通过智能传播技术,非遗信息可以迅速传播到全球各地,吸引更多的人了解、欣赏和参与。此外,智能技术还可以根据用户的兴趣和需求,精准推送相关的非遗内容,从而增强用户的参与感和体验感。这种全球化的传播方式将有助于进一步提升非遗的知名度和影响力,推动非遗的传承与发展。例如,2023年央视春晚武术节目《演武》在混合现实技术、实时场景渲染、舞台超高清大屏呈现等技术的助力下,实现了节目舞台和虚拟场景的实时性深度融合,为观众带来穿越时空的沉浸式文化体验,传播和弘扬了非遗中的中华武学精神,节目受众覆盖全球170余个国家和地区②。

3. 动员:数字非遗社区凝聚国际传播合力

数字非遗社区是一个集非遗传承、交流、展示、教育等功能于一体的在线平台。通过数字非遗社区,非遗传承人、文化机构、爱好者等可以相互交流、分享经验、展示作品,形成一个紧密联系的社群。在非遗数字社区中,成员可以更加深入地了解非遗的文化内涵和价值,增强对非遗的认同感和归属感,从而激发更多人参与到非遗的保护与传承中来。这种线上社群发挥人际传播与群聚传播优势,推动非遗在全球范围内的普及。例如,面向全球用户推出的线上非遗数字社区"时代记忆非遗地图"吸引了超1.98万项非遗入驻,上线产品6 000多种,实现了非遗资源展示、数字全景呈现、模拟交互体验、活动信息发布等功能,依托数字社区的形式成功凝聚全球非遗发展合力,让非遗绽放更加绚烂的时代光彩③。

4. 共赢:数字非遗不断加强文明交流互鉴

非遗是全人类的共同财富,其中蕴含着人类文明演进的一般性规律,基于非遗数字传播的交流互鉴既可以让世界认识、理解中华文明,又可以在人类文明发展共性基础上达成共识、共情,从而建构美美与共的和谐交往关系④。随着全球化的不断深入,非遗的文明交流互鉴也将不断强化。各国政府、文化机构、非遗传承人等主体可以通过数字手段加强沟通合作,共同推动非遗的文化保护与传承。例如,可以开展跨国非遗展览、文化交流活动等,让非遗在全球范围内得到更好的传播和推广。2023年米兰设计周期间,国家级非

---

① Ognjanović Z, Marinković B, Šegan-Radonjić M, Masliković D. Cultural Heritage Digitization in Serbia: Standards, Policies, and Case Studies[J]. Sustainability, 2019, 11(14): 3788.
② 新华网.文化盛宴!中央广播电视总台《2023年春节联欢晚会》尽展新征程上的奋进图景[EB/OL]. http://www.xinhuanet.com/ent/20230123/e3166c03500d4a82968f35f32b7a6bdc/c.html.[访问时间:2024-10-06].
③ 新浪网.时代记忆:用"数字化+"探索传统文化的当代表达[EB/OL]. https://news.sina.com.cn/shangxunfushen/2023-06-12/detail-imywyyrk1850428.shtml.[访问时间:2024-10-05].
④ 宋俊华.非遗"出海"何以能深化文明交流互鉴[J].人民论坛,2024(11):100-103.

遗香云纱惊艳亮相,此次香云纱的设计结合了欧洲专利高科技纳米金属镀覆工艺以及人工智能生成的参数化图案,在传统与科技的碰撞中推动了中欧文化交流、艺术文化与科技文化互鉴以及中欧设计创新与产业交流合作①。

第三节　国家软实力与非遗数字传播内在关系

国家软实力作为一个国家通过文化、价值观、外交政策等非物质手段影响他国意愿与行为的能力,日益成为衡量国家综合国力的重要指标之一。具有无形性特征的非遗作为民族记忆的生动载体,承载着历史的厚重与文化的精髓,是连接过去与未来的桥梁,对于维护文化多样性、促进全球文化交流具有不可替代的作用。同具"非物质"属性的两者在关系上存在深刻的内在契合性,二者彼此交织,相互影响、相辅相成。深入剖析国家软实力与非遗数字传播之间的内在关系,不仅是对文化发展战略的深度思考,也是在全球化背景下探索文化强国之路的必然要求。

一、国家软实力为非遗数字传播夯实发展基础

作为一种具有文化属性的基础性力量,国家软实力对于非遗数字传播的影响主要体现在提供的底蕴支撑上。具体而言,国家软实力奠定了非遗数字传播的文化根基,引领着非遗数字传播发展方向,增强了非遗数字传播国际传播力。

(一) 国家软实力奠定非遗数字传播的文化根基

1. 国家软实力提供文化资源支撑

国家软实力中蓄积的历史文化资源支撑起软实力的深厚底蕴,也为非遗数字传播提供了最主要的资料来源。马克斯·韦伯(Max Weber)指出,技术代表了一种"工具理性"价值观,追求功利性目的的实现,忽视了应有的人文关怀;而文化所提供的价值理性与纯粹的技术形成了互补②,二者的结合造就了"文化的技术化"与"技术的文化化"相互交织的态势,在促进文化传播的同时也赋予技术人文价值。就国家软实力而言,其蕴含的深厚的文化底蕴使得非遗数字传播在内容创作上更具深度和广度,避免由于追求数字技术外在传播形式的华丽炫目而忽视文化内核的涵养,有助于充分调动非遗中蕴含的丰富历史信息、民族智慧和审美价值活力,为数字传播提供取之不尽的文化素材,助力数字传播呈现出更加生动、立体和富有感染力的非遗形象。

---

① 中国纺织.中国风格!非遗香云纱亮相米兰设计周[EB/OL]. https://mp.weixin.qq.com/s/--WO5vX4ugYqw_pLGqPgmQ.[访问时间:2024-10-06].
② [德]马克斯·韦伯.经济与社会(上卷)[M].林荣远,译.北京:商务印书馆,1997:56.

2. 国家软实力助力实现文化认同

国家软实力中的文化认同是非遗数字传播的重要动力。美国精神分析学家埃利克·埃里克松(Erik Erikson)指出,文化认同是个体在民族共同体中长期共同生活所形成的对本民族最有意义的事物的肯定性体认①。进入数字时代,曼纽尔·卡斯特(Manuel Castells)通过分析网络时代的文化认同进一步指出,国家通过数字技术实现对时间和空间的控制,数字技术在发挥控制功能的过程中主要作用于制度、文化、政策等软实力的施行过程,从而在全社会形成一致性共识,凝聚"认同的力量"②。因此,通过数字传播,国家软实力中蕴含的文化认同的力量能够助力非遗信息跨越地域和时空的限制,让更多的人了解和认同自己的文化。这种文化认同感的持续增强不仅有助于非遗本体的保护和传承,还能够激发社会大众的文化自信和民族自豪感,从而推动非遗数字传播的持续发展。

3. 国家软实力创新非遗数字传播

根据软实力理论,国家软实力是一种与时俱进的动态力量,能够根据新情况和新问题不断丰富自身,以适应当今充满变数的国际文化合作趋势③。从这一角度来讲,国家软实力具有符合时代潮流的创新性;与此同时,考虑到国家软实力的文化属性及其凝心聚力的强大精神号召力,这种创新性也是基于传统文化底蕴和文化认同的"守正创新"。因此,当国家软实力与非遗数字传播相遇,文化层面软实力创新性的力量属性自然也促进了非遗数字传播中的文化创新。在数字传播的过程中,国家软实力可以从现代科技手段和创意产业着手,对非遗进行创造性转化与创新性发展,实现保护性开发,从而使其更加符合现代人的审美需求和消费习惯。这种文化创新不仅能够推动非遗的传承和发展,还能够为非遗数字传播注入新的活力和动力。

(二) 国家软实力引领非遗数字传播发展方向

1. 政策规划指引发展方向

在约瑟夫·奈看来,政策与规划同为国家软实力的重要构成要素,政策导向与战略规划体现了一个国家顶层设计的先验完备性和逻辑性。完善的政策与周密的规划对国家政策软实力形成了有力支撑,在此基础上,对于非遗数字传播领域而言,国家软实力得以充分发挥方向指引作用。例如,2005年《国务院办公厅关于加强我国非物质文化遗产保护工作的意见》指出,"要运用文字、录音、录像、数字化多媒体等各种方式,对非物质文化遗产进行真实、系统和全面的记录,建立档案和数据库"④,为非遗数字保护与传承提供了初步的方向性指引;2021年《关于进一步加强非物质文化遗产保护工作的实施意见》再次提出要适应媒体深度融合趋势,丰富传播手段,拓展传播渠道,鼓励各类新媒体平台做好相

---

① Erikson E H. Identity, Youth and Crisis[M]. New York: W. W. Norton Company, 1968: 56-64.
② [美]曼纽尔·卡斯特. 认同的力量[M]. 曹荣湘,译. 北京:社会科学文献出版社,2006:12-23.
③ 赵磊. 提升"软实力"的关键问题与思路建议[J]. 前线,2018(2):32-35.
④ 中国政府网. 国务院办公厅关于加强我国非物质文化遗产保护工作的意见[EB/OL]. https://www.gov.cn/zwgk/2005-08/15/content_21681.htm. [访问时间:2024-10-06].

关传播工作①。从"加强"到"进一步加强",从强调数字化留存保护到突出数字化传播,政策与规划在不断调整中与时俱进,为非遗数字化保护与传承工作做出及时的方向性调整,避免走弯路、入歧途。

2. 制度监管规范发展方向

制度与立法同样是国家软实力的重要组成部分。新制度主义理论代表性学者理查德·斯科特(Richard Scott)指出,制度是为社会行为提供稳定性、规制性和认同性的结构与活动规范,它能够长期稳定地发挥效用,具体包括法律、规定、习俗、社会和职业规范、文化、伦理等类别②。根据新制度主义理论的观点,文化层面的认知性要素(如个体或组织所处的环境)会影响主体的信仰体系与文化认知框架,从而使自身的行为与特定的文化环境和认知框架相适应。这种潜移默化的软性力量正是国家软实力发挥作用的体现。国家软实力视域下的制度文化与规范正如新制度主义理论观点所表明的那样,以其严谨的规范性力量划定了行动的框架与边界。对于非遗数字传播而言,国家软实力在政策与立法领域的力量积淀使得非遗数字传播活动有章可循、有法可依。截至2025年5月,联合国《保护非物质文化遗产公约》的184个缔约方均通过各类形式的立法与制度对非遗的数字化保护与传承作出规定③;在中国,从《中华人民共和国非物质文化遗产法》到全国各地的地方性立法,严谨规范的非遗数字化保护法律体系也初步建立起来。

3. 价值共识坚定发展方向

价值共识是指在一定社会或群体内,关于某些基本价值观念的普遍认可和接受④。在非遗数字传播的语境下,价值共识涉及对非遗重要性、保护必要性以及数字化传播价值的共识,这种共识是形成统一行动的基础。在凝聚全球价值共识方面,国家软实力主要通过文化外交、文化交流项目和国际合作的形式发挥作用,提高国际可见性。软实力理论还指出,作为软实力的透镜,一个国家或民族共享的价值观同样也决定着其吸引力和国际声誉,顺应时代潮流、彰显人类共同价值的思想观念才能成为国家软实力的有益助力,进而转化为促进非遗数字传播的动力,坚定非遗数字传播的前进方向。例如,由河南省文旅厅和百度联合打造的"河南非遗一张图"项目,结合人工智能、知识图谱和大数据技术,打通了电脑端、小程序、H5等多个平台,对河南非遗信息进行整合关联。其遵循的"集中管理,统一指导,智能聚合"的实践理念也成为成熟经验,在国际上推广,入选数字化创新示范案例⑤。

---

① 中国政府网.中共中央办公厅 国务院办公厅印发《关于进一步加强非物质文化遗产保护工作的意见》[EB/OL]. https://www.gov.cn/zhengce/2021-08/12/content_5630974.htm.[访问时间:2024-10-06].
② Scott W R. Institutions and Organizations: Ideas, Interests, and Identities[M]. Sage Publications, 2013: 69-83.
③ 涂瑜.非物质文化遗产保护的立法现状与优化路径[J].法学,2024,12(4):2151-2156.
④ 汪信砚.普世价值·价值认同·价值共识——当前我国价值论研究中三个重要概念辨析[J].学术研究,2009(11):5-10,159,2.
⑤ 搜狐网.首创非遗可视化知识图谱"河南非遗一张图"正式上线![EB/OL]. https://www.sohu.com/a/708094222_120896197.[访问时间:2024-10-06].

(三) 国家软实力增强非遗数字传播国际传播力

1. 奠定数字传播的平台基础

荷兰传播学者何塞·范·迪克(José van Dijck)等人将数字时代的社会称为"平台社会"(platform society)。在平台社会之中,随着互联网技术日益渗透进日常生活,各类网络平台(如社交媒体、电子购物、生活服务等)成为社会运作的基础设施,通过数据化、去中心化和个性化服务等方式,重塑了人类的生存、交往和组织方式①。在平台社会提供的技术可供性之外,"平台"一词本身还隐喻了互联网时代的文化征候:一方面,平台生产着关于连接与重构的神话;另一方面,平台承载着普通人的日常微观文化实践②。在平台文化的渗透下,国家软实力也在平台提供的沃土上滋长。如此一来,非遗就可以依附于国家软实力栖身的数字平台开展传播活动,充分借助国际化数字平台的技术力量实现有效传播。例如,日本就依托其文化典藏资源方面的软实力基础,在现有的各级公共图书馆基础上创建了全国性、综合性的非遗大数据平台,集收集、典藏、展示、传播等功能于一体,向公众免费开放,可日常随意检索;其中的"亚太非物质文化遗产数据库平台"具有地区性合作与资源共享、资源类型丰富和资源无限制利用等特色③,成为日本非遗数字化保护的一张靓丽名片。

2. 协助开辟受众注意力市场

国家软实力不仅是一种影响力,更是一种以共享价值观为基础的吸引力和感召力④。面对当前丰富的全球文化产品和文化服务供给现状,受众往往陷入选择困难⑤;心理学中的认知有限容量理论指出,人类的注意力认知资源总量是有限的⑥,超过个体认知负荷的信息灌输会引发"语境崩溃",产生倦怠甚至回避行为⑦。国家软实力的优势则在于能够超越文化产品表面的形式吸引力,唤醒受众内心的认知基模⑧,相较于让人眼花缭乱的文化产品,国家软实力所塑造的稳固形象与认知对受众的影响程度更深。例如,"德国制造"在世界消费者心目中就是高质量的代名词,"日本制造"是功能先进的代名词,"美国制造"则代表着高科技等⑨。对于非遗而言,其在传播过程中同样可以借助国家软实力形成的认知基模打开受众市场,迅速吸引关注。例如,2024 年"中国好感度"全球民意调查数据

---

① [荷]何塞·范·迪克,[荷]托马斯·普尔,[荷]马丁·德·瓦尔.平台社会:互联世界中的公共价值[M].孟韬,译.大连:东北财经大学出版社,2023:6-15.
② 林健.从算法到文化:平台如何塑造了我们的生活?[EB/OL]. https://www.huxiu.com/article/782497.html. [访问时间:2024-10-06].
③ 姚国章,刘增燕.国外非物质文化遗产数字化保护与传承实践借鉴[J].东南文化,2022(6):179-185.
④ 杨永军,张彩霞.新时代中国对外融通话语体系的构建逻辑与现实面向[J].山东社会科学,2024(3):145-155.
⑤ 曹福然,詹一虹.国外公共文化服务供给体系建设及启示[J].图书馆工作与研究,2019(2):18-25,61.
⑥ Wickens C. Attention: Theory, Principles, Models and Applications[J]. International Journal of Human-Computer Interaction, 2021, 37(5): 403-417.
⑦ 张杰,马一琨.语境崩溃:平台可供性还是新社会情境?[J].新闻记者,2021(2):27-38.
⑧ 心理学术语,类似刻板印象的概念,指对事物形成的先验的一致性信念结构。
⑨ 搜狐网.各国产品形象调查:德国制造 VS 美国制造 VS 其他国家制造[EB/OL]. https://www.sohu.com/a/196584151_300703.[访问时间:2024-10-06].

显示,中国在全球公众的认知中主要呈现为充满魅力、历史悠久的东方大国形象,近90%的公众积极评价中国国际影响力①。由此可见,国家软实力所形成的号召力和好感度有望充分激发国际受众对中国非遗的兴趣,激活其数字传播的热度。

3. 降低国际传播的文化折扣

文化折扣指的是在跨文化传播过程中,由于文化背景、市场机制或其他因素的影响,一些文化产品或表达在价值、意义、呈现方式等方面存在一定程度的折扣或消减现象②。文化折扣的核心在于文化差异对文化产品在不同文化环境中的接受度和理解程度的影响,因此,它深刻地揭示了一个文化产品在本国取得巨大的成功后有可能在外国遭遇失败的原因。例如,中国的剪纸、皮影、刺绣等非遗中都包含"龙元素",龙在中国是吉祥与力量的象征,然而在西方文化中,龙通常被看作邪恶的象征,如果不加铺垫直接传播,就会造成理解上的折扣甚至误解。国家软实力可以成为此种铺垫式的力量,因为从认知心理学角度来看,国家软实力作为一种认知基模,在受众接触到与特定国家相关的具体事物时会诱发级联激活效应③,即回溯至国家软实力的"原型",进而反馈至具体事物,形成特定认知与态度。在这种情况下,如果受众对国家软实力中的文化背景有所了解,那么自然就会降低对特定事物的文化折扣。例如,2024年爆火的网游《黑神话:悟空》激发了国外玩家阅读《西游记》的热潮,在有了相关先验知识之后,玩家再回到游戏中在理解剧情上就更加顺畅,也会减少文化内容的"水土不服"。

二、非遗数字传播全方位推动国家软实力发展

在数字技术与自身文化价值的双重赋能下,非遗数字传播成为助推国家软实力发展的强大动力。具体而言,非遗数字传播增强了社会集体凝聚力,强化了文化创意软实力,承担着国家软实力展示窗口的角色。

(一) 非遗数字传播强化社会集体凝聚力

1. 非遗集体记忆促进凝心聚力

作为民族的智慧结晶和文化瑰宝,非遗承载着深厚的历史记忆与集体情感。集体记忆理论指出,集体记忆是特定社会群体成员共享往事的过程和结果,它是一种社会性的文化建构,通过选择、呈现、传承和变化的过程来反映社会、文化和历史④。扬·阿斯曼(Jan

---

① 中国青年网.CGTN民调:好感度持续攀升 全球受访者点赞中国式现代化万千气象[EB/OL]. https://news.youth.cn/jsxw/202409/t20240929_15551143.htm.[检索时间:2024-10-06].
② 胥琳佳,刘建华.跨文化传播中的价值流变:文化折扣与文化增值[J].中国出版,2014(8):8-12.
③ 郭小安,滕金达.衍生与融合:框架理论研究的跨学科对话[J].现代传播(中国传媒大学学报),2018,40(7):46-53.
④ [法]莫里斯·哈布瓦赫.论集体记忆[M].毕然,郭金华,译.上海:上海人民出版社,2002:84-102.

Assmann)进一步指出,集体记忆会随社会历史的变化而发展①。数字技术的发展使集体记忆的存在与生成形式发生了转变:一方面,现实世界的文化记忆从传统媒介迁移到数字空间;另一方面,通过数字方式可以在网络空间衍生出新的数字集体记忆②。数字化方式能够有效应对记忆载体消失、记忆内容过载等问题,减少"社会性失忆"的危机③。这同样有效留存了非遗中的集体记忆,并在与时俱进中不断反哺社会的文化建构,凝聚起共享的民族情感,增强社会整体凝聚力。国家软实力也正需要这种集体性的文化力量作为资源动力,形成对综合国力的支撑。世界各国(组织)在留存与传播非遗记忆上做出诸多努力,如联合国的"世界记忆工程"数字化留存人类非遗,美国推出的"美国记忆"计划关注文化遗产数字化存储与互动展示体验,欧盟推出了数字文化遗产平台 Europeana 收集与存储非遗相关数据资料并免费开源等,它们都旨在以共同的非遗集体记忆唤醒人与人、人与历史的联结。

2. 非遗社区共建推动协同共创

社区共建的强化是社会集体凝聚力提升的直接体现,为国家软实力的增强注入了源自基层的活力。在社会学意义上,社区(community,也译作"社群")指的是成员间内部关系紧密的共同体(gemeinschaft)。斐迪南·滕尼斯(Ferdinand Tönnies)指出,共同体是一种基于自然关系或情感联系(如血缘、地缘、趣缘等)的社会组织形式,具有持久性和稳定性④。拥有共同体特征的社区提供了一种归属感和认同感,促进成员之间的团结和协作,同时也是文化传承的载体⑤。数字时代催生了虚拟共同体的出现,其优势在于超越时空局限的"远程共在",从而有力维系了原始的共同体联结⑥。在非遗数字传播过程中,由于网络空间的圈层化特性,个体基于非遗也形成了虚拟的共同体,其内蕴含文化传播力,因而成为助推国家软实力的重要动力。例如,全国首个实现线上线下同步开放的非遗街区广州非遗街区(元宇宙)借助虚拟现实打造非遗街区元宇宙世界,实现沉浸式体验,有助于激发人们内心的中华民族共同体意识,以及参与非遗数字传播活动的兴趣。

3. 非遗交流合作凝聚文化共识

非遗数字传播依托大带宽、低延时、多模态、虚实融合的技术优势实现全球的"在地共享",并且在呈现形式上也更加生动、形象、沉浸。媒介丰富度理论指出,媒介所承载的丰富信息能够影响人们的理解与接纳。非遗数字传播的媒介丰富性促进了不同文化背景群体间的意义共通,从而为跨文化对话创造了有利条件。具体而言,通过举办国际性的数字展览、开办网络合作论坛、共建虚拟娱乐体验项目等方式,非遗可以成为全球互联互通的

---

① [德]扬·阿斯曼.文化记忆:早期高级文化中的文字、回忆和政治身份[M].金寿福,黄晓晨,译.北京:北京大学出版社,2015:32-41.
② 冯惠玲.数字记忆:文化记忆的数字宫殿[J].中国图书馆学报,2020,46(3):4-16.
③ 姜婷婷,傅诗婷.人本视角下的数字记忆:"人—记忆—技术"三位一体理论框架构建与启示[J].中国图书馆学报,2022,48(5):103-115.
④ [德]斐迪南·滕尼斯.共同体与社会[M].张巍卓,译.北京:商务印书馆,2020:36-51.
⑤ 张国芳.滕尼斯"共同体/社会"分类的类型学意义[J].学术月刊,2019,51(2):78-85.
⑥ 梅岚.马克思主义视域下网络虚拟共同体的重构[J].山东社会科学,2023(9):105-111.

关系媒介,促进对文化多样性的认识与尊重。这种跨文化的交流与共享有助于构建基于相互理解和尊重的全球文化共识,进而增强国际社会对中国文化的接纳与认同。在此过程中,社会集体凝聚力在更广阔的国际众创过程中得到形塑,为国家软实力的提升创造了有利的外部环境,推动了国家在全球文化格局中的影响力与话语权等软实力的增强。自2022年以来,我国已在20个国家和地区建立了数字文化交流中心①,为非遗的国际化合作与发展提供了重要渠道和载体,有力促进了全球非遗交流互鉴,凝聚起世界各国对非遗数字保护与传承的共识,借此机会也彰显并提升了国家文化软实力。

(二) 非遗数字传播提升文化创意竞争力

1. 资源成果的转化

非遗数字传播顺应数字化趋势,实现了创造性转化与创新性发展,也为国家文化软实力的创新发展开辟道路。非遗资源开发与传播的数字化转型彰显了文化数字化发展过程中的创造性潜能。彼得·沃霍夫(Peter Verhoef)等学者指出,"数字化转型"(digital transformation)不同于"数字化"(digitization),后者仅涉及技术层面从模拟信号向数字信号的转化,而数字化转型是流程、结构与模式的变革②。其意义在于借助创造性的力量开辟新的创意增长点,对于文化而言,也就是借助文化创意思维重构传统文化产业的生产逻辑,激活文化资源的内生创意力。非遗正是借助数字化转型的创意要素赋能,充分激活其优秀传统文化内核资源,形成国家软实力发展的文化支撑。例如,贵州搭建的"全球设计师开放平台、苗绣素材库、苗绣绣娘数据库",收集整理了苗绣改样图片9 000余幅,完成矢量图提取3 500余种,并转化为相关产品150余款,销往全球15个国家和地区;全球设计师可以便捷地提取使用苗绣元素,在激发创作灵感的同时,也将苗绣与现代时装成功"嫁接",为苗绣技艺找到新的生存土壤③。

2. 创新生态的构建

非遗数字传播促进了文化创新生态系统的形成与优化:一方面,数字平台为非遗传承人、设计师、政府、社会公众等主体提供了便捷的交流与合作空间,加速了创意的碰撞与融合;另一方面,数字技术的不断革新为非遗的创新性发展提供了强大的技术支撑,使得精准定位、个性化定制成为可能。根据媒介环境学观点,传播生态的形成既是人、技术、环境互动的结果,也是互动的基础④。这一生态系统不仅激发了非遗的创新活力,还促进了以非遗为核心的旅游、教育、科技等相关产业的深度融合,形成了多元、互利、共生的创新生态格局,以系统化的整合性力量促进国家软实力稳步提升。例如,抖音及其国际版

---

① 苏畅. 数字融合助力非遗国际化传播[EB/OL]. https://www.cssn.cn/skgz/bwyc/202408/t20240822_5773209.shtml.[访问时间:2024-10-06].
② Verhoef P C, Broekhuizen T, Bart Y, et al. Digital Transformation: A Multidisciplinary Reflection and Research Agenda[J]. Journal of Business Research, 2019, 122: 889-901.
③ 龙佑铭. 共织锦绣黔程 助力乡村振兴[N]. 贵州日报, 2024-02-21(6).
④ 何道宽. 媒介环境学辨析[J]. 国际新闻界, 2007(1): 46-49.

TikTok在推介非遗上不遗余力,围绕其推出的"非遗合伙人计划"构建平台、经纪公司、传承人、用户互动共生的传播生态,在文化传播、产业转化、知识普及、保护动员上形成了体系化的运作系统。抖音发布的《2024非遗数据报告》显示,国家级非遗短视频分享量同比增长36%,国家级濒危非遗相关视频创作数量同比增长33%,95后、00后成为生力军,30岁以下传承人年增长72%①。越来越多的非遗能够触达全球受众,国家软实力也借助社会化动员迎来发展机遇。

3. 文化品牌的塑造

文化品牌可以被看作一个国家文化符号或文化产品在世界受众心目中的总体形象。例如,美国文化人类学家鲁思·本尼迪克特(Ruth Benedict)在《菊与刀》中进行了如下区分:西方世界的文化外在表现为一种"罪感文化";日本等东方文化则外在表现为一种"耻感文化"②。不同的文化表现形式延续下来,就形成了特定国家或文化圈的"品牌效应"而为世人所熟知。这种文化品牌效应的国际影响力正是国家软实力的重要体现,它在很大程度上决定了人们在谈到或面对该种文化时的对待方式,对于塑造国家形象、提升国际地位具有不可替代的作用。对于非遗而言,品牌是非遗价值的终极表达,非遗的文化品牌依靠完善的文化符号体系、创意的现代设计和前沿的传播方式共同塑造,从而充分涵养文化创意软实力。2023年非遗品牌大会期间,广州积极响应《中国非遗品牌计划》中"尽可能地扩大非遗品牌在国内外的影响力"的号召,集结全国近150个非遗品牌,借助增强现实、虚拟现实、全息投影等技术,全景、沉浸式展示非遗品牌魅力③,以品牌力形成国家软实力的发展动能。

(三) 非遗数字传播丰富软实力表现力

1. 展现多元文化魅力,扩高非遗感染力

在软实力理论中,文化是软实力的重要构成要素,中国语境下的文化软实力也强调以中华优秀传统文化的深厚魅力形塑国家软实力的长久内力④。作为人类文明的瑰宝,非遗的魅力借助数字技术充分展示,其内蕴的感染力正是形成软实力中文化吸引力的重要来源。非遗蕴含着丰富的历史记忆、审美观念和文化价值。通过跨媒介传播、虚拟现实再现等数字手段,非遗得以突破地域和时间束缚,以更加生动、直观的形式呈现在全球受众面前。这种展现具有高度的逼真化、沉浸化和即时性优势,不仅充分凸显了非遗的文化多样性和独特性,还通过叙事化和情境化的呈现,增强了受众对非遗的文化认同感和共鸣。不仅如此,通过数字平台,受众可以获取关于非遗的历史背景、制作工艺、传承情况等各类

---

① 封面新闻.2024抖音非遗数据报告:00后、60后最爱看国家级非遗内容[EB/OL]. https://new.qq.com/rain/a/20240606A05O7U00. [访问时间:2024-10-06].
② [美]鲁思·本尼迪克特.菊与刀[M].何晴,译.杭州:浙江文艺出版社,2016:95-106.
③ 郭子腾.坚持守正创新 擦亮非遗品牌——2023非遗品牌大会综述[EB/OL]. https://www.ihchina.cn/art/detail/id/26954.html. [访问时间:2024-10-06].
④ 刘宗灵,何雨婷.中华优秀传统文化传承现状与未来发展路径研究——基于习近平文化思想展开[J].电子科技大学学报(社科版),2024,26(4):1-11.

信息,从而更加全面地了解非遗的文化内涵和价值,最终转化为国家软实力中的文化吸引力,实现深度赋能。例如,在南美地区,各国均有传统的狂欢节仪式习俗,同时也是非遗的集中展示时机。为了抓住这一机会宣传文化,虚拟现实电影生产商 Jaunt 和 VR Playhouse 推出了一个虚拟现实狂欢节体验项目,帮助观众们深度沉浸到独特的表演中,充分感受多元文化的魅力①,也从侧面彰显出其背后国家的深厚软实力。

2. 传播内容全面立体,提升国家公信力

国家公信力是指国家及其机构在社会公众中享有的信任度和信誉度,一个国家的文化底蕴、文化传统、文化创新力等都会影响国际社会对该国的认知和评价②,进而影响公信力这一软实力要素的塑造。非遗数字传播在展现非遗的文化内核时,能够较好地做到传达内容的全面性和表达的立体性,使其传达的内容更具可信度,而其原理在于技术所固有的"意向性"本质。技术现象学指出,技术意向性是指技术固有的使用性意义,它作为一种工具理性力求对事物本真化再现③。这种意向性特质一方面有助于传达非遗的文化价值和艺术美感,另一方面也有助于揭示非遗背后的历史背景、社会意义以及传承人的情感叙事,从而构建起完整且生动的文化叙事体系。在此基础上,全面立体的传播内容增加了信息的真实性和可信度,使公众能够更加深入地了解和认同非遗,进而增强对其所代表的国家的信任和支持,提升国家在文化保护与传播方面的公信力和权威性,最终转化为促进软实力提升的动力。

3. 促进文化交流互鉴,增强国际影响力

越是民族的,就越是世界的,非遗中寄托了全人类共通的情感结构,如对美好生活的向往、对伟大劳动的歌颂、对深邃自然的探索、对艺术民俗的礼赞等。这些共通的情感体验与数字传播结合,为文化交流互鉴提供了便利。在数字技术的辅助下,非遗的手工技艺可以配备实时智能解说;非遗的口头表达可以经由人工智能翻译实时转译;非遗的长篇作品也可以经由人工智能阅读自动摘要,提取价值内核,吸引全球受众的兴趣与关注。由此,非遗的文化意义在跨文化传播中实现了共通,国际受众也从中饱览异域文化的魅力,进而感受到一国深厚的软实力底蕴。与此同时,借助这种交流互鉴建立起的友好关系与合作网络进一步提升了该国的国际可见性。根据丹尼尔·戴扬(Daniel Dayan)的可见性理论,可见性的意义不仅在于"被看见",更在于"定义自己如何被看见",即"自主的可见性"。特定国家总是对其自有的非遗具备优先话语权,因此,以非遗为核心的文化交流互鉴在维护文化话语权主导的基础上,能够进一步自主掌控"被看见"过程中的"文化定义权",从而为国家在国际事务中发挥更加积极的作用提供文化支撑和软实力基础。

---

① 搜狐网. 虚拟现实电影带你体验墨西哥传统的五月五日节[EB/OL]. https://www.sohu.com/a/75556404_415385.[访问时间:2024-10-06].
② 李小梅. 中国国家文化形象塑造:概念内涵、基本特征与价值意蕴[J]. 理论导刊,2022(5):103-109.
③ [美]唐·伊德. 技术与生活世界:从伊甸园到尘世[M]. 韩连庆,译. 北京:北京大学出版社,2012:5-16.

第四节　非遗数字传播与国家软实力提升路径

文化是国家软实力的根本性构成要素。事实上，软实力要素中的价值观、外交政策等在本质上也是政治文化、制度文化、政策文化、外交文化等不同文化形式的具象表达，它们统一于文化建设的整体框架之下，因而国家软实力就是各类形式各异的国家文化软实力的复合体。从这一视角来看，非遗作为优秀的文化资源，在与数字技术的结合下，将成为推动国家软实力建设的力量增长点。本节结合后续篇章的案例分类，依次探讨非遗数字传播从技术创新、资源培育、对内传播、对外传播、教育教学、文化创意和产业经济七个方向提升国家软实力的路径可行性。

一、技术创新：以新质生产力赋能非遗数字传播提升国家软实力

技术创新是非遗数字传播促进国家软实力提升的关键性中介动力。非遗数字传播的数字化属性决定了其发展离不开数字技术的底层架构支撑，技术进化论的"摩尔定律"指出，技术创新将以18—24个月的速度更迭[1]；在数字时代，这一时间已经缩短至个位数[2]。因此，非遗数字传播能否及时跟进创新浪潮，成为其能否持续赋能国家软实力的关键。面对这一情况，中国提出了以新质生产力带动全行业技术创新、提质增效的中国方案。新质生产力是以科技创新为核心要素，以劳动者、劳动资料、劳动对象及其优化组合的跃升为基本内涵，具有高科技、高效能、高质量特征，符合新发展理念的先进生产力质态；它由技术革命性突破、生产要素创新性配置、产业深度转型升级而催生[3]。

就非遗数字传播而言，以新质生产力赋能非遗数字传播的发展，推动二者彼此渗透、相互融合、相互促进，不仅是激发非遗内生活力的必然要求，也是持续释放创新发展动能的现实需要。数字技术的发展从根本上改变了非遗的保护、开发和传播方式，催生了沉浸式互动体验。随着传播方式多样化、传播空间全球化和传播参与互动化，非遗数字传播以其独特的文化价值和当代传承意义成为连接历史与现代的桥梁，为人们探寻身份认同、文化认同与情感共鸣提供依据。在新质生产力的创新催化下，数字化与智能化水平的提升也将影响非遗数字传播的要素结构、组织方式、互动关系，从而推动非遗数字展示动起来、传统技艺活起来、文化传播火起来[4]，形成国家软实力发展的支撑。

基于技术创新的逻辑，以新质生产力赋能非遗数字传播来提升国家软实力，在技术上

---

[1] 逄健,刘佳.摩尔定律发展述评[J].科技管理研究,2015,35(15):46-50.
[2] 辛冬播,李廷军.大数据时代数据总量增长的新摩尔定律辨析[J].软件导刊,2022,21(9):236-240.
[3] 习近平经济思想研究中心.新质生产力的内涵特征和发展重点[N].人民日报,2024-03-01(9).
[4] 王素娟.推动非物质文化遗产与新质生产力相容互促[EB/OL].https://www.gmw.cn/xueshu/2024-08/31/content_37535378.htm.[访问时间:2024-10-07].

要充分重视虚拟现实、增强现实等新质态的创新技术,创造互动体验,使非遗更加生动和易于受众接触,从而拓宽非遗的受众基础和影响力;在管理上要构建系统的非遗大数据体系,实现非遗资源的系统化管理和智能化分析,以系统性思维提升非遗的国际竞争力,形成助推国家软实力的强大动能。例如,"数字人"这一新质生产力的创新技术代表就在非遗数字传播中得到了广泛应用,先后诞生了伽瑶、央小央、艾雯雯、文夭夭、苏东坡数字人、梅兰芳孪生数字人、粤剧文化虚拟数字人小勤等。其中,艺术类数字人央小央曾在春节期间带领观众体验非遗庙会;文博类虚拟人艾雯雯和文夭夭不仅熟知馆藏文物珍品背后的非遗技艺故事,还能够从事线上和线下的文化讲解、展厅导览、科普互动等工作,为非遗数字传播的新质生产力实践提供了范例①。

二、资源培育:以非遗资源数字化留存与保护提升国家软实力

新质生产力的要素之一——劳动对象在数字时代主要表现为数据要素②。数据来源于人们在网络化生存环境中日常线上活动留下的"数字足迹"③,如聊天记录、浏览记录、购物记录、发帖记录等。因此,培育优质的数据资源是发挥新质生产力创新效能的重要前提。就非遗数字传播而言,它对国家软实力的提升方式同样建立在自身所生成的数字文化大数据上。文化是国家软实力的核心构成要素,文化资源为国家软实力的发展提供了动力来源④;从数字传播的流程来看,传播模式论的"线性观"和"循环观"都共同承认传播是一个先有源头、再有媒介与传播,然后到达受众的运转过程⑤。因此,非遗资源的数字化留存与保护是数字传播的前提,也是后续提升国家软实力的重要基础。

通过数字化手段对非遗进行记录、整理和保存,可以确保非遗不会因时间流逝而消失。同时,非遗资源的数字化还能为非遗的研究、传承和传播提供便利,使得更多人能够了解和认识非遗的价值和意义。这种对非遗资源的重视和保护不仅体现了国家对优秀传统文化的尊重和传承,也成为一个国家对外展现文化自信和文化软实力的契机。例如,敦煌研究院经过长期探索与研究,形成了一整套针对莫高窟中不可移动文物和无形的非遗艺术的数字化关键技术和工作流程,积累了超过 300 TB 的数字资源,为壁画及其技艺和背后的传说故事的保护、传承、研究提供了重要数据支撑,在此基础上开发的"数字敦煌"平台更是使用虚拟现实等设备帮助观众寻境敦煌,领略华夏文明的璀璨历史⑥。

---

① 王秀丽.新质生产力背景下数智技术重构非遗传播新样态[EB/OL]. https://feiyi.gmw.cn/2024-05/22/content_37337265.htm.[访问时间:2024-10-07].
② 刘银喜,吴京阳.数据要素赋能新质生产力的理论逻辑与实现路径[J].前沿,2024(4):59-68.
③ Armstrong A, Briggs J, Moncur W, et al. Everyday Digital Traces[J]. Big Data & Society, 2023, 10(2): 1-13.
④ 骆郁廷.文化软实力:基于中国实践的话语创新[J].中国社会科学,2013(1):20-24.
⑤ [英]丹尼斯·麦奎尔,[瑞典]斯文·温德尔.大众传播模式论[M].祝建华,武伟,译.上海:上海译文出版社,1990:74-92.
⑥ 刘潇阳.数字时代文化遗产保护与管理的思考[EB/OL]. https://mp.weixin.qq.com/s/CXvJ48jzdEZnBda5GLPmfg.[访问时间:2024-10-07].

从数字信息资源管理角度分析,基于资源培育的逻辑,依托数字化的非遗资源提升国家软实力需要从技术与传播两个关键维度出发①:第一,在技术维度的创新上,需要关注技术应用对非遗数据要素进行整合、呈现与转化的作用机制,积极研发能够有效促进非遗传承与传播的数字新载体;第二,就数字环境下的信息传播与文化交流而言,交流互鉴是数据资源的"源头活水",互联网是一个巨大的数据资源宝库,但是其中的"宝藏"鱼龙混杂,它们并不会自动生成结构化的、可直接用于运营的标准数据,而是要通过数字平台搭建、数字资源共享、数字资产流通等方式手段,把文化知识成果整合入宏观文化知识体系,从而推动不同文化之间的对话与合作,同时反哺自身国家软实力的建设。

三、对内传播:以社交媒体动员与公众参与提升国家软实力

社会动员是指通过各种手段激发和调动社会成员的参与热情,以实现某种社会目标的过程②。文化视域下的社会动员理论强调,通过宣传和传播文化知识等方式,可以感召和激发民众的精神力量③。文化之于社会动员的意义在于它可以将社会动员行为置于特定的文化情境下,从而赋予社会动员以充分合理性,进而激发其感召性力量。例如,在传统节日期间,节日的各种仪式性活动不仅传承了乡土文化,还营造出特定的文化氛围,使身处其中的个体通过语境化的情感联结增强群体内部的信任和凝聚力,从而发挥出显著的文化团结功能,凝聚起国家软实力的社会共识性力量。在数字时代,社交媒体的虚拟化、圈层化、平台化功能特性为创设非遗的文化情境、形成动员非遗社会化保护的氛围提供了更加便捷的条件。例如,在墨西哥政府主导下,该国境内推特(Twitter)、脸谱网(Facebook)、优兔(YouTube)、国际版抖音(TikTok)等主流社交媒体平台上均组建起非遗数字社群,共享的非遗符号成为数字社群成员的身份象征;政府鼓励定期举办线上展览和交流会,传播当地非遗资讯,并倡导人们积极参与保护,这种方式成为墨西哥政府动员非遗数字化保护与传承的重要社会化路径,真正做到了将文化传承与民众多层次的社会活动结合在一起④。

文化作为"人类生活方式的总和",其在社会动员的大众化渗透过程中总是能以一种日常化、生活化的方式潜移默化产生效果,减少受众的拒斥心理。社交媒体本身就是一种大众化、日常化的传播渠道,与文化动员有着紧密的适配性,因而可以广泛动员社会各界关注和参与非遗保护,形成全社会共同保护非遗的良好氛围。同时,社交媒体还能为非遗的传播提供广阔的空间和渠道,使得更多人能够了解和接触到非遗,从而增强对传统文化的认同感和自豪感,进而提升国家的文化软实力。

---

① 许鑫.从赋能到使能:数字化视阈下的文化遗产保护[J].文献与数据学报,2024,6(2):19-21.
② 郑永廷.论现代社会的社会动员[J].中山大学学报(社会科学版),2000(2):21-27.
③ 张兴宇.社会动员与信任重构:乡村传统节日的文化治理功能[J].华东师范大学学报(哲学社会科学版),2023,55(2):112-121,176.
④ 张青仁.社会动员、民族志方法及全球社会的重建——墨西哥非物质文化遗产保护的经验与启示[J].民族文学研究,2018,36(3):29-38.

哈罗德·拉斯韦尔(Harold Lasswell)在《社会传播的结构与功能》一书中提出了传播的三大功能:环境监测、社会协调和文化传承[①]。传播的这些基本功能决定了其发挥作用的逻辑理路:环境监测通过提供即时的事件信息实现,社会协调通过调动可以利用的社会资源实现,文化传承则通过唤醒大众内心的情感认同激发传承意愿。结合传播的三大功能理论,基于社交媒体的社会动员逻辑也可以从相应方面着手,进而实现有效促进国家软实力提升的目标:首先是发挥环境监测功能,通过及时的非遗信息更新与跟进传播,实现社会化信息动员;其次是发挥社会协调功能,以政府为主导,团结企业、公益组织、社会大众等多元主体实现社会化资源动员;最后是发挥文化传承功能,对非遗中蕴含的优秀文化理念进行数字化、艺术化加工,激发社会公众的情感共鸣,实现社会化情感动员。

四、对外传播:以非遗符号与叙事的数字传播提升国家软实力

软实力对外主要表现为国家的竞争力和影响力,以及跨文化感召力和吸引力,其追求的是良好国际形象的树立与维护[②]。事实上,在约瑟夫·奈的原初定义中,国家软实力本身就是一种国际关系交往中的力量隐喻。因此,从其固有的国际传播属性来看,国家软实力可被认为是一个国家通过吸引或说服而非强迫的方式,影响国际舞台上从组织到个体等各类行动者的偏好和行为的能力[③]。在数字时代,随着"讲故事"的逻辑成为对外传播乃至全球传播的主导行动范式[④],非遗中蕴含的文化符号及其背后的历史叙事正在成为塑造国家形象、彰显国家深厚软实力底蕴的关键标识。

作为一种文化符号,非遗承载了丰富的历史记忆和文化内涵。例如,昆曲作为中国非遗的代表之一,自2001年被联合国教科文组织列入"人类口头和非物质遗产代表作"以来,以其独特的艺术形式和深厚的文化内涵得到了国际受众的认可。作为一种历史叙事,非遗反映了社会变迁和文化传承。例如,中国的格萨尔英雄史诗、埃及的黑拉里亚史诗、蒙古国的蒙古图利史诗等,展示了历史变迁下人类生活和思想方式的变化,以及非遗在社会、文化和美学方面的价值。通过数字手段,非遗的文化符号与历史叙事可以实现创意化组合和再现,形成具有吸引力和感染力的数字内容。这些内容通过互联网、移动媒体等渠道广泛传播,在国际文化交流、旅游推广等场合中发挥作用,充分展示国家的文化特色和软实力。

在对外传播视域下,基于非遗的文化符号与历史叙事的国家软实力提升路径首先要关注文化符号的创意转化,非遗成功出海的内在逻辑是国际受众对地域美学的好奇和喜爱[⑤],

---

① Lasswell H D. The Structure and Function of Communication in Society[J]. The Communication of Ideas, 1948, 37: 215-228.
② 蔡武. 坚守文化责任彰显文化力量[N]. 人民日报, 2013-09-12(7).
③ 高文成. 中国软实力快速提升从何而来[EB/OL]. http://www.qstheory.cn/qshyjx/2024-03/13/c_1130088556. htm. [访问时间:2024-10-07].
④ 姜红,印心悦. "讲故事":一种政治传播的媒介化实践[J]. 现代传播(中国传媒大学学报), 2019, 41(1):37-41.
⑤ 环球网. 非遗海外"圈粉"彰显中国文化魅力[EB/OL]. https://finance.huanqiu.com/article/4JPBovEJUEE. [访问时间:2024-10-07].

非遗的符号化具有历史、文化、艺术等多重传播价值,要充分将具有国际话语特色的创意元素融入具有浓厚地方性特色的非遗。如 2024 年中国国际时装周上,"锦错"系列女装服饰将中国传统的纺织非遗工艺"金银错"与西方纺织技术融合,在致敬传统的同时实现了创新性发展①。此外,还需要发挥数字叙事的力量,数字叙事仍然是一种"讲故事"的方式,但是其特色在于通过数字媒介逻辑的叙事方式,使故事更具吸引力和流通性②。例如,央视推出的网络综艺《非遗里的中国》借古老的非遗故事呈现独有的中国式浪漫,展示其背后的深厚国家软实力底蕴。

五、教育教学:以全民数字化教育协同发力提升国家软实力

教育教学是培养非遗人才和传承非遗的重要途径,也是提升国家软实力的关键环节。然而,当前非遗在教育和人才的培养上面临严重困境。一方面,有能力教学与传承的群体力量有限,非遗传承人的老龄化危机加重。以中国为例,在第五批国家级非遗代表性传承人名录中,传承人平均年龄为 63.29 岁,40 岁以下的仅占 0.64%③。另一方面,对非遗的教育重视程度仍有不足。例如,中国的非遗学专家冯骥才曾谈道:"(中国的)遗产体量太大了,人才远远不足……绝大部分非遗是没有专家的,且后继乏人。"④教育的缺失与断代严重影响了非遗的保护与传承,也加剧了动摇国家软实力发展基础的风险。在数字时代,随着数字教育方式的普及,"智慧课堂""云课堂"等便捷的网络化教学方式有望通过数字化教育方式为非遗的传承开辟新路径。

从幼儿教育到高等教育,通过数字化教育手段,非遗的教学可以融入各年龄段的教育课程,形成全方位、多层次的教育体系。数字教育的优势有两方面:一是其精准化的"因材施教"能力,借助人工智能辅助的素质评价系统,可以全面地评估学习者的知识结构与能力水平,精准挖掘非遗人才,如"智能麻雀"(Smart Sparrow)、欧洲知名网络学习(e-learning)公司 Docebo 等人工智能自适应学习平台正为此做出努力⑤;二是其数字化的知识共享协作能力,数字教育是开放式的网络教育,学习门槛低,社会公众可以便捷地自学。例如,中国推出的"大学慕课"工程,推出了 500 余项文化类与遗产类课程,为中国非遗的开放式数字教育做出重要贡献。数字化教育不仅能够让学生更好地了解和认识非遗,还能进一步培养他们的文化自信和自主创新能力,为国家的文化软实力建设提升提供源源

---

① 郑达.珠海设计师亮相中国国际时装周,将非遗与现代时尚巧妙深入融合[EB/OL]. https://baijiahao.baidu.com/s?id=1809716982183456447.[访问时间:2024-10-07].
② 刘涛,刘倩欣.新文本新语言新生态"讲好中国故事"的数字叙事体系构建[J].新闻与写作,2022(10):54-64.
③ 高维.非遗传承呼唤更多青年"守艺人"[EB/OL]. https://guancha.gmw.cn/2023-01/12/content_36296510.htm.[访问时间:2024-10-07].
④ 邓晖.如何打破非遗人才培养困境?[EB/OL]. https://www.chinanews.com.cn/cul/2022/04-26/9739572.shtml.[访问时间:2024-10-07].
⑤ Edu 指南.人工智能在教育中的 8 项示例[EB/OL]. https://baijiahao.baidu.com/s?id=1798539896310923242.[访问时间:2024-10-07].

不断的人才支持。

在数字教育促进非遗保护与传承的行动逻辑主导下,为了达到国家软实力的提升目标,需要从两方面着手。第一,建构完善的教育体系,全面布局以非遗为中心的中小学素质教育、大学的思政与美育教育以及社区教育。中国在此方面已做出重要努力,2021年《关于进一步加强非物质文化遗产保护工作的意见》明确提出"将非物质文化遗产内容贯穿国民教育始终""加强高校非物质文化遗产学科体系和专业建设,支持有条件的高校自主增设硕士点和博士点"等①。第二,教育体系完善后,随之而来的便是具体的教学活动开展问题。顺应数字教育浪潮的趋势,科技公司、高等院校等各方可以实现跨界合作,利用数字科技手段帮助非遗人才拓宽视野和提升跨文化交流能力,帮助他们适应不断变化的社会需求。例如,菏泽学院利用企业的技术和设备优势开展校企合作,推出了菏泽非遗项目虚拟交互系统用于实践教学,学生们的课程作品成果3年来在国内外斩获200余项大奖②。

六、文化创意:以非遗元素与文创产业融合提升国家软实力

麦克尔·哈特(Michael Hart)和安东尼奥·奈格里(Antonio Negri)在《帝国:全球化的政治秩序》中绘制了中世纪以来的经济文化范式变迁,认为20世纪后期人类社会已经进入"第三范式":它在文化观念上以后现代的多元文化观为主导,在经济形态上以非物质的创意经济为主导,创意成为当今社会推动人类社会发展的核心资源、核心资本③。在创意学中,创意一般是指基于对现存事物的认知所衍生出的一种新的抽象思维和行为潜能④;文化创意就是在文化领域创造新意的过程,它强调原创性和创新性,涉及将传统文化与现代艺术结合,创造出具有独特思想和风格的作品⑤。就非遗数字传播而言,文化创意是推动非遗在数字时代活态传承和创新发展的重要动力;在当代,文化软实力同样也表现为一种"文化创意力"⑥,因此,创意赋能下的数字非遗也成为提升国家软实力的重要凭借。

非遗被看作一个国家或民族自古流传下来的文化瑰宝,有着极高的历史、考古和文化价值。然而也正是由于非遗的古老特性,其与当今现代化的文化环境与流行的文化理念显得格格不入,例如:有些民间非遗文学作品言辞古奥、佶屈聱牙、采用少数民族语言,难

---

① 中国政府网.中共中央办公厅 国务院办公厅印发《关于进一步加强非物质文化遗产保护工作的意见》[EB/OL]. https://www.gov.cn/zhengce/2021-08/12/content_5630974.htm.[访问时间:2024-10-07].
② 陈妍言.非遗进课堂、文创大集……共筑数字化传承之路[EB/OL]. http://yxzg.china.com.cn/2024-09/19/content_42919769.html.[访问时间:2024-10-07].
③ [美]麦克尔·哈特,[意]安东尼奥·奈格里.帝国:全球化的政治秩序[M].杨建国,范一亭,译.南京:江苏人民出版社,2008.
④ 生奇志,单承斌,徐佳佳.创意学[M].北京:清华大学出版社,2016:3.
⑤ 张振鹏,王玲.我国文化创意产业的定义及发展问题探讨[J].科技管理研究,2009,29(6):564-566.
⑥ 张振鹏,马宗国.文化软实力语境下文化创意产业发展探讨[J].科技进步与对策,2012,29(8):61-65.

以让现代受众提起兴趣;传统戏曲节奏缓慢,表演形式与念白与当今大众乐于观看的表演风格有较大脱节。创意作为一种与时俱进,反映时代风貌的文化理念与工具,可以通过将非遗与文化创意元素融合,创造出具有新颖性、独特性和时代性的文化产品和服务,在满足消费者多元化文化消费需求的基础上,还能推动非遗的文化创新发展和广泛传播,从而增强国家的文化软实力和竞争力。

非遗与文化创意的融合发展首先要做到充分挖掘、整理和提取非遗元素,并运用现代艺术手段和科技要素进行再构造与再设计,从而实现对非遗元素的创造性开发和转化。例如,江苏省级非遗创意基地采取"非遗资源+文化创意"的开发模式,将非遗资源与现代设计巧妙结合,为全省景区设计了2 500余件非遗文创产品,并培训了超过1 400名非遗创意人才,充分增强了地区发展的软实力①。除了产品设计的创意化,影视、游戏、短视频等也是当前主流的数字文化创意要素,非遗也需要融入其内容创作,实现由外而内的价值赋魂。例如,河南卫视《2024中秋奇妙游》节目创意化地将歌舞类非遗与现代数字技术、音乐表演方式结合,在海内外引发收视热潮,在全球150多个国家和地区的累计观看人次超过2 500万,全球社交媒体平台累计流量超76亿②。

七、产业经济:以数字经济激活非遗商业价值提升国家软实力

文化创意的价值突出体现在其经济转化效能上,数字时代的文化创意形成了数字经济发展的重要支撑。数字经济是现代社会发展的重要趋势,从广义上来讲,它指一切基于数字技术的经济活动③;具体而言,数字经济是以数字知识和信息作为关键生产要素,利用现代信息网络作为重要载体,通过信息通信技术的有效使用来提升效率和优化经济结构的一系列经济活动④。经济本是国家硬实力的表征,然而约瑟夫·奈在其软实力理论中指出,文化属性的经济力量中蕴含着软性的文化价值,通过售卖文化价值而获取经济效益的经济活动本质上是在利用文化的软力量⑤。因此,文化以其软实力性质形成了对经济的硬支撑,也促成了文化产业这一融合业态。就非遗数字传播而言,文化与经济的结合推动了非遗从文化价值向商业价值延伸,其所获得的经济效益也促进了国家文化产业层面软实力的发展动力。

人文经济学理论指出,文化是经济高质量发展的深厚底蕴和催化剂,经济的文化化有

---

① 江苏通过创造性转化和创新性发展,不断让非遗活起来、火起来——收纳历史的光华 孕育时代的新花[EB/OL]. https://www.thepaper.cn/newsDetail_forward_23435200.[访问时间:2024-10-07].
② 映象网.河南卫视双屏驱动,《2024中秋奇妙游》满屏开花![EB/OL]. http://news.hnr.cn/djn/article/1/1836393014684049410.[访问时间:2024-10-07].
③ [美]唐·泰普史考特.数据时代的经济学:对网络智能时代机遇和风险的再思考[M].毕崇毅,译.北京:机械工业出版社,2016:18-34.
④ Chen W, Wu Y. Digital Economy's Development, Digital Divide and the Income Gap Between Urban and Rural Residents[J]. South China Journal of Economics, 2021, 40(11): 1-17.
⑤ [美]约瑟夫·奈.软实力[M].马娟娟,译.北京:中信出版社,2013:32-40.

效统合了物质与精神、传统文化与现代文明等辩证关系,超越了传统经济学的"理性人"假设,成为助力世界发展新格局的人文动力。人文传统的融入也调和了数字经济的价值底色,在现代化语境下,数字技术与经济均是反人文的理性主义的代表性事物[①],人文精神则起到了对数字经济主体的规约作用,实现了价值观的重塑。非遗中具有充足的人文性理念,反映了人类的美好价值追求,其与数字经济的结合可以孕育出兼具人文与商业价值的文化产品和服务。例如,2024年国庆期间,福建漳州古城推出"非遗＋数字文旅"的服务模式,开展上千场线上、线下融合的特色非遗文旅主题活动,充分展现漳州非遗的人文魅力,并吸引了游客60万人次,旅游总收入超4亿元[②]。游客从中饱览非遗的魅力,获得精神上的愉悦满足,漳州则获得了知名度和经济效益,实现了双赢。这一局面也彰显了人文经济在对待传统文化时"保护性开发"的优势,并进一步推动了非遗的广泛传播和深入人心,最终形成了文化、经济与社会3个层面的国家文化软实力提升态势。

基于数字经济激活非遗保护性开发的商业价值,最终若想促进国家软实力发展,首先要关注前沿数字技术的应用。根据社会建构的技术决定论观点,从长期历史发展来看,特定社会的文化风貌往往由这个时代的技术与环境的互动塑造[③],技术可以说是塑造文化的必要不充分条件。因此,要立足于当代的技术条件,顺势而为促进非遗的保护性开发。例如,国家级非遗南海醒狮推出的数字藏品吸引了超过240万人围观、13万人报名购买,创造了开售即"秒光"的销售纪录。此外,数字条件下非遗作品的权利主体、权利内容的配置以及权利客体的边界存在模糊性[④]。因此,在数字化开发过程中也要注意非遗项目的知识产权保护问题,可以通过区块链等数字化版权保护措施为非遗的保护性开发护航,也可从根本上避免国家软实力遭受损失。

总体来讲,本书在案例选择上与前述路径分析的逻辑结构保持一致,选择从新质生产力、留存保护、社会动员、国际传播、教育教学、文娱创意和产业经济这7个层面分门别类收集相关案例展开论述。采用这一分类方式主要是考虑到非遗数字传播具有技术性、文化性、人文性、创意性等复杂的内在属性。数字技术是非遗实现数字化保护、传承与传播的根本支撑,因此,案例的分类以数字技术在非遗数字化保护、传承与传播各个环节中的不同作用方式为核心考虑。在此基础上,考虑到非遗数字传播是一项系统性工程,不仅涉及多元技术的使用,还涉及多元主体、多元领域、多元效果的考虑,本书进一步依据不同主体在不同领域对非遗数字传播的具体实践内容进行分类,充分兼顾了技术性、文化性、主体性和实践性因素,力求做到分类的科学、全面、客观。

确定分类体系后,在案例的选择上,本书遵循代表性、典型性、时效性、创意性、趣味性、影响力、探索性和启发性的标准严格筛选案例。第一,所选案例应能够代表某一特定

[①] 张成岗. 技术、理性与现代性批判[J]. 自然辩证法研究,2004(8):56-60.
[②] 网易网. 飙升! 漳州文旅这波操作,很可以! [EB/OL]. https://www.163.com/dy/article/JDMM6GQQ053582IC.html. [访问时间:2024-10-07].
[③] 李三虎,赵万里. 技术的社会建构——新技术社会学评介[J]. 自然辩证法研究,1994(10):30-35,52.
[④] 冷莎. 数字化非物质文化遗产知识产权保护研究[J]. 法学,2024,12(2):1002-1008.

领域或方面的数字传播实践,具有鲜明的地域、民族或文化特色;第二,案例应具有显著的典型性,能够反映非遗数字传播的核心问题与关键特征,为相关领域的研究与实践提供有益的参考与借鉴;第三,所选案例应具有较高的时效性,能够反映当前非遗数字传播的最新趋势与动态,为读者提供及时、准确的信息与启示;第四,案例应展现出在数字传播策略、技术应用或模式创新上的独特创意,能够引领或推动该领域的发展趋势;第五,所选案例应具有趣味性,能够吸引读者的注意力与兴趣,带动非遗知识的普及与传播;第六,案例应有明确的数据彰显其社会影响力,能够引发公众、学术界或产业界的广泛关注与讨论;第七,所选案例应具有在技术、文化、社会、经济等多个领域的丰富探索经历,以展现非遗数字传播的复杂性与多元性;第八,案例中应能明确体现出对实践的指导意义,能够从中提炼出成功的经验,激发读者的思考。

(时　伟)

本章思考与讨论

1. 数字时代,国家软实力有怎样的特征?与传统国家硬实力相比,有何不同?
2. 数字技术对非遗当代传承与传播产生了怎样的影响?
3. 国家软实力与非遗数字传播之间具有怎样的联系?是何种互动关系?
4. 如何通过非遗的数字传播来提升国家软实力?

本章参考文献

[1] [荷]何塞·范·迪克,[荷]托马斯·普尔,[荷]马丁·德·瓦尔.平台社会:互联世界中的公共价值[M].孟韬,译.大连:东北财经大学出版社,2023.
[2] [美]麦克尔·哈特,[意]安东尼奥·奈格里.帝国:全球化的政治秩序[M].杨建国,范一亭,译.南京:江苏人民出版社,2008.
[3] [美]曼纽尔·卡斯特.认同的力量[M].曹荣湘,译.北京:社会科学文献出版社,2006.
[4] [美]唐·伊德.技术与生活世界[M].何晴,译.北京:北京大学出版社,2012.
[5] [美]约瑟夫·奈.软实力:世界政治中的成功之道[M].吴晓辉,钱程,译.北京:东方出版社,2004.
[6] [美]约瑟夫·奈.软实力[M].马娟娟,译.北京:中信出版社,2013.
[7] [英]安东尼·吉登斯.现代性的后果[M].南京:译林出版社,2022:23-33.
[8] [英]丹尼斯·麦奎尔,[瑞典]斯文·温德尔.大众传播模式论[M].祝建华,武伟,译.上海:上海译文出版社,1990.
[9] 李家祥.国家软实力问题研究[M].北京:高等教育出版社,2016.
[10] 薛可,郭斌.中国非物质文化遗产数字传播研究报告(2018—2022年)[M].上海:上海交通大学出版社,2023.

[11] 巴莫曲布嫫.非物质文化遗产:从概念到实践[J].民族艺术,2008(1):6-17.
[12] 董立人,寇晓宇,陈荣德.关于中国的"软实力"及其提升的思考[J].探索,2005(1):143-146.
[13] 冯惠玲.数字记忆:文化记忆的数字宫殿[J].中国图书馆学报,2020,46(3):4-16.
[14] 郭全中,肖璇.我国传媒业数字化战略初探[J].西部学刊,2023(15):161-167.
[15] 郭玉军,司文.英国非物质文化遗产保护特色及其启示[J].文化遗产,2015(4):12.
[16] 何道宽.媒介环境学辨析[J].国际新闻界,2007(1):46-49.
[17] 黄金辉,丁忠毅.中国国家软实力研究述评[J].社会科学,2010(5):31-39,187-188.
[18] 黄永林,程秀莉.保护传承各民族非遗,铸牢中华民族共同体意识[J].贵州民族大学学报(哲学社会科学版),2023(6):41-50.
[19] 黄永林,谈国新.中国非物质文化遗产数字化保护与开发研究[J].华中师范大学学报(人文社会科学版),2012,51(2):49-55.
[20] 梁文达.中国非物质文化遗产传承对国家文化软实力提升研究[D].北京:中央财经大学,2017.
[21] 刘畅."网人合一":从Web1.0到Web3.0之路[J].河南社会科学,2008(2):137-140.
[22] 刘绛华.国家软实力分析[J].江西行政学院学报,2007(4):25-28.
[23] 刘魁立.非物质文化遗产保护的回望与思考[J].中国非物质文化遗产,2020(1):32-40.
[24] 骆郁廷.文化软实力:基于中国实践的话语创新[J].中国社会科学,2013(1):20-24.
[25] 阮仪三,林林.文化遗产保护的原真性原则[J].同济大学学报(社会科学版),2003(2):1-5.
[26] 宋俊华.非遗"出海"何以能深化文明交流互鉴[J].人民论坛,2024(11):100-103.
[27] 谈国新,何琪敏.中国非物质文化遗产数字化传播的研究现状、现实困境及发展路径[J].理论月刊,2021(9):87-94.
[28] 谭必勇,徐拥军,张莹.技术·文化·制度:非物质文化遗产数字化研究述评[J].浙江档案,2011(6):30-33.
[29] 王沪宁.作为国家实力的文化:软权力[J].复旦学报(社会科学版),1993(3):91-96,75.
[30] 王淑芳.国家软实力竞争与我国主流意识形态构建[J].山东社会科学,2012(2):16-20.
[31] 吴兴帜.文化遗产保护的生态学视角[J].西南民族大学学报(人文社会科学版),2012,33(1):30-34.
[32] 徐红,郭姣姣.数字化技术在日本民族文化传承中的运用及启迪[J].新闻大学,2014(6):47-54.
[33] 许德金,焦晶.何为文化软实力?[J].首都师范大学学报(社会科学版),2017(5):75-83.
[34] 许鑫.从赋能到使能:数字化视阈下的文化遗产保护[J].文献与数据学报,2024,6(2):19-21.
[35] 薛可,龙靖宜.中国非物质文化遗产数字传播的新挑战和新对策[J].文化遗产,2020(1):140-146.
[36] 杨永军,张彩霞.新时代中国对外融通话语体系的构建逻辑与现实面向[J].山东社会科学,2024(3):145-155.
[37] 姚国章,刘增燕.国外非物质文化遗产数字化保护与传承实践借鉴[J].东南文化,2022(6):179-185.
[38] 俞新天.软实力建设与中国对外战略[J].国际问题研究,2008(2):15-20,71.
[39] 张国祚.中国文化软实力理论创新[J].中国社会科学,2023(5):188-203+208.
[40] 张青仁.社会动员、民族志方法及全球社会的重建——墨西哥非物质文化遗产保护的经验与启示[J].民族文学研究,2018,36(3):29-38.
[41] 张振鹏,马宗国.文化软实力语境下文化创意产业发展探讨[J].科技进步与对策,2012,29(8):

61-65.
[42] 张振鹏,王玲.我国文化创意产业的定义及发展问题探讨[J].科技管理研究,2009,29(6):564-566.
[43] 赵磊.提升"软实力"的关键问题与思路建议[J].前线,2018(2):32-35.
[44] 郑永廷.论现代社会的社会动员[J].中山大学学报(社会科学版),2000(2):21-27.
[45] Armstrong A, Briggs J, Moncur W, et al. Everyday Digital Traces[J]. Big Data & Society, 2023, 10(2): 1-13.
[46] Bachrach P, Baratz M. Two Faces of Power[J]. American Political Science Review, 1962(56): 947-952.
[47] Chen W, Wu Y. Digital Economy's Development, Digital Divide and the Income Gap Between Urban and Rural Residents[J]. South China Journal of Economics, 2021, 40(11): 1-17.
[48] Lasswell H D. The Structure and Function of Communication in Society[J]. The Communication of Ideas, 1948(37): 215-228.
[49] Nye J S. The Changing Nature of World Power[J]. Political Science Quarterly, 1990, 105(2): 177-192.
[50] Ognjanović Z, Marinković B, Šegan-Radonjić M, Masliković D. Cultural Heritage Digitization in Serbia: Standards, Policies, and Case Studies[J]. Sustainability, 2019, 11(14): 3788.
[51] Verhoef P C, Broekhuizen T, Bart Y, et al. Digital Transformation: A Multidisciplinary Reflection and Research Agenda[J]. Journal of Business Research, 2019, 122(7): 889-901.
[52] Wickens, C. Attention: Theory, Principles, Models and Applications[J]. International Journal of Human-Computer Interaction, 2021, 37(5): 403-417.

第二章

新质生产力与非物质文化遗产数字传播

第一章深入探讨了国家软实力与非遗数字传播的核心概念,明确了在全球化背景下,软实力作为提升国家影响力、强化国家话语权的关键要素,其重要性日益凸显。特别是在中国语境下,文化软实力被视为国家综合国力建设中最深沉、最持久的动力,而非遗作为中华优秀传统文化的重要载体,其与软实力的交融互动成为当代文化发展的重要趋势。

随着科技的飞速发展,新质生产力不仅重塑了传统经济的面貌,也为非遗的保护、传承与发展开辟了全新的路径。本章将系统性地分析新质生产力如何赋能非遗的数字保护,通过先进的技术手段实现非遗资源的精准记录与长期保存;本章进而探讨新质生产力在非遗数字交互方面的应用,如何利用虚拟现实、增强现实等前沿技术,搭建起非遗与公众之间生动、互动的桥梁;最后,本章还将聚焦新质生产力推动下的非遗数字推广策略,揭示数字化如何拓宽非遗的传播渠道,提升非遗的国际影响力,使古老的文化遗产在新时代焕发出新的生机与活力。

第一节 新质生产力与非遗

新质生产力作为推动社会进步和文明发展的重要力量,在非遗保护与传承中展现出巨大的潜在价值。非遗是中华民族的文化瑰宝,其保护与传承不仅关乎民族文化的延续,更关系到国家文化软实力的提升。新质生产力的引入将为我们提供一种新的视角和方法,以更加科学、有效的手段保护和传承非遗,进而推动国家软实力的不断提升。因此,深入探讨新质生产力与非遗的关系对于促进非遗保护与传承、提升国家软实力具有重要意义。

一、新质生产力的界定与技术形式

随着科技的飞速发展,人类社会正经历着前所未有的变革。在这一背景下,新质生产力作为推动社会进步和文明发展的重要力量,逐渐走进我们的视野。下面将深入探讨新质生产力的定义与特征,明确其是基于互联网、物联网、大数据、人工智能等新一代信息技术而诞生的新型生产力形态。通过对新质生产力的概念界定、特征分析和技术形式的讨论，我们希望能揭示其在非遗保护与传承中的潜在价值和作用。

（一）新质生产力的概念界定

在当今快速发展的科技时代，生产力的形态与内涵正经历着前所未有的变革。新质生产力这一崭新概念正是对这种变革的深刻反映与高度概括。新质生产力，简而言之，是指基于互联网、物联网、大数据、人工智能等新一代信息技术形成的生产力形态。它不仅代表了技术的革新，更预示着生产方式的深刻转型和社会结构的重塑。

新质生产力[①]之所以被称为"新质"，是因为它与传统生产力相比，具有显著的不同和质的飞跃。传统生产力主要依赖物质资源的投入和人力资本的积累，而新质生产力则更加注重信息技术的运用和智力资本的增值。互联网、物联网、大数据、人工智能等新一代信息技术作为新质生产力的核心要素，不仅极大地提高了生产效率和质量，还推动了产业结构的优化和升级。

互联网技术的广泛应用使得信息传播更加迅速、广泛，极大地降低了信息获取的成本和门槛。在非遗的保护与传承中，互联网技术可以发挥重要作用。通过构建非遗数据库、在线展示平台等，可以实现非遗资源的数字化、网络化传播，让更多人了解、认识和传承非遗。

物联网技术则通过传感器等设备，将物理世界与数字世界紧密相连。在非遗保护中，物联网技术可以用于监测非遗物品的状态和环境条件，预防非遗物品的损坏和丢失。同时，物联网技术还可以为非遗的智能展示和管理提供有力支持。

大数据技术则能够挖掘和分析非遗相关的海量数据，揭示其内在规律和趋势。通过对非遗受众的行为数据、偏好数据等进行分析，可以更加精准地把握非遗的市场需求和发展方向，为非遗的传承与发展提供科学依据。

人工智能技术作为新质生产力的又一重要组成部分，具有自主学习、智能决策、高效处理等特点。在非遗保护与传承中，人工智能技术可以被用于非遗作品的智能化创作和创新，推动非遗与现代艺术的融合与发展。同时，人工智能技术还可以被用于非遗的智能识别、分类和翻译，提高非遗的传播效率和影响力。

新质生产力代表了生产力发展的最新阶段和最高水平，具有显著的技术驱动性、高效性、融合性和创新性特征。在非遗的保护与传承中，新质生产力将发挥重要作用，为非遗的传承与发展提供新的思路和方法。

（二）新质生产力特征

新质生产力作为当代社会生产力发展的高级形态，展现出一系列鲜明的特征，不仅定义了其与传统生产力的本质区别，也预示着未来生产力发展的方向。以下将从技术密集型、创新驱动型、融合协同型、开放共享型及可持续发展型5个方面，对新质生产力的特征

---

① 林毅夫等.新质生产力：中国创新发展的着力点与内在逻辑[M].北京：中信出版社，2024：43-44.

进行深入剖析①。这些特征相互交织、共同作用,推动新质生产力不断向前发展,为社会发展注入强大动力。

1. 技术密集型

相较于传统生产力对物质资源和人力资本的依赖,新质生产力更加注重信息技术的运用和智力资本的增值。互联网、物联网、大数据、人工智能等新一代信息技术是新质生产力的核心驱动力,这些技术的创新和发展不断推动新质生产力的提升和变革。技术密集型特征使得新质生产力在生产过程中能够高效利用信息资源,实现生产过程的智能化、自动化和数字化,从而大幅提高生产效率和产品质量。

2. 创新驱动型

创新是推动新质生产力前进的核心,它涵盖了技术创新、管理创新、制度创新等多个关键领域。新一代信息技术的不断发展和应用为新质生产力的创新提供了广阔的空间和可能。技术创新让我们不断刷新生产方式,提高效率;管理创新帮助我们优化生产流程,增强组织的灵活性与适应性;制度创新则为我们营造了一个有利于创新的环境,激发活力,确保新质生产力能够持续进步。

3. 融合协同型

新一代信息技术的广泛应用打破了传统产业的界限,推动了产业间的融合和协同发展。新质生产力不仅促进了物质生产领域的创新和发展,还推动了文化、教育、医疗等非物质生产领域的变革和升级。通过信息技术的融合应用,可以实现不同产业之间的信息共享、资源互补和协同发展,形成新的产业生态和经济增长点。

4. 开放共享型

新一代信息技术的开放性和共享性为新质生产力的开放共享提供了有力支撑。通过构建开放共享的平台和机制,可以推动新质生产力的资源共享、知识共享和成果共享,促进创新资源的优化配置和高效利用。同时,开放共享型特征还有助于加强国际合作与交流,推动全球创新资源的优化配置和共享利用,促进全球经济的共同发展和繁荣。

5. 可持续发展型

新一代信息技术的广泛应用为实现绿色、低碳、可持续的生产方式提供了可能。信息技术的优化与智能控制助力我们在生产过程中减少能源消耗和排放,高效利用资源,从而降低对环境和生态的影响。同时,新质生产力的发展还可以推动绿色经济的发展和壮大,促进社会的可持续发展。

(三) 面向新质生产力的信息技术

在当今快速发展的数字化时代,信息技术已成为推动新质生产力发展的核心引擎。新质生产力作为科技进步与时代发展的产物,正逐步改变着我们的生产方式、生活方式以

---

① 米加宁,李大宇,董昌其.算力驱动的新质生产力:本质特征,基础逻辑与国家治理现代化[J].公共管理学报,2024,21(2):1-14.

及社会结构。面向新质生产力的信息技术不仅为新质生产力的崛起提供了坚实的基础，更在各个领域催生出前所未有的创新应用。这些技术涵盖了数字化采集与存储、虚拟现实与增强现实、大数据与人工智能、物联网、云计算与区块链等多个领域，它们相互交织、相互促进，共同推动着新质生产力不断向前发展。接下来，我们将逐一探讨这些技术在新质生产力中的应用与影响。

1. 数字化采集与存储技术

在新质生产力的推动下，数字化采集与存储技术正以前所未有的速度发展，成为连接物理世界与数字世界的桥梁。这一技术领域的两大核心，高清摄像技术以及三维扫描与建模技术，正在各个领域展现出其强大的应用潜力和价值。

（1）高清摄像技术

高清摄像技术作为数字化采集的重要工具，已经深入我们生活的方方面面。从家庭娱乐到专业影视制作，从安全监控到科学研究，高清摄像技术都以其卓越的图像质量和清晰度为我们提供了前所未有的视觉体验。在影视制作中，高清摄像技术使得电影画面更加细腻、逼真，为观众带来了更加震撼的观影体验。在安全监控领域，高清摄像技术不仅提高了监控画面的清晰度，还为犯罪侦查提供了更加翔实、准确的线索。此外，高清摄像技术在医学影像、教育等领域也发挥着重要作用，推动了这些领域的数字化转型和升级。

非遗的高精度数字影像是目前最常用、最便捷的采集记录手段，在非遗的抢救保护过程中发挥着重要作用。对目标非遗进行数字影像采集的过程为获取该非遗的光学像，通过光电传感器将光学信号转变成数字信号，从而形成数字影像。典型的数字影像设备有数码相机和摄像机，它们在拍摄过程中可以直接将信息存储为数字格式，方便快捷地采集高精度的音频、视频资料，也便于后期编辑、处理与使用。相较于传统的摄像方式，数字影像技术采集的非遗信息具有准确度更高、成本更低、保存时间更长等优点[1]。

文化和旅游部于 2013 年试点，2015 年全面启动国家级非遗代表性传承人抢救性记录工作。截至 2021 年，中央财政已经为全国约 1 600 名国家级非遗代表性传承人抢救性记录工作给予财政支持，约占国家级非遗代表性传承人总数的 52.2%。记录工作成果包括文献片、综述片、收集文献、口述文字稿及工作流程文件等内容。每个记录项目的成片时长平均为 25 小时，数字化后的收集文献有 100~300 件，口述史文字稿平均字数为 10 万字。每个项目最终提交的资源量平均为 300 GB（素材资源量平均为 1 200 GB）。截至目前，2015—2018 年开展的 4 批国家级非遗代表性传承人记录项目中，共计 872 个项目通过了专家评审，已完成最终验收。围绕记录工作制作的非遗影像公开课播放量达 1 481 万[2]。

（2）三维扫描与建模技术

三维扫描与建模技术则是数字化存储与处理的又一利器。通过激光扫描仪、结构光

---

[1] 靳桂琳. 我国非物质文化遗产的数字化保护研究[D]. 昆明：昆明理工大学，2019.
[2] 国家级非物质文化遗产代表性传承人记录工作：为公众留下珍贵的非遗记忆[EB/OL]. https://www.ihchina.cn/news_1_details/25516.html.[访问时间：2024-12-07].

扫描仪等设备,我们可以快速、准确地获取物体的三维信息,进而构建出高精度的三维模型。这一技术在工业设计、建筑规划、文物保护等领域具有广泛的应用价值。在工业设计中,三维建模技术可以帮助设计师更直观地了解产品的结构,提高设计效率和质量。在建筑规划中,三维建模技术可以模拟出建筑的实际效果,为设计师提供决策支持。在文物保护领域,三维扫描与建模技术成为守护珍贵的文化遗产的盾牌,帮助我们实现文物的数字化保存和修复,让这些无价的历史见证得以跨越时间的长河,永久流传。

高清摄像技术以及三维扫描与建模技术作为数字化采集与存储技术的两大核心,正在各个领域发挥着越来越重要的作用。它们不仅提高了数据的采集效率和准确性,还为数据的处理、分析和应用提供了更加丰富的信息源。随着技术的不断进步和应用场景的拓展,数字化采集与存储技术将在未来发挥更加重要的作用,推动新质生产力不断向前发展。同时,这些技术也将为我们的生活带来更加便捷、智能和高效的体验。

2. 虚拟现实与增强现实技术

在新质生产力的浪潮中,虚拟现实与增强现实技术以其独特的交互性和沉浸感,正在成为推动各行各业创新发展的重要力量。这两种技术不仅在游戏、娱乐等领域大放异彩,更在非遗的保护与传承上展现出了巨大的潜力①。

(1) 虚拟现实技术

虚拟现实技术是一种能够创建计算机生成的虚拟环境并让用户沉浸其中的技术。它利用头戴式显示器、数据手套等硬件设备,以及先进的图形渲染、物理模拟等技术手段,构建出一个与现实世界相似或完全不同的虚拟空间。在这个空间中,用户可以通过自然的交互方式与虚拟物体互动,获得身临其境的体验。

在非遗的保护与传承中,虚拟现实技术发挥了至关重要的作用。首先,它可以帮助我们构建出逼真的非遗场景,让用户能够身临其境地感受非遗的魅力。想象一下,戴上虚拟现实头盔,你即刻置身于一个古老的手工艺作坊,四周是手艺人忙碌的身影,空气中弥漫着木料和染料的香气。你可以看到、听到,甚至"触摸"到那些传统手工艺品,每一个细节都栩栩如生。这就是虚拟现实技术带给我们的沉浸式体验,它让我们能够深入地感受和理解传统技艺的精髓。更令人兴奋的是,虚拟现实技术还能将非遗的展示和宣传带到一个全新的维度。我们可以创建虚拟博物馆和虚拟展览,让那些珍贵的文化遗产在数字世界中重现光彩,让更多人能够跨越地理的界限,近距离感受非遗的独特魅力,从而提高公众对非遗的认知和保护意识。

在非遗的教育与培训方面,虚拟现实技术同样具有巨大的优势。通过虚拟现实技术,我们可以构建出虚拟的教学环境,让学生在虚拟空间中学习非遗知识和技能。这种教学方式不仅具有高度的互动性和沉浸感,还能够根据学生的学习进度和兴趣进行个性化的调整,从而提升教学效果和学习体验。例如,在舞蹈、戏剧等表演类非遗的传承中,虚拟现实技术可以模拟出真实的表演场景,让学生在虚拟环境中进行表演练习,从而更好地掌握

---

① 马倩倩.从"看"到"感":非遗文化在沉浸式虚拟空间中的传承与互动[D].沈阳:鲁迅美术学院,2023.

表演技巧和艺术表现力(见图 2-1-1)。

图 2-1-1　首部 VR 纪录片《昆曲涅槃》

(资料来源:首部 VR 纪录片《昆曲涅槃》[EB/OL]. https://www.163.com/dy/article/H41M1UVP05533IW3.html.[访问时间:2024-12-07].)

(2)增强现实技术

增强现实技术最早开始于哈佛大学电气工程副教授伊万·萨瑟兰(Ivan Sutherland)1968年发明的名为"达摩克利斯之剑"的头戴式显示设备(head-mounted display,HMD),该设备能够将简单线框图转换为三维效果的图像①。在历经近半个世纪的发展之后,如今已经发展为分别基于魔镜技术(see-through)②和空间增强技术(spatial augmented)③的两大设备阵营。该技术在发展进程中的应用范围主要集中在军事、电视直播、游戏、娱乐、教育、医疗、文化遗产等领域。在文化遗产保护领域,重点集中在物质文化遗产方面的应用,它与增强社会文化表现对象的存在感密切相关,但在非遗领域的使用相对较少。

3. 大数据与人工智能技术

(1)大数据分析

在数字化时代,数据已成为新的生产要素,大数据分析则是挖掘这一生产要素价值的关键手段。大数据分析是指对海量、多样、高速的数据进行收集、存储、处理和分析的过程,旨在揭示数据中的隐藏规律和趋势,为决策提供科学依据。

大数据分析的核心在于数据的处理和分析能力。随着数据存储技术的不断进步,我们可以轻松地收集海量的数据,但从这些数据中提取有价值的信息就需要强大的数据处理和分析工具。这些工具可以对数据进行清洗、整合、转换和挖掘,从而得到我们想要的结果。

在非遗的保护与传承中,大数据分析发挥着重要作用。通过大数据分析,我们可以对

---

① 崔晋.增强现实技术在非物质文化遗产中的传播应用——以"太平泥叫叫"交互展示为例[J].传媒,2017(22):3.
② 周亚丽.全息"魔镜"在身边[J].知识就是力量,2021(9):84-85.
③ 李婷婷.基于 AR-VR 混合技术的公共空间内非物质文化遗产传播[J].电子技术与软件工程,2019(12):1.

非遗的受众进行精准画像,了解他们的年龄、性别、地域、兴趣等特征,从而制定更有针对性的传播策略。大数据分析还可以帮助我们挖掘非遗中的潜在价值,如通过分析非遗项目的历史背景、文化内涵、艺术特色等,我们可以发现其中具有商业潜力的元素,为非遗的产业化发展提供支持。

此外,大数据分析还可以用于非遗的监测与评估。通过收集非遗项目的传播数据、受众反馈数据等,我们可以对非遗的传播效果进行量化评估,及时发现传播中存在的问题,并采取相应的措施改进。

(2) 人工智能算法

人工智能算法是大数据分析的延伸和深化,它利用机器学习、深度学习等算法对数据进行自动分类、识别和预测。作为人工智能领域的核心技术,人工智能算法是通过对大量数据进行学习和分析,从而能够自主决策、预测和解决问题的智能程序。这些算法基于统计学、数学、计算机科学等多个学科的理论基础,通过模拟人类的学习和思考过程,实现对复杂问题的智能化处理。

人工智能算法的种类繁多,包括但不限于决策树、随机森林、支持向量机、神经网络等。每种算法都有其独特的优势和适用场景。例如,决策树算法通过构建树状结构进行分类和预测,适用于处理有明确分类标签的数据;神经网络算法则通过模拟神经元之间的连接和传递方式,实现对复杂非线性问题的建模和求解,被广泛应用于图像识别、语音识别等领域。

人工智能算法在非遗的保护与传承中同样发挥着重要作用[①]。首先,人工智能算法可以用于非遗的智能识别与分类(见图 2-1-2)。通过训练模型,我们可以让计算机自动识别非遗项目的类型、风格、流派等特征(见图 2-1-3),从而实现非遗的快速分类和检索。这不仅提高了非遗的管理效率,还为非遗的传播提供了更多的可能性。其次,人工智能算

图 2-1-2　AI 机器人模仿人体动作表演皮影戏

(资料来源:邑大学子用 AI 助推皮影传承与创新[EB/OL]. http://zbjmnews.cnjmnet.cn/share/ArticleShare?ArticleId=169026.[访问时间:2024-12-07].)

---

① 徐嘉敏,朱国庆,常增宏.人工智能在非遗文化传承中的应用[J].美与时代(城市版),2024(8):117-119.

法还可以用于非遗的智能创作与创新。通过分析非遗的历史数据、受众数据等,我们可以发现非遗的创新元素和趋势,为非遗的创作提供灵感和依据。同时,人工智能算法还可以用于非遗的智能改编和演绎,使非遗更加符合现代人的审美需求和文化背景。再次,在非遗的保护与传承中,人工智能算法还可以用于智能推荐和个性化服务。通过分析用户的兴趣偏好和历史行为数据,我们可以为用户推荐符合其需求的非遗内容和服务,提高用户的满意度和参与度。最后,人工智能算法还可以用于非遗的智能监测与预警。通过实时监测非遗的传播数据、受众反馈数据等,我们可以及时发现非遗传播中的异常情况和潜在风险,并采取相应的措施干预和应对。

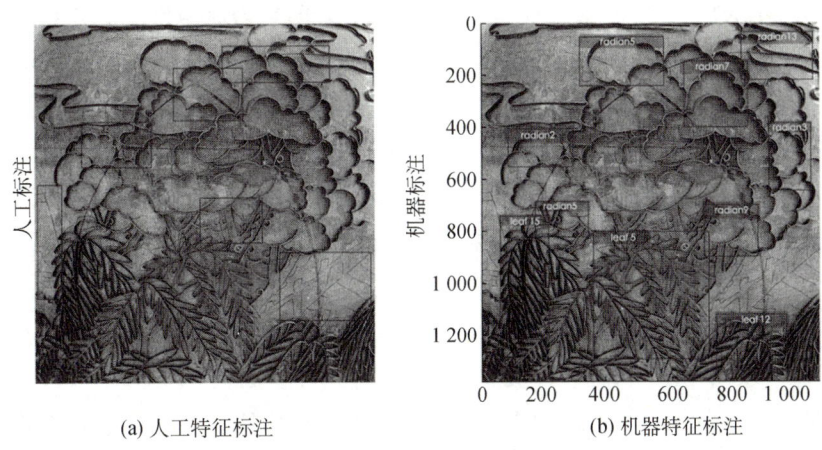

图 2-1-3　特征标注

(资料来源:覃京燕,贾冉.人工智能在非物质文化遗产中的创新设计研究:以景泰蓝为例[J].包装工程,2020,41(6):1-6.)

特别值得一提的是,Sora 模型在这一领域展现出了独特的能力。Sora 是美国人工智能研究公司 OpenAI 于 2024 年 2 月 15 日发布的创新性文生视频大模型,被视作一个"世界模拟器",旨在通过先进的人工智能技术模拟和理解复杂视频内容。通过深度学习和模式识别,Sora 能够从海量的非遗视频中提取关键信息,自动生成非遗的教学和展示内容,使得非遗的传播更加生动和高效。这种创新的应用不仅提高了非遗的可见度,还为非遗的传承提供了新的途径。

4. 物联网技术

物联网技术作为信息科技产业的第三次革命,正以其独特的魅力和广泛的应用前景深刻改变着我们的生活和工作方式。物联网起源于传媒领域,其核心思想是通过信息传感设备,如传感器、RFID 标签、二维码、摄像头等,按约定的协议,将任何物体与网络连接,实现物体之间、人与物体之间的信息交换和通信,进而实现智能化识别、定位、跟踪、监管等功能[①]。

物联网技术的关键在于其架构体系,通常分为感知层、网络层和应用层。感知层是物

---

① 《物联网技术》简介[J].物联网技术,2024,14(8):164.

联网的皮肤和五官,负责识别物体、采集信息,包括条码扫描、RFID读写器、摄像头、全球定位系统(global positioning system,GPS)、各种传感器等。网络层类似于人体结构中的神经中枢和大脑,负责对感知层获取的信息进行传递和处理,包括通信与互联网的融合网络、网络管理中心、信息中心和智能处理中心等。应用层则是物联网与用户交互的界面,通过各种终端设备和服务平台,将物联网技术应用于各个行业和领域。

在非遗的保护与传承之路上,物联网技术以其独特的优势,正逐步成为一股不可忽视的力量。这项技术的引入不仅为非遗的安全守护提供了强有力的支持,更为其智能化管理和传播推广开辟了全新的路径。

物联网技术通过传感器、监控设备等硬件设施的部署,为非遗构建了一套严密的实时监测和预警系统。这些设备如同非遗的守护者,时刻关注着环境变化。无论是温度的微小波动,还是人流的异常涌动,都逃不过物联网技术的"眼睛"。一旦监测到可能对非遗造成损害的因素,系统便会立即启动预警机制,及时通知相关人员处理,从而有效避免风险。

在智能化管理方面,物联网技术同样展现出了非凡的能力。通过构建非遗的管理信息系统,我们可以对非遗项目的各种信息,如历史背景、文化内涵、艺术特色以及传承人资料等,进行数字化存储和整合。这不仅为非遗的保护提供了翔实的数据支持,更为其传承和发展奠定了坚实的基础。同时,物联网技术还可以对非遗项目的日常活动进行记录和监控,确保每一项活动的顺利进行,从而实现对非遗全面、细致的管理。

物联网技术还在非遗的传播和推广方面发挥着重要作用。通过构建非遗的数字展示平台,我们可以通过图像、视频、音频等多种形式全方位展示非遗项目的魅力,让更多的人有机会近距离感受非遗的独特魅力。这种数字化的展示方式不仅打破了时间和空间的限制,而且让非遗以更加生动、直观的方式走进大众视野。

物联网技术与虚拟现实、增强现实等先进技术结合,为非遗的传播和推广带来了更加丰富的体验方式。观众可以通过这些技术手段,身临其境地感受非遗的独特氛围,仿佛穿越时空,与古人进行了一场跨越千年的对话。这种沉浸式的体验方式不仅增强了观众对非遗的认知和兴趣,更为其传承和发展注入了新的活力。

5. 云计算与区块链技术

(1) 云计算技术

云计算作为现代信息技术的核心之一,正逐步渗透并改变着我们的生活和工作方式。云计算被定义为一种基于互联网的计算方式,通过互联网将巨大的数据计算处理程序自动分拆成无数个较小的子程序,再交由多部服务器所组成的庞大系统经搜寻、计算分析之后将处理结果回传给用户[①]。这种计算方式如同自来水厂供水,用户可以随时获取并使用"云"上的资源,按需付费,无须担心资源的扩展和管理问题。

云计算技术由多个关键组件构成,包括IaaS(基础设施即服务)、PaaS(平台即服务)和

---

① [加]ERL T, Mahmood Z, Puttini R. 云计算:概念、技术与架构[M]. 龚奕利,贺莲,胡创,译. 北京:机械工业出版社,2014:14.

SaaS(软件即服务)。IaaS 提供计算、存储和网络资源,用户可以像使用自己的硬件一样使用这些资源;PaaS 提供一个开发平台,用户可以在上面构建、测试和运行应用程序;SaaS 则提供完整的软件解决方案,用户无须安装和维护软件,只需要通过网络访问即可。

在非遗的保护与传承中,云计算技术发挥着重要作用。云计算技术为非遗的数据存储和管理提供了便捷的途径。非遗包含大量的文字、图像、音频和视频资料,这些资料需要高效的存储和管理方式。云计算技术通过提供可扩展的存储空间和高效的数据处理能力,使得非遗的数据存储和管理变得更加容易和高效。

云计算技术可以推动非遗的数字化传播和互动体验。通过云计算技术,非遗可以通过数字化形式传播,如在线展览、虚拟演出等。观众可以在任何时间、任何地点通过互联网访问这些资源,了解非遗的内涵和价值。此外,云计算技术还可以结合虚拟现实、增强现实等技术手段,为观众提供沉浸式的非遗体验,让他们身临其境地感受非遗的魅力。云计算技术还可以促进非遗的跨界融合和创新发展。通过云计算技术,非遗可以与其他行业深度融合,如与旅游、教育、娱乐等行业结合,形成新的文化产品和服务。同时,云计算技术还可以为非遗的创新发展提供技术支持,如通过数据分析、机器学习等技术手段,挖掘非遗中的潜在价值和创新点,推动非遗的创新和发展。

(2) 区块链技术

区块链技术是分布式数据存储、点对点传输、共识机制、加密算法等计算机技术的新型应用模式,是通过去中心化和去信任化方式集体维护一个可靠数据库的技术方案[①]。这种技术具有去中心化、不可篡改、全程留痕等特点,为数据的安全性和可信度提供了有力保障。

区块链技术由多个关键技术组成,包括分布式账本、共识机制、加密算法等。分布式账本让数据能在多个节点间同步更新,保障了信息的一致性和可靠性。共识机制让所有网络节点在数据更新上达成共识,有效防止了数据篡改和欺诈行为。加密算法则在数据传输和存储的过程中,保护了数据的安全和隐私。

在非遗的保护与传承领域,区块链技术同样展现出了独特的价值。该技术为非遗的版权保护和追溯提供了一种创新手段。具体而言,区块链技术可以给每一件非遗作品一个独特的数字标识,这个标识详细记录了作品的创作时间、作者、传承者等关键信息。这些数据一旦录入区块链,就有了不可篡改和长久保存的特性,这为非遗的版权保护提供了强有力的支持。同时,区块链技术还能够追踪非遗的传承脉络和流转轨迹,为非遗的历史追溯和真实性验证提供了可靠的依据。此外,区块链技术在非遗的数字化交易和资产管理方面也展现出了巨大潜力。通过运用区块链技术,我们可以构建一个去中心化的非遗交易平台,该平台能够实现非遗作品的数字化交易和资产管理。这种交易方式不仅降低交易成本,提高交易效率,还确保了交易过程的安全性和可信度。更重要的是,区块链技术还能够实现非遗文化资产的数字化管理和追踪,使得非遗的资产管理更加

---

① 毛德操.区块链技术[M].杭州:浙江大学出版社,2019:5.

便捷和高效。

除了上述应用外,区块链技术也在非遗的社区建设和文化传承方面发挥着重要作用。通过区块链技术,我们可以构建一个去中心化的非遗文化社区,这个社区为非遗的传承者、爱好者等群体提供了一个交流和互动的平台。在这个社区中,人们可以分享关于非遗的知识、经验和见解,促进非遗的传播和普及。同时,区块链技术还能够实现非遗的智能化传承和发展,如通过智能合约等技术手段,实现非遗作品的自动分发和收益分配等功能,为非遗的可持续发展提供有力支持。

二、新质生产力在非遗中的应用

在非遗的保护与传承过程中,新质生产力的引入无疑为其注入了新的活力。这些新技术、新方法不仅提高了非遗保护与传承的效率,还拓宽了非遗的传播渠道和创新路径[①]。以下将详细探讨新质生产力在非遗的数字化采集与存储、智能识别与分类、数字化复原与再现、数字化传播与推广以及智能化创作与创新等方面的应用。

(一)数字化采集与存储

非遗的数字化采集与存储是新质生产力在非遗保护与传承中的重要应用之一。数字化技术的发展为非遗的保护提供了全新的手段和途径,使得非遗的记录、保存与传播变得更加高效和广泛。

1. 数字化采集技术

数字化采集技术能够对非遗进行高精度的内容捕捉,通过音频、视频、图像等多种形式,非遗的各个方面得以被详细记录和存储,实现对非遗价值的深度挖掘和生动再现。这些数字化的信息不仅能够长久保存,而且方便检索,为非遗的研究和教育提供了宝贵的资源。

2. 数字化存储技术

数字化存储介质相较于传统的纸质档案,可以有效避免物理损坏或自然老化带来的损失。数字文件具有易备份性,在发生灾难或损毁时能够迅速恢复数据,确保信息的持久化。同时,由音频、视频、数据和图像等资料共同组成的非遗数据库不仅保障了信息的安全性,也使不同版本的共同存储成为可能。

此外,非遗数字化存储可以确保非遗数字资源的真实性和原创性。数字签名和校验等加密技术的发展可以验证文件在传输或存储过程中是否被改动,从而有效防止未经授权的访问和篡改,保证数据的完整性。这一点对于保护非遗的真实性和原创性至关重要。

数字化采集与存储的优势还体现在存储灵活性、传播迅速性以及应用广泛性等方面。

---

① 高洁崧,康建东.非物质文化遗产保护与传播的智能化赋能[J].人民论坛·学术前沿,2024(2):102-106.

随着数据储存格式、载体、容量的快速进步,非遗资源的电子化存储已经成为主流,所需的存储空间、成本、管理使用流程将大大降低和减少。在经过电子化存储后,对非遗资源的复制、编辑和传播的效率将大大提高。电子化后的非遗资源应用灵活,对数据的分析与统计、查询与检索、资源加工与应用将更加方便和多元化。数字化采集与存储不仅为非遗的保护和传承提供了坚实的技术基础,也为非遗未来的发展开辟了新的可能性。

(二) 智能识别与分类

智能识别与分类技术[①]在非遗的保护与传承中扮演着重要角色。这些技术通过模式识别、机器学习等方法,对非遗资源进行自动化的识别和分类,极大地提高了非遗管理的效率和准确性。

1. 智能识别技术

智能识别技术能够对非遗的图像、音频、视频等多媒体数据进行分析,自动识别出非遗元素和特征。例如,通过图像识别技术,可以对非遗相关的服饰、手工艺品等进行分类和识别,这不仅有助于非遗资源的快速检索,也为非遗的数字化展示和教育提供了便利。例如,无锡纸马是一种具有地方特色的非遗项目,通过智能识别技术,可以快速识别出无锡纸马的独特图案和色彩,进而对相关的非遗项目进行分类和研究。音频识别技术则可以应用于传统音乐、戏曲等非遗项目的识别和分类,使得这些声音资料的整理和研究变得更加高效。

2. 智能分类技术

智能分类技术进一步对识别出的非遗元素进行系统化分类。通过构建分类模型,智能系统能够根据非遗的特征和属性,将其归入相应的类别。这种分类不仅有助于非遗资源的系统化管理,也为非遗的深入研究和跨领域比较提供了可能。例如,在传统手工艺领域,智能分类技术可以根据工艺特点、使用材料、地域特征等因素,对手工艺品进行细致分类,从而为手工艺的传承和发展提供科学依据。此外,智能识别与分类技术还能够辅助非遗的保护决策。通过对非遗资源的智能分析,可以识别出濒危的非遗项目,为保护工作提供优先级指导。同时,智能技术还能够预测非遗资源的发展趋势,为非遗的长远规划和动态管理提供数据支持。

智能识别与分类技术为非遗的保护与传承提供了强大的技术支持,使得非遗资源的管理更加科学、高效,同时也为非遗的创新发展开辟了新的道路。

(三) 数字化复原与再现

非遗的数字化复原与再现是新质生产力在非遗保护与传承中的重要应用之一。随着科技的飞速发展,数字化技术、虚拟现实技术等新质生产力为非遗的记录、保存和展示提供了新的可能。

---

① 徐嘉敏,朱国庆,常增宏. 人工智能在非遗文化传承中的应用[J]. 美与时代(城市版),2024(8):117-119.

1. 数字化复原技术

数字化复原技术能够对非遗的实物状态进行高精度的数字化模拟。例如,对于传统建筑、历史遗迹等非遗项目,通过三维扫描和建模技术,可以创建精确的数字模型,实现对这些不可移动遗产的虚拟展示和研究。这种复原不仅能够保留非遗的原貌,还能够通过交互式的操作,让用户深入了解非遗的结构和文化内涵。

2. 数字化再现技术

数字化再现技术进一步对非遗的动态过程进行数字化模拟。利用动画、模拟等技术,可以重现非遗的传统技艺、表演艺术等动态文化,使得非遗的传承不再局限于现场的表演和教学,而是可以通过数字媒体进行广泛传播(见图2-1-4)。例如,通过虚拟现实技术,非遗舞蹈也可以被成功地"解构再创造",数字化高清重现,并在各种文化展览和活动中展示。观众可以通过佩戴虚拟现实设备体验这种传统舞蹈,从而加深对该舞蹈文化的理解和认同。

图2-1-4 游客通过体感互动的技术学习咏春拳

(资料来源:光明网. 福州. 展览"动起来",非遗"活"起来[EB/OL]. https://export.shobserver.com/baijiahao/html/487906.html.[访问时间:2024-12-07].)

数字化技术极大地改变了非遗保护与传承的技术手段。无论是数据库的建设,数字技术的智能化应用,还是大数据分析,数字化保护既为非遗的记录、保存与传播提供了技术平台,也为非遗的传承、创新与开发提供了新的方式。可以预见,伴随着数字化技术的创新,数字化保护将为非遗的保护与传承提供更加强大的技术支持。通过参与式数据收集、地理信息系统(geographic information system,GIS)测绘进行文化绘图,在原有文字、图片、录像等采集方法的基础上,加入三维扫描、三维建模、三维打印等数字化重建技术助力数字采集和记录,数字化技术使采集与记录更加精准化发展。三维建模与渲染技术、虚拟现实与增强现实技术、多媒体交互技术、全息影像技术、网络与流媒体技术、区块链技术等助力非遗高度还原展示与纵深传播。

(四) 数字化传播与推广

在数字化传播与推广①方面，新质生产力的应用不仅拓宽了非遗的传播渠道，还极大地提升了非遗的知名度和影响力。以下将详细探讨数字化传播与推广在非遗中的应用，包括数字化传播平台的搭建、社交媒体与短视频的利用、数字化展览与互动体验以及跨文化传播与国际化推广等方面。

1. 数字化传播平台的搭建

数字化传播平台的搭建是非遗数字化传播与推广的基础。这些平台通过整合非遗资源，提供在线展示、学习、交流等功能，为非遗的传播提供了便捷、高效的渠道。政府、文化机构和非遗传承人可以利用官方网站、移动应用等平台，建立非遗数据库和在线展示系统。这些系统不仅包含非遗项目的详细介绍、历史背景、传承情况等文字信息，还通过图片、音频、视频等多种形式，全方位展示非遗的魅力。用户可以通过这些平台，随时随地了解非遗，感受其独特的艺术价值和文化内涵。数字化传播平台还可以提供非遗学习课程、在线讲座、工作坊等活动，吸引更多人对非遗的兴趣和关注。这些活动通常由非遗传承人亲自授课，传授非遗技艺和文化知识，让学习者在互动交流中深入理解非遗的精髓。

2. 社交媒体与短视频的利用

社交媒体和短视频平台以其广泛的用户基础和强大的传播能力，成为非遗数字化传播与推广的重要渠道。在社交媒体平台上，非遗传承人、文化机构等可以创建个人或机构账号，发布非遗相关的内容，如技艺展示、文化解读、传承人故事等。这些内容以图文、视频等形式呈现，生动形象地展示了非遗的魅力，吸引了大量用户的关注和讨论。同时，社交媒体平台上的互动功能，如点赞、评论、转发等，也促进了非遗的传播和分享。短视频平台则以短视频形式简洁明了、易于传播的特点，成为非遗传播的新宠。非遗传承人可以在短视频平台上发布技艺展示、制作过程等短视频，吸引用户的关注和喜爱。这些短视频不仅展示了非遗技艺的精湛和独特，还通过用户的转发和分享，迅速扩大了非遗的传播范围②。

3. 数字化展览与互动体验

数字化展览和互动体验是非遗数字化传播与推广的另一种重要形式。通过虚拟现实、增强现实等技术手段，可以将非遗以数字化形式呈现给用户，提供沉浸式的体验。

数字化展览通常利用虚拟现实技术，构建虚拟的展览空间，将非遗项目以三维形式呈现给用户。用户可以通过虚拟现实设备，身临其境地参观非遗展览，感受非遗的独特魅力。同时，数字化展览还可以提供丰富的交互功能，如点击放大、旋转查看、语音解说等，让用户更加深入地了解非遗。互动体验则通过增强现实技术，将非遗融入用户的日常生活。例如，用户可以通过手机App扫描非遗产品的二维码，观看产品的制作过程，了解产

---

① 曾奇琦. 新技术环境下非遗文化数字传播思路探索[J]. 大众文艺, 2019(15): 182-183.
② 林泰祺. 非遗文化在短视频平台的时尚化传播研究[D]. 西安: 西安工程大学, 2021.

品的文化内涵等(见图 2-1-5)。这种互动体验不仅增强了用户对非遗的了解和认知,还提高了用户对非遗产品的购买意愿和忠诚度。

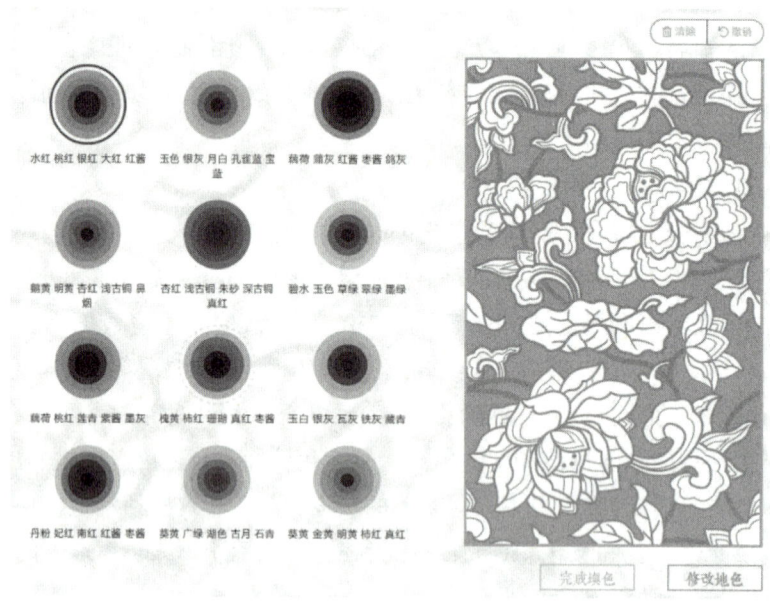

图 2-1-5 "逐花异色"云锦配色小游戏

(资料来源:田野."ZHI 艺"平台:打造绚丽的非遗数字化展示空间[J].文化月刊 2021(5):20-21.)

4. 跨文化传播与国际化推广

非遗作为中华民族的文化瑰宝,其跨文化传播与国际化推广对于提升国家文化软实力具有重要意义。数字化传播与推广为非遗的跨文化传播与国际化推广提供了便捷、高效的渠道。一方面,数字化传播平台可以打破地域限制,将非遗传播到世界各地。通过官方网站、社交媒体等平台,非遗可以跨越国界,吸引全球用户的关注和喜爱。同时,数字化传播平台还可以提供多语言版本的内容,满足不同国家和地区用户的需求。另一方面,数字化传播平台还可以与国外的文化机构、媒体等合作,共同推广非遗。例如,通过与国际博览会、艺术节的合作,将非遗以展览、表演等形式呈现给国外观众。这种合作不仅扩大了非遗的传播范围,还促进了中外文化的交流与融合。

(五)智能化创作与创新

随着人工智能、大数据、云计算等新质生产力飞速发展,非遗的智能化创作与创新成为可能,为非遗的传承与发展开辟了全新的路径。

1. 智能化创作

智能化创作,顾名思义,是指利用人工智能技术辅助或替代人类进行创作活动。在非遗领域,智能化创作可以体现在多个方面。例如,通过机器学习算法,可以分析非遗中的传统图案、音乐旋律、舞蹈动作等元素,进而生成具有非遗特色的新作品。这些新作品不仅保留了非遗的精髓，还融入了现代审美和技术元素，使得非遗更加符合当代人的审美需求。

在非遗图案的创作中，传统非遗图案往往具有复杂的结构和丰富的文化内涵，而智能化技术可以通过分析这些图案的构成元素和变化规律，生成具有相似风格的新图案。这些新图案不仅保留了传统图案的精髓，还通过现代设计手法进行了优化和创新，使其更加符合现代审美。同时，智能化技术还可以根据用户需求进行定制化创作，为用户提供个性化的非遗图案设计服务。在音乐创作方面，通过分析非遗音乐中的旋律、节奏、和声等元素，智能化技术可以生成具有非遗特色的新音乐作品。这些作品不仅保留了非遗音乐的传统韵味，还融入了现代音乐元素和创作手法，使得非遗音乐更加多元化和现代化。此外，智能化技术还可以根据用户的喜好和需求进行音乐定制，为用户提供个性化的非遗音乐体验。在舞蹈创作方面，通过分析非遗舞蹈中的动作、节奏、表演风格等元素，智能化技术可以生成具有非遗特色的新舞蹈作品。这些作品不仅保留了非遗舞蹈的精髓和魅力，还通过现代舞蹈技术和表现手法进行了创新和发展。同时，智能化技术还可以根据舞蹈表演者的身体特征和表演风格进行舞蹈编排，为表演者提供更加个性化的舞蹈创作支持。

2. 智能化创新

除了智能化创作外，智能化创新也是非遗保护与传承领域的重要方向。智能化创新主要体现在非遗的传播方式、保护手段以及商业模式等方面。

在传播方式上，智能化技术让非遗能通过社交媒体、短视频平台等数字化渠道，以更生动、直观的方式触达更广泛的受众。它还能根据受众的兴趣和需求，精准推送内容，提高传播效率和影响力。在保护手段上，智能化技术通过数字化采集与存储，为非遗的完整性和长久性提供了保障。它还能智能识别和分类非遗，为保护和传承提供便捷、高效的支持。商业模式上，智能化技术让非遗与现代产业深度融合，创造出具有非遗特色的文化创意产品和旅游项目，在满足消费者需求的同时，也为非遗的传承与发展提供了经济支持。

此外，智能化技术还可以为非遗的传承与发展提供智能化解决方案。例如，通过智能合约等技术手段，可以实现非遗作品的自动分发和收益分配等功能，为非遗的商业化运营提供有力支持。同时，智能化技术还可以对非遗的传承过程进行智能化监控和管理，确保非遗的传承质量和效率。

三、新质生产力在非遗保护与传承中的机遇与挑战

非遗作为人类多样性文化的重要组成部分，承载着丰富的历史记忆、民族情感和文化认同。随着科技的飞速进步，新质生产力——以数字化、网络化、智能化为核心的生产力形态——正在深刻改变非遗保护与传承的面貌。这一变革既带来了前所未有的机遇，也伴随着诸多挑战。下文将从多个角度详细探讨新质生产力在非遗保护与传承中的挑战与机遇。

（一）新质生产力带来的机遇

在新质生产力的推动下，非遗保护与传承领域正经历着一场深刻的变革，迎来了前所

未有的发展机遇。数字化保存与传播、智能化保护与修复、创新非遗产品、构建非遗数据库与知识图谱以及推动非遗的国际化传播,这些新兴技术的应用和实践为非遗的长久保存、广泛传播和创新发展提供了强有力的支持。

1. 数字化保存与传播

数字化技术为非遗的保存与传播打开了新天地。利用高清扫描和三维建模等现代技术,我们能够将非遗的每一个细节转化为数字格式,长久保存。这不仅让非遗的原貌得以保留,还能通过互联网让非遗活灵活现地展现在人们面前,特别是能够吸引年轻人的目光,让他们通过短视频和直播等形式与非遗产生互动。

2. 智能化保护与修复

智能化技术在非遗保护与修复方面同样具有巨大潜力。通过人工智能算法,可以对非遗文物进行智能识别和分类,提高保护工作的效率和准确性。同时,智能化技术还可以对非遗文物进行智能修复和还原,恢复其原有的风貌和价值。例如,利用深度学习算法对古画进行修复,可以大大缩短修复周期,提高修复质量。

3. 创新非遗文化产品

新质生产力为非遗的创新提供了无限可能。通过与现代产业的深度融合,可以开发出具有非遗特色的文化创意产品、旅游项目等。这些产品和项目不仅能够满足消费者的需求,还能为非遗的传承与发展提供经济支持。例如,将非遗元素融入时尚设计、家居装饰等领域,可以创造出具有独特魅力的文化产品,吸引更多消费者的关注。

4. 构建非遗数据库与知识图谱

得益于大数据和云计算技术的发展,我们现在能够建立起全面的非遗数据库和知识图谱,这为非遗的系统化管理和研究提供了强大的工具。这些数据库和图谱不仅让非遗的保护工作更加高效,也为教育和传播提供了宝贵的资源(见图 2-1-6、图 2-1-7 和图 2-1-8)。

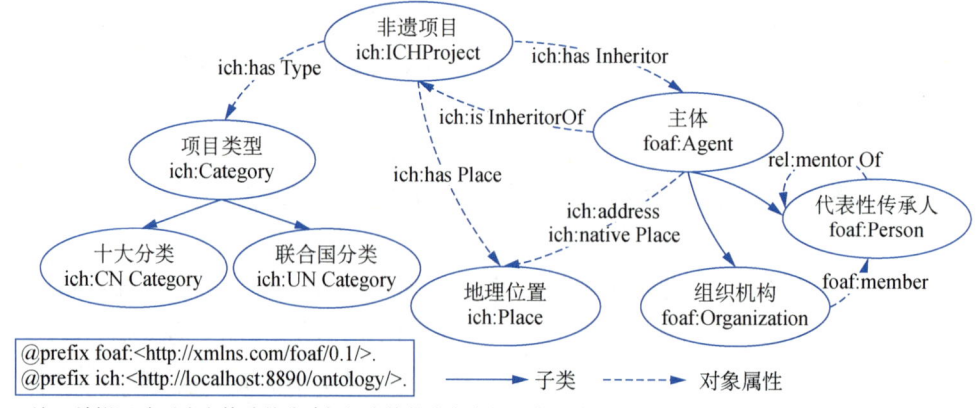

注:前缀ich表示本文构建的非遗知识本体的命名空间,定义为http://localhost:8890/ontology/

图 2-1-6 非遗知识本体模型

(资料来源:侯西龙,谈国新,庄文杰,唐铭. 基于关联数据的非物质文化遗产知识管理研究[J]. 中国图书馆学报,2019,45(2):88-108.)

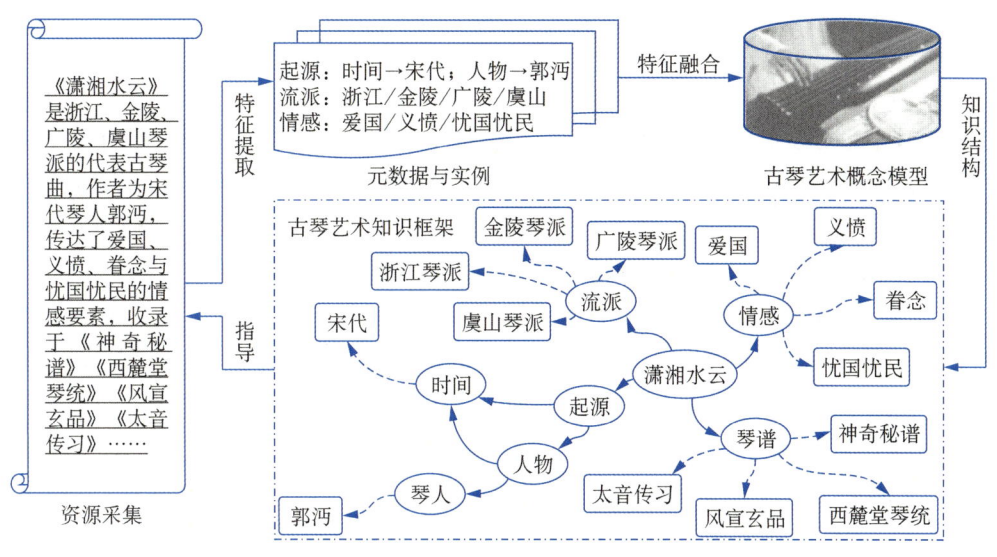

图 2-1-7 古琴艺术的元数据特征解析

（资料来源：张卫，王昊，李跃艳，邓三鸿.面向非遗文本的知识组织模式及人文图谱构建研究[J].情报资料工作，2021,42(6):91-101.）

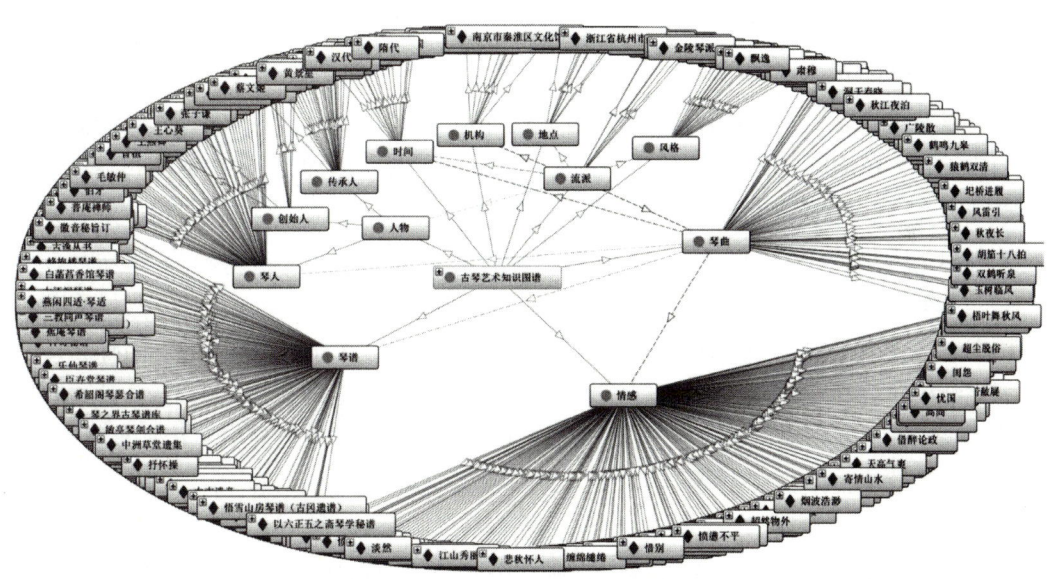

图 2-1-8 古琴艺术知识图谱

（资料来源：张卫，王昊，李跃艳，邓三鸿.面向非遗文本的知识组织模式及人文图谱构建研究[J].情报资料工作，2021,42(6):91-101.）

5. 推动非遗的国际化传播

新质生产力还推动了非遗的国际化传播。通过数字化技术和网络平台，非遗可以跨越国界和地域限制，让世界各地的人交流和分享。这不仅有助于增进不同文化之间的理解和尊重，还能为非遗的传承与发展提供更广阔的舞台。

（二）新质生产力带来的挑战

新质生产力的发展给非遗的保护和传承带来了前所未有的挑战。在技术迅速更新迭代的今天，非遗的数字化保存和传播方式不断演变，这对资金和人力资源提出了更高的要求。同时，知识产权保护的复杂性增加，传承人才的短缺以及文化认同与传承意识的淡薄都使得非遗的保护工作变得更加困难。此外，过度商业化开发现象的出现使得非遗面临被削弱或扭曲的风险。以下将详细介绍新质生产力带来的挑战。

1. 技术更新迭代快

随着科技的飞速发展，新技术层出不穷，给非遗保护与传承带来了更大的挑战。一方面，新技术的不断涌现使得非遗的数字化保存和传播方式不断更新迭代，需要投入更多的资金和人力进行技术研发和维护；另一方面，新技术的快速迭代也使得非遗的保护难度增加，需要不断适应新技术的发展趋势，确保非遗的完整性和真实性。

2. 知识产权保护难度大

非遗的知识产权保护是一个复杂而棘手的问题。非遗的独特性和动态性使得版权保护变得困难重重。在数字化和智能化的大潮中，非遗的传播和复制变得更加便捷，但同时也让知识产权的侵犯行为变得更加隐蔽。这不仅侵犯了传承人的权益，也对非遗的传承构成了威胁，我们迫切需要找到解决之道。

3. 非遗传承人才短缺

非遗的传承需要一批具有专业技能和热爱非遗的人才。然而，在当前社会环境下，非遗的传承人才短缺问题日益突出。一方面，随着现代化进程的加速，越来越多的年轻人选择离开家乡，到城市谋生，导致非遗的传承人才流失严重；另一方面，非遗的传承需要长期的学习和实践，对传承人的要求较高，而愿意投身于非遗传承的年轻人却越来越少。

4. 文化认同与传承意识不足

在现代化进程中，随着人们生活方式的改变和外来文化的冲击，非遗的认同感和传承意识逐渐淡薄。许多年轻人对非遗缺乏了解和认识，对其价值和意义认识不足，导致非遗的传承和发展面临困境。同时，一些地方政府和相关部门对非遗的保护和传承重视不够，缺乏有效的政策支持和资金投入。

5. 过度商业化开发

在非遗的商业化开发过程中，一些企业和个人为了追求经济利益，过度开发非遗，导致其文化内涵和价值被削弱或扭曲。例如，一些地方将非遗作为旅游资源进行开发，过度商业化导致非遗的真实性和完整性遭到破坏。此外，一些企业还通过模仿和复制非遗产品谋取利益，这不仅损害了非遗传承人的利益，也影响了非遗的传承与发展。

（三）应对挑战的策略与建议

面对新质生产力带来的挑战，非遗保护与传承工作可以采纳一系列策略和建议。下文将详细介绍一些措施，通过这些综合性措施，我们可以更好地保护和传承非遗，确保其在现代社会中继续发扬光大。

1. 加强技术研发与人才培养

针对技术更新迭代快的问题,应加强非遗保护与传承领域的技术研发与人才培养。一方面,要加大对非遗数字化保存与传播技术的研发力度,提高技术的实用性和可靠性;另一方面,要加强对非遗传承人才的培养和引进力度,提高传承人的专业技能和文化素养。

2. 完善知识产权保护机制

针对知识产权保护难度大的问题,应完善非遗的知识产权保护机制。一方面,要加强法律法规的制定和实施力度,明确非遗的知识产权保护范围和法律责任;另一方面,要建立非遗的知识产权保护数据库和监测机制,及时发现和打击侵权行为。

3. 加强非遗文化传承教育

针对传承人才短缺以及文化认同与传承意识淡薄的问题,应加强非遗的传承教育。一方面,要在学校教育中加强对非遗的普及和宣传,提高学生对非遗的认识和兴趣;另一方面,要通过举办培训班、研讨会等活动,培养年轻人对非遗技艺的兴趣和热爱,同时加强非遗的保护力度。

4. 平衡商业化与保护传承

针对过度商业化开发的问题,应平衡商业化与保护传承的关系。一方面,要鼓励和支持非遗的商业化开发,推动非遗与现代产业的深度融合;另一方面,要加强对非遗商业化开发的监管力度,确保其文化内涵和价值得到充分保护和传承。

5. 加强国际合作与交流

针对非遗的国际化传播问题,应加强国际合作与交流。一方面,要积极参与国际非遗保护组织和活动,学习借鉴国际先进经验和做法;另一方面,要加强与其他国家和地区的非遗交流与合作,推动非遗的国际化传播与发展。

第二节 新质生产力与非遗数字保护

自20世纪90年代以来,以信息技术和网络技术为代表的数字技术得到了迅速发展。这些技术不仅在各个工业领域得到广泛应用,还为非遗的保护与传承开辟了新的途径[①]。本节将重点探讨非遗保护中使用的具体技术手段,深入分析非遗的采集、保存和传播等关键技术方法。

一、非遗数字保护技术概述

随着现代化进程的推进,非遗正面临着多方面的威胁,包括社会变迁、现代技术的替

---

① Bruton D. Theorizing Digital Cultural Heritage: A Critical Discourse[J]. Journal of the American Society for Information Science & Technology,2010,59(8): 1360-1361.

代、传统手艺的逐渐消失等。在这样的背景下,非遗的数字保护应运而生,成为保存和传承文化的有效手段。

(一)数字保护的概念与优势

非遗的数字保护指的是通过数字技术采集、存储、管理、传播非遗资源,包括实物形式(如文物、艺术品)、活态技艺、传统知识等,从而确保这些珍贵的文化资源得到更好的保护与传承。借助计算机技术、虚拟现实、人工智能、大数据等手段,数字保护能够为非遗的创新传承提供新的解决方案,帮助其在现代社会持续存在并发挥作用[1]。

数字保护与传统保护方式相比,具有更高的精确性、可视性和便捷性。通过数字化技术,非遗的多样化内容可以被更加形象、生动地记录下来,确保其不受物理空间限制,同时也为未来的研究和教育提供了新的途径。随着数字技术的快速发展,人们逐渐认识到数字化不仅是对传统保护手段的补充,它在某些方面甚至能够超越传统的保护模式,推动非遗在信息化、智能化、网络化等方面的发展[2]。随着技术的日新月异,非遗的数字保护已经成为文化保护的重要趋势,以计算机为核心的信息化手段为非遗的可持续保护开辟了新的机遇[3]。

(二)数字技术在非遗保护中的应用

数字技术的不断发展为非遗的保护和创新带来了前所未有的机遇。计算机、虚拟现实、增强现实、大数据、人工智能等技术正在重新定义非遗保护的方式。例如,通过三维扫描技术,可以对传统工艺品进行高精度的数字化存档,确保其细节不丢失;虚拟现实和增强现实技术能够提供身临其境的非遗体验,让用户可以通过互动方式深入理解非遗背后的文化内涵。

此外,数字平台也为非遗的传播开辟了新的渠道。通过互联网,非遗项目能够跨越地域限制,面向全球受众进行展示和传播,进一步增强其社会影响力和文化价值。社交媒体和短视频平台的流行为非遗的创新表现提供了更多的可能性,使其能够以更生动、更具互动性的形式进入大众的生活。

随着数字技术的不断创新,未来非遗的保护方式将更加多样化、立体化。数字技术不仅帮助我们保留非遗的传统面貌,更为非遗的创新传承、跨文化传播和市场化发展提供了更大的空间与可能性。总之,非遗的数字保护在保障其本真性、活态性和生产性方面起到了重要的作用。数字技术的引入为非遗的创新保护提供了新的动力,使其能够在现代社会继续焕发活力,并且走向全球。如何在保持非遗独特价值的同时,利用数字技术推进其

---

[1] Aikawa N. An Historical Overview of the Preparation of the UNESCO International Convention for the Safeguarding of the Intangible Cultural Heritage[J]. Museum International, 2004, 56(1-2): 137-149.

[2] Hafstein V T. Intangible Heritage as a List: From Masterpieces to Representation[M]//Smith L, Akagawa N. (eds). Intangible Heritage New York: Routledge, 2009: 93-111.

[3] Nas P J M. Masterpieces of Oral and Intangible Culture: Reflections on the UNESCO World Heritage List[J]. Current Anthropology, 2002, 43(1): 139-148.

持续发展,将是未来非遗保护的一个重要课题。目前,许多国家已经采用数字档案、虚拟现实、在线展示、数字教育资源、数据分析与挖掘以及数字版权保护等技术手段,积极推动非遗的保护、传承和推广。

二、非遗数字保护技术与方法与应用

目前,许多国家已经采用数字档案、虚拟现实、在线展示、数字教育资源、数据分析与挖掘以及数字版权保护等技术手段,积极推动非遗的保护、传承和推广。以星际文件系统(Inter Planetary File System,IPFS)技术为例,这是一种新兴的分布式存储系统,它通过使用区块链技术确保非遗数据的安全性和不可篡改性。IPFS 技术可以为非遗项目创建一个去中心化的数据存储平台,每个非遗项目的所有相关信息都被加密并分散存储在全球的多个节点上,这样即使某个节点出现问题,整个数据也不会丢失。这种技术的应用不仅保护了非遗数据的完整性,也为非遗的全球传播提供了便利。一些创新性的方法也在非遗的采集、保存与传播中展现了新的可能性。下面将介绍 7 种技术:面部分析技术、声道感知技术、动作捕捉技术、情感计算技术、多媒体语义分析技术、三维可视化技术和数字影像技术。这些创新技术为非遗的数字化保护提供了新的视角与途径,助力其在当代社会的传播与再创造。

(一) 面部分析技术

面部表情是人类最自然、最具说服力的情感交流方式之一。它不仅是我们表达情绪、意图、理解与不同意见的途径,也是我们与他人互动和与环境沟通的重要工具。通过面部表情,个体可以表达愉悦、愤怒、悲伤、惊讶等情感,这些情绪直接影响着人际互动和文化交流。

在艺术表现形式中,尤其是在歌唱和舞蹈表演中,面部表情的作用愈加重要。表演者通过面部的细微变化传达情感和内心世界,使观众能够更加深刻地理解表演内容。因此,面部表情不仅是艺术家情感表达的工具,也是表演艺术传达情感的核心部分。伟大的歌唱和舞蹈表演不仅依赖于声音和动作,更依赖于表演者通过面部和肢体的表达传达的情感深度。

1. 面部表情与面部表情分析

(1) 面部表情产生的原理

面部表情是由面部肌肉的收缩引起的,这些肌肉收缩导致面部几何形状和表面纹理发生暂时性变化。据估计,人类面部可以表现出超过一万种不同的表情,这些表情通常与情绪状态(如快乐、愤怒、恐惧、惊讶等)直接相关[1]。例如,笑容通常与快乐和满意的情绪

---

[1] Ekman P, Levenson R W, Friesen W V. Emotions Differ in Automatic Nervous System Activity[J]. Sciences, 1983(221): 1208-1210.

相关,而皱眉则常与愤怒或困惑的情感相联系。在艺术表现中,面部表情尤其重要,演员和歌手通过面部的变化传达角色的情感,使观众能够更好地理解角色的内心世界。

(2) 面部表情分析的步骤

面部表情分析通常包括 3 个主要步骤:人脸捕捉、表情特征提取和表情分析结果输出。在人脸捕捉阶段,我们利用高精度的摄像设备或三维扫描技术对演员或表演者的面部进行实时捕捉,获取面部的几何形状和表面细节。接下来,在表情特征提取阶段,分析软件会从捕捉到的面部图像中提取出各种关键的表情特征,如面部肌肉的变化、眼睛和嘴巴的运动、眉毛的上扬等。最后,表情分析结果会被转化为可视化的数据或情感表达模型,用以识别面部表情所传达的情绪或情感状态。

(3) 面部表情识别方法

根据面部表情特征的获取方式,现有的面部表情识别方法可以大致分为 3 类:基于手工特征设计的识别方法、基于特征学习的识别方法和基于动作单元(action units, AU)推断的方法。基于手工特征设计的方法依赖专家定义的面部特征进行分析,而基于特征学习的方式通过机器学习算法自我学习面部表情的特征,具有更强的自适应能力。基于动作单元推断的方法则通过解构面部动作单元(如眼睛的眨动、嘴角的上扬等)分析表情的变化,已成为现代面部表情分析的主流方法之一。

(4) 面部表情分析作用

面部表情的分析不仅是情感的解码工具,它还能揭示表演者在表演过程中所展示的技术细节。例如,歌唱者在唱歌时嘴巴的开合、面部肌肉的运动等都会影响声音的发出方式与音质的表现。通过面部表情分析,除了帮助解读情感表达外,还可以指导演员优化其表演技巧,提升其艺术表现力。

面部表情分析技术不仅对艺术表演有重要作用,还在非遗保护与传承中发挥着越来越重要的作用。非遗的传承不仅仅依靠文字、声音或视频的记录,更需要捕捉与保存其中的情感与文化精髓。在这一过程中,面部表情和身体语言提供了独特的情感传递方式,因此,面部分析技术成为保护与传承非遗的一项重要技术手段。

2. 面部表情分析技术在非遗中的应用

面部表情分析技术在保护传统舞蹈和戏剧艺术中具有显著的应用潜力。例如,在巴西,传统的卡纳瓦尔舞蹈是一种集体舞蹈,演员通过面部表情和肢体动作表达节庆的欢乐与激情。通过面部表情分析与建模技术,能够捕捉舞蹈演员在表演时的面部表情变化和动作细节,从而对舞蹈的独特风格、技巧和情感表达进行数字化保存。这些数据可以被用于后期的教学和训练,使得后代演员能够更好地理解和再现这种传统艺术形式。

在中国,面部表情分析技术也被应用于京剧的保护与传承。京剧作为中国传统的表演艺术之一,其面部表情和动作极其重要,尤其是脸谱艺术,它通过不同的面部表情来表现角色的性格特征。通过数字化技术记录京剧演员的面部表情和动作,不仅能够帮助传承演员的表演技艺,还能够深入分析脸谱中蕴含的文化内涵,确保这种文化遗产得到准确和高效的保护与传承。

面部表情分析技术还可以被应用于传统面具和化妆艺术的保护。在许多传统文化中,面具和化妆是表现特定文化、历史人物或神话角色的重要工具。在巴西的卡纳瓦尔、意大利的威尼斯面具以及中国的京剧脸谱等艺术形式中,面具不仅是外在装饰,更承载着深厚的文化意义。通过面部表情分析技术,可以对传统面具的细节、化妆艺术的风格以及表演者的面部表情进行数字化建模和保存。这些数据不仅有助于保护传统艺术形式,还能为未来的艺术创作提供参考和灵感。

随着虚拟现实和增强现实技术的发展,面部表情分析技术的应用已涉及虚拟环境。在这种环境下,传统表演艺术和文化形式可以通过虚拟化方式呈现给大众。通过将传统的面部表情和动作捕捉技术与虚拟现实、增强现实技术结合,不仅能够在线展示非遗项目,还能让观众身临其境地体验传统艺术的魅力。例如,京剧演员的面部表情和动作可以通过虚拟角色再现,让观众在虚拟现实环境中感受演员的情感表现和演技技巧,这为非遗的传承和普及开辟了新的途径。

面部表情分析技术为非遗的保护和传承提供了创新的视角和方法。通过将面部表情的捕捉与分析应用到传统艺术形式的记录、保存和传播中,我们不仅能更准确地保留艺术家的情感表达,还能够为后代传承提供丰富的数字化资料。随着虚拟现实和增强现实技术的不断发展,这些数字化成果将在全球范围内被更加广泛地传播和展示,为非遗的持续传承注入新的生命力。

(二) 声道感知技术

在 20 世纪 60 年代末,加拿大学者穆雷·谢弗(Murray Schafer)发起了世界声景项目(World Sound Project,WSP),并最终出版了其具有里程碑意义的著作《声景学:我们的声环境与世界的调音》(*The Soundscape: Our Sonic Environment and the Tuning of the World*)。该书介绍了"声景"这一术语的由来,包含多种声源和声环境元素,这一术语灵感来源于"landscape"(景观)一词,扩展了对"环境"这一概念的理解。声景不仅包括自然环境中的声音,还包括机械、工业、文化以及人类生活中产生的各种声音,甚至包括音乐和城市噪声等。谢弗的这一研究在当时极大地推动了声音研究的发展,并使得声音在文化和社会学研究中占据了越来越重要的位置。

1. 作为非遗的声景

在 2003 年联合国教科文组织《保护非物质文化遗产公约》中,声景被正式列为非遗的组成部分,成为一种与文化身份紧密相连的文化表现形式。作为一种"声音遗产",声景不仅是环境的声音集合,也是文化传承的载体和标志。保护和传承这些声音环境意味着保护城市和乡村的历史记忆、日常生活方式及其独特的文化特征,因此,声景的保存对于文化遗产的传承至关重要[①]。例如,土耳其伊斯坦布尔的街头音乐和市集叫卖声就是该城

---

① Pinar Y. Protecting Contemporary Cultural Soundscapes as Intangible Cultural Heritage: Sounds of Istanbul[J]. International Journal of Heritage Studies,2016,22(4): 302-311.

市独特的声景,它们不仅反映了当地的生活方式,还承载了丰富的历史文化信息。通过记录和保存这些声音,可以为未来的世代提供生动的城市声音记忆。

2. 声道建模技术发展与应用

随着科技的进步,尤其是在数字计算机和医学成像技术的推动下,语音研究领域取得了重要的突破。声道建模技术作为一种能够模拟和分析声音传播路径中声道特性的技术,已成为语音研究、音频处理、语言学以及声学设计等领域的重要工具。声道建模不仅是对声音传播、反射、吸收、散射等物理现象的数学模拟,更是研究和理解人类语音产生机制的核心方法之一。最初,声道模型多采用物理模型,它通过管道、阀门、共振器等物理装置模拟人类发音器官(如喉部、声带、舌头、嘴唇等)在发音时的复杂运动。以日本传统的能剧为例,声道建模技术被用来分析和保存能剧演员独特的发声技巧,这对于传承这一古老的表演艺术至关重要。

然而,随着数字计算能力的提升,基于计算机的二维和三维声道建模逐渐成为主流。这些数字化的模型不仅在语音合成领域产生了革命性的影响,而且能够非常逼真地模拟人类的发音过程,甚至可以与适当的声学模拟结合,合成出与实际人类语音相似的声音。尽管一些早期的发音合成系统由于性能限制曾被认为不如基于语音编码的合成器(如码本式声码合成器)有效,但发音合成技术仍然是语音研究中的一个活跃领域,因为它有潜力为人类与机器之间最自然、最流畅的沟通方式铺平道路。例如,现代电影制作中,声道建模技术被用来创建逼真的背景音效和角色对话,为观众提供沉浸式的观影体验。

3. 医学成像技术在声道研究中的应用

为了能够有效地建立更为精确的声道模型,研究人员需要深入理解声道的物理特性。早期的研究主要依赖尸体解剖和内窥镜技术,但20世纪后期,随着医学成像技术的飞跃发展,非侵入式的实时声道成像技术突破了传统的研究限制。例如,X射线和核磁共振成像(MRI)技术的出现提供了前所未有的声道成像分辨率,使得研究人员能够实时观察整个声道的运动变化。在一项研究中,MRI技术被用来分析歌剧演唱者的声道结构和运动,以优化他们的发声技巧和表演效果。

尽管MRI技术在声道成像方面取得了显著进展,但它仍存在一定的局限性。例如,MRI需要受试者在有限的空间内维持特定体位,且检查过程受到强磁场的影响,导致技术操作的复杂性和高成本。更重要的是,核磁共振成像的时间分辨率通常低于几赫兹,因而它无法对语音生成过程中细致的生理声学变化进行高频实时观测。为了克服这些限制,研究人员开始探索结合多种成像技术的方法,如结合MRI和高速摄像技术,以获得更全面的声道运动数据。

4. 多技术结合提升声道研究精度

此外,结合多种技术手段可以提高对声道的理解。例如,在撒丁岛的传统歌唱形式多声部民歌(Canto a Tenore)中,不同的歌唱者使用不同的发音技术,有的通过特殊的喉音发声技术创造共鸣,有的则通过倍频现象增强音质①。通过超声成像技术和电声门图(EGG)技术的结合,研究人员可以对声带、舌部和咽部的运动进行精确的实时记录,甚至可以追踪特定的发声技巧。这种多技术结合的方法不仅能够帮助分析传统歌唱技巧的生理基础,也为日后教学和文化传承提供了宝贵的数字资源。例如,在一项针对中国京剧的研究中,研究人员利用这种多技术结合的方法,详细分析了京剧演员复杂的发声技巧,为保护这一非遗提供了科学依据。

为对声道进行更精确的建模,研究人员可以利用多种传感器进行数据收集,这些传感器包括:麦克风,用于捕捉音频信号;外部光电声门图(ePGG),用于检测声门的开闭;电声门图(EGG),用于检测声带振动情况;超声波传感器,用于检测舌部运动;RGB 或 RGB-D 相机,用于捕捉唇部和面部运动;压电加速度计,用于监测与发声相关的运动;呼吸带,用于监测气流与呼吸模式。在一项针对印度传统音乐的研究中,研究人员通过这些传感器收集的数据,详细分析了音乐家的发声技巧和表演风格,为传统音乐的教学和传承提供了新的视角。

5. 多传感器数据收集与分析

通过这些传感器获取的数据,研究人员可以对语音的多维度特征进行深入分析。例如:可以研究发音时口腔、喉部和舌头的位置关系,分析不同发音方式和音质结构的差异,甚至探索肢体动作与声带运动之间的相关性。对于传统歌唱和舞蹈艺术的保护,利用这些数据进行详细记录与分析,不仅能够帮助学者理解这些艺术形式的生理机制,还能为未来的艺术教育和文化传承提供重要参考。例如,在一项针对巴西传统舞蹈的研究中,研究人员通过分析舞者的动作和声音数据,揭示了舞蹈和音乐之间的复杂关系,为保护这一文化遗产提供了新的见解。

6. 文化声景的保护与传承

文化声景承载着特定地区、城市或国家的历史与文化记忆。它们不仅是自然与人工声音的集合体,还深刻地反映了一个社会的生活方式和文化认同。对声景的保护不仅有助于保留城市或地区的历史声音环境,还能让未来的世代通过声音体验过去的文化氛围。例如,威尼斯运河上的贡多拉船夫的歌声和桨声是该城市独特的声景之一,通过数字录音和声音建模技术,这些声音被长久保存,并成为游客体验威尼斯文化的重要部分。

城市中的市场声、节庆的鼓声、古老的街道回响,甚至工艺和手工劳动中的声音,都承载着特定时期和文化的精神内核。通过现代技术,如数字录音、声音建模和虚拟现实等,可以将这些声音环境长久保存,并传递给未来的观众。通过这些技术手段,文化声景不仅是静态的记录,还能够通过数字化手段进行活化,成为互动的文化体验,连接过去与未来。

随着城市化进程的加快,许多传统的声音逐渐被现代噪声取代,因此,对这些文化声景进行保护和传承,显得尤为迫切。对传统声音环境的数字化存档和虚拟展示能够让现

---

① Ioannides M, Magnenat-Thalmann N, et al. Mixed Reality and Gamification for Cultural Heritage[M]. Cham: Springer, 2017: 57.

代人重新认识到这些声音在文化和社会结构中的重要性,也能够帮助我们更好地理解和保护非遗中的声景元素。例如,北京老胡同中的叫卖声和传统节庆的锣鼓声,通过数字化保存,成为连接现代北京人与城市历史记忆的桥梁。

声道建模与文化声景的保护不仅是对声音的捕捉,也是对我们文化记忆和社会身份的深刻理解与再现。随着声学和成像技术的不断进步,数字化声景保护提供了更为精确和全面的保存方法,同时也为未来的文化传承提供了丰富的资源。通过这些技术手段,非遗的声景得以在全球范围内传播,成为跨越时间和空间的文化纽带。例如,通过互联网平台,全球听众可以在线体验和学习世界各地的非遗,如非洲的鼓乐、爱尔兰的风笛音乐等,这些声音不仅丰富了人类文化的多样性,也为非遗的传承提供了新的途径。

(三)动作捕捉技术

非遗通常涵盖舞蹈、传统戏剧、民间艺术表演等富有动作元素的文化表现形式。这些传统艺术的表演往往依赖复杂的肢体动作、姿势和节奏感,因此,对于这些传统舞蹈和表演形式的动作特点、风格和技巧进行有效的记录和保存,成为保护和传承非遗的重要途径。动作捕捉技术(motion capture,MoCap)作为一种精确记录人体运动的技术,为这类非遗的保护提供了新的可能性。通过动作捕捉技术,可以数字化保存这些艺术形式中的动作细节,为后续的研究、教学和文化传承提供数据支持,使这些珍贵的文化传统能够在现代社会中得到长久保存。

1. 动作捕捉技术概述

动作捕捉技术通过传感器、摄像头及其他设备来捕捉和记录人体的姿势、动作轨迹及动态变化。根据技术原理的不同,动作捕捉系统通常可以分为两大类:基于标记的动作捕捉系统和无标记的动作捕捉系统。每种系统都有其独特的优点和应用场景。

(1)基于标记的动作捕捉系统

基于标记的动作捕捉系统在表演者的身体上佩戴特殊的标记(如反射球或传感器),并通过一组摄像机对这些标记进行实时捕捉,从而获取人体的精确动作数据。光学动作捕捉系统是最常见的标记系统之一,它通过摄像机监控表演者身体上所佩戴的标记的移动,从而捕捉动作轨迹[1]。惯性动作捕捉系统(如加速度计、陀螺仪等传感器)则通过传感器对身体各部分的运动进行测量。这些标记化系统能够实现高精度的动作捕捉,通常适用于对动作精度要求极高的动画制作和虚拟现实应用。

然而,基于标记的动作捕捉系统也存在一些缺点,主要表现在成本较高、设备设置较为复杂以及需要演员佩戴标记。

(2)无标记的动作捕捉系统

无标记的动作捕捉系统采用计算机视觉和深度传感器技术,利用摄像头或深度摄像

---

[1] Coduys T, Henry C, Cont A. TOASTER and KROONDE: High-Resolution and High-Speed Real-Time Sensor Interfaces[C]. In Proceedings of the Conference on New Interfaces for Musical Expression, 2004: 205-206.

头(如肯奈特Kinect)直接捕捉人体的动态,而不需要佩戴任何外部标记。无标记技术在降低成本、简化操作和提升可用性方面具有明显优势,特别是在舞蹈教学和虚拟舞蹈训练领域,它为文化遗产的数字化保存提供了更加便捷的解决方案。

然而,无标记的动作捕捉系统目前在准确性和灵敏度上仍然无法与基于标记的系统相媲美,尤其在复杂的动作或遮挡情境下,精度较低,可能导致跟踪失败或误差较大。尽管如此,无标记技术仍被认为是动作捕捉技术发展的重要方向。

2. Kinect及深度传感器技术的应用

随着微软Kinect[①]及其配套的骨骼跟踪软件(Kinect for Windows SDK)的发布,基于实时深度传感器的无标记动作捕捉技术得到了迅速发展。Kinect通过生成深度图流并进行实时的骨骼跟踪,能够提供人体骨骼的运动数据。每秒30帧的采样频率使其足以进行大多数日常动作的捕捉。此外,Kinect所采用的20个关节的预定义位置使得它在捕捉身体动作时能够提供精确的空间信息。尽管在遮挡情况下,深度数据可能受到干扰,但Kinect及其后续技术依然通过多摄像头配置和数据融合技术改善了这一问题,进一步提升了捕捉精度。

此外,随着价格相对低廉的深度传感器(如华硕Xtion和PMD nano)的推出,这些新型的无标记动作捕捉系统在文化遗产保护中的应用变得更加普及,尤其适用于舞蹈、戏剧等表现性艺术形式的研究和保存。相比传统的光学或惯性系统,深度传感器具备更高的性价比,而且不需要演员佩戴额外的标记或传感器,减少了拍摄和操作的复杂性。

3. 动作捕捉在舞蹈传承中的应用

在非遗的舞蹈传承领域,动作捕捉技术被广泛应用于对舞蹈动作的记录、分析和传授。例如,已有研究使用光学动作捕捉技术(如Vicon 8系统)探索舞蹈动作与音乐之间的互动关系。通过捕捉舞蹈动作的每一个细节,研究人员可以更深入地理解不同舞蹈形式的节奏感、空间感和表演风格[②]。以中国的传统舞蹈秧歌为例,基于动作捕捉技术的舞蹈类非遗数字化档案建设,通过采集获取动作的空间三维姿态数据,再通过数字化处理创建动作技术数据库。这种方法不仅记录了秧歌的舞蹈动作,还可以用于各种三维角色的创造,方便利用基础舞蹈数据进行创新,使得非遗舞蹈在三维动画以及人机交互中的应用更加广泛,从而实现更广泛的传承和传播。

例如,哈蒙尼克斯(Harmonix)的《舞蹈中心》(*Dance Central*)系列电子游戏就利用动作捕捉技术,让玩家模仿虚拟人物的舞蹈动作,这一虚拟互动体验已经成为大众娱乐的主流应用之一。此外,已有研究探索将三维虚拟环境或虚拟舞蹈课堂应用于舞蹈教学,并根据专业舞者的表演自动评估学习者的舞蹈表现。东莞理工学院工业设计专业老师李钰田

---

① Alexiadis D S, Kelly P, Daras P, et al. Evaluating a Dancer's Performance Using Kinect-Based Skeleton Tracking [C]. In Proceedings of the 19th International Conference on Multimedia, 2011: 659-662.
② Dobrian C, Bevilacqua F. Gestural Control of Music Using the Vicon 8 Motion Capture System [C]. In Proceedings of the Conference on New Interfaces for Musical Expression (NIME), 2003: 161-163.

与动作捕捉技术团队完成了对非遗项目舞草龙传承人黄耀林编织草龙的动作及王藻记花灯制作技艺的数字化采集。通过动作捕捉技术，黄耀林编织草龙的动作被系统——记录并实时传输到电脑，电脑上的三维模型实时显示草龙编织的过程。这种技术的应用不仅记录了非遗项目的细节，还为非遗的数字化展示和教育提供了新的途径。

当前，许多研究致力于通过合成新舞蹈动作序列，开发舞蹈动作捕捉数据库和自动化工具。虽然这些合成模型的主要目标并非保护舞蹈这一文化遗产本身，但它们提供了分析舞蹈动作、同步音乐轨道等方面的创新工具。例如，拉班动作分析（Laban Movement Analysis，LMA）作为一种描述和记录舞蹈动作的语言，已被应用于动作捕捉数据的自动分析和处理[1]。这一方法通过分析动作的6个主要特征（如身体、力度、形状、空间、关系和措辞），为动作捕捉数据的语义分割提供了有力工具。卡霍尔（Kahol）等人实现了一种用于舞蹈序列的自动手势分割[2]。

4. 动作捕捉技术的未来展望

随着技术的不断进步，动作捕捉技术在非遗舞蹈和表演艺术的保护和传承中发挥着越来越重要的作用。基于标记和无标记的动作捕捉系统各有优势，研究人员和文化遗产保护者可以根据具体的需求选择合适的技术手段。在非遗的舞蹈传承方面，动作捕捉不仅可以帮助准确记录动作，还能在虚拟现实或增强现实环境中提供互动式学习和体验。通过这些技术，传统舞蹈、戏剧等表演艺术形式的动作和技巧得以被数字化保存，使其能够在现代社会中传承和发扬光大。此外，随着合成技术和自动分析工具的进步，我们将能够更精确地分析和保存这些非遗艺术的精髓，使得全球文化遗产的保护工作更加高效且富有意义。在湖北省宜昌市，资丘民族文化馆通过动作捕捉技术，将"撒叶儿嗬"这一民俗舞蹈的传承人的动作拍摄并转换成动画，再逐步修正动作的失误，确保最终呈现出原汁原味的"撒叶儿嗬"。通过这种方式，观众可以切换动作角度，还可以选定人物角色，学习团队表演中每个人的动作，这种数字化的方法使得非遗舞蹈得到了有效的保护和传承。

（四）情感计算技术

情感计算技术（也被称为神经感知与情感计算技术）是一门跨学科的研究领域，结合了神经科学、计算机科学和心理学，旨在使计算机和机器能够感知、理解和响应人类的情感和认知状态。其核心目标是模拟或模仿人类的情感感知和表达能力，以提高人机交互的质量，特别是在情感分析、认知计算、社交机器人以及虚拟助手等应用领域。这一技术的迅速发展已经为许多行业带来了革新，尤其是在智能设备与人类之间建立更加自然、有效的互动方式方面。

---

[1] Bouchard D, Badler N. Semantic Segmentation of Motion Capture Using Laban Movement Analysis[C]. In Proceedings of Intelligent Virtual Agents，2007：37-44.

[2] Kahol K, Tripathi P, Panchanathan S. Automated Gesture Segmentation from Dance Sequences[C]. In Proceedings of IEEE International Conference on Automatic Face and Gesture Recognition，2004：883-888.

1. 情感识别技术的核心问题

情感识别(emotional recognition,ER)是情感计算中的核心问题之一,关系到计算机如何通过外部表现(如面部表情、语音语调、身体语言等)识别和理解人类的情感状态。通过情感识别,机器能够感知用户的情感变化,并据此做出回应,从而实现情感化的人机交互。情感识别的应用不仅限于智能助手和社交机器人,还被广泛应用于客户服务、心理健康监测、教育领域等。

2. 情感识别的技术实现方法

情感识别的技术实现方法多种多样,通常依赖3种主要信号:面部表情①、语音②和自主神经系统(autonomic nervous system,ANS)的生理反应(如心率、皮肤电反应)③。其中,面部表情分析和语音情感识别已得到广泛应用,能够通过分析人的表情、语调、语速等参数来判断其情感状态。然而,这些方法也面临着局限性,比如面部表情识别对于那些无法通过表情传递情感的人(如某些自闭症患者)或社会伪装(如用微笑掩盖愤怒)的情况并不适用。语音信号则容易受到情感以外因素(如环境噪声或身体活动)的干扰。

3. 基于脑电图的情感识别技术

因此,随着神经科学的进展,基于脑电图(EEG)的情感识别(EEG-ER)逐渐成为一个重要的研究方向。脑电图可以从中枢神经系统直接捕捉情感的生理反应,避免了面部表情和语音识别中常见的噪声问题。与功能性磁共振成像(fMRI)、脑磁图(MEG)等技术相比,EEG不仅具有更好的时间分辨率,而且相对无侵入性,因而被认为是情感计算中最具前景的技术之一。

基于脑电图的情感识别技术能够通过分析大脑电波模式识别个体的情感反应。这种方法的优势在于,脑电图信号能直接反映大脑的情感体验,且不受外部行为或生理变化的干扰。例如,当个体面临情感刺激时,大脑中不同区域的活动会产生特定的电信号模式,通过对这些信号的分析,能够推断出个体的情感状态。

4. EEG信号与情感反应的关系

通过EEG信号,研究人员可以识别出情绪的初始反应、调节策略和应对方式,甚至在更细微的层面上探究情感的动态变化。这些信息对于深入理解情感的心理机制,以及在不同的文化背景下解读和表达情感,具有重要意义。比如,通过EEG捕捉情感反应,我们可以分析不同文化中情感表达和调节的差异,探讨情感在文化活动中的作用,甚至帮助分析民间艺术、民俗传说和传统表演中的情感维度。

---

① Bourel F, Chibelushi C C, et al. Robust Facial Expression Recognition Using a State-Based Model of Spatially-Localised Facial Dynamics[C]. In Proceedings of the IEEE International Conference on Automatic Face Gesture Recognition, 2002: 113-118.

② Bourel F, Chibelushi C C, et al. Robust Facial Expression Recognition Using a State-Based Model of Spatially-Localised Facial Dynamics[C]. In Proceedings of the IEEE International Conference on Automatic Face Gesture Recognition, 2002: 113-118.

③ Picard R W, Vyzas E, Healey J. Toward Machine Emotional Intelligence: Analysis of Affective Physiological State[J]. IEEE Transactions on Pattern Analysis and Machine Intelligence, 2001, 23(10): 1175-1191.

5. 情感空间与文化差异

情感空间（emotional space）反映了文化差异如何影响人们对情感的认知和表达。在不同的文化背景中，情感的评价标准、表达方式、行动准备和调节策略都可能有所不同。某些情感可能在一种文化中被视为负面情感，而在另一种文化中则被认为是正常或积极的。例如，愤怒在许多西方文化里被视为一种表达不满和争取权益的合理情感；而在一些亚洲文化中，愤怒的适度压抑可能是一种避免冲突和维护社会和谐的方式。这种文化差异在情感空间中体现得淋漓尽致。

6. EEG 在非遗研究中的应用

通过使用 EEG 技术捕捉这些文化差异带来的情感反应，我们可以更好地理解情感在不同社会和文化中的作用。在非遗领域，这种技术尤其有价值。传统的民间传说、民俗文化、节庆活动和艺术表演常常依赖情感的传递和共享，以达到文化教育和情感共鸣的效果。在这些文化表现形式中，情感不仅是个体的私密体验，更是集体文化身份的一部分。敦煌"数字供养人计划"是一个将情感计算技术应用于非遗数字化保护的创新案例。该计划通过分析游客在参观敦煌莫高窟时的生理反应和情感状态，优化展览设计和游客体验。通过佩戴 EEG 头帽，研究人员能够实时监测游客在观看壁画和雕塑时的大脑活动，从而了解哪些文化遗产元素能够激发游客的情感共鸣，进而根据这些数据调整展览布局和解说内容，使文化遗产的展示更加生动和感人。

7. 情感计算与传统艺术的情感传递

非遗中，许多传统艺术形式（如歌舞、戏剧、民间传说等）都蕴含着丰富的情感内涵。与其说这些文化表达在逻辑上依赖理性推理，不如说它们更依赖情感的强化。传统的民间故事和文化表现往往通过情感的强烈共鸣吸引和教育观众，许多经典的民间传说都以极富戏剧性和情感冲击力的冲突、焦虑、恐惧和幻想为核心内容。这些情感主题不仅在故事中发挥作用，还在表演中通过肢体语言、语调、面部表情等形式得以强化，进而激发观众的共鸣。

例如，许多民间故事中的情节可能引发观众的恐惧或同情，这些情感反应并非单纯的个体体验，而是与文化背景和社会认知紧密相关。基于 EEG 的情感识别可以帮助我们深入分析这些民间艺术作品在文化中的情感传递方式，揭示不同文化中对于情感的尊重、表达和调节的差异。这对于非遗的保护和传承具有深远意义，因为它不仅帮助我们理解传统文化的情感基础，还为文化的数字化保存和再现提供了新的方法和视角。

例如，利用 EEG 技术对稀有歌唱表演者以及其受众的情感反应进行采集，可以揭示文化艺术在不同社会背景下的情感表现。通过对比不同文化情境中的情感反应，我们能够探索民俗和文化表现形式如何在情感空间中形成有形的文化符号，从而帮助我们更好地分类、保存和传承这些情感驱动的文化遗产。

8. EEG 技术在非遗保护中的前景

情感计算技术，特别是基于脑电图的情感识别，为非遗的研究、保护和传承提供了强有力的工具。通过捕捉并分析人类情感的动态特征，我们不仅可以更精准地理解情感如何在文化活动中发挥作用,还能为这些文化遗产的保存提供数据支持。情感作为文化表达的重要组成部分,在许多传统艺术形式中占据着核心地位,借助情感计算技术,我们能够从更加科学和系统的角度探索和传承这些具有情感力量的非遗元素。

(五)多媒体语义分析技术

1. 多媒体语义分析技术在非遗保护中的应用

通过多媒体语义分析技术,可以将非遗转化为计算机可处理的格式,进而进行深度分析和挖掘。这一技术不仅有助于全面提取非遗中的文化背景、传承方式、历史渊源等关键信息,还能促进更有效地保护、传播和传承这些珍贵的文化资产。借助语义分析,计算机能够对多媒体内容进行自动或半自动的处理,识别和理解其中的隐含意义,从而实现对非遗内容的精确管理和展示。在中国,研究人员利用多媒体语义分析技术对京剧脸谱艺术进行数字化保存。通过分析脸谱的颜色、图案和样式,计算机能够自动识别不同的角色类型和情感状态,如红色代表忠诚,白色代表奸诈。这种分析不仅帮助保存了京剧的艺术特征,还为全球观众提供了深入了解中国文化的窗口。

2. 多媒体语义分析技术的基本原理

多媒体语义分析是一种人工智能技术,旨在从图像、音频、视频等多媒体数据中提取和理解其深层语义信息。这项技术结合了计算机视觉、自然语言处理、音频信号处理等多个领域的方法,使计算机能够自动识别和理解多媒体内容中的情感、情境以及文化意义。具体来说,语义分析技术通过将低级特征(如图像像素、声音频率等)映射到高级语义概念,实现对多媒体内容的自动标注和分类。这一过程的关键挑战在于,许多语义概念都有不同的实例,而传统的模式识别技术很难覆盖所有变种,从而导致所谓的"语义鸿沟"。一个实际应用是"数字丝绸之路"项目,该项目通过多媒体语义分析技术,对丝绸之路沿线的文化遗产进行数字化处理和分析,包括图像、文献和文物。通过这种技术,研究人员能够揭示不同文化之间的交流和影响,为理解丝绸之路的历史和文化提供了新的视角。

3. 语义分析中的挑战与解决方案

为了解决这个问题,学者们提出了不同的模型和算法,其中一种常见的方法是通过学习算法(如监督学习)从一组已标注的数据中提取特征,并利用这些特征识别和推断出新的数据。在这一过程中,机器通过与大量示例的交互逐步提高其对复杂概念的识别能力,从而构建出一个逐渐完善的语义理解系统。在印度,一个研究团队使用多媒体语义分析技术来分析和分类印度古典舞蹈中的动作和姿态。通过机器学习算法,系统能够自动识别舞蹈中的特定动作,并将其与相应的情感和故事情境联系,这对于舞蹈的教学和传承具有重要意义。

4. 文化遗产领域的实际应用案例

在文化遗产领域,尤其是对于非遗的保护与传承,语义分析技术扮演着至关重要的角色。随着大量传统艺术、民俗和表演艺术的数字化,如何有效地索引和分析这些多媒体内容成为一个重要课题。对于非遗,语义分析的难度较大,因为这些文化形式蕴含着深厚的历史背景和文化语境,它们的真正意义往往隐匿在作品的背景信息和社会文化氛围中。

例如,非遗中的传统舞蹈、音乐、戏剧等表演艺术,其情感表达和文化意义并非仅仅依靠表面的视觉或音频特征,而是深深植根于表演者的文化认同和历史传承。在这种情况下,多媒体语义分析的任务就是将来自不同传感器(如音频、视频、脑电图等)的低级特征映射到这些艺术形式的重要文化特征和表现方式上。通过这种方式,可以深入分析和提炼作品背后的情感表达、文化内涵以及艺术风格。

实现这一目标的关键在于语义分析如何有效地理解和处理来自多种感知渠道的信号。对于传统的多媒体内容,语义分析通常包括模式识别、知识辅助语义分析以及模式对齐等步骤。通过模式识别,计算机能够识别出不同情境中的文化符号,并根据历史背景和文化内涵进行分类。例如,马拉克(Mallik)等人[1]利用支持向量机(support vector machines,SVM)对印度传统舞蹈动作进行分类,而马尔克里斯(Markridis)等人[2]则运用计算机视觉技术自动分类考古陶器碎片,这些工作为文化遗产领域的语义分析提供了宝贵的经验和数据支持。

然而,正如上述研究所示,语义分析技术在面对多样化和复杂的文化遗产数据时仍面临诸多挑战。尤其是在非物质文化遗产的保护和传承过程中,许多非遗的意义并不局限于单一的形式表达,它们的文化价值往往蕴藏在表演的细节、习惯、历史故事和社会语境之中。这些内容的分析不仅需要技术层面的支持,还需要深厚的文化背景知识。

5. 跨学科合作与专家知识的结合

为了提高语义分析的准确性和效率,研究者们逐渐意识到将专家知识与技术相结合的重要性。在很多情况下,专家的知识不仅有助于提升语义分析的效果,还能帮助我们更好地理解复杂的文化背景。例如,适当的知识结构化可以显著提高文化遗产数据的检索准确性[3]。通过将文化对象的背景信息与数据结构结合,专家知识可以有效地引导语义分析过程,提高对复杂文化概念的理解和处理能力。

此外,穆尔霍兰德(Mulholland)等人[4]提出了一种基于事件的分析方法,通过对博物馆展品的叙事结构进行描述,展示了如何通过语义分析更好地向公众传递展品的创作和使用背景。这一方法不仅能够帮助我们理解博物馆展品的文化内涵,还能为类似的非遗保护项目提供参考。

在日本,一个跨学科团队包含历史学家、人类学家和计算机科学家,利用多媒体语义

---

[1] Mallik A, Chaudhury S, Ghosh H. Nirtyakosha: Preserving the Intangible Heritage of Indian Classical Dance[J]. Journal on Computing and Cultural Heritage, 2011, 4(3): 1-25.

[2] Makridis M, Daras P. Automatic Classification of Archaeological Pottery Sherds[J]. Journal on Computing and Cultural Heritage, 2013, 5(4): 1-21.

[3] Koolen M, Kamps J. Searching Cultural Heritage Data: Does Structure Help Expert Searchers?[C]. Proceedings of the 9th RIAO Conference on Adaptivity, Personalization and Fusion of Heterogeneous Information. Paris: CIEID, 2010: 152-155.

[4] Mulholland P, Wolff A, et al. An Event-Based Approach to Describing and Understanding Museum Narratives[C]. In Proceedings of Detection, Representation, and Exploitation of Events in the Semantic Web Workshop in Conjunction with the International Semantic Web Conference, 2011: 1-10.

分析技术对日本的茶道仪式进行研究。通过分析视频记录中的仪式动作、语言交流和茶具使用，研究人员能够更准确地理解和解释日本茶道的文化内涵，为日本茶道的国际传播和教育提供了宝贵的资源。

6. 未来发展与技术前景

随着技术的不断发展，多媒体语义分析技术将逐步成为非遗保护和传承的重要工具。通过利用图像、音频、视频等多媒体数据的语义分析，我们不仅可以深入理解非遗中的艺术形式、文化表达和情感特征，还能为这些文化遗产的数字化保存、可视化展示和学术研究提供强有力的支持。在未来，随着人工智能和深度学习技术的不断进步，语义分析在文化遗产领域的应用将更加广泛和深入，尤其是在对非遗中的无形文化资产（如传统舞蹈、音乐、民间故事等）的保护和传承方面，语义分析技术无疑将发挥越来越重要的作用。

因此，借助多媒体语义分析技术，我们可以更加全面、精确地捕捉和传承非遗中的文化价值，使这些珍贵的文化资源能够在新时代得到更好的保护、理解与传扬。

未来的一个可能应用是"全球非遗地图"，该平台将利用多媒体语义分析技术，整合全球范围内的非遗数据，包括视频、音频、图像和文本。用户可以通过这个平台探索不同国家和地区的非遗项目，了解其历史、文化和艺术价值，促进全球文化交流和理解。

（六）三维可视化技术

非遗与物质文化遗产在本质上存在显著差异。物质文化遗产通常指的是能够直接接触和展示的物品或建筑，如艺术品、雕塑、建筑物、文物等，可以通过实物展示、博物馆收藏或复制品的形式来传递。非遗则涉及无法触摸的技能、工艺、音乐、歌曲、舞蹈、戏剧等表现形式，这些传统文化不仅难以记录，还无法在现实生活中简单地复制或展示。尤其是对于表演艺术、传统节庆、手工艺技能等，其传承依赖师徒间的口耳相传和实践，而这些艺术和技艺往往无法被简单地呈现和保留在物理空间中。如何防止这些非遗项目因无法传递而消失，成为当今文化遗产保护中的重大挑战。对此，三维可视化和交互技术提供了一种创新的解决方案。

1. 三维可视化技术在非遗保护中的应用

三维可视化技术是通过计算机创建虚拟的三维图像和场景，以帮助用户更好地理解复杂的三维数据。它在许多领域都有广泛应用，包括科学研究、医学成像、工程设计、娱乐和虚拟现实等。在文化遗产保护和展示领域，三维可视化技术可以提供一种全新的方式来呈现非遗内容，尤其是那些不可触摸、不可复制的文化形式。例如，内蒙古达斡尔族曲棍球的非遗数字化游戏将达斡尔族传统节日与其传统曲棍球结合，通过打造3种沉浸式游戏场景、设计虚拟现实交互游戏机制，打造了一种全新的体验方式。这种应用不仅让玩家体验到传统文化，也加深了对非遗项目的认识和理解。具体来说，三维可视化技术通过以下几个关键步骤实现文化内容的展示。

一是数据预处理与建模。首先，通过对多种数据源进行清洗和标准化处理，确保数据的准确性和一致性。然后，使用建模软件（如布兰德Blender、玛雅Maya）或编程方法将数据转化为三维模型。对于物理遗产来说,这一过程可以创建出虚拟的文化遗址或历史建筑的三维模型,甚至可以恢复已经消失或损毁的遗址,允许人们"亲临其境"。

二是纹理与光照效果。为了使三维模型看起来更加逼真,通常会添加纹理(如照片、图案或特定的视觉效果)和光照效果。光照模拟能够让模型呈现出更为真实的视觉效果,包括阴影和反射,从而提升沉浸感。

三是交互功能与动画。为了增强用户体验,三维可视化技术还可以结合交互功能,允许用户动态调整视角、放大或缩小对象,并与虚拟环境中的元素进行互动。此外,模型还可以通过动画效果展示特定的行为或变化,如模拟一场传统舞蹈的表演,或再现某个历史事件。

四是虚拟现实与沉浸体验。现代三维可视化技术常常结合虚拟现实设备,如头戴显示器(head-mounted display,HMD)等,提供沉浸式的体验,使用户能够身临其境地感受虚拟再现的非遗项目。通过这种方式,非遗中的表演艺术、手工技艺、传统节庆等可以通过虚拟的三维场景呈现出来,让观众不仅能够"看到",更能够通过交互与这些文化遗产"接触"。这样,三维可视化不仅能够帮助保存和传递文化内容,还能极大地增强用户的学习和体验感。

在当今数字化时代,信息通信技术(information and communication technology,ICT)已经成为文化遗产教育的核心支柱之一[①]。通过虚拟技术,文化遗产的学习不再局限于传统的文字描述和静态展览[②],虚拟博物馆和数字游戏等互动方式正逐步成为新的教育工具。虚拟世界使得用户可以在时间和空间上突破限制,欣赏和学习遥远或已消失的文化内容。

2. 数字游戏与虚拟现实的教育潜力

尽管虚拟博物馆和数字展览为文化遗产教育带来了更多的展示机会,但它们往往缺乏足够的互动性和参与感,难以激发学习者的主动性。因此,近年来,数字游戏成为一种新的有效教育形式,尤其是在文化遗产的传播和学习方面,表现出巨大的潜力。游戏不仅提供了更为生动和有趣的学习方式,而且能够通过动态的互动引导学习者主动探索和理解文化遗产的深层含义。例如,"时尚非遗·造物东方"AI数字艺术大展利用AI声图、数字影像、粒子生成等技术,再造非遗复活的虚拟空间,提供了沉浸式与传统文化互动体验。这种展览方式不仅增强了观众的参与感,也使得非遗更加生动和易于理解。

数字游戏在文化遗产教育中的应用越来越受到重视,在非遗的传承方面尤其如此。例如,以非遗项目希腊的察姆科舞蹈、比利时的瓦隆舞蹈、罗马尼亚德卡卢什舞蹈、人声打击乐歌唱、拜占庭音乐等开发了教育类游戏原型。这些游戏通过集成多种传感器(如Kinect、超级头盔等),让用户在虚拟环境中学习和模仿传统的表演艺术。通过观察专家的表演并尝试重现,用户能够获得即时反馈和评估,更好地掌握非遗技能。

---

① Veltman K H. Challenges for ICT/UCT Applications in Cultural Heritage[J]. Digithum,2005(7):1-12.
② Mortara M,Catalano C E,et al. Learning Cultural Heritage by Serious Games[J]. Journal of Cultural Heritage,2014,15(3):318-325.

这些游戏通过感官输入和互动技术，将学习过程转化为一种互动式体验，使得非遗项目能够以更加生动、具体的形式呈现，用户不仅能"看到"文化遗产，更能"参与"和"实践"。此外，这种游戏化的学习方式还能增强用户的参与感和学习动机，特别是在年轻一代中，能够有效提高他们对传统文化的兴趣和认同。

3. 未来文化遗产教育的创新方向

随着技术的不断发展，尤其是三维可视化和数字游戏等创新工具的应用，文化遗产教育正在进入一个全新的时代。通过虚拟现实和互动技术的融合，非遗的学习和传承不仅不再受限于传统的展示方式，还能为全球观众提供更具沉浸感、互动性和参与感的文化体验。这种技术的应用不仅能够更好地保护和传递非遗，还能通过游戏化学习和沉浸式体验，激发更多人，特别是年轻一代，对非遗的兴趣和热情。例如，东莞文化馆进行全面的数字化升级，打造一比一线上元宇宙文化馆。在东莞文化馆非遗数字展厅，观众可以多终端浏览数字元宇宙展馆，观看龙头、舞狮等非遗展品，不受时间、地点限制。这种数字化展示平台为非遗的传播和教育提供了新的途径，使得非遗更加易于接触和学习。

（七）数字影像技术

目前，高精度数字影像已成为非遗采集和记录中最常用、最便捷的技术手段，并在非遗的抢救和保护工作中发挥着至关重要的作用。数字影像的核心过程是通过光电传感器捕捉目标非遗的光学图像，并将其转换为数字信号，从而生成高质量的数字影像。这一技术通常使用数码相机、高清摄像机等设备，这些设备能够直接将捕捉到的信息转化为数字格式，便于迅速保存和后续处理。与传统的摄影摄像方式相比，数字影像不仅能够提供更高的记录精度，还具有成本较低、数据保存更加稳定、易于编辑和二次利用等优势。因此，数字影像技术已成为非遗保护中不可或缺的核心工具之一。

1. 数字影像的优势

随着互联网和数字技术的飞速发展，新媒体和社交网络平台的兴起为数字影像的传播提供了新的途径。这为非遗的保护和传播提供了更加广泛的空间，借助这些技术，非遗的历史和文化价值可以跨越时间和空间的限制，迅速传播至全球各地，从而为非遗保护探索出更高效、更科学的路径。例如，东莞市文化馆通过构建微信公众号、抖音号、微信视频号等多平台供给文化产品，以短视频制作、直播、HTML5、图文报道等方式，为民众提供丰富、适应互联网传播需求的数字文化产品。这种数字化转型不仅推广了公共文化服务，还让更多市民受惠，体现了数字影像技术在非遗传播中的优势。

2. 数字影像技术的特点

作为互联网技术发展的产物，数字影像技术近些年在非遗的记录和传承中取得了显著进展，特别是在非遗纪录片制作、文化档案管理等领域展现了强大的优势。

数字影像技术在非遗保护中最突出特点的是其强烈的纪实性。通过拍摄纪录片等方式，数字影像能够真实、客观地记录非遗相关的场景、人物、建筑、风俗和习惯等，完美呈现非遗的独特文化魅力。这种记录方式特别注重还原非遗的本真性，也就是最大限度地保留其原有的文化特征和历史背景。因此,数字影像与当前对非遗保护的要求高度契合,能够全面呈现非遗的多维面貌,让观众通过第三方的视角直观感受非遗的文化底蕴和艺术魅力。例如,电视台、文化机构等可以通过制作专题节目或非遗故事栏目,以更生动、全面的方式向公众展示这些珍贵的传统文化遗产,增强公众对非遗的认同感和保护意识。

随着现代化进程的推进,许多拥有深厚文化积淀的原生态村落、传统手工艺和表演艺术正面临被现代文明吞噬、消失或变异的危机。在这种情况下,数字影像技术为非遗的保护和传承提供了重要的技术支持。其最大的优势之一便是打破了时空的限制,不受地域和历史阶段的约束。无论非遗项目位于何地,或是属于何种文化传统,都能够通过数字影像技术进行记录、保存和展示。无论是偏远地区的民间艺术、历史悠久的手工技艺,还是一些已经濒临消失的传统节庆,都可以借助数字影像技术得以保留,传递给未来的世代。数字影像技术通过虚拟呈现,使得不同地区、不同文化背景下的非遗能够跨越时空,在全球范围内共享和传播。

传统上,非遗的记录与传承主要依赖书籍、绘画、手稿等静态形式,尽管这些方式能够有效保存文化内容,但它们无法保证持久性,一旦资料破损或丢失,非遗的部分历史或信息就可能永远消失。数字影像技术的出现为非遗的保存和传承提供了更为直观且持久的解决方案。通过音频、视频、图像等多媒体形式,数字影像技术能够将非遗的每个细节直观地呈现出来,包括声音、舞蹈、仪式等无法通过文字描述完全表达的元素。例如,通过数字影像技术,可以生动展示一场传统舞蹈的动作细节,或通过高清录像捕捉某项手工技艺的复杂操作过程,让观众能通过视觉和听觉的双重刺激获得身临其境的感受。这种体验式学习不仅能提高公众对非遗的认知,还能激发他们主动参与保护和传承的兴趣。例如,北京引力波虚拟现实科技有限责任公司推出的虚拟现实漫游体验,让观众可以进入神秘的敦煌石窟,体验千年艺术的魅力。这种数字影像技术的应用不仅增强了文化的互动性和趣味性,也为非遗的传承和保护提供了新的途径。

此外,数字影像技术使得非遗得以在电子媒介上长久保存。即使书籍、文献或传统文化遗址遭到破坏,数字化保存的数据仍然能够在全球范围内长期传播和共享。这种保存形式为非遗提供了更高的安全保障,使得这些文化瑰宝能够跨越时间的长河,传承下去。

3. 数字影像技术的未来展望

数字影像技术的迅猛发展为非遗的保护、记录和传播提供了创新的解决方案。通过其高精度的捕捉能力和多感官的沉浸式体验,数字影像技术在非遗保护中具有无可比拟的优势。它不仅能够精准记录非遗的"原汁原味",还打破了地域和时空的限制,提供了一种持久保存和传播非遗的新方式。随着技术的进一步发展,未来数字影像技术将在非遗保护的各个方面发挥更大作用,助力全球范围内非遗的记录、传承和创新,为后代提供更加丰富和真实的文化遗产。例如,眉山三苏祠博物馆整合了12.5万条三苏文化相关数据资料,运用大数据对其梳理分类,构建智能检索和关联系统。这种数字化平台不仅为全球苏迷提供免费的多维度服务,方便深入研究三苏文化,也展示了数字影像技术在非遗保护和研究中的潜力。

三、非遗数字保护技术未来展望

在数字化时代背景下,非遗的保护工作正站在一个崭新的十字路口。随着信息技术的不断革新,特别是互联网、大数据、人工智能等新兴技术的迅猛发展,非遗的数字保护已经不再局限于传统的记录和存档方式,而是向着更加智能化、互动化和全球化的方向发展。未来的非遗保护将更加依赖高科技手段的应用,这些技术不仅能够提高非遗保护的效率和精确度,还能增强非遗项目的展示效果和教育意义,使非遗在全球范围内得到更广泛的传播和认知。以下是对非遗数字保护技术的展望,非遗保护工作即将迈入一个全新的发展阶段。

(一) 人工智能与机器学习的应用

在数字化时代背景下,非遗的保护工作正站在一个崭新的十字路口。随着信息技术的不断革新,特别是互联网、大数据、人工智能等新兴技术的迅猛发展,非遗的数字保护已经不再局限于传统的记录和存档方式,而是向着更加智能化、互动化和全球化的方向发展。人工智能(AI)和机器学习(ML)技术的发展为非遗数字保护提供了新的工具,这些工具的应用正在改变我们对非遗项目的理解和传承方式。

1. 分类与识别

机器学习算法能够通过训练识别非遗元素的特征,自动化地对非遗数据进行分类和识别。例如,谷歌的"艺术与文化"项目利用 AI 技术,使全球用户能够通过高分辨率的图像和虚拟现实技术,探索世界各地的博物馆和艺术作品,包括一些珍贵的非遗项目。在印度,AI 被用来分析和分类传统音乐旋律,帮助音乐学者和爱好者更好地理解和欣赏印度丰富多样的音乐遗产。

2. 预测与监控

利用历史数据,AI 可以预测非遗项目的发展趋势,包括哪些文化实践可能面临消失的风险,哪些需要更多的保护措施。例如,联合国教科文组织利用 AI 分析全球非遗数据,预测哪些文化遗产可能因为环境变化、社会变迁或冲突而受到威胁,从而提前采取保护措施。同时,AI 驱动的监控系统可以用于实时监控非遗项目的保存状态。

3. 模式与关系识别

AI 可以识别非遗传承中的模式和关系,如某个地区的非遗项目与当地社会结构、经济活动之间的联系。在非洲,AI 被用来分析口头传说和民间故事,揭示不同社区之间的文化联系和历史互动,帮助理解非遗项目的社会文化背景。

4. 自然语言处理

自然语言处理(natural language processing,NLP)技术可以用于理解和翻译与非遗相关的文本资料,包括古老的手稿、口述历史和民间故事。例如,微软的文化遗产人工智能计划（AI for Cultural Heritage Program）利用自然语言处理技术,帮助研究人员翻译和分析来自不同语言和文化背景的古籍,包括一些濒临失传的土著语言文献。

5. 交互学习平台

结合 AI 的交互式学习平台能够提供个性化的学习体验。例如,日本的传统茶道和花道艺术通过 AI 辅助的学习平台,让全球的学习者能够根据自己的进度和兴趣学习这些复杂的艺术形式,AI 通过分析学习者的行为和反馈,提供定制化的教学内容。

6. 敏感信息分析

AI 还可以用于分析和预测不同文化对非遗保护的反应和态度。例如,在澳大利亚,AI 被用来分析原住民社区对非遗保护项目的看法和需求,确保保护措施尊重并保护原住民文化,同时也为政策制定者提供了宝贵的数据支持。

人工智能和机器学习技术在非遗数字保护中的应用前景广阔,它们不仅能够提高非遗保护的效率和质量,还能为非遗的传承和推广开辟新的道路。随着技术的不断进步,我们有望看到更多创新的应用,使非遗在全球范围内得到更有效的保护和更广泛的传播。

（二）增强现实与虚拟现实的融合

增强现实（AR）与虚拟现实（VR）技术的融合正在重塑我们体验和传承非遗的方式。这些技术通过创造沉浸式的体验,使得非遗项目不仅是被动的观赏对象,而且是可以互动和体验的活生生的文化实践。此外,通过 AR 技术,游客还可以观赏到已经失传的宫廷舞蹈和音乐,这些表演通过数字化的方式得以在现代重现,为游客提供了一种全新的文化体验。这不仅增强了文化遗址的教育价值,也为全球用户提供了无界限的文化体验。随着技术的不断进步和创新,我们有望看到更多激动人心的应用,使非遗以更加生动和互动的方式呈现给世界。通过这种方式,AR 和 VR 技术不仅为非遗的保护和传承提供了新的工具,也为公众提供了更加丰富和深入的文化体验。

1. 沉浸式教育体验

结合 AR 和 VR 技术,可以开发出沉浸式教育体验,让学生和学习者通过模拟环境亲身体验非遗。例如,通过 VR 头盔,学习者可以"进入"一个虚拟的古代村落,亲身参与传统节日的庆祝活动,而 AR 技术则可以在现实世界中叠加相关信息,提供更深层次的文化背景和历史解释。

2. 虚拟修复与保护

VR 技术可以用于模拟和展示非遗项目的修复过程,让公众理解修复工作的复杂性和重要性。例如,对于一座历史悠久的寺庙,VR 可以展示其原始状态、损坏过程以及修复后的样子,增强公众对遗产保护的认识。

3. 互动展览与展示

在博物馆和展览中,AR 和 VR 技术可以提供互动式的展览体验。参观者可以通过 AR 设备与展品互动,获取更多信息,甚至"参与"到展品的故事中。VR 则可以创建一个完全虚拟的展览空间,展示那些无法实体展出的非遗项目。

4. 非遗技艺传承

AR 和 VR 技术可以帮助传承人记录和传播他们的技艺。通过这些技术，传承人可以在虚拟环境中展示他们的技艺，让学习者无论身在何处都能学习和实践。这种远程学习和实践的方式对于濒临失传的非遗技艺尤为重要。

5. 跨文化交流

结合 AR 和 VR 技术的非遗项目可以促进不同文化之间的交流和理解。通过虚拟环境，人们可以体验不同国家和地区的非遗，增进对人类文化多样性的认识和尊重。

6. 故事叙述与情感体验

VR 和 AR 技术可以结合故事叙述，提供情感上的体验。通过模拟非遗项目的历史背景和文化意义，用户不仅能够看到非遗的外在形式，还能感受到其内在的情感和精神。

尽管 AR 和 VR 技术在非遗领域具有巨大潜力，但也面临着技术挑战，如用户体验的优化、内容深度和质量的提升、设备的普及和成本等。未来的创新需要在提高技术可访问性的同时，不断探索新的内容和形式，以满足不断变化的用户需求。AR 和 VR 技术的融合为非遗的数字保护提供了无限可能。随着技术的不断进步和创新，我们有望看到更多激动人心的应用，使非遗以更加生动和互动的方式呈现给世界。

非遗数字保护技术的未来发展将更加多元化和智能化，通过跨学科合作和技术融合，实现非遗的有效保护和传承。同时，也需要关注技术发展带来的挑战，确保非遗保护工作的伦理性和可持续性。随着技术的不断进步，我们有理由相信，非遗数字保护将为文化遗产的传承和发展开辟新的道路。

第三节　全球非遗数字传播交互技术

非遗数字交互技术是通过数字化手段与交互式技术为非遗提供现代化展示、传承和传播的一种创新技术体系。它使用了全息摄影、虚拟现实、界面交互等现代技术，为使用者创造沉浸式和交互性的体验。通过这些先进的数字交互方法，传统非遗的独特之美、历史渊源以及文化意义可以被更生动地呈现给观众。此外，非遗数字技术也有助于推动非遗的保护和活态传承，使之有机融入当代社会的信息传播，为非遗注入新的活力。

一、非遗数字交互技术概述

（一）交互与非遗数字交互

交互这一概念源自国外，指的是通过动作和相应的反馈来实现互动的基本单元。具体而言,互动涉及人与设备的操控、反馈和响应过程。我们日常生活中的许多应用,如智能手机、电脑、电视等,都是通过某种形式的互动来满足用户需求。互动系统随着计算机和网络的发展而诞生,其目的是帮助用户以最优化的方式实现目标。互动传播指的是信息传播者和接收者之间通过交流和互动的形式实现信息传播。随着网络信息技术的快速发展和广泛应用,互动传播技术已成为人类分享、沟通信息的重要途径和丰富社交生活的重要组成部分。非遗数字互动则是将传统非遗与现代互动技术结合的创新实践,这一概念源自国外,其核心在于通过互动设计,将非遗以更加直观和生动的形式呈现给观众。

在当代社会,科技进步的浪潮正迅猛地推动着传统文化遗产的保护与传承工作。面对这一挑战,数字化技术已成为保护这些宝贵遗产的关键工具。特别是在非遗的保护领域,数字互动技术作为现代数字化的新手段,正在成为提升非遗传播、保护和教育的重要工具,全面促进非遗的保护与传承。首先,通过使用高精度的数字记录技术,如三维扫描和高清摄影,确保非遗的原始风貌得以保留,为保护工作打下坚实基础。其次,虚拟现实和增强现实等互动技术使得非遗能够在数字平台上展示。最后,通过可穿戴设备等工具,为用户提供沉浸式的非遗体验。同时,数字平台为技艺传承提供了便捷的教育功能,用户可以随时随地学习传统技艺,打破地域限制,促进了非遗的跨时代、跨区域传播,并确保非遗的长期保存。通过云存储和备份等技术,非遗得以免受自然灾害或技术故障的影响,并将推动非遗在现代社会中的可持续发展与创新。非遗数字交互技术在非遗的保护中扮演着至关重要的角色。

在国家文化数字化战略与《中国传统工艺振兴计划》的引领下,非遗的数字化进程正以前所未有的速度推进,为非遗的广泛传播与深度创新构筑了坚实的基石。随着数字科技的飞速迭代,非遗的保护与传承策略亦须调整。沉浸式体验作为一种新兴的、具有创新性的互动范式,展现出很大的发展潜力和广泛的应用范围。该模式不仅能够精准再现非遗的历史场景,使游客在身临其境中深刻体验非遗的独特魅力,还能有效触发游客的情感共鸣,深化其对非遗内涵的理解。通过互动装置的融合与设计元素的游戏化,沉浸式体验促使游客从被动的观赏者转变为非遗技艺传承的主动参与者,有助于提升公众的文化参与感和保护意识。这种深度介入的传承模式为非遗的活态传承与创新发展开辟了非常有效的传播路径[①]。

(二) 非遗数字互动与新质生产力

在中国,非遗蕴含着丰富的文化和精神价值,人们在了解的过程中能够深刻感受到其所传递的精神和文化内涵。在过去的传播过程中,非遗的展示手段相对单一,存在一系列问题。例如,一些博物馆在展示展品时,展品与解释文字的距离较远,观众在观赏时容易

[①] 黑龙江省文化和旅游厅 数字赋能下的"非遗+文旅"沉浸式体验设计与传播策略[EB/OL]. https://wlt.hlj.gov.cn/wlt/c115580/202410/c00_31780264.shtml. [访问时间:2024-11-8].

受到相邻展品信息的干扰。同时,博物馆的讲解往往使用过于复杂的语言,未能有效帮助观众理解展品信息;一些藏品由于展览条件的限制,被迫存放在特定环境中,使参观者无法近距离接触,只能通过照片或文字来了解这些文化产品,缺乏亲身体验,进而影响对非遗的认同感。这些问题凸显出在过去信息技术不发达时期,由于非遗传播过程中展示手段的单一性,尤其对一些具有特殊意义的非遗产品,现存的展览服务无法满足观众的需求,这也进一步阻碍了非遗内涵的传播。

为了有效传播非遗,我们需要根据时代发展的特点和观众需求,采取科学合理的策略。在当今社会,许多非遗传统技艺和文化产品难以吸引年轻人的注意,缺乏足够的交互性,这使得观众对消费的兴趣降低。因此,必须充分利用现代技术的优势,提升非遗传播的交互性。以艺术和戏曲为例,文学故事在其中占据重要地位,然而由于实体博物馆的数量有限,并且数字传播技术在其中的应用相对匮乏,观众难以深入了解这些文化。同时,一些地区的戏曲表演和宣传方式过于单一,导致普通听众尤其是青年听众难以对其产生共鸣,可能会导致受众群体的断层,进而影响传统文化的健康持续发展。

针对这些问题,我们可以在非遗中引入以下新质生产力技术:全息摄影技术可以立体地再现非遗,为观众提供一种全新的视觉体验,使非遗栩栩如生地展现在人们眼前。通过界面交互技术,我们可以设计直观的用户界面,让用户能够与非遗内容进行更自然、更直观的互动。虚拟现实技术可以创造沉浸式的体验,让用户仿佛置身于非遗的历史场景,增强体验的沉浸感和参与感。可穿戴交互技术如智能眼镜和手套,可以提供更加自然和直观的交互方式,让用户在体验非遗时有更加真实的感受。增强现实技术可以将虚拟的非遗元素叠加到现实世界中,为用户提供增强的信息和视觉体验,使得非遗更加生动和易于理解。通过这些技术的融合应用,非遗不仅能够以更加生动和更具互动性的方式呈现给公众,还能够在全球范围内得到更有效的传播和保护。

二、非遗数字交互技术分类与应用

非遗数字交互技术通过多元化的技术手段,推动了传统文化在数字时代的转型与创新。非遗数字交互技术的分类主要包括全息摄影技术、界面交互技术、虚拟现实技术、可穿戴交互技术和增强现实技术。这些技术各具特色,能够提供不同的沉浸式体验和交互方式,使非遗的展示更加生动、直观和富有参与感。通过这些非遗数字交互技术的结合与应用,不仅丰富了非遗的表现形式,还为其传播、保护和创新提供了新的契机,开辟了全新的非遗传承路径。

(一)全息摄影技术

全息摄影技术是一种通过激光干涉和衍射原理来记录和重建三维图像的技术。传统摄影是记录物体面上的光强分布,仅仅记录物体在某一时刻的平面图像,因而失去了立体感。全息摄影则采用激光作为照明光源,并将光源发出的光分为两束:一束直接射向感光片,另一束经被摄物的反射后再射向感光片。两束光在感光片上叠加产生干涉,感光底片上各点的感光程度不仅随强度也随两束光的位相关系而不同。所以全息摄影能够记录物体的三维空间信息,包括物体的深度、形状、纹理、反射光等。因此,全息影像可以展现物体的立体感,使得观看者仿佛直接面对真实的物体。用激光去照射它,人眼透过底片就能看到与被拍摄物体完全相同的三维立体像。一张全息摄影图片即使只剩下一小部分,依然可以重现全部景物。

全息摄影凭借其显著的特点在非遗中的优势如下:再造出来的立体影像有利于保存珍贵的艺术品资料;拍摄时每一点都记录在全息片的任何一点上,即使照片损坏也关系不大;全息影像中的景物立体感强,形象逼真,借助激光器可以在各种展览会上进行展示,会得到非常好的效果。全息摄影技术在非遗中的应用主要有以下3个方面。

一是突破非遗时空限制,展示全息影像立体感。许多非遗项目,如传统舞蹈、手工艺和民俗活动,在传统媒介的传播下,难以体现其独特的文化内涵,有的甚至已经失传。但在引入全息技术之后,这些濒危文化形式不仅能够"复活",更具有打破时空限制的条件,为观赏者呈现出立体效果。通过全息影像,观众可以从不同的角度观看传统舞蹈表演或手工技艺的制作过程,条件支持的情况下甚至可以实时互动。这样的近距离互动体验不仅增强了观众的参与感,更让观众深刻感受到我国非遗技艺的艺术价值。

二是数字化再现非遗,推动全息影像文化保护。全息摄影技术为传统非遗提供了全新的数字化展示方法。借助这种技术,观众能够近距离观察传统工艺品的精细细节,可以通过三维重建技术,身临其境地体验历史文献的原貌。这种创新的展示方式使非遗的传承更加生动鲜活,为其保护提供了有效的数字化解决方案。全息影像技术的运用让非遗不再局限于博物馆中的静态展示,而是能够以更加灵活多样的形式广泛传播和共享到更广泛的观众群体中。

三是融合传统与科技,全息影像开启新篇章。以中国厦门沉香文创园为例,通过全息投影等现代科技手段,不仅让厦门香、闽南香制作技艺等传统文化技艺得到传承与创新,也为游客带来了沉浸式的生态文化体验,成为一个将传统文化与现代科技有机融合的文创展示空间。园区内的沉香博物馆展示了珍贵的沉香原料及精美的雕刻工艺品(见图2-3-1),还结合了沉香科普教育和香学堂等展示区域,帮助游客更加全面地了解沉香文化的深厚底蕴及其文化价值。在这座充满历史文化气息,又融合现代创意元素的文创园中,游客不仅能亲身体验传统文化的独特魅力,还能感受到新技术和创新生产力推动下的文化创意产业焕发出的新活力。沉香文创园逐渐成为厦门乃至全国文化产业中的亮点,吸引了大量游客和文化爱好者的关注[①]。

(二)界面交互技术

界面交互技术,也即人机交互(human-computer interaction,HCI),是一个专注于设

---

① 中国(厦门)沉香文创园盛大开园 集美大学美育教育添新翼[EB/OL]. http://zw.china.com.cn/2024-11/05/content_117528277.shtml.[访问时间:2024-11-12].

图 2-3-1　厦门沉香博物馆展出精美沉香作品

(资料来源：中国(厦门)沉香文创园盛大开园 集美大学美育教育添新翼[EB/OL]. http://zw.china.com.cn/2024-11/05/content_117528277.shtml. [访问时间：2024-11-12].)

计、评估和实现用户与计算机系统之间交互的跨学科领域。它涵盖了用户界面(user interface，UI)和用户体验(user experience，UX)的设计，旨在提升用户效率、满意度和舒适度。这一领域中包括认知负荷、原型、眼动追踪、上下文感知计算、自适应用户界面、多模态交互、可访问性、情感设计、自然用户界面、用户行为模型、任务分析等多种技术。界面交互技术使非遗的展示不仅局限于被动观赏，更注重用户的主动参与和深度体验。通过界面交互技术，非遗的展示从静态的"看"向动态的"体验"转变，使得传统文化与现代科技结合，为观众创造了更具沉浸感的文化体验，并在保护、传播非遗的各个层面发挥着积极作用。传统界面往往基于图形化的点击、滑动等操作，而现代的界面交互技术则更加注重人性化设计，采用语音、眼动、触摸甚至手势感应等多种输入方式，用户不再只是单纯地点击，而是能够通过一系列直观的操作方式与界面内容进行交流和互动，这种交互方式打破了设备与用户之间的距离感，使得用户可以更自由地操作。

1. 提供多维度、精细化记录手段

界面交互技术为非遗的数字化保存提供了有力的支持。以往非遗的传承主要依靠口耳相传和实操传承，而传统方式极难保障所有的非遗得到很好的传承，尤其是那些细致复杂的技巧和细节。通过界面交互技术，我们可以把每一个技术环节及操作过程三维建模，并以数字化的形式记录下来。这些数字化的内容方便保存，也能为后续研究提供保障。通过触摸屏、手势识别等交互模式，游客可以在虚拟环境中逐步了解和探讨这些传统工艺，切身体验技艺的每一个细节。这种数字化交互技术可以确保技艺细节的完整传承，避免宝贵信息的丢失。

2. 突破传统非遗传播的空间限制

非遗的展示常常受到场地限制,观众只能在特定的博物馆或展览馆中体验其魅力。由于空间和时间的限制,许多优秀的非遗项目和文化难以普及。然而,随着虚拟屏幕、互动触摸屏及互动墙等新兴技术的引入,非遗的展示不再受到时空的束缚。这些现代传播和交互技术使得非遗能够超越物理空间的束缚,将非遗展示从"平面"带入"立体",实现更广泛的传播。借助互动触摸屏,博物馆和文化展览的方式也得到了革命性的改变,不再仅仅以静态展示。观众能够通过触摸屏进行更深入的互动体验,深入了解每件工艺品的细节,甚至模拟传统工艺的制作过程,亲身体会手工艺的魅力。这种新颖的方式大幅提升了观众的参与感和学习效果,让非遗更加生动且易于接触。

3. 增强非遗数字展示的互动体验

随着科技快速发展,数字化内容已经深深融入我们的生活。传统的静态展示方式在短视频的冲击下,逐渐显得单调且缺乏吸引力。在界面交互技术逐渐应用广泛的背景下,非遗的展示形式发生了显著的变化,变得更加生动、富有创意且具有互动性。以非遗剪纸文化为例,借助界面交互技术,观众不仅能够欣赏到传统剪纸艺术的精髓,还能直接参与其中,进行创作和设计。观众可以通过触摸屏和手势操作设计自己的剪纸作品,并欣赏自己的创作成果。观众能够更直观地感受到剪纸技艺的独特魅力,同时也能在实际操作中加深对这一传统艺术的理解。这种创新的展示形式不仅保持了剪纸艺术的传统性,还拓宽了观众的感官体验,使得非遗在现代科技的支持下焕发出全新的生命力和魅力。

例如,地处"京津冀一小时都市圈"的河北省定州市,凭借其独特的历史文化资源,以创新的数字互动设备和新型展示手段,将新质生产力加入其中有机融合,成功打造"美在定州"研学体验馆。研学体验馆作为文化展示与互动体验的集合体,利用虚实空间漫游、动静结合的互动体验,打造出多维度的文化展示空间。游客在馆内不仅可以观赏到定州的标志性文化符号,还能通过多样化的数字互动技术参与非遗制作、缂丝工艺等传统技艺的体验,积极推动科技与文旅产业的融合与创新,使得"千年古县"焕发出全新的生机与活力(见图 2-3-2)①。

4. 推动文化创新与数字艺术表达

非遗往往承载着丰富的历史背景与深厚的文化情感。例如,虚拟展厅、互动墙以及数字画廊等创新展示方式为游客提供了全新的互动体验,通过这些技术,游客不仅能够欣赏非遗作品的细节,还能了解这些作品背后的人物、历史和文化背景。界面交互技术通过实时的动作感知和动态展示,能够生动地再现非遗现场的氛围和热烈场景。这种沉浸式的体验使得观众仿佛置身其中,也能感受到活动的庄重和欢乐,增强了他们与非遗的情感联结和共鸣,还在情感层面上与这些传统文化产生了深厚的认同感与归属感。

---

① 古今交融绘新景"千年古县"焕发新朝气[EB/OL]. https://www.chinanews.com.cn/sh/2024/09-22/10290350.shtml. [访问时间:2024-11-20].

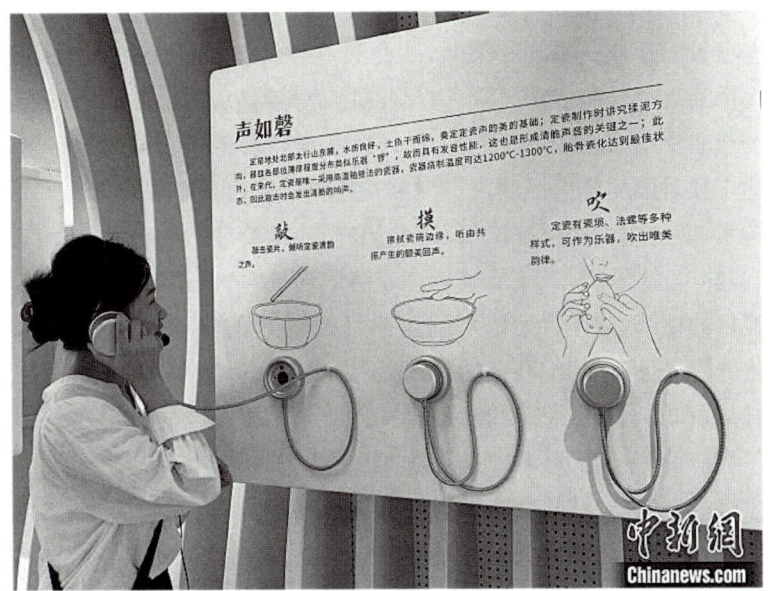

图 2-3-2 "美在定州"研学体验馆工作人员演示定瓷研学内容

(资料来源:古今交融绘新景"千年古县"焕发新朝气[EB/OL]. https://www.chinanews.com.cn/sh/2024/09-22/10290350.shtml. [访问时间:2024-11-20].)

(三) 虚拟现实技术

虚拟现实技术通过计算机模拟生成的沉浸式三维环境,为用户提供了一种身临其境的体验。用户佩戴头戴式显示器、手持设备或其他输入设备后,可以在虚拟世界中获得与现实环境高度相似的互动体验。与传统的二维屏幕不同,利用多维度的视觉、听觉和触觉反馈,再结合计算机图像渲染技术、传感设备以及用户输入设备,虚拟现实系统能够创造出一个高度仿真的数字场景。用户在佩戴虚拟现实设备后,可以通过第一人称视角自由地在虚拟场景中移动、观察或者互动,仿佛置身于一个真实的世界。这种技术打破了传统显示方式的局限,为用户提供了更加沉浸和具有互动性的感知体验。

1. 提供高精度记录方式,助力非遗技艺保护

非遗传统技艺的记录大多数依赖文字以及实物存档等方式为载体进行传承,虚拟现实技术为非遗的数字化保存提供了全新的解决方案。通过三维扫描和建模,虚拟现实技术能够精确地记录非遗技艺的每一个细节,确保整个过程得以再现。以传统陶瓷制作工艺为例,虚拟现实技术能够将制坯、彩绘、烧制等环节逐一呈现,每个环节都通过精细的三维模型进行数字化存档。虚拟现实技术所带来的这种先进的记录手段,不仅让非遗技艺的每个环节都得以长久保存,也为非遗的保护和延续提供了坚实的技术支持。在未来,即便那些过去传承难度很大的非遗技艺,通过虚拟现实技术仍能够克服时间与空间的限制,持续影响并启发后人。

2. 突破地域限制，推动非遗的广泛传播

许多非遗项目因地域或季节的限制，往往只能在特定的场景和时节中观赏，如舞龙、社火等传统民俗活动。这些活动通常具有浓厚的地方特色，但由于表演形式的特殊性，观众只能在现场或节庆期间才能近距离感受。然而，随着虚拟现实技术的迅猛发展，这些本局限于特定地点和时段的非遗活动，已经能够在虚拟空间中被随时随地展示和体验。通过虚拟现实技术，博物馆和文化展馆可以设置专门的体验区，观众只需要佩戴相应的虚拟现实设备，就能够沉浸式地置身于那些传统表演的现场，仿佛亲临其境。虚拟现实技术突破了物理和地理的束缚，使用者无论身处何地，只要有互联网和虚拟现实设备，便可轻松参与这些文化体验，打破了传统展示的局限，更为非遗的传播和普及提供了前所未有的机遇，为非遗的保护和传承开辟了新的前景。

3. 结合现代元素，拓展非遗文化创新表达

传统非遗展示多是通过展品、图片或视频等静态形式进行的，缺乏互动性和新鲜感。引入虚拟现实技术后，传统非遗与现代科技得以融合，传统艺术形式也焕发出全新的生命力，增强了其观赏性和互动性。以传统的剪纸艺术为例，其通常以静态的展示方式呈现，但在虚拟现实平台上，观众不仅可以欣赏到传统剪纸作品的精美细节，还能够通过虚拟剪刀亲自制作属于自己的剪纸艺术品。通过这种创新的表达方式，非遗展示不再是单一的、静态的，而是变成了一种富有趣味性和探索性的文化互动形式，使得年轻一代观众能够更容易地接触、理解并参与其中，进而激发他们对非遗的兴趣和认同感，让非遗焕发新的活力。

4. 打造新模式，提升非遗展示与运营的灵活性

博物馆的空间常常限制了文化展品的展示规模和展示形式的多样性，观众往往只能在特定的区域内观赏有限的内容。随着虚拟现实技术的引入，博物馆有机会打破这种限制，创建虚拟展厅，向观众展示更多种类的非遗项目。展馆可以将各类非遗项目集中展示，观众无须亲临现场，只需要通过虚拟环境即可自由观赏各式各样的非遗内容。虚拟展厅还可以根据需要动态更新，极大提升了展览内容的多样性和互动性。此外，观众还可以在虚拟空间中自由地定制参观路径，甚至可以将自己的虚拟现实展厅设计成一个虚拟的非遗社区，体验到更加个性化和沉浸式的文化之旅。

比如，贵州近年推出长征文化"双子星"项目，开辟了融入新质生产力的文旅融合范式。"双子星"之一是贵州长征文化数字艺术馆"红飘带"，而"红飘带"整体场馆组成部分之一便是全域沉浸数字演艺《红飘带·伟大征程》。它集合AI虚拟交互、全维度机械运动、虚拟现实技术、三维声场等最新数字传播手段，让游客在数字化全景呈现中沉浸式体验长征之路。凭借科幻般的科技赋能，"红飘带"创新了红色文化资源的呈现和传播方式，减少了与年轻人的距离感，更成为贵州新的标志性文旅打卡点（见图2-3-3）①。

---

① 文旅新"贵"，如何四季长红[EB/OL]. https://www.chinanews.com.cn/cul/2024/10-22/10305663.shtml. [访问时间：2024-11-14].

图 2-3-3 "红飘带"重现遵义会议

（资料来源：文旅新"贵"，如何四季长红［EB/OL］. https://gzxc.todcy.cn/dwxc/20240724/20240724_134816.shtml.［访问时间：2024-11-14］.）

（四）可穿戴交互技术

可穿戴交互技术指的是通过集成传感器、显示器和其他感知设备的智能穿戴设备，实现与外部环境和数字内容的互动，这些技术使得设备能够被直接穿戴在身上或整合到用户的衣服、配件中，实现用户互动交互、生活娱乐、人体监测等功能。这种技术涵盖了多个领域，包括传感器技术、无线通信技术、数据处理与分析技术，以及设计软件和人机交互设计等方面。常见的可穿戴设备（如智能手表、智能眼镜、健康手环等）不仅能够通过触摸、语音、手势等方式与用户互动，还能够通过生物信号（如心跳、呼吸等）实时收集和反馈数据。与传统的桌面或手机设备不同，其最突出的优势是可穿戴所带来的便携性和实时性，它们能够自然融入用户的日常生活，并且提供即时的交互体验。这使得人机交互变得更加自然和直观，不再局限于电脑或手机上的屏幕操作，而是通过更加灵活、主动的方式进行交流。

1. 提供数据反馈，提升非遗互动体验

将可穿戴交互技术与非遗元素结合，能够为文化传承和展示提供全新的方式。例如，上海大学可穿戴技术与中国非遗刺绣创新实验工作坊在全国第六届大学生艺术展演活动中，借助电脑显示器和戴在头上、手上的电子传感设备将刺绣者的脑电波和肌电波展示出来，试图将技术过程中不可见的部分用可穿戴设备展现出来，在未来借助人工智能帮助传承人创新设计。智能手环或手表则可以在用户参与传统工艺制作或民间艺术表演时，通过生物数据反馈实时监测用户的情绪和体验，帮助用户更加沉浸于文化活动。比如，在非遗手工艺教学过程中,穿戴式设备能够通过感应用户的动作轨迹,提供实时指导,帮助学习者更好地掌握技艺步骤,甚至对动作进行反馈和调整,从而提高用户非遗技能的学习效果。

2. 提升非遗沉浸感,增强用户参与感

在传统的非遗展示中,观众通常只能通过静态展板、图文说明或直接观看展品来了解文化背景和技艺细节,而在借助可穿戴交互设备之后,观众可以通过多种感官共同参与文化活动,感知和体验非遗技艺的精妙之处。例如,在传统舞蹈或民俗表演的场景中,观众不仅能够通过视觉欣赏表演的动作之美、通过听觉感受音乐的节奏韵律,现在还能通过可穿戴设备获得触觉反馈,如以振动模拟表演节拍或以温度变化再现表演氛围。这种基于多感官交互的体验方式突破了传统展示中单纯依赖视觉与听觉的限制,使非遗的展现更加立体化、动态化。这种沉浸式的互动体验不仅拉近了现代观众与传统文化之间的距离,也让非遗技艺的展示方式焕然一新,更贴合当代受众的审美需求与参与习惯。在可穿戴技术的支持下,非遗突破了传统展示的局限,不再拘泥于静态的呈现,而是以更加灵活、生动的形式走向大众。

3. 结合数字技术,拓展非遗创意展示

许多传统非遗技艺难以对年轻一代形成持久的吸引力。随着智能设备与可穿戴技术的普及,传统技艺得以加入数字游戏、沉浸式体验等现代元素,焕发出崭新的活力。这一技术搭建了内容传播与用户反馈互为促进的良性循环体系,通过多种传感器实时采集用户参与传播活动时的生理数据,进行量化分析,从而更准确地了解受众需求,进而优化文化传播的效果。例如,佩戴增强现实眼镜的观众可以通过手势操作或屏幕交互参与剪纸创作,体验虚拟化的剪纸制作过程。在这一过程中,观众不仅可以自由发挥创意,还能够根据个人偏好对传统图案进行调整与再设计,赋予作品现代化的个性表达。同样,刺绣的学习也可以借助可穿戴设备实现高度互动,从针法的选择、线条的设计到最终图案的呈现,观众可以逐步体验制作中每个环节的精妙之处。这种交互体验让传统技艺从静态展示变为动态学习,显著提升了文化传播的趣味性与吸引力。对于年轻一代而言,这种创新的体验方式更能激发他们对非遗的兴趣,推动非遗在新时代焕发出持续的活力与创造力。

(五) 增强现实技术

增强现实技术是一种创新的技术。它将虚拟图像、声音等元素实时叠加到用户的现实世界中,为用户提供了混合现实的视觉体验。该技术结合了计算机图形学、数据融合、视觉跟踪以及用户界面设计等多种先进技术,让虚拟对象、图像、视频或声音与用户的实际环境无缝融合,创造出一种增强的现实体验,因而被称为增强现实技术。增强现实技术的核心特征在于其"扩增"能力,具体来说,它在不替代现实世界的情况下,通过实时计算用户的位置和视角,集合设备传感器提供的即时数据,将虚拟信息精确地"叠加"到用户眼前的现实物体上。这种精准的虚拟信息叠加使得用户能够在现实世界中感知到更多维度的内容,从而提升互动性和沉浸感,极大地丰富了内容的传播形式。这种技术能够提供一种混合现实体验,使用户与虚拟内容自然交互,同时保持对周围环境的感知。与虚拟现实技术不同,增强现实技术不需要用户完全脱离现实世界,而是通过数字化内容与现实世界的结合,创造出一种增强的感知体验。通过增强现实技术,用户能够看到实时的虚拟图层,这些虚拟元素与实际物体进行互动,提供更多的信息和感官体验。

1. 创新非遗文化的传承与教育

增强现实技术构建三维虚拟环境,为传统艺术的传承和教育提供了崭新的体验方式。以手工艺的展示为例,增强现实技术能够通过扫描实物工艺品,实时展现其制作过程,同时呈现其背后蕴含的历史与文化信息。这一技术帮助用户更深入地了解每个工艺环节及其独特技艺,甚至可以通过虚拟交互观察并模拟制作步骤的全过程。通过手势控制,用户不仅能够在虚拟环境中细致地查看工艺品的细节,还能直接参与模拟制作的互动体验。这种创新模式将非遗从静态的展览形式转变为动态、可操作的学习过程,使传统技艺的传承更加生动和有吸引力。

2. 深化非遗活动互动体验

增强现实技术将虚拟与现实融合,为观众带来身临其境的不同体验。通过智能设备,如增强现实眼镜或智能手机,用户可以扫描周围的环境,实时看到与非遗相关的虚拟元素呈现于现实世界。在传统的节庆活动中,观众不仅能够看到虚拟的历史人物在周围走动、参与活动,还可以看到传统节庆装饰和象征性物品浮现在眼前,甚至听到与节庆相关的神话传说、民间故事通过耳机传入耳中。这种虚拟与现实相结合的互动体验打破了传统展示中静态展示和单一视角的局限,观众不再仅仅是旁观者,而是成为文化活动的一部分,激发了人们对传统文化的深层次理解和情感共鸣,推动了非遗的全球化传播。

3. 虚拟展示实现全球传播

随着虚拟现实技术的不断发展,非遗的展示形式从原本的文字和图片记录,逐步转变为更加沉浸式和具有互动性的体验。例如,在学习传统陶艺或织布时,观众能够通过增强现实眼镜亲眼看到陶艺师如何手工拉坯、如何用传统方式上釉,甚至可以在虚拟的环境中亲自操作,感受每个细节的变化与精致。通过虚拟历史文化场景的复原,观众得以"亲身步入"古代的手工艺作坊,切身体验古人如何生产、生活以及与自然和谐共处。虚拟现实技术凭借其沉浸感和交互性强的特性,不仅扩展了非遗展示的感官维度,增强了观众的体验感,还改变了传统展示中单向传递的模式,让观众由被动接受转变为主动探索,在知识与情感的双重沉浸中加深对非遗的认同感。此外,增强现实技术的普适性和低成本使得非遗能够走向全球观众,成为一种灵活而创新的传播形式,跨越了语言、地域和文化的限制。

三、非遗数字交互未来展望

在非遗数字交互的未来发展中,虚拟仿真技术与元宇宙技术的融合为非遗带来了崭新的展示和传播形式。虚拟仿真技术通过构建高度仿真的数字环境,能够再现传统工艺、文化活动及历史场景,帮助观众通过沉浸式体验理解非遗的精髓。元宇宙技术则利用虚拟世界与现实世界的交互,创造了一个可持续发展的数字平台,促进非遗在全球范围内的共享与传播。二者的结合将推动非遗跨越时空的限制,在数字时代焕发新的活力。

(一) 虚拟仿真技术

与虚拟现实技术类似,虚拟仿真技术创建出一个与现实世界高度相似的虚拟空间,用户可以在其中自由互动、探索、学习。虚拟仿真技术不仅在物理世界的模拟上做得非常出色,还能高度还原某些现实中难以实现或已经失传的场景、事件或技能。通过虚拟仿真,用户可以在数字环境中体验到传统工艺的制作过程、历史文化场景的重建,甚至与古老的非遗艺术形式互动。

1. 场景复现打破时空限制

在数字化转型的时代背景下,虚拟仿真技术凭借其优秀的场景复现能力,逐渐成为促进非遗传承的重要工具。随着时间的推移和现代社会的发展,许多非遗技艺面临失传的风险,虚拟仿真技术不仅能够将非遗内容以数字化的形式重现,还可以记录和还原非遗技艺的表演过程和工艺制作过程,为后人留下珍贵的资料。利用虚拟仿真技术,用户可以身临其境地体验古代庙会、传统舞蹈或祭祀仪式的场景,细致感受这些文化活动的每一个独特细节。这种沉浸式的互动形式不仅加深了人们对传统文化深层意义的理解,也让非遗的传播与教育更贴近当代观众的需求和偏好。

2. 沉浸体验提升非遗互动

非遗中的技艺,尤其是以手工艺为代表的传统技术,通常包含许多复杂而精细的步骤和细节。由于这些特性,传统的展示手段往往难以全面呈现技艺的全貌,观众通常只能通过静态图片或视频片段对其有限的了解。虚拟仿真技术的出现很好地解决了这一问题。借助三维可视化技术,这些复杂的工艺流程被逐步分解,并以直观的方式动态展示。观众不仅能够从多个视角和不同距离仔细观察每个制作环节,还可以利用"暂停"或"回放"功能,反复学习某些重要的关键步骤。通过这种灵活的交互方式,观众的学习效率显著提高,不仅加深了观众对传统技艺的理解,还使非遗技艺的传播更加精准和高效。同时,这种技术手段也让现代人能够更直观地感受到传统手工艺的精妙与难度,进一步激发其对传统文化的认同感与兴趣。

3. 细节演示优化非遗呈现

非遗技艺的传承依赖对技法、动作和语言的原样保存,但很多技艺的传承人年事已高,或因客观原因难以传承技艺。通过虚拟仿真技术,可以将非遗的技艺过程与表达手法记录为高精度的三维模型和交互式数字档案,形成数字记录,确保技艺的细节不会因传承人的离去而消失。这些数字化档案还可以被长期保存,供未来的研究、学习所用。这些虚拟档案也可作为传承人教学的一部分,帮助更多年轻一代的学者与爱好者学习和掌握这些技艺,避免技艺在现代生活中失传。

4. 数字存储延续非遗活力

虚拟仿真技术的优势是它能够构建一个不受现实世界物理条件限制的全新虚拟空间，为用户提供一个自由学习、沉浸体验与表达创意的平台。通过这一新质生产力技术，非遗得以突破时间与空间的束缚，实现更加广泛的全球化传播和长期保存。观众可以佩戴相关设备，进入民俗活动的虚拟全景，详细了解其中所包含的文化内涵与传统习俗。这种超越空间限制的传播方式不仅极大地提高了非遗的知名度，还扩大了其潜在受众群体，尤其是吸引了更多年轻人的关注与参与。通过这种技术驱动的创新传播模式，非遗的认知度与接受度得到了显著提升，推动其在现代社会中的持续发展与传承。

（二）元宇宙技术

元宇宙（Metaverse）技术是一种由虚拟世界、增强现实、社交互动、经济体系、数字化资产等多个元素组成的全新数字生态系统。按照罗布乐思（Roblox）的官方说法，元宇宙产品应具备八大要素：身份、朋友、沉浸感、低延迟、多元化、随地、经济系统和文明。然而，元宇宙沉浸性的塑造并不仅由特效的细节和技术性的渲染打造，还需要通过借助视觉以外的其他感官以及科技创新，让用户在虚拟环境中达到心理的沉浸以及情感的参与。笔者认为元宇宙这个概念会慢慢被大众接受，并且也会逐渐进入大家的生活，在娱乐和教育这两个领域会最先取得效果，之后也会涉及协同办公和科研领域等。

1. 重现非遗虚拟场景

元宇宙最早是在1992年科幻小说《雪崩》中描述的数字虚拟世界。它通过虚拟现实（VR）、增强现实（AR）、人工智能（AI）等多种前沿技术的融合，创建出一个持久存在且可以互动的数字世界。在《中国元宇宙白皮书（2022）》中，元宇宙被定义为"利用数字技术，构建与现实世界平行交互的、具备新型社会体系的虚拟空间"。用户可以通过数字化身份进入元宇宙，在其中进行社交、娱乐、工作、学习、购物等各种活动。元宇宙不仅是一个虚拟空间，还具有高度的沉浸感和互动性，能够为用户提供无缝连接的虚拟生活体验。在数字时代，人们在一定程度上越来越向虚拟世界"迁移"，将黄河等非遗旅游与元宇宙结合，让元宇宙赋能非遗旅游的数字化、科技化转型，是非遗传承新的表达形式、体验入口和传播窗口，更有利于推动乡村文旅深度融合和发展。

2. 实现非遗全球传播

随着我国城镇化的快速发展，非遗的保护传承普遍面临和现代化生产脱节、传承形式单一、传承主体缺乏、传承语境缺失、吸引力变弱、产业化程度较低等现实问题。以虚实结合、数字孪生为主要特点的元宇宙技术在非遗旅游行业的落地和应用，为解决上述问题打开了新局面。元宇宙通过原貌展现非遗技艺及相关的历史信息，实现一秒时空流转，继而挖掘非遗旅游元素，非遗魅力瞬间复刻呈现。元宇宙可以突破地域、形式、血缘等的限制，改变口传身授的传习方式，通过强烈的"临场感"实现非遗的大范围传播，促进非遗供给侧的扩容、迭代和提升。元宇宙技术结合VR、AR等技术呈现非遗产生、形成的历史语境，人与空间交互相融，沉浸式的空间体验可以有效延长游客游览时间，打破对非遗的刻板印象。元宇宙技术能够冲破地缘的桎梏,对非遗符号再阐释以"精准"吸引并聚集趣缘群体,有效拓展非遗文化资本转化的边界,达成更多的符号消费。

3. 推动数字文旅发展

非遗可以在元宇宙中以数字形式呈现,让用户在虚拟世界中亲身体验。用户可以通过VR设备进入一个充满传统艺术和文化元素的虚拟博物馆,观察虚拟化的非遗作品、手工艺或历史场景并参与互动。非遗不仅能在元宇宙中得到更为动态和富有表现力的展示,还能为用户提供一种跨越物理边界的"全球化"体验,让世界各地的人们能够在一个共同的虚拟空间内共同分享和学习传统文化。

以鼓浪屿的数字文旅为例,元宇宙技术赋能传统文化和旅游景点,结合5G-A技术、扩展现实(XR)多人互动和沉浸体感体验,打造首个鼓浪屿主题XR大空间,将线上景点的文化服务触角延伸至线下用户,向大众展示元宇宙赋能数智文旅的无限可能,是传统文旅数字化转型的典范。2024年8月10日,首个鼓浪屿主题XR大空间正式上线,围绕鼓浪屿IP打造的首个元宇宙独创故事《奇妙家庭音乐会》"琴岛奇遇"沉浸探索体验,通过"八闽文脉·记忆""乐动琴岛·守护""钟声依旧·时光""以乐会友·圆满"4个篇章,生动串联起鼓浪屿的如画景致和音乐秘境。在元宇宙赋能下,鼓浪屿的"诗与远方"在数实融合世界里再现胜景,重塑着大众的文旅消费体验。依托5G-A技术优势,整合"XR多人互动+沉浸体感体验"内容,该大空间涵盖了游戏、旅游、文创等多元场景,只需要穿戴VR眼镜和手柄,用户便能以家庭音乐会嘉宾的身份,跟随"时空领航员"穿越时空隧道,第一视角开启寻找、守护、修复的时空交错之旅,最终抵达海边花园庭院时,一场鼓浪屿经典音乐盛会为这趟"爱乐之旅"画上完美句号。"琴岛奇遇"XR大空间巧妙融合了厦门标志性文旅IP鼓浪屿迤逦的岛屿景观和厚重的历史内容,应用前沿的空间拓展技术、云端渲染等能力,使用户在沉浸体验的过程中,潜移默化地了解鼓浪屿、爱上鼓浪屿,以期达到寓教于乐的目的。其兼具现代前沿科技的新"玩法"与深植鼓浪屿历史文化气质的新"看法",吸引众多市民、游客前往探店体验,成为厦门数智文旅新地标[①]。

4. 吸引全球用户参与

在元宇宙中,用户能够以虚拟身份融入其中,并通过创作活动为虚拟空间增添新的元素和内容。通过这种方式,用户不仅可以参与虚拟的非遗手工艺品制作过程,还可以尝试使用虚拟工具创作属于自己的工艺作品。此外,他们也能够参与到传统舞蹈、戏剧等表演的数字化制作与展示之中,从而将这些传统艺术形式转化为数字化表现,并与其他参与者共同分享和交流。这种元宇宙的高度自由性和开放性极大地激发了全球范围内用户对非遗的兴趣,同时也激励了他们的创作热情,从而推动了传统文化在数字化时代的持续创新性发展。通过这种互动式的体验,非遗的展示不再是简单的单向展示,而是一个多方参与、共同创造的过程,使得传统文化在虚拟空间中能得到更加丰富和生动的呈现。

---

① 5G-A赋能数智文旅升级 首个鼓浪屿主题XR大空间上线[EB/OL]. https://www.chinanews.com.cn/sh/2024/08-10/10266801.shtml.[访问时间:2024-11-05].

第四节　新质生产力与非遗数字推广

在新时代的背景下,新质生产力结合非遗数字推广,成为推动文化传承与创新发展的重要力量。新质生产力作为科技与知识密集型创新要素的代表,通过技术进步、数据应用和数字化转型等,正逐渐成为社会经济发展的关键驱动力。非遗数字推广则通过现代数字技术手段,创新性转化传统文化的保护、传承和传播过程,不仅为传统文化注入了新的生命力,也为其在全球范围内的传播和影响拓展了空间。本节将介绍新质生产力在非遗数字推广过程中的应用,包括文创开发、文旅融合、会展等领域的实践。

一、非遗数字推广概述

(一) 非遗数字推广

非遗推广是指通过各种方式和渠道,向公众普及和传播非遗的文化内涵、技艺知识、发展历程的活动,以提高公众对非遗的认知和保护意识,促进非遗的传承与发展。这一过程通常涵盖线上与线下的多渠道结合,包括数字媒体、文化会展、教育普及、社会活动等。通过创新性技术(如虚拟现实、人工智能等)和跨界融合的方式,非遗推广能够扩大其传播范围,更大地激发公众对传统文化的兴趣,从而推动非遗融入现代生活,实现非遗的可持续发展。

非遗的数字推广与传统推广在形式、传播范围、互动性、成本和效率上存在显著区别。传统推广主要依赖线下活动,如展览和讲座,受地域和时间限制,传播效果有限,互动性较低,且成本较高。相比之下,数字推广利用互联网和新媒体技术,突破了地域界限,能够实现全球即时传播,互动性更强,参与感更高,成本和效率也较为优化。然而,尽管二者在传播方式上有所不同,但它们的目标一致,都是为了传播和保护非遗。数字推广能够扩展传统推广的影响力,而传统推广则提供了数字化无法完全替代的真实文化体验。两者相辅相成,内容和技术上相互依存,共同推动非遗的传承和传播。

非遗数字推广涵盖文创开发、文旅融合、会展应用等方面,在此着重介绍。

一是在文创开发方面,通过将文化、创意、资本和科技结合,实现了非遗项目从传统保护到市场化和数字化创新的转型。数字技术使得虚拟数字藏品和数字赋能的实体文创产品成为可能,为非遗注入了新的活力和商业价值。文创设计不仅满足了消费者的文化需求,还推动了传统文化的传播和保护。

二是在文旅融合方面,非遗数字推广通过先进的技术手段和数字化展示,将文化元素深度嵌入文旅产品,提升游客的文化体验。这种融合促进了非遗从静态保护向动态传播的转型,带动了文化旅游的经济效益与社会效益。通过沉浸式体验、数字展示和文创设计,非遗与文旅产业的结合也展示了数字化在文化传承和乡村振兴中的重要作用。

三是在会展应用方面,非遗数字推广同样展现出了巨大的潜力。通过整合现代科技手段,会展行业积极探索数字化转型,拓展非遗的传播渠道和交互体验,带领非遗从传统的地域性传播走向全球化舞台,促进非遗产业化发展,为非遗保护注入了新的活力。

(二) 非遗数字推广与新质生产力

在非遗数字推广过程中,新质生产力成为非遗传承与传播的重要推动力量。新质生产力是"由技术革命性突破、生产要素创新性配置、产业深度转型升级而催生的先进生产力质态,以劳动者、劳动资料、劳动对象及其优化组合的跃升为基本内涵,能够引领创造新的社会生产时代,为高质量发展注入强大动能"[①]。通过技术与文化的深度融合,新质生产力能够为非遗的传播、传承和开发注入全新的动力。例如,虚拟现实和增强现实技术能够通过沉浸式体验重现传统技艺场景,激发公众的感官参与和情感共鸣;人工智能算法则能帮助提取和分析非遗的独特元素,优化设计方案并精准匹配市场需求;区块链技术为非遗数字藏品的创作和流通提供了安全和透明的保障。这些新质生产力工具极大地提升了非遗推广的效率与创新性,使文化资源实现更高效的整合与再生。

二、非遗数字推广中的文创开发

文创开发以文化元素为核心,借助数字技术生成独特的非遗文创产品,包括虚拟数字藏品与数字化赋能的实体文创产品,为非遗注入新的活力与商业价值。在国家政策支持与数字技术的驱动下,非遗文创设计逐渐成为文化产业发展的新增长点,不仅满足了消费者的文化需求,还助力传统文化的保护与传播。未来,深化非遗与文创IP的数字化融合,将为中国文化的全球推广和产业升级创造更大的潜力。

(一) 非遗数字推广的文创开发概述

1. 数字非遗与文创开发的融合

作为在全球化的背景下崛起的一种新兴产业形态,文创产业以人们在消费时代中的精神、文化、娱乐需求为基础,以高科技的技术手段为支撑,借助网络等新的传播方式推广。从本质上看,文创产业是文化内容、创意转化、资本支持与科技赋能相融合的产物。它以内容和创意为核心,依托资本驱动,通过科技赋能,将文化元素与先进技术结合,实现创意的有效转化。

随着文创产业的持续发展,在全球范围内出现了非遗文创化的热潮[②]。广义的非遗文创是指"依靠个人或团队的力量,以非遗作为生产资料,通过技术、创意和产业化的方式进行文化产品的开发营销,把非遗与市场运行机制相结合,形成完整的产业链条,创

---

① 中华人民共和国国家发展和改革委员会. 培育和发展新质生产力 激发高质量发展新动能[EB/OL]. https://www.ndrc.gov.cn/wsdwhfz/202407/t20240705_1391512.html. [访问时间:2024-12-07].
② 高悦. 扬州非遗文化在文创产品设计中的应用研究[D]. 上海:华东理工大学, 2016.

造出适应人们物质及精神需求的文化产品,同时使非遗本身具备系统性、普及性及经济附加值"[①]。非遗文创不仅满足了消费者日益增长的物质与文化消费需求,同时也在传承和发展传统文化、推动当代文化创新以及促进中国文化的国际传播方面发挥了重要作用。

数字化和信息化技术已深度融入文创产业的各个环节,从生产、传播到销售,广泛影响着行业发展,同时也被逐步应用于非遗的保护与传播领域。一方面,非遗数字化通过使用数字化的技术,以文字、图像和视频为载体记录非遗的所有方面,达到实现保护、传承非遗的目的;另一方面,数字文创通过整合数字技术与文化创意,丰富了文化产品的形式和表现力,同时促进了传统文化的创新与传播。基于数字技术的非遗文创开发应运而生,逐渐成为文创开发领域的前沿热点。

在国家政策支持、文化消费需求增长、数字技术飞速发展以及社会崇尚文化自信等多重因素的推动下,数字非遗与文创开发的融合逐渐形成,并在新质生产力的驱动下,为非遗的数字化保护、传承、传播和文创开发带来了新的需求、模式、机制与应用场景。非物质文化遗产以人的精神、记忆作为载体,通过口耳相传、言传身教传播,缺乏有形的传播载体。通过打造非遗文创IP,以文创产品为基础,以数字化技术为媒介,将非遗与人们的教育和娱乐需求结合,可以充分利用数字媒体的即时性、广泛性、高互动性等传播特点,为非遗注入新的生机与活力。

2. 数字非遗文创产业的发展

近年来,我国文创及相关产业持续快速发展,总体规模呈显著上升趋势。2023年,文创产品市场规模为163.8亿美元,同比增长13.09%。2020年我国文创产品市场规模占全球的10.67%,2023年已上涨至11.56%(见图2-4-1)。得益于大数据、人工智能、5G、

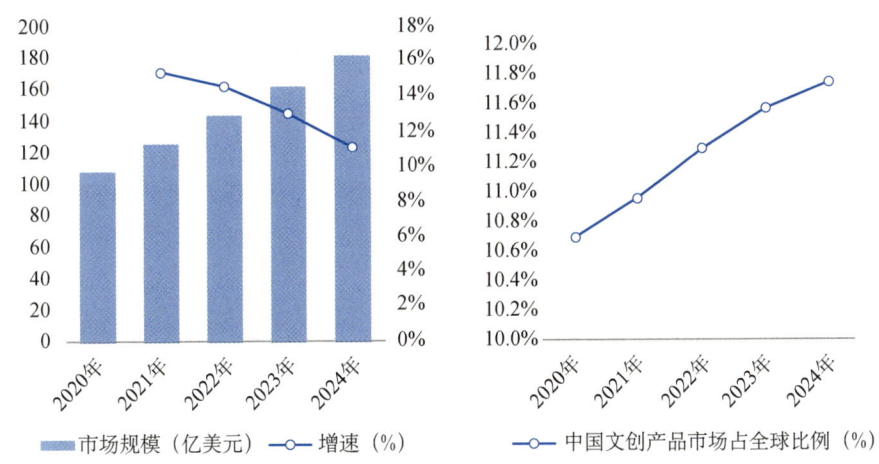

图 2-4-1　2020—2024年中国文创产品市场规模情况

(资料来源:智研咨询2024年中国文创产品行业全景速览:历史经济双禀赋,"巨龙"腾飞领新潮[R].智研产研中心,2024.)

[①]　施展,周星宇.关于"非遗文创化"的调查研究——以河南省八项传统技艺开发为例[J].文化产业,2019(21):7-10.

增强现实/虚拟现实、物联网、高清视频、全息投影、区块链等数字技术的发展和支持,数字非遗文创将为消费者提供全新的物质和文化消费体验,从而形成文创产业发展的新动能和新增长点。

目前,国家对非遗和文化创意产业的重视程度不断提高,相关扶持政策相继出台,为非遗文创产业的发展创造了良好的政策环境。2021年,中共中央办公厅、国务院办公厅发布《关于进一步加强非物质文化遗产保护工作的意见》,其中指出:"支持非物质文化遗产有机融入景区、度假区,建设非物质文化遗产特色景区。鼓励合理利用非物质文化遗产资源进行文艺创作和文创设计,提高品质和文化内涵。"目前,国家正在推进的文化数字化战略将进一步推动非遗文化资源的数字化升级。2022年5月22日,中共中央办公厅、国务院办公厅印发了《关于推进实施国家文化数字化战略的意见》,其中提出:"到'十四五'时期末,基本建成文化数字化基础设施和服务平台,基本贯通各类文化机构的数据中心,基本完成文化产业数字化布局,公共文化数字化建设跃上新台阶,形成线上线下融合互动、立体覆盖的文化服务供给体系。到2035年,建成物理分布、逻辑关联、快速链接、高效搜索、全面共享、重点集成的国家文化大数据体系,文化数字化生产力快速发展,中华文化全景呈现,中华文化数字化成果全民共享、优秀创新成果享誉海内外。"文化数字化战略的提出将有助于激活存量的非遗文化资源,推动建立版权库、素材库和文化大数据体系。这为文化资源的数字确权提供了基础保障,同时也为数字文创产品的开发提供了丰富的高质量文化素材资源。因此,我国在发展非遗文创产业方面拥有得天独厚的文化资源优势,具备将数字技术资源优势转化为产业优势的巨大潜力。

除我国外,世界各国、各地区政府和文创企业都在积极推进数字文创产品开发和设计工作,数字非遗文创案例层出不穷。全球文创产业的地域分布存在显著的不均衡现象,主要呈现为在北美地区以美国为中心,在欧洲地区以英国等经济发达国家为核心,在亚洲地区则以中国、日本、韩国为主要中心[1]。总体而言,全球文化产业的发展存在不均衡的现象。非洲、拉丁美洲等地仍有较大的发展潜力。例如,联合国贸易和发展会议发布的报告指出,非洲国家的创意产业发展受到电子商务技术和能力的限制,包括南非、加纳、坦桑尼亚等国[2]。这些地区由于无法有效融入不断扩展的数字经济,难以进入全球创新产业的领域。

(二)非遗数字推广的文创开发设计

1. 非遗文创产品概述

随着文化消费的蓬勃发展,非遗文创产品日益受到消费者青睐,类似故宫文创衍生品的热销设计频频问世。非遗文创产品设计可以被看作非遗产业与文创开发的融合。作为一种全新的产品设计形式,它将文化元素、精神内涵、艺术美感、传统工艺与现代营销紧密

---

[1] 郭斌,薛可.全球非物质文化遗产数字传播研究报告[M].上海:复旦大学出版社,2024:69.
[2] 赵琪.非洲国家创意产业潜力巨大[N].中国社会科学报,2020-04-08(2).

结合,既承载了深厚的文化意涵,又突出了特色创新,同时具备实用的产品功能,形成一体化的创意表达。

文创产品的设计开发通常以特定的文化素材为基础,强调创意的有效转化。首先,设计需要深入挖掘和提取文化素材中包含的内容、形式、精神和风格等文化信息;其次,设计师通过创新思维与设计手法,将提取出的文化元素转化为具体的设计要素;最后,再进一步将这些设计融入符合现代生活方式和市场需求的产品或服务形式,以实现文化性与实用性的结合。

自开发之初,文创产品就展现出独特的文化属性,除了实用价值外,它还具有文化和体验价值,满足了人们的精神需求,从而具有更高的综合价值。文创产品的兴起反映了社会对物质功能与精神需求的结合需求,因此,它的价值构成与普通产品不同,不仅依赖生产和消费因素,还受到一系列隐性价值的影响。设计师需要深入挖掘传统文化元素,将其与现代审美巧妙融合,并找到适宜的创意转化方式,以吸引消费者的关注并激发其购买欲望。将传统文化与文创产品开发结合,为传统文化注入了新的生命力,在竞争激烈的市场中开辟了新领域和商机,其社会价值也随之日益显现。

2. 数字技术在非遗文创产品中的应用

在数字化浪潮的推动下,非遗文创产品的数字化形式也应运而生,主要体现在两个方面:一是基于数字技术生成的虚拟非遗文创产品,即非遗数字藏品;二是由数字技术助力设计与开发的实体非遗文创产品。数字藏品借助区块链技术,针对特定作品或艺术品生成唯一的数字凭证,在保护版权的同时,实现了数字化的发行、购买和收藏。这些独一无二的虚拟物品,如数字艺术品和视频片段等,因其稀缺性而具有独特的市场吸引力,已经成为数字出版物发展中的一大亮点。数字技术的加入也改变了实体文创产品的开发模式,从设计、生产到营销,数字工具正日益渗透到非遗产品的创意与推广中,不仅提高了设计效率,还拓宽了产品的传播路径,为非遗数字推广开辟了新的可能。

在实体非遗文创产品的设计与开发中,数字技术的应用贯穿了从创意设计、制作工艺到推广和交易的各个环节。设计软件、自动化设备以及社交媒体等数字工具,正积极参与并赋能非遗文创产品的全流程开发,目前国内乃至世界各地均已出现许多成功的应用实例。在第二十届中国(深圳)国际文化产业博览交易会上,推出了"丝绸纹样数字化创新应用"项目,通过数字技术"唤醒"千年传统纹样。经过数字化的二次创意,传统纹样的形状、色彩、构图等被巧妙地融入茶杯、香薰等文创产品,为传统文化的传承注入了新的活力。同时,展会中还结合非遗与沉浸式虚拟体验、数字创意开发,设置了"历史时空传送门""皮影戏互动体验"等装置(见图2-4-2)。在新质生产力的支持下,这些创新形式极大增强了观众的沉浸感与参与度,利用虚拟技术让观众在文化互动中走近非遗,通过趣味体验进一步激发传统文化的活力与吸引力。

以英国首饰品牌泰蒂·德文(Tatty Devine)为例,该品牌积极和艺术家、设计师、慈善机构以及文化中心开展合作,主要通过照片墙(Instagram)和脸谱网(Facebook)等社交媒体平台推广品牌首饰,并和网络上的各国粉丝进行互动。该品牌的所有首饰均由创始人

图 2-4-2　游客在第二十届中国(深圳)国际文化产业博览交易会上体验皮影戏隔空互动装置

(资料来源:央视网.用数字技术"激活"非遗文化 传承、创新成为文博会"关键词"[EB/OL]. https://news.cctv.com/2024/05/26/ARTI6BidpnwpSPgEN6ie6TLy240526.shtml.[访问时间:2024-11-25].)

之一哈里特(Harriet)设计并手工绘制,然后再由设计助理进行数字化处理并制作样品。社交媒体和实时通信是品牌向订阅者推广产品的主要方式。它利用所有主流社交媒体作为推广渠道,并根据不同平台的特点发布内容以吸引更多受众。近期,它又拓展出分享和改良产品有效渠道的播客,扩展了品牌的受众群体,进一步提高品牌知名度①。

(三) 非遗数字推广中的文创 IP 衍生

近年来,数字内容产业凭借新颖的传播形态与独特的内容体验,已然成为数字化进程中的关键环节,为文化产业的数字化转型提供有力支持②。作为数字内容产业的重要发展方向之一,IP 衍生发展迅速,推动了文化产品在多个领域的跨界拓展和创新。IP 即知识产权,是人类在社会实践中创造的智力劳动成果的专有权利③。IP 衍生则是在原有知识产权的基础上,通过创新和拓展,衍生出多种形式的产品或服务,从而提升其商业价值。

《2018 中国文化 IP 产业发展报告》指出,当代语境下 IP 的概念被逐渐泛用了,多数情况下指一种文化产品之间的连接融合,是有着高辨识度、自带流量,具有强变现穿透能力、长变现周期的文化符号,这种意义下的 IP 被定义为"文化 IP"。在非遗数字传播的融合拓展中,IP 衍生能够为非遗数字内容的文创开发提供产业支持和技术保障。非遗主题 IP 的塑造即围绕某一具体的非遗项目,通过某种媒介而展开的,带有明确目的性、能够承载和传承非遗背后文化思想和内涵的活动,是在具体的非遗项目中融入设计师和研究者的思考和理解后所发展出的一系列周边衍生产品的汇集④。

作为一种新的传播工具,IP 使用 IP 形象作为统一对外形象,以此加强其品牌塑造、

---

① 中国非物质文化遗产网.数字化平台助力手工艺非遗传承的中英案例研究[EB/OL]. https://www.ihchina.cn/Article/Index/detail?id=23348.[访问时间:2024-12-07].
② 李卓婍.数字内容产业变革的内涵价值、现实掣肘及发展策略[J].中国有线电视,2023(7):73-76.
③ 冯倩倩,林德祺.博物馆 IP 授权与文化衍生品的开发[J].文博学刊,2018(1):69-74.
④ 张召林.非遗主题 IP:传承、活化与当下年轻受众群体之间的共生关系[J].美术研究,2020(6):122-125.

增加品牌价值,主要包括故事化 IP 和形象化 IP。故事化 IP 是针对其人物性格的塑造以及故事情节设计所设立的形象,而形象化 IP 主要因其颇具特色的造型受到用户的追捧。IP 以此获得粉丝效应并延伸对传播主体内容的传达,从而获得更多的关注,最终达到提升传播主体内容认知度以及认可度的目的。

在 2023 年举行的第八届中国成都国际非遗节上,非遗 IP 授权斩获颇丰。首次举办的四川国际非遗品牌 IP 授权展最终促成意向授权金额 8 200 余万元。活动期间,许多熟悉的跨界合作非遗项目出现在 IP 授权展上。汪氏皮影陕西省非遗项目代表性传承人汪海燕展示了其与品牌联名合作的案例。自 2017 年与某化妆品牌合作产品包装、表情包之后,汪氏皮影又先后为百度定制了皮影春节首页、为腾讯打造了专属皮影伴手礼,随后更是开启了国际合作之路,与爱马仕、凯迪拉克、芬迪等国际品牌联名推出了多个跨界文创产品,让非遗变得更潮流,走入了更多年轻人的生活[①]。

跨界带来更多合作空间。授权展现场,四川南丝路文化传播有限公司与四川扬眉文化传播有限公司签订 IP 授权协议,授予扬眉文化全国首个公益数字文创 IP"Kamelo"(云驼)使用权,双方达成战略合作,将深耕环保公益事业,推动回收循环再利用供应链,将消费者公益权益、公益积分兑换、轻低碳和零碳产品与非遗、品牌 IP 等结合进行市场化的运用与销售。未来,"Kamelo"将通过授权走向全球,全国首个数字公益 IP 将站在世界的舞台上展示中国环保公益力量。

尽管非遗 IP 生态化传播发展迅速,但整个产业链条中商业闭环还不够完整,后续环节呈现出碎片化状态,仍面临 IP 衍生品同质化严重、营销热度有限、IP 衍生品内容中的文化属性与 IP 中的商业属性的融合困难等问题,尚须加强跨界合作与创新设计,提升文化与商业的深度融合,并通过精准的市场定位和有效的传播策略,推动非遗在日常生活中的广泛应用与传承,从而达到对非遗真正的日常传承。

(四)非遗数字推广的文创开发应用

当前,人工智能、大数据、VR、AR 等新兴数字技术已广泛渗透到非遗保护与传播领域,深刻推动了非遗文创产品的数字化开发。在新质生产力的驱动下,这些技术不仅加速了非遗文创产品的创新迭代,还为文化创意的数字化表达提供了全新的可能性。尽管新冠疫情对国际文旅产业造成了冲击,但也加速了数字技术与非遗文创的融合,推动了数字化推广模式的发展。根据《保护非物质文化遗产公约》的分类,非遗可分为五大类。其中,AI 技术和 VR、AR 等沉浸式技术对非遗表演艺术、社会实践、仪式、节庆活动等方面的文创开发影响最为显著,这些技术为非遗的数字化呈现和创新应用提供了丰富的形式和表现手段。生成式人工智能(AIGC)的出现为创意产业带来了前所未有的机会,不仅能够辅助创意设计,还能够进行创意写作和绘画,为智能化非遗文创的开发开辟了新的可能性。

---

① 北京研创非物质文化遗产保护发展中心. 非遗品牌 IP 授权走出跨界新路子[EB/OL]. http://www.zgfybhzx.com/xwzx/1006.html.[访问时间:2024-11-30].

与此同时，沉浸式技术在非遗文创产品中充当了用户与产品之间的互动桥梁，打破了物理空间和时间的局限。这些技术使用户能够在虚拟与现实交织的环境中，体验到更深层次的文化内涵。在这种交互式场景下，真实与虚拟的边界变得模糊，用户能够更为直观和深刻地感知和理解文化创意产品的精神和价值。

一方面，随着大数据、区块链、云计算等技术的进一步发展，非遗资源的管理与共享平台将不断完善。使用这些技术，不仅能够提升对非遗的保护效果和传承效率，还能为全球范围内的非遗资源共享提供坚实基础，确保非遗作品的原创性与版权得到有效保护。此外，人工智能技术的应用，特别是机器学习和自然语言处理等，可以帮助分析和挖掘非遗资源中的文化内涵，推动非遗的数字化表达与传播。

另一方面，元宇宙、AIGC、VR、AR 等前沿技术也正在更深入地融入非遗展示与传播。这些技术打破时空限制，通过沉浸式体验，让用户能够深刻感受非遗的文化魅力，甚至亲身体验非遗的制作过程，增强了非遗展示的交互性。例如，在博物馆等会展场所中，三维扫描与重建技术能够精确再现非遗物品和场景，VR 和 AR 技术可以为游客提供互动导览，并通过数字化展示让非遗信息得以更好地传播。虚拟人技术和 AIGC 技术也为非遗的传承提供了新的可能，能够以高度仿真的形式展示传统技艺，助力非遗的在新时代的代际传承与创新。

然而，在非遗数字化推广的过程中，确保非遗内容的真实性依然是亟待解决的关键问题。为此，未来的非遗数字传播应当更加注重减少技术带来的失真。技术专家与文化学者的紧密合作可以确保数字化展示忠实地传递非遗的技术内容和文化内涵。数字平台的用户反馈机制也将助力优化展示方式，减少信息失真。随着三维扫描技术和 AIGC 的进步，非遗数字重建的精度将不断提高，进一步确保非遗的真实再现与长期传承。

三、非遗数字推广中的文旅融合

本章围绕非遗数字推广与文旅融合展开，从文旅融合概述、人文旅游、乡村旅游及民俗旅游 4 个维度探讨数字非遗在文旅产业中的多元应用。数字非遗借助新质生产力，如人工智能、虚拟现实等先进技术，不仅能够高效记录和保存文化遗产，还通过数字化展示、互动体验、文创开发等形式，将文化元素深度嵌入文旅产品，显著提升游客的文化体验和参与感。

文旅融合的重点在于挖掘文化价值，推动非遗从静态保护向动态传播转型，实现文化旅游的经济效益和社会效益。以苏绣小镇为例，其通过沉浸式体验、数字化展示和文创设计，展现了数字非遗与文旅融合的创新模式，体现了现代科技在非遗传承和乡村振兴中的重要作用。本章进一步强调了新质生产力驱动的技术手段与文化旅游融合在非遗数字推广中的关键地位，为构建更丰富、更具吸引力的文化体验提供了理论与实践支持。

(一) 非遗数字推广的文旅融合概述

文旅是文化旅游的简称。文化和旅游产业之间具有天然的互补互益性,文旅融合也是当前全球旅游业发展的基本趋势之一。1985年,世界旅游组织对文化旅游的定义是:人们出于文化动机而进行的移动,诸如游学、艺术表演和巡游,参加节事活动,访问历史遗迹,研究自然、民俗或艺术,以及宗教朝圣①。2003年,联合国教科文组织首次将遗产概念从物质遗产扩展到非物质遗产,文化旅游的概念也随之发生了变化。2017年,联合国世界旅游组织将文化旅游定义调整为"一种游客出于学习、寻求、体验和消费物质或非物质文化吸引物/文化产品的本质动机的旅游活动"②,其中文化产品涵盖建筑、艺术、历史文化遗产、文学、音乐创意产业,以及展现生活方式的活态遗产、信仰、价值观和传统,体现特定社会的物质、智慧、精神和情感特征。

要探讨数字非遗在文旅融合中的应用价值,需要先理解文化作为旅游业发展的核心,在文化和旅游关系的动态演化中所扮演的角色。数字非遗作为文旅融合的重要元素,首先充当了旅游吸引物,满足游客的文化身份认同需求。它同时也是文旅融合的主要文化产品,通过博物馆、节庆活动、历史街区等多种形式展示文化,推动文化资源的产品化与观赏性生产。数字非遗还推动了文旅产业链的扩展,催生了以文化展示和文创衍生品为核心的产业链,将文化展示转化为面向游客的消费产业,进一步促进了文化和旅游的深度融合。

非遗数字文旅融合的技术发展趋势主要集中在数字采集、数字存储和数字展示3个方面。其中,数字采集通过全息摄影、三维扫描、动作捕捉、群智建档等技术手段记录非遗的动态过程。自1992年联合国教科文组织启动"世界记忆项目"以来,便持续推动文化遗产的数字化工作,尤其在《保护非物质文化遗产公约》发布后,加大了非遗数字化采集和保护的推广与实施。

数字化存储不仅完整保存了非遗实物和技艺,还提供了便捷的分类管理和访问,常见载体包括数字影像、数据库和数字藏品。其中,数字影像是当前非遗存储最主要的形式,具体可以进一步细分为数字图像、数字音频和数字视频。数字藏品则顺应了文旅融合虚拟化发展趋势,通过虚拟现实等技术实现远程文化体验。例如,2023年7月,元宇宙平台沙盒(The Sandbox)与大英博物馆合作,为其馆藏物品创建数字藏品,让全球观众能够身临其境地欣赏博物馆藏品③。

在数字展示方面,利用全息投影、虚拟现实和增强现实等技术可以高度还原非遗技艺与表演的精髓。目前,随着青年群体文化自信的增强和文旅融合的兴起,中国将非遗数字

---

① 文化旅游. 中国大百科全书[EB/OL]. http://www.zgbk.com/ecph/words?SiteID=1&ID=420584.[访问时间:2025-05-07].
② UNWTO. UNWTO Tourism Definitions[M]. Chengdu: UNWTO, 2019: 1-55.
③ 大英博物馆要把文物做成数字藏品 宣布合作元宇宙平台[EB/OL]. https://baijiahao.baidu.com/s?id=1772914803037 6391248.wfr=spider&for=pc.[访问时间:2024-12-07].

展示融入文旅的实践十分多样,已走在世界前列,济南皮影戏的三维建模再现就是一例。数字展示技术还原了传统皮影、泥塑、年画等非遗的细节与魅力,让文化得以以新的形式生动展现。

未来,随着新质生产力的发展,这些技术将更加智能化和高效化,为非遗的动态传播和文旅产业的融合提供了更多创新可能。

(二)人文旅游的非遗数字推广

人文是人类文化中先进的价值观及其规范的集合体。人文旅游资源,也被称作文化景观旅游资源,主要是自人类诞生以来,伴随着人类的开发活动而起到吸引游客兴趣作用的一切事物,具有旅游功能因素。通俗来讲,人文旅游资源可以理解成具有旅游效果的全部人类文化遗迹,涉及许多类型,覆盖面比较大,如古文化遗存、古代工程与建筑、民俗风情和宗教圣地等[①]。

文学影视文化旅游是文学、影视与旅游产业融合的产物,通过文学作品和影视的感知冲击,吸引游客前往拍摄地参观。20世纪90年代中期开始,基于文学和影视的文化旅游开始受到关注。随着技术进步和传播途径的拓宽,文学影视作品不仅赋予目的地新文化内涵,还成为提升旅游吸引力的重要力量,形成新的旅游地标或深化原有形象。文学影视旅游满足游客的艺术和猎奇需求,带来经济与社会效益,同时作为非遗和数字非遗的载体,加强了文化传递与数字非遗的连接。经典文学及其影视改编既是重要的旅游资源,又是非遗和数字非遗的重要载体,这使得文学影视、文化旅游与数字非遗之间产生了紧密的联系。

从资源的角度来看,非遗是一种重要的人文旅游资源,而旅游开发对非遗的传承和保护既有积极意义又有消极影响[②]。一方面,作为一种旅游资源,对非遗进行保护可以为旅游开发提供一定的资源基础;另一方面,旅游开发是保护非遗的有效途径之一。如果开发不当,易出现纯商业性的开发并使非遗在旅游开发中完全商品化的现象,而旅游经营者为盲目迎合游客的趣味趋向而随意篡改民俗,也会对非遗造成不利影响[③]。

(三)乡村旅游的非遗数字推广

随着城市化和工业化的推进,乡村旅游进入了新的发展阶段。乡村旅游依托农村的自然风光,以农民为主要经营者,提供多样的旅游活动,包含自然风景、乡村生活体验和独特的民俗风情,旨在促进农村发展[④]。

乡村文化旅游不仅展示了乡村文化的原汁原味与独特性,还以丰富的文化景观和亲身体验为内容,展现传统村落、特色小镇、乡村遗迹、农业活动等。相较于传统乡村旅游,

---

① 何晨飞. 人文旅游资源开发与旅游经济发展的耦合研究[D]. 石家庄:河北师范大学,2019.
② 杨锐. 非物质文化遗产保护性旅游开发研究[D]. 重庆:重庆师范大学,2009.
③ 张嘤. 非物质文化遗产保护与旅游开发[J]. 乐山师范学院学报,2008,5(23):53-55.
④ 单新萍,魏小安. 乡村旅游发展的公共属性、政府责任与财政支持研究[J]. 经济与管理研究,2008(2):64-68.

乡村文化旅游更加强调文化属性,提升了旅游的层次和品位。通过这些旅游活动和产品,乡村文化旅游为游客提供丰富的乡村记忆和历史积淀,有助于保护乡村文化遗产,保持乡村文化的活力,实现文化价值的传播与传承。这一模式不仅满足了游客的需求,还积极推动乡村振兴,使得乡村旅游从单纯的观光向文化体验转型升级,逐步实现可持续发展的目标。

乡村文化振兴是乡村社会发展的核心支撑,而数字非遗旅游则为乡村振兴提供了独特路径。文化振兴涵盖非遗保护、传承以及乡村文化发展,构成了非遗与乡村振兴的内在契合关系:一方面,推动了乡村非遗的多样性与独立性发展;另一方面,为乡村产业赋能,实现数字非遗与乡村旅游的共生互动。在数字经济的推动下,文旅产业加速升级,旅游目的地的数字化趋势显著,通过大数据和技术手段,提升小镇的管理与运营能力,构建数字化文旅小镇,助力产业变革和资源的高效利用,形成"文旅小镇+数字化"的创新模式。目前,对于将数字化技术融入非遗乡村旅游,已有许多成功尝试,如"非遗乡村旅游+数字小程序""非遗乡村旅游+数字影像""非遗乡村旅游+数字媒介""非遗乡村旅游+数字文创"等。在新质生产力的赋能下,这些创新不仅推动了乡村文化振兴和非遗保护的深度融合,还为乡村旅游注入了新的活力和经济增长点,成为乡村振兴的重要支撑力量。

作为江苏省首批省级特色小镇,苏绣小镇将数字化技术深度融入非遗乡村旅游。它位于镇湖街道高新区西部生态城,东临古城,西濒太湖,有"苏绣之乡"的美称。小镇集苏绣设计、生产、展示、销售于一体,更融合了文旅创作、体验互动、学习培训、精品民宿、体验旅游等多重功能。其精心打造的首家苏绣沉浸式线下体验店将苏绣文化创意产业串联起来,为"江南文化"品牌的传播与推广注入了新的活力。同时,小镇积极推动亲子体验中心的建设,通过沉浸式的体验空间,为苏绣文化的传承和创新发展搭建了新的平台。游客在游览乡村风光的同时,可以深入了解苏绣的历史渊源、技艺特点和艺术价值,感受非遗技艺的独特魅力。

苏绣小镇以消费者需求为导向,融合非遗苏绣文化与现代设计理念,开发出既实用又富含文化特色和审美价值的旅游文创产品,从而成功地将传统与现代元素融合。小镇还积极与当地农户合作,将苏绣元素融入乡村旅游的各个环节,开发以苏绣为主题的民宿、餐厅和纪念品店,让游客在乡村的每一个角落都能感受到苏绣文化的气息(见图2-4-3)。

(四)民俗旅游的非遗数字推广

民俗,也称民间文化,是各民族或社会群体在长期的生产实践和社会生活中逐渐形成并代代相传的文化元素。它涵盖传统节日、宗教仪式、建筑风格、婚丧嫁娶、民间歌舞等多种内容,真实反映了人民的社会生活,是更贴近自然状态的文化表达。这些广泛传播的风尚和习俗,作为民间文化的重要组成部分,展现了民族的独特风貌与生活方式。

自20世纪80年代中期以来,对民俗文化的认知发生了转变,不再简单地视其为"落后"或"原始",而是将其重新定义为弘扬民族传统和展示本土形象的宝贵旅游资源。许多

图 2-4-3 参观者在苏绣小镇刺绣艺术馆参观

(资料来源:新华网. 探访苏州苏绣小镇:一枝独"绣"传经典[EB/OL]. http://csj. xinhuanet. com/20240708/ddbcef450b9a4325a60d45870e394986/c. html.[访问时间:2024-11-25].)

已消失的民俗活动被重新挖掘、创新并包装,成为展现民族传统生活的活力旅游产品。如今,民俗旅游被视为一种高层次的文化旅游形式,满足了游客"求新、求异、求知、求乐"的心理需求,已成为旅游行为与开发的重要内容[①]。旅游产业因其文化特色在形式和精神上吸引游客,虽然游客和经营者之间达成的协议只在经济层面上发挥作用,但在服务内容方面,还要满足游客对精神文化的需求。

我国的民俗旅游业经过十几年的发展,已经迎来了可观的客源市场,中国悠久的历史和多元的民族文化都对民俗文化的积淀具有重要意义[②]。民俗文化本就是非遗的组成部分之一,借助数字技术,大量非遗被吸收到民俗文化旅游中,成为满足游客精神文化需求的重要手段。以深圳锦绣中华民俗村为例,它是一个以中国文化为本而设计的主题公园,创建于1989年,位于中国广东省深圳市南山区华侨城。整个园区占地30万平方米,分为锦绣中华微缩景区与中国民俗文化村两个区域。前者是目前世界上面积最大的实景微缩景区,共82个景点,均按比例1∶15复制(见图2-4-4)。由于微缩景区有小陶人5万多个,此区又被称作小人国。后者于1991年开张,展示中华民族各地民俗风情、艺术以及建筑风格,村内的24个村寨均按实体的比例建成。锦绣中华民俗村将大量非遗吸收到民俗文化旅游中,借助数字技术,细致展现了中华民族的人文风情与文化特点。

---

① 刘晓春. 民俗旅游的意识形态[J]. 旅游学刊,2002(1):73-76.
② 朱年. 论民俗文化与现代旅游[J]. 江南论坛,2003(2):29-30.

图 2-4-4　锦绣中华微缩景区

（资料来源：锦绣中华中国民俗文化村．微缩景观［EB/OL］．http://csj.xinhuanet.com/20240708/ddbcef450b9a4325a60d45870e394986/c.html.［访问时间：2024-11-25］.）

四、非遗数字推广中的会展应用

在会展应用中，非遗数字推广同样展现出了巨大的潜力。在新质生产力的推动下，会展行业通过整合现代科技手段（如混合现实、人工智能等），积极探索数字化转型，拓展了非遗的传播渠道和交互体验。无论是数字会展、博物馆的数字化探索，还是大型展会中的沉浸式非遗展示，都使得非遗从传统的地域性传播走向全球化舞台。同时，数字会展推动非遗与商业市场深度融合，提升了文化传承的可视化水平，更促进了非遗产业化发展，为非遗保护注入了新活力。

（一）非遗数字推广中的会展应用概述

作为国家文化数字化建设的重要部分之一，会展领域的数字化发展为非遗的传承与传播提供了新的空间和效能，推动了数字非遗的同步发展。

一般来说，会展是指围绕特定主题，集中多人在特定时空内进行的集聚交流活动，通常通过会议、展览、博览会、交易会等形式实现信息、技术、产品和服务的传播与交流。狭义上指会议和展览，广义上则包括会议、展览、节庆活动、博览会等多种形式，涵盖了各类文化、商业、科技等领域的集体性社会活动。数字会展则是指会展产业链中的上下游企业利用数字化软硬件技术重构组织结构、工作方式和业务流程，面向会展市场及参与者提供数字化产品与服务，创造个性化的数字化连接与体验，并通过数字化手段实现收入增长。这种转型不仅应用新工具、新技术和新理念，还推动了会展行业的新业态、新模式以及管理创新①。以数字化、网络化为主要特征的数字会展是全球会展业发展的趋势之一,为会展业带来了创新的展览和体验方式。数字会展不受地域限制,也为非遗的传播提供了全球性的机会。

作为会展业数字化转型的过程,数字会展可分为不同的层次。作为会展数字化的最高级形式,会展活动4.0要满足以下基本要求:实现数字化管理;经常升级其数字技术;充分整合其沟通系统;在项目交付、活动营销和客户体验打造过程中,不断优化数字化运营②。会展业的数字化转型依赖4个关键方面的协同:实时数据看板提供的信息、基于云架构的开放互联网平台、企业内部办公网络平台以及智能辅助决策系统。这4个层面的协同将推动会展业的数字化进程③。同时,随着市场的发展和信息的开放,行业的智能化水平将不断提升。为了充分发挥会展业的独特优势,应采取标准化管理,并整合新兴科技,推动实体与线上融合的新型会展模式的发展。

与文化旅游业一样,会展也是全球非遗数字传播的重要载体,其中尤以文化会展与数字非遗的关系最为密切。文化会展指的是以文化为核心,由政府、企业或民间组织主办的展示和交流活动。非遗是文化会展的核心内容之一,大型会展通过现代科技手段(如混合现实、数字媒体、人工智能、数字孪生技术等)和社交网络等平台,集中展示非遗资源,传播非遗相关知识,有力推动了地域文化的发展。

随着数字技术的不断发展,数字非遗与数字会展也在相互促进中共同发展。数字技术赋能非遗,拓展了其展示方式和传播范围,通过线上虚拟空间、虚拟现实等技术,提升了用户的互动体验,吸引了更多年轻用户。此外,数字技术还推动了公共文化服务的丰富与发展,借助会展平台扩大了其覆盖面。在线购物和直播的兴起促进了非遗商品交易,将非遗融入人们的日常生活,并为非遗的保护和传承提供新的可能,推动了非遗IP的发展。

(二)博物馆的非遗数字推广

2004年,国际博物馆协会(International Council of Museums,ICOM)将非遗和数字化活动纳入博物馆领域,认为博物馆应承担展示和保护非遗的职责。对于博物馆与数字化之间的关系,有两种定义:一是数字化博物馆(全景数字博物馆),即传统博物馆将实体藏品转化为数字格式,可能仍然有实体展馆,观众可以现场参观,但数字技术帮助展示和管理,强调博物馆的数字化过程;二是数字博物馆(平面数字博物馆),是完全在线的虚拟博物馆,所有展品都以数字形式存在,观众可以通过互联网访问,强调博物馆的数字展示形态④。前者是目前最常见的数字博物馆形式,国内外有大量案例,如故宫博物院的数字多宝阁、莫高窟的数字敦煌、纽约大都会艺术博物馆的"开放资源"项目、大英博物馆的

---

① 楚有才.一文读懂数字会展:十问数字会展[EB/OL]. https://zhuanlan/zhihu/com/p/461167478.[访问时间:2022-08-30].
② Ryan W, Fenton A, Ahmed W, Scarf P. Recognizing Events 4.0: The Digital Maturity of Events[J]. International Journal of Event and Festival Management,2020,11(1):47-68.
③ 周景龙.会展企业数字化的四个表象[J].中国会展,2020(21):22.
④ 王子楷,杨奔.交互式叙事在非遗数字博物馆设计中的应用与探索[J].设计,2024,37(4):64-67.

MicroPasts项目①、卢浮宫的"达·芬奇艺术生涯回顾展"等。根据调研数据,我国非遗数字博物馆中有95%为平面数字博物馆,其主要任务即利用数字技术对非遗信息进行存储、管理和保存,并提供数字化展示、传播和教育服务。

目前,我国最大的综合性非遗数字博物馆"非物质文化遗产网"便是平面数字博物馆的典型代表。2006年,"中国非物质文化遗产网·中国非物质文化遗产数字博物馆"正式上线,标志着国家层面非遗数字博物馆建设的启航。根据中国非遗数字博物馆(www.ihchina.cn)提供的数据,截至2024年12月,中国已列入联合国教科文组织非遗名录的项目达44项,总数居全球首位。其中,包括39项人类非遗代表作(如昆曲、古琴艺术、新疆维吾尔木卡姆艺术和蒙古族长调民歌等)、4项急需保护的非遗名录项目和1项优秀实践名册项目②。到2021年6月30日,国家级非遗项目总数已达到3 610项,涵盖了民间文学、传统音乐、舞蹈、戏剧、曲艺、传统体育、游艺与杂技、传统美术、传统技艺、传统医药和民俗等多个领域,国家级非遗代表性传承人达3 063人,构建了一个庞大的非遗基因库。

国外博物馆在非遗数字传播方面也颇具成果。以加拿大为例,为帮助博物馆、档案馆及研究人员推进非遗数字化,加拿大政府委托纽芬兰和拉布拉多省博物馆协会编制了《非物质文化遗产数字化操作指南》。该指南提供了详细的数字传输说明、术语定义及操作标准,推动了加拿大非遗数字化的保护和传承。指南指出,加拿大的非遗多依赖纸质保存,缺乏音视频资源,数字化进程不仅能促进非遗存储和展览的电子化,还能通过补充音视频素材丰富非遗数据、增强传播效果。指南还明确了如何将传统存储格式的文件转换为统一的数字格式,规范了转换流程,避免操作混乱。

生态博物馆这一概念1971年起源于法国,旨在更好地保护文化遗产的本真性、完整性和可持续性。它是一种人与自然深度融合的活态博物馆形式,通常以村寨社区为单位,由政府主导建设和维护。生态博物馆的展览内容涵盖原生态建筑、传统服饰、语言、社会礼仪、生产方式以及各种民间艺术形式等,体现了鲜明的地域特色、历史底蕴和本土风情。

如今法国有一百多个分布在各地的生态博物馆,类型各异③:有的保护动植物样本,如雷恩乡土生态博物馆;有的保护传统建筑,如阿尔萨斯生态博物馆,它像早期的斯堪的纳维亚模式那样是个露天博物馆(见图2-4-5);靠近比利时边境的阿韦讷生态博物馆,也像克勒索一样曾经是工业重地,这里曾经是重要的纺织业城市。生态博物馆的"创始人"雨果·戴瓦兰(Hugues de Varine)则对生态博物馆的流行持批评态度。他认为:"'生态博物馆'"一词变得流行起来,并用于各种技术的、民族志的、旅游的博物馆,因为它更'时髦'一些,对游客更有吸引力。因此,我个人拒绝把生态博物馆作为一种新的博物馆去谈。

---

① 大英博物馆的MicroPasts项目是一个基于互联网众包模式的文物数字化研究项目。
② 中国非物质文化遗产数字博物馆.中国入选联合国教科文组织非物质文化遗产名录(名册)项目[EB/OL].https://www.ihchina.cn/chinadirectory.html.[访问时间:2022-07-08].
③ 法国博物馆网 https://www.museemusee.com/les-musees-de-france-par-thematique/ecomusees-29.html.[访问时间:2024-02-02].

我更喜欢讲'社区博物馆'。"①目前,法国约有 2 万个文化协会参与历史文化遗产保护,划定了 91 个遗产保护区,涵盖超过 4 万处遗产。这些区域内 80 万居民的日常生活与历史紧密相连,成为活生生的历史一部分。

图 2-4-5　阿尔萨斯生态博物馆

(资料来源:Tripadvisor. 阿尔萨斯的生态博物馆[EB/OL]. https://cn. tripadvisor. com/AttractionProductReview-g2281525-d17809709-Ecomuseum_of_Alsace-Ungersheim_Haut_Rhin_Grand_Est. html. [访问时间:2024-11-25].)

2010 年,法国启动了"投资未来"计划,提供 7.5 亿欧元资金,支持文化遗产数字化技术项目,如数据压缩、数字转换、图文识别、检索技术、数据存储、数字版权保护等。这一计划大力推动了法国非遗数字化保护,使其在全球处于领先地位。

(三) 展会的非遗数字推广

近年来,文化会展迅速发展。会展为大众提供了一个集产品交换、思想交流和合作洽谈于一体的综合性平台。一般来讲,可以将会展解释为会议、展览、大型活动等集体性的商业或非商业活动的简称,会议、展览会、博览会、交易会、展销会、展示会等都是会展活动的基本形式②。在数字化技术日趋成熟,为各行各业的创新突破提供技术保障的今天,各地纷纷基于数字化技术打造沉浸式文化体验展示中心,为消费者提供 VR 旅游、数字文博馆、AR 影像等多元化的消费体验③。对于数字展会的发展,国家大力支持,印发了《商务部办公厅关于创新展会服务模式 培育展览业发展新动能有关工作的通知》:"积极打造线

---

① Varine H. Ecomuseums or Community Museums: 25 Years of Applied Research in Museology and Development [M]. New York: Routledge, 1996: 21-26.
② 张琛. 非物质文化遗产的会展开发研究[D]. 济南:山东艺术学院,2022.
③ 李铁成,吴衍,刘松萍. 元宇宙时代会展内涵的新解构:定义、特点和要素[J]. 科技管理研究,2023,43(1):156-162.

上展会新平台。推进展会业态创新,积极引导、动员和扶持企业举办线上展会,充分运用5G、VR/AR、大数据等现代信息技术手段,举办'云展览',开展'云展示'、'云对接'、'云洽谈'、'云签约',提升展示、宣传、洽谈等效果。"①

作为中华优秀传统文化的重要组成部分,非遗是文化展会可以利用的重要特色资源。非遗展会通常在展览馆举行,相比博物馆的展览,侧重展示非遗产品的产业价值,强调社会教育功能,有助于推动文化消费。目前,我国非遗与文化会展融合态势良好。一方面,各类文化会展(如文化产业博览会、旅游博览会、文化节、艺术节等)积极引入非遗元素,设立非遗展区,开展展演、展销活动,形成展会特色;另一方面,专门以非遗为主题的文化会展也如雨后春笋般涌现。在新质生产力的推动下,数字技术进一步拓展了非遗会展的应用场景,不仅通过VR/AR等技术提升了展会的互动性和参与性,还通过在线平台和社交媒体扩大了传播范围,促进了非遗产品的交易。各地结合非遗与地方商贸、文化创意产品,推出线上线下展会及新媒体平台的直播带货活动,逐步让非遗融入日常生活,进一步促进了非遗资源的传播和利用。

近年来,我国日益重视非遗,推动了非遗会展行业的发展。随着数字化时代的到来,数字技术为非遗会展带来了新的机遇。传统非遗会展在展现形式和营销手段上逐渐过时,难以吸引观众。非遗会展业的运营主体应紧跟时代发展,加强数字化技术的研究与应用,通过营造沉浸式体验、加强数字化宣传、建设专业平台等手段,丰富非遗会展的展示形式,深化文化内涵,提升服务水平,从而吸引更多观众,推动非遗会展业在数字化时代的高质量发展。

根据中国文化传媒集团的《"文旅中国·百城百艺"非遗传播活力2021年度报告》②,全国各地的展会中不乏利用数字技术展示非遗的亮点:①东部地区,数字技术赋能非遗展会。广东、江苏、上海等省(市)的非遗主管部门积极利用深圳文博会、中国国际进口博览会等平台,依托非遗展厅、非遗科技和沉浸式互动体验等新技术,拓展非遗展示方式。②西部地区,"非遗+旅游"形成区域特色。四川应加强对川剧、川菜、蜀锦、蜀绣、石刻等非遗项目的研究梳理和保护传承,并结合川渝两地非遗特色文化旅游资源,推出有特色、有市场竞争力的一程多站非遗旅游线路,通过成都国际非遗节促进区域合作,扩大影响力。③陕西、广西等省(区),把握"一带一路"倡议机遇,推动非遗走出国门。通过"国际非遗交流周"等形式,将非遗推广到全球,促进中外文化交流。④中部和东北地区,需要加强非遗传承,目前主要为常规性活动,地域自主品牌活动较少,特别是云南、甘肃、江西等非遗资源较为丰富的省份还缺少具有影响力的非遗会展品牌,还需要利用数字技术加强非遗传播与保护。

---

① 商务部. 商务部办公厅关于创新展会服务模式 培育展览业发展新动能有关工作的通知[EB/OL]. https://www.gov.cn/zhengce/zhengceku/2020-04/14/content_5502187.htm. [访问时间:2024-12-07].

② 文旅中国. "文旅中国·百城百艺"非遗传播活力2021年度报告[EB/OL]. https://hct.henan.gov.cn/2022/04-14/2431422.html. [访问时间:2024-12-07].

（四）节事活动的非遗数字推广

节事是"节日和特殊事件"的简称。节事活动涉及类型广泛，国外有学者将其概括为 8 类：文化庆典，包括节日、狂欢节、宗教事件、大型展演、历史纪念活动等；文艺娱乐事件，包括音乐会、其他表演、文艺展览、授奖仪式等；商贸及会展，包括展览会/展销会、博览会、会议、广告促销、募捐/筹资活动等；体育赛事，包括职业比赛、业余比赛等；教育科学事件，包括研讨班、专题学术会议、学术讨论会、学术大会、教科发布会等；休闲事件，包括游戏和趣味体育、娱乐事件等；政治/政府事件，包括就职典礼、授职/授勋仪式、贵宾 VIP 观礼、群众集会等；私人事件，包括个人庆典（如周年纪念、家庭假日、宗教礼拜）和社交事件（如舞会、节庆、同学/亲友联欢会）[1]。

近年来，节事活动成为综合性旅游吸引物，数量大大增加，每年节事活动数量约 10 000 个，成为旅游营销和经济发展的重要手段[2]，其中也不乏非遗类节事活动，但从非遗角度进行节事活动研究的较少。非遗类节事活动既是文化产品，也是文化遗产的管理方式，具有主题鲜明、特色内容、固定时段、集聚人流等特点[3]。非遗项目在节事活动中展现的独特旅游吸引力，使得旅游目的地和非物质文化相互依托、互为补充。通过节事活动，可以促进历史文化的自我传承和保护，提升公众对非遗的认知与传承。

在 5G、大数据、人工智能、物联网等技术快速发展的今天，传播方式不断推陈出新，依托传统媒体如电视、广播等产生的效果，已无法满足节事活动的传播需求。各行各业需要充分利用社交网络、短视频和直播平台等新兴渠道，提升传播精度、广度和深度，进一步深化品牌形象，而新质生产力的崛起为节事活动的数字化传播注入了新的动能，数字技术的广泛应用推动了节事活动向"线上＋线下""虚拟＋真实"的方向发展。

2019 年，游戏《王者荣耀》在中国非遗保护协会的指导下，依托游戏 IP 与数字科技，围绕六大中国传统节日，打造"荣耀中国节"系列文创活动。活动整合文创营销活动，精准面向年轻用户，通过游戏内植入文化内容、游戏外创意营销的方式诠释传统文化，已成功连续推出清明、端午、七夕三大主题活动。《王者荣耀》致力于通过"荣耀中国节"系列活动，唤醒人们内心深处的文化记忆，尤其是年轻群体对于传统节庆的美好记忆，用数字化方式创新与焕活传统文化，从而渗透进各种年轻人聚集的平台与圈层，吸引用户真正参与到传统文化的保护、共创与发展中去，让传统节庆在当下"活"起来的同时，更"火"起来（见图 2-4-6）。

---

[1] 保继刚,戴光全.西方会议会展与会议旅游发展简况、研究简介与国际机构[J].中国会展,2003(14):23-27.
[2] 戴光全,张洁,孙欢.节事活动的新常态[J].旅游学刊,2015,30(1):3-5;杨洋,李吉鑫,崔子杰,等.节事吸引力感知维度研究[J].旅游学刊,2019,34(6):85-95.
[3] 刘敏,刘爱利,袁梦.非物质文化遗产之传统庙会的传承与运营——以北京地坛庙会为例[J].企业经济,2011,30(11):77-80.

图 2-4-6 《王者荣耀》"荣耀中国节"宣传图

(资料来源:中国民俗学网. 荣耀中国节唤醒国民记忆赋予传统中秋佳节数字生命力[EB/OL]. https://www.chinafolklore.org/web/index.php?NewsID=19941.[访问时间:2024-11-25].)

（赵凯星　张琪琰　华远航　王平涛　裴雅涵）

本章思考与讨论

1. 新质生产力有哪些技术表现？与非遗之间有何关系？
2. 如何依托新质生产力对非遗进行数字化保护？
3. 如何通过数字交互技术提升非遗用户的沉浸感和交互性？
4. 非遗数字推广形式有哪些？具体的展示方式是怎样的？

本章参考文献

[1] 谈国新. 非物质文化遗产数字化保护与开发的技术体系构建[M]. 北京:社会科学文献出版社,2013.

[2] [美]迈克尔·哈耶特. 平台:自媒体时代用影响力赢取惊人财富[M],赵杰,译. 北京:中央编译出版社,2013.

[3] 彭冬梅. 非物质文化遗产数字化保护与传播研究[M]. 山东:山东人民出版社,2014.

[4] 康保成,宋俊华. 中国非物质文化遗产保护发展报告(2013)[M]. 北京:社会科学文献出版社,2013.

[5] 肖远平,柴立. 中国少数民族非物质文化遗产发展报告(2015)[M]. 北京:社会科学文献出版社,2015.

[6] 宋俊华. 中国非物质文化遗产保护发展报告(2015)[M]. 北京:社会科学文献出版社,2015.

[7] 王巍,刘正宏,孙磊. 数字造型基础:"非遗"数字化应用[M]. 北京:中国轻工业出版社,2016.

[8] 杨红.非物质文化遗产数字化研究[M].北京:社会科学文献出版社,2014.

[9] 高阳.融媒体环境下短视频对"非遗"传播的影响[J].西部广播电视,2022,43(7):3.

[10] 李朵朵.数字化工作方式下的非物质文化遗产活态记录与传播研究——以金陵刻经处为例[D].南京:南京艺术学院,2012.

[11] 刘晓茜,李曦明,何人可.基于交互虚拟现实技术视域下非遗文化数字化传承与创新[J].艺术工作,2022(1):6.

[12] 田野."ZHI艺"平台:打造绚丽的非遗数字化展示空间[J].文化月刊,2021(5):20-21.

[13] 王建磊.基于IdeaVR引擎的苏州非遗文化传承平台的设计与实现[J].现代信息科技,2021,5(23):6.

[14] 杨蕾,张欣,胡慧,等.基于数字化保护与产业化应用的羌绣服务设计[J].包装工程,2022,43(2):358-366.

[15] 金元浦.我国文化创意产业发展的三个阶梯与三种模式[J].中国地质大学学报(社会科学版),2010,10(1):20-24.

[16] 王蕊,齐小玥,何军,等.数字经济下非物质文化产品的数字化建设研究[J].商展经济,2022(15):4-7.

[17] 徐慧婷,傅蓉蓉.非物质文化遗产的IP形象设计与传播策略探析——以海派漆器为例[J].新媒体研究,2019,5(19):108-110.

[18] 张中波.公共文化服务视域下非遗类文化会展的类型及价值探析[J].商展经济,2021(24):10-13.

[19] 夏昌盛.数字经济时代会展业转型升级的可行性路径探究[J].商展经济,2023(22):7-9.

[20] 詹芬萍,骆文伟,龚华荣.非遗视角下闽台节事旅游开发研究[J].文化遗产,2016(2):146-156.

[21] 何莽,黄凯伦,李靖雯.四川兴文苗族旅游扶贫情景下的非物质文化遗产保护与开发[J].广西民族大学学报(哲学社会科学版),2018,40(6):8-14.

[22] 谢万忠,陆丹丹,利运晶.京族文化旅游开发研究[J].合作经济与科技,2017(6):40-41.

[23] 蒋晓阳,张钥,胡书凝,等.新经济视角下会展业数字化发展驱动力及策略研究[J].商展经济,2020(13):10-12.

[24] 姚国章,刘增燕.国外非物质文化遗产数字化保护与传承实践借鉴[J].东南文化,2022(6):179-185.

[25] 李晰洁.新文化消费下的非遗IP生态化传播研究[D].沈阳:沈阳师范大学,2023.

[26] 张琛.非物质文化遗产的会展开发研究[D].济南:山东艺术学院,2022.

[27] 龚才春.中国元宇宙白皮书[R].北京信息产业协会,中华国际科学交流基金会,2022.

[28] 张成雷.节事活动数字化传播的现状、困境及发展路径研究——以江南牡丹文化旅游节为例[C].2024牡丹文化国际传播优秀论文集.巢湖学院旅游管理学院,2024:6.非遗数字化案例分析:非遗与VR/AR结合的机会点和问题[EB/OL].https://www.163.com/dy/article/H41M1UVP05533IW3.html.[访问时间:2024-12-07].

[29] 创新非遗传承,靠人工智能如何实现[EB/OL].https://baijiahao.baidu.com/s?id=16862022304964768028&wfr=spider&for=pc.[访问时间 2024-12-07].

[30] 黑龙江省文化和旅游厅.数字赋能下的"非遗+文旅"沉浸式体验设计与传播策略[EB/OL].https://wlt.hlj.gov.cn/wlt/c115580/202410/c00_31780264.shtml.[访问时间:2024-11-08].

[31] Karpovich A I. Theoretical Approaches to Film-Motivated Tourism[J]. Tourism and Hospitality Planning & Development, 2010, 7(1): 7-20.

[32] Bruton D. Theorizing Digital Cultural Heritage: A Critical Discourse[J]. Journal of the American Society for Information Science & Technology, 2010, 59(8): 1360-1361.

[33] Aikawa N. An Historical Overview of the Preparation of the UNESCO International Convention for the Safeguarding of the Intangible Cultural Heritage[J]. Museum International, 2004, 56(1-2): 137-149.

[34] Valdimar T R H. Intangible Heritage as a List: From Masterpieces to Representation[M]. Abingdon: Routledge, 2019.

[35] Nas P J M. Masterpieces of Oral and Intangible Culture: Reflections on the UNESCO World Heritage List[J]. Current Anthropology, 2002, 43(1): 139-148.

[36] Ekman P, Levenson R W, Friesen W V. Emotions Differ in Automatic Nervous System Activity[J]. Sciences, 1983(221): 1208-1210.

[37] Yelmi P. Protecting Contemporary Cultural Soundscapes as Intangible Cultural Heritage: Sounds of Istanbul[J]. International Journal of Heritage Studies, 2016, 22(4): 302-311.

[38] Ioannides M, Magnenat-Thalmann N, et al. Mixed Reality and Gamification for Cultural Heritage[M]. Cham: Springer, 2017.

[39] Coduys T, Henry C, Cont A. TOASTER and KROONDE: High-Resolution and High-Speed Real-Time Sensor Interfaces[C]. In Proceedings of the Conference on New Interfaces for Musical Expression, 2004: 205-206.

[40] Dobrian C, Bevilacqua F. Gestural Control of Music Using the Vicon 8 Motion Capture System[C]. In Proceedings of the Conference on New Interfaces for Musical Expression (NIME), 2003: 161-163.

[41] Alexiadis D S, Kelly P, Daras P, et al. Evaluating a Dancer's Performance Using Kinect-Based Skeleton Tracking[C]. In Proceedings of the 19th ACM International Conference on Multimedia, 2011: 659-662.

[42] Bouchard D, Badler N. Semantic Segmentation of Motion Capture Using Laban Movement Analysis[C]. In Proceedings of Intelligent Virtual Agents, 2007: 37-44.

[43] Kahol K, Tripathi P, Panchanathan S. Automated Gesture Segmentation from Dance Sequences[C]. In Proceedings of IEEE International Conference on Automatic Face and Gesture Recognition, 2004: 883-888.

[44] Bourel F, Chibelushi C C, et al. Robust Facial Expression Recognition Using a State-Based Model of Spatially-Localised Facial Dynamics[C]. In Proceedings of the IEEE International Conference on Automatic Face Gesture Recognition, 2002: 113-118.

[45] Picard R W, Vyzas E, Healey J. Toward Machine Emotional Intelligence: Analysis of Affective Physiological State[J]. IEEE Transactions on Pattern Analysis and Machine Intelligence, 2001, 23(10): 1175-1191.

[46] Mallik A, Chaudhury S, Ghosh H. Nirtyakosha: Preserving the Intangible Heritage of Indian Classical Dance[J]. Journal on Computing and Cultural Heritage, 2011, 4(3): 1-25.

[47] Makridis M, Daras P. Automatic Classification of Archaeological Pottery Sherds[J]. Journal on Computing and Cultural Heritage, 2013, 5(4): 1-21.

[48] Koolen M, Kamps J. Searching Cultural Heritage Data: Does Structure Help Expert Searchers? [M]. Adaptivity, Personalization and Fusion of Heterogeneous Information, 2010: 152-155.

[49] Mulholland P, Wolff A, et al. An Event-Based Approach to Describing and Understanding Museum Narratives[C]. In Proceedings of Detection, Representation, and Exploitation of Events in the Semantic Web Workshop in conjunction with the International Semantic Web Conference, 2011: 1-10.

[50] Veltman K H. Challenges for ICT/UCT Applications in Cultural Heritage[J]. Digithum, 2005(7): 1-12.

[51] Mortara M, Catalano C E, et al. Learning Cultural Heritage by Serious Games[J]. Journal of Cultural Heritage, 2014, 15(3): 318-325.

第三章

留存保护与非物质文化遗产数字传播

在数字化浪潮的推动下,非遗的留存保护与传播正面临前所未有的转型。随着技术的不断进步,我们拥有了更多创新的手段来保存和传播这些珍贵的文化遗产。本章将深入探讨如何利用数字技术为非遗的留存保护注入新的活力,并在全球范围内实现更广泛的传播。

数字技术的介入为非遗的留存保护提供了新的解决方案。从虚实技术到计算视觉,从智能创作到生成模型,这些技术不仅能够增强非遗的展示效果,还能够在全球范围内提升非遗的可见度和影响力。本章将通过 4 个具有代表性的案例(徽州木雕、工笔牡丹画、永定河传说和孝义皮影),展示数字技术在非遗留存保护与传播中的实际应用和潜力。其中,徽州木雕和工笔牡丹画是传统手工技艺与绘画艺术的典型代表,在数字技术的辅助下,其精美的纹理、细腻的笔触得以高精度还原与展示,借助虚拟展览、数字画册等形式,让更多人领略到传统艺术的魅力。永定河传说和孝义皮影是民间文学与传统表演艺术的瑰宝,通过数字音频、动画制作等技术手段,可以将故事与表演鲜活地呈现在全球观众面前,使古老的传说与灵动的皮影戏不再受限于时间与空间。这些案例不仅展示了非遗在数字化背景下的留存保护与传播实践,也全面反映了中国非遗在数字时代的传播现状和潜力。

通过对这些案例的深入分析,探讨如何借助数字化平台实现非遗的有效留存保护与国际传播,为促进全球文化交流和文化多样性保护提供有益的启示。这些技术的应用不仅能够增强公众对非遗的认识,还能够在全球范围内提升非遗的可见度和影响力。本章旨在提供一个关于非遗数字传播的全面视角,探讨如何利用现代科技手段,尤其是数字技术,对非遗进行有效的留存保护,并推动非遗在全球范围内的传播,以增强文化自信和促进文化交流。

第一节 徽州木雕:数智技术保留木雕传统技法

"无宅不雕花,有刻斯为贵",徽派建筑普遍饰有砖、木、石 3 种雕刻,被称为"徽州三雕",2006 年经国务院批准列入第一批国家级非遗名录[①]。作为"徽州三雕"之一的徽州木

---

① 《发现非遗之美》——徽州三雕[EB/OL]. https://www.sohu.com/a/448542238_100302947.[访问时间:2024-11-01].

雕,不仅在行业内拥有崇高的地位,同时也是中国传统木雕艺术的重要组成部分。近年来,徽州木雕以其独特的艺术魅力吸引了众多国内外学者的关注与研究,也获得了许多荣誉与奖项,成为中国传统文化的瑰宝之一。作为我国非物质文化遗产,徽州木雕不仅承载着徽州人民的智慧与创造力,也见证了中国传统文化的博大精深与源远流长。

在数字技术快速发展的今天,徽州木雕迎来了至关重要的保护和传承机遇。传统木雕手工艺因传承困境和市场环境的变化受到影响,而数字化为徽州木雕的保护与传播带来全新途径。通过虚拟现实、三维扫描、社交媒体等数字手段,徽州木雕逐渐在更广泛的领域被传播、记录和保护,进一步推动了非遗数字化保护。

一、基本信息:徽州木雕的历史沿革与多元价值

(一)工艺民俗类非遗:徽州木雕简介

徽州木雕作为中国传统民间雕刻艺术之一,已有数百年悠久历史,最早可追溯到元末明初。这种雕刻艺术起源于徽州山区,这里木材资源丰富,建筑多为砖木石结构,为木雕艺术家提供了广阔的创作空间。徽州木雕的起源与徽商的崛起密不可分,徽商在明清时期成为社会经济的重要力量。他们发家致富后,纷纷回到家乡置办良田、建造宅邸,并以木雕技艺进行内部装修,形成了一种独特的装饰风格。在历史的发展过程中,徽州木雕经历了不同的阶段。明代初年,徽州木雕已初具规模,风格拙朴粗犷,以平面手法为主。明中叶以后,随着徽商财力的增强,木雕艺术也逐渐向精雕细刻过渡,多层透雕取代平面浅雕成为主流。入清以后,对木雕装饰美感的追求更为强烈,涂金透镂,穷极华丽,虽然工艺精湛,但有时也显得过于烦琐。然而,即便民国以后徽商逐渐衰落,徽州木雕依然保持着其独特的艺术魅力,流传至今。

在制作工艺方面,徽州木雕注重选材与雕刻技法的结合。艺人们通常选用高质量的木材,如楠木、樟木等,这些木材质地细腻、坚韧,不易变形。在制作过程中,艺人们会根据建筑构件的需要,采用圆雕、浮雕、透雕等多种技法进行雕刻。他们巧妙地运用刀法,使雕刻出的图案层次分明、立体感强。同时,徽州木雕还注重色彩的运用,常常用朱漆和金箔来装饰木雕的表面,使其更加鲜明生动。徽州木雕以其独特的风格、丰富的图案题材和深厚的艺术魅力著称。其风格古朴典雅,既具有浓郁的乡土气息,又充满了儒家文化的韵味。图案题材广泛,包括人物、山水、花卉、禽兽等,既有名人轶事、文学故事等叙事性题材,也有徽州名胜、山水风光等写景性题材。这些图案通过艺人们的巧手雕刻,栩栩如生、活灵活现。徽州木雕的艺术魅力在于构思精巧、造型生动,每一件作品都蕴含着艺人的智慧与情感(见图3-1-1)。

图 3-1-1　徽州木雕荷与蟹组图，寓意"和谐"

（资料来源：安徽绩溪：龙川胡氏宗祠的艺术与古韵之美[EB/OL]. https://article. xuexi. cn/articles/index. html?art_id=12480136391799362065&item_id=12480136391799362065&study_style_id=feeds_default&related_id=7014507672086617127&related_type=1&ref_read_id=30ef29ea-b2ab-479b-9509-75b4d34ec03b&reco_id=100f16a5aa27c0a88519000u&pid=&ptype=-1&source=share&share_to=copylink.[访问时间：2024-09-29]. ）

（二）徽州木雕的多元价值

1. 文化价值

徽州木雕在中国传统文化中有着重要地位，是徽文化体系的核心组成部分。历经各朝的繁荣发展，徽州木雕不仅成为建筑装饰的重要形式，还融入了当地的民间信仰和礼仪体系，形成独特的文化内涵。徽州木雕题材广泛，包括历史典故、宗教故事、民间传说等，使其成为传播传统思想和美德的载体（见图 3-1-2 和图 3-1-3）。徽州木雕等传统工艺的保护和传承被视为维系文化认同、增强民族自豪感的重要组成部分。在现代背景下，徽州木雕的文化价值不仅在于其物质形态，更在于其是徽文化重要的精神象征和地域性文化符号，承载了丰富的历史记忆[①]。

2. 艺术价值

徽州木雕以精湛的工艺和独特的雕刻风格著称，在雕刻工艺、图案设计、雕刻技法等方面表现出较高的艺术性。其技艺讲究刀法的多样性和精准度，作品通常体现多层次的立体感和深浅交错的艺术效果，具有极高的审美价值。徽州木雕作为雕刻艺术的重要门类之一，吸收了传统绘画的表现手法，线条流畅、构图严谨、细节刻画细致，体现了工匠的创造力和艺术修养。不少专家认为，徽州木雕是中国雕刻艺术的精髓之一，是展现工艺美

---

① 徽州古建的守望与新生[EB/OL]. http://www. news. cn/politics/20240202/4b5c26538cbc4273a1eda39d55148471/c. html. [访问时间：2024-11-01].

学的重要载体。在现代设计领域,徽州木雕逐渐成为重要的参考素材和灵感来源,其工艺美和艺术价值不断被发掘和创新运用(见图3-1-4和图3-1-5)。

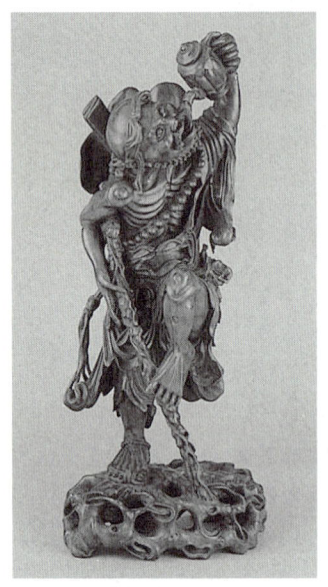
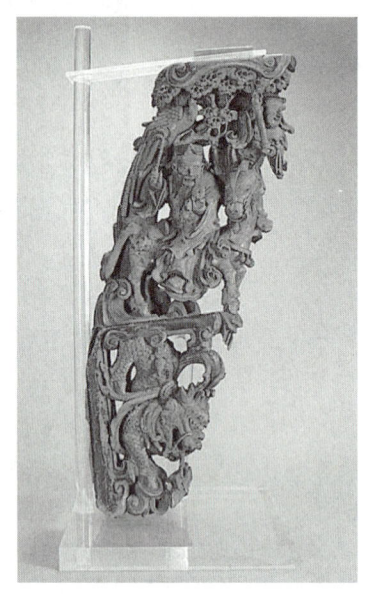

图3-1-2　安徽博物院木雕铁拐李张果老　　图3-1-3　安徽博物院木雕倒骑毛驴撑拱

(资料来源:安徽博物院在线典藏精选[EB/OL]. https://www.ahm.cn/Collection/Index/Collection. [访问时间:2024-09-29].)

图3-1-4　木雕常用图案纹样1　　图3-1-5　木雕常用图案纹样2

(资料来源:安徽博物院 徽州古建之美|第七期:精致的木雕[EB/OL]. https://www.163.com/dy/article/G0B8R3HI0514GBG5.html. [访问时间:2024-09-29].)

3. 实用价值

徽州木雕除了具有文化艺术价值外,还具有实用价值,被广泛应用于建筑装饰、家具制作、宗教礼仪物品等多个领域。徽州地区传统建筑的门窗、梁柱、屋檐等处多有木雕装饰,表现吉祥图案、花鸟虫鱼等,既满足了视觉美感,还起到了美化和保护建筑的作用。同时,在民俗生活中,徽州木雕的家具和工艺品具有耐用、保值的特性,成为家庭重要的传承物,具有收藏和实用双重功能。现今,徽州木雕制作技艺被广泛应用于居家装饰和旅游纪念品开发,既满足了人们的实用需求,也拓展了传统工艺的应用空间。通过这种实用性,徽州木雕在当代得到了进一步推广与传承,为非遗技艺的长久保存提供了新的渠道和市场。

二、案例综述:数字时代徽州木雕的危机与重生

(一)徽州木雕在新时代面临的传承危机

随着数字化时代的到来和现代工业化的快速发展,徽州木雕等传统工艺面临严峻挑战。在现代社会追求效率、大批量生产的背景下,手工技艺逐渐失去优势,徽州木雕传统制作工艺难以与机械化生产抗衡,传承环境日趋恶化。同时,虽然社会对非遗的关注度虽有所提升,但保护、推广、创新方面的措施仍显不足,使得徽州木雕的生存与发展举步维艰。这些危机不仅体现为工艺技艺的断层和匠人的流失,也包括材料稀缺、产量低,以及对木雕的保护方式缺乏创新。在数字技术尚未全面介入的情形下,徽州木雕的传承面临多重困境。

1. 工艺断层,无人继承

现代工业化的快速发展和全球化文化的冲击使传统手工技艺逐渐被机械化生产取代,徽州木雕的传承正经历工艺断层的危机。与工业品相比,手工木雕耗时长,制作过程繁复,市场需求较低,因此,年轻人难以从中获利,转而选择薪资更高、前景更为稳定的职业,徽州木雕的传承人逐渐减少。中国艺术研究院的调查指出,许多传统工艺因缺乏继承人而濒临失传,青年匠人尤为稀缺。徽州木雕创作者多为中老年人,传承链断裂加剧了非遗保护的困难。此外,现代人对传统工艺的认知淡薄,对非遗的理解往往停留在表面层次,未能充分认识到徽州木雕在文化传承中的深刻意义。黄山市非遗徽州木雕代表性传承人吴侠芳在木雕艺术里追逐梦想30多年,2017年他受邀来到安徽省行知学校,主持开设了徽州木雕技艺传习所(见图3-1-6),不遗余力地传授技艺,培养更多木雕人才[①]。这反映出当前徽州木雕面临着无人继承的窘境,急需培养年轻一代的传承人。

2. 技艺烦琐,生产量低

徽州木雕以其复杂的雕刻技法而闻名,制作流程烦琐,通常需要几十道工序(见图3-1-7和图3-1-8),对工匠的技术要求极高。以花窗雕刻为例,透雕、浮雕等技法需要长期经验积累,而年轻匠人缺乏系统培训,入行门槛较高。与此同时,徽州木雕的原材料多为红木、楠木等珍贵木材,这些木材资源逐年减少、成本不断上升,进一步限制了

---

① 吴侠芳:巧手匠心 刀耕不辍 徽州木雕技艺代代相传[EB/OL]. https://www.ahshx.gov.cn/zxzx/jrsx/9162578. html. [访问时间:2024-11-01].

图 3-1-6　安徽省行知学校耕木堂徽雕工艺工作室的《百子庆盛世》

（资料来源：吴侠芳.巧手匠心 刀耕不辍 徽州木雕技艺代代相传[EB/OL]. https://www.ahshx.gov.cn/zxzx/jrsx/9162578.html.[访问时间：2024-09-29].）

手工制作的规模。据安徽省传统工艺保护研究会的数据，手工雕刻的徽州木雕年产量还不到机械化生产的十分之一。木雕手艺的学习时间长、难度大，制作木雕需要花费大量的时间①。此外，近年来愿意购买手工木雕的人越来越少，导致木雕师傅的数量不断减少，而且很少有年轻人愿意学习这门传统技艺。

图 3-1-7　徽州木雕的制作过程：绘图

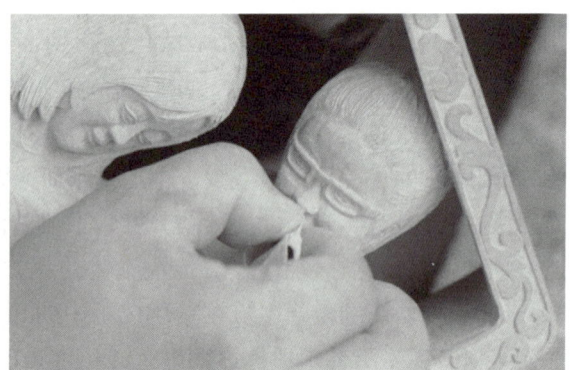
图 3-1-8　徽州木雕的制作过程：打磨

（资料来源：中国日报.匠心：徽州木雕：巧夺天工的建筑美学[EB/OL]. https://www.ahshx.gov.cn/zxzx/jrsx/9162578.html.[访问时间：2024-09-29].）

3. 保护不当，缺乏创新

随着现代工业化和城市化的快速发展，徽州古建筑木雕面临着严峻的保护挑战。自然环境破坏方面，由于城市建设和环境污染，很多徽州古建筑木雕的保存环境受到了严重影响，如空气污染、酸雨侵蚀、温度变化等因素都会对木雕造成损害。人为破坏方面，由于

---

① 上庄镇.同研非遗工艺，共续中华文化——合工大学子寻访上庄[EB/OL]. https://www.cnjx.gov.cn/News/show/1573673.html.[访问时间：2024-11-01].

保护工作不到位,部分徽州古建筑木雕遭到不法分子破坏、盗窃,导致文化遗产受损严重。同时,由于缺乏有效管理,很多古建筑木雕因缺乏专业管理队伍和有效管理机制,得不到有效保护和维护。以卢村志诚堂花窗为例,其所在的建筑物也存在修缮不及时、管理不到位的问题①。

4. 社会意识薄弱,传承资源匮乏

在社会对传统文化关注逐渐分化的背景下,徽州木雕的传承工作缺乏足够的资源支持和意识引导。很多地方未能建立完善的传承机制,导致木雕工艺逐渐被边缘化。与此同时,尽管得到了一些非遗保护资金和相关项目的支持,但大多数徽州木雕从业者仍然面临资源短缺的问题,在培养新一代工匠和保护老一代技艺传承人方面尤其如此。安徽省文化厅的研究显示,尽管徽州木雕入选国家级非遗名录,但社会各界的支持不足,实际投入的保护资源和资金有限,导致匠人往往只能依靠自身能力维持创作,传承受到制约。在数字技术逐渐渗透到非遗保护的今天,这种社会意识和资源的缺乏对徽州木雕的可持续发展产生了极大的阻碍。部分人过度关注外来文化,对我国传统文化的关注不足,这对徽州木雕等传统文化产生了冲击。同时,随着时代的发展,徽州木雕是旧时建筑物和家具上的装饰品,现代社会对其需求减少,导致传承资源也相应匮乏。

(二) 数字技术焕新徽州木雕保护传承

1. 数字化存档与精准修复

徽州木雕以其精湛的透雕、镂空工艺而闻名,但很多古建筑中的木雕因年代久远面临腐蚀与损毁的风险。因此,数字技术被广泛应用于木雕的存档与修复。例如,在安徽绩溪的龙川胡氏宗祠保护项目中,专家团队利用高清影像和三维扫描技术全面记录了木雕的纹理、结构和细节,并建立了数字化档案库。数字模型不仅为后期的修复工作提供精准参考,还能通过仿真技术在虚拟空间中再现原有雕刻作品的辉煌风貌②。通过这些数据,损毁部分的修复更加高效且科学。例如,借助三维打印技术,项目组可以制作高精度的木雕模型并逐步修复原件,同时减少对现存文物的物理干扰。这种技术手段使得传统工艺保护更加可控,为徽州木雕的长效保存提供了技术保障。

2. 智能算法辅助设计工艺

在传统徽州木雕的设计与制作中,工匠通常依赖以往经验完成从草图到雕刻的全过程,这不仅耗时费力,也难以应对大规模需求。随着智能算法的引入,这一流程得到了革命性优化,让设计和工艺兼顾效率与艺术价值。智能算法基于徽州木雕传统样式的数字化数据,通过深度学习技术,能够快速生成融合传统美感和创新设计的木雕图案。例如,设计辅助系统可以识别提取传统徽州木雕中的云纹、莲花纹等经典图案,再将风格迁移技

---

① 张静静. 徽州古建筑木雕的保护与传承探究——以卢村志诚堂花窗为例[J]. 美与时代(城市版),2023(3):16-18.
② 徽州龙川胡氏宗祠格扇门裙板木雕荷花的数字化探析[EB/OL]. https://www.doc88.com/p-3754781756499.html. [访问时间:2024-11-01].

术与现代设计理念结合,生成符合当代审美的木雕作品。这不仅为手工艺设计提供了高效的工具支持,也促进了传统工艺与现代审美的融合。

在徽州木雕修复工作中,最新智能算法的应用尤为突出。例如,图案补全算法可以分析历史档案中的图案元素,推断破损部位的原貌,并生成与整体风格一致的补全方案。这不仅提高了修复工作的效率和准确性,还能更好地保留木雕原作的艺术价值。同时,结合增强现实技术,修复团队能够在虚拟环境中模拟补全效果,并据此优化修复方案,从而减少试验性操作对文物的进一步损害。黄山奥菲家具有限公司引入的数字化生产线,利用人工智能技术实现了从设计到雕刻的无缝衔接。智能算法可以将设计数据直接转换为数控机床的指令,精准雕刻复杂纹样,保证细节的高度还原。这种方式不仅大幅缩短了生产周期,还降低了对传统工匠数量的依赖,为非遗文化产业化提供了可行路径。

通过智能算法生成的数字化徽州木雕图案,不仅可以应用于传统木雕产品的设计与制作,还可以为其他文化创意相关产业提供素材支持。例如,这些图案可以延伸到时尚设计、建筑装饰等领域,成为徽州文化的新传播媒介。这种数字化资源的共享化应用既拓展了徽州木雕的艺术影响力,又为非遗保护与创新探索出更广阔的空间①。

3. 徽州木雕数字化生产应用

在徽州木雕的制作中,三维建模生成的数字档案记录了传统木雕的形态、尺寸和细节,可以保证复杂工艺在后期制作和修复中的一致性,也为木雕的永久保存提供了技术保障。随后,三维打印技术可以在不破坏原件的情况下快速进行复制,方便小批量生产,甚至能实现个性化定制。消费者可以通过在线平台提交自己的设计方案,从而获得符合自身需求的定制徽州木雕作品。

AI 技术在徽州木雕数字化生产中也发挥着越来越重要的作用。AI 技术可以对大量的徽州木雕图案和设计进行分析,通过机器学习建立木雕特征的数据库,为自动化和智能化生产奠定基础。例如,深度学习模型可以从大量的徽州木雕纹样图案中提取并学习设计语言、雕刻风格和细节处理方式,从而将其运用到新的设计中。这样的 AI 系统不仅能辅助设计新创意,还可以在创作过程中提供实时建议,帮助工匠在设计过程中保持徽州木雕的传统风格和高质量标准。

AI 在雕刻的技术优化中也能发挥重要作用。利用机器视觉技术,可以在三维打印或数控雕刻中实时监测雕刻精度,发现可能出现的偏差或错误,并自动调整雕刻参数。这种智能监控和自动化调整相结合的方式使得数字化生产的徽州木雕作品在细节、质量和一致性上都得到了保障(见图 3-1-9)。此外,AI 虚拟助手还能在设计过程中提供纹样、结构和材质的建议,帮助设计师在保持传统风格的同时实现创新设计。AI 还为木雕的虚拟展示和互动提供了支持。通过 AI 和增强现实技术,徽州木雕作品可以虚拟化展示在数字平台上。用户可以借助增强现实应用在手机或平板上"摆放"徽州木雕作品,直观了解作品在不同

---

① 谷器数据 | 数字化赋能"非遗",为徽州文化传承注入活力[EB/OL]. https://www.toutiao.com/article/7315344447603212851/?&source=m_redirect. [访问时间:2024-11-01].

环境中的效果,甚至可以自由选择雕刻样式、尺寸和材质,形成个性化的定制体验。这种沉浸式的展示方式提高了消费者的参与度,同时增强了徽州木雕的市场推广效果①。

图 3-1-9　木材作为三维打印材料应用示意图

(资料来源:木材如何实现 3D 打印? 它是否有未来前景? [EB/OL]. https://www.nanjixiong.com/thread-154677-1-1.html. [访问时间:2024-09-29].)

通过三维建模、三维打印和 AI 技术的综合应用,可以使徽州木雕在现代社会中的适应性和市场化价值得到显著提升。数字化技术的加持不仅可以使徽州木雕从传统手工艺转型为可量产的艺术装饰品,还能在市场推广、个性化定制和质量保障方面开辟新路径。通过技术的革新,徽州木雕正逐步从历史的传承品走向现代家庭和公共空间,既传递着中华文化的历史韵味,也焕发出新的艺术活力。

数字技术的介入使徽州木雕焕发出新的生命力,为其留存和传承提供了有力支撑。无论是数字化保护留存、教育普及、在线传播,还是数字化生产,数字技术的应用已然成为徽州木雕应对现代社会挑战、实现可持续发展的关键手段。借助数字化的力量,徽州木雕在新时代能实现从传统手艺到现代技艺的跨越,为非遗文化的传承和推广开辟崭新路径。

三、分析点评:数字化赋能非遗传承,焕活千年木雕魅力

(一) 数智技术助力非遗技艺传承

数字技术的应用为徽州木雕的保护提供了创新方案,同时在深层次上倡导开放共享

---

① 如何把传统的木雕和现在的科技结合呢[EB/OL]. https://nanjixiong.com/thread-49852-1-1.html. [访问时间:2024-11-01].

理念，推动社会化保护成为现实。以下从具体保护措施和传承路径两个层面展开探讨。

1. 数字化存档长存传统技艺

通过构建涵盖徽州木雕代表性作品、历史技艺、典型纹饰、雕刻结构等内容的庞大数据库，实现了数字技术对传统木雕知识和文化的全面存档与精确分类。利用人工智能技术，也实现了对数据库的精准检索和深度分析，为徽州木雕的研究与传播提供了数据支撑。例如，通过高精度三维扫描和高清影像记录，徽州木雕的复杂纹饰和细节工艺得以完整保存。这些数据不仅可以为后续的学术研究和技艺复刻提供可靠支持，还能作为防止自然损毁或人为破坏的"数字备份"。此外，针对历史木雕文物的保护，数字技术能够对其现状进行精准记录，并通过算法建模预测其损毁状况，从而为制定修复方案提供科学依据。这种主动的数字化保护方式使徽州木雕的保存从"被动抢救"转变为"前瞻性预防"。

2. 数字化修复重现艺术本真

数字化技术在徽州木雕的修复中也发挥着重要作用。针对受损的木雕作品，修复团队可以利用纹样补全算法分析完整区域的纹饰规律，对于缺失部分进行精准补全设计。结合三维打印技术，团队可以制作出与原雕刻风格高度一致的替代构件，尽量确保修复后的作品仍然保有历史与艺术价值。例如，在龙川胡氏宗祠的修复项目中，研究团队通过数字建模完整修复了破损的荷花图案，并使用仿真雕刻技术加工补充木料，为传统木雕修复提供了一种低侵入性且高还原度的解决方案。这不仅提升了修复工作的效率，还减少了对原作品的二次伤害。

3. 数字化工具助力技艺传承

徽州木雕复杂的雕刻工序和高难度的技艺学习曲线往往限制了传承群体的扩大，数字工具在这一过程中提供了新的突破。通过虚拟现实技术，学习者无须直接接触珍贵木材或历史文物，便可以沉浸式体验透雕、镂空等复杂技法的实际操作过程。此外，基于数字教学平台开发的在线课程涵盖了从传统设计理论到现代工具应用的全套内容，可以让更多年轻人学习徽州木雕。学校与木雕制作中心的合作也可以通过数字化技术延展技艺传授的深度。例如，学生可以利用雕刻模拟软件进行练习，从基本刀法到复杂图案的设计都能在虚拟环境中反复操作，从而大幅提升学习效率。

4. 智能算法提升工艺可持续性

在木雕生产中引入智能算法，不仅可以优化设计，还可以提升工艺的可持续性。智能算法能够通过结构分析优化木雕设计图案，使其在保存传统风格的同时，更加适应现代化生产需求。这种工艺优化可以降低对珍贵木材的浪费，同时减少传统雕刻中的重复性劳动。例如，结合智能算法生成的木雕纹样，工匠能够在数控机床上进行高精度雕刻，大幅缩短手工雕刻时间。这一技术同时赋予徽州木雕技艺新的商业价值，为其在现代市场中的传承创造了可能。

（二）数字创意推动非遗创新发展

在徽州木雕的保护中，数字创意让不同主体相互合作，形成了一种基于数字创作与传播的跨领域、广泛参与的社会合力，不断推动徽州木雕的创新发展。

1. 数字资源的共享与协同

数字化技术突破了传统信息封闭的限制，使徽州木雕资源能够在不同主体之间实现高效共享和协同利用。通过构建开放的数字资源库，对徽州木雕的历史技艺、典型纹样和雕刻案例系统化存档，提供给政府、学术机构、文化企业、公众等多方使用。例如，学术研究者利用这些数据开展徽州木雕工艺保护的理论研究，设计师则可从中提取纹饰灵感，用于现代创作。这种数字资源共享机制既能延长徽州木雕的文化价值链，又可以提高其在社会化保护中的可及性和普及性。同时，各方的协同合作为木雕保护注入了更多力量，从而形成政府主导、多元主体共同参与的协作体系。

2. 数字创意驱动多主体协作

数字创意技术为徽州木雕的保护与创新合作开辟了全新的路径。传统工艺传承人与科技企业、学术机构及年轻设计师通力合作，通过数字化工具和技术重新定义徽州木雕的表现形式。例如，运用三维建模和纹样分析技术，一些团队复刻和优化传统雕刻纹样，并将其应用于现代家居、时尚配饰等领域，打造兼具传统文化与现代设计感的产品①。

同时，徽州木雕的经典元素也可通过与高校设计专业的合作焕发新生，成为时尚文创产品中的独特亮点。这种跨界协作模式不仅会延续徽州木雕的传统美学，还能有效推动其融入现代生活，吸引更多年轻人关注并参与保护工作。这种创新性的参与方式进一步巩固了社会合力在木雕保护中的地位。通过数字技术的连接与赋能，徽州木雕的保护中不仅有技术手段的升级，更体现了多主体协同的全面覆盖。未来，随着数字化程度的不断深化，社会各界将在保护、传承和创新中形成更紧密的联动，为这一传统工艺注入持久的生命力。

3. 数字传播拓宽国际视野

随着社交媒体、虚拟现实等数字传播方式的广泛应用，徽州木雕的技艺不再局限于线下展示，而是可以通过数字手段实现全球传播。例如，利用虚拟现实技术进行在线展览，远在海外的观众也可以"走进"徽州木雕的世界，了解其技艺和文化内涵。同时，通过社交媒体的即时传播，徽州木雕的知识和故事迅速跨越了地域的界限。这样的无界传播使徽州木雕不仅在国内引发关注，还吸引了国际受众的关注，使其在全球化背景下获得了新的生命力。

综上所述，徽州木雕的数字化实践诠释了数字技术在非遗保护中的独特价值。通过数字资源共享、创意设计拓展、跨界传播及教育推广，徽州木雕的传统技艺得以在现代社会重焕生机。这种多元主体协同参与的模式为徽州木雕的保护开辟了新路径，也为其他非遗的保护提供了可借鉴的范例。

---

① 艺术设计学院赴徽州调研"徽州三雕"[EB/OL]. https://www.abc.edu.cn/xxy/3/44060.html. [访问时间：2024-11-01].

第二节　工笔牡丹画:AIGC实现绘画技法传承

2023年,山东巨野工笔牡丹画走进奥地利维也纳国际中心、德国慕尼黑孔子学院,7幅巨野工笔牡丹画作品被联合国维也纳办事处及联合国工业发展组织等国际组织收藏。同年,巨野工笔牡丹画也随"一带一路"走进乌兹别克斯坦撒马尔罕。近年来,巨野工笔牡丹画不仅在国内占据80%的工笔牡丹画市场,而且作品远销美国、法国、新加坡等40多个国家和地区[①]。山东巨野的当地政府和相关部门非常重视工笔牡丹画的传承与发展[②],通过开展农民画师免费培育工程等措施,培养了大量的绘画人才,为工笔牡丹画的传承打下了坚实的基础。一些老一辈的工笔牡丹画家也积极收徒授艺,将自己的技艺和经验传授给年轻一代,使得这一传统艺术得以延续。

尽管工笔牡丹画取得了显著成就与良好发展态势,但随着时代变迁,年轻一代面临更多元的职业选择与诱惑,愿意投身工笔牡丹画传承且能长期坚守、潜心钻研的人才数量仍相对有限。一些有天赋的年轻人可能因经济压力、创作周期长等因素而放弃深入学习,导致传承队伍难以持续壮大,面临人才断层风险。此外,在传承传统技法与风格的过程中,部分画师过于拘泥于经典范式,在适应现代审美需求与艺术潮流变化方面稍显滞后[③]。作品风格同质化现象时有发生,在国际文化交流日益频繁、受众审美日益多样化的背景下,缺乏创新性与独特性的作品难以脱颖而出,不利于工笔牡丹画在更广泛受众群体中持续提升影响力与吸引力。

数字化技术的进步,特别是互联网、新媒体艺术和虚拟现实技术的广泛应用,为传统文化的创新与传播开辟了新的可能性。借助这些数字化平台与技术手段,传统文化能够突破时空限制,以更为生动和互动的方式展现在全球观众面前。例如,借助数字影像和互动媒体艺术等方式,可以从更加立体和多维的视角展示牡丹文化,从而吸引更多样化的受众。同时,社交媒体平台的普及也显著推动了文化内容的共享与传播,极大加快了文化交流的步伐。

针对上述问题,数字化技术的引入为工笔牡丹画技艺的传承与发展提供了新的支持。一方面,数字化技术可用于教育辅助,为初学者提供细致、分步骤的指导。这种方式能够弥补传统师徒制中师资和教学资源的不均衡所造成的培养不足,从而为更多艺术爱好者提供系统化的学习机会,拓展人才培养的渠道,助力优秀继承人才的涌现。另一方面,数字化技术为传统文化的创新与传播开辟了更为广阔的前景。借助这些先进的数字平台和技术手段,传统文化能够超越地域和时间的限制,以更加生动和互动的方式展现给全球观

---

① 澎湃新闻.巨野工笔牡丹画成为山东特色文化的靓丽名片[EB/OL]. https://m. thepaper. cn/newsDetail_forward_26966990. [访问时间:2024-10-05].
② 中华人民共和国文化和旅游厅. 山东省政府主要负责同志调研牡丹工笔画产业发展情况[EB/OL]. https://www.mct. gov. cn/whzx/qgwhxxlb/sd/202306/t20230626_944701. htm. [访问时间:2024-10-05].
③ Cao Y, Yan B. Analysis of the Composition of Meticulous Flower and Bird Paintings Based on Visual Perception Theory[J]. Journal of Shanghai Polytechnic University, 2024, 41(1): 109-113.

众,推动文化的跨越式传播。

一、基本信息:工笔牡丹画的历史渊源沿革与文化价值

(一)传统美术类非遗:工笔牡丹画简介

工笔牡丹画历史悠久,其源头可以追溯到中国古代工笔画,在长期的历史传承中,不断发展和完善,逐渐形成了自己独特的风格和技法①。

1. 工笔牡丹画发展历史

工笔牡丹画伴随着中国绘画艺术的成长,历经各个朝代的变迁与文化交融,逐渐成熟并形成了独特的风格。

在唐代,工笔画发展兴盛,当时社会繁荣,对牡丹的喜爱达到了高峰。牡丹被誉为"国色天香",宫廷画家们热衷于描绘牡丹的富贵之姿,不仅展现牡丹的绝美形态,还体现了当时宫廷文化的奢华与精致。画家们通过细腻的笔触和绚丽的色彩,记录下了牡丹在唐朝文化中的崇高地位,这为工笔牡丹画的发展奠定了坚实的基础。

宋代是工笔画的鼎盛时期,工笔牡丹画在技法和风格上得到了进一步的完善。此时的画家们更加注重对牡丹神韵的捕捉,在继承唐代华丽风格的基础上,融入了文人的审美情趣。他们强调以形写神,通过对牡丹的细致描绘,传达出一种高雅的意境。同时,宋代的绘画理论也对工笔牡丹画的发展起到了推动作用,画家们在构图、色彩搭配等方面有了更深入的研究和实践。到明清时期,工笔牡丹画在民间广泛流传②。随着市民文化的兴起③,工笔牡丹画不仅出现在宫廷和文人雅士的书房,也走进了普通百姓的生活。画家们在题材和表现手法上更加多样化,除了传统的牡丹花卉图,还出现了与其他元素相结合的作品,如牡丹与禽鸟、牡丹与山石等组合,寓意吉祥如意、富贵平安等美好愿望。这一时期,工笔牡丹画的风格也逐渐呈现出地域特色,不同地区的画家在继承传统的基础上,融入了当地的文化元素和审美观念,使工笔牡丹画更加丰富多彩④。

2. 山东巨野工笔牡丹画

山东菏泽巨野的工笔牡丹画是山东省级非遗,巨野县被誉为中国工笔画之乡、中国农民绘画之乡,工笔牡丹画是其当家画种⑤。

此地的工笔牡丹画以菏泽牡丹为主要创作题材,菏泽牡丹作为中国著名的观赏花卉,花大色艳、富丽堂皇,为工笔牡丹画提供了丰富的创作素材和灵感,也使得巨野工笔牡丹

---

① 腾讯网.跟着央视开启山东沿黄非遗之旅[EB/OL].https://news.qq.com/rain/a/20240401A06P8J00.[访问时间:2024-10-05].
② 朱明月.唐宋时期工笔画的审美特征[J].名家名作,2022(11):120-122.
③ 陈叙霏.建国前后于非闇工笔花鸟画绘画风格流变研究[D].扬州:扬州大学,2023.
④ 谢新华,雷婷.巨野工笔牡丹画:绽放国际舞台的文化名片[J].走向世界,2023(35):74-75.
⑤ 今日头条.山东巨野:牡丹画绽放致富花[EB/OL].https://www.toutiao.com/article/7308292799408259619/?upstream_biz=douban&source=m_redirect&wid=1733289936954.[访问时间:2024-10-05].

画具有浓郁的地方特色。工笔牡丹画继承了传统工笔画的细腻技法,注重线条的勾勒和色彩的渲染。画家们运用细腻而富有弹性的线条,精准地描绘出牡丹的轮廓、花蕊、花瓣等细节,使牡丹的形态栩栩如生。

在色彩运用上,采用多层渲染的方法,通过反复上色,使色彩更加鲜艳、丰富、细腻,展现出牡丹的娇艳欲滴和雍容华贵。注重画面的整体布局和构图形式,追求一种和谐、对称、平衡的美感。画家们会根据画面的主题和表现意图,巧妙地安排牡丹的位置、姿态以及与周围环境的关系,使整个画面层次分明、主次得当,给人以舒适、自然的视觉感受(见图 3-2-1)。

图 3-2-1 工笔牡丹画《锦绣春光》

(资料来源:澎湃新闻.巨野牡丹画:牡丹入画,艳惊世界[EB/OL]. https://www.thepaper.cn/newsDetail_forward_16750492.[访问时间:2024-10-15].)

(二)工笔牡丹画价值

1. 文化价值

工笔牡丹画作为非遗中的一颗璀璨明珠,与中国传统文化紧密相连并深刻体现其精髓。牡丹在中国文化里的象征意义深远而厚重,被尊为"花中之王"[1]。其蕴含的富贵、繁荣、昌盛、吉祥等美好寓意[2],借由工笔牡丹画这一独特艺术形式得以生动彰显。

在历史的长河中,从皇家园林到民间的服饰、瓷器、建筑等装饰领域,牡丹图案无处不在,而工笔牡丹画则凭借细腻笔触将这种象征意义完美呈现,成为传承中国文化价值观的核心媒介,有力地推动着非遗中价值观念的延续与传播。它作为中国文化遗产关键构成部分,深度融合了传统哲学思想、审美观念、民俗文化等多元元素[3]。画家创作时严格遵

---

[1] 王荀.牡丹花[J].芒种,2020(12):84-85.
[2] 胡晓艺.唯有牡丹真国色:牡丹文化的哲学阐释[J].华夏文化,2021(4):56-57.
[3] Feng G. The Emotional Expression of Lines in Chinese Painting[J]. International Journal of Educational Economy and Management,2021(1):5-6.

循的传统绘画技法与构图原则,如构图展现出的"中和"之美以及色彩运用所反映的传统色彩观念,均承载着古人对自然和人生的深邃智慧①。

工笔牡丹画也充分展现了中华民族的精神特质,牡丹雍容华贵、富丽堂皇的形象精准映射出中华民族对繁荣昌盛的不懈追求②。画家们满怀情感与心血的创作过程,以及作品中洋溢的对生活的热爱和对美好事物的赞美,在历代工笔牡丹画作品中薪火相传,持续激发着人们积极向上的动力,使中华民族的精神品质在非遗的框架内得以稳固传承与大力弘扬,确保工笔牡丹画这一非遗瑰宝在岁月的磨砺中永葆生机与魅力,在当代社会依然能够绽放出耀眼的文化光辉,为全球文化多样性贡献独特且不可替代的中国力量(见图 3-2-2、图 3-2-3 和图 3-2-4)。

图 3-2-2　清代工笔牡丹画　　图 3-2-3　南宋工笔牡丹画　　图 3-2-4　近代工笔牡丹画

(资料来源:搜狐网.历代名家牡丹画欣赏.[EB/OL].https://www.sohu.com/a/160493499_769866.[访问时间:2024-10-15].)

2. 艺术价值

工笔牡丹画继承了传统工笔画的细腻技法,这是其艺术价值的重要体现。在绘画过程中,画家们运用多种技法来表现牡丹的形态和神韵。

首先是线条的运用,工笔牡丹画的线条细腻而富有弹性,画家通过中锋、侧锋等不同的用笔方式,勾勒出牡丹的轮廓、花蕊、花瓣等细节,使牡丹的形态栩栩如生。这些线条不仅具有造型的功能,还能体现出画家的功力和情感(见图 3-2-5)。

其次是色彩的渲染,工笔牡丹画采用多层渲染的方法,通过反复上色,使色彩更加鲜艳、丰富、细腻③。画家们根据牡丹的品种、生长状态和环境等因素,调配出合适的色彩,

---

① 苗雨晴.明艳磅礴　象由心生——品读陈绶祥国画作品中的牡丹意象[J].美与时代(美术学刊)(中),2023(2):39-41.
② 吕静.陈子庄牡丹题材绘画探究[J].中华书画家,2021(5):108-113.
③ Fan L. The Expressionist Characteristics of Chinese Local Oil Painting Integrating the Freehand Brushwork of Traditional Chinese Painting[J]. Art and Society, 2024, 3(1): 81-88.

图3-2-5 工笔牡丹画结构与上色过程

（资料来源：国画界工笔大全. 工笔画《花开富贵》，富贵满堂，这寓意太高了[EB/OL]. https://mp.weixin.qq.com/s/px2IsoSNqJj1awZ2aeNH2w.[访问时间：2024-10-15].)

展现出牡丹的娇艳欲滴和雍容华贵[1]。这种精湛的技法需要画家经过长期的训练和实践才能掌握，体现了工笔牡丹画高度的艺术性。

最后是画面的整体布局和构图形式。常见的构图方式有S形构图、三角形构图、圆形构图等[2]。例如，S形构图能够引导观众的视线，使画面产生一种流动感和节奏感；三角形构图则给人以稳定、庄重的感觉。通过合理的构图，画家可以使整个画面层次分明、主次得当，让观众在欣赏作品时能够体验到一种舒适、自然的视觉感受，充分展现了工笔牡丹画在构图艺术上的独特魅力。

3. 传承价值

工笔牡丹画的传承性为历史文化研究提供了丰富且直观的实物资料。每一幅工笔牡丹画作品都是特定历史时期艺术创作风格、技法运用以及文化思潮的综合体现。通过对不同朝代工笔牡丹画作品中牡丹花瓣形态、色彩搭配以及背景构图的细致分析，这种以实

---

[1] 曹炀森，严波. 基于视知觉理论的工笔花鸟画构图探析[J]. 上海第二工业大学学报，2024，41(1)：109-113.

[2] Wang Z. On the Contemporary Transformation of Inner Mongolia Grassland Fine Brushwork Figure Painting Creation[J]. Highlights in Art and Design, 2022, 1(2): 52-54.

物为依据的研究方式极大地拓展了历史文化研究的广度与深度,使研究者能够突破文字资料的局限性,更加生动、形象地还原历史文化场景,进而深入挖掘中国历史文化的多元内涵与演变规律[①]。

工笔牡丹画作为一种文化符号,在中华民族的集体意识中能引发强大的凝聚力与认同感。它通过艺术形象的传播与传承,将中华民族的文化价值观潜移默化地传递给每一代受众,使人们在欣赏和创作工笔牡丹画的过程中,不断强化对本民族文化的认知与认同。在面对各种困难与挑战时,这种文化认同能够转化为强大的精神动力,激励人们坚守民族精神阵地,秉持乐观信念,积极追求国家的繁荣富强与人民的幸福安康。

在全球化浪潮汹涌澎湃的当下,工笔牡丹画在国际文化交流领域扮演着极为重要的角色,成为中国文化走向世界的一张亮丽名片。其独特的艺术魅力与深厚的文化底蕴使其在世界艺术舞台上独树一帜,吸引了众多国际艺术爱好者与文化研究者的目光。在国际展览、文化交流活动以及学术研讨等场合中,工笔牡丹画以其精湛的技艺、独特的构图与丰富的文化内涵,向世界展示了中国传统文化的博大精深与独特魅力。在文创产品开发过程中,工笔牡丹画的艺术风格和文化内涵能够为设计提供丰富的灵感(见图3-2-6)。其细腻的线条、绚丽的色彩以及独特的牡丹形象可以被拆解、重构和创新应用。

从跨文化传播的视角分析,工笔牡丹画作为一种文化产品,在国际文化交流中具有显著的传播优势[②]。其视觉艺术的特性使其能够跨越语言、文化和地域的障碍,直接与不同文化背景的受众进行心灵沟通,引起情感共鸣[③]。当国际观众欣赏工笔牡丹画时,他们不仅能够领略到中国传统绘画艺术的独特魅力,还能够透过画面感受到中国文化中对自然、生命与美好生活的独特理解与表达[④]。这种跨文化传播效果有助于增进世界各国人民对中国文化的了解与认知,提升中华民族文化在国际文化领域的知名度与美誉度,进而增强中国文化在全球文化格局中的影响力与话语权。

二、案例综述:数字时代工笔牡丹画的发展困难与技术助力

(一) 工笔牡丹画的创作困难

在数字时代,工笔牡丹画的发展面临着多重挑战。首先,工笔牡丹画的创作技法复

[①] Sun H. The Development of Three-Dimensional Symbols in Chinese Freehand Brushwork and Its Contemporary Value[C]. In Proceedings of the 6th International Conference on Arts, Design and Contemporary Education (ICADCE 2020). Atlantis Press, 2021: 67-71.
[②] 澎湃新闻. 花开菏泽 翰墨麟州——2023 世界牡丹大会 中国工笔牡丹画系列活动举行[EB/OL]. https://www.thepaper.cn/newsDetail_forward_22625282.[访问时间:2024-10-16].
[③] 百家号. 意象工笔创始人郭晓慧:丹青妙笔,牡丹绽放[EB/OL]. https://baijiahao.baidu.com/s?id=1636663545445429904.[访问时间:2024-10-16].
[④] 腾讯网.巨野工笔牡丹画亮相进博会[EB/OL]. https://news.qq.com/rain/a/20241106A024YP00[访问时间:2024-11-16].

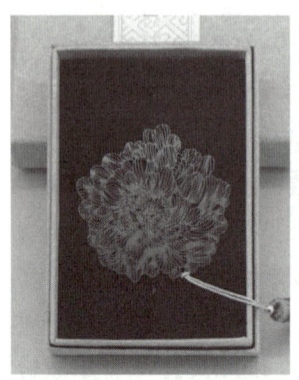

图 3-2-6　工笔牡丹在文创中的使用

(资料来源:牡丹芍药鲜花产业联盟.当千年遇到文创,意义非凡的牡丹文创[EB/OL].https://mp.weixin.qq.com/s/BnVv3-k33XUVS3NWgGT-Gw.[访问时间:2024-10-15].)

杂,涉及烦琐的线条勾勒与色彩渲染,需要极高的技艺和耐心,传统的手工技法限制了其创作效率与艺术创新的空间。其次,随着时代的变迁,工笔牡丹画作品在风格上趋于统一,个性化表达的缺失使得这一传统艺术形式逐渐失去了多样性与创新性,难以吸引当代观众的兴趣。最后,工笔牡丹画的文化传承面临困难,传统的师徒传承模式逐渐式微,现代社会中缺乏系统化的教育和培训机制,使得这一艺术形式的传承面临断层,难以有效培养新一代的艺术创作者和传承人。

1. 工笔牡丹画创作技法复杂

在技法方面,工笔牡丹画以其细腻入微的笔触、精致繁复的构图和对色彩精妙绝伦的运用而著称。然而,正是这些使其独具魅力的特质,也导致了其创作过程困难重重。

首先,在绘画技法层面,工笔画要求画家具备极高的线条把控能力。绘制牡丹时,每一根线条都需要精准流畅,从牡丹的花瓣边缘到花蕊的丝丝缕缕,都要用细腻且富有弹性的线条来勾勒其形态,以展现牡丹的娇艳与柔美。画家需要经过长时间的练习与揣摩,才能达到得心应手的境界。

其次,色彩的运用与渲染是工笔牡丹画创作的又一难点。牡丹色彩丰富多样,且在工笔画中追求层层晕染的效果,以营造出花瓣的层次感与光泽感。画家需要熟悉各种颜料的特性与调配比例,精心地一遍遍上色,从淡淡的底色开始,逐渐加深,直至达到所需的色彩浓度与效果。这一过程不仅耗时费力，还要求画家对色彩的过渡和融合有着敏锐的感知与掌控能力。

最后，构图的构思与布局对于工笔牡丹画至关重要。画家需要在画面中巧妙地安排牡丹的主体位置、花朵的大小与数量、枝叶的穿插以及背景的烘托等元素，以营造出和谐、美观且富有意境的画面。要考虑到画面的平衡感、节奏感以及空间感，避免出现元素堆砌或过于空旷的情况。

2. 工笔牡丹画个性化缺失

工笔牡丹画在传承发展过程中，面临着个性化缺失这一显著困境，这一现象对其艺术价值的彰显以及在当代艺术语境中的创新发展产生了诸多不利影响。从传统传承模式来看，工笔牡丹画有着相对固定的技法规范与构图程式[①]。学习者往往在拜师学艺或接受专业培训时，遵循先辈们传承下来的既定模式，如在花瓣的勾勒方式、色彩的传统搭配以及画面布局的常见形式等方面，都有着较为统一的标准。这种传承方式在一定程度上确保了工笔牡丹画技法与风格的纯正性与延续性，但也容易导致作品呈现出千篇一律的面貌。许多工笔牡丹画作品在题材上局限于常见的牡丹形态与场景描绘，缺乏对牡丹多元形象和新颖视角的挖掘。

在市场需求与商业导向的双重影响下，这一问题愈发凸显。工笔牡丹画在市场上具有一定的受众基础，尤其是在一些传统装饰领域和文化礼品市场，消费者对于工笔牡丹画的认知往往停留在其象征富贵吉祥的传统形象上。这使得部分创作者为了迎合市场需求，大量复制生产风格相似、缺乏个性创新的作品[②]。一些商业性的工笔牡丹画创作工坊采用流水线式的生产方式，按照既定的模板和样式进行批量制作，进一步加剧了作品的同质化现象。这些作品虽然在一定程度上满足了市场的数量需求，但却严重损害了工笔牡丹画的艺术品质与创新活力。此外，文化语境的变迁也对工笔牡丹画的个性化创作提出了挑战。在现代多元文化的冲击下，工笔牡丹画既要坚守传统文化根基，又要适应现代审美观念的变化与文化消费市场的需求。然而，许多创作者在这一过程中未能找到平衡：要么过度拘泥于传统，导致作品缺乏现代感与创新性；要么盲目追求时尚潮流，使工笔牡丹画失去了其原本的文化内涵与艺术特质，难以形成具有深度和个性魅力的作品风格。

工笔牡丹画个性化缺失的问题不仅限制了其在当代艺术领域的进一步发展，也削弱了其在非遗保护与传承中的独特价值与竞争力。若不加以重视与解决，这一传统艺术瑰宝可能会逐渐在现代艺术浪潮中失去其耀眼光芒，沦为缺乏生命力的文化符号。因此，如何在传承传统的基础上鼓励创新，挖掘工笔牡丹画的个性魅力，成为当前工笔牡丹画发展亟待解决的关键问题。

[①] 搜狐网. 干货｜史上最全的工笔牡丹画技法教程,值得收藏学习！[EB/OL]. https://www.sohu.com/a/348128236_99941818.[访问时间:2024-10-16].

[②] 新浪网. 中国工笔牡丹画法设色步骤图解,李晓明工笔牡丹技法解析！[EB/OL]. https://k.sina.com.cn/article_2441145294_9180ebce001009s33.html.[访问时间:2024-10-16].）

3. 工笔牡丹画传承困难

工笔牡丹画作为中国传统绘画艺术中的瑰宝，承载着深厚的历史文化底蕴与精湛的技艺要求，然而其创作之路却布满荆棘，面临着诸多困难与挑战。从创作过程的艰辛到艺术评价体系的多元与严苛，均对创作者提出了极高的要求，致使这一艺术形式传承困难。

一方面，工笔牡丹画对创作者的体力、耐力以及精神专注力提出了极为严苛的要求[①]。一幅结构复杂、尺幅较大且艺术水准较高的工笔牡丹画，其创作周期往往跨越数周甚至数月之久。在这一漫长的时间跨度内，创作者需要全身心地沉浸于创作情境，始终保持高度的精神专注，工笔牡丹画的每一个细节都承载着丰富的艺术信息与审美期待。

另一方面，在学习工笔牡丹画时，学习者首先要花费大量时间进行基础绘画技能的训练，从线条的基本功练习开始，需要经历无数次枯燥的重复，以使得线条流畅、稳定与富有表现力。仅仅掌握线条技巧可能就需要数年时间，之后才能够进入牡丹形态结构的学习与临摹阶段。在这个过程中，学习者需要对牡丹的各种姿态、花瓣形状、枝叶生长规律等进行深入细致的观察与描绘，通过大量的写生与临摹作业来熟悉牡丹的特征，这无疑又需要耗费大量的时间与精力。在掌握了基本的绘画技能与牡丹的形态描绘后，还需要深入学习工笔画独特的色彩理论与渲染技法。色彩的调配与运用在工笔牡丹画中极为复杂，学习者需要了解不同颜料的特性、色彩的混合规律以及在不同纸张上的表现效果等知识，并通过反复试验与实践来熟练掌握。这一过程不仅需要长时间的专注学习，还需要学习者有足够的耐心与毅力去应对可能出现的无数次失败。

（二）数字技术助力工笔牡丹画的教育传播

在当今数字化时代，AIGC 技术为工笔牡丹画这一古老的艺术形式注入了新的活力，在创作生成与教学传承这两个关键方面均展现出独特且极具价值的助力作用，有望推动工笔牡丹画在现代社会的创新发展与广泛传播。

1. 数字化助力工笔牡丹画教育与传播

在"人工智能＋教育"的广泛背景下，牡丹文化数字化教育资源的开发和应用，尤其是在线课程、互动式学习平台等创新形式，为传统文化的传播与传承提供了新的途径。数字化教育资源的建设不仅有助于将牡丹文化更好地融入国家教育体系，还能通过多样化的学习方式，使学生在学习过程中主动了解和传承牡丹文化，增强其文化认同感和历史使命感。

通过线上课程、虚拟课堂和互动学习应用，学生可以在任何时间、任何地点获取与牡丹文化相关的知识与信息，打破了传统教学模式的空间和时间限制。这种数字化学习方式使得牡丹文化的教育不再局限于课堂教学和书本知识，而是通过多元化的渠道、丰富的内容和创新的形式，深入学生的日常学习和生活。在线平台的互动性使得学习者不仅能

---

① 百家号.巨野：一幅工笔牡丹画，一座县城的产业"突围"[EB/OL]. https://baijiahao.baidu.com/s?id=1772562043131065383.[访问时间：2024-10-17].

接触到牡丹文化的基本知识,还能参与文化交流和互动,从而提升对牡丹文化的认知深度与情感共鸣。

此外,借助 VR、AR、数字博物馆等技术,牡丹文化的学习可以进一步提升体验感和沉浸感。例如,学生可以通过 VR 技术参观牡丹的生长过程、观赏牡丹的艺术作品,甚至参与牡丹文化的创作与展示。这种互动式和沉浸式的学习体验不仅能使学生更直观地理解牡丹文化的历史背景、艺术表现和文化价值,还能激发他们对传统文化的兴趣和创造力,培养他们的跨文化理解和全球视野。

数字化时代人工智能发展迅速,尤其是 AIGC 技术凭借其强大的数据分析与模式识别能力[①],能够深度挖掘海量的艺术数据,包括古今中外各类绘画作品、文化艺术文献以及自然景观图像等。通过对这些数据的分析学习,AIGC 可以提取出与牡丹相关的丰富视觉元素、色彩搭配模式、构图形式以及文化象征符号等信息,并基于此为工笔牡丹画创作者生成全新的创意灵感[②]。

更为重要的是,牡丹文化数字教育资源的开发为文化教育的普及与创新提供了重要支撑。借助先进的数字技术,牡丹文化能够突破地域与时代的局限,惠及更广泛的群体,特别是那些无法亲自参与传统文化教育的地区和人群。通过在线平台,牡丹文化不仅能够深入城市中的学生群体,还能渗透到偏远乡村、边疆地区,甚至触达海外的学习者,进一步推动中国传统文化的传承与弘扬。因此,这一基于"人工智能+教育"的牡丹文化教育模式不仅拓宽了文化传播的途径,还促进了全球文化交流与文化多样性的繁荣。

如图 3-2-7 所示,位于巨野县的巨野博物馆作为一个综合性文化机构,馆藏丰富,涵盖 13 000 余件文物,其中包括 24 件国家一级文物[③]。该博物馆借助三维数字化技术,推出了线上虚拟展厅,将博物馆内的展品以 360°实景展示与三维虚拟展示的方式呈现,观众无须亲临现场便可欣赏到珍贵文物的细节与历史价值。这种数字化展示方式不仅打破了

图 3-2-7　巨野博物馆和巨野书画院

(资料来源:菏泽市文化和旅游局[EB/OL]. http://whly.heze.gov.cn/2c908088819842f701819a25e5c4001d/1644203150909104128.html.[访问时间:2024-10-15].)

---

① 陆炜铖. AI绘画在国画生成中的应用:基础理论与模型综述[J]. 科技视界,2023(18):49-51.
② Jaruga-Rozdolska A. Artificial Intelligence as Part of Future Practices in the Architect's Work: MidJourney Generative Tool as Part of a Process of Creating an Architectural Form[J]. Architectus,2022,3(71):95-104.
③ 菏泽市文化和旅游局[EB/OL]. 总要来一趟巨野吧! http://whly.heze.gov.cn/2c908088819842f701819a25e5c4001d/1644203150909104128.html.[访问时间:2024-10-15].

时间与空间的限制,也为全球观众提供了便捷的文化体验。此外,巨野书画院作为国家AA级旅游景区,融合了创作、培训、展览及销售等多重功能,是中国工笔画研究基地和中国现代工笔画学院的培训基地。该院组织创作的《花开盛世》《锦绣春光》等作品在国际上获得了高度评价。这一系列举措通过传统文化的现代呈现与数字化传播,推动了工笔画艺术的全球化传播与文化影响力的提升。

2. 数字化促进工笔牡丹画文化传播

数字影像技术的迅猛发展为牡丹文化的表现与传播拓展了更加广阔的空间与多元化的途径。通过新媒体技术的应用,如三维建模、VR、AR等,牡丹文化的表现形式突破了传统的局限,其形态和文化内涵得以在数字空间中得到全新展现和创新创作。传统文化的数字化转化不仅使其在视觉上更加生动与真实,还能实现跨越时空的传递,使得牡丹这一历史悠久的文化象征能够以更加丰富、更具互动性的形式传递给更广泛的受众。

以2022年4月7日举行的"花开盛世"2022中国牡丹之都(菏泽)牡丹文化艺术大展为例,该展览在VR"云展厅"举办,充分展现了数字影像技术在传统文化展示中的潜力与价值[①]。在这一展览中,借助VR与全景技术构建的沉浸式空间,观众无须亲临展厅,通过数字平台即可身临其境地参观展品,体验牡丹文化的独特魅力。在这一虚拟展览中,观众不仅能够实时观赏牡丹艺术作品的细节,还能够通过语音解说了解其背后的文化背景与艺术价值。更为人性化的是,观众可以在"VR游览"模式下自由切换展馆场景,利用放大镜功能仔细观察每一幅作品的精细之处,同时聆听专家对作品的专业讲解与解读。这种互动式体验使得观众在获得审美享受的同时,也能够深入学习与理解牡丹文化的内涵,真正实现了技术赋能下的文化传播与教育。

此外,随着数字化传播手段的多样化,菏泽牡丹文化的传播形式也得到了进一步丰富和扩展。除了VR"云展厅"这一创新展览形式,菏泽还通过云直播、在线大展、实景短视频、慢直播等方式,向全球观众呈现牡丹的独特魅力与文化价值。这些数字化平台不仅使观众能够在任何时间、任何地点享受牡丹文化的魅力,也打破了地理与时间的限制,使得牡丹这一地方性文化在全球范围内得到了广泛传播。

为了进一步推广菏泽牡丹文化,菏泽市委宣传部与牡丹区委宣传部联合策划并推出了大型牡丹文化纪录片《花开盛世》(见图3-2-8)。该纪录片通过CCTV-17农业农村频道连续3天播出,进一步增强了菏泽牡丹文化的传播力度[②]。纪录片由国家级纪录片专家与中央电视台十佳导演团队精心制作,分为上、中、下3集,详细讲述了牡丹的历史演变、文化背景及其在中国传统文化中的独特地位。通过全景式的展现,纪录片不仅让观众领略到菏泽牡丹的盛大景象,还深入挖掘了牡丹文化的历史与文化价值,进一步加强了文化传承的深度与广度。这一数字化文化传播形式极大推动了菏泽牡丹文化的传播与推广,也为传统文化的现代化传播提供了宝贵经验。

---

① 齐鲁网.1.5亿网友云赏牡丹[EB/OL]. http://m.iqilu.com/pcarticle/5105258.[访问时间:2024-10-15].
② 菏泽市人民政府新闻办公室官方澎湃号.大型牡丹文化纪录片《花开盛世》第一集[EB/OL]. https://m.thepaper.cn/newsDetail_forward_17688447.[访问时间:2024-10-15].

图 3-2-8　大型牡丹文化纪录片《花开盛世》第一集

（资料来源：菏泽市人民政府新闻办公室官方澎湃号［EB/OL］. https://m.thepaper.cn/newsDetail_forward_17688447.［访问时间：2024-10-15］.）

三、分析点评：数字化赋能工笔牡丹画，开启非遗传承华章

（一）秉持数字理念孕育文化新生态

在数字化理念的指导下，文化的创新发展迎来了崭新的生态模式，尤其是在传统艺术领域（如牡丹文化的传承与发展），数字技术注入了全新的活力。数字技术不仅为传统艺术创作提供了创新工具，更为文化生态的重塑提供了深刻的变革力量。这一转变推动了牡丹文化在现代社会中的重新诠释，拓展了其在全球化语境中的表达空间，进而塑造了一个更加丰富、立体的文化传承路径。

1. 以数字创意理念推动文化创新

数字化技术的引入为牡丹文化的创新提供了广阔的创意空间。通过先进的计算机图像处理、人工智能与大数据分析，牡丹文化得以在数字平台上重构和再创。在传统工艺的基础上，数字化不仅帮助艺术家挖掘和呈现牡丹的多元面貌，还能够创造出与时代相呼应的新形式，使其既保留传统文化的精髓，又不乏现代审美的创新元素。例如，数字化虚拟现实技术可以模拟不同光影下牡丹花朵的形态变化，展现其在各种自然环境中的独特风韵，从而为创作者提供灵感源泉，激发出更多样化的艺术表现。

2. 以智能交互理念拓展文化传播边界

数字化技术通过智能交互平台，打破了传统文化传播的时空局限，为牡丹文化的广泛传播创造了新的方式。借助在线互动平台、虚拟现实技术及社交媒体，牡丹文化的传播不再局限于实体展览和传统课堂，而是可以通过数字化手段迅速覆盖到全球范围，吸引大量观众和学习者的参与。观众通过数字平台可自由选择牡丹文化的学习路径和方式，既可以在线参观虚拟展览，也可以参与在线讨论和创作交流，这种互动性和参与感让牡丹文化的传承变得更加生动和灵活，同时扩大了受众群体，提升了其在现代社会中的传播

效力。

3. 以智能定制理念促进文化普及

数字化的智能定制理念使牡丹文化能够针对不同受众的需求进行个性化传播与学习定制。通过智能推荐算法和用户画像分析,数字化平台可以为不同地区、文化背景和年龄层的观众量身定制文化体验和学习内容。例如,针对年轻群体,平台可以通过短视频、互动游戏、虚拟展示等形式,让牡丹文化在符合其审美和认知习惯的基础上得到传播与接受。对于传统文化爱好者,平台则可以提供更为深度的艺术讲解和历史背景,使其更好地理解和欣赏牡丹艺术的内涵。这种个性化传播模式不仅促进了牡丹文化的广泛传播,也提升了其在全球文化交流中的多样性与包容性,推动了文化的跨越式发展与融合。

(二)着力数字技术促进文化产业发展

在全球数字化浪潮的推动下,数字技术成为促进文化产业发展的重要驱动力。随着信息技术的飞速进步,文化产业不再局限于传统的生产与消费模式,而是通过数字化手段实现了从创作、传播到消费的全面转型。这一变革不仅优化了文化资源的配置,提高了产业效率,还有效拓宽了文化产品的市场空间。借助大数据、人工智能、虚拟现实等技术,文化产业能够更精准地捕捉消费者需求,提升内容创作与个性化定制的能力,从而推动文化产品的创新与多样化发展。

1. 数字技术推动文化创作的智能化与个性化

数字技术的应用使文化创作进入了智能化与个性化的新阶段。通过数据分析与人工智能算法,文化创作者能够实时获取用户的偏好与需求,为创作提供更具针对性的创意支持。例如,基于大数据分析,文化企业能够精准识别不同受众群体对文化产品的审美趋势与消费习惯,从而调整创作内容和传播策略。同时,人工智能技术的应用不仅能加速创作过程,还能够通过智能化的工具辅助创作者提升创作效率和质量,推动文化产品的创新,进一步满足市场多样化的需求。

2. 数字平台拓展文化产业的传播与消费边界

随着数字平台的发展,文化产业的传播与消费方式发生了深刻变革。数字平台打破了传统文化消费的空间和时间限制,使文化产品能够在全球范围内迅速传播。在线文化平台、虚拟展览、直播互动等形式不仅提高了文化内容的可达性,还增强了观众的参与感与互动性,推动了文化产业的全球化发展。通过数字化的手段,文化产品的传播途径更加多元化,文化的传播不再依赖传统的实体渠道,而是通过网络平台实现跨地域、跨文化的共享与传播,极大地拓宽了文化产业的市场空间与消费群体。

3. 数字化技术推动文化产业的跨界融合与创新发展

数字化技术的普及不仅推动了传统文化产业的发展,也为文化产业与其他产业的跨界融合创造了条件。文化产业与科技、教育、旅游等行业的融合成为数字经济时代的一大亮点。通过数字化手段,文化产品得以与现代科技结合,推动了虚拟现实、增强现实、人工智能等技术在文化产业中的深度应用。例如,虚拟博物馆、数字文创产品、在线文化教育等新型文化产业形态涌现,使得文化资源得到了更广泛的应用和创新,推动了文化产业的新兴发展。数字技术不仅为文化产业注入了新的活力,也促进了文化与科技的深度融合,推动了文化产业在数字经济时代的持续创新与升级。

(三)依托工笔牡丹画实现乡村振兴

工笔牡丹画作为中国传统文化中的瑰宝,蕴含着深厚的历史与艺术价值,具有极高的文化象征意义和社会影响力。在乡村振兴战略的背景下,依托工笔牡丹画这一传统艺术形式,能够为乡村带来文化自信的提升与经济发展的新机遇。通过将工笔牡丹画的创作与乡村文化资源结合,不仅可以弘扬传统文化,还能为乡村旅游、文化创意产业等注入新的活力,从而推动乡村经济的多元化发展,促进城乡文化的互动与共融。

1. 通过工笔牡丹画促进乡村文化产业的发展

工笔牡丹画的深厚文化底蕴使其成为乡村文化产业发展的重要载体。通过与乡村特色文化结合,工笔牡丹画可以转化为具有地方特色的文化产品,进而推动乡村旅游和文创产业的发展。例如,乡村可以举办工笔牡丹画创作与展示活动,吸引游客参观与参与体验,不仅提升乡村文化的知名度,还能带动地方经济的增长。同时,工笔牡丹画作为乡村艺术特色的一部分,可以通过数字化平台推广,形成线上线下相结合的文化消费新模式,进一步拓宽文化产品的市场空间,促进乡村经济的多元化发展。

2. 依托工笔牡丹画增强乡村文化自信与传承

工笔牡丹画并不只是一种艺术形式,更是乡村文化自信的重要体现。通过系统化的教学与展示,乡村居民尤其是青少年可以在学习和创作中加深对传统文化的理解与认同,从而增强文化自信。乡村学校可以将工笔牡丹画纳入本地的文化教育体系,通过课程和工作坊等形式,培养年轻一代的艺术兴趣和技艺,促进传统艺术的传承。同时,乡村文化传承人也可以通过工笔牡丹画的创作与教学,成为当地文化发展的核心力量,提升乡村文化软实力,为乡村振兴注入文化动力。

3. 工笔牡丹画助力乡村旅游与生态文明建设

工笔牡丹画不仅能够展示传统艺术之美,还能够促进乡村生态与文化旅游的深度融合。在乡村振兴过程中,依托工笔牡丹画进行文化旅游产品的开发,可以实现文化与自然的和谐共生。通过设计与牡丹相关的艺术展示、互动体验活动以及民宿装饰等,乡村可以打造独特的文化旅游品牌,吸引更多游客前来参观、体验和消费。此外,工笔牡丹画的展示与创作活动也可以与乡村的生态资源结合,推动乡村的可持续发展。通过这种方式,工笔牡丹画不仅在艺术层面展现其价值,更在生态文明建设中发挥了积极作用,成为促进乡村振兴与可持续发展的有力工具。

第三节　永定河传说：智能创作传承北京人文历史

作为北京地区最重要的河流之一，永定河具有悠久的历史和深厚的文化背景。由于其具有独特的地理与历史地位，永定河不仅是自然资源的重要载体，也成为民间文化中丰厚的精神象征。永定河流域的传说以生动的故事形式记录了当地居民与自然抗争的历史，反映了治理河患的艰辛过程与人们对安宁生活的期许。这些传说深刻影响着地方文化的形成和发展，塑造了人们的精神世界，并成为承载地方历史记忆的重要载体。

从历史角度来看，永定河的传说反映了北京地区治水与城市发展的艰辛历程，这些故事巧妙地将历史人物和重大事件与地方风土人情结合，形成了独特的文化符号。永定河传说不仅是对技术智慧的传承，更是对人们与自然抗争精神的传扬。通过永定河传说，这些故事转化为民众的记忆，融入人民的日常生活，得以长久流传。在社会价值上，永定河传说是凝聚地方认同和文化归属的精神纽带。它不仅是在讲述一个个历史故事，更是在传递一种文化责任感，激励现代人加强对生态环境的关注与保护。

在数字技术的加持下，永定河传说的创作与传承迎来了前所未有的机遇。新质技术赋予传统故事新的生命，拓宽了文化表现的形式，也为文化创新提供了源源不断的创意灵感。通过数字技术的应用，永定河传说能够在保留其历史原貌的同时，突破时间和空间的限制，展现其更为丰富的文化内涵。

一、基本信息：永定河传说的历史沿革与多元价值

（一）民间文学类非遗：永定河传说简介

永定河历史悠久，是华北地区最大的河流海河的五大支流（永定河、大清河、潮白河、子牙河和南运河）之一。永定河最早的名称是㶟水，晋代时下游称清泉河，隋唐时称桑干河，辽金以后直至清初，上游仍称桑干河，中下游称卢沟河。因河水含沙量大、河道迁徙无常，故又称浑河、无定河。清康熙三十七年（1698 年），清政府在卢沟桥下至当时的狼城河河口两岸筑堤，以使河道永久安定，造福民众，康熙赐名"永定河"[1]（见图 3-3-1）。

历史上，永定河流域水患频发，沿岸居民长期饱受洪灾之苦。在与自然抗争的过程中，人们创作并传颂了大量关于永定河的传说及故事，这些传说与史实相联系，寄托了人们驱灾免难、安居乐业的美好愿望，也映射出真实的历史片段；传说中反映出的永定河周边人民为制服水患与大自然不懈抗争的精神，亦具有一定的现实教育意义[2]。

---

[1] 谭杰. 讲好永定河故事，构建具有流域特色的学术思想体系[J]. 北京经济管理职业学院学报，2020，35(4)：3-6.
[2] 中国非物质文化遗产网. 国家级非物质文化遗产代表性项目名录：永定河传说[EB/OL]. https://www.ihchina.cn/art/detail/id/12247.html.［访问时间：2024-11-24］.

图 3-3-1　永定河流域

(资料来源:中国一带一路网.永定河流域综合治理与生态修复工程项目[EB/OL]. https://www.yidaiyilu.gov.cn/p/261050.html.[访问时间:2024-11-24].)

(二) 永定河传说及故事

永定河传说内容丰富,形象生动,具有浓厚的地方色彩。纵观永定河的传说,不论是直接反映河水泛滥和治理工程的,还是反映流域内的人物、史事、风物、村落和日常生活的,几乎所有的传说都留下了历史的影子,或直接,或间接[①]。下面对永定河部分传说进行归类和整理,主要可以分为 6 类。

1. 反映永定河由来的传说

反映永定河由来的传说有《狼窝的传说》《关公洗脸》等,下面对《狼窝的传说》[②]进行简要介绍。

很久以前,北京城西一带缺水,土地贫瘠,百姓生活困苦。玉皇大帝派遣一头巨大的仙猪下凡,开河引水以解救百姓。仙猪庞大无比,体长三十三丈三,脑袋和猪牙也异常巨大。它开始在山地中翻滚拱土,开出了一条宽深的河流,向前推进。

当仙猪即将到达居庸关时,它遇到了一位老汉。老汉看见仙猪背后的河水,立刻意识到如果仙猪继续前行,它将会破坏长城并淹没北京城。于是,老汉告诉仙猪,前方有"狼窝",里面有三百三十三只狼,专门吃猪头和猪肉,十分危险。仙猪听后非常害怕,决定改变路线,最终拱出了永定河,避免了长城的毁坏和北京的洪灾。

因此,人们将这位老汉和仙猪相遇的地方命名为"狼窝",并传颂这一故事。

2. 反映治理永定河史实的传说

反映治理永定河史实的传说较多,如《冯将军严惩老兵痞》《海祥寺的传说》《于成龙为

---

① 杨金凤.永定河传说[M].北京:北京美术摄影出版社,2014:10.
② 中华典故吧.狼窝的传说[EB/OL]. https://tieba.baidu.com/p/87329090.[访问时间:2024-11-24].

民讴驾的传说》《卢沟晓月》《莲花台》《河档档河的传说》等,下面以《卢沟晓月》①和《河档档河的传说》②为例,进行简要介绍。

(1)《卢沟晓月》

古往今来,进出北京的仕官商旅都要从卢沟桥上经过。因此,"卢沟晓月"中的"晓月"也是和行旅、送别联系在一起的。从元至清,有80%以上进出北京的旅人,都是走彰仪门(广安门)和卢沟桥。从南方北上进京的人,最后一站是长辛店,住一宿,五更(凌晨四点)起身,过卢沟桥时正是东方欲晓、残月西斜之际;出京的人,一般起身也很早,丑末(凌晨三点)起身,从城内走到卢沟桥,也正是晨光熹微之际。送别的人还在此等候,临风话别,晓星已没,淡月微痕,寄托着说不尽的惜别之情。如果是谪官、丢官、降职或报考未中的落魄之人,则更加倍感凄凉。回首京师,如在天上;长桥古道,冷月西风,河声凄咽,老马悲鸣。茫茫晨曦之中,人行桥上,凭栏远望,只见月明星稀,浑河如线,岸旁树木郁郁葱葱,远处青山隐约可见,令人难以忘怀。

清乾隆十六年(1751年),乾隆奉太后谒泰陵,过卢沟桥时,正是晨光熹微之际。他伫立桥头,极目薄雾疏星,晓风残月,波光狮影,行旅匆匆。于是,他面对这富有独特诗情画意的情境欣然作诗:"茅店寒鸡咿喔鸣,曙光斜汉欲参横。半钩留照三秋淡,一练分波夹镜明。入定衲僧心共印,怀程客子影犹惊。迩来每踏沟西道,触景那忘黯尔情。"接着,他又挥笔题写了"卢沟晓月"四字,立碑于桥头(见图3-3-2)。

图 3-3-2 "卢沟晓月"碑

(资料来源:博雅旅游分享网.卢沟晓月[EB/OL].http://www.bytravel.cn/landscape/77/lugouxiaoyue.html.[访问时间:2024-11-24].)

(2)《河档档河的传说》

相传明朝有一个大太监名叫刘瑾,想通过破坏永定河水源来淹没皇宫,借此推翻皇

---

① 抗日战争纪念网.卢沟晓月:"河中孤月荡光辉"[EB/OL].https://www.krzzjn.com/show-951-124449.html.[访问时间:2024-11-24].
② 杨金凤.永定河传说[M].北京:北京美术摄影出版社,2014:40-42.

帝。他秘密带领三千人,假借修河为名,挖开了河堤。但不久之后,他发现河口在一夜之间被人填回。

第二天,刘瑾命令加速挖掘,并派遣四员大将监视。当夜,奇异的事情发生了,河中升起两个神秘的娃娃,自称名叫"河档"和"档河",用铁铲将土填回堤口。四员大将试图阻止,但被两个娃娃轻松击退。刘瑾亲自前往,带着众多武器和士兵,欲亲眼见证。

第三天夜里,两个娃娃再次出现,继续填土。当刘瑾亲自出手攻击时,娃娃轻松化解,最终将刘瑾压在一座山下。之后,两个娃娃离开,消失在河水中,留下了一首歌:"自幼生长在龙宫,巡江走河观风景。偶遇不平来相助,三填堤口戏无能。古来害人如害己,山压老贼为众生。"这警示世人恶有恶报(见图3-3-3)。

图3-3-3 "河档档河"碑

(资料来源:搜狐.永定河传说-河档档河(惊蛰)[EB/OL].https://www.sohu.com/a/454127040_736727.[访问时间:2024-11-24].)

3. 反映永定河故道史实的传说

《卢师收青龙的传说》《大小青龙降雨的传说》等是反映永定河故道史实的传说,下面对《大小青龙降雨的传说》①进行简要介绍。

隋文帝时,江南有个姓卢的和尚乘船到桑干河上,随水漂流,打算"船止则止"。刚好船到崖下就止住不走了。和尚舍船上山,喜爱这片青山绿水,在崖下搭起一座棚子,之后化缘,修了一座庙。这桑干河今天叫永定河,从前是流经八大处近旁。

可怪那几年,年年不下雨,大旱,庄稼枯死,连西山的老虎也因山上没有一丝水,只得下山来。这和尚守着庙过了几年。有一天,突然来了两个童子,叫大青、小青,愿意侍奉和尚,帮助做饭打柴。和尚看两个孩子无依无靠,又可做活,就收养了。这年又是大旱,官家四处

---

① 北京旅游网.关于北京的母亲河——永定河的那些传说故事,你听过几个?[EB/OL].https://www.visitbeijing.com.cn/article/47QkKldJDio.[访问时间:2024-11-24].

敲锣张榜征求能施雨的人,无人敢应。和尚也没有办法,想不到这两个童子竟说愿意帮助卢师去施雨。和尚不信,不让二人前去,下午却不见他们的身影。傍晚只见西山根上云气四集,顿时风雨大作。和尚方悟大青、小青原是蛇,这时化成龙,为这片干旱的土地降下雨来。从此以后,大青、小青回到庙南边潭中居住,这片潭也因此得名青龙潭。青龙潭看起来并不很深,可是潭水澄澈,总探不到底。只见大青、小青出潭时,总有云气伴随着。

只因这山是卢师驯伏大小青龙的地方,后人将这座山命名为卢师山,庙叫卢师庙。庙西北不远还有卢师洞,洞上有巨大石块,名为秘魔岩。

4. 反映治理永定河水患的传说

关于治理永定河水患的传说也颇多,例如《永定河镇水牛的传说》《高亮赶水的传说》《河堤柳的传说》《铁锚寺的传说》《官厅水库的传说》《青蛇的传说》等。下面对《永定河镇水牛的传说》①进行简要介绍。

图 3-3-4　永定河镇水牛

(资料来源:杨金凤. 永定河传说[M]. 北京:北京美术摄影出版社,2014:166.)

庞村位于永定河的转弯处,地势较低,常常面临洪水威胁。为了防止洪水冲毁村庄,清代时在该村修了一座北惠济庙,庙门西南方向不远处有一头镇河铁牛(见图 3-3-4)。

故事的开端发生在村民郝大雷家中,一位做买卖的人在洪水期间投宿。他的货物关乎赎回被抓走的岳父,郝大雷不顾家中物品的安危,帮助买卖人将货物转移到房顶,保住了货物。买卖人感激涕零,承诺会修建一座庙来保佑庞村免受洪水侵害。十多年后,买卖人的岳父替他履行诺言,修建了惠济祠和镇河铁牛。

镇河铁牛成为庞村的守护神。当永定河发大水时,铁牛会发出震动山谷的吼声,提醒村民水势上涨。某年洪水特别严重,铁牛再次吼叫,水流瞬间改变方向,庞村因此得救。村民认为这正是神灵显灵的结果,从此将铁牛供奉为镇水神灵。

还有一种说法称,铁牛的肚子里藏有一颗"金心",当河水涨到一定程度时,水会进入牛口,并触发"金心"发出类似牛吼的声音,警告村民洪水的来临。此后,镇河铁牛成为庞村的神灵象征,守护着村民免受洪灾的侵扰。

5. 反映永定河重大事件、村名来历及有关景物的传说

《石经山和湿经山的传说》《麻峪村由来的传说》《卢沟桥的由来》《军庄的传说》等是关于永定河重大事件、村名来历及有关景物的传说。下面对《石经山和湿经山的传说》②进

---

① 李自典,吴慧佩. 永定河治水的传说[J]. 北京观察,2019(5):76-77.
② 杨金凤. 永定河传说[M]. 北京:北京美术摄影出版社,2014:164-166.

行简要介绍。

唐僧师徒途经永定河时,因河水宽广无桥而难以过河。猪八戒试图徒手探水,不小心跌入水中,惊扰了河中睡觉的乌龟精。乌龟精怒气冲天,却在得知唐僧师徒是前往西天取经后提出条件,要求唐僧帮助它向如来佛祖询问它何时能修成正果。唐僧答应了乌龟精的条件,乌龟精便驮着他们过了河。

多年后,唐僧师徒取经归来,再次经过永定河。乌龟精依然守候在河边,要求唐僧履行诺言。当唐僧表示因一路艰难未能问询佛祖时,乌龟精愤怒至极,将唐僧师徒翻入河中。尽管没有丧命,但师徒四人带回的真经全被水淹湿,令唐僧深感绝望。

正当唐僧哀叹时,师徒四人发现河边有一座山,决定上山晾晒真经。就在经书快晾干时,一阵突如其来的狂风将部分经书吹散到空中。唐僧师徒连忙追赶,却未能找回被风吹走的经书。原来,这股狂风是如来佛祖所派四大弟子施法,因佛祖担心《回生经》传到人间会使人类永生不死,造成混乱,于是便派四大弟子趁机收走了18部《回生经》(见图3-3-5)。

图 3-3-5 失经

(资料来源:杨金凤.永定河传说[M].北京:北京美术摄影出版社,2014:166.)

从此,这座山被人称为"湿经山"或"失经山"。

此外,还有极少部分是赞美永定河的传说,如《浴水的传说》等。

(三) 永定河传说的价值

1. 文化价值

有学者曾从5个方面论证永定河是北京的母亲河。第一,其地理区位为北京城提供了具有优势的地理环境。第二,古渡口是北京城出现并扩展的一个重要因素。第三,河流为北京城市的发展提供丰富的水源。第四,永定河中上游流域是古代北京城市建设的主要木柴源地。第五,河水分流进入北运河,对漕运的蓬勃发展也起到促进作用①。

作为北京的母亲河,永定河哺育着北京城市的发展,也孕育着北京文化。永定河文化带建设是落实京津冀协同发展、深度交融的空间载体和文化纽带,是北京推进文化自信的重要抓手②。永定河传说深刻反映了北京在历史进程中的文化积淀与人文特质,展现了人与自然和谐共生的智慧与追求。这种独特的文化记忆不仅增强了地方文化认同感,也塑造了区域居民共同的精神归属。传说中所蕴含抗洪治水的经验和顽强不屈的精神,更为当代社会提供了宝贵的文化教育价值(见图3-3-6)。通过传承永定河传说,能够唤起公众对文化保护和生态文明建设更多的关注和参与。

图3-3-6 记载"无定变永定"的雕像

(资料来源:搜狐.[非遗]永定河传说[EB/OL]. https://www.sohu.com/a/191600414_740471.[访问时间:2024-11-24].)

2. 历史价值

永定河传说以生动的故事形式再现了历代治理河流的历史事件,如三国时期刘靖开创戾陵堰和车箱渠,以及冯玉祥治河等史实。这些传说不仅保存了治河、漕运和资源利用等关键历史细节,还将复杂的史实拟人化和情节化,使其更易于传播和记忆。同时,传说涉及地名由来、景物典故等内容,丰富了地方志文化,为区域历史研究提供了重要补充。这些传说涵盖治理河患、水利工程、村名变迁等多维内容,全面反映了永定河在北京城市形成、扩展和繁荣过程中的作用,为研究北京的历史脉络和文化特质提供了丰富的资料,彰显出不可替代的历史价值(见图3-3-7)。

---

① 齐震宇.基于"文化廊道"在文化遗产保护规划方面的思考——以北京永定河为例[J].科技风,2019(26):231-232.
② 谭杰.讲好永定河故事,构建具有流域特色的学术思想体系[J].北京经济管理职业学院学报,2020,35(4):3-6.

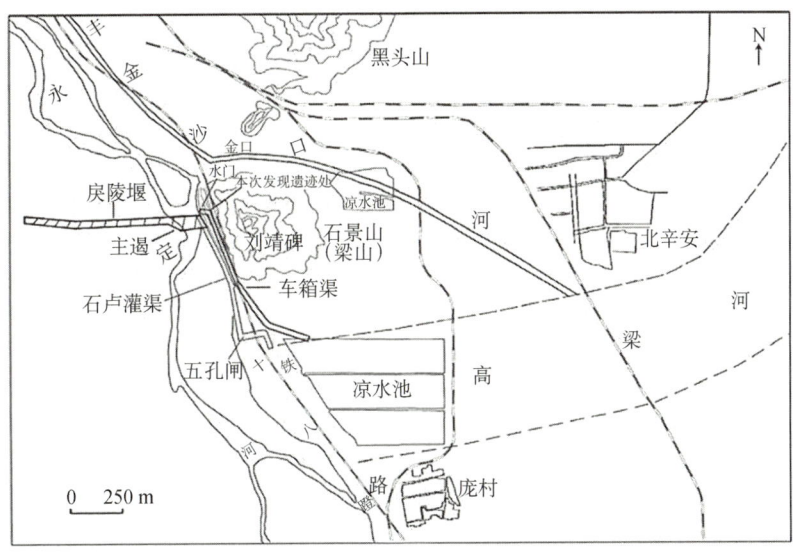

图 3-3-7　车箱渠推测位置示意图

（资料来源：期刊网. 北京戾陵堰、车箱渠的位置新探［EB/OL］. http://www.qikan.com.cn/article/csdz20230317.html.［访问时间：2024-11-24］.）

3. 社会价值

传承永定河传说，能够推动文旅融合发展，促进区域经济增长和产业升级，为京津冀协同发展注入文化动力。作为永定河文化的重要载体之一，永定河传说具有丰富的历史故事和深厚的文化内涵。通过生动的故事形式，永定河传说的传承增强了沿岸居民的文化认同感和情感纽带，促进了区域内的文化归属感与社会和谐；作为文化宣传和教育的重要途径，永定河传说的传承不仅提升了公众对历史文化保护的意识，更培养了人们的文化素养与传承责任感（见图 3-3-8）。

图 3-3-8　永定河文化博物馆图片

（资料来源：北京市人民政府. 永定河文化博物馆［EB/OL］. https://www.beijing.gov.cn/renwen/rwzyd/gdwh/ydhwhbwg/202108/t20210802_2454213.html.［访问时间：2024-11-23］.）

二、案例综述:数字时代永定河传说的危机与重生

(一) 数字缺场下的社会化保护危机

在现代化和全球化的冲击下,永定河传说赖以传播的传统社区环境逐步消失,社会认同感减弱,现代传媒与外来文化的竞争使其传播形式面临挑战。同时,传承人群出现断层,年轻一代因生活方式变化和兴趣转移对传承缺乏动力,口述传统濒临消亡,整体传承陷入困境。尽管已有一定保护和整理工作,但社会保护意识不足,文化认同感下降,未能有效激发社会化保护力量,传承形势依然严峻。

1. 受到现代化冲击

随着经济全球化的加快,非遗在发展过程中出现传统与现代、传承与流变的悖论。与传统农业相适应的非遗在现代化进程中变得有些不合时宜,不断受到工业化、城市化理性工具的入侵和改造,社会形态的变迁和时代的竞争使非遗的生存空间日渐萎缩,在文化变迁中处于劣势,受到外来强势文化等多种状况的影响和制约,面临着改变自身以适应现代或是固守自我终被抛弃的命运①。

作为永定河传说主要流传地区和保护主体的石景山区以及与之相邻的其他区县(如门头沟区等),在当今的现代化时代背景下,正在从过往的"驼铃古道"文化角色急速转变为北京城市功能拓展区中的"首都休闲娱乐中心区"。社会的转型使农耕文明背景下产生的永定河民间传说,在现代传承问题上面临着生存条件急剧丧失的困境②。

随着城镇化的快速推进和工业化进程的不断深化,永定河传说赖以传播的乡土社会和传统社区环境正经历显著变化。现代传媒与外来文化的影响使新一代居民的生活方式和价值观趋向多元化,对传统民间故事的关注有所减弱,文化认同感也随之受到一定程度的挑战。同时,现代娱乐与消费文化的蓬勃发展使得传统传说在传播形式上面临更大的竞争压力,传播途径需要适应新的社会需求。

2. 当代传承后继乏人

永定河传说作为民间文学类非遗,其口述传统在代际传承中出现了断层,部分讲述者逐渐老去,而年轻一代由于生活节奏加快和兴趣转移,参与和传承的动力有所减弱。目前北京石景山区掌握着大量永定河传说的传承人年事已高,如不抓紧记述整理,流传久远的永定河民间传说很可能在现代娱乐文化的冲击下渐趋式微,最终随着讲述人的逝去而消失殆尽③。

---

① 吴洪珍.技术时代非物质文化遗产风险问题及保护意义的思考[J].青藏高原论坛,2021,9(4):38-44.
② 杨金凤.永定河传说[M].北京:北京美术摄影出版社,2014:10.
③ 中国非物质文化遗产网.国家级非物质文化遗产代表性项目名录:永定河传说[EB/OL]. https://www.ihchina.cn/art/detail/id/12247.html.[访问时间:2024-11-24].

尽管在北京市委宣传部、组织部,石景山区文化委员会等的努力下,2008年永定河传说被列入第二批国家级非遗名录①,2014年《永定河传说》作为《非物质文化遗产丛书》的一册整理出版(见图3-3-9),但其后继乏人的情况没有得到根本性改变。一方面,全社会对永定河传说的非遗内涵和价值的认知不深入,尚未形成要加强非遗保护的普遍主观意识;另一方面,技术时代带来的流行文化冲击和快餐文化的盛行,使青少年传统文化素养缺失、文化认同感下降,对非遗漠视甚至陌生。

图3-3-9　永定河传说相关书籍

(资料来源:读秀.永定河传说[EB/OL]. https://book.duxiu.com/search?Field=all&channel=search&sw=%E6%B0%B8%E5%AE%9A%E6%B2%B3%E4%BC%A0%E8%AF%B4&edtype=&searchtype=&view=0&ecode=utf-8.[访问时间:2024-11-24].)

3. 面临的其他危机

除现代化冲击和传承后继无人之外,永定河传说还面临着其他方面的危机。例如,其表现形式较为单一,主要依赖口述传播,难以满足现代受众对多元化和互动化传播形式的需求,同时缺乏通过影视、数字媒体等创新途径进行表达的能力。

随着人口流动的加剧,永定河传说赖以深耕的地方社区逐渐分散,稳定的听众基础随之瓦解,传统受众的减少进一步缩小了其传播范围。此外,外来文化的冲击与快速消费文化的盛行显著削弱了永定河传说在大众文化中的地位,使其逐步被边缘化。地理环境的变化和自然景观的改造也带来了不容忽视的影响。永定河传说赖以依存的生态与文化环境正在消失,其历史记忆和文化意象逐渐变得抽象化,面临被遗忘的风险。

---

① 中华人民共和国中央人民政府.国务院关于公布第二批国家级非物质文化遗产名录和第一批国家级非物质文化遗产扩展项目名录的通知[EB/OL]. https://www.gov.cn/zwgk/2008-06/14/content_1016331.htm.[访问时间:2024-11-24].

（二）数字技术激发创作活力

在数字化时代，永定河传说正面临不小的挑战。作为我国非遗的重要代表之一，永定河传说以其独特的艺术价值和深厚的文化内涵广受喜爱。然而，随着现代工业化生产方式的普及和大众审美的变化，这种民间文学类非遗的传承与发展日益困难，甚至濒临失传。在这种情况下，民间文学类非遗的传承应该积极拥抱数字化浪潮，通过多种创新手段，重新在现代社会焕发出新的生机。

1. 数字 AIGC 实现文学故事可视化

一幅图胜过千言万语，图像在信息传递中具有重要作用。人类的大脑天生善于处理视觉信息。相较于文字，图片能够更快、更直观地传递复杂的信息。尤其是在需要表达复杂情感、抽象概念或细节丰富的场景时，图片比文字更具表现力。例如，一幅高质量的图片能够瞬间呈现需要数百字才能描述的景象，使观众感同身受。正因为如此，图像成为现代信息传播和交流中不可或缺的一部分。此外，图片不仅是信息的载体，更是一种表达思想、传递感情的媒介。研究表明，人类对图像的记忆和理解比文字更加深刻和持久。这种特性使得图像成为一种跨文化、跨语言的通用交流工具。无论是象形文字，还是如今风靡全球的表情符号，都是对这一特点的印证。

鉴于图片在信息表达中的重要性，在当今的数字时代，新质生产力激发下的科学家们致力于创造能够有效、快速地将文字转化为图像的技术。这一任务被称为文本到图像生成（text-to-image generation，T2I）。文本到图像生成的目标是从自然语言描述中，生成与之相匹配的高质量图像。这个任务不仅需要模型能够理解文字中的语义，还需要模型具备将这些语义转化为视觉元素的能力，比如在色彩、形状、结构和空间关系上进行理解和设计。举例来说，给定一句文本描述"晴天，一只蓝色的鸟站在开满鲜花的树枝上"，文本到图像系统需要能够解析出以下关键信息：主体，蓝色的鸟；环境，开满鲜花的树枝；背景，晴朗的天空。然后，系统需要整合这些信息，使鸟的外观、花的细节、天空的光线等视觉元素协调起来，最终生成一幅逼真的图像。这样的技术不仅需要自然语言处理和计算机视觉的交叉融合，还需要强大的生成能力和创意表现。

近年来，深度学习的飞速发展为文本到图像生成任务提供了强大的技术支持。特别是生成对抗网络和扩散模型（diffusion models）的出现，为高质量图像生成提供了全新思路。通过这些模型，T2I 技术取得了令人瞩目的进展（见图 3-3-10）。

生成对抗网络由生成器和判别器组成，通过二者的对抗训练，生成器逐步学会生成真实感极强的图像。生成对抗网络在早期的文本到图像任务中发挥了重要作用。扩散模型是一种近年来崭露头角的生成方法，它通过逐步去噪的过程生成高分辨率图像。这种方法比传统生成对抗网络更加稳定，生成的图像细节也更丰富。知名的文本到图像生成工具，如 DALL·E 2 和稳定扩散模型 Stable Diffusion，都利用了这一技术。OpenAI 的 CLIP 模型则通过联合训练文字和图像，使得其能够在多模态领域表现出色。结合 CLIP

中世纪的老国王，RPG角色，炉石传说，奇幻，优雅，高度细节化，数字绘画，概念艺术，哑光，清晰焦点，插图，全局光照

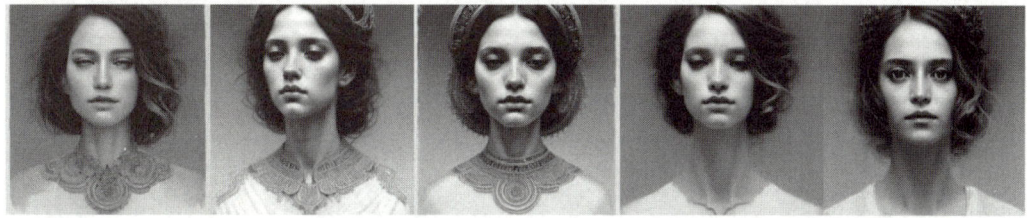
史诗级绘画肖像摄影，穿着白色丝质衬衫的美丽女神，金色光晕背景，素描，精致，对称正面视角

湖边的小红色木屋，门廊上的灯笼，烟囱冒出的烟雾，黄昏，桦树

图 3-3-10　数字技术促进文生图创作

（资料来源：Xu J，Liu X，Wu Y，et al. Imagereward：Learning and Evaluating Human Preferences for Text-to-Image Generation[J]. Advances in Neural Information Processing Systems，2024(36)：15903-15935.）

的能力，文本到图像生成系统能够更准确地理解和匹配文字描述的语义，多模态模型也逐渐兴起。

除了生成单一图像，更新的工作在研究如何为一段故事生成一组图（图文交错生成）。最初的 StoryGAN 使用经过训练的条件生成对抗网络，用于生成与故事的文本描述相对应的视觉序列。StoryDALL-E 提出了预训练的文本到图片转换器的适应性，以生成视觉序列来延续给定的基于文本的故事，引入了故事延续的新任务。特韦尔（Tewel）等人按照文本到图片生成的模式，根据提供的字幕生成一致的图片。由于输入的复杂性和输出的高要求，多张连续图片的故事生成面临更大的挑战（见图 3-3-11）。

2. 数字 AIGC 促进民间文学类非遗的创作与传承

"数智结合"的双路径创新模式体现了技术与艺术的深度协同。一方面，AIGC 技术通过自动化手段解放了创作者的生产力，使团队能够将更多精力投入高层次的创意设计和艺术加工；另一方面，由专业的非遗传承人为作品注入了人性化的温度和情感，使其更加符合观众的审美期待和情感需求。技术路径主要包括：基于大语言模型的故事分镜改

图 3-3-11　数字技术促进图文交错创作

（资料来源：Yang S，Ge Y，Li Y，et al. Seed-Story：Multimodal Long Story Generation with Large Language Model[J]. Computer Science，arXiv：2407.08683，2024.）

写、基于文本到图像生成的故事分镜对应画面绘制，以及图、文交叉生成等。依托深度学习和神经网络的最新技术进展，现有方法能够深入理解文本的语义内涵，并生成高质量的图像和视频内容。通过解析文本描述中的细节和语境，可以将复杂的文字信息转化为精准的视觉表现，大幅提升文本内容的表达能力。这种技术不仅极大地提高了文化创作的效率，还使艺术家和创作者能够以更加多样化的形式呈现他们的创意。同时，生成高质量素材生成能力也有助于增强文化叙事的感染力和表现力，让观众以更直观的方式感受丰富的文化内涵。这些技术为艺术与科技的融合提供了无限可能，推动了文化表达方式的深度革新。以广为流传的《河档档河的传说》（见图3-3-12）为例，本项目进行结合人工智能的艺术创作模拟。

图 3-3-12 "河档档河"雕像

(资料来源:搜狐.永定河传说-河档档河(惊蛰)[EB/OL].https://www.sohu.com/a/454127040_736727.[访问时间:2024-11-24].)

首先,为大型语言模型(large language model,LLM)输入提示词,其中包括剧本分镜的相关知识,以及分镜的输出结构,如图 3-3-13 所示。

> 假如你是一个剧本分镜作家,我将给你一段故事,请你将它分成合适的故事片段,其中每个片段的内容可以由一张图像进行描述。分镜输出格式为,分镜序列号,分镜内容的列表

好的,请将故事提供给我,我会按照适合的场景分解并用分镜序列描述每个片段的内容!

图 3-3-13 为大模型输入提示词

LLM 回复如图 3-3-14 所示。

接着,基于分镜内容和 Stable Diffusion 文生图平台,为每段分镜生成绘画内容(见图 3-3-15)。

分析初步结果可以看出,虽然基于单一文生图技术可以实现基本内容的呈现,但是缺乏细节的展示。同时,多图之间的人物视觉形象不统一。

在和非遗传承人讨论之后,修改故事分镜,确定不同人物的基本视觉要素、视觉风格,并且减少分镜之间人物的二次出现。修改后故事如图 3-3-16 所示。

分镜序列：

1. **分镜1**
   内容：刘瑾站在皇宫内，面露狡黠之色，小绿豆眼闪烁，心中盘算着利用永定河淹没皇宫的阴谋。

2. **分镜2**
   内容：旱灾场景，北京田地龟裂，村民和动物在酷暑中挣扎，狗伸着舌头喘息，渲染环境的极度干旱。

3. **分镜3**
   内容：刘瑾带着大军来到永定河边，他站在山顶天主宫，远眺士兵们挖掘河堤，一脸得意。

4. **分镜4**
   内容：士兵挖出长约20丈的缺口，刘瑾在暴雨中兴奋地挥拳，河水从上游涌来。

5. **分镜5**
   内容：第二天清晨，士兵们惊讶地发现，昨晚挖出的缺口被完美填平，刘瑾愤怒地挥手下令重新挖掘。

6. **分镜6**
   内容：夜晚，永定河中心升起白光，两个光芒四射、天真无邪的娃娃出现在水中，荷叶在手中变成巨大的铁铲。

7. **分镜7**
   内容：两个娃娃挥舞铁铲，宛如蛟龙与猛虎，将士兵们挖出的缺口快速填平。

8. **分镜8**
   内容：四员大将畏惧地望着娃娃的神力，其中一人颤抖着举起九节钢鞭质问，娃娃轻松回应自己的名字。

9. **分镜9**
   内容：刘瑾怒气冲冲地站在河堤边，身后护卫围成一圈，周围火光闪烁，200名弓箭手严阵以待。

10. **分镜10**
    内容：两娃娃再次从水中升起，手持荷叶变成的铁铲，笑眯眯地填堤口，刘瑾紧握斩妖剑站立观察。

11. **分镜11**
    内容：娃娃用铁铲击断刘瑾的斩妖剑，火花飞溅，八员大将围攻娃娃却被轻松击退，兵器纷纷折断。

12. **分镜12**
    内容：刘瑾仓皇逃跑，两个娃娃挥动铁铲甩土，将刘瑾掩埋在联峰山中，形成双峰景象。

13. **分镜13**
    内容：两个娃娃站在河堤上，把铁铲变回荷叶，跳上荷叶飘向上游，背景中传来他们的悠扬歌声。

图 3-3-14　大模型生成结果

1 刘瑾站在皇宫内，面露狡黠之色，小绿豆眼闪烁，心中盘算着利用永定河淹没皇宫的阴谋

2 北京田地龟裂，村民和动物在酷暑中挣扎，狗伸着舌头喘息，渲染环境的极度干旱

3 刘瑾带着大军来到永定河边，他站在山顶，远眺士兵们挖掘河堤，一脸得意

4 士兵挖出长约20丈的缺口，刘瑾在暴雨中兴奋地挥拳，河水从上游涌来

5 夜晚，永定河中心升起白光，两个光芒四射、天真无邪的娃娃出现在水中，荷叶在手中变成巨大的铁铲

6 两个娃娃挥舞铁铲，宛如蛟龙与猛虎，将士兵们挖出的缺口快速填平

7 刘瑾怒气冲冲地站在河堤边，身后护卫围成一圈，周围火光闪烁，200名弓箭手严阵以待

8 两娃娃再次从水中升起，手持荷叶变成的铁铲，笑眯眯地填堤口，刘瑾紧握斩妖剑站立观察

图 3-3-15　分镜对应文生图内容

（资料来源：Amazon Web Service[EB/OL]. https://aws.amazon.com/cn/campaigns/stable-diffusion. [访问时间：2024-11-24].）

1 刘瑾站在皇宫内，心中盘算着利用永定河淹没皇宫的阴谋

2 此时田地龟裂，村民和动物在酷暑中挣扎，狗伸着舌头喘息

3 刘瑾带着大军来到永定河边。士兵们挖掘河堤，挖出长约20丈的缺口，大家在暴雨中兴奋地挥拳，河水从上游涌来

4 夜晚，两个天真无邪的娃娃出现在水中，挥舞铁铲，宛如蛟龙与猛虎，将士兵们挖出的缺口快速填平

5 刘瑾怒气冲冲地站在河堤边，身后护卫围成一圈，周围火光闪烁，200名弓箭手严阵以待

6 两娃娃再次从水中升起，手持荷叶变成的铁铲，笑眯眯地填堤口，刘瑾紧握斩妖剑站立观察

图 3-3-16　修改后分镜对应文生图内容

（资料来源：Amazon Web Service[EB/OL]. https://aws.amazon.com/cn/campaigns/stable-diffusion. [访问时间：2024-11-24].）

三、分析点评：数字化浪潮与非遗保护的新路径

AIGC的快速崛起正在为非遗保护和传播注入全新的活力。AIGC依托深度学习、神经网络等核心算法，在文本生成、图像生成和语音合成等领域取得了显著进展。同时随着大语言模型的发展，通过不同的提示词，模型能够从非遗文本中提取关键信息，再结合生成技术，就可以自动生成与之匹配的故事、图像或视频，从而为传统文化注入现代创意。例如，通过分析民间传说的文本描述，AIGC可以生成虚拟角色和场景，再现这些故事的

视觉意象,让观众得以身临其境地感受文化魅力。

(一)新质技术的应用

自然语言处理技术使 AIGC 能够理解和复现复杂的非遗文本内容。例如,在民间文学类非遗中,许多经典故事因语言晦涩或表达方式古老而难以为现代人接受。借助大语言模型,这些文本得以被重新解构,基于用户个性化定制的任务用易于理解的现代语言呈现出来。此外,AIGC 能够自动翻译不同语言的非遗故事并匹配相应的语境,使文化传播不再受限于语言障碍。

计算机视觉技术通过图像生成和风格迁移,帮助非遗文化实现视觉化传播。例如,通过 StyleGAN 模型,传统服饰和刺绣图案能够被高精度还原,并成为现代时尚设计的灵感来源。这种技术让传统文化的精髓与当代设计潮流结合,成功吸引了更多年轻人的注意。

(二)打破传播边界的文化创新

传统媒介的局限性曾一度成为非遗传播的障碍,如表演艺术只能在特定场合呈现,口述文学难以记录和再现。然而,AIGC 技术的引入彻底改变了这一局面。通过虚拟主播和 AI 驱动的短视频平台,非遗文化的传播不再受限于时间和空间。例如,在抖音和哔哩哔哩等平台上,许多非遗内容以短视频形式呈现,其中的叙事风格和视觉效果由 AI 辅助生成,使得内容更加生动、贴近年轻一代。

这一全新传播方式还催生了文化消费的新模式。例如,加入通过 AI 生成的文案,许多手工艺产品被重新设计并投放到国际市场,极大地提升了产品的文化附加值。消费者购买商品后,能通过扫描二维码观看产品背后的故事,从而深度了解其文化背景。这种形式让非遗产品从单一的观赏品转变为具有故事性和互动性的文化体验品。

(三)展望与未来方向

尽管 AIGC 技术在非遗保护和传播方面取得了突破性进展,但其发展也面临着挑战。例如,如何在生成内容中保持文化真实性、避免对原始非遗的误读,是研究者需要解决的核心问题。此外,非遗的数字化资源如何在全球范围内实现公平共享,如何通过技术手段增强非遗的生命力,也是未来的重要研究方向。未来,随着技术的进一步迭代,AIGC 技术有望在非遗领域实现更加多元化的应用。例如,通过结合生物识别技术和区块链,非遗传承人可以记录自己的独特技艺流程并保护其知识产权。此外,AI 还可以帮助传统文化设计全新的互动游戏或教育内容,从而吸引更多年轻人参与。在数字化浪潮与 AIGC 技术的共同驱动下,非遗保护与传承正进入一个全新的黄金时代。通过技术赋能,这些承载着人类历史与记忆的文化瑰宝,能够更加鲜活地融入现代生活,为世界提供多元文化交流与共享的可能性。这不仅是非遗的复兴之路,也是文化创新的未来方向。

第四节 孝义皮影：虚实技术激发皮影工艺新生

孝义皮影戏堪称中国古老传统艺术中的璀璨瑰宝，其历史之悠久、文化底蕴之深厚，使之成为非遗中不可或缺的重要代表。这门艺术不仅承载着中华民族漫长而丰富的历史文化记忆，还凝聚着世代匠人的艺术智慧与非凡创造力。然而，随着时代的车轮滚滚向前，社会文化的风貌亦随之更迭，孝义皮影戏这一古老艺术形式也不免遭遇前所未有的传承与发展困境。观众群体的日渐缩减、传统技艺的濒临失传，以及现代化娱乐方式的猛烈冲击，共同为孝义皮影戏的未来笼上了一层厚重的迷雾。但值得庆幸的是，虚拟现实等数字技术的兴起为孝义皮影戏的保护与传承开辟了一条全新的路径。借助这些高科技手段，孝义皮影戏的制作工艺得以被精细记录，人物造型与光影效果得以被生动再现，从而使得这一古老技艺在新时代的浪潮中重新焕发出勃勃生机。

本节将深入剖析孝义皮影戏的历史脉络与艺术特色，细致描绘其制作工艺的繁复精妙、表演风格的独特韵味以及剧目内容的丰富多彩。与此同时，还将着重探讨数字化保护策略在孝义皮影戏传承与创新中的具体应用，特别是虚拟现实技术如何以其独特的优势，为皮影工艺的创新应用提供强有力的技术支撑与无限可能。

一、孝义皮影的历史沿革与文化价值

（一）孝义皮影戏概览

孝义皮影戏是中国戏曲艺术中一朵独放的平面造型瑰宝，它承载着悠久的历史传承与鲜明的民族特色。皮影起源可追溯至遥远的战国时期，最初以羊皮精心雕琢而成，皮影体高约58~60厘米，雅号"二尺影"。岁月流转，至清代，皮影尺寸缩减至42~48厘米，俗称"五尺影"[①]，材质也转为韧性更强、易于雕镂且耐用透明的三岁牛皮。经过色彩的巧妙渲染，这些皮影更添几分艺术韵味，不仅深受民众喜爱，更成为收藏家眼中的珍宝。

孝义皮影的造型独具匠心，风格粗犷中不失细腻，夸张里蕴含韵味，线条遒劲有力，充分展现了民间艺术的独特美学。皮影戏，这一以兽皮或纸板剪刻形象，借灯光映照演绎故事的戏曲形式，在孝义市广为流传，因而得名孝义皮影戏。其兴盛可追溯至北宋初年，并逐渐分化为皮腔纸窗影戏与碗碗腔纱窗影戏两大流派，共同构筑了孝义皮影戏的丰富内涵。孝义皮影戏的表演形式别具一格，以麻纸精心糊制的纸窗为幕，悬吊麻油灯于纸窗之后，映照皮影，因而也被形象地称为"灯影儿"或"纸窗子"。纸窗的糊制工艺极为考究，需要经过裁纸、毛边处理、对口、粘贴、平整等精细工序，确保纸窗平整无瑕，为皮影戏的演出营造出绝佳的视觉效果。

---

① 此"五尺影"中的"五尺"并非实际高度，而是沿用了历史命名习惯，故称"五尺影"。

山西孝义,这座自古被誉为"皮影之乡"的城市,班社林立,艺人辈出(见图3-4-1)。皮影戏剧目繁多,题材广泛,内容丰富,既具有极高的艺术价值,又蕴含着深厚的历史文化内涵。2006年5月20日,孝义皮影戏凭借其独特的艺术魅力与深厚的文化底蕴,荣登第一批国家级非遗名录,成为中国戏曲艺术中一颗璀璨的明珠。时至今日,孝义皮影戏在国内外仍屡获嘉奖,影响甚巨。

图 3-4-1 皮影图谱

(资料来源:【光影故事】走进孝义市皮影木偶艺术博物馆[EB/OL]. http://www.xiaoyi.gov.cn/xwzx/ywtj/202308/t20230821_1785918.shtml.[访问时间 2024-12-15].)

(二)孝义皮影戏起源与发展

皮影戏,相传由孔子弟子卜子夏等人在传播儒家学说时所创,历经 2 400 余年的沉淀与洗礼,逐渐形成了皮腔纸窗影戏与碗碗腔纱窗影戏两大独具特色的流派。皮腔纸窗影戏以牛皮或驴皮雕镂人物、动物形象,结合孝义方言与独特唱腔,展现出浓郁的地方风情,其历史可追溯至明嘉靖年间,班社众多,剧目丰富,至民国初年仍盛极一时。碗碗腔纱窗影戏则源自陕西关中,清嘉庆时期传入孝义,以铜铃伴奏、纱窗显影为特色,唱腔韵味悠长,剧目多反映现实生活,深受观众喜爱。光绪年间,碗碗腔纱窗影戏在孝义迅速崛起,至民国时期达到空前繁荣,班社林立,名角辈出,流传甚广。后来于1984年在孝义当地成立了皮影木偶艺术博物馆。走进孝义市皮影木偶艺术博物馆,走近一个个戏台,走近一张张皮影,便能感受到孝义人的浓浓基因文化(见图3-4-2)。

随着社会的动荡与新兴媒体的冲击,孝义皮影戏逐渐失去了往日的市场与观众,走向衰落。新中国成立后,虽然外部环境有所改善,但皮影戏仍难以挽回颓势。直至2006年,孝义皮影戏入选国家级非遗名录,才迎来了新的发展机遇。当地政府与皮影爱好者携手努力,致力于皮影戏的保护与传承。如今,孝义皮影戏作为中华文化的瑰宝,正以一种全新的姿态,焕发着勃勃生机与活力,期待着在未来的舞台上继续绽放光彩。

(三)孝义皮影戏保护现状与传承挑战

孝义皮影戏,这一承载着丰富历史文化的艺术瑰宝,在历经风雨沧桑后,面临着现代

第三章 | 留存保护与非物质文化遗产数字传播

图 3-4-2　孝义市皮影木偶艺术博物馆

（资料来源：【光影故事】走进孝义市皮影木偶艺术博物馆[EB/OL]. http://www.xiaoyi.gov.cn/xwzx/ywtj/202308/t20230821_1785918.shtml.[访问时间：2024-12-15].）

化进程的严峻挑战。20世纪的动荡岁月让许多班社烟消云散，艺人们流离失所，皮影戏的传承之路布满了荆棘与坎坷。随着时间的推移，科技的日新月异与娱乐方式的多样化使得传统皮影戏的观众群体日渐萎缩，曾经的辉煌似乎成为遥远的记忆。

近年来，政府与社会各界的鼎力支持为皮影戏的传承注入了新的活力。在资金扶持、人才培养、剧目创新等多方面的共同努力下，孝义皮影戏不仅在国内抖音（见图3-4-3）、哔哩哔哩等热门网络平台上大放异彩，吸引了大量年轻观众的关注与喜爱，甚至登上了中央电视台的舞台（见图3-4-4），向全国观众展示了其独特的艺术魅力。更令人欣喜的是，孝义皮影戏在国际上也逐渐崭露头角，YouTube上相关视频的播放量已突破百万大关（见图3-4-5），让世界各地的观众都有机会领略到这一中国传统艺术的独特韵味与魅力。

图 3-4-3　孝义皮影戏亮相抖音

图 3-4-4　孝义皮影戏亮相中央电视台科教道

（资料来源：孝义皮影戏，国家级非遗孝义皮影戏现代版[EB/OL]. https://www.douyin.com/video/7335953572527443219.[访问时间：2024-11-05]；CCTV10 探索发现，匠人·匠心[EB/OL]. https://tv.cctv.com/2023/08/03/VIDERu3iECmKEOjfrLojliHg230803.shtml.[访问时间：2024-11-08].）

这些平台的广泛传播与推广让孝义皮影戏不仅在国内重新焕发生机与活力，更在国际舞台上赢得了赞誉与认可。如今，孝义皮影戏正以一种全新的姿态与风貌，跨越时空的

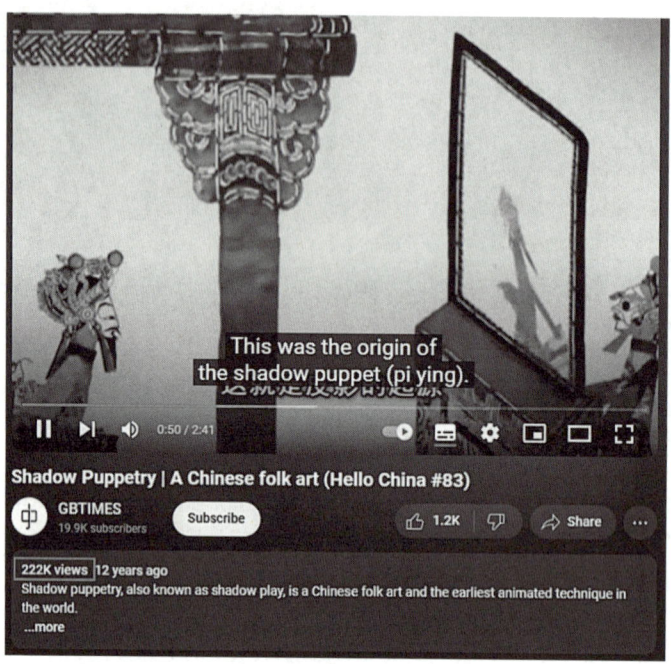

图 3-4-5　中国皮影戏在国际视频网站上

（资料来源：GBTIMES，ShadowPuppetry | A Chinese folk art（Hello China ＃83）[EB/OL].https://www.youtube.com/watch?v=6C6m3aKjzLk.[访问时间 2024-11-09].）

界限与文化的壁垒,继续在文化的长河中熠熠生辉、绽放光彩,向着更加广阔与美好的未来迈进。

（四）孝义皮影戏的艺术价值

孝义皮影戏以其独特的艺术风格与魅力,在造型、音乐、表演等多个方面均展现出非凡的才华与韵味。

1. 孝义皮影的制作

皮影制作工艺复杂,是其遭遇传承发展困境以及渐渐消失的原因。而后文将着重讨论的虚拟现实技术,正是解决皮影在此方面困境的关键点。在皮影制作上,匠人们精选上乘的牛皮或驴皮作为原料,经过流水浸泡 3~5 天,才能刮去皮上的浮毛(见图 3-4-6)。去尽浮毛后,再将其用力绑到架子上,拉展绷紧,等待阴干。过一个多月,牛皮或驴皮将呈半透明的样子①。皮影将会经过精心的雕刻与彩绘,使得其线条粗犷而富有力量感,造型简洁而夸张有趣,色彩鲜明且层次丰富。

特别是皮腔纸窗影戏中的人物头饰与服饰设计,更是匠心独运、巧夺天工,巧妙地揭示了角色的性格与身份特征。随着流派的演变与发展,碗碗腔纱窗影戏在雕刻艺术上更是达

---

① 你可能不知道两千多年前的皮影戏,竟然可以如此精彩[EB/OL]. https://v.douyin.com/iUkpn4DC/cAT:/M@w.sR.[访问时间：2024-12-15].

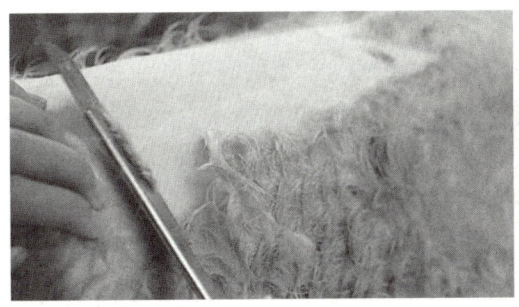

图 3-4-6　皮影的制作原料

（资料来源：你可能不知道两千多年前的皮影戏，竟然可以如此精彩［EB/OL］. https://v. douyin. com/iUkpn4DC/cAT：/M@w. sR.［访问时间：2024-12-15］.）

到了新的高度。匠人们以精湛的技艺将人物形象刻画得栩栩如生、惟妙惟肖，这些精致的雕刻不仅提升了皮影的观赏价值与艺术品位，更彰显了孝义皮影戏的地域特色与独特审美风格。

2. 孝义皮影音乐与唱腔

音乐与唱腔是孝义皮影戏艺术魅力的核心所在。孝义皮影唱腔并不单一。其一为皮腔纸窗影戏。孝义皮腔纸窗影戏亦称"孝义皮腔纸影戏"，是流传在孝义民间的一种说唱艺术。"皮腔"因其为"皮腔专用腔调"而得名，"纸窗"因孝义皮影戏亮窗为白麻纸而得名。皮腔纸窗影人造型高大粗犷，唱腔以皮腔为调，风格独特，为孝义所独有。皮腔音乐简洁明快、节奏鲜明，如《封神榜》等大套戏中，乐器的巧妙搭配与唱腔的灵活转换相得益彰，将战斗场面的紧张激烈与人物情感的跌宕起伏展现得淋漓尽致。其二为碗碗腔纱窗影戏。与皮腔不同，碗碗腔以其婉转悠扬、韵味悠长的特点著称，如《白洋河》等剧目中，特殊的唱法与深情的演绎深刻揭示了角色的内心痛苦与挣扎，使观众为之动容、感同身受。碗碗腔在晋中有"月调""影调""纱影调"等叫法，因其以纱为窗借光亮影，故称之纱影戏①。在表演上，艺人们更是炉火纯青、技艺高超。他们灵巧的手指如同魔法般操控着皮影，在光影交错间赋予它们生命与灵魂。如《孙悟空大战柳树精》等剧目中，艺人们通过精湛的操控技巧与生动的表演风格，将孙悟空的神通广大与机智勇敢展现得淋漓尽致，让观众在视觉与听觉的双重盛宴中感受到孝义皮影戏的独特魅力与无限可能。

3. 孝义皮影的剧目

孝义皮影戏剧目丰富多样、题材广泛深刻。皮腔纸窗影戏以《封神榜》等神话传说为精髓，故事情节紧凑有趣，角色塑造鲜明生动，情节设置巧妙合理，展现出高超的艺术水准与深厚的文化底蕴。碗碗腔纱窗影戏则融合了其他剧种的元素与特色，剧目内容贴近民众生活、反映社会现实，蕴含深刻文化内涵与人文关怀。从《西厢记》的缠绵悱恻到《白蛇传》的跨越种族之恋，从《白毛女》的悲惨遭遇到《猪八戒背媳妇》的轻松幽默，每一个剧目

---

① 【光影故事】走进孝义市皮影木偶艺术博物馆［EB/OL］. http://www. xiaoyi. gov. cn/xwzx/ywtj/202308/t20230821_1785918. shtml.［访问时间：2024-12-15］.

都以其独特的魅力与深刻的内涵触动着观众的心弦与情感。特别是《白毛女》这一剧目，不仅反映了社会的黑暗与人民的苦难，更激发了观众对正义与自由的渴望与追求，其深刻的社会意义与人文关怀使得它在观众心中留下了难以磨灭的印记与影响。

二、案例综述：VR技术助力孝义皮影戏数字化保护

随着现代化步伐的加速推进，孝义皮影戏这一承载着深厚历史底蕴与文化内涵的民间艺术形式，正面临着逐渐消逝的危机。其制作工艺复杂烦琐，传承模式单一固化，加之新兴娱乐方式的猛烈冲击，使得孝义皮影戏的生存空间愈发狭窄，传承之路荆棘密布。然而，VR等数字技术蓬勃兴起，为孝义皮影戏的保护与传承带来了前所未有的新机遇，使其在现代化浪潮中重新焕发出了勃勃生机。

（一）传统孝义皮影戏传承的困境与需求

孝义皮影戏，这门源远流长的传统艺术凭借其独特的影人造型、光影变幻的奇妙效果以及戏曲演唱的悠扬旋律，曾深深吸引无数观众的目光，成为他们心中的文化瑰宝。然而在现代化的洪流中，孝义皮影戏却遭遇了一系列严峻的传承困境。

1. 严重的传承人"断层"危机

"非遗面临最大的困境是缺乏人才，近年来，为了非遗人才得以延续，从幼儿园、小学、初中到高中、大学，孝义开展了7个非遗项目进校园。"孝义碗碗腔剧团团长郭纹铭说。[①]

许多老一辈的皮影艺人已步入暮年，而年轻一代却对这门艺术缺乏足够的认知和热情。孝义皮影戏的学习需要长时间的磨炼和深厚的艺术积淀，且收入并不稳定，这使得许多年轻人望而却步，不愿投身这一行业，从而导致孝义皮影戏技艺的传承链出现了明显的断裂。因此，让非遗技艺火起来，还要重点解决人才断档问题。VR技术正是解决该问题的创新突破口。在当今大数据时代，越来越多的青少年对与大数据相关的领域感兴趣，而VR与传统文化皮影戏的结合定能使皮影戏的传承发展之道迎来新鲜血液与力量（见图3-4-7）。

2. 审美观念的新现代冲击

传统的孝义皮影戏影人造型和表演形式虽然蕴含着浓郁的历史和文化气息，但在现代审美观念的冲击下，却显得有些陈旧和过时。现代观众更倾向于追求新颖、时尚、富有现代感的艺术形式，而孝义皮影戏的传统元素则难以激发他们的兴趣和共鸣。

3. 戏曲元素的被边缘化风险

在许多皮影戏中，戏曲演唱是不可或缺的重要组成部分。然而，随着现代流行音乐和影视文化的蓬勃发展，传统戏曲的受众群体正在逐渐缩小，年轻一代对戏曲的关注和喜爱

[①] 【深度透视】一口道出千古事 双手舞好非遗戏——从孝义皮影木偶创新性发展看非遗保护与传承[EB/OL]. http://www.xiaoyi.gov.cn/xwzx/ywtj/202307/t20230707_1774856.shtml.[访问时间：2024-12-15].

第三章 | 留存保护与非物质文化遗产数字传播

图 3-4-7　送戏下乡中，皮影戏传承人正为群众精彩表演

（资料来源：【深度透视】一口道出千古事 双手舞好非遗戏——从孝义皮影木偶创新性发展看非遗保护与传承[EB/OL]. http://www.xiaoyi.gov.cn/xwzx/ywtj/202307/t20230707_1774856.shtml. [访问时间：2024-12-15].）

程度也在不断下降。孝义皮影戏中常用的戏曲剧种也面临着观众老龄化、传播渠道受限等严峻问题，这使得孝义皮影戏在年轻观众中的传播效果大打折扣。

4. 数字时代传统传播的局限

孝义皮影戏在传播方式和受众范围上同样面临着巨大挑战。传统的皮影戏演出往往依赖庙会、集市等特定场合，受众群体相对固定且有限。现代社会的娱乐方式层出不穷，电视、网络、手机等新媒体兴起，使得人们可以随时随地获取各种娱乐信息，这无疑对皮影戏的传播造成了巨大的冲击和挑战。

面对这些具体而严峻的传承困境，加强数字化保护成为拯救孝义皮影戏于危难之际的迫切需求。《中共中央关于进一步全面深化改革 推进中国式现代化的决定》提出："探索文化和科技融合的有效机制，加快发展新型文化业态。"深入学习贯彻习近平文化思想，以数字技术赋能中华优秀传统文化"两创"，在数字空间实现文化传承与发展，对于坚定文化自信、建设文化强国具有重要意义[①]。通过数字化技术，可以对孝义皮影戏的精湛技艺、独特文化内涵和经典剧目进行记录、保存和传播。数字化手段不仅可以打破时间和空间的限制，让更多人有机会接触到孝义皮影戏，还可以通过创新的表现形式和传播方式，吸引年轻观众的注意力，激发他们对孝义皮影戏的兴趣和热爱。因此，积极探索数字化保护等创新手段，对于孝义皮影戏的传承与发展具有至关重要的意义和价值。

（二）VR 技术传播孝义皮影文化的突出优势

VR 技术以其丰富多样的表现形式和沉浸式的体验感受，给孝义皮影文化的传播带

---

① 杨龙飞,孙映恒. 在数字空间实现文化传承与发展 以数字技术赋能中华优秀传统文化"两创"（有的放矢）[N]. 人民日报,2024-12-06(9).

来了前所未有的优势。它基于网络媒介的多样性特点，能够迅速吸引观众特别是年轻一代学习者的目光，满足他们对于新奇、互动内容的需求和渴望。网络传播的便捷性和结点网状的信息分享模式不仅极大地扩大了孝义皮影文化的受众群体，还显著提升了传播的广度和深度。在大数据时代的背景下，人工智能能够精准分析用户喜好，实现信息的有效推送和个性化定制，进一步增强了皮影文化在网络空间中的传播效果和影响力。

孝义皮影艺术文化的传承在开放、多元的互联网环境中也面临着一些新的挑战和问题，如自发创作信息的质量参差不齐、同类型竞品数量激增以及用户对非遗接收时长变短等。这些问题对孝义皮影文化的传承和发展构成了一定的阻碍和威胁。因此，提升数字化创作手段，特别是利用 VR 技术，成为解决这些问题的关键所在。

VR 技术在文化传播中的应用彻底颠覆了传统的单向传播模式，转而采用基于用户需求的设计理念。它强调用户操作体验和欣赏作品的即时现场感，让用户在虚拟的环境中身临其境地感受皮影艺术的魅力。在孝义皮影制作中，VR 的沉浸感让用户仿佛置身于孝义皮影世界，通过全方位的刺激和体验来感受孝义皮影制作的乐趣和魅力；感知性让用户能够真切地感知到皮影世界的"声、色、触、动"，从而产生强烈的思维共鸣和情感投射；交互性让用户能够在皮影世界中自由地跟随皮影观看、参与甚至创作故事情节；构想性则进一步拓展了用户的创造力和想象力，让他们可以亲身体验制作、表演、设计皮影故事，深入学习和了解孝义皮影手艺人、历史、故事创作等丰富内容。

孝义皮影艺术作为传统文化中的瑰宝之一，不仅具有深远的社会研究价值，还在数字化应用中展现出巨大的商业价值和潜力。VR 交互技术的加入使得孝义皮影文化的传播速度更快、传播效果更显著。相较于单方面获取信息的形式而言，VR 技术下的皮影文化创作能够让观众更加深入地体验和感受孝义皮影艺术的独特魅力和深厚底蕴。

（三）虚实融合下孝义皮影戏数字化创作实践

VR 技术，作为计算机仿真技术、图形学、人机交互等多种技术的融合体，为孝义皮影戏的数字化创作开启了一片崭新的天地。它构建了一个广阔无垠且即时的三维空间，使得用户一旦佩戴上 VR 设备，便能瞬间沉浸于皮影艺术的奇幻世界，仿佛亲身参与其中。传统的孝义皮影戏受限于实体道具、光线条件及固定视角，其表现力和观众体验均受到时空的严格限制。然而，VR 技术的引入让孝义皮影戏能够以第一人称视角、三维立体的形式呈现，实现了与观众的直接互动，极大地增强了文化的沉浸感和传承的深度。

孝义皮影戏，这一蕴含深厚文化底蕴的表演艺术形式，其道具的精美绝伦与制作工艺的繁复细腻，历来为人们所称颂。然而，孝义皮影的保存与传承却面临着诸多严峻挑战，如自然因素的侵蚀（风吹日晒、温湿度变化）导致的变形损坏，以及表演技巧学习的高门槛所带来的传承难题。在此背景下，数字媒体技术的应用显得尤为迫切和重要。不仅需要在皮影人物、唱腔、场景、道具的展示制作上形成独特的艺术体系，更需要依托跨学科团队的深入研究和探索，寻求孝义皮影戏与现代科技的完美融合之道。

VR 技术与孝义皮影戏的融合是传统文化与现代科技的一次完美邂逅，不仅为观众带来了前所未有的沉浸式体验,更为传统文化的传承与发展开辟了一条全新的道路。通过系统性研究和多元化实践,可以不断探索和创新非遗的数字化保护方式,让这些宝贵的文化遗产在数字时代绽放出更加璀璨的光芒。

(四) 孝义皮影戏数字化传承的未来发展

在互联网时代的大潮中,孝义皮影戏正积极探寻与现代科技融合的新路径,以期在数字浪潮中重新焕发生机与活力。VR技术作为数字化技术领域的璀璨明珠,无疑为孝义皮影戏的传承与创新提供了前所未有的广阔舞台和无限可能。

1. 提升VR技术发展

孝义皮影戏将持续加强VR技术的研发与创新力度,不断提升技术的成熟度与稳定性。这包括优化VR设备的性能,确保孝义皮影戏在VR环境中能够流畅、高清地展示,为观众提供极致的沉浸式体验。同时,还将积极探索并融入更多元化的交互方式,如手势识别、语音控制等,以进一步增强观众的参与感和互动性,使他们在虚拟世界中也能感受到孝义皮影戏的独特魅力。

2. 加强"VR+"皮影戏宣传

孝义皮影戏将积极寻求与影视、游戏、教育等领域的跨界合作与融合。运用数字技术,可以对中华优秀传统文化资源进行数字记录、数字还原、数字勘测、数字集成,形成信息化聚合、数字化管理,有利于提升文化可及性,促进文化交流与传播。借助数字化平台的统筹与整合能力,创新中华优秀传统文化的数字叙事表达,通过打造文学、艺术、影视、展览、游戏等各类数字文化产品,拓展中华优秀传统文化在数字空间的内容创新转化[①]。通过将孝义皮影戏元素巧妙地融入这些行业的产品与服务,可以拓宽孝义皮影戏传播渠道,扩大其受众群体。此外,还应建立资源共享平台,整合资金、技术、人才等优质资源,为VR孝义皮影戏的研发与推广提供坚实有力的支撑和保障。

3. 完善"VR+"皮影戏市场

在推动VR孝义皮影戏商业化进程方面,将逐步构建合理的市场机制,深入研究并制定适应VR孝义皮影戏发展的市场策略,如完善定价模型、分销渠道和营销策略,以确保VR孝义皮影戏能够顺利进入市场并实现经济效益与社会效益的双赢。同时,还应鼓励多元化市场主体积极参与VR孝义皮影戏的创作与推广,共同推动这一新兴艺术形式的繁荣发展。

4. 普及"VR+"皮影戏教育

在教育与培训方面,将加强对VR技术与孝义皮影戏结合人才的培养力度。通过设立相关课程、举办培训班等方式,提升从业人员的技术水平与艺术修养,使他们能够更好地理解和运用VR技术来传承和创新孝义皮影戏。同时,还应积极开展面向公众的VR

---

① 杨龙飞,孙昳恒.在数字空间实现文化传承与发展 以数字技术赋能中华优秀传统文化"两创"(有的放矢)[N].人民日报,2024-12-06(9).

孝义皮影戏体验活动，提高公众对这一新兴艺术形式的认知度和接受度，为VR孝义皮影戏的发展奠定坚实的群众基础。

5. 支持"VR+"皮影戏落地

孝义皮影戏将积极寻求政府与有关部门支持，希冀在研发与推广资金、税收等方面获得支持，以此降低企业运营成本，激发创新活力。同时，孝义皮影戏也会积极配合有关部门加强行业监管与规范建设，确保VR孝义皮影戏的健康有序发展，为这一新兴艺术形式的繁荣发展保驾护航。

已有的尝试已经初步展现了VR技术在孝义皮影戏传承与创新中的巨大潜力。通过数字化手段，孝义皮影戏得以跨越时空的限制，以沉浸式的体验方式吸引年轻观众，为传统艺术注入新的生命力和活力。同时，VR技术也促使研究者们从新的角度审视孝义皮影戏的本质与内涵，为传统艺术的当代解读提供了全新的视角和思路。然而，VR技术与孝义皮影戏的结合仍面临诸多挑战和难题，需要不断探索和实践，以找到最佳的融合方式和发展路径。

三、分析点评：VR技术赋能孝义皮影戏传承与创新

（一）肩负传承皮影戏时代使命

习近平总书记强调："着力赓续中华文脉、推动中华优秀传统文化创造性转化和创新性发展。"①当今青年一代是伴随着互联网成长起来的"数字原住民"，要进一步激发青年群体对传统文化的热情，使他们成为以数字技术赋能中华优秀传统文化内容创意、制作、营销的文化生产主体和文化产品消费主体，凝聚起传承和弘扬中华优秀传统文化的青春力量。VR技术对于孝义皮影戏的创新应用，正是顺应"科技+文化"的时代发展潮流，并让年轻人承担起在数字时代传承传统非遗的历史与文化使命。

（二）重塑皮影戏传承生态体系

在孝义皮影戏这一古老非遗的保护与传承中，VR技术以其独特的沉浸式体验和强大的交互性，正逐步重塑着皮影戏的传承生态，为其注入了新的活力。

一方面，VR技术通过高度还原皮影戏的表演环境，使观众能够身临其境地感受孝义皮影戏的魅力。在虚拟的戏台前，观众可以近距离观赏孝义皮影角色的细腻动作，聆听悠扬的唱腔，这种沉浸式的体验方式极大地提升了观众的参与度和代入感，让孝义皮影戏在数字化时代焕发了新的生机。另一方面，VR技术打破了孝义皮影戏传承的时空限制。传承人可以在VR平台上展示技艺、分享经验，而学习者则可以在任何时间、任何地点进行学习和实践。这种交互式的传承方式不仅拓宽了孝义皮影戏的传承渠道，还降低了学

---

① 杨艳秋. 赓续中华文脉推动转化发展[EB/OL]. http://theory.people.com.cn/n1/2024/0604/c40531_40249692.html.[访问时间：2024-12-15].

习门槛,为非遗的普及和传承提供了新的可能。

(三) 驱动传统皮影戏创新发展

在 VR 技术的助力下,孝义皮影戏的传统元素得以与现代科技、流行文化等多元元素融合创新。设计师可以利用 VR 技术进行创意设计和预览,探索孝义皮影戏在现代社会的新表达形式。这种创新不仅丰富了孝义皮影戏的艺术内涵,也为其未来的可持续发展开辟了更广阔的空间。此外,VR 技术的跨地域、跨文化特性为孝义皮影戏的文化传播提供了广阔的平台。通过 VR 展览、在线体验等方式,孝义皮影戏能够跨越物理空间的限制,向全球观众展示其独特魅力。这种无界传播的方式不仅促进了孝义皮影戏的文化交流,也提升了其在全球范围内的知名度和影响力。

(四) 深度融入皮影戏保护全流程

在孝义皮影戏数字化保护过程中,VR 技术已深度融入资料收集与整理、技艺传承与培训、戏曲展示与传播的全流程。

1. 资源收集与整理

在孝义皮影戏的资源收集与整理过程中,VR 技术发挥了重要作用。通过数字化记录和保存孝义皮影戏的演出剧目、技艺流程、纹样图案等珍贵资源,可以确保这些文化遗产不会因时间流逝而丢失。同时,VR 技术还为这些资源的展示提供了直观、生动的方式,便于后续的研究和传承。

2. 技艺传承与培训

VR 技术为孝义皮影戏的传承人与学习者打造了一个沉浸式的技艺传承与培训平台。在这个平台上,传承人可以通过 VR 技术展示技艺细节和表演技巧,而学习者则可以在虚拟环境中进行模仿和实践。这种沉浸式的学习方式不仅提高了学习效率,还增强了学习者的参与感和兴趣。

3. 戏曲展示与传播

在孝义皮影戏的展示与传播中,VR 技术为其增添了新的表现形式和传播渠道。通过 VR 技术,可以对皮影戏的表演过程、制作技艺以及背后的文化故事进行立体化的呈现,使观众能够更深入地了解和体验孝义皮影戏的独特魅力。同时,VR 技术还为孝义皮影戏的线上展览和演出提供了新的可能,拓宽了其受众范围和传播渠道。

综上所述,VR 技术在孝义皮影戏的保护与传承中发挥了至关重要的作用。通过重塑传承生态、驱动创新与发展以及深度融入保护全流程,VR 技术不仅为孝义皮影戏注入了新的活力,也在全球文化遗产保护中赢得了举足轻重的地位。展望未来,随着 VR 技术的不断发展和完善,相信孝义皮影戏这一古老非遗将在数字化时代绽放出更加绚丽的光彩,为中华文化的传承与发展贡献新的力量。

(赵凯星 张佳宇 牛源 胡书明 王娜 张秋韵 裴雅涵 曹若琛)

本章思考与讨论

1. 数智技术在手工艺类非遗项目保护和传播中的应用意义有哪些？
2. 在人机协作创作过程中，如何把人的认知与情感更好地融入绘画，创造出更优秀的作品？
3. 使用 AIGC 技术保护民间文学类非遗的优点和缺点分别是什么？
4. 非遗文化创意与数字技术的结合能否突破传统展示方式，吸引现代观众的注意力？为什么？

本章参考文献

[1] 杨金凤.永定河传说[M].北京：北京美术摄影出版社，2014.
[2] 孝义县地方志编撰委员会.孝义县志[M].北京：海潮出版社，1992.
[3] 侯丕烈.卜子夏在孝义[M].太原：山西古籍出版社，2006.
[4] 中国戏曲志编辑委员会.中国戏曲志·山西卷[M].北京：文化艺术出版社，1990.
[5] 汤君友.虚拟现实技术与应用[M].南京：东南大学出版社，2020.
[6] 张静静.徽州古建筑木雕的保护与传承探究——以卢村志诚堂花窗为例[J].美与时代（城市版），2023(3)：16-18.
[7] 陈述建.传统手工艺的数字化保护与传播——以东阳木雕为例[J].明日风尚，2018(7)：1.
[8] 王蓉.文化视域下的初中美术课程建构研究——以徽州木雕为例[J].美术教育研究，2021(13)：168-169.
[9] 苏磊.徽州龙川胡氏宗祠格扇门裙板木雕荷花的数字化探析[J].群文天地，2011(21)：252-253.
[10] 陈丹萍.谈工笔画中牡丹花的表现[J].山海经，2016.
[11] 王海滨.中国工笔画"意象美"探析[J].美术观察，2019(12)：130-131.
[12] 谢少威，李春阳.试论工笔花鸟画的"气"与"势"[J].美术，2018(9)：140-141.
[13] 曹娜.试述工笔重彩画的意象美[J].美术观察，2018(11)：133.
[14] 宫婷.试论工笔花鸟画线条的"形""神""意"[J].美术，2018(2)：144-145.
[15] 谷利民.工笔重彩山水画的"技""道""情"[J].美术观察，2016(4)：72-73.
[16] 刘瑛.从工笔画技法中领悟传统绘画艺术精髓——评《中国工笔人物画教学》[J].中国教育学刊，2020(5)：129.
[17] 张冬卉.试论当代工笔画的写意性实践[J].美术，2020(6)：34-36.
[18] 王海滨.新时代背景下的工笔画表现方式探微[J].美术，2016(4)：89-93.
[19] 尤春雨.工笔花鸟画基础教学——评《正统工笔花鸟技法入门》[J].中国教育学刊，2021(9)：129.
[20] 裴书鸿.工以意求工笔花鸟画创作之我见[J].美术观察，2023(11)：135-137.
[21] 李自典，吴慧佩.永定河治水的传说[J].北京观察，2019(5)：76-77.

[22] 谭杰.讲好永定河故事,构建具有流域特色的学术思想体系[J].北京经济管理职业学院学报,2020,35(4):3-6.

[23] 齐震宇.基于"文化廊道"在文化遗产保护规划方面的思考——以北京永定河为例[J].科技风,2019(26):231-232.

[24] 吴洪珍.技术时代非物质文化遗产风险问题及保护意义的思考[J].青藏高原论坛,2021,9(4):38-44.

[25] 武淑红.孝义皮影戏的历史脉象与当代传承[J].当代音乐,2017(5):3.

[26] 艺术系.吕梁市非物质文化遗产——孝义皮影戏[J].吕梁学院学报,2022,12(3):2.

[27] 陈强.论孝义皮影戏艺术特征[J].剧作家,2023(2):103-107.

[28] 李沅贞,许梅.虚拟现实技术与非物质文化数字化保护传承发展——以皮影戏仿真模拟制作方向为例[J].科技风,2022(18):49-51,130.

[29] 郭学敏.山西省孝义皮影戏"封神故事"的叙事策略研究[J].戏剧之家,2024(23):15-17.

[30] 张晴.中国博物馆在展览中运用虚拟现实技术的互动表达与语言转化——以VR皮影游戏"田忌赛马"的开发与应用为例[J].中国博物馆,2020(2):121-126.

[31] 王安娜.徽州木雕技艺数字保护与展示研究[D].合肥:安徽建筑大学,2018.

[32] 3D打印立体形象的出现是否会对雕塑艺术带来冲击[EB/OL].https://www.laserfair.com/yingyong/201405/28/73576.html.[访问时间:2024-11-01].

[33] 创想三帝-3D打印在雕塑艺术方面的应用[EB/OL].https://www.szcx3d.com/application-31.html.[访问时间:2024-11-01].

[34] 艺术设计学院赴徽州调研"徽州三雕"[EB/OL].https://www.abc.edu.cn/xxy/3/44060.html.[访问时间:2024-11-01].

[35] 徽州古建的守望与新生[EB/OL].http://www.news.cn/politics/20240202/4b5c26538cbc4273a1eda39d55148471/c.html.[访问时间:2024-11-01].

[36] 中国非物质文化遗产网.国家级非物质文化遗产代表性项目名录:永定河传说[EB/OL].https://www.ihch.[访问时间:2024-11-24].

[37] 北京旅游网.关于北京的母亲河——永定河的那些传说故事,你听过几个?[EB/OL].https://www.visitbeijing.com.cn/article/47QkKldJDio.[访问时间:2024-11-24].

[38] 山西戏剧网,礼赞孝义碗碗腔[EB/OL].http://www.chnjinju.com/html/minjianxiaoxi/xiaoyiwanwanqiang/2019/0217/9458.html.[访问时间:2024-11-12].

[39] 忻州在线,【高手在民间】皮影之魅[EB/OL].https://mp.weixin.qq.com/s?__biz=MzU2OTExNjA2MQ==&mid=2247567237&idx=1&sn=ce63bd6e2070474e66f765693b8fd1ff&chksm=fdd06fd657e819df31b6ba707da476bbbeee8cb3cecec564a2ec6a0f7271d2efb61f7fa0ee&scene=27.[访问时间:2024-11-12].

[40] Fu F, Lv J, Tang C, et al. Multi-style Chinese Art Painting Generation of Flowers[J]. IET Image Processing, 2021, 15(3): 746-762.

[41] Fan F, Zakaria S A. The Philosophy of Color Evolution in Chinese Bird and Flower Paintings and Its Integration with New Chinese Interior Design[J]. Cultura: International Journal of Philosophy of Culture and Axiology, 2024, 21(1): 152-171.

[42] Huashuai L. Flower-and-Bird Painting in Song Dynasty (10th-13th Century) and Its Impact on

Contemporary Chinese Painting and Its Graphic Experimentation[D]. Barcelona: Universitat de Barcelona, 2023.

[43] Du Y. Feasibility Analysis of Digital Creation of Chinese Traditional Freehand Flower-and-Bird Painting[C]. In Proceedings of 2021 2nd International Conference on Intelligent Design (ICID). IEEE, 2021: 297-302.

[44] Chen Z, Zhang Y. CA-GAN: The Synthesis of Chinese Art Paintings Using Generative Adversarial Networks[J]. The Visual Computer, 2024, 40(8): 5451-5463.

[45] Xu Y. Chinese Bird-and-Flower Wallpaper—From Painting to Decorative Arts[D]. Ithaca: Cornell University, 2020.

[46] Wang Z, Liu F, Liu Z, et al. Intelligent-Paint: A Chinese Painting Process Generation Method Based on Vision Transformer[J]. Multimedia Systems, 2024, 30(2): 112.

[47] Tian C, Zhu X, Xiong Y, et al. MM-Interleaved: Interleaved Image-Text Generative Modeling via Multi-modal Feature Synchronizer[J]. Computer Science, arXiv: 2401.10208, 2024.

[48] Zhang P, Dong X, Wang B, et al. Internlm-Xcomposer: A Visionlanguage Large Model for Advanced Text-Image Comprehension and Composition[J]. Computer Science, arXiv: 2309.15112, 2023.

[49] Li Y, Gan Z, Shen Y, et al. Storygan: A Sequential Conditional GAN for Story Visualization[C]. In Proceedings of the IEEE/CVF Conference on Computer Vision and Pattern Recognition, 2019(2): 6329-6338.

[50] Maharana A, Hannan D, Bansal M. Storydall-e: Adapting Pretrained Text-to-Image Transformers for Story Continuation[M]. Cham: Springer, 2022.

[51] Tewel Y, Kaduri O, Gal R, et al. Training-Free Consistent Text-to-Image Generation[J]. ACM Transactions on Graphics (TOG), 2024, 43(4): 1-18.

[52] Joung S. A Practical and Conceptual Investigation into Some Aspects of East Asian and European Traditions of Flower Painting, with Two Case Studies[D]. Colchester: University of Essex, 2020.

第四章

社会动员与非遗数字传播

在全球化的浪潮中,非遗的保护和传承不仅是文化多样性的体现,也是文化自信的源泉。社会动员作为非遗传播的重要力量,正通过数字技术的桥梁,将传统文化与现代社会紧密结合。本章将探讨如何借助社会动员的力量,利用数字技术,推动非遗在国内外的传播,这不仅是提升国家文化软实力的途径,也是促进文化自信和国际文化交流的重要手段。

在数字化的大潮中,非遗的社会动员传播同样面临着前所未有的机遇与挑战。一方面,社交媒体、视频平台等新兴媒介为非遗的社会动员传播提供了新的渠道和工具,使得非遗能够跨越地域限制,触及更广泛的受众;另一方面,如何确保非遗的文化价值在数字化传播过程中得到尊重和保护,以及如何通过数字技术讲述中国故事、传播中国优秀文化,成为非遗社会动员传播中需要解决的问题。

本章选取了黎侯虎、长子鼓书、八义陶瓷和蓝印花布 4 个具有代表性的非遗案例,进行深入分析。黎侯虎被誉为"中华第一虎",通过调动社交情感,构建非遗的共意动员,提升了其当代社会影响力;长子鼓书利用"视频+直播"形式走出山西长治,打破非遗代际隔阂,吸引更多的年轻人关注与喜爱;八义陶瓷通过品牌方社交媒体官方内容的运营,拓宽了市场渠道,不仅实现了传统非遗的品牌新传播,而且让更多人接触并了解八义窑红绿彩瓷烧制技艺;蓝印花布借助数字技术在留存、创意、展示、传播与教育等方面形成社会协同力,有效推动非遗的传承与保护。这 4 个各具特色的非遗案例虽源于不同的地域文化,分属不同的非遗类型,但在社会动员与非遗数字传播的宏大征程中,却彼此呼应、相互补充。它们共同探索着非遗在现代社会借助数字技术与社会动员力量实现有效传播的创新之路,不仅彰显了非遗在当下的蓬勃新活力,更为中国非遗的传承与发展提供了极具价值的新思路与新策略。同时,这 4 个案例也极具代表性地反映了非遗在数字化传播中的创新路径,通过研究这些案例来分析中国非遗如何借助社会动员和数字化平台实现有效的传播,可以为促进非遗的传承与发展提供新的思路和策略。

第一节 黎侯虎:社交情感建构非遗共意动员

布老虎(黎侯虎)形象被 1998 年发行的国家农历虎年生肖邮票采用,并且在 2008 年被列入第二批国家级非遗名录,是山西最具有代表性的地域文化之一,也被誉为"中华第一虎"。憨态可掬的形态、色彩鲜明的装扮、简单质朴的工艺,通过对虎的自然特征和属性进行夸张与延伸,黎侯虎创造出了具有浓厚地方风俗气息的造型。黎侯虎汇历史传说、图腾崇拜、信仰审美于一体,带着百姓渴望平安幸福的美好愿望,以其精美的图案和绚丽的色彩,深深扎根于当地生活,展现出浓厚的地方特色和文化魅力。

然而,随着现代化潮流的冲击,黎侯虎的生存正面临严峻挑战。传统的技艺传承受到现代生活方式的冲击,年轻一代对非遗的认知和参与热情逐渐减弱,社会对黎侯虎的关注度也在下降,导致传承人数量减少、技巧流失、文化认同感降低等问题。面对这些困境,黎侯虎的保护与传承亟待突破传统模式,通过创新的方式实现社会动员。在这个数字化迅猛发展的时代,黎侯虎积极探索社交情感建构与非遗共意动员的全新路径。通过利用社交媒体平台建构积极社交情感,黎侯虎不仅成功提升了其社会影响力,还重新激发了公众的参与热情。通过对其历史、文化及技艺的全面展示,黎侯虎开启了一条以情感为纽带、以共识为基础的保护之路。

本节旨在深入探讨黎侯虎在社交媒体时代的蜕变历程,分析各界如何在社交情感的驱动下,实现对这一非遗的共意动员。这一探索不仅为黎侯虎的保护与传承提供了有力的支持,也为其他非遗项目的社会动员提供了借鉴。

一、基本信息:黎侯虎的历史沿革与多元价值

(一)工艺民俗类非遗:黎侯虎简介

黎侯虎是一种民间手工技艺,源于古时候的黎侯国,治所在今天的山西省黎城县。小小一只布老虎,维系着人与人之间的社交属性,巩固了长辈与后代之间的亲密关系。

2006年,山西省考古研究所对黎城县西关墓地进行抢救性发掘,发现两座西周初年姬姓高等级墓葬,编号M10的带墓道长方形竖穴墓葬出土了大量高等级随葬器物,在墓主人周围发现玉鱼、玉管、玉蚕、玉玦、玉鸟、玉龟、方形玉柱等玉器,还有一枚玉虎。玉虎是软玉,褐白相间,微透明,虎头至虎尾约11厘米,虎耳至虎足约5.8厘米,厚度不足0.5厘米,呈片状,纹饰为双钩阴刻线刻出的虎皮花纹(见图4-1-1)。这枚活灵活现的玉虎后来多次出现在重要文物展中。黎国是商朝晚期非常重要的一支力量,虎是殷墟出土青铜器中使用较多的动物元素。这次考古为黎侯虎起源做了注脚[①]。

虎文化起源于生活未被规范化的时期。在那个慌乱与贫瘠的时代,人类渴望将自身的精神寄托于一些具有强大力量感、威慑力和引导力的事物或存在。作为一种威猛强大的象征,虎自然而然地进入人们的意识。黎侯虎的诞生正是为了回应广大劳动人民在日常生活与生产中的精神需求。

---

① 腾讯网.虎年说虎|凭什么? 这只布老虎成了国家级非遗[EB/OL]. https://news.qq.com/rain/a/20220201A05NN000.[访问时间:2024-09-29].

图 4-1-1　黎城县西关墓地中出土的玉虎

(资料来源:新华社新闻.虎年说虎|凭什么？这只布老虎成了国家级非遗[EB/OL]. https://news.qq.com/rain/a/20220201A05NN000.[访问时间：2024-11-08].)

参观黎侯虎博物馆得知,从 20 世纪 50 年代起,黎侯虎的造型从未停止过改变,直至 1998 年被邮电部选定为虎年生肖邮票之后才正式定型(见图 4-1-2)①。

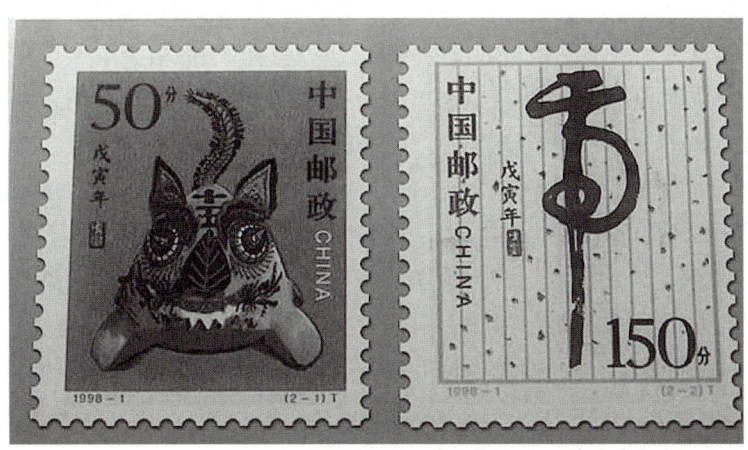

图 4-1-2　1998 年虎年生肖邮票

(资料来源:新华社.新华全媒＋|虎头虎脑！这只虎为什么"火"了三千年[EB/OL]. https://www.163.com/dy/article/GU8EL5BM05346RC6.html.[访问时间：2024-11-08].)

2008 年,有着近 3 000 年历史的黎侯虎进入国家级非遗名录(见图 4-1-3),这一重要的认定不仅标志着黎侯虎作为文化遗产的重要性得到了国家的认可,也为其保护和传承带来了新生。自此,黎侯虎的文化内涵和传统技艺开始引起更广泛的关注。

(二) 黎侯虎的多元价值

1. 文化价值

长治是仰韶文化、龙山文化兴盛时期人类聚集活动的地址之一,并且地处殷商文化

---

① 刘丽琼.山西民间美术黎侯虎的传承与拓进研究[D].株洲:湖南工业大学,2023.

图 4-1-3　黎侯虎

（资料来源：中国非物质文化遗产网. 虎·物［EB/OL］. https://www.ihchina.cn/art/detail/id/24568.html. ［访问时间：2024-11-08］.）

圈，出土的陶器、玉器、青铜器多赋有虎纹样的主题装饰，流传后世甚广。在长治黎城县西关境内曾发现西周晚期大型墓地，在其中挖掘出造型古朴、纹饰精美的玉石虎，据说是西伯戡黎中神虎故事的原型，反映了一直以来以虎为图腾的当地居民对于虎的崇拜与眷恋之情。

经过数千年的传承和变迁，黎侯虎已成为深深融入晋东南地区人们生活的民俗文化，与人们的生活习性紧密相连，并被赋予了吉祥的象征意义。无论是婚礼、嫁娶，还是开业、乔迁，黎侯虎都是极佳的礼品。此外，由于黎侯虎的典故传说，以及"虎"字与"福"字发音相近，它也寓意着辟邪赈灾、福气满堂。在婚俗中，雌雄成双寓意着多子多孙；在为老年人庆祝生日时，则象征着多福多寿；当民间有新生儿出生时，长辈们会在满月之际送上一只黎侯虎，以护佑婴儿健康成长，寄托着他们对于孩子长大后也能像老虎一样威猛灵活的希望，寄予了人们对未来美好的期许（见图 4-1-4）。此外，晋东南地区方言中，更有"虎气"一词，意为夸赞某人勇敢无畏、虎虎生风的样子。

图 4-1-4　婴幼儿黎侯虎制品

（资料来源：影子之美自游之旅. 手工艺｜中国第一虎 山西布艺黎侯虎［EB/OL］. https://www.163.com/dy/article/GT9VPE1J0524D7FH.html. ［访问时间：2024-11-08］.）

2. 艺术价值

黎侯虎所使用的色彩主要以民间传统五色（黑、赤、青、白、黄）为主，色彩搭配丰富多样,且对比效果十分鲜明。其典型的用色技巧包括黄中带蓝、黑黄相间、红上叠绿,整体色彩特征明亮而绚烂。黎侯虎的形象深具民族地域特色,装饰纹样上讲究雌雄配对,象征着阴阳结合与生生不息的繁衍观念。虎身上的纹样采用传统的旋风图案,并按照三、六、九进行划分,传达出平安顺利的吉祥寓意。在制作虎纹时运用了绿色和粉色毛线,胡须则用青紫色毛线呈现,这样更加强调了黎侯虎的层次感和立体感。其五官表情则通过青绿绸缎装饰,以点、线、面结合的方式塑造出独特的黎侯虎形象(见图4-1-5)。

图4-1-5　黎侯虎配色和纹样

(资料来源:影子之美自游之旅.手工艺|中国第一虎 山西布艺黎侯虎[EB/OL]. https://www.163.com/dy/article/GT9VPE1J0524D7FH.html.[访问时间:2024-11-08].)

3. 经济价值

黎侯虎的发展与传承也为当地经济带来了显著的价值。为了加强黎侯虎的传承保护,黎城县文旅部门建立了黎侯虎档案数据库,记录相关历史资料,建立传承人档案,对有代表性的黎侯虎制作老艺人进行命名、授予称号及表彰奖励,加强其生活保障,从而有效维护黎侯虎文化生态的完整性。

2012年6月,黎侯虎博物馆成立,通过实物、文字图片、实景再现等多种形式,展示了黎侯虎的多样风采,进一步推动了当地经济。伴随着政府对黎侯虎保护的重视,多家企业如红石民间工艺有限责任公司、乔老憨家纺和黎城鸿宇种植农民专业合作社相继成立,通过创意开发和规模化生产,将黎侯虎的使用从单纯的赠送与收藏,转向现代生活应用。黎侯虎的生产模式从"公司+农户"的合作模式开始,逐步向产业化、规模化、市场化与商品化发展。通过加工和缝制黎侯虎,许多农家妇女实现居家就业,增加了家庭收入,提升了生活水平。此外,民间艺人将艺术与生活紧密结合,创作出多种黎侯虎主题的文创产品,如手套、抱枕、挎包、钱包、太阳帽等,更好地满足了社会不同群体与阶层的需求(见图4-1-6)。

二、案例综述:社交媒体时代黎侯虎的危机与重生

(一) 情感缺失下的社会化保护危机

随着时代变迁和社会转型,黎侯虎所处的文化生态环境也发生了显著变化。首先,城市的快速崛起导致了乡村人口尤其是年轻人口的显著流失,这直接造成了黎侯虎传承群

图 4-1-6　黎侯虎主题文创产品

（资料来源：山西新闻网. 黎侯虎迎来本命年！一个腊月接到 3 000 多只订单[EB/OL]. https://news.qq.com/rain/a/20220129A0A66J00?web_channel=wap&openApp=false&suid=&media_id=.[访问时间：2024-11-08].）

体的萎缩和老龄化，面临后继乏人的困境。其次，农村群众整体知识水平的限制对黎侯虎的传承构成了制约。在这一背景下，许多传承者接受新事物的积极性与热情较低，老一辈传承者对新文化的敏感度也显著不足。此外，黎侯虎对于年轻传承群体的吸引力不够，使得传承者的群体结构主要局限于高龄化的下沉区域成员。这种现象不仅妨碍了黎侯虎的创新与发展，也使其传承面临严峻的挑战。最后，缺乏有效的创新机制，无法迎合年轻一代受众的口味和消费习惯，进一步导致了年轻一代社群认同感的缺失。由此可见，这一问题形成了一个相互关联的链条：城市化进程引发的乡村人口流失导致了传承群体的萎缩与老龄化，而现有传承群体的知识水平限制了黎侯虎的创意和发展，最终导致了年轻一代对其社群认同感缺失、社会支持弱化的结果。

1. 传承群体的萎缩和老龄化

黎侯虎由于其形态复杂，至今仍是纯手工制作，作为一种活态文化深植于当地人民的生产和生活。当前黎侯虎的传承传播群体正面临老龄化和后继乏人的严峻问题。调研显示，参与缝制布老虎的传承者中，年龄最大者已达 78 岁，最年轻的也已 42 岁。在调研过程中，传承者们普遍反映年轻人对这项传统技艺的参与热情不高[1]。现有的传承者多为"大多数足不出户"的农村妇女，生产作坊的手工作业人员也以 45 岁以上的群体为主。

伴随着城市化扩张，人口流动加剧，传统乡土社会中的地缘属性减弱，人与人的社交关系发生了根本上的改变，导致黎侯虎的民俗、社交功能及其作为情感纽带的作用在不断削弱，对黎侯虎的需求量不高。黎侯虎的纯手工属性则导致传承者面临着投入时间成本高、收入少的问题，年轻人不愿意接手，高龄传承者又因身体状况的制约，可能无

---

[1] 刘丽琼. 山西民间美术黎侯虎的传承与拓进研究[D]. 株洲：湖南工业大学，2023.

法继续手工制作,这极有可能导致黎侯虎这一手工艺非遗的原真性面临失传的风险(见图 4-1-7)。

图 4-1-7　手工缝制黎侯虎

(资料来源:山西广播电视台融媒体.云上非遗季丨山西技艺系列——黎侯虎[EB/OL]. https://baijiahao.baidu.com/s?id=1751755252173971332&wfr=spider&for=pc.[访问时间:2024-11-08].)

2. 创作与营销创意不足

目前,黎侯虎的制作主要依赖当地的农村妇女,对新兴市场和现代消费观念的适应能力较弱。这些传承者多为年长人士,虽然具备扎实的传统缝纫技艺,但在创意和创新方面明显滞后,未能有效结合现代元素与审美需求。受现代生活方式和文化多元化的影响,年轻一代对传统艺术的兴趣和投入度普遍不高;同时,黎侯虎高时间投入、低收入的特点进一步打击了年轻一代加入传承者的意愿。因此,缺乏创新意识和市场导向的产品设计使得黎侯虎在激烈的文化市场中处于劣势(见图 4-1-8)。

图 4-1-8　"乔老憨黎侯虎直销店"品牌网店

(资料来源:淘宝网店铺首页[EB/OL]. https://shop418425203.taobao.com.[访问时间:2024-11-08].)

与此同时,针对年轻消费群体的市场营销策略尚未有效形成,这使得黎侯虎的文化传播受到限制。许多传承者由于面临诸多经济因素,对开发新产品和进行有效的市场营销感到顾虑重重,进而影响了黎侯虎的传承与推广。例如,乔老憨黎侯虎直销店虽然已开设了线上店铺,但未能建立起行之有效的营销矩阵。其在淘宝平台上的网店粉丝仅有 1 050 人,显示出其市场影响力和认知度仍然较低。这种低参与度不仅反映出其对年轻消费者的吸引力不足,也暴露了在品牌推广和营销策略上的短板。

3. 社群认同感的缺失

在社交媒体时代,黎侯虎面临的挑战是年轻一代对传统文化逐渐疏远,尤其是对非遗缺乏情感联结。社交媒体的蓬勃发展深刻改变了人们的文化消费模式。在短视频和社交平台上,即时性和娱乐性的内容层出不穷,促使年轻人在此环境中对传统文化表现出愈发淡漠的态度。他们倾向于追逐新的流行趋势,而忽视了那些需要时间、耐心与深入理解的传统艺术形式。这种文化消费方式的转变不仅使黎侯虎等非遗项目的丰富内涵被简化,也进一步加剧了情感联结的缺失。

此外,年轻一代在虚拟空间中更习惯于寻求归属感,而传统文化活动的参与往往依赖面对面的互动。尽管社交媒体能够促进交流、认同与归属感的建立,然而,传统文化显然需要更多的创意和耐心,才能激发受众深层次情感共鸣的有效建立。在此背景下,年轻人与黎侯虎传统文化之间的情感纽带显著松弛,社群认同感随之降低。这一现象对黎侯虎的传承提出了严峻挑战,亦反映出当代社会在文化认同与归属感方面的深层次危机。

(二)共意动员建构文化传承

传统民间美术是由我国平民百姓根据自身生活的需求,在所处的地域文化环境影响下所创作的,因历史的更迭与文化的积累而形成的美术形式,目的是改善生活氛围、充实民间风俗活动[①]。"文化的传承离不开传播,没有传播就没有文化,文化与传播协同共生,文化通过传播达到了增值、同化和重构。"[②]正是通过传播,传统非遗得以在更广泛的范围内被认知和接受,从而形成独特的文化认同和社群归属感。这种传播不仅限于传统的口耳相传,也包括现代科技手段下的信息交流,同时,共意的建构进一步促进了对受众的社交动员,促进了文化的传播与创新,以及非遗的推广和传承。

1. 社交媒体构建共意情感

黎侯虎的共意传播策略主要体现在两个关键方面。

一方面,该文化元素有效激发了晋东南地区乃至山西地区人们的儿时回忆。作为一种传统民间艺术,黎侯虎不仅象征着地方文化,更深刻承载了人们对童年的记忆与情感。这种怀旧情结能够唤起情感共鸣,激发公众对黎侯虎的关注与参与,进一步增强了情感联结与文化认同。例如,在哔哩哔哩视频网站上,关于黎侯虎的某一视频引发了观众的积极互动,许多评论提到童年记忆以及与这段记忆相关的亲人,这反映出黎侯虎在该地区深厚的文化认同与情感依附(见图4-1-9)。因此,通过共意情感的传播策略,黎侯虎能够有效吸引该地域公众的关注,增强其文化传播与传承的可能性。

另一方面,黎侯虎所蕴含的文化寓意,特别是其招财纳福、驱邪避灾的象征意义,可成为其对外传播的重要共意策略。以当代流行文化产品大同文创"佛小伴"为例,可爱与祈

---

① 申力. 传统民间美术品牌设计研究[D]. 太原:中北大学,2018.
② 李悦. 浅析传播对文化发展的作用[J]. 南京广播电视大学学报,2000(1):52-54.

愿属性的兼具使之一上线即脱销。商业化的消费系统、趋向性的媒体引流、娱乐化的社会情绪共同合力,为不同网民圈层的集体叙事提供文化塑造的实现空间:任何一款流通于市面的"锦鲤",都是某个述愿个体或叙事圈层经过符号赋权后完成的"文化产品",它们不需要经过质检,不需要经过验收,甚至不需要耗费心思发掘猎奇看点,而仅凭"锦鲤"的"信仰加持"便可以代表制作者或传播者的个人意志在社交平台上展示①。黎侯虎承载的这些象征意义为其文化传播提供了丰富的深度与广度,不仅能够吸引消费者的关注,还强化了其在现代文化语境中的另一可能。

图 4-1-9 情感建构为主题的黎侯虎作品及评论

(资料来源:哔哩哔哩视频网站[EB/OL]. https://www.bilibili.com/video/BV1qV4y1z7c9/.[访问时间:2024-11-08].)

2. 文化叙事催生社群认同

黎侯虎在社交媒体上的叙事形式包括文本、图像、视频,作为根植于地方文化和民间信仰的艺术形式,黎侯虎的文化叙事亦通过多层面的信息传递,极大地增强了社群认同感。黎侯虎的叙事围绕其历史背景、制作工艺和传承人的故事等内容展开,促进受众理解黎侯虎的艺术价值,同时唤起他们对地方文化的情感共鸣。此外,黎侯虎的叙事内容还包括其在地方民俗中的角色和社交价值,使受众将其与现实生活关联,进而形成强烈的文化认同。

数字传播平台的多样化提升了文化叙事的影响力。在社交媒体平台中,非遗的个性化叙事视角往往能够有效触动受众的情感。如围绕黎侯虎的个人故事和独特记忆,通过情感化的叙述方式,使观众在体验中产生共情。这种从个体到集体的认同过程进一步增强了社群的凝聚力。叙事呈现是非遗对外传播形式与内容发生裂变的关键点。以特定的叙事视角,辅以合适的叙事媒介,进行叙事建构,能够使受众从单纯地"接收信息"转为"全方位地感受文化"(见图 4-1-10)。

---

① 刘汉波.符号赋权、焦虑消费与文化塑造——作为青年亚文化的"日常迷信"[J].中国青年研究,2020(1):105-111.

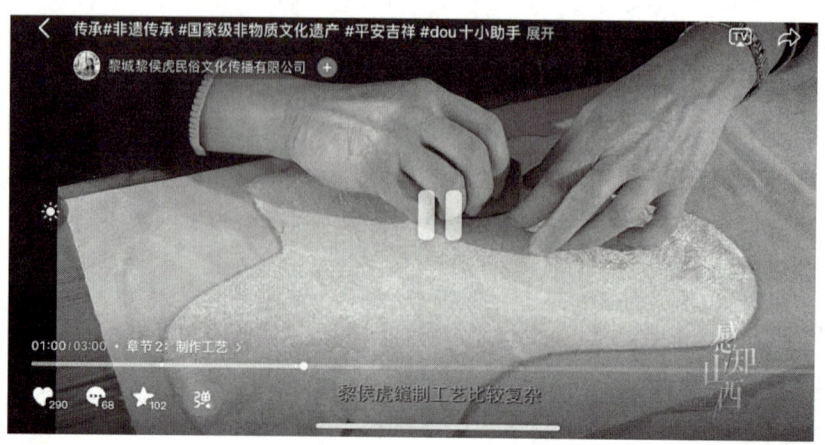

图 4-1-10　黎侯虎的文化叙事

（资料来源：抖音黎城黎侯虎民俗文化传播公司[EB/OL]. https://v. douyin. com/iAmb5MKH/Z@m. Qx 07/29 IiC:/.[访问时间：2024-11-08].）

3. 体验学习推动文化传承

在当下的媒介生态环境中，非遗的传承与发展面临着传统传播方式的困境，这使得其生存空间逐渐被“抽空”或“挤压”，难以实现广泛传播。因此，寻找新的传播渠道与方式尤为重要。黎侯虎的文化传承需要新鲜的血液。通过与图书馆、博物馆的合作，开启研学、数字展览等多种形式，这股春风吹拂进山西的各大高校、中小学和社区，亦走出了山西，甚至走到了国外，取得了良好成效（见图 4-1-11、图 4-1-12）。

研学荐读|非遗·黎侯虎——长治市图书馆“阅盛世非遗，品时光匠心”主题读书研学活动之“阅·读”图书推介（二）

原创 外联部 长治市图书馆 2024年07月26日 10:35 山西 2人听过

点击蓝字 关注我们

黎侯虎，这一古老的民间艺术工艺，承载着深厚的文化底蕴和民族记忆。7月22日，长治市图书馆组织四十八名研学人员深入黎城，探寻黎侯虎背后的故事，去揭开黎侯虎神秘的面纱，领略其深厚的文化底蕴和精湛的制作工艺。

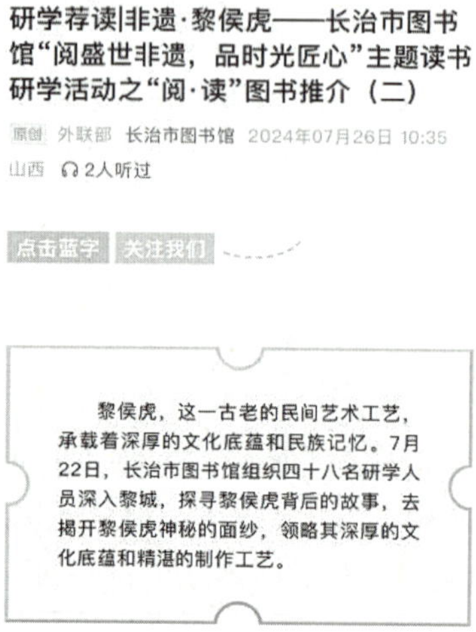

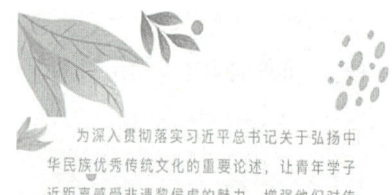

图 4-1-11　以非遗黎侯虎为主题开展的各类活动(一)

（资料来源：微信公众号“长治市图书馆”[EB/OL]. https://mp. weixin. qq. com/s/IhBBPt1CWhq7T14T2GFqrw.[访问时间：2024-11-08].）

city不city？黎侯虎主题非遗研学，开启最炫文化之旅

青春黎城 2024年08月06日 19:57 山西 听全文

为深入贯彻落实习近平总书记关于弘扬中华民族优秀传统文化的重要论述，让青年学子近距离感受非遗黎侯虎的魅力，增强他们对传统文化的认知与热爱，为非遗文化的传承与发展注入新的活力，8月6日上午，20名青年学子在团县委的组织带领下前往乔老憨家纺有限公司进行参观和学习。

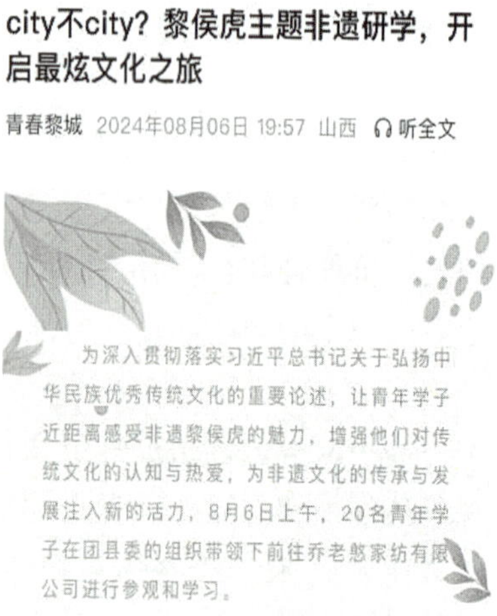

图 4-1-12　以非遗黎侯虎为主题开展的各类活动(二)

（资料来源：微信公众号“青春黎城”[EB/OL]. https://mp. weixin. qq. com/s/KubZXK5HHxJr_o2lRsSKuA.[访问时间：2024-11-08].）

4. 新鲜血液推动形式创新

在非遗的传承过程中,融入新鲜血液至关重要,这不仅包括新的创意和设计理念,也体现在与现代生活方式的紧密结合。例如,"山西故事"品牌是由太原师范学院设计系2015级服装与服饰设计专业的师生共同研发的文创产品。该品牌的作品在2018年5月受邀参加了"米兰设计周——中国高校设计学科师生优秀作品展"。其中,结合黎侯虎元素的丝巾设计便是在该校马婷婷老师指导下完成的。黎侯虎元素丝巾以红底白线描绘,巧妙地通过笔法的轻重、浓淡、粗细、虚实、长短等表现了黎侯虎憨厚可爱的形象,最终展示效果精致且富有趣味,令人瞩目①(见图4-1-13)。

图 4-1-13　黎侯虎元素丝巾

(资料来源:刘丽琼. 山西民间美术黎侯虎的传承与拓进研究[D]. 株洲:湖南工业大学,2023. [访问时间:2024-11-08].)

此外,就读于北京电影学院衍生品设计专业的两名学生实地探访国家级非遗代表性传承人高秋英,学习黎侯虎制作技艺之余,根据自己所学,对黎侯虎的造型与应用场景进行创新,并拍摄成纪录片,在帮助黎侯虎技艺传承的同时,也改善了黎侯虎手工艺者的生活收入(见图4-1-14)。该视频在微博和哔哩哔哩视频网站上广泛传播,将黎侯虎带入更多年轻人的视野。

图 4-1-14　北京电影学院学生加入并对黎侯虎造型、应用场景进行创新

(资料来源:哔哩哔哩视频网站[EB/OL]. https://www.bilibili.com/video/BV1xt411g7DN/. [访问时间:2024-11-08].)

---

① 刘丽琼. 山西民间美术黎侯虎的传承与拓进研究[D]. 株洲:湖南工业大学,2023.

5. 数字技术助力量产定制

2024年,太原理工大学与某纺织科技集团股份有限公司共同携手黎城黎侯虎民俗文化传播有限公司,开展了一项合作研究,专注于黎侯虎中立虎设计的参数化研究。研究归纳并总结出黎侯虎参数化样板的约束条件集合,从而为生成所需号码的样板提供支持。此项研究为未来黎侯虎样板的自动化生成提供了可行的理论基础和技术参考[①],进一步加快了黎侯虎在实现大规模量产与个性化定制上的进程(见图4-1-15)。

图 4-1-15　黎侯虎虚拟效果展示图

(资料来源:阮玉洁,韩馨月,卢致文,等.基于几何图形学的黎侯虎参数化样板构建[J].包装工程,2024(24):406-414.)

三、分析点评:共意动员赋能文化传承,唤活千年非遗魅力

(一) 构建情感认同,营造共鸣氛围

在黎侯虎的传承与保护过程中,情感共鸣、社区互动与共享记忆共同构成了推动文化认同的重要机制。受众在情感互动中获得归属感,而曾拥有布老虎的个体亦能够通过记忆的共享,深化对共同文化脉络与身份认同的理解。这种情感与认同的交互作用促使其以更主动、更持久的方式参与到非遗的保护与传承实践中,从而形成一种自发的文化维护力量。

1. 以情感共鸣动员社会参与

在非遗保护中,情感认同对文化参与至关重要。黎侯虎本身蕴含着吉祥如意的寓意,这一文化属性可作为有效的传播策略,通过强调其象征意义,激发受众的参与动机。然而,由于黎侯虎的制作过程相对复杂,目前尚未实现量产,仍以手工缝制为主,这在传承上增加了一定难度。因此在黎侯虎的非遗叙事中,手工艺过程成为重要一环,展示了制作者的技艺与心血,同时也增强了情感的传递。同时,社交情感使得文化参与的形式愈加丰富。在自我表达的过程中,年轻一代逐渐成为非遗传播的积极参与者,通过分享与互动,形成了"分享—再分享"的传播链条,有效形成对传统文化的认同感。

---

① 阮玉洁,韩馨月,卢致文,等.基于几何图形学的黎侯虎参数化样板构建[J].包装工程,2024(24):406-414.

2. 以社区互动促进文化认同

互动是促进黎侯虎传播与传承的重要手段。不同年龄和背景的大众在研学、工作坊和非遗进社区等互动形式中,深入探讨黎侯虎的历史渊源与文化内涵,提升了对黎侯虎的共同理解,强化了归属感与参与感。部分人积极参与黎侯虎的制作过程,切身体会黎侯虎的手工制作工艺和难度,又在共创共建过程中,积极融入新的想法和创意,对黎侯虎的外形、色调、使用场景等进行进一步的探索,使传统的"老物件"焕发出新的活力。

通过这种互动的文化实践,旧与新之间的对话得以实现,重塑了对于黎侯虎这一非遗的文化认同,并赋予其新的生命与意涵。

3. 以共享记忆传承文化精髓

黎侯虎在山西地区是许多儿童幼年时期的珍贵持有物,承载着无数美好的回忆。黎侯虎通过社交媒体上"童年""亲人"与"记忆"等关键词和线索,能够有效唤起该地域受众的情感回忆,形成共享记忆。这种集体的情感唤醒让个体重新连接与黎侯虎相关的感受和经历,激发他们对这一非遗的情感认同,从而促使黎侯虎在现代社会中持续发挥重要的文化价值作用。此外,黎侯虎在当地具有深厚的社会交往属性,常被作为长辈对孩子或朋友之间寄予美好祝愿的赠礼,进一步深化情感认同,形成了坚固的文化纽带。这些共享记忆加强了公众对非遗保护的责任感,激励更多人自发参与保护和弘扬黎侯虎的行动,确保了这一文化精髓能够在现代社会中得到延续与发展。

(二) 依托社交网络,整合共享动员力量

在黎侯虎的保护与传承中,社交情感的构建至关重要。通过互动参与、集体活动和心理认同,促进了文化的交流与认同,增强了社区凝聚力,从而推动非遗的活态传承与发展。

1. 社交平台的互动联结

用户生产内容(user generated content,UGC)模式鼓励用户参与内容生产,打破了原先的信息壁垒,使用户拥有自己的话语权,推动平民文化走向舞台。这使得非遗传播不再是曲高和寡、阳春白雪的形象,非遗宣传者通过生活化、趣味性的方式不断改变着非遗的传播。社交平台为黎侯虎的传播与保护提供了独特的互动联结机制,使得来自不同地域的人们能够轻松地连接在一起,分享与黎侯虎相关的经历和故事,分享黎侯虎的手工艺和制作过程,其他用户通过评论、点赞和分享,营造出支持与鼓励的氛围,形成集体行动和共享体验。共享体验,特别是通过公共媒介产生的体验,会带来一种积极结果,即人们会将彼此认作具有共同希望、目标和关切的同胞,强化受众的身份认同感。社交媒体上的身份认同可以让人们更加关注和热爱自己所属的文化群体,从而促进文化的传承和发展。

2. 社区活动的集体参与

社区活动在黎侯虎的传承与保护过程中发挥着积极作用,成为文化具身传递的场域。根据批判性遗产研究,非遗并非仅仅是历史的静态保存,更是一种活生生的社会实践,深

深植根于特定文化和社区的历史①。因此,社区活动通过关于黎侯虎制作技艺的交流和互动,帮助社区成员构建个体与个体、个体与传统文化间的联结。这种互动可以被看作一次"互动仪式",在时间的延续下,逐渐形成规模化的传播和扩散,便构成了欧文·戈夫曼(Erving Goffman)笔下的"互动仪式链"。成员在共同参与中形成了共享的记忆和集体认同感,这种认同感成为社群文化的黏合剂,又再次加强了社群的凝聚力。尽管大众媒介扩大了非遗的受众范围,但它缺乏对具身学习过程的深刻传达,因而往往无法解决受众对文化的理解停留在表面的问题。所以,社区活动提供的面对面交互和实践经验显得尤为重要。

3. 心理认同的情感整合

在认知心理学中,心理认同是指个体在特定情境或社群中与某种文化、群体或传统的情感联系和认同过程。这一过程不仅涉及个体对某一文化或社群特征的认知理解,还包括情感上的投入与归属感。社交媒体平台提供了一个互动空间,观众可以随时向传承人询问动作的细节,分享自己的模仿视频,并获得实时反馈,深化对黎侯虎文化的心理认同。在这种社交互动与情感整合的背景下,虚拟数字人也为情感与认同的交融提供了全新的维度。媒介技术能够营造出真实的学习氛围,让学习者即使不在物理空间中,也能"置身于"非遗实践现场。这种沉浸式的体验激活了参与者的情感神经,增强了他们对非遗的实际感受,从而在心理上更加认同这一传统。

(三)着力社交情感融入社会保护全流程

在黎侯虎的非遗保护与传承过程中,社交情感的融入对激发社会动员、强化文化认同、推动可持续发展具有重要意义。通过情感的共建与互动,各个环节形成了密切的联系,从而促进了非遗在现代环境中的活化与传播。

1. 情感联结与共同认同

在黎侯虎的保护初期,建立情感联结具有重要意义。通过社交媒体平台和社区活动,传承人和大众建立了积极的互动关系。人们通过分享回忆、消费行为参与实践,进而构建了对黎侯虎文化的共同理解和集体认同。这种情感联结使得大众自觉地参与非遗保护活动,激发了其对黎侯虎技艺的热爱与敬重。

2. 互动参与和共同创造

在黎侯虎的非遗保护过程中,通过研学项目、高校合作推动了共同创造,年轻人参与学习制作技艺,增强了对传统文化的理解与情感联结,丰富了实践经验,成为文化传承的积极参与者。此外,高校与黎侯虎的联动催生了创新设计,如结合现代元素的文创产品展现了传统技艺与当代审美的融合。通过互动与合作,黎侯虎的保护和传承探索了新的路径,亦激发了更广泛的社会关注与参与。

3. 传播机制与情感共鸣

在传播过程中,社交情感的融入将黎侯虎的文化故事、制作技艺和传承困境有效传递

---

① Smith L J. Uses of Heritage[M]. London: Routledge, 2006: 35.

给更广泛的受众,形成了观众与内容之间的情感共鸣,使得更多人对黎侯虎产生兴趣。随着人们的参与,形成了一种参与式传播的机制,提高了非遗在社会中的认知度和影响力。

4. 社群凝聚与文化延续

社交媒体为非遗信息传播构建了线上情感交流空间,互动行为强化并延伸了社群成员对传统文化及中华民族共同体的情感认同。在文化情感的内驱作用下,社群成员通过评论、分享和点赞等互动形式,形成认同与支持的情感纽带,进而建立起群体的团结感和文化归属感。在推进实施国家文化数字化战略的背景下,社交媒体已然成为非遗传播的重要阵地。凭借其移动化、碎片化与互动化的独特优势,社交媒体切实满足了人们在娱乐、交往、认知等方面的多样需求。当前,社交媒体的受众群体日益扩大,圈层文化的蓬勃发展孕育了一个多元化的文化交流生态环境。在这一生态体系中,短视频、直播以及图文分享为黎侯虎这一非遗的传播提供了更为生动的视角,亦为其文化的传承与再创造开辟了新路径。用户通过高频的互动与信息互通,使得圈层内的凝聚力不断深化,推动了非遗的活态存续,旧有的文化资产在现代社会得以持续发展。

在黎侯虎的保护与传承过程中,情感的融入贯穿了整个流程。通过情感联结的建立,公众与黎侯虎文化形成共鸣,并积极参与保护活动,推动了共同创造与创新的实现。社交媒体为信息的传播提供了广泛的渠道,使得黎侯虎文化能够更简单地触及更大范围的受众,激发了社会对传统文化的关注与热爱。未来,随着社交情感与数字技术的进一步结合,黎侯虎的保护与发展将迎来更广阔的前景。

第二节 长子鼓书:视频直播打破非遗代际隔阂

长子鼓书是形成于山西省长治市长子县的一种传统民间曲艺说书形式,表演形式为说唱相间、以唱为主,且采用长子一带的方音表演[①]。2011年5月23日,长子鼓书被国务院纳入第三批国家级非遗名录,编号V-98。长子县是传统曲艺大县,有着深厚的曲艺文化历史底蕴和浓郁的曲艺氛围,被中国曲协授予"中国曲艺之乡"称号。长子鼓书是其中最具影响力的曲艺形式之一,被称为"上党民间文艺活化石",广泛流行于山西省东南一带[②],其独具魅力的表演风格和广泛的群众基础具有重要的文化、艺术与社会价值。

代际隔阂引发的传承困境使得长子鼓书的发展充满挑战。随着现代社会的快速发展,长子鼓书作为一种传统的民间艺术形式,面临着传承人年龄断层扩大、受众群体老化、传播渠道有限、流行文化造成冲击、内容创新不足等困境。在这诸多困境中,传承人年龄

---

① 中国非物质文化遗产网·中国非物质文化遗产数字博物馆.长子鼓书[EB/OL]. https://www.ihchina.cn/art/detail/id/13742.html.[访问时间:2024-11-07].
② 杨路.如何把"中国曲艺之乡"的牌子擦得更亮——长子县推动传统曲艺事业繁荣发展的调研思考[J].曲艺,2021(1):63-66.

断层扩大和受众群体老化是对其发展影响最为直接的两个问题。随着新媒体时代的到来,尤其是短视频平台兴起以来,长子鼓书找到了新的发展机遇,"短视频+直播"的形式正逐渐成为长子鼓书突破发展瓶颈的新渠道。在留存保护上,传承者借助视频手段对长子鼓书的经典曲目、唱腔变化、表情动作、乐器演奏手法等进行收集与整理,构建了系统的数据库,打下了长子鼓书代际传承的资源基础;短视频上短小精悍的鼓书集锦让热爱鼓书却无暇去到现场的年轻人能够更加便捷地观看鼓书表演,扩大了长子鼓书的受众范围,使其真正变得触手可及;直播的形式打破了传统的单向传播模式,实时弹幕将表演者和受众连接起来,让观众仿佛置身于演出现场;借助短视频和直播,长子鼓书有了走出长治、走向更广阔天地的机会,这对于其传承和发展具有深远的意义。

随着时光流转,长子鼓书从曾经"只有老年才看"的说书到如今渐渐赢得了年轻一代的喜爱。通过视频与直播的双重助力,它正在逐步跨越代际的隔阂,突破发展的桎梏。那么,在这场数字化的"破壁"之旅中,长子鼓书究竟走过了怎样的发展轨迹?新一代的从业者与观众又是怎样在"视频+直播"的助力下,实现文化传承的"血脉觉醒"?下文将引领我们一同探索长子鼓书打破代际壁垒的奇妙旅程。

一、基本信息:长子鼓书的历史沿革与时代价值

(一) 长子鼓书的历史沿革

长子鼓书厚植于民,有着源远流长的历史。它是长子地区特有的地方性曲种,在长时间的发展演变过程中,当地鼓书艺人借鉴融合周边多种曲种、戏曲唱腔的精良之处,结合本地人的兴趣爱好,不断革新表现形式,最终形成了如今的长子鼓书。长子鼓书以朴实易懂的曲调、多样风趣的演唱方式以及独特的地方风格等特点,深受当地群众的喜爱。在传统曲艺趋向衰落的今天,长子鼓书以其独特的生命力,成为长子地区的一张"文化名牌"。

早在宋、元时期,长子就有了曲艺这种艺术,当时的主要形式是评书,是农村劳动人民在茶余饭后、闲暇时为了娱乐消遣而创作的一种口头艺术,其故事内容多为日常听闻、民间传说等[①]。后来评书逐渐发展为由专业艺人讲述的表演艺术,故事的内容也更加丰富。这一时期鼓书艺人的表演形式较为单一,主要是单人站于木桌前或者坐于石凳上,简单走场或不转变姿势进行表演,以说为主,配合木板辅助演出,打击节奏起到烘托氛围的作用[②]。到清末民初,长子境内出现了长子道情、长子扇妓、上党梆子、莲花落、扇鼓、木板书、钢板书、河南坠子等各种流行曲种,曲艺艺人也逐步增多。长子鼓书在最早的"木板书"(也称"大板书")和"小板书"的基础上,吸收长子道情、长子扇鼓、上党梆子等唱腔,再结合当地方言、民俗而初步形成。

---

① 宋书亚.长子鼓书艺术风格研究[D].秦皇岛:燕山大学,2019.
② 贾旻飞.山西长子鼓书艺术研究[D].呼和浩特:内蒙古大学,2021.

抗日战争时期，长子县抗日政府在石哲镇马家峪村组织了长子历史上的第一个有盲人参加的曲艺队，作为抗日宣传队活跃在晋东南一带①。题材以宣传抗日思想和组织动员群众为主，增加了二胡、板胡等弦乐类乐器，加入配乐说唱，配合木鱼梆子和木板进行演出，之后又加入了唢呐、笙等管乐乐器。说唱形式也由单人说唱变为多人走唱，通常是两人相对而立，一唱一和交替进行，中途会有相互换位置等走场和手势的转变；也有双人或多人分持不同伴奏乐器配合说唱的演出情形。新中国成立后，人们对艺术方面的需求逐渐增加，曲艺队活跃在全县村庄，影响力更加广泛。女艺人开始登台演唱，改变了以往艺人均为男性或者盲人的队伍结构，也革新了长子鼓书的艺术表现形式，增强了鼓书的表现力和观赏性②。

20世纪80年代后期，随着曲艺演唱走向市场，长子鼓书受到长治市政府的重视和民间文化保护政策的扶持，长子曲艺队如雨后春笋般迅速发展，风靡上党及周边地区。21世纪，在政府的大力支持下，长子鼓书团队与艺人开始广泛参加各种大型戏曲比赛、国家级展演等，鼓书的发展呈现出向好趋势。

这一时期，长子鼓书的表演形式趋于稳定，即户外搭台演出，说唱相间，使用长子方言。其唱腔属于板腔体，主要板式涵盖流水板、数板、垛板、悲板等多种类型。伴奏乐器方面，不仅有书鼓、简板与二胡，有时也会采用竹板、板胡、低胡等，后来还增添了电声乐器、手风琴以及锣、钹等乐器，用于在演出前的"吵台"演奏以及唱腔中插入梆子腔与落子腔演唱时的伴奏，伴奏方式为间奏式。此外，还有器乐曲牌用于开书前的"闹场"演奏③。艺人会根据现场观众的反应在表演过程中加入即兴表演，增进艺人与观众之间的交流互动。

曲艺团队也趋于规模化与制度化。表演团体人数为10人左右，团内有明确分工，除说唱演员外，还有小型的伴奏乐队。截至目前，长治地区有营业执照与演出证的鼓书说唱队有60多支，无证照的团队有80余个。他们的演出足迹遍布山西中南部、河南、河北等地④。长子鼓书的传统节目以中长篇为主，有《金镯玉环记》《包公案》《徐公案》《施公案》《海公案》《回杯记》《回龙传》《白玉楼》等。抗日战争以来新编演的节目以短篇为主，有《风雷》《小二黑结婚》《江姐》《烈火金刚》等⑤。近年来，鼓书剧目主要由专业人士创作编写，但新编作品显著减少，呈现出人才缺乏、创新性不足的局面。

在长子鼓书的发展过程中，大致经历了六代新老艺人的传承、创新与完善，主要的传承方式为师徒之间的口授心传。当代长子鼓书的代表性传承人主要有刘引红、李先玲、李云飞、胡晚红、鲍先平、刘海燕等人，其中刘引红女士是长子鼓书国家级非遗代表性传承

---

① 长子县人民政府. 长子鼓书[EB/OL]. http://www.zhangzi.gov.cn/zjzz/zzrw/fwzwhyc/201712/t20171219_735358.html.[访问时间：2024-11-09].
② 李青青. 长子鼓书调查研究[D]. 长春：东北师范大学，2023.
③ 中国非物质文化遗产网·中国非物质文化遗产数字博物馆. 长子鼓书[EB/OL]. https://www.ihchina.cn/art/detail/id/13742.html.[访问时间：2024-11-07].
④ 郭晓俊. 融媒体环境下长子鼓书的传承发展[N]. 科学导报，2024-09-27(B08).
⑤ 中国非物质文化遗产网·中国非物质文化遗产数字博物馆. 长子鼓书[EB/OL]. https://www.ihchina.cn/art/detail/id/13742.html.[访问时间：2024-11-07].

人,多次参加国家级曲艺比赛并获奖,带领长子鼓书走出长子、走向世界(见图4-2-1)。她的徒弟王晨曦等人,作为第六代新生代鼓书传承人,如今也正在担负起传承的重任。2011年5月23日,长子鼓书被国务院纳入第三批国家级非遗名录。2023年10月31日,国家级非物质文化遗产代表性项目保护单位名单公布,长子鼓书项目的保护单位长子县文化馆评估合格。

图4-2-1　长子鼓书演出现场

(资料来源:图说长治.长子鼓书非遗传承人刘引红文艺演出庆祝首届"中国农民丰收节"[EB/OL].https://www.sohu.com/a/255875132_99945187.[访问时间:2024-11-05].)

(二) 长子鼓书的时代价值

1. 文化价值

长子鼓书作为中国重要的戏曲种类之一,是中华优秀传统文化的重要组成。长子鼓书的创作题材种类多样,其内容具有论忠奸、讲孝道、砭时弊、唱善美的特点,擅长叙事和刻画人物,尤其擅长表现爱情、公案题材,富有生活情趣。既可叙事,又可抒情,还可说理①。随着时代的进步,长子鼓书也不断与时俱进,越来越承担起传播主流文化价值观、传递正能量和社会真善美、弘扬社会主义核心价值观的重要职责。长子鼓书的题材主要分为历史神话、社会生活、思想宣传等②,如经典曲目《精卫填海》《梁祝》《包公案》《借妻》《江姐》《说廉政》《警民情》等作品,都具有思想宣传和教育意义(见图4-2-2)。长子鼓书是传播中华优秀传统戏曲文化的重要载体,也是中国软实力的重要体现。2018年由中国曲艺家协会和巴黎中国文化中心共同举办的第11届巴黎中国曲艺节上,鼓书艺人胡晚红演绎的经典爱情故事《梁祝》得到了国外观众的高度评价。

2. 艺术价值

长子鼓书作为长子最具代表性的民间说唱曲艺形式之一,在唱词、唱腔方面都具有独特的艺术风格与魅力。长子鼓书的唱词具有突出的地域特点。在唱词、念白中有大量长

---

① 乔嫚嫚.长子鼓书的传承与发展研究[J].文学教育,2018(18):98-99.
② 宋书亚.长子鼓书艺术风格研究[D].秦皇岛:燕山大学,2019.

(1)《最后一笔党费》　　　　　　(2)《精卫填海》

图 4-2-2　长子鼓书演出曲目

(资料来源:长子县融媒体中心,长子鼓书《最后一笔党费》《精卫填海》[EB/OL]. https://www.zzc-media.com/search/newslist?title=%E9%95%BF%E5%AD%90%E9%BC%93%E4%B9%A6. [访问时间:2024-11-05].)

子特有的地方语言,带有浓郁的地方特色和乡土人情,蕴含着深厚的历史意蕴和民俗文化,使观众身临其境,富有感染力。句尾押韵是长子鼓书唱词的另一大特点,追求听觉上和谐的韵律感和表现力。鼓书在说唱的过程中夹杂演员的念白以及即兴对话,通常具有极强的喜剧效果[①]。长子鼓书的唱词文本有长篇、中篇和短篇之分。短篇唱词结构简单,句式整齐,节奏明快,韵律和谐,情感丰沛,很好地贴合了受众的观听习惯,能够为观众带来出色的观看体验。

3. 社会价值

长子鼓书从诞生至今历经千年,深深扎根于长子这片土地与民众。如今在长子人的生活中,听鼓书已经成为一种习惯和不可缺少的仪式。长子县地区自古便有敬神之传统,许多大型民俗活动如庙会、祭祖,还有乡间民俗如满月、圆锁、结婚、过寿、丧葬等,都会邀请鼓书艺术团表演,表达主家想要与众同乐的喜悦心情。长子鼓书是长子县的文化名片之一,承载着当地人民的情感归属和文化认同,是促进社会和谐稳定、凝聚人心的重要精神力量(见图 4-2-3)。

二、案例综述:长子鼓书的代际传播困境与破局

(一) 传统传承和表演形式下的生存危机

长子鼓书作为一种古老的民间曲艺形式,其传统的传承和表演方式在现代社会中暴露出诸多局限。口授心传的传承方式导致优秀曲目部分遗失,传统的线下演出模式也限制了其传播范围,加上缺乏优秀的营销人才,长子鼓书在互联网时代的被关注度相当有限,而内容创新动力的缺乏更让其传承遭遇断代危机。

---

① 张晋莎.浅析山西长子鼓书的艺术特点[J].北方音乐,2017,37(13):32.

(1)《沃土芬芳》　　　　　　　　(2)《为逆行者点赞》

图 4-2-3　长子鼓书演出曲目

（资料来源：长子县融媒体中心．长子鼓书《沃土芬芳》《为逆行者点赞》[EB/OL]．https://www.zzc-media.com/search/newslist?title=%E9%95%BF%E5%AD%90%E9%BC%93%E4%B9%A6.[访问时间：2024-11-05].）

1. 传受群体的代际断层

长子鼓书作为一种活态文化，主要的传播主体就是鼓书艺人，因此，鼓书艺人的代际断层对长子鼓书的传承有着致命的影响。长子鼓书的国家级非遗代表性传承人仅1名，长子全县鼓书艺人200余人，且以中老年人为主。这些鼓曲艺人中，50~60岁的占75%，40~50岁的占15%，30~40岁的占5%。长子鼓书的传承依赖民间艺人的口授心传，技艺的传递通常局限于家族内部或师徒关系，传承的覆盖面有限。随着社会经济的发展，年轻人有了更多的就业机会，传统的表演行业在社会地位和经济收入方面相对受限，难以吸引年轻人投身其中。同时，鼓书学习周期较长，演出场所不固定，走乡串户，很多年轻人无法坚持下来，而且年轻人大多将时间更多地用在学习或工作上，精力有限，难以长期接触长子鼓书。据非遗传承人刘引红介绍，现在很多年轻艺人都不是全职从事长子鼓书的表演，随时会有人从这个行业退出。

技术的便捷、生活的高效使得当下社会的加速趋势愈发明显，社会个体内在的生物钟频率不断加快。快速的生活节奏导致青年"文化体力不支"，而倾向于浏览娱乐爽文等"速食性"低密度的信息[①]。新媒体时代的文化受众更易接受"速食"文化，这就使与现代社会具有一定时空距离的长子鼓书传承面临不小的传播阻力。快捷便利的流行文化逐渐取代了传统的现场观演。年轻群体将大量时间用于刷短视频，对传统艺术形式如长子鼓书的兴趣显著降低。长子鼓书发源于农村，多见于庙会、婚丧嫁娶等特殊节日，受众以农村中老年人为主。长子鼓书目前的稳定受众从小就是在"瞧说书"的文化氛围中成长起来的，对其有深厚的情感认同。随着时间的推移，这一群体渐趋老龄化，而年轻一代却没有及时补充进来，这使得长子鼓书在传承过程中缺乏新的活力，进一步加剧了传承断层的问题。

2. 传播意识的代际偏差

年轻群体在非遗传播中有着先天优势，他们学习能力强，掌握更优越的传播媒介和技

[①] 孙权，聂玉波，肖辛育.代际文化视野下中华优秀传统文化活化与年轻化传播——以Z世代为核心的考察[J].数字出版研究，2023(S2)：25-30.

巧,同时年轻群体对于本地非遗的传播意愿也在逐渐加强。根据国家对非遗传承人的年龄统计,绝大部分传承人都来自中老年群体①,长子鼓书也不例外。中老年群体对于新媒体传播方法了解不足,利用其进行传播的意愿也较低,这就导致优秀的鼓书艺人不会利用新媒体进行传播,而有传播意识的年轻群体又不具备鼓书表演技巧。"这种传播意识的偏差造成了'传者无心,受者有意'的局面,传播链条不流畅,导致双方无法实现良性的代际传播。"②

3. 传播环境的地理局限

长子鼓书起源于山西省长治市长子县,其演出区域也以晋东南地区为主,其中长治市的演出最多,但也会到周边的市、区进行演出,如临汾、晋城等地③。在传统的传播环境下,它主要在本地的村落、乡镇之间演出,受众也主要是当地的居民。没有现代交通和通信手段的时代,长子鼓书很难走出本地,这种地域限制导致其无法获得更广泛的关注。此外,传统的演出模式决定了它的传播范围。民间艺人通常在本地的庙会、集市、婚丧嫁娶等场合进行表演④,这些场合的参与者大多是本地人,因而很少有外地人能够接触到长子鼓书。

从语言艺术来看,由于方言的原因,长子鼓书在晋东南地区的传播过程中,艺人们仍需要学习使用各地区不同的方言或者普通话来进行演唱⑤,以期给观众提供良好的观看体验。长子鼓书的表演形式、唱腔和语言都具有浓厚的地方特色,这在一定程度上限制了其在更广泛地区的传播和接受。此外,由于政府大力推动移风易俗,对于婚丧嫁娶等传统场合,人们选择简化办事流程、节约办事成本,长子鼓书展示的平台也在减少,进一步削弱了其社会影响力。

中国互联网络信息中心发布的第53次《中国互联网络发展状况统计报告》显示,截至2023年12月,我国网络视频用户规模达10.67亿人,其中短视频用户规模达10.53亿人,较2022年同期增长4 145万人,占网民整体的96.4%⑥。长子鼓书面对汹涌而来的新媒体传播浪潮还没有形成完整的应对模式。在各类主流媒体上,关于长子鼓书的报道和宣传也较少,外界对这一独特艺术形式缺乏系统的了解。关注度的缺失进一步加剧了长子鼓书在现代文化市场中的竞争劣势,严重制约其发展空间,使其难以吸引充足的资源和专业人才进行有效投入。

4. 传播内容创新不足

长子鼓书历史悠久,数量繁多。因为长子鼓书一直以口授心传为主,部分剧目已经失传,所以具体有多少篇也无从考证。最早收录长子鼓书的著作《长子曲艺音乐集成》中收

---

① 李东琦. 嫩江流域非物质文化遗产代际传播困境与对策研究[J]. 科技传播,2024,16(3):53-55.
② 王晔. 非物质文化遗产视域下黑龙江少数民族曲艺音乐的保护与传承——以达斡尔族乌钦、赫哲族伊玛堪、鄂伦春族摩苏昆为例[J]. 黑龙江民族丛刊,2016(6):142-147.
③ 常路艳. 长子鼓书现状调查与艺术表达研究[D]. 西安:陕西科技大学,2022.
④ 刘引红. 长子鼓书在山西农村地区发展与现状简述[J]. 曲艺,2021(9):18-19.
⑤ 常路艳. 长子鼓书现状调查与艺术表达研究[D]. 西安:陕西科技大学,2022.
⑥ 中国互联网络信息中心发布第53次《中国互联网络发展状况统计报告》[J]. 国家图书馆学刊,2024,33(2):104.

录了长子鼓书剧本选段5个;2013年长子县文联编写的《廉山情韵》中完整记录了长子鼓书曲目共计28个;《长子鼓书传统小段选》中记录了90篇长子鼓书小段[①]。这些被收录的作品大多是一代代流传下来的名篇,文化底蕴深厚且被传为经典,但不可否认的是能够体现当下年轻人生活的作品较少,所反映的主题和情节与现代社会生活有了一定的脱节。尤其是许多反映特定时代特征的传统曲目,对于现代年轻观众来说缺乏直接的情感共鸣和现实意义。

鼓书艺人对鼓书的传承也并非只是局限于表演,还包括鼓书剧本的创作,钻研新段子、新唱法、新曲调等[②]。但是鼓书艺人的断层使得新的鼓书曲目难以形成,以至于出现内容单一、故事老套等问题。长子鼓书的创作不仅要求艺术与生活的融合,还需要激发生活情趣和蕴含人生哲理。但目前能够深入研究并融入百姓生活的年轻艺人较少;年长传承者和创作者受到传统观念的束缚,对于新事物、新热点、新元素和新表演形式的接受程度有限,于是出现内容创新缺乏的问题[③]。创新动力不足的另一个原因在于缺乏市场反馈机制和专业的创作团队。非遗传承人刘引红认为,有很多文笔很好的人都会写些东西,但是很少有能上台演唱的,他们没有一定的专业培训,很难将自己的文笔运用到写长子鼓书剧目上。

5. 传播效果的代际鸿沟

传播效果是传播行为的反馈,也是评估传播行为的重要指标。影响传播效果的因素是多方面的,取决于传受双方、传播内容、传播方式等[④]。首先从传播者和受众的角度分析,在代际传播过程中,鼓书艺人与年轻一代受众在年龄、角色以及共同社会经验等方面存在代际差异,对传统鼓书内容的编码和解码也有所不同,从而引发代际鸿沟。其次在传播内容方面,长子鼓书不仅具有深厚的历史和文化属性,而且与当地生活息息相关。但随着时空的不断变化,陈旧固化的鼓书曲目更新不足,无法迎合年轻一代的内容需求,导致代际鸿沟扩大。最后在传播方式方面,虽然长子鼓书也在积极拥抱新媒体,如很多鼓书从业者开设抖音账号,如"刘引红""晨曦鼓曲社"等,长子县文化馆等保护单位也开设了微信公众号,但是这些传播内容的关注、点赞和转发量却不尽如人意,传播效果不够理想。

(二)视频直播助力长子鼓书打破代际壁垒

面对数字时代给长子鼓书带来的挑战,传承者们主动适应数字化趋势,运用数字化手段对长子鼓书的优秀曲目进行系统采集和保存;在保持传统特色的基础上,对长子鼓书内容进行创新,以适应现代观众的审美和需求;通过数字化平台,对长子鼓书进行广泛展示和推广,扩大其影响力;借助数字化教育资源,普及长子鼓书知识,提升公众对其价值的认

[①] 常路艳.长子鼓书现状调查与艺术表达研究[D].西安:陕西科技大学,2022.
[②] 郭晓俊.融媒体环境下长子鼓书的传承发展[N].科学导报,2024-09-27(B08).
[③] 郭晓俊.融媒体环境下长子鼓书的传承发展[N].科学导报,2024-09-27(B08).
[④] 李东琦.嫩江流域非物质文化遗产代际传播困境与对策研究[J].科技传播,2024,16(3):53-55.

识，鼓励更多人参与保护和传承工作。

1. 数字化保存

数字化保存对于非遗的保存和传播是极大的助力。音视频的录制能够将长子鼓书的唱腔和表演以高保真的形式记录下来，也能够最大程度地将长子鼓书的曲目保存下来。长子县委、县政府将长子鼓书列为重要的艺术发展项目，并投入专项资金进行扶持。长子县文化馆致力于收集和整理长子鼓书的历史资料，并编辑成册。这包括对长子鼓书的起源、发展、表演形式、语言特点、唱腔、伴奏乐器等方面的详细记录和整理；对传统剧目进行录像、录音，并整理、归档为电子文档，这是数字化保存工作的重要组成部分，确保长子鼓书的表演和教学资料能够长期保存。

数字化技术的应用能够让长子鼓书表演细节得到最大程度的保存。高清晰度的视频记录技术可以从多个视角捕捉表演者的演奏技巧、面部表情、肢体动作等，为艺术学习和学术研究提供更加直观、准确的参考素材。数字化保存技术的实施也有利于长子鼓书数据库的构建。通过数据库，能够对大量的长子鼓书表演音视频资料进行系统的分类与整理，并根据流派、曲目、表演者等关键词进行标注与存储（见图 4-2-4）。这一数据库将成为学习和研究长子鼓书文化的重要资源库，也可以让学者、艺术家及爱好者更加便捷地检索并获取所需资料。此外，数字化保存还可以通过网络平台实现资源共享，促进长子鼓书文化更加广泛的传播与交流。除了官方系统的数字化保存外，长子鼓书的传承人和爱好者也在各视频平台上传视频，如哔哩哔哩上 ID 为笔墨千秋酿的 UP 主就上传了长子鼓书

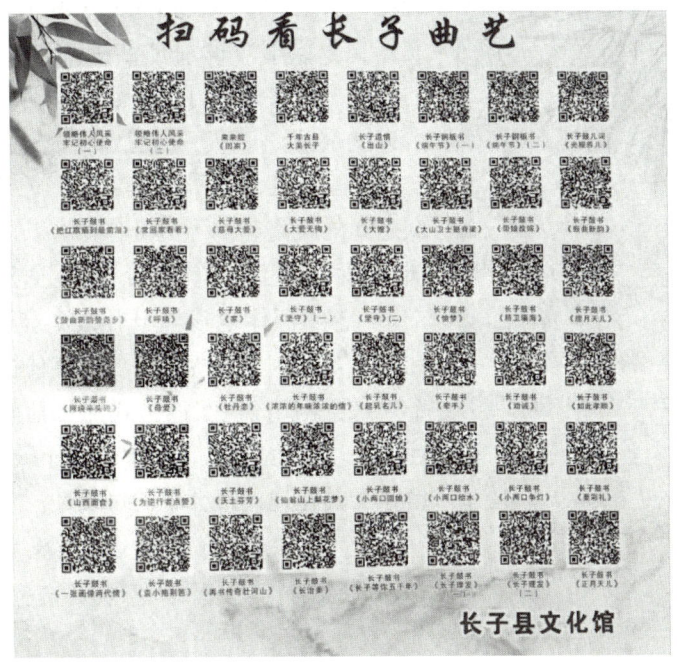

图 4-2-4　部分长子鼓书曲目二维码

（资料来源：长子县文化馆微信公众号[EB/OL]. https://sxsszwhg.com/chzx/user_appreciatePictureList/33466. [访问时间：2024-11-05].）

合集共60集，累计浏览量为5.8万。存储于数字平台上的视频资料，通过消除地理和时间的界限，实现了对长子鼓书文化资料的无障碍访问。无论观众身处国内或海外，只要具备网络连接条件，即可在线观赏这些文化遗产。这不仅有效扩展了长子鼓书的文化影响力，而且促进了更广泛的群体参与到这一非遗的保护与传承工作中。

2. 短视频：让长子鼓书触手可及

《活态传承——直播打赏与非遗传播研究报告》指出，在直播、短视频中，经济化媒介行为与传统非遗深度融合，正不断推动非遗文化产业的时代重塑，形成以直播为核心的文化产业模式①。截至2022年6月，国家级非遗项目抖音覆盖率99.74%，相关视频点赞量超94亿②。短视频的发展无疑给长子鼓书提供了一个传播与推广的有利契机。长子鼓书应充分利用这一技术趋势，打造专属于长子鼓书的线上文化知识产权（IP），依托抖音、快手、哔哩哔哩等平台，以更贴近用户偏好的方式呈现长子鼓书，从而提升其认知度与喜爱度。

图4-2-5 抖音平台长子鼓书精彩选段《小两口回娘家》

（资料来源：山西文旅，你们想看的长子鼓书来了！国家级非遗代表性传承人刘引红老师作品［EB/OL］. https://v.douyin.com/iAuhSEKX/KjP:/W@M.Ji 10/30.［访问时间：2024-11-12］.）

长子鼓书短视频的内容选取和制作也需要精益求精，从业者将完整表演剪辑成精彩的片段，突出其中最具吸引力的部分，如精彩的唱腔、独特的表演动作或有趣的故事情节（见图4-2-5）。晨曦鼓曲社团长王晨曦指出："在这个快节奏的时代，受众的娱乐时间大多为一些碎片化的时间，我们要尽可能地把最精彩的部分拍成短视频，让人们喜欢上之后再去慢慢了解它。"非遗传承人刘引红则认为："在拍摄和制作长子鼓书短视频时也要更为严谨，传播给大众的东西一定要是最好的，最精华的，所以制作过程要严谨慎重。"

短视频的传播机制对于缩短长子鼓书与年轻观众之间的距离起到了关键作用。长子鼓书的线上传播最初主要面向年轻受众，随后通过年轻一代的推广，中老年群体也逐渐开始在线上观看长子鼓书。在观看短视频内容后，观众能够便捷地将其分享至个人社交网络，触发连锁式的传播效应。这种自发性的分享行为极大地扩展了长子鼓书的传播范围，增强了其在现代社会中的可及性。

3. 直播：拓宽受众，增强现场

过去一年，抖音非遗项目直播场次同比增长

---

① 光明网.清华学术报告：非遗借直播 短视频实现"活态传承"［EB/OL］. https://m.gmw.cn/baijia/2022-12/08/36216989.html.［访问时间：2024-11-12］.
② 崔浩,黄鑫.直播助力非遗传承"活"起来[N].经济日报,2022-12-20(6).

642%,平均每天直播1 617场,获得打赏的主播人数同比增长427%。其中,获得收入的非遗传承人数量同比增长34%,非遗好物销量同比增长668%①。直播能够利用网络连接突破地域和文化背景的限制,以即时、互动的传播方式让非遗进入大众视野②。

在直播实时互动的环境中,观众得以即时观赏鼓书艺人的演出,并能够通过弹幕与其他观众同步讨论,同时利用弹幕、评论、打赏等互动机制与表演者实时沟通③。观众能够即时向表演者反馈个人的观演体验,并表达对特定曲目的偏好。表演者也可以根据观众的及时反馈,灵活地调整其表演内容与节奏,这种实时性为观众提供了一种仿佛亲临现场的体验,而直播的互动性则为双方带来了更为丰富的互动体验。得益于直播技术的应用,长子鼓书的受众范围得到显著扩展的同时,也成功吸引了来自不同年龄段的观众群体(见图4-2-6)。

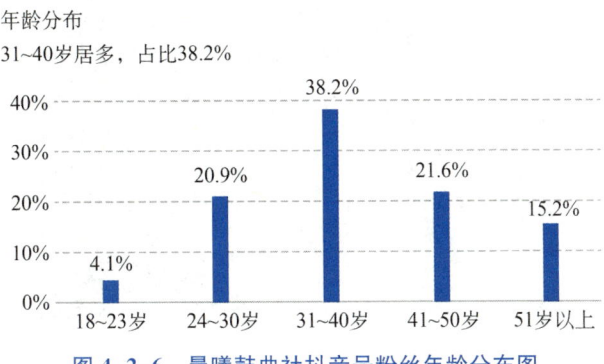

图4-2-6　晨曦鼓曲社抖音号粉丝年龄分布图

(资料来源:考古加.晨曦鼓曲社抖音号粉丝年龄分布图[EB/OL].https://www.kaogujia.com/darenDetails/fansPortrait/KKG9mYAr.[访问时间:2024-11-12].)

4.走出长治:交流与成长

借助视频和直播平台,长子鼓书获得了走出本土、扩大交流的机会,这对长子鼓书的传承与发展具有重要的影响。在此过程中,长子鼓书能够与不同地区的非遗进行广泛的交流与合作,同时也能够吸收其他地区非遗的精华,以促进自身的发展与完善。长子鼓书的从业者通过在线观摩其他说唱艺术形式,学习并吸收了不同说唱艺术在唱腔、表演形式、曲目内容等方面的优势,进而对传统曲目和表演形式进行创新性改良。现在长子鼓书唱词和念白中普通话的使用日益增多,而字幕的出现也使得长子鼓书更加易于被大众理解;内容方面,近年来长子鼓书创作者们创作了一大批符合新时代审美和价值要求的剧本,如《山西面食》《长治美》《为逆行者点赞》《最后一笔党费》等,文化内涵丰富,雅俗共赏,适应了越来越多的大型舞台表演需求;形式方面,表演者在大型舞台上不仅手持传统小板,还配合打鼓进行表演,表演者的服装和妆容也更为精致,适应现代舞台表演的需求。

---

① 崔浩,黄鑫.直播助力非遗传承"活"起来[N].经济日报,2022-12-20(6).
② 于凤静,王文权.场景重构:5G非遗传播要素的嬗变与影响[J].当代传播,2020(2):107-109.
③ 王彦龙,孟赛.新媒体视域下秦腔"短视频+直播"传播形态探析——以快手平台为例[J].艺术研究,2024(2):151-153.

长子鼓书还积极参与国内外线下交流活动,2023年长子鼓书《小两口回娘家》亮相2023年全国非遗曲艺周,与全国多项曲艺类国家级非遗同台献艺;2023年、2024年,长子鼓书连续两年亮相进博会,将长子鼓书带出国门;2024年10月31日,"我们是长治说书人"长治市曲艺精品赴京展演在北京吉祥大戏院上演;2013年,刘引红就在巴黎中国曲艺节之北方曲艺专场演出中表演了《小两口回娘家》;2019年,长子鼓书艺人胡晚红受邀参加第11届巴黎中国曲艺节;2024年9月,长子鼓书非遗传承人刘引红受邀参加第11届韩国光州广域市中国文化周,现场表演了长子鼓书《山西面食》(见图4-2-7)。长子鼓书在更广泛的文化市场中获得了认可和发展,与其他文化的碰撞和融合也使其不断丰富自身的内涵,适应现代社会的发展需求,保持其文化生命力。

图4-2-7　非遗传承人刘引红在长治市曲艺精品赴京展演中演出长子鼓书《山西面食》

(资料来源:长治日报,惊艳!"我们是长治说书人"唱响京城[EB/OL]. https://cz.sxgov.cn/content/2024-11/02/content_13329430.htm.[访问时间:2024-11-05].)

三、分析点评:视频直播多维联动,打破非遗传播代际壁垒

(一)打破局限,代际连接更灵活

数字化技术的应用让传统非遗表演场景和观众生活场景的融合成为可能。这种场景的融合不仅能够让年轻人以新的方式体验和欣赏长子鼓书,也使得长子鼓书能够在现代社会中继续生存和发展。

1. 场景融合提升文化体验

长子鼓书的线下演出时间主要在下午和晚上,每次演出大约3~4个小时,观众以老年人为主,偶有年轻人驻足观看也很快会迫于年龄不合群或者时间不合适等原因悄然离开。在短视频平台上,长子鼓书变得更加容易接近,当年轻人主动搜索相关信息,就很容易接触到长子鼓书,利用碎片化的时间看上一段,小"酌"怡情。视频呈现使得长子鼓书的观看时间和地点更加灵活,受众可以选择适合自己的观看场景,个性化地体验长子鼓书。这种方式使长子鼓书更好地融入了现代生活,提高了其在现代社会中的生

命力。

2. 深度对话加强情感连接

山西文旅推出了"非遗说·大咖分享会",在短视频节目中,鼓书传承人刘引红向受众分享了长子鼓书的历史和鼓书艺人的故事(见图4-2-8)。这种多样化的跨代对话和交流促进了非遗传承人和年轻一代之间的理解和尊重,使得长子鼓书与年轻人建立起情感联系。

(二) 雅俗共赏,激发文化认同

1. 精益求精助力消除偏见

以前的长子鼓书只是活跃在农村舞台上的艺术形式,从唱腔到表演都不规范,有时候为了取悦老百姓,甚至含有低级趣味成分①。因此,当地居民普遍认为"说书"不是被大家认可的、受尊重的职业。但是在短视频的展示中,人们看到了长子鼓书更加规范的唱腔、更具感染力的表演,它既可以是高雅的,也可以很接地气。固有的偏见逐渐被打破,长子鼓书的魅力在短视频中被凝聚并传播,这提高了年轻人对鼓书的理解和对鼓书从业者的尊重。越来越多的家庭愿意让孩子学习和从事鼓书表演(见图4-2-9)。

图 4-2-8 刘引红参加"非遗说大咖分享会"

(资料来源:山西文旅,非遗说大咖分享会第四期[EB/OL]. https://www.douyin.com/video/7386484715093560626.[访问时间:2024-11-05].)

2. 文化融合推动代际认同

长子鼓书与主流文化的深度结合提高了其在大众文化中的影响力,而与网络亚文化的结合则使长子鼓书更加贴近年轻人的生活方式和审美趣味。长子县文化馆打破了固化思维,多举并重推动长子鼓书内容创新,很多紧跟时代潮流的新剧本由此诞生。通过"短视频+直播"的传播形式,受众逐渐打破了对长子鼓书的刻板印象,认识到长子鼓书不仅能够在民间小舞台进行"接地气"的表演,而且能够在国内外的大舞台上进行高雅大气的展示(见图4-2-10)。长子鼓书的日渐规范和完善扭转了大众对其的认识,同时多元化传播形式在满足不同年龄层用户需求的基础上,也实现了代际之间的文化共享,助力长子鼓书受众形成跨代文化共识。

---

① 中国青年网. 长子鼓书传承人刘引红:把民间艺术发扬光大[EB/OL]. http://qclz.youth.cn/znl/201807/t20180718_11672361.htm.[访问时间:2024-11-05].

图 4-2-9　两位小朋友表演长子鼓书的短视频受到大量好评

（资料来源：刘引红抖音账号[EB/OL]. https://www.douyin.com/video/7237514852284075303.［访问时间：2024-11-12］.）

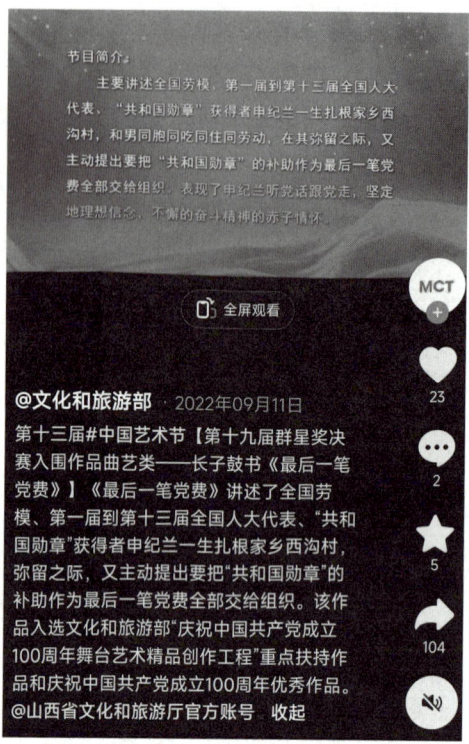

图 4-2-10　长子鼓书节目《最后一笔党费》

（资料来源：文化和旅游部抖音官方账号，长子鼓书《最后一笔党费》[EB/OL]. https://www.douyin.com/video/7141977484118986016.［访问时间：2024-11-12］.）

（三）视频直播形式的不足之处

1. 商业化与传统文化的平衡

在追求点击率和商业利益的过程中，如何保持长子鼓书的传统文化特色和艺术价值，是一个需要认真考虑的问题。过度商业化可能会损害长子鼓书的文化本质，而忽视商业运作又可能导致传播力度不足。目前长子鼓书在视频平台中的影响力较小，原因在于：没有形成成熟的运营团队，鼓书艺人的抖音账号也仅靠个人在维持；传播内容随意性较强，没有明确的主题策划；拍摄手法和技巧也比较欠缺。

2. 人才培养与教育制度不够完善

长子鼓书的传承和发展需要新一代的艺人和创作者。当前，长子鼓书的专业人才培养和教育仍然不足，这限制了长子鼓书创新和发展的潜力。虽然长子县文化馆推出了鼓书培训班、鼓书进校园等活动，也通过举办工作坊、讲座和表演等形式，让人们可以近距离接触和了解这一传统艺术，从而培养他们的兴趣和认识，但此类培训大多持续时间较短，无法让参与者深入学习长子鼓书。

纵观长子鼓书在数字化保存和发展方面的努力,其深刻体现了数字技术在文化遗产传承中的独特优势,不仅从技术层面显著推动了长子鼓书的创新和发展,更在文化内涵传承、代际融合等方面产生了深远的影响。通过这种方式,长子鼓书有效地打破了代际隔阂,逐步迎来了创新发展的新时期。同时,随着网络技术的不断发展和虚拟现实技术的应用,长子鼓书的传播将更加立体和富有沉浸感。在非遗元宇宙概念的加持下,长子鼓书会找到新的展示平台,实现传播新发展。长子鼓书也在积极尝试与其他艺术形式进行跨界合作,推出新的艺术作品,从而吸引更多年轻观众。

第三节　八义陶瓷:BGC 运营实现非遗品牌传播

2023 年 4 月 22 日,山西省"人到山西好风光"人才宣介上海专场活动启动,由长治市上党区推介的八义窑红绿彩瓷受邀参加。刚亮相,八义窑红绿彩瓷就以其独特的传统技艺吸引了无数目光。八义窑红绿彩瓷以其独特的非遗魅力征服了现场的观众。现场不少参观者对八义窑红绿彩瓷手工艺品产生了浓厚兴趣,纷纷表示希望有机会可以亲自到八义窑基地实地参观考察并进一步寻求合作的机会。这一事件无疑为八义窑的出圈之路增添了浓墨重彩的一笔①。

2024 年"6·18"购物节期间,长治八义窑红绿彩瓷首次亮相各大电商平台。八义窑红绿彩瓷为了实现在保留古典韵味的同时更符合现代审美,在传承传统的红绿彩绘技法的基础上融入现代设计元素②,借助电商平台的广泛传播力,通过线上直播手段向广大网友展示红绿彩瓷的制作过程,详细地讲述每个瓷器背后的历史故事与文化内涵,成功地获得众多消费者的关注与喜爱,实现了从线下到线上的华丽转身。八义窑红绿彩瓷通过将非遗与电商营销结合的新模式,拓宽了市场渠道,让更多的人有机会接触并了解八义窑红绿彩瓷烧制技艺这项珍贵的非遗,推动中华优秀传统文化的传承与弘扬。

在社交媒体领域,八义窑红绿彩瓷的传播也取得了显著的成效。2023 年,八义窑红绿彩瓷成立了位于北京的分公司,分公司专门负责线上销售和品牌形象打造与社交媒体运营。八义窑红绿彩瓷通过专业团队在抖音和小红书等热门社交媒体平台开设"八义陶瓷"官方账号,发布关于红绿彩瓷品牌故事的精美图片,制作红绿彩瓷产品宣传介绍短视频,成功吸引了大量粉丝关注八义窑红绿彩瓷。随着运营内容质量的稳步提高和销量的逐步提升,传承八义窑红绿彩瓷烧制技艺的"八义陶瓷"品牌在社交媒体上的影响力不断扩大。

---

① 原依凡.实力"吸睛"!上党区八义窑红绿彩陶瓷参加"人到山西好风光"人才宣介[EB/OL]. https://www.sohu.com/a/774484564_400764.[访问时间:2024-11-12].
② 网易山西黄晶.上党乡村 e 镇助力长治八义窑电商秀:当电商盛典邂逅千年瓷韵,共赴一场文化与艺术的盛宴[EB/OL]. https://m.163.com/local/article/J4SH4T1O04149A58.html.[访问时间:2024-11-12].

一、基本信息：八义窑红绿彩瓷的历史沿革与时代价值

（一）手工艺类非遗：八义窑红绿彩瓷简介

八义窑，位于山西省长治市上党区八义镇红绿彩村，其历史可追溯至北宋景德年间，兴盛于金代中期①。长治这片古老的土地孕育了丰富的文化遗产，而八义窑红绿彩瓷便是其中的杰出代表（见图4-3-1）。

图4-3-1　山西省长治市上党区八义窑红绿彩陶瓷生产基地、红绿彩博物馆

（资料来源：中华人民共和国商务部．八义陶瓷［EB/OL］. http://lzhbwg. mofcom. gov. cn/edi_ecms_web_front/thb/detail/bdc3b1b10ed24dcbb424ca05628d6eba.［访问时间：］［2024-11-12］.）

八义窑红绿彩瓷始烧于宋朝，在宋金时期成为山西东南部彩瓷的生产基地，后经元、明、清各朝的发展，直至明清时期达到鼎盛状态。八义窑率先创烧红绿彩瓷，被誉为"中国陶瓷史上第一抹彩虹"，以色泽纯正、造型优美、装饰华丽而著称，为后来的五彩、斗彩、粉彩、浅绛彩瓷的出现奠定了重要基础（见图4-3-2）②。

明万历版《潞安府志》中有八义窑红绿彩瓷销售市场的相关记载，说明八义窑红绿彩瓷已然流通至全国各地，成为当时瓷器市场的重要组成部分。然而至20世纪80年代，由于窑工南迁、技艺断层、创新滞后等多方面原因，八义窑红绿彩停火封窑③。

明清时期的八义窑陶瓷生产规模不断扩大，产业分工进一步明晰，逐步形成了家族式经营的模式。1952年，当地政府整合东山村、南泉庄村等陶瓷生产经营户，成立了"八义陶瓷"互助合作社。自此，八义窑由家族作坊式生产经营转为集体化生产经营。2012年成立了长治八义窑红绿彩陶瓷文化有限公司，注册了"八义陶瓷"商标，先后投资建起了八

---

① 中华人民共和国商务部．八义陶瓷［EB/OL］. http://lzhbwg. mofcom. gov. cn/edi_ecms_web_front/thb/detail/bdc3b1b10ed24dcbb424ca05628d6eba.［访问时间：2024-11-12］.
② 武凯．山西长治八义窑：非遗之光，彩瓷的绚烂华章［EB/OL］. https://baijiahao. baidu. com/s?id=1803075486728826183&wfr=spider&for=pc.［访问时间：2024-11-12］.
③ 长治日报．八义窑红绿彩瓷：在传承中焕发时代活力［EB/OL］. https://baijiahao. baidu. com/s?id=1741301842284692562&wfr=spider&for=pc.［访问时间：2024-12-14］.

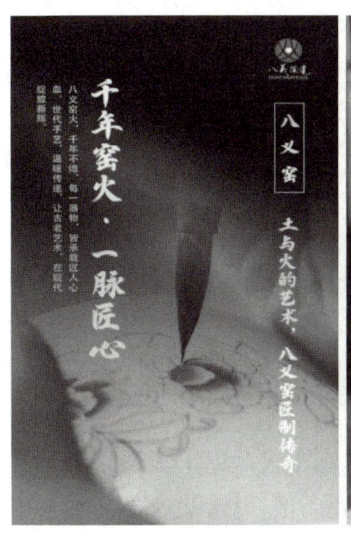

图 4-3-2　八义窑红绿彩陶瓷宣传海报

（资料来源：文旅融合助力八义窑守艺传承：红绿彩瓷的现代复兴[EB/OL]. https://www.sx.chinanews.com.cn/news/2024/0618/232960.html.[访问时间：2024-11-12].）

义窑传统陶瓷生产基地、现代陶瓷生产车间、红绿彩博物馆、学生劳动实践基地等。2014年，八义窑红绿彩获批成为山西省省级非遗；2021年，红绿彩瓷烧制技艺获评为国家级非遗代表性项目；2023年，长治八义窑红绿彩陶瓷文化有限公司成为省级文化产业示范基地，"八义陶瓷"成为"三晋老字号"[①]。如今的八义窑已然成为山西一张闪亮的文化名片，吸引着无数游客前往参观和探访。

（二）八义窑红绿彩瓷的时代价值

1. 文化价值

八义窑红绿彩瓷的历史可追溯至北宋景德四年，历经宋、金、元、明、清多个朝代，尤其在宋金时期，因率先烧制出了独特的红绿彩瓷而独步天下，被誉为"中国陶瓷史上第一抹彩虹"和中国彩瓷的"开山鼻祖"[②]。这一殊荣不仅彰显了其在中国陶瓷史上的重要地位，也为其增添了深厚的历史文化传承价值（见图4-3-3）。

八义窑的红绿彩瓷以其色彩鲜艳和装饰丰富而著称。采用釉上彩工艺，图案多样，包括折枝花卉、鱼虫、人物故事等，每一笔每一画都透露出匠人的高超技艺和审美情趣，蕴含着丰富的民俗文化内涵。例如，瓷器上鲤鱼的图案象征着富贵和吉祥，牡丹图案则代表着繁荣和昌盛等。这些寓意深远的图案反映了古代人民对于美好生活的向往和追求，同时也体现出中华民族独特的民俗文化和审美观念。

---

① 老字号数字博物馆：八义陶瓷[EB/OL]. http://lzhbwg.mofcom.gov.cn/edi_ecms_web_front/thb/detail/bdc3b1b10ed24dcbb424ca05628d6eba.[访问时间：2024-12-14].
② 黄河新闻网：上党区八义窑：窑火里的古瓷新韵[EB/OL]. https://cz.sxgov.cn/content/2024-08-01/content_13273733.htm.[访问时间：2024-11-12].

图 4-3-3　长治八义窑址

（资料来源：武凯. 山西长治八义窑：非遗之光，彩瓷的绚烂华章[EB/OL]. https://baijiahao.baidu.com/s?id=18030754867288261183&wfr=spider&for=pc. [访问时间：2024-12-02].）

八义窑红绿彩瓷烧制技艺作为国家级非遗，它不仅开创了多彩瓷饰艺术的先河，还对后世的五彩、斗彩、粉彩等瓷器的发展起到了重要的推动作用。八义窑红绿彩瓷除了在国内享有盛誉，还通过丝绸之路等途径传播到了世界各地，成为中外文化交流的重要载体。

2. 艺术价值

八义窑红绿彩瓷以其独特的工艺闻名，通过采用二元烧制法工艺，在1 200℃高温下烧成的白釉瓷上，用笔蘸取红、绿、黄等彩料勾画出纹饰，后再次入窑，在800℃左右的温度下烧成[1]。在经过这种独特的工艺后，白釉上呈现出色彩斑斓的图案和纹理，给人强烈的视觉冲击和艺术感受。

八义窑红绿彩瓷的种类丰富多样，包括碗、盘、瓶、钵、盒、碟、盏、小人、动物、玩具等。瓷器以白釉为主要底色，红、绿、黄为彩绘的主色。瓷器上所绘图案以折枝花卉、鱼虫、人物、文字等为主，所采用的绘画技艺以写意为主，兼有工笔、勾画、填涂。整体配色风格独特，色彩明快，技法娴熟，形象生动[2]（见图4-3-4）。

八义窑红绿彩瓷的制作工艺流程十分复杂，详细划分大约有72道工序，有着"过手七十二，方可成器"之说。主要流程包括备料、粉碎、沉泥、和泥、拉坯、施化妆土、上釉、垫支钉装笼、烧瓷坯、彩绘、二次烧制和出窑等12个关键环节[3]（见图4-3-5）。每一道工序都蕴含着匠人的心血和智慧，需要严格把控质量和细节，才能确保最终产品的品质。

3. 品牌价值

八义窑红绿彩陶瓷不仅以其精湛的技艺著称，更以其深厚的文化底蕴闻名。长治八义窑红绿彩陶瓷文化有限公司不忘本来，面向未来，为传承八义窑红绿彩烧制技艺，合力

---

[1] 中国非物质文化遗产网. 八义窑红绿彩瓷烧制技艺[EB/OL]. https://www.ihchina.cn/Article/Index/detail?id=23555. [访问时间：2024-11-12].

[2] 光明网. 八义窑红绿彩瓷烧制技艺[EB/OL]. https://museum.gmw.cn/2021-08/10/content_35069656.htm. [访问时间：2024-11-12].

[3] 上党晚报杨亚娟. 聚焦|一抹红绿韵古今——八义窑红绿彩瓷器守正创新之路[EB/OL]. https://mp.weixin.qq.com/s?__biz=MzA4NTk2Mzc4MA==&mid=2654173579&idx=3&sn=779bbaf7e3b9211092a19e25fb1ed9a4&chksm=85f1ca195ec827f2d1535015e05c2c044904af3a7aafff7ad039253c262d77668d291f0b1cc&scene=27. [访问时间：2024-11-12].

图 4-3-4　严把坯体质量关、精美的彩绘梅花鹿栩栩如生

（资料来源：上党晚报杨亚娟. 聚焦｜一抹红绿韵古今——八义窑红绿彩瓷器守正创新之路[EB/OL]. https://mp. weixin. qq. com/s?__biz＝MzA4NTk2Mzc4MA＝＝&mid＝2654173579&idx＝3&sn＝779bbaf7e3b9211092a19e25fb1ed9a4&chksm＝85f1ca195ec827f2d1535015e05c2c044904af3a7aafff7ad309253c262d77668d291f10b1cc&scene＝27.[访问时间：[2024-11-12].)

(1) 技师们对初步成型的瓷器部件进行人工精细　　(2) 技师们正在高压注浆
　　　　　　　粘接处理

图 4-3-5　技师处理

（资料来源：山西日报史晓波. 上党区八义窑：窑火里的古瓷新韵.[EB/OL]. https://cz. sxgov. cn/content/2024-08/01/content_13273733. htm.[访问时间：[2024-11-12].)

打造了"八义陶瓷"这一民族文化品牌，通过编纂《八义窑史话》内部资料及召开相关文化研讨会，比较系统地总结了八义窑的传统工艺和文化内涵。

长治八义窑红绿彩陶瓷文化有限公司还采取"走出去、请进来"的办法，通过组织当地老艺人、聘请外地老工匠、拜访业内老专家等多种形式，旨在围绕红绿彩瓷的传统工艺进行传承与发展。通过投资打造八义窑红绿彩博物馆，收藏宋金时期的红绿彩瓷完整品和残片，借助馆内600余件历史藏品来对品牌的历史文化和核心工艺等进行系统的展示与介绍，成为宣传展示和传承发展该非遗工艺的窗口和基地[①]（见图 4-3-6）。

长治八义窑红绿彩陶瓷文化有限公司作为八义窑红绿彩瓷的主要生产和传承者，一直致力于将八义窑红绿彩瓷烧制技艺这一非遗发扬光大。依托八义窑红绿彩瓷烧制技艺

---

① 山西新闻网. 吕国俊，孙轶琼，南丽江，杨敬. 八义窑红绿彩博物馆：中国陶瓷史上第一抹彩虹[EB/OL]. http://news. sxrb. com/GB/314066/9796593. html.[访问时间：2024-12-14].

图 4-3-6　山西省长治市上党区八义窑红绿彩博物馆展厅内部分实拍

的"八义陶瓷"也逐渐形成了自己独特的品牌特色,不仅恢复了红绿彩瓷的传统烧制工艺,还结合现代设计理念和技术手段不断创造出诸多符合现代审美和市场需求的新产品。历经千年的传承与发展,打造"八义陶瓷"品牌,推动产品远销大江南北,成为外交部外交物资采购产品,以生生不息的千年窑火演绎出当代的绝色瓷韵①。

二、案例综述:八义窑红绿彩瓷在挑战中焕发新生

(一) 现代生产冲击下的传承危机

从宋代的发源,历经停火封窑,再到今日的重新崛起,八义窑红绿彩瓷的故事如同一部跌宕起伏的史诗。如今的八义窑红绿彩瓷不仅在国内市场上大放异彩,更通过丝绸之路等途径"走出去",将中国非遗的独特魅力展现给了全世界,成为一张耀眼的文化名片。然而八义窑红绿彩瓷在重焕光彩的背后仍面临诸多的挑战。

1. 市场生存危机

作为中国陶瓷史上的一颗璀璨明珠,八义窑红绿彩瓷以其独特的工艺和地域特色在市场中占据一席之地。但随着现代化进程不断加快,市场形势不断变化,八义窑红绿彩瓷面临着严峻的挑战。一方面,数码印染等现代化生产技术快速发展,使得传统手工艺品的生产效率和成本控制受到挑战。另一方面,对于满足快速交付和个性化定制等需求,现代化生产方式更具优势。这些技术革新对八义窑红绿彩瓷在市场竞争方面提出新的挑战。

2. 技艺传承危机

八义窑红绿彩瓷的核心价值在于其独树一帜的工艺与技艺。然而,当前技艺传承正面临前所未有的严峻挑战。一方面,市场陶瓷产品种类繁多,竞争异常激烈,加之年轻一代对古老手工艺关注不足,老一辈技艺传承人又日渐稀少,技艺传承链条已出现断裂迹

---

① 中华人民共和国商务部. 八义陶瓷[EB/OL]. http://lzhbwg.mofcom.gov.cn/edi_ecms_web_front/thb/detail/bdc3b1b10ed24dcbb424ca05628d6eba.[访问时间:2024-11-12].

象。同时,传统技艺的学习需要长时间积累与磨砺,与现代社会快节奏的生活方式形成鲜明对比,这无疑构成了巨大挑战。另一方面,工坊生产规模偏小,彼此缺乏有效沟通与合作,难以构建完备的技艺传承体系。技艺传承人之间沟通不畅、合作不足,致使技艺难以得到全面传承与发展。此外,数字化技术的迅猛发展亦对技艺传承提出了新的要求与考验。

3. 创新管理危机

传统手工艺品的创新面临较大挑战。八义窑红绿彩瓷作为一类传统工艺品,其独具魅力的风格和精湛工艺已广受认可。如何在保持其传统精髓的同时实现创新,是当前亟待解决的关键问题。现代消费者对产品的个性化与差异化需求日益增长,而传统手工艺品的创新却常受限于传统工艺及材料。在市场营销与品牌建设层面,八义窑红绿彩瓷作为传统手工艺品,其营销途径相对局限,缺乏现代化的营销策略与渠道。此外,品牌建设的推进也需要投入大量资源与精力,这对规模较小的工坊无疑构成了重大挑战。

(二)"八义陶瓷"的 BGC 突围之路

面对这些挑战,八义窑红绿彩瓷的传承人和相关企业坚守传统技艺,不断创新。一方面,通过师徒传承、技艺培训等方式培养年轻的传承人,与各大院校和研究机构建立合作关系,邀请专家和教授为八义窑技艺的传承和发展提供智力支持,开设陶艺相关课程;另一方面,八义窑在保持传统工艺流程的基础上,引入了现代技术设备和环保理念,采用柴烧工艺①提高烧制效率、减少污染,并积极探索将传统技艺与现代设计理念结合,创作出既有传统韵味又符合现代审美的新型作品,让八义窑红绿彩瓷重焕生机(见图 4-3-7)。其中,八义窑红绿彩瓷通过在小红书平台官方账号上发布的内容提升品牌的认知度和美誉度,助力"八义陶瓷"品牌传承。

(1) 八义窑红绿彩十二生肖系列　　　(2) 八义陶瓷国潮新宠八义窑祥龙抱福CP

图 4-3-7　八义窑红绿彩陶瓷

(资料来源:实地采景[拍摄时间:2024-11-10]。)

---

① 武凯. 山西长治八义窑:非遗之光,彩瓷的绚烂华章[EB/OL]. https://baijiahao.baidu.com/s?id=1803075486728826183&wfr=spider&for=pc.[访问时间:2024-11-12]。

接下来讨论的品牌方官方内容(brand-generated content，BGC)，即八义窑红绿彩瓷官方账号"八义陶瓷"在小红书平台上发布的内容，包括产品信息、促销活动、品牌故事等①。通过分析小红书账号"八义陶瓷"2023年7月—2024年11月9日发布的369个BGC内容，分析品牌如何向用户传递品牌的核心价值观和文化内涵，进而提升品牌影响力。

1."八义陶瓷"的内容特征

八义窑红绿彩瓷起源于宋代，以其鲜明的地方特色著称，在陶瓷领域被誉为"彩瓷鼻祖"，并在中央电视台《国宝档案》节目中被赞为"中国陶瓷史上第一抹彩虹"，这亦被官方账号采纳为封面标语。今年年初，商务部正式发布第三批中华老字号名单，全国共有382个品牌入选，其中长治市上党区的"八义陶瓷"品牌赫然在列。中华老字号是指历经长期发展历程，在世代相传中得以保留的产品、技艺及服务品牌，它们拥有深厚的传统文化底蕴与丰富的文化内涵，因此在社会上广受认可，享有良好的声誉。

"八义陶瓷"产品类型多样，具体包括白玉、盖碗、十二生肖和龙年限定非遗陶瓷摆件四大类。其中，小红书"八义陶瓷"账号上关于盖碗的内容最多，有31篇，占比48%；其次是龙年限定非遗陶瓷摆件，占比39%；最后是十二生肖和白玉系列。八义窑盖碗是"八义陶瓷"的主推产品，小红书上相关内容仍以宣传广告为主，如"中秋狂欢｜八义窑盖碗1元福利限时抢""不到百元，教你中秋节送礼不出错"，通过福利活动和物美价廉的优势获得了大批用户的关注；而龙年限定非遗陶瓷摆件更是根据中国传统历法推出的年度限定产品，通过推出符合不同季节特色、年份的产品，不仅能够展现其独特性和时效性，更向消费者传递了稀缺性和限时性信息，为产品增添了附加价值②。这种限定产品自然结合年份或者四季的含义，在捕捉消费者心理的过程中传递出了浓厚的文化气息。

2."八义陶瓷"的品牌故事

品牌是一个企业的无形资产，讲好品牌故事、做好品牌传播，建立公众对品牌的良好印象，在品牌建设过程中至关重要③。在品牌故事的表现中，八义陶瓷主要通过制作"非遗传承之旅"和"匠人集"系列短视频讲述匠人传承故事，突出工匠精神和历史底蕴，讲好自身的品牌故事。"匠人集"栏目中主要介绍了李建平、任现林、曹丽媛、侯文杰等人。这类视频最大的特点在于"形象建构真实"贯穿始终，并非虚构，选材匠人故事能客观真实地记录他们的传承故事，包括生活、工作岗位和他们可贵的精神世界。这类内容在塑造鲜明工匠形象的同时，也传达着自身品牌的内涵以及价值，引发社会共情。"非遗传承之旅"内容产出上岗，"1分钟了解非遗"共有13期视频，如"走出国门的非遗八义窑""彩瓷八义窑，中华老字号""当八义窑红绿彩碰撞敦煌美学"等。这些都以短视频的形式表现，想要把厚重的历史文化以及较为复杂的产品故事叙述清晰，视频相较于图文更容易被人们接

---

① 张燕.小红书圈群互动中的品牌文化传播机制研究[J].科技传播,2024,16(16):123-127,131.
② 刘雨桐.季节限定产品的文化认同和符号消费研究[D].长春:吉林大学,2024.
③ 万敏.从"品牌故事"看南昌"质胜"之道[N].南昌日报,2024-09-24(3).

受,引起兴趣。

3. "八义陶瓷"的创意偶联

在保证自身非遗内涵完整输出的同时,内容的创新性、娱乐性同样是关键。创意偶联指的是创作主体结合当下热门视频制作很多"官方整活儿"视频,贴合小红书平台受众群体年轻化的用户特征,带来全新的创意体验,具体包括 rap 说唱解说"没活儿硬整系列|非遗制瓷秘法,今日揭晓""非遗里的显眼包"等。在创作过程中,可以通过穿插热梗、话题编辑中带热梗话题或者使用与热梗相关的背景音乐来吸引用户的关注,"热词"成为重要的社交货币,能引发更多用户的关注。

4. "八义陶瓷"的营销推广

(1) 引导式内容共创

与一些知识付费平台不同,BGC 引导式内容共创以"即产出,即收益"为创作导向,而小红书平台的品牌机构则更多通过互动式交流,结合自身品牌故事与内容进行图文化和短视频化的叙述,这种引导式的内容共创既满足了用户的心理需要和实际需求,也做到了在自身品牌知名度逐渐升温后通过硬广和软广植入进行内容的营销推广。

随着互联网的迅猛发展,传统的电子商业模式发生了很大变化。在社交电子商务领域,小红书自创立之初就一直致力于成立一个年轻女性的消费决策平台,推出各种高质量的美妆时尚等内容,契合当下年轻人的诉求。"八义陶瓷"也看到了这种消费决策类平台的传播优势,根据平台特色生产了大量以宣传推广为主的内容,以此拓展自己的创收渠道,带来更大范围的品牌影响力(见图4-3-8)。

"八义陶瓷"为宣传推广而发布的内容多以图片为主要表现形式,通过精致的产品图片搭配简易的宣传词和话题构成完整的BGC 内容,如"一年一度购物狂欢节""新品预告""宠粉福利""福袋开箱"等,其最大优势在于能够主动设置话题,引导流量走向,更重要的是能直接影响该品牌知名度和盈利水平。一方面,通过设置更多的关键词覆盖更多用户的"检索面积";另一方面,可以利用"话题"引导或者邀请客户一起共创内容。

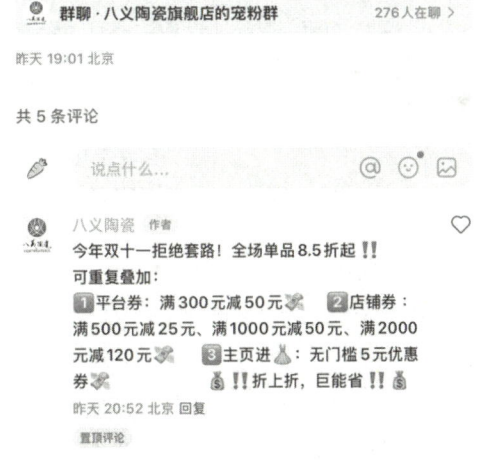

图 4-3-8 "八义陶瓷"小红书账号内容

(资料来源:"八义陶瓷"小红书账号 http://xhslink.com/a/6xYF6T22MmIZ.[访问时间:2024-10-29].)

例如,官方账号"八义陶瓷"发布:"有偿!帮忙给熊猫起个名字吧!""今日头条!起个名字吧!"这种类似"标题党"的叙事方式能吸引用户点击查看内容,而且符合小红书受众群体的年轻定位,吸引许多用户参与评论互动与支持(见图 4-3-9)。此外,创作主体还积极参与到评论区中,与用户展开对话交流,这种点对点的交流方式有利于削减 BGC 作为引导方与用户之间的不平等感和距离感,从而激发更多用户的积极评论,这样做不仅吸引着一些陌生群体转为自己的潜在用户,也使得该图文内容有了更加丰富的参与主体。与此同时,这种话题式的互动能够增强用户的品牌印象,甚至使其无形中被种草下单,从而达到营销推广的目的。在话题营销策略驱动下,该非遗品牌的变现力越来越强。这样的内容共创既能够使品牌获得更多的盈利空间,又不会让用户感觉到对广告植入的厌烦,真正实现了多方共赢的局面。

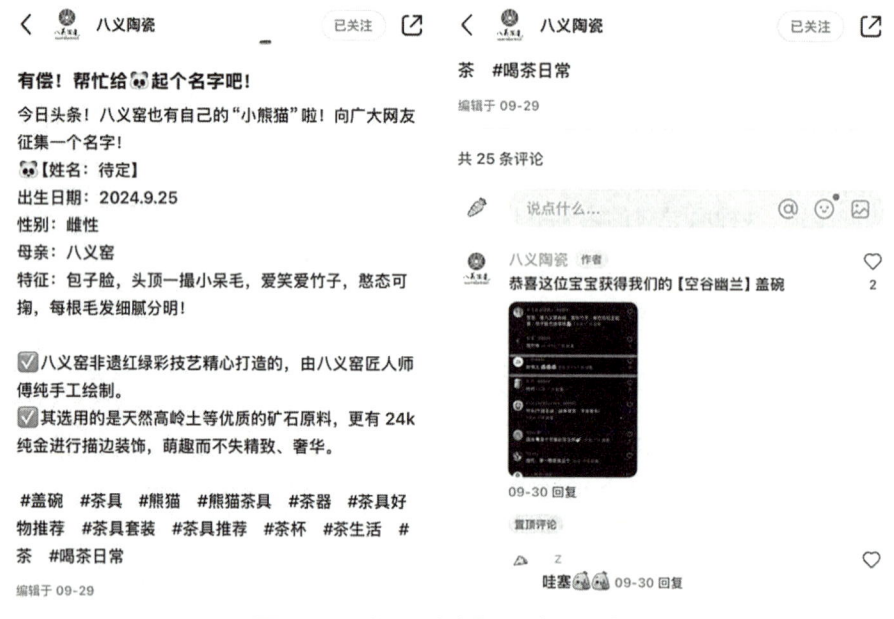

图 4-3-9 "八义陶瓷"小红书账号内容

(资料来源:"八义陶瓷"小红书账号[EB/OL]. http://xhslink.com/a/rRV8vvjYdnIZ.[访问时间:2024-10-29].)

(2)以优质图文表现为主

数据统计显示,在营销推广的内容展示上,创作主体选择最适合小红书传播特征的图文形式,占比 76% 左右。相较于其他社交媒体平台直接将所有内容展示给用户,小红书有自己的独特性。它更趋向于使用"图文+标题"的形式,先让用户看到外部的内容特征,然后再根据自己是否喜欢进一步查看具体的内容。例如,在展示自己的新品茶具时,粉色的茶具搭配同色系的背景图以及冬天樱花的虚影,精致的茶具大图搭配几句重点宣传语,"八义陶瓷""非遗瓷 匠心瓷""创烧于 1007 年 非物质文化遗产",赏心悦目的封面以及"上新预告|唤醒未曾消逝的少女情怀"的标题,既点出了本次宣传的主要内容与意图,又能够吸引用户点击阅读(见图 4-3-10)这种低成本的信息获取模式非常考验 BGC 对外部封面的精心打磨,以及对标题的精炼。

相较于短视频的表现形式,"图片+标题"的外部特征对于用户决策具有很重要的参考价值。这种以营销推广为主要作用的内容在影响用户感知的同时,也会对其是否做出购买行为有直接影响①。因此，在海量"非遗品牌传播"笔记涌现在用户面前时，怎样有效吸引注意，提升自身的传播效果，是品牌方创作主体应该关注的重点。

5. "八义陶瓷"的外部成效

（1）用户数据反馈

小红书平台的互动性不仅体现在用户与用户之间，还体现在用户与品牌方之间，这类互动主要通过评论、点赞、收藏等方式表现。因此，还需要着重考察这类视频中的用户参与程度。统计"八义陶瓷"官方账号"产品介绍""品牌故事""创意偶联"等栏目的点赞量和评论量（见表4-3-1），数据显示，点赞量最多的为"创意偶联"。"没活儿硬整系列｜非遗制瓷秘法，今日揭晓！"主要通过说唱的形式宣传陶瓷的制作过程，最终获得了1 022的点赞量；"中秋礼盒开箱｜温度植物系列"和"新品盖碗｜不应被'奢侈'定义"两篇BGC内容都是为新推出的产品"植物系列的盖碗"做宣传推广，分别有574和206的点赞量。这一系列具体涉及木棉、幽兰、芙蓉、雏菊等各类植物，并且为不同的植物赋予含义，给用户在中秋佳节选礼品提

图4-3-10 "八义陶瓷"小红书账号内容

（资料来源："八义陶瓷"小红书账号［EB/OL］. http://xhslink. com/a/4Qc1mF2zqnR0.［访问时间：2024-12-2］.）

供诸多款式，迎合了当前多元化的市场需求。此外，评论区也呈现出更多用户的留言，品牌方通过积极参与用户的讨论和互动，不仅可以及时了解用户的需求和反馈，还能通过个性化的回复和互动活动，增强用户对品牌的好感和忠诚度；用户还会在评论区中提出问题、建议和意见，而这些信息对于品牌方优化产品具有重要的参考价值。

表4-3-1 "八义陶瓷"官方账号用户数据反馈统计表

统计量	产品介绍				品牌故事		创意偶联
	白玉系列	八义窑盖碗	十二生肖	龙年限定	匠人集	非遗传承	官方整活儿
点赞量	49	1 190	80	138	170	554	4 513
评论量	61	145	9	172	3	84	115
内容产量	4	30	4	25	7	21	14

用户的评论、点赞和转发形成了品牌信息的二次传播。这些数据直接反映用户对品牌或者产品的看法与体验，品牌方也可以通过回复和互动活动拉近与用户的距离。更重要的是，这种多层次的互动机制有助于品牌方根据用户的反馈和参与，不断调整和优化自己的品

---

① 马丽君，刘鑫. 基于游客感知的巴厘岛旅游浪漫属性分析［J］. 江西科学，2021，39（5）：963-969.

牌宣传和营销策略①。

图 4-3-11 "八义陶瓷"小红书账号内容

(资料来源:"八义陶瓷"小红书账号[EB/OL]. http://xhslink. com/a/FNL9lXcHRnIZ.[访问时间:2024-10-30].)

(2) 消费者体验

非遗品牌化最直接的效益便体现于产品的销量、用户的体验反馈以及商品评价的情感倾向。官方账号的店铺数据显示,八义陶瓷有 780 套左右的销量,评分高达 4.6。因线上销售平台刚刚搭建,所以销量正在逐步上升。在商品评价中,"好好看～天青色的小茶壶""蛮精致的,很值""壶非常漂亮"等评论,表现出了用户对产品的制作工艺和审美的积极反馈。

三、分析点评:BGC 助力"八义陶瓷"品牌传承

八义陶瓷品牌凭借多元化的渠道策略,不仅有效地传承了八义窑红绿彩陶瓷的精湛技艺,还进一步将其发扬光大,使得这门古老的手工艺为更多人熟知与了解。在此过程中,八义窑红绿彩瓷主动拥抱线上市场,充分利用小红书等社交媒体平台进行品牌宣传与销售推广,此举不仅显著提高了八义窑红绿彩瓷的市场认知度,而且为产品的销售开辟了全新的途径,有力推动了传统陶瓷技艺在现代社会的复兴与发展。

1. 守正:坚守底线思维,促非遗返璞归真

《辞海》注明,遗产是指公民死亡时遗留的个人合法财产,或历史上遗留下来的精神财富或物质财富②。非遗作为遗产的一部分,其核心价值自然也离不开自身的历史性。随着品牌化,非遗不断焕发出新的生命力,但拥抱新时代的同时也更应守住那些无形财富。

---

① 马绥莉."非遗"手工艺品传承与地方旅游经济协同发展[J]. 山西财经大学学报,2024,46(S2):122-124.
② 陈至立. 辞海[M]. 7 版. 上海:上海辞书出版社,2020:5208.

"八义陶瓷"BGC品牌方虽借助新媒体平台打造自身的品牌化经营,但在内容品类的划分展示、品牌故事的宣传打造以及传统手艺的坚守上都坚持了初心。通过与相关负责人的访谈也了解到,在八义窑红绿彩瓷的制作工艺上,传承人将继续坚持纯手工制作,除了产品营销与平台运营走向数字化,在工艺上将继续坚守传统。从矿石原材料的筛选到练泥、制坯、打磨,再到彩绘入窑、烧制,灵动的线条、色彩的交融成就了独一无二的八义陶瓷,匠人师傅们的手工打造赋予了产品更多价值。

非遗本身蕴含的丰富价值是悠悠岁月的沉淀,是深厚文化的传承,更是人类创造力与智慧的结晶。在非遗品牌化建设上,应首先找准自己的定位,在非遗保护端发力,而非将重心放在创新与转化上,丢失了自己本该拥有的"独特性"。只有深切了解自身蕴含的中华优秀传统文化,始终以弘扬文物文化和保护文物为目标,才能为中华民族优秀传统文化的传承与创新奠定基础。

2. 创新:实现文化共振,助非遗接轨时代

20世纪60年代,美国传播学家埃弗雷特·罗杰斯(Everett Rogers)提出了创新扩散理论,介绍了创新经过一段时间,经由特定的渠道在某一社会团体的成员中传播的过程,且认为大众传播与人际传播是最有效的途径。将非遗的历史积淀与现代艺术的魅力融合,是当今非遗项目与数字接轨的惯用"套路"。从"八义陶瓷"小红书账号的外部数据反馈来看,点赞量最高的内容来自"创意偶联",BGC通过"整活儿"打造接地气的品牌形象,这些内容借助社交媒体的强弱双渠道,在扩大自身影响力的同时实现了亲民形象的塑造。这种富有创造性的传承方式不仅可以有效地促进非遗文化的保护、传承和活化,也能为其品牌化提供更多新的动力和路径。

但无论是各个新媒体平台的线上账号运营,还是其他借助数字化技术手段助推传承与活化的手段,我们需要注意,创新最根本的目的不是让文化拉动经济,而是以文化创新把握和引领我们所处的新时代[1]。在新的文化图景中,只有自身非遗文化得到保护与传承,创新与转化才更有蓬勃生机。

3. 搭载:借智媒之东风,展非遗之新魅力

保罗·莱文森(Paul Levinson)提出的补偿性媒介理论同样给予了我们一些启示,指出人可以对技术进行理性的选择,主动选择和改进媒介,而媒介的发展将越来越人性化,越来越服务于人的需要。在数字化时代,互联网迅猛发展,各类新媒体平台高歌猛进,因此,非遗品牌在创建自身发展路径时也应更加注意到这些新渠道的作用与价值。"八义陶瓷"小红书账号依托平台特色,在内容生产上注重与用户之间的互动性与共创性,做到了将社交文化纳入自身平台内容运用的核心理念。具体而言,无论是当今如火如荼的社交电商,抑或是其他双向、多向交流互动的新媒体平台,其内在逻辑都是利用依靠用户、发展用户、转化用户实现内容生产的闭环[2]。为此,非遗项目的品牌方应该更多参与BGC内

---

[1] 耿涵.非物质文化遗产何以守正创新?——活化利用中的遗产观与"心流"启示[J].民间文化论坛,2024(5):136-142.

[2] 叶豫,陈金希.社交货币理论下小红书内容生产建构策略及价值导向研究[J].新媒体研究,2023,9(24):70-73.

容的评论区,积极与用户进行点对点的对话,激发用户的讨论兴趣,减少双方之间的疏离感,从而更好地提升用户的忠诚度;此外,品牌方还应关注店铺的商品评价,除了对好评给予感谢之外,也要对一些负面的评价做出反馈和解释,以更好地维护自身的品牌形象。

第四节 南通蓝印花布:数字技术助力社会协同

2023年5月2日,国家级非遗南通蓝印花布登上央视热播综艺《非遗里的中国》。节目播出后,南通蓝印花布迅速登上微博热搜,相关话题累计阅读量破3亿。拥有千年历史的南通蓝印花布是一种独特的印染制品,其蓝白相间的色彩和丰富多样的图案展现了深厚的文化底蕴和审美情趣,具有重要的文化、艺术和实用价值,是中国印染技艺的杰出代表。

数字化保护与传承方式的缺失曾一度加剧了南通蓝印花布的生存危机。随着现代印染技术的迅猛发展,传统手工印染技艺逐渐边缘化,人才流失严重,数字创意与营销的滞后等困境限制了其社会知名度的提升,难以凝聚社会化协同保护合力。面对数字时代的新问题,南通蓝印花布积极迎接挑战,依托数字技术焕新社会化协同保护,进行了一系列卓有成效的实践探索。在留存保护层面,借助数字化手段对南通蓝印花布的技艺与纹样信息进行系统性收集与整理,构建数据库,奠定社会化保护的资源基础;在创意设计层面,利用数字技术整合多元主体智力资源,推动南通蓝印花布与现代创意深度融合;在展示层面,借助全景摄影、虚拟现实等数字技术全方位展现南通蓝印花布魅力,提升其社会影响力;在传播层面,利用微博、抖音、YouTube等社交媒体平台构建传播矩阵,延展社会覆盖广度;在教育层面,基于数字教育平台普及南通蓝印花布的历史知识与制作工艺,激发公众兴趣与参与热情,形成全社会共同关注与保护非遗的良好氛围。

从濒临失传到重焕新生,南通蓝印花布在数字技术的赋能下实现了社会化协同式保护,走出了生存的阴霾。那么,南通蓝印花布在其数字化"逆袭"之旅中究竟经历了怎样的蜕变?社会各界又是如何在数字技术的帮助下实现协同动员,让蓝白之美涅槃重生?本节将带领大家共同探索南通蓝印花布的数字化重生历程。

一、基本信息:南通蓝印花布的历史沿革与多元价值

(一)工艺民俗类非遗:南通蓝印花布简介

南通蓝印花布历史悠久,最早可以追溯到1 000多年前的宋代,在明清时期达到鼎盛。在宋代,南通蓝印花布被称为"药斑布",主要为宫廷贵族使用;元代时,南通蓝印花布开始进入普通百姓的日常生活;到了明代,南通地区乡镇普遍生产蓝印花布,并涌现出一

大批规模化染坊①,仅县志中登记在册的手工染坊就有19家之多②;到了清代更是形成了"乡乡都有染布坊,村村都有染布匠"的繁荣局面;民国时期,南通蓝印花布在动荡颠沛中顽强求生,维持着50余家染坊的经营规模③;新中国成立后,南通蓝印花布的发展再次回到正轨,形成了南通特有的蓝印花布流派。

南通蓝印花布是一种以植物蓝靛为染料,用木版、石版、丝网版手工刮印出各种花纹,最后对布料进行染色而成的传统印染制品(见图4-4-1)。它朴素典雅,以其独特的"蓝白之美"闻名于世。南通蓝印花布的图案多取材于植物、动物、神话等元素,充满了浓郁的民俗气息,展现了中国传统非遗的独特艺术魅力④,深受广大群众喜爱。南通蓝印花布是我国蓝印花布的杰出代表,南通也被誉为"中国蓝印花布之乡"。2006年,南通蓝印花布印染技艺被列入第一批国家级非遗名录。

图 4-4-1　南通蓝印花布

(资料来源:南通大学团委. 蓝印花布,"慢生活"里的中国味道[EB/OL]. https://mp. weixin. qq. com/s/KAi35ykJkLZ0G78Qhiz4_Q. [访问时间:2024-09-29].)

(二) 南通蓝印花布的时代价值

1. 文化价值

南通蓝印花布具有深厚的文化底蕴。婴儿诞生时,印有吉祥图案的蓝印花布襁褓被用来祈愿保佑孩子平安健康;谈婚论嫁时,定亲礼由蓝印花布包裹,寓意美满幸福;长辈过寿时,帐檐也要换上"福、禄、寿"三星高照纹样的蓝印花布,象征老人福寿绵长。因此,南通蓝印花布既是古代社会生产、生活、文化等方面的重要实物资料,更是研究中国民间工艺、民俗文化、审美观念等方面的重要载体。通过南通蓝印花布,我们可以窥见古代社会

---

① 奚燕锋,梁惠娥. 南通蓝印花布的历史和现状以及发展优势思索[J]. 纺织学报,2012,33(2):98-103.
② 南通非物质文化遗产网. 传统技艺——南通蓝印花布印染技艺[EB/OL]. http://whg. nantong. cn/ntswhg/gjjmlxm/content/5340133b-e545-4740-821e-4e9ea70d96a3. html. [访问时间:2024-09-29].
③ 沈雯晔. 南通传统蓝印花布的设计振兴研究[D]. 无锡:江南大学,2007.
④ 梁惠娥,奚燕锋. 南通民间蓝印花布的价值底蕴和设计理念[J]. 纺织学报,2008(3):83-86.

的风貌,感受古代人民的情感与礼俗,领略中华传统文化的博大精深(见图4-4-2)。

(1) 五福捧寿纹样

(2) 吉庆有余纹样

(3) 凤戏牡丹纹样

图 4-4-2　南通蓝印花布纹样

(资料来源:胡玉梅,裴诗语.始于江河畔的蓝白雅趣,《中国蓝印花布文化档案·南通卷》发布[EB/OL]. https://www.grand-canal.net/tj/2338. [访问时间:2024-09-29].)

2. 艺术价值

南通蓝印花布代表了中国别具一格的乡土艺术。在1915年的巴拿马万国博览会上,南通蓝印花布曾获金奖①。南通蓝印花布全凭人工染制,手工镂刻图案,每幅刻好的纸版如剪纸艺术。南宋地方志《玉峰志》中提到蓝印花布"布碧而花白,山水鸟兽楼台士女之形如碑刻然"②,道出了蓝印花布上丰富多元的图像元素。这些图案多取材于民间传说,如"狮子滚绣球""鲤鱼跳龙门"等(见图4-4-3),具有浓厚的乡土气息,展现了广大农民对美好生活的追求,也传达着人们的审美偏好与需求,因此尤其能够唤起民众情感上的共鸣③。

图 4-4-3　南通蓝印花布制作的艺术作品

(资料来源:李馨.南通蓝印花布[EB/OL]. http://izhsh.com.cn/doc/7/1_2509.html. [访问时间:2024-09-29].)

---

① 百家号.国家级非物质文化遗产南通蓝印花布[EB/OL]. https://baijiahao.baidu.com/s?id=1763334848292174693.[访问时间:2024-09-29].

② 搜狐网.她带着一抹"蓝色"走向世界[EB/OL]. https://www.sohu.com/a/802301283_131816.[访问时间:2024-09-29].

③ 赵晓辉.蓝印花布的现代性及其应用研究[J].美术教育研究,2023(18):45-48.

3. 实用价值

南通蓝印花布被广泛用于制作衣物、家居用品(见图4-4-4),如服装、门帘、包袱布、布兜、被面、蚊帐等,提供了舒适的使用体验。用来制作南通蓝印花布的染料源自天然的植物,环保无害又具有一定药用价值。《本草汇言》中记载蓝印花布的原材料蓝淀(靛)具有"解热毒,散肿结,杀虫积"的功效。

图 4-4-4　南通蓝印花布制作的生活用品

(资料来源:网易网. 原来,南通的蓝印花布是这样做出来的![EB/OL]. https://www. 163. com/dy/article/FLJVS1I905457G7W. html. [访问时间:2024-09-29].)

二、案例综述:数字时代南通蓝印花布的危机与重生

(一)数字缺场下的社会化保护危机

进入数字时代,南通蓝印花布的发展遭遇了不少坎坷,社会化保护的动员力量未能充分激发①。传统手工技艺因为数字化生产技术的冲击而被边缘化,加之缺乏具备数字化思维的人才,产品在创意和营销策略上滞后于时代,而且烦琐的技艺流程也让人们望而却步,使得传承遭遇断代危机。

1. 技术落后与生产分散

落后的技术与分散作坊生产难以形成南通蓝印花布的数字化保护合力(见图4-4-5)。随着印染生产体系的标准化和智能化,数字印染技术(如电脑刻版、数码喷墨、用量智能计算等技术)能够使交付周期缩短50%,生产能耗减少15%以上②,效率和成本上的优势使其逐渐取代全手工印染。2019年以来,数码印染行业规模以每年30%的速度高速增长③,许多作坊被迫实行技术转型,传统工艺逐渐被市场边缘化。此外,传承人们对于数字化合作方式的重视度也不足。全国仅有10余处家庭式手工作坊,生产规模小,缺乏沟通合作,难以

---

① 陈秀芳. 中国传统印染技艺研究发展现状[J]. 纺织科学与工程学报,2024,41(1):111-116.
② 21世纪经济报道. 高成长企业|三技精密:数字驱动,开辟传统印染行业新赛道[EB/OL]. https://new. qq. com/rain/a/20220923A0BCRB00. [访问时间:2024-09-29].
③ 2021年我国印染行业现状:数码喷印优势逐渐显现,替代率快速提升[EB/OL]. https://www. leadingir. com/trend/view/6187. html. [访问时间:2024-09-29].

形成保护合力。老一辈的技艺传承人习惯小门小户式的产销方式,缺乏数字素养,对于数字技术的接受与应用度不足,技艺的传承和创新面临困境①,加大了南通蓝印花布的社会化保护难度。

(1) 手工印染作坊　　　　　　　　　　(2) 人工智能印染流水线

图 4-4-5　手工印染与人工智能印染对比

(资料来源:抖音百科网. 南通蓝印花布[EB/OL]. https://www.baike.com/wikiid/8893248147467010391?anchor=2.[访问时间:2024-09-29];网易网. 中国"纺织之乡"迎来国内首条非遗扎染智能机器人生产线[EB/OL]. https://www.163.com/dy/article/JD3DDQID0514R9NP.html.[访问时间:2024-09-29].)

2. 创意不足与营销滞后

数字创意与营销的滞后限制了南通蓝印花布的社会知名度。目前,南通蓝印花布已积累的纹样大多为古代流传而来,与现代审美观念有一定距离,难以为当代大众化审美所读懂,而重新开发的创意纹样数量有限且同质化程度较高②。此外,南通蓝印花布作坊缺乏运用数字平台进行品牌宣传的意识和能力,如"元新蓝"品牌,虽然已经推出了线上店铺,但是始终未能形成系统的网络营销体系,其在淘宝平台的网店粉丝仅有 1 007 人,尚缺乏推出规模化的网络旗舰店的能力③,导致南通蓝印花布的市场认知度较低(见图 4-4-6)。

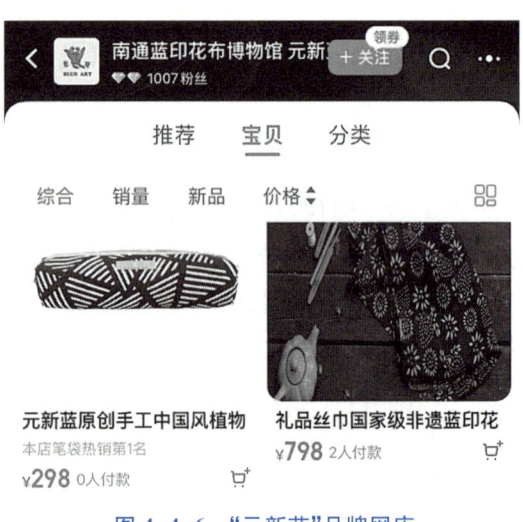

图 4-4-6　"元新蓝"品牌网店

(资料来源:淘宝网店铺首页[EB/OL]. https://m.tb.cn/h.gsxm6gf91cQKzRA.[访问时间:2024-09-29].)

---

① 奚燕锋,梁惠娥. 南通蓝印花布的历史和现状以及发展优势思索[J]. 纺织学报,2012,33(2):98-103.
② 搜狐网. 守护蓝白之美——吴元新谈蓝印花布技艺的传承与创新[EB/OL]. https://www.sohu.com/a/562810273_121119371.[访问时间:2024-09-29].
③ 搜狐网. 走进南通蓝印花布,探索非物质文化遗产新时代之路[EB/OL]. https://www.sohu.com/a/336931444_99889252.[访问时间:2024-09-29].

3. 传承缺位与人才流失

数字化传承方式缺失导致南通蓝印花布人才流失。目前,全国掌握蓝印花布印染技艺的不足50人,而且这个数字还在逐年减少①。南通蓝印花布的传承依赖师徒制的口传心授,完整的手艺涉及24道工序,均需要手工完成,学习与传承过程烦琐,对技艺要求极高,容易陷入枯燥乏味的窘境(见图4-4-7)。尤其是年轻人对其采取敬而远之的态度,不愿意投入时间和精力去学习和传承②。南通曹裕兴染坊的第四代蓝印花布印染技艺传承人在接受采访时,曾被问及是否有年轻人愿意学习这门手艺,他的回答令人心酸,"又脏又累,没有年轻人愿意干的""干到我干不动吧"③。无奈的话语透露着无限的惋惜,解决人才流失问题已经到了刻不容缓的地步。

(二) 数字技术焕新社会化协同保护

面对南通蓝印花布在数字时代遭遇的困境,传承人们积极拥抱数字化潮流,从纹样的采集留存、创意设计,到数字化展示与传播,再到数字教育普及,一系列数字化措施充分凝聚保护共识,调动广大社会公众身体力行参与保护蓝印花布。

(1) 南通蓝印花布制作工序之刻板　　　　　(2) 南通蓝印花布制作工序之染色

图 4-4-7　南通蓝印花布制作工序

(资料来源:李馨. 南通蓝印花布[EB/OL]. http://izhsh. com. cn/doc/7/1_2509. html. [访问时间:2024-09-29].)

1. 数字留存奠定社会动员基础

南通科技职业技术学院(以下简称"南通科院")相关团队历时10年走访全国各地,收集整理了超50 000张蓝印花布纹样,建立了国内首个蓝印花布纹样识别数据集和文化资源库④,蓄积起南通蓝印花布的资源(见图4-4-8)。2024年,由南通科院牵头制定的我国

---

① 中国非物质文化遗产网・中国非物质文化遗产数字博物馆. 传统蓝印花布的现状[EB/OL]. https://www. ihchina. cn/art/detail/id/10693. html. [访问时间:2024-09-29].
② 胡恬静. 近六十年蓝印花布发展研究综述[J]. 天工,2023(28):28-30.
③ 搜狐网. 走进南通蓝印花布,探索非物质文化遗产新时代之路[EB/OL]. https://www. sohu. com/a/336931444_99899252. [访问时间:2024-09-29].
④ 丁威程,朱文君. 南通科院团队十年探索构建蓝印花布纹样识别数据集 非遗文化传承插上数字翅膀[EB/OL]. http://www. jhwb. com. cn/content/2023-07/16/content_3195617. htm. [访问时间:2024-09-29].

首个《蓝印花布纹样数字化资源库元数据技术规程》发布,为蓝印花布数字纹样资源库的规范性建设提供了保障①。这一系列举措不仅巩固了南通蓝印花布的资源基础,更为社会化协同保护提供了统一、规范的平台,为广泛的社会动员奠定基础,也为后续研究、保护与传承提供了数据支撑。

图 4-4-8　蓝印花布纹样数据集中部分图像展示

（资料来源：于翔,张莉,沈美.蓝印花布纹样标准数据集的构建[J].吉林大学学报(信息科学版),2023,41(3):521-529.）

此外,南通科院还重点优化了相关非遗资源的检索与利用方式(见图 4-4-9)。利用机器视觉库 OpenCV 和 VGG 深度学习模型开发出具有精准"以图找图"功能的图像搜索引擎,并将检索时间缩短至毫秒级,极大地提高了获取效率②,为南通蓝印花布文化的社会普及与动员创造了有利条件。

---

① 凯敏,林焕新.蓝印花布纹样数字化保护有了团体标准[EB/OL]. http://www.zgnt.net/jhwbszb/pc/c/202401/16/content_161158.html.[访问时间：2024-09-29].

② 丁威程,朱文君：南通科院团队十年探索构建蓝印花布纹样识别数据集非遗文化传承插上数字翅膀[EB/OL]. http://www.jhwb.com.cn/content/2023-07/16/content_3195617.htm.[访问时间：2024-09-29].

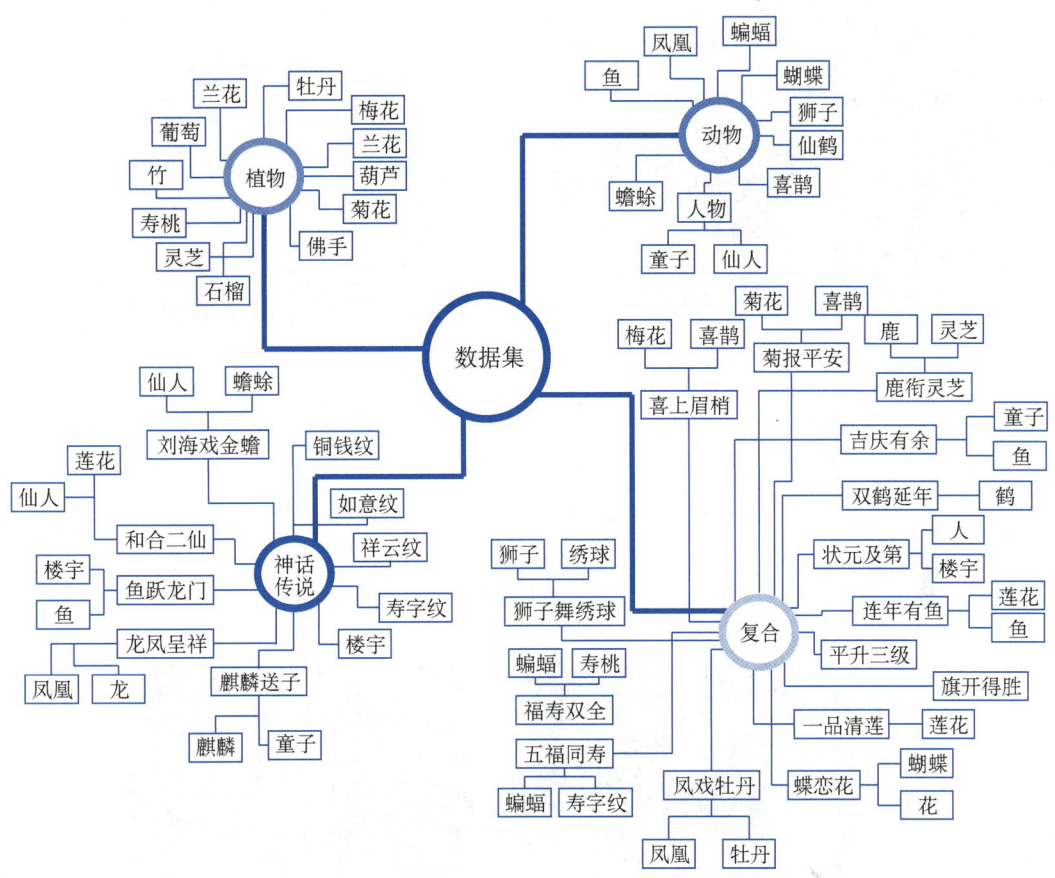

图 4-4-9 蓝印花布纹样数据集结构的部分展示

(资料来源:于翔,张莉,沈美.蓝印花布纹样标准数据集的构建[J].吉林大学学报(信息科学版),2023,41(3):521-529.)

2. 数字创意凝聚社会智力资源

借助数字创意技术,蓝印花布印染技艺代表性传承人、中国工艺美术大师吴元新积极联合其他传承人以及时尚设计师,将现代服饰、纺织的创意元素融入蓝印花布的设计[①],聚合起集体的智力资源。例如,将南通蓝印花布的面料由手工单面印花发展成机器自动完成的双面印花,配色也在数字软件的辅助调配下由单色发展成深浅蓝复色等。此外,吴元新联合一众设计师、时装品牌主理人,在专业设计软件的协同下进行了海量精密组合计算,改进布料与印染方式,设计制作了新式蓝印花布产品,将这一传统技艺推向了时尚前沿[②](见图 4-4-10、图 4-4-11)。

南通蓝印花布的传承人们还采取线上和线下相结合的方式,在上海、北京、南京等数

---

① 许丛军.蓝印花布[N].光明日报.2020-02-16(10).
② 央视网.我的艺术清单:南通蓝印花布博物馆馆长吴元新[EB/OL]. https://tv.cctv.com/2023/11/23/VIDEOihoaH6M7KWPlmy5nUpW231123.shtml.[访问时间:2024-09-29].

图 4-4-10　南通蓝印花布网店售卖的工艺品

（资料来源：网易网. "元新蓝"蓝印花布工艺品：为传统工艺融入新的技艺理念［EB/OL］. https://www.163.com/dy/article/IEC91N3F0514BTAB.html.［访问时间：2024-09-29］.）

图 4-4-11　"元新蓝"品牌官网

（资料来源：南通蓝印花布博物馆. 元新蓝品牌简介［EB/OL］. http://www.wuyuanxin.com/page/pinpaiwenhua/.［访问时间：2024-09-29］.）

十座国内一、二、三线城市进行广泛深入的市场调研①。根据调研结果将传统纹样与现代设计理念结合，推出了100余种质量优异、风格多彩的产品投放市场，如台布壁挂、丝巾领带、鞋帽饰品、玩具摆件等，深受消费者喜爱。此外，依托官方网站、电子商务网店、网红达人进行直播带货等数字化创意营销手段，非遗传承人们形成了紧密的合作同盟，拓展了协

---

① 南通非物质文化遗产网. 蓝白之花 多维绽放——南通蓝印花布印染技艺的创新与发展［EB/OL］. http://whg.nantong.cn/ntswhg/ntfyllyj/content/7c04baf3-4183-4bdc-a632-5e975dd01655.html.［访问时间：2024-09-29］.

同发展的道路,将这一古老的文化瑰宝推向更加广袤的市场①。

3. 数字展示吸引社会公众关注

1996年,南通蓝印花布博物馆正式建立,是我国第一家集收藏、展示、研究、传承、生产性保护于一体的南通蓝印花布专业博物馆。博物馆整理并收藏了明代以来蓝印花布实物遗存及图片资料30 000多件。2006年,博物馆成为南通蓝印花布印染技艺的保护研究基地②。近年来,博物馆积极拥抱数字化浪潮,运用全景摄影技术,打造线上全景式展览,提升了南通蓝印花布的社会影响力,并获得人民网、光明网、澎湃新闻等主流媒体的报道。在官网上,博物馆借助360°摄影技术,直观地呈现了场馆和展陈的实景影像,游客无须到馆便可在线上欣赏。

许多科研团队和博物馆也积极探索南通蓝印花布的数字化展示方法。例如,大连民族大学研究团队开发了蓝印花布数字博物馆(见图4-4-12、图4-4-13),运用VR技术打造沉浸式、互动式的观展体验,将博物馆实体场景还原,该项目荣获第九届中国研究生智慧城市技术与创意设计大赛二等奖③。不仅如此,线上线下还形成了联动,在线下,南通蓝印花布博物馆会定期举办蓝印花布制作体验活动,邀请公众参与传统工艺的体验。这种线上线下相结合的传播方式将南通蓝印花布文化推向更广阔的受众群体,提升了社会影响力。

图4-4-12　南通蓝印花布博物馆VR内景陈设

(资料来源:南通蓝印花布博物馆.南通蓝印花布博物馆简介[EB/OL].http://www.wuyuanxin.com/page/nantonglanyin/.[访问时间:2024-09-29].)

4. 社交媒体延展社会覆盖广度

南通蓝印花布在YouTube、Tik Tok、Facebook等国际化社交媒体平台上受到热

---

① 杨甜子.吴元新:我们的工作是在和时间赛跑[EB/OL].https://m.thepaper.cn/baijiahao_10266053.[访问时间:2024-09-29].
② 南通蓝印花布博物馆.南通蓝印花布博物馆简介[EB/OL].http://www.wuyuanxin.com/page/nantonglanyin/.[访问时间:2024-09-29].
③ 马晓冉,崔诗雨.大连民族大学"蓝印花布"数字博物馆[N].中国民族报.2024-01-19(3).

图 4-4-13　蓝印花布数字博物馆

（资料来源：哔哩哔哩网. 国家级非物质文化遗产"蓝印花布"数字博物馆[EB/OL]. https://www.bilibili.com/video/BV1qW4JeVE1w.［访问时间：2024-09-29］.）

捧，借助传播矩阵形成了社会化传播合力。以 YouTube 为例，李子柒（@cnliziqi）、谷雨（@guyu7994）、中央电视台（@CCTV）、江苏卫视（@ChinaJiangsuTVOfficialChannel）等个人或机构博主迄今已累计上传 100 余支南通蓝印花布视频，播放量累计超 1 000 万，评论互动量超 100 万[①]，充分展现了南通蓝印花布这门古老非遗的魅力。例如，在李子柒拍摄的视频中，详细记录了从种植、收割、打靛、染布、印花到制作成品的全过程（见图 4-4-14）。实时的 AI 自动翻译和内容摘要便利了国际用户。两个视频累积播放量超 2 100 万，点赞数更是高达 47 万。

在国内的哔哩哔哩视频网站和西瓜视频上，李子柒制作南通蓝印花布的视频也形成了矩阵式的传播格局，哔哩哔哩上的相关视频播放量近 300 万，点赞数更是超过了 40 万[②]（见图 4-4-15）；西瓜视频上的播放量和点赞数分别达到了 261 万和 7.9 万[③]（见图 4-4-16）。此外，彭南科、吴元新等网红达人或非遗传承人也加入进来。他们通过不同

---

① 数据根据检索结果人工统计得出，详见 https://www.youtube.com/results?search_query=南通蓝印花布。
② 李子柒.【蓝染】印染在花布上的靛蓝，铭刻在骨子里的传承——蓝印花布[EB/OL]. https://www.bilibili.com/video/BV19E411A7Yj.［访问时间：2024-09-29］.
③ 李子柒. 印染在花布上的靛蓝，铭刻在骨子里的传承——蓝印花布[EB/OL]. https://www.ixigua.com/6807002636340953604.［访问时间：2024-09-29］.

社交媒体平台、不同风格的视频内容,共同构建起一个多维度、立体化的传播网(见图 4-4-17)。这些成功案例充分证明,社交媒体正在通过其强大的传播力与互动性,动员起全社会的保护力量。

图 4-4-14　李子柒制作南通蓝印花布的 YouTube 视频截图

(资料来源:李子柒.(EP1)蓝草的一生?蓝印花布的一生?还是李子柒花裙子的一生?The life of blue calico dresses hand-dyed by Li Ziqi?[EB/OL]. https://www.youtube.com/watch?v=8VO6ApTjGj4.[访问时间:2024-09-29].)

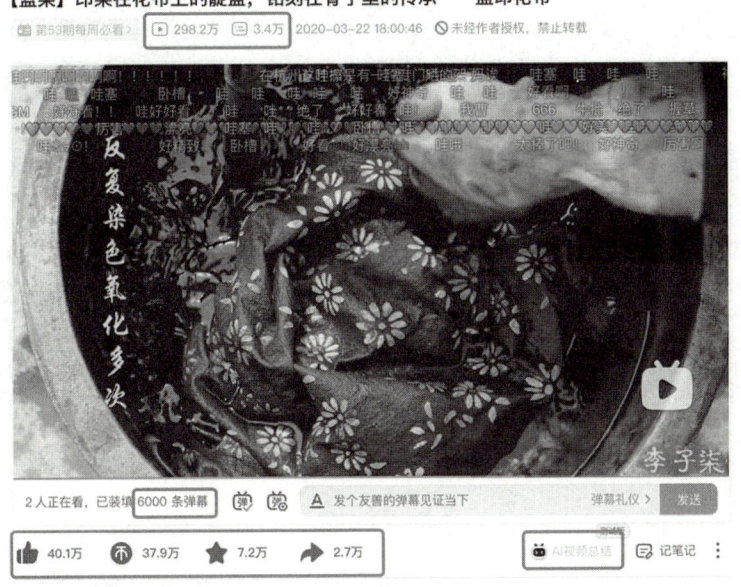

图 4-4-15　李子柒制作南通蓝印花布的哔哩哔哩网视频截图

(资料来源:李子柒.【蓝染】印染在花布上的靛蓝,铭刻在骨子里的传承——蓝印花布[EB/OL]. https://www.bilibili.com/video/BV19E411A7Yj.[访问时间:2024-09-29].)

图 4-4-16　李子柒制作南通蓝印花布的西瓜视频截图

（资料来源：李子柒.印染在花布上的靛蓝，铭刻在骨子里的传承——蓝印花布[EB/OL]. https://www.ixigua.com/6807002636340953604.[访问时间：2024-09-29].）

图 4-4-17　介绍南通蓝印花布的抖音作品

（资料来源：抖音.蓝印花布[EB/OL]. https://www.douyin.com/search/蓝印花布.[访问时间：2024-09-29].）

5. 数字教育激发社会众创热潮

南通市在探索蓝印花布的数字化传承路径时，首先以数字化教育方式整合传统与现代传承方式，一方面保留师徒教学制，另一方面推动数字化教育平台的建设与应用[①]。例

---

① 吴元新.传统蓝印花布的现状[EB/OL]. https://www.ihchina.cn/art/detail/id/10693.html.[访问时间：2024-09-29].

如,南通科院开创了数字化传承模式。首先,通过建立蓝印花布数字化传承基地,引入三维动画、虚拟现实等数字化教学设备,与国家级非遗代表性传承人展开教学合作,推出"云课堂",实现教学资源数字化共享①。其次,面向全社会公众开放南通蓝印花布数字教育平台,将印染技艺核心课程纳入大众教育传播体系,通过实践操作与创意表达,激发公众的兴趣②。最后,数字教育平台还积极举办线上线下作品展、工作坊及研讨会,利用互联网的便捷性打破地域限制,吸引更广泛的社会群体参与,形成良好的众创氛围。

图 4-4-22　南通蓝印花布三维动画教学

(资料来源:抖音.国家级非物质文化遗产蓝印花布刻板工艺[EB/OL].https://v.douyin.com/iBevr8WM.[访问时间:2024-09-29].)

南通蓝印花布的数字教育平台已经初步形成了"高校教师+传承人+大学生+社会公众"的数字化传承模式。目前,南通科院的"青春非遗"数字教育团队已经吸引在校大学生 100 多人加入,具有软件开发、艺术设计、机电一体化等多元专业背景,掌握了运用计算机技术、人工智能、机器视觉等科技手段提取非遗纹样的技术,用于时尚文创产品开发,以及游戏、动画等产品制作③。

三、分析点评:数字化赋能社会动员,焕活千年非遗魅力

(一) 秉持数字理念培植社会化保护氛围

在南通蓝印花布案例中,数字技术的运用不仅停留在技术手段的革新层面,而且是深层次上对技术所引领的共享性人文发展理念的深刻贯彻与实践,从而促进南通蓝印花布的活化传承与社会化保护。

---

① 朱千波.地方性高职院校开展非遗数字化传承研究——以南通科技职业学院数字化传承南通蓝印花布为例[J].职教论坛,2015(14):48-51.
② 江苏南通.中国非遗走进留学生课堂[EB/OL].http://vip.people.com.cn/albumsDetail?aid=1491682.[访问时间:2024-09-29].
③ 钱嘉怡,贲腾."青春非遗"插上数字翅膀[EB/OL].https://jsnews.jschina.com.cn/kjwt/202306/t20230615_3232170.shtml.[访问时间:2024-09-29].

1. 以数字共享理念带动社会化参与

数字技术为南通蓝印花布的文化资源提供了高效、便捷的共享平台。通过建立庞大的数字化资源数据库和精准的检索系统，南通蓝印花布的技艺、纹样等珍贵资料得到系统性地收集、整理与保存，并向社会各界开放。这一系列举措正是数字共享理念的体现，一方面保证了文化资源的可持续性利用，另一方面也为研究者、设计师、教育工作者及广大民众提供了丰富的学习素材与创作灵感，激发了社会各界的保护热情与参与意愿。

2. 以数字创意理念带动社会化参与

数字技术通过创意开发与营销包装，进一步拓展了南通蓝印花布的传播渠道与受众范围。通过线上线下的整合营销策略，南通蓝印花布的品牌影响力和社会认知度得到了显著提升，相应的保护理念也随之传播开来，形成广泛的社会关注。此外，这些不仅提升了南通蓝印花布的社会影响力，也有助于培育公众的文化自信与文化自觉理念，为非遗文化的传承与保护营造良好的社会氛围。

3. 数字教育理念带动社会化参与

数字教育平台的建立充分重视非遗传承中"人"的重要性，为南通蓝印花布的活态传承与动态传播提供了有力支撑。人是非遗传承中的主体性力量①，通过在线教育课程、互动工作坊等形式，数字教育平台不仅向大众普及了南通蓝印花布的历史知识与制作工艺，还激发了公众的热情与创造力，使非遗文化的传承不再局限于少数传承人，而是成为全社会成员共同参与的文化事业。

（二）依托数字连接整合社会化保护合力

在南通蓝印花布的传承与保护过程中，数字技术展现了其强大的多主体连接性力量，有效整合了社会化保护的合力，并推动了文化的广泛传播。

1. 数字资源的连接互通

数字技术打破了传统保护模式中的信息壁垒，实现了非遗资源在不同主体间的共享与利用。南通蓝印花布技艺的数字化留存与保护不仅依赖政府和专业机构的努力，还吸引了学术界、企业界以及广大社会公众的积极参与。通过构建数字化资源库和检索系统，各主体能够更便捷地获取和利用南通蓝印花布的相关资源，从而在各自的领域开展研究和创新，形成多元主体共同参与的保护格局。

2. 数字创意的融合互动

数字创意技术的进步促进了多主体间的协作与创新。在南通蓝印花布的数字化创意开发过程中，国家级非遗代表性传承人、时尚设计师、科研机构以及广大消费者等多元主体被紧密地联系在一起。他们通过共同参与创意设计、产品开发、品牌运营等环节，将传统技艺与现代审美、市场需求结合，推出了一系列具有创新性和实用性的蓝印花布产品。这种跨领域的合作模式极大地提升了南通蓝印花布的市场竞争力和社会影响力。

---

① 刘晓春. 非物质文化遗产传承人的若干理论与实践问题[J]. 思想战线，2012,38(6):53-60.

3. 数字传播的无界融通

数字展示技术、社交媒体平台和数字教育平台的运用也为多主体间的连接与互动提供了更为广阔的机遇。通过全息投影、虚拟现实等数字展示技术，南通蓝印花布技艺得以在博物馆、艺术馆等实体空间之外虚拟再现和广泛传播；同时，社交媒体的即时性传播方式使非遗信息能够跨越地域限制，直接触达全球受众[①]，吸引社会力量的关注和参与，最终形成多维度、立体式的动员体系，为南通蓝印花布的社会化保护凝心聚力。

（三）着力数字技术融入社会保护全流程

在南通蓝印花布案例中，数字技术贯穿于收集、整理、存储、创意设计、营销推广、展示传播、教育动员等社会化保护流程的每一个环节，使这一沉寂千年的非遗能够在现代社会中重焕新生。

1. 资源聚合环节

巧妇难为无米之炊，深厚的文化资源是后续针对性保护的基础。在保护初期，数字技术的应用使得南通蓝印花布的技艺与纹样信息得到系统性的收集与整理，并形成完备的资源数据库；依托深度学习与机器视觉技术开发出的精准检索系统，更是实现了对南通蓝印花布资源价值的深度挖掘与精准传播，为南通蓝印花布的社会化保护奠定坚实的基础。

2. 创意设计环节

在创意设计环节，数字创意技术的融入创新性活化了南通蓝印花布的存在样态，突破了传统工艺的局限，能够实现更为复杂多变的图案组合与色彩搭配，满足市场对个性化、多元化设计的需求。利用数字创意设计对蓝印花布的面料、图案等进行重新开发，体现了设计、艺术与科技的跨界对话，融汇多方智慧，有效凝聚了社会上的广泛智力资源。

3. 内容展示环节

在展示环节，全景摄影、虚拟现实、增强现实等数字展示技术的应用使得南通蓝印花布的技艺与文化魅力得以跨越时空界限触达全球受众。比如，将静态的蓝印花布展品活化，展示其动态的制作过程、历史变迁或是文化故事，甚至可以与虚拟的蓝印花布元素互动拍照，留下独一无二的纪念。这提升了蓝印花布的社会影响力，吸引了更多人的关注与热爱。

4. 内容传播环节

在传播环节，得益于数字社交媒体的助力，南通蓝印花布的文化传播形成了多元化、矩阵式的传播格局。借助数字传播的即时性和跨域性优势，南通蓝印花布的产品和制作技艺可以被完整、客观、真实地记录下来，借助生成式人工智能技术实现双语字幕翻译和内容摘要，降低理解难度。因此在国内外各大社交媒体平台上，南通蓝印花布技艺及其文化内涵得以跨越文化界限，走向世界，实现了国内、国际"融合传播"。

[①] 王雅楠.基于用户体验的蓝印花布博物馆 APP 交互界面设计研究[J].丝网印刷，2024(7):97-99.

5. 教育动员环节

在教育动员环节,数字教育平台的建立为南通蓝印花布的传承提供了全新的数字化教育模式。在线教育课程、互动工作坊等授课形式充分借助高清视频、动画演示、三维模型等数字技术,使得复杂的技艺流程变得直观易懂,极大降低了学习门槛。学习者们也可以随时随地通过数字终端进行学习,便捷高效地享受在线教育资源,不仅普及了南通蓝印花布的历史知识与制作工艺,还激发了公众的热情与参与度,形成良好的众创氛围。

纵观南通蓝印花布的数字化实践,其深刻诠释了数字技术共享性的人文发展理念,为有效保护并活化传承文化资源、强化社会保护氛围做出突出贡献。此过程中,数字技术打破信息壁垒,激发政府、学界、业界及公众等多元主体间的协作,拓宽传播路径,形成社会化保护合力,成为非遗保护典范。数字化在全流程的介入不仅提升了南通蓝印花布的保护效能,更为其在新时代的传承与发展开辟了崭新路径。相信在未来,随着元宇宙、数字孪生及生成式人工智能等智能技术的涌现,南通蓝印花布的数字化保护与传承将更上一层楼。

(赵凯星　王聃清　刘　丹　梁　蕊　李宇暄　许　图　闫天野　家　玉　时　伟)

本章思考与讨论

1. 社交媒体在传统非遗的传播与推广中发挥了怎样的作用?这种平台通过何种方式提升公众对非遗的兴趣?

2. 采用"视频+直播"形式保护与推广非遗有何利弊?为什么?

3. 电商平台在非遗数字运营过程中起到了怎样的作用?在这一过程中,非遗项目应该如何利用数字化手段构建和维护品牌形象?

4. 如何通过网红达人实现非遗数字传播的社会动员效能?以网红达人为主体的宣传模式有何优势和不足?

本章参考文献

[1] 陈至立.辞海[M].7版.上海:上海辞书出版社,2020.
[2] 刘汉波.符号赋权、焦虑消费与文化塑造——作为青年亚文化的"日常迷信"[J].中国青年研究,2020(1):105-111.
[3] 李悦.浅析传播对文化发展的作用[J].南京广播电视大学学报,2000(1):52-54.
[4] 汤天甜,雷晨雨.国家文化数字化战略背景下非遗短视频的情感互动与价值耦合[J].视听界,2024(2):12-17,37.
[5] 王南杰.全球化视域下非遗影像国际传播中的文化叙事[J].新闻爱好者,2023(12):60-62.
[6] 和羽楠.山西黎城县民俗黎侯虎[J].村委会主任,2024(12):38-43.
[7] 郗晓英,白亚锋.非物质文化遗产的价值彰显及实践进路——以山西民间艺术"黎侯虎"为例[J].文化学刊,2023(6):31-34.

[8] 胡玥.浅谈山西民间美术黎侯虎的发展与传承[J].大众文艺,2019(16):45-46.

[9] 郭佳琳.民间传统布艺虎玩具的图像符号特征——以山西长治地区为例[J].艺海,2020(3):114-116.

[10] 白英.中华第一"虎"山西布艺黎侯虎[J].资源与人居环境,2020(11):56-63.

[11] 袁菁菁,汤繁稀.基于FAHP/QFD/SWOT的山西"黎侯虎"可拼装体验产品设计[J].包装工程,2024,45(20):433-441,452.

[12] 刘轶娜.群体认知的设计表达:对山西黎侯虎的设计人类学考察[J].美与时代(上),2024(2):16-19.

[13] 喻旭燕,蔡亮.文化阐释与叙事呈现——"非遗"对外传播的有效路径研究[J].浙江学刊,2016(2):220-224.

[14] 王南杰.全球化视域下非遗影像国际传播中的文化叙事[J].新闻爱好者,2023(12):60-62.

[15] 何靖.身体的缺席与回归:智媒时代"非遗"文化的具身传承与传播研究[J].艺术传播研究,2024(6):114-122.

[16] 杨路.如何把"中国曲艺之乡"的牌子擦得更亮——长子县推动传统曲艺事业繁荣发展的调研思考[J].曲艺,2021(1):63-66.

[17] 乔嫚嫚.长子鼓书的传承与发展研究[J].文学教育,2018(18):98-99.

[18] 张晋莎.浅析山西长子鼓书的艺术特点[J].北方音乐,2017,37(13):32.

[19] 孙权,聂玉波,肖辛育.代际文化视野下中华优秀传统文化活化与年轻化传播——以Z世代为核心的考察[J].数字出版研究,2023(S2):25-30.

[20] 李东琦.嫩江流域非物质文化遗产代际传播困境与对策研究[J].科技传播,2024,16(3):53-55.

[21] 王晔.非物质文化遗产视域下黑龙江少数民族曲艺音乐的保护与传承——以达斡尔族乌钦、赫哲族伊玛堪、鄂伦春族摩苏昆为例[J].黑龙江民族丛刊,2016(6):142-147.

[22] 刘引红.长子鼓书在山西农村地区发展与现状简述[J].曲艺,2021(9):18-19.

[23] 李东琦.嫩江流域非物质文化遗产代际传播困境与对策研究[J].科技传播,2024,16(3):53-55.

[24] 于凤静,王文权.场景重构:5G非遗传播要素的嬗变与影响[J].当代传播,2020(2):107-109.

[25] 王彦龙,孟赛.新媒体视域下秦腔"短视频+直播"传播形态探析——以快手平台为例[J].艺术研究,2024(2):151-153.

[26] 中国互联网络信息中心发布第53次《中国互联网络发展状况统计报告》[J].国家图书馆学刊,2024,33(2):104.

[27] 张燕.小红书圈群互动中的品牌文化传播机制研究[J].科技传播,2024,16(16):123-127,131.

[28] 石祝.科普短视频设计方法研究——基于自媒体"毕导THU"的内容分析[J].科技传播,2023,15(1):128-138.

[29] 韩静,杨冰.浅析山西长治八义窑红绿彩[J].景德镇陶瓷,2019(2):33-34.

[30] 马丽君,刘鑫.基于游客感知的巴厘岛旅游浪漫属性分析[J].江西科学,2021,39(5):963-969.

[31] 马绥莉."非遗"手工艺品传承与地方旅游经济协同发展[J].山西财经大学学报,2024,46(S2):122-124.

[32] 耿涵.非物质文化遗产何以守正创新?——活化利用中的遗产观与"心流"启示[J].民间文化论坛,2024(5):136-142.

[33] 叶豫,陈金希.社交货币理论下小红书内容生产建构策略及价值导向研究[J].新媒体研究,2023,9(24):70-73.

[34] 陈先进.古朴清雅赋蓝白巧染棉布寄乡情——南通蓝印花布的历史与特色[J].艺术百家,2003(2):123-124.

[35] 梁惠娥,奚燕锋.南通民间蓝印花布的价值底蕴和设计理念[J].纺织学报,2008(3):83-86.

[36] 吴元新.江海之滨,终朝采蓝——南通蓝印花布工艺的传承与创新[J].南通航运职业技术学院学报,2009,8(2):5-8.

[37] 王霄冰.试论非物质文化遗产本真性的衡量标准——以祭孔大典为例[J].文化遗产,2010(4):8-17.

[38] 胡恬静.近六十年蓝印花布发展研究综述[J].天工,2023(28):28-30.

[39] 奚燕锋,梁惠娥.南通蓝印花布的历史和现状以及发展优势思索[J].纺织学报,2012,33(2):98-103.

[40] 张泰城,龚奎林.高校保护与传承非物质文化遗产的优势与路径探究[J].江苏高教,2012(6):36-38.

[41] 赵晓辉.蓝印花布的现代性及其应用研究[J].美术教育研究,2023(18):45-48.

[42] 陈秀芳.中国传统印染技艺研究发展现状[J].纺织科学与工程学报,2024,41(1):111-116.

[43] 朱千波.地方性高职院校开展非遗数字化传承研究——以南通科技职业学院数字化传承南通蓝印花布为例[J].职教论坛,2015(14):48-51.

[44] 牟宇鹏,郭旻瑞,司小雨,等.基于中国非遗品牌可持续性成长路径的案例研究[J].管理学报,2020,17(1):20-32.

[45] 于翔,张莉,沈美.蓝印花布纹样标准数据集的构建[J].吉林大学学报(信息科学版),2023,41(3):521-529.

[46] 张悦.南通蓝印花布传承与发展策略研究[J].大观(论坛),2024(5):106-108.

[47] 刘晓春.非物质文化遗产传承人的若干理论与实践问题[J].思想战线,2012,38(6):53-60.

[48] 罗力伟,俞爱芳.基于南通蓝印花布表现形式的艺术创新实践[J].天工,2024(13):63-65.

[49] 王雅楠.基于用户体验的蓝印花布博物馆APP交互界面设计研究[J].丝网印刷,2024(7):97-99.

[50] 刘丽琼.山西民间美术黎侯虎的传承与拓进研究[D].株洲:湖南工业大学,2023.

[51] 靳婷婷.乡村振兴视角下非物质文化遗产保护利用研究[D].杨凌:西北农林科技大学,2024.

[52] 韩栋.基于情感化设计理论的黎侯虎IP形象设计研究[D].太原:山西大学,2023.

[53] 申力.传统民间美术品牌设计研究[D].太原:中北大学,2018.

[54] 宋书亚.长子鼓书艺术风格研究[D].秦皇岛:燕山大学,2019.

[55] 贾旻飞.山西长子鼓书艺术研究[D].呼和浩特:内蒙古大学,2021.

[56] 李青青.长子鼓书调查研究[D].长春:东北师范大学,2023.

[57] 常路艳.长子鼓书现状调查与艺术表达研究[D].西安:陕西科技大学,2022.

[58] 刘雨桐.季节限定产品的文化认同和符号消费研究[D].长春:吉林大学,2024.

[59] 万敏.从"品牌故事"看南昌"质胜"之道[N].南昌日报,2024-09-24(3).

[60] 郭晓俊.融媒体环境下长子鼓书的传承发展[N].科学导报,2024-09-27(B08).

[61] 崔浩,黄鑫.直播助力非遗传承"活"起来[N].经济日报,2022-12-20(6).

[62] 许丛军.【风物纵览】蓝印花布[N].光明日报.2020-02-16(10).

[63] 刘霄.为了蓝印花布[N].中国文化报.2024-01-16(4).

[64] 马晓冉,崔诗雨.大连民族大学"蓝印花布"数字博物馆——用创新形式展现传统之美[N].中国民族报.2024-01-19(3).

[65] 阮玉洁,韩馨月,卢致文,等.基于几何图形学的黎侯虎参数化样板构建[J].包装工程,2024(24):406-414.

[66] 腾讯网.虎年说虎|凭什么?这只布老虎成了国家级非遗[EB/OL].https://news.qq.com/rain/a/20220201A05NN000.[访问时间:2024-09-29].

[67] 长子县人民政府.长子鼓书[EB/OL].http://www.zhangzi.gov.cn/zjzz/zzrw/fwzwhyc/201712/t20171219_735358.html.[访问时间:2024-11-09].

[68] 中国非物质文化遗产网·中国非物质文化遗产数字博物馆.长子鼓书[EB/OL].https://www.ihchina.cn/art/detail/id/13742.html.[访问时间:2024-11-07].

[69] 光明网.清华学术报告:非遗借直播 短视频实现"活态传承"[EB/OL].https://m.gmw.cn/baijia/2022-12/08/36216989.html.[访问时间:2024-11-12].

[70] 中国青年网.长子鼓书传承人刘引红:把民间艺术发扬光大[EB/OL].http://qclz.youth.cn/znl/201807/t20180718_11672361.htm.[访问时间:2024-11-05].

[71] 原依凡.实力"吸睛"!上党区八义窑红绿彩陶瓷参加"人到山西好风光"人才宣介[EB/OL].https://www.sohu.com/a/774484564_400764.[访问时间:2024-11-12].

[72] 网易山西黄晶.【上党乡村e镇助力长治八义窑电商秀】:当电商盛典邂逅千年瓷韵,共赴一场文化与艺术的盛宴[EB/OL].https://m.163.com/local/article/J4SH4T1O04149A58.html.[访问时间:2024-11-12].

[73] 中华人民共和国商务部.八义陶瓷[EB/OL].http://lzhbwg.mofcom.gov.cn/edi_ecms_web_front/thb/detail/bdc3b1b10ed24dcbb424ca05628d6eba.[访问时间:2024-11-12].

[74] 武凯.山西长治八义窑:非遗之光,彩瓷的绚烂华章[EB/OL].https://baijiahao.baidu.com/s?id=1803075486728826183&wfr=spider&for=pc.[访问时间:2024-11-12].

[75] 老字号数字博物馆:八义陶瓷[EB/OL].http://lzhbwg.mofcom.gov.cn/edi_ecms_web_front/thb/detail/bdc3b1b10ed24dcbb424ca05628d6eba.[访问时间:2024-11-30].

[76] 中国非物质文化遗产网.八义窑红绿彩瓷烧制技艺[EB/OL].https://www.ihchina.cn/Article/Index/detail?id=23555.[访问时间:2024-11-12].

[77] 上党晚报杨亚娟.聚焦|一抹红绿韵古今——八义窑红绿彩瓷器守正创新之路[EB/OL].https://mp.weixin.qq.com/s?__biz=MzA4NTk2Mzc4MA==&mid=2654173579&idx=3&sn=779bbaf7e3b9211092a19e25fb1ed9a4&chksm=85f1ca195ec827f2d1535015e05c2c044904af3a7aafff7ad039253c262d77668d291f10b1cc&scene=27.[访问时间:2024-11-12].

[78] 山西晚报吕国俊,孙铁琼,南丽江,杨敬.八义窑红绿彩博物馆:中国陶瓷史上第一抹彩虹[EB/OL].https://baijiahao.baidu.com/s?id=1719355426969916558&wfr=spider&for=pc.[访问时间:2024-11-12].

[79] 中华人民共和国中央人民政府.国务院关于公布第五批国家级非物质文化遗产代表性项目名录的通知[EB/OL].https://www.gov.cn/zhengce/content/2021-06/10/content_5616457.htm?_zbs_baidu_bk.[访问时间:2024-11-12].

[80] 邓琦.彭丽媛向世界展示中国民族风[EB/OL].http://epaper.bjnews.com.cn/html/2013-03/30/content_421655.htm.[访问时间:2024-09-29].

[81] 南通非物质文化遗产网.传统技艺——南通蓝印花布印染技艺[EB/OL].http://whg.nantong.cn/ntswhg/gjjmlxm/content/5340133b-e545-4740-821e-4e9ea70d96a3.html.[访问时间:2024-09-29].

[82] 吴莹.【为国争辉南通人】吴元新:带着蓝印花布走向世界[EB/OL].澎湃新闻网,https://m.thepaper.cn/baijiahao_4150302.[访问时间:2024-09-29].

[83] 杨甜子.吴元新:我们的工作是在和时间赛跑[EB/OL].https://m.thepaper.cn/baijiahao_10266053.[访问时间:2024-09-29].

[84] 宋亦闲.江苏南通蓝印花布印染技艺是首批国家级"非遗"[EB/OL].https://ydyl.jiangsu.gov.cn/art/2022/3/29/art_76472_10395005.html.[访问时间:2024-09-29].

[85] 人民网.江苏南通:中国非遗走进留学生课堂[EB/OL].http://vip.people.com.cn/albumsDetail?aid=1491682.[访问时间:2024-09-29].

[86] 江海明珠网.文明之美看东方|江苏南通:记国家级非遗蓝印花布的"前世今生"[EB/OL].https://www.ntjoy.com/html/shehuixinwen/2022/0727/385763.shtml.[访问时间:2024-09-29].

[87] 丁威程,朱文君:南通科院团队十年探索构建蓝印花布纹样识别数据集非遗文化传承插上数字翅膀[EB/OL].http://www.jhwb.com.cn/content/2023-07/16/content_3195617.htm.[访问时间:2024-09-29].

[88] 央视网.我的艺术清单:南通蓝印花布博物馆馆长吴元新[EB/OL].https://tv.cctv.com/2023/11/23/VIDEOihoaH6M7KWPlmy5nUpW231123.shtml.[访问时间:2024-09-29].

[89] 冯凯敏,林焕新:蓝印花布纹样数字化保护有了团体标准[EB/OL].http://www.zgnt.net/jhwbszb/pc/c/202401/16/content_161158.html.[访问时间:2024-09-29].

[90] 中国非物质文化遗产网.南通蓝印花布印染技艺[EB/OL].https://www.ihchina.cn/project_details/14296.[访问时间:2024-09-29].

[91] Smith L J. Uses of Heritage[M]. London: Routledge,2006.

第五章

国际传播与非物质文化遗产数字传播

随着全球化的加速发展,不同文化之间的交流与碰撞日益频繁,非遗作为人类共同的文化财富,其保护与传承成为全社会关注的焦点。有效地利用现代科技手段,尤其是数字技术,推动非遗的国际传播,不仅是提升中国文化软实力的关键,也是增强民族文化自信、促进中外文化交流的重要途径。

数字化背景下,非遗的国际传播面临前所未有的机遇与挑战。一方面,互联网、大数据、云计算等新兴技术的发展为非遗国际传播提供了新的平台和手段,使得非遗能够跨越时空界限,触及更广泛的受众群体;另一方面,如何确保非遗的真实性和完整性在数字化过程中不受损害,以及如何利用数字技术讲好中国故事、传播中华优秀文化,成为非遗国际传播中面临的问题。

本章选取了敦煌舞、《黑神话:悟空》、陈式太极拳、新郑黄帝拜祖祭典这4个在国际传播方面具有代表性的非遗数字案例,进行深入分析。敦煌舞以其独特的艺术风格和历史底蕴在国际上享有盛誉;《黑神话:悟空》通过现代游戏技术在国际上引起广泛关注;陈式太极拳通过新媒体平台和数字技术在国际上广泛传播;新郑黄帝拜祖祭典以其深厚的文化和历史意义在国际上受到高度关注。这些案例不仅具有代表性,还能全面反映中国非遗在数字化背景下的国际传播现状和潜力。通过研究这些案例,可以分析中国非遗如何借助数字化平台实现有效的国际传播,为促进中华文化走向世界提供理论支持和实践指导。

第一节 敦煌舞:丝路艺术数智再生舞向世界

敦煌文化延续千年,留下了丰富的历史文化遗存,在现存的735个洞窟和45 000平方米的壁画中,保存了大量的古代乐舞图像[①]。20世纪70年代,舞蹈艺术工作者研究敦煌石窟壁画,创新舞蹈语汇,创作了民族舞剧《丝路花雨》,将敦煌文化以更加生动的形式展现在大众面前,并促进了民族舞蹈类非遗敦煌舞的诞生。作为从敦煌壁画中"复活"的舞蹈样式,敦煌舞具有重要的文化、艺术和国际交流价值,是丝绸之路舞蹈艺术的典型代表。

在数字化、智能化浪潮的推动下,敦煌舞积极与新质生产力融合,在传承与发展中焕

---

① 世界文化遗产——莫高窟[EB/OL]. https://www.dha.ac.cn/info/1018/1107.htm. [访问时间:2025-03-29].

发出新的生命力。数智技术的运用丰富了敦煌舞的创编资源、演绎方式、传播渠道和产品样态,推动敦煌舞在数智时代的复兴。乘着共建"一带一路"的东风,敦煌舞的国际传播迈上了新征程。在传播理念上,数字传播理念逐渐兴起,促进敦煌舞艺术精品全球共享;在传播主体上,国际传播行动者扩容,数字虚拟人成为传播敦煌舞的新主体;在传播策略上,数智技术优化敦煌舞跨文化传播策略,推动传统非遗的精准化、分众化传播;在传播载体上,大型节事活动成为敦煌舞传播的新渠道,强化传统非遗的典型符号;在传播体系上,社会化力量融入外宣旗舰媒体,形成立体化的国际传播体系。

从区域化的民族古典舞蹈,到中国非遗的名片,敦煌舞在数智时代迎来发展新纪元。敦煌舞的发展创新离不开社会各界从敦煌文化汲取营养,在追本溯源中促进敦煌舞的传承与现代传播。借助数字传播技术,敦煌舞得以在全球广泛传播,并在文明交流互鉴中点亮中华民族精神标识。

一、基本信息:敦煌舞历史发展与多元价值

(一) 传统舞蹈类非遗:敦煌舞简介

敦煌舞是一个文化概念,既涵盖敦煌壁画中的古代乐舞,又是当代舞蹈艺术工作者依据敦煌壁画舞姿研究、编创并在表演过程中形成的舞蹈种类[①]。敦煌舞蹈起源于魏晋南北朝时期,西域舞蹈与中原舞蹈在甘肃凉州一带相遇,形成了"西凉乐",这为敦煌舞的初步形成奠定了基础。在早期发展阶段,敦煌舞主要用于宗教仪式、民间庆典等场合的表演,舞者通过舞蹈来祈福、祭祀,表达对自然、生命和信仰的敬仰[②]。隋唐时期,随着佛教的传入,敦煌舞吸收了大量的佛教艺术元素,舞蹈内容逐渐与佛教故事结合,表现形式愈加丰富。这一时期,敦煌舞除了在宗教仪式中扮演重要角色外,也成为宫廷文化和民间艺术的一个重要部分。宋代商业繁荣,市民阶层兴起,促使社会意识更倾向于现实生活,敦煌壁画中的舞蹈素材呈现出贴近民众生活的景象[③]。宋元时期,敦煌舞基本形成,但发展趋于缓慢。明清时期,由于文化高压政策,敦煌舞逐渐被封存。

20世纪初,梅兰芳先生首次对敦煌莫高窟中的"飞天"造型进行提取和创新,融入京剧《天女散花》,做出将敦煌舞元素与京剧结合的有益尝试。20世纪50年代初,戴爱莲先生创作的双人舞《飞天》是我国第一部取材于敦煌壁画的舞蹈作品。20世纪70年代,甘肃省歌舞团从敦煌壁画的舞姿获得灵感,编创了大型民族舞剧《丝路花雨》(见图5-1-1),受到舞蹈界的关注。由此,"敦煌舞"作为一个古典舞种从概念上逐步形成。

敦煌舞虽属于中国古典舞体系,但它融合了我国维吾尔族及伊朗、俄罗斯、印度、古希腊等乐舞的风格,洋溢着与中原汉民族舞蹈不同的异域情调,肢体多曲线,舞姿多棱角[④],

---

[①] 贺燕云. 敦煌舞名称的由来[J]. 舞蹈,2008(8):34-35.
[②] 曾佟春晖. 敦煌舞的起源与演变[J]. 尚舞,2023(21):105-107.
[③] 万柠楠. 浅析敦煌舞蹈的艺术特征与发展[J]. 中国民族博览,2022(3):155-157.
[④] 刘继明,韩宁. 敦煌舞蹈的形态特征及艺术特色[J]. 大舞台,2011(5):107,60.

图 5-1-1 《丝路花雨》剧照

（资料来源：兰州新闻网. 经典舞剧《丝路花雨》惊艳亮相国家大剧院［EB/OL］. https://lzrb.lzbs.com.cn/content/202301/25/content_187948.html.［访问时间：2024-10-12］.）

体现出敦煌文化蕴含的开放、交流、包容、创新等精神内涵。《敦煌古乐》《大梦敦煌》《千手观音》等一大批优秀敦煌舞剧目不断推出，深受国内外观众喜爱。2006 年，"敦煌艺术——舞蹈技艺研承"被列入甘肃省第一批省级非遗保护项目。

（二）敦煌舞的多元价值

1. 文化价值

敦煌舞直接取材于敦煌莫高窟壁画，其舞姿、服饰和音乐均承载着敦煌文化的厚重历史。这些壁画不仅记录了古代舞蹈的形态，还反映了古代社会的生活状态、宗教信仰和审美趣味。作为一种活态文化，敦煌舞将古代壁画中的舞蹈形象转化为当代观众能够感知的艺术语言，使传统文化在现代社会中继续生存和发展。通过敦煌舞的传承与创新，人们能够更深入地理解敦煌文化的内涵，同时也为研究中国古代舞蹈提供了宝贵的资料。

2. 艺术价值

敦煌舞的动作灵感多取自莫高窟壁画，并巧妙地融入现代表现手法，赋予了古典舞蹈现代艺术价值。不同于中国传统舞蹈以圆为主的动作韵律，敦煌壁画中的乐舞形象以 S 形曲线居多，手臂姿态棱角分明。现代创编者在曲线造型的基础上将走向、结构、身体线条等变为柔软的弧，呈现出"曲中求圆"的审美旨趣。敦煌舞的舞蹈样式丰富，有伎乐天舞、长绸舞、反弹琵琶舞、独舞、对舞、飞天舞、莲花童子舞等。唐代诗人李白曾以"素手把芙蓉，虚步蹑太清；霓裳曳广带，飘拂升天行"的诗句咏赞敦煌飞天仙女的舞姿。

3. 国际交流价值

敦煌舞是丝路的一面镜子，它以佛教中的人物为主，融合了西域乐舞、中原乐舞以及波斯、印度等地的象征元素，体现了丝绸之路上文化交汇碰撞的历史。通过表演敦煌舞，可以向世界展示中国悠久的历史和丰富的文化,增进不同文化之间的理解。敦煌舞已经成为中国对外文化交流的重要载体,在多个国际文化交流活动上向世界展示了中国舞蹈艺术的独特魅力。同时,敦煌舞作品的魅力也吸引了世界各地的艺术家和学者来到敦煌学习和研究,促进了国际文化交流与合作。

(三)敦煌舞的发展机遇

历经40多年发展与积淀,敦煌舞已经成为一种独具风格的古典舞流派。在数智化浪潮的推动下,敦煌舞迎来了新的发展机遇。数字存储技术保存了大量壁画图像,为敦煌舞的创编提供了丰富的素材库;数字视听技术介入带来的多重视觉奇观,赋予敦煌舞现代艺术美感;全球性数字基础设置的研发与使用,使这一区域性的民族舞蹈突破地理限制,吸引全球观众;数智技术的应用使得敦煌舞作品的传播样态愈加丰富,从而被更多人理解和欣赏。

1. 数字储存提供舞蹈创编富矿

敦煌石窟的数字化文物保护为敦煌舞的创编提供了丰富的历史素材。数字化采集、加工和存储技术的发展为敦煌石窟文物的永久性保存提供了可能,也开掘出敦煌舞创编的富矿。敦煌研究院依托文物数字化积累的海量数据资源构建了"数字敦煌"资源库平台,深度挖掘数据资源成果的价值与内涵。"数字敦煌"资源库的中英文版先后于2016年、2017年上线,实现了30个经典洞窟的高清数字化内容及全景漫游的全球共享[1],得到了社会的广泛关注和肯定。2022年,"数字敦煌·开放素材库"上线,莫高窟等石窟遗址及敦煌藏经洞文献的6500余份高清数字资源档案向全球开放[2],世界各地的舞蹈艺术家、学者和爱好者们得以通过网络近距离欣赏和研究这些数字资源。2023年,"数字藏经洞"国际版(Digital Buddhist Scripture Cave)上线,以高清数字照扫、游戏引擎的物理渲染和全局动态光照等游戏科技,生动再现了藏经洞及百年前室藏6万余卷珍贵文物的历史场景[3];通过中国风现代工笔画美术场景与游戏化互动机制,让海外用户也能一键"穿越"至千年前,领略古代敦煌文化[4]。这些海量的数字成果为敦煌舞在数字时代的创造性转化和创新性发展提供了珍贵的视觉资料。

2. 技术阐释贴合现代审美旨趣

在40余年的演绎过程中,舞蹈艺术工作者不断探索敦煌舞与时代接轨的切口,将敦煌文化与数字科技有机融合,为人们带来了更加丰富的审美体验。2016年,在首届丝绸

---

[1] 敦煌研究院."数字敦煌"资源库英文版全球发布[EB/OL]. https://mp.weixin.qq.com/s/Kkkbgn1n8PU94K8JSk10oQ. [访问时间:2024-10-13].
[2] 敦煌研究院. 全球首个基于区块链的数字文化遗产开放项目"数字敦煌开放素材库"今日正式上线[EB/OL]. https://www.dha.ac.cn/info/1019/4250.htm. [访问时间:2024-10-13].
[3] 敦煌研究院. 全球首个超时空参与式博物馆"数字藏经洞"今日正式上线[EB/OL]. https://www.dha.ac.cn/info/1019/4721.htm. [访问时间:2024-10-13].
[4] 中国日报网."敦煌藏经洞"国际版发布,海外用户可一键"穿越"游敦煌[EB/OL]. https://cn.chinadaily.com.cn/a/202311/10/WS654df809a310d5acd876e5ae.html. [访问时间:2024-10-13].

之路(敦煌)国际文化博览会上,《丝路花雨》创编团队在传统舞台上结合使用了投影技术、大屏技术等现代化数字技术,提升了舞蹈表演的艺术表现力与感染力。2019年,敦煌舞作品《敦煌·飞天》登上央视春晚舞台,作品运用增强现实技术,将壁画中的花朵、云彩、彩带等形象具化,与舞台、舞蹈演员的表演融为一体,为全球观众带来了一场古典与科技交织的视觉盛宴。新式敦煌舞作品丰富了敦煌舞的表现手段,更好地适应现代观众的审美趣味,吸引不同年龄段和文化背景的观众关注敦煌舞。这些作品的成功也鼓励舞蹈艺术工作者不断突破传统束缚,勇于尝试新的技术和手段,挖掘敦煌舞与现代科技更多的结合点,推动敦煌舞的持续创新发展。

3. 数字平台丰富非遗传播空间

当下,非遗在全球年轻用户市场中成为流量密码,促使非遗传承人加大在数字平台传播非遗的力度。2022年6月,文旅产业指数实验室发布的《2022年非物质文化遗产在海外短视频平台上的影响力报告》显示,TikTok平台上的非遗相关内容视频播放量已突破308亿[1]。"敦煌舞"(Dunhuang Dance)、"敦煌飞天"(Dunhuang Feitian)等话题的播放量在TikTok平台超过1 300万[2]。以TikTok为代表的全球数字基础设施为不同国家和地区的人了解中国非遗提供了自主可控的平台。数字化传播方式打破了敦煌舞表演的地域和时间的限制,将敦煌舞及其元素带入大众视野,让全球各地的观众能够领略到敦煌舞和敦煌文化的魅力,为敦煌舞的国际传播做出了积极贡献。

4. 数智技术丰富非遗产品样态

非遗的非物质性、民族性、地域性,与互动性、沉浸性的数智技术极为适配。非遗搭上数智技术的快车,涌现出"非遗+NFT""非遗+数字人""非遗+虚拟现实""非遗+动漫"等诸多产品样态。2018年,敦煌研究院与腾讯新文创联合推出"敦煌诗巾"小程序,发出"把千年壁画穿在身上"的邀请,用户可以在8种主题元素和200多个壁画细节元素中进行选择、组合,设计个性化专属敦煌丝巾,小程序上线3个月内迎来了250万独立访客,这个数字超过了莫高窟一年的线下游客量[3]。2022年,敦煌研究院和腾讯联合打造敦煌莫高窟官方虚拟人伽瑶,能够通过洞窟壁画讲解、展览、虚拟直播、舞蹈综艺等多种方式传播敦煌文化。数智技术文化作为新质生产力的实践动力,在与非遗的联袂中不断释放非遗创新的新模式、新方向和新可能。

二、案例综述:数智技术赋能敦煌舞国际传播

在"一带一路"倡议的推动下,作为丝路艺术典型代表的敦煌舞迈上了国际传播的新

---

[1] 世研智库.中国非物质文化遗产海外短视频平台影响力研究报告[EB/OL]. https://www.crcindex.com/report/culturetourism/196.html.[访问时间:2024-10-13].

[2] 数据根据检索结果人工统计得出,详见:https://www.tiktok.com/search?q=dunhuang%20dance&t=1730077056948;https://www.tiktok.com/search?q=dunhuang%20feitian&t=1730077088702.[访问时间:2024-10-13].

[3] 张峥.非遗文化"潮品",让国风愈演越烈[N].中国妇女报.2024-03-26(7).

征程。短视频、直播、虚拟人等数智化传播手段促进了敦煌舞的立体化展示,为非遗的国际传播开辟了新路径。

(一)数字传播理念促进艺术精品全球共享

在非遗的保护与传承过程中,人们起初将非遗视为一种源于过去、易于消失的文化资源,侧重运用图像及音视频工具实现数字化记录与长期存储,但这种保存措施对非遗保护的作用与意义相对有限,与非遗的活态特征、参与性实践属性也并不相符。随着信息传播技术的迭代更新,非遗数字化的重心从以保存为目的的数字化记录转变为以传播为目的的数字化创作①。

敦煌舞的开山之作《丝路花雨》,自 1979 年首演至今,历经 1979 版、1982 年电影版、2008 年奥运版、2016 年国际版 4 个版本②。2022 年,《丝路花雨》通过"新甘肃"客户端视频号进行了全球首播,吸引超 20 万人在线观看③。这是该剧首次在 5G 智慧剧场演出,打造了"新兴媒体+经典艺术"的文艺新样态。与此同时,敦煌舞艺术工作者主动在 TikTok、YouTube、Twitter 等海外社交平台上传敦煌舞的经典剧目作品,《飞天》《迦陵频伽》《千手观音》等经典敦煌舞作品在 YouTube 的播放量超 2 000 万④。为了让更多海外人士了解敦煌舞,敦煌舞艺术工作者在海外社交平台发布了一系列敦煌舞教学视频,介绍了敦煌舞的基本动作、组合,以及舞蹈服饰、道具,帮助海外观众深入理解并欣赏敦煌舞。这些数字化传播手段让全球观众得以欣赏敦煌舞经典作品,也为不同国家和地区的舞者提供了创作灵感,进一步推动了全球非遗的交流与融合。

相较于剧场舞台上较为纯粹的以身体语汇进行艺术言说的舞蹈形式,主流媒体打破常规化的舞蹈创编思路,通过自由视角拍摄和交互式摄影控制等技术,带给观众沉浸式的具身体验。在河南卫视"中国节日"系列节目中,《龙门金刚》通过威亚、三维建模、电脑后期着色等让舞者再现了神女飞天的悠扬舞姿,借助虚拟现实、增强现实等技术让渺小舞者和山岳般的金刚明王等神灵同台,给予了观众视觉震撼。《一画千年》以跨越千年时空的敦煌画卷被现代人开启引出舞蹈,在煌煌沙漠中,飞天舞者复现了古代壁画中的龟兹舞、胡旋舞等敦煌舞样式,展现了敦煌文化的独特美感。这些节目播出后,立即成为现象级的文化产品,《人民日报》、新华网等主流媒体纷纷通过海外社交平台转发《龙门金刚》等节目视频。不同国家和地区的观众通过数字平台可以随时随地点击观看这些作品,分享自己对敦煌舞的感受与见解。

---

① 杨红. 非物质文化遗产数字化传播的意义更新与趋势分析[J]. 中国非物质文化遗产,2023(5):102-107.
② 中国新闻网. 甘肃文化品牌:一台《丝路花雨》,让敦煌文化艺术"火"起来[EB/OL]. https://www.chinanews.com.cn/cul/2024/05-06/10211779.shtml. [访问时间:2024-10-13].
③ 每日甘肃网. 7 月 30 日,《丝路花雨》全球云端首播[EB/OL]. http://gansu.gansudaily.com.cn/system/2022/07/28/030600096.shtml. [访问时间:2024-10-13].
④ 数据根据检索结果人工统计得出,详见:https://www.youtube.com/results?search_query=dunhuangdance. [访问时间:2024-10-13].

(二) 数字虚拟人成为讲好敦煌故事新主体

随着弱人工智能向强人工智能迭代,尤其是ChatGPT、Sora等生成式人工智能产品的出现,国际传播的内容生产范式逐步从人工智能辅助人类创作转向人工智能自主内容创作[1],构成了"人类行动者主导,非人类行动者崛起"的国际传播格局[2]。集合了人工智能、动作捕捉、图形渲染、深度学习等数智技术的虚拟数字人成为推动非遗国际传播的新主体。

天妤是元圆科技孵化的以敦煌飞天壁画为蓝本打造的数字虚拟人。作为中国首位文化出海的虚拟人,天妤在TikTok的账号@tianyu_meta拥有超11万粉丝,共发布了10条作品,累计播放量超170万[3]。系列短剧《千壁寻踪》以天妤寻找敦煌壁画碎片为叙事线索,设定了巾舞、围棋、武术、醒狮等12个主题故事,将文化元素和现代技术融合,向全世界介绍中国的民族文化。在第三集《巾舞:时空舞者》中,随着天妤的琵琶曲响起,身披火焰纹绸的舞者配合各种旋转及挥洒动作,展现了独具特色的敦煌巾舞(见图5-1-2、图5-1-3),通过对巾舞的数智复现,天妤推动了敦煌壁画乐舞形象的创造性转化和创新性发展。

图5-1-2 《巾舞:时空舞者》视频截图

图5-1-3 天妤的火焰纹绸服饰造型

(资料来源:数字人天妤.绝世巾舞,今朝重现:传承文化,天妤不只是说说而已[EB/OL]. https://mp.weixin.qq.com/s/Zsf6EJYAuqaiySXulu1Weg.[访问时间:2024-10-16].)

---

[1] 郭全中,张金熠.AI+人文:AIGC的发展与趋势[J].新闻爱好者,2023(3):8-14.
[2] 陈嘉慧,朱秀凌.AIGC时代中华文明国际传播的主体重构——基于行动者网络理论[J].青年记者,2025(2):78-84.
[3] 数据根据检索结果人工统计得出,详见:https://www.tiktok.com/@tianyu_meta?_t=8qhJGESwsEp&_r=1.

敦煌研究院和腾讯成立的文化遗产数字创意技术联合实验室于2022年6月推出了敦煌莫高窟官方虚拟人伽瑶,其原型是敦煌莫高窟壁画中声音婉转如歌的神鸟"迦陵频伽"。2022中秋佳节之际,伽瑶现身"CGTN敦煌中秋夜"特别直播节目,首度以线上敦煌文化大使的身份,以12种语言向海内外观众送上中秋祝福、讲解敦煌壁画故事。在2023中国网络视听年度盛典上,伽瑶与青年舞蹈家华宵一共同表演敦煌舞作品《梦回敦煌》,通过图像分析、实时渲染等处理方式,营造出虚实融合的沉浸感①,让胡旋舞和胡腾舞焕发出数智时代的风采。

从"眉目自成诗三百,鬟如春风裁"的天妤,到"融迦陵频伽为灵,汇壁上丹青为意"的伽瑶,都是敦煌舞元素与数智技术融合的有益探索。数字虚拟人将非遗的形态和内容内嵌于数智化叙事场景,以文化传播者的身份向世界讲好敦煌故事。

(三)数智技术优化敦煌舞跨文化传播策略

在数字化、网络化、智能化的浪潮中,非遗的国际传播迎来了前所未有的机遇。数智技术推动了中国非遗的精准化传播,并丰富了非遗产品的传播样态,促进了敦煌舞的跨文化传播。

大数据、智能分析等数智技术提升了敦煌舞跨文化传播的精准性和针对性。正如习近平总书记所强调的,"要采用贴近不同区域、不同国家、不同群体受众的精准传播方式,推进中国故事和中国声音的全球化表达、区域化表达、分众化表达,增强国际传播的亲和力和实效性"②。在推广敦煌舞时,敦煌舞艺术工作者通过分析海外观众的搜索趋势、信息互动等数据,明确了海外观众的观看偏好,并借由个性化推荐算法实现非遗内容的智能化推荐,提高非遗的传播效率。例如,在与欧美等西方国家进行跨文化交流时,中央芭蕾舞团的艺术工作者将敦煌舞蹈元素与芭蕾艺术进行了融合,在芭蕾舞剧《敦煌》中呈现敦煌守护者们的群像以及他们的"坚守之心",作品以国际化的视角和人类共通的情感触及世界各国人民的心灵③。

敦煌舞艺术工作者采取"中国非遗+数智科技"跨界融合策略,以"年轻态"的文化产品融入"Z世代"主导的圈层文化,凝聚中国传统非遗的国际传播力量。敦煌舞因其视觉上的审美价值,不断与影视作品、动漫、游戏等文化产品结合,创造出新的文化体验。例如,敦煌研究院与腾讯旗下游戏《王者荣耀》合作开发了一系列敦煌舞元素皮肤。在"貂蝉-遇见胡旋"中,貂蝉这位游戏中的舞者身姿轻盈,飘带随风翻飞,流沙倾泻,展现出胡旋

---

① 每日甘肃网.在虚拟与现实之间梦回敦煌[EB/OL]. http://gansu.gansudaily.com.cn/system/2023/02/01/030711778.shtml.[访问时间:2024-10-16].
② 新华社.习近平主持中共中央政治局第三十次集体学习并讲话[EB/OL]. https://www.gov.cn/xinwen/2021-06/01/content_5614684.htm.[访问时间:2024-10-17].
③ 中国艺术头条.以芭蕾创作讲好中国故事——兼谈芭蕾舞剧《敦煌》的创作[EB/OL]. https://mp.weixin.qq.com/s/gGjOmifVs7TqkTI5RqBD5Q.[访问时间:2024-10-17].

舞的动感与魅力(见图 5-1-4)①。2024 年 6 月,《王者荣耀》海外版 *Honor of Kings* 正式在全球 160 余个国家和地区发布,上线不到一个月,全球(除中国大陆)下载量已经超过 5 000 万②。搭载游戏产业的"数智华流",敦煌舞触及了大量的海外"Z 世代"玩家,为敦煌舞的传播开辟了新途径。通过跨界合作,敦煌舞与更多领域的"Z 世代"产生共鸣,促进了敦煌舞的跨文化传播。

图 5-1-4 "貂蝉-遇见胡旋"官方海报

(资料来源:王者荣耀. 探秘貂蝉皮肤|遇见胡旋背后有什么故事? 皮肤是怎样制作出来?[EB/OL]. https://mp.weixin.qq.com/s/SVlL5GsD76gcsDvbBenmWw.[访问时间:2024-10-17].)

(四) 大型节事活动强化敦煌舞传播符号

国际化节事活动因其具备的周期性、重复性、仪式性特征,成为国际传播的重要载体。随着国家综合实力的提升,我国相继举办了一批国际化节事活动,呈现了包括敦煌舞在内的众多代表性的非遗,这些文化瑰宝强化了我国非遗的具象符号,提升了中国非遗在全球范围内的传播力和影响力。

敦煌舞作为一种民族舞蹈类的非遗艺术,频频出现在国际化体育赛事的开闭幕式,融入体育竞技项目,乃至成为体育场馆形象设计的灵感。在 2008 年北京奥运会开幕式上,舞者身着绿色长绸在画卷上轻盈舞动,宛若飞天再现,作品《飞天》通过全球直播向全世界展示了敦煌舞的独特魅力。在 2020 年东京奥运会中,中国艺术体操队演绎的《飞天月舞》作品将敦煌舞与芭蕾舞融合③,这是一次用"世界语言"讲述"中国故事"的成功尝试。

---

① 阿廖游戏说. 敦煌壁画与王者对碰,哪款最让人心动?[EB/OL]. https://mp.weixin.qq.com/s/xRaqwKWKh0vTwCXYSKtykA.[访问时间:2024-10-17].
② GameLook. 势如破竹,《王者荣耀》海外版首月冲破 5 000 万用户大关[EB/OL]. https://mp.weixin.qq.com/s/ieZZm0khdWPneLceZqyGbg.[访问时间:2024-10-17].
③ 卢羡婷、叶珊. 东京奥运会|中国艺体"五朵金花"在东京演绎"敦煌飞天"[EB/OL]. https://mp.weixin.qq.com/s/BiEYR_HScySa1VU3rtuTyQ.[访问时间:2024-10-14].

2022年北京冬奥会首钢滑雪大跳台"雪飞天"的设计灵感,来自敦煌壁画中的"飞天"舞姿形象。在奥运会期间,新华社、中央广播电视台等国家级主流媒体推出《当非遗遇上冬奥——雪飞天》《寰宇合传千载》等视频新闻报道,着重讲述了敦煌舞中承载的千年腾飞梦想与现代冰雪运动内蕴的体育精神的一致性,中国式浪漫再次惊艳世界。

2019年8月,习近平总书记在甘肃考察时强调,要推动敦煌文化研究服务共建"一带一路"①。甘肃省以文化为纽带,以共建"一带一路"为桥梁,积极拓展与共建"一带一路"国家文化交流的平台和渠道。从2016年敦煌舞作品《丝路花雨》亮相首届丝绸之路(敦煌)国际文化博览会,到2024年第七届丝绸之路(敦煌)国际文化博览会,"敦煌舞的传承发展与现代传播"成为"敦煌论坛"的重要议题之一②,敦煌舞已然成为敦煌文化的非遗名片,在推动丝绸之路文化交流中发挥了重要作用。除了观看线上转播,其他国家和地区的人们亦可以通过丝绸之路(敦煌)国际文化博览会海外媒体专用账号(@Silk Road Dunhuang International Cutural Expo)了解敦煌文化。该账号在Facebook、Twitter平台共发布了20条敦煌舞宣介帖文,浏览量超100万③。

(五)社会化力量融入立体式对外传播体系

在传播传统非遗、讲好中国故事的过程中,社会化力量是最具活力的主体之一。长期以来,我国国际传播的主体是以中国国际电视台、新华社、《中国日报》等为代表的官方外宣旗舰媒体,传播主体相对单一化,制约着国际传播产品的内容供给与语态表达,影响了我国媒体的国际传播效能。党的二十届三中全会提出要"推进国际传播格局重构,深化主流媒体国际传播机制改革创新,加快构建多渠道、立体式对外传播格局"④,这为未来我国传统非遗的国际传播工作指明了方向。

在国家政策的大力推动下,诸多地方政府都成立了国际传播中心。截至2023年年底,全国共建有超过70个,覆盖省级、市级、县级不同层级的地方国际传播中心⑤,旨在利用全社会、全组织的力量来重构国际传播布局。2023年6月,新华社新闻信息中心、新华社甘肃分社和敦煌市共同打造的敦煌文化国际传播中心成立,中心跟随"敦煌文化环球连线"系列活动,通过融媒产品走进亚洲、欧洲、非洲、大洋洲等5大洲14个国家,让敦煌文化漂洋过海走向世界⑥。此外,中心在YouTube、Facebook、Twitter等海外主流社交平

---

① 习近平.在敦煌研究院座谈时的讲话[EB/OL].http://www.qstheory.cn/dukan/qs/2020-01/31/c_1125497461.htm?from=singlemessage&from=singlemessage.[访问时间:2024-10-14].
② 彭雯.为共建"一带一路"注入持久深厚的文明力量[N].甘肃日报,2024-09-23(1).
③ 数据根据检索结果人工统计得出,详见 https://www.facebook.com/share/MiiHfPeoZ5PgDCEB/?mibextid=qi2Omg,https://x.com/SRDICEinChina?t=Sz2BcYhKdeGZSOaL08Et5Q&s=09。
④ 新华社.中共中央关于进一步全面深化改革、推进中国式现代化的决定[EB/OL].http://www.news.cn/politics/20240721/cec09ea2bde840dfb99331c48ab5523a/c.html.[访问时间:2024-10-14].
⑤ 辛艳艳,张志安.文明交流互鉴视角下的全球性交往与传播主体多元化[J].对外传播,2024(7):54-58.
⑥ 殷永生,李国辉.根植敦煌文化沃土提升国际传播能力——敦煌文化国际传播中心的创新实践[J].传媒,2024(15):55-57.

台开通账号(@Dunhuang),累计发布敦煌舞元素相关视频20余条,播放量超300万次①,让敦煌舞艺术进入国际"朋友圈"。

国际传播领域中社交媒体的崛起,吸引了许多数字原生代创作者和从业者作为非遗创造主体融入立体式对外传播格局。出于对敦煌舞元素的喜爱,一批舞蹈博主、汉服博主与传统文化博主加入传播敦煌舞元素的行列,从敦煌舞的舞蹈特点、敦煌舞的服饰特征等不同角度切入,在海外掀起一阵"敦煌飞天热"。例如,博主木兰说(@Mulan's talking)制作的敦煌舞讲解视频介绍了敦煌舞的来源、舞蹈动作特点、着装、经典作品等,在 TikTok 平台的播放量超 700 万,点赞量超 18 万。

除了曼妙的敦煌舞姿外,充满文化交融痕迹的飞天舞衣也赢得了海外观众的青睐,甚至吸引海外博主跨越文化鸿沟,成为敦煌舞服饰的传播者。泰国博主达拉孔泰(@DaralaKornthai)在 TikTok 平台上传了 28 条展示敦煌飞天服饰的作品,视频累计播放量超 270 万②。多元化的传播主体更充分地展示了敦煌舞艺术的丰富性和多样性,增强了国际社会对敦煌舞的认知。这些成功案例说明,社会化力量已经融入敦煌舞国际传播体系,成为敦煌舞国际传播的生力军。

三、案例点评:千年壁画数智重生,丝路非遗舞向世界

(一) 在现代传播理念中传承敦煌舞蹈艺术

敦煌舞从历史中来,在现实中发展,向未来走去。敦煌舞艺术工作者秉持现代传播理念,通过敦煌文化创新、数字平台共享、融入对外传播体系等途径,实现了敦煌舞的持续繁荣。

敦煌舞是敦煌文化创生的非遗艺术,开创了一条从审视、挖掘、复活、再现到再生的非遗发展路径③。敦煌舞艺术工作者在敦煌文化中"寻根",充分利用近年来敦煌考古成果中的舞蹈要素,深度开发和提炼古代敦煌舞姿和敦煌乐舞壁画④,并通过现代视听技术和拍摄手段创新敦煌舞的创编与演绎,推出《龙门金刚》《一画千年》等新式敦煌舞作品,推动了敦煌舞艺术的创造性转化和创新性发展。

在平台媒体时代,全球性数字平台成为敦煌舞国际传播的重要渠道。敦煌舞独特的魅力和深厚的文化底蕴对于海外受众来说既神秘又陌生。为了让更多海外人士了解敦煌舞,敦煌舞艺术工作者不拘泥于传统的剧场、舞台演出,在 TikTok、Facebook、Twitter

---

① 数据根据检索结果人工统计得出,详见:https://www.facebook.com/DunhuangChina?mibextid=ZbWKwL.[访问时间:2024-10-14].
② 数据根据检索结果人工统计得出,详见:https://www.tiktok.com/@daralakornthai_?_t=8qhJ0svI3UF&_r=1.[访问时间:2024-10-14].
③ 邓小娟."敦煌舞派"构建的理论依据与实现路径[J].西北师大学报(社会科学版),2022,59(6):185-191.
④ 李延浩,郭璟怡,程依铭.敦煌舞的当代发展及艺术特色初探[J].西北民族大学学报(哲学社会科学版),2018(4):178-182.

等海外社交平台上传了一系列敦煌舞经典剧目作品,促进了艺术精品的全球云端共享,吸引了其他国家和地区居民的关注,提高了敦煌舞的国际影响力。

在敦煌舞国际传播的过程中,专业化的舞蹈队伍传播声量有限。敦煌舞艺术工作者主动融入立体化的对外传播体系,打造个人传播品牌,输出专业化的敦煌舞及敦煌舞文化知识;借助政府、主流媒体策划的"敦煌文化环球连线"系列活动向其他国家和地区的人传播敦煌舞;依托科技公司的多模态传播内容,实现敦煌舞元素的跨媒介叙事,多主体、多层次地开展非遗内容产品的跨国传播。

(二)在数智科技助力下提升非遗传播效果

数智时代,我国非遗的传播拥有更丰富的传播样态,"中国非遗+数智技术"的模式不断创新,艺术与技术的结合带来了更多的国际传播可能性。

虚拟现实、增强现实等数智技术提升了敦煌舞的呈现效果。这些数智技术通过数字建模、程序操控等手段实现了360°自由观看的效果,全方位展示敦煌舞的表演细节。超高清、多视角、全景声的拍摄和传输方式,使海外观众身临其境地感受敦煌舞的舞姿形态、表演氛围。这种沉浸式体验有助于跨越文化差异,减少因文化背景不同而产生的理解障碍,让世界各地的观众都能更直观、更深入地欣赏和理解这一非遗舞蹈样式。

在智能传播环境中,数智技术扮演着与人类行动者同等地位的传播者角色。内嵌于全球性数字平台的个性化推荐算法能够根据海外观众的搜索词汇、观看行为、信息互动等数据,创建各地区不同类型用户的画像,自动识别、分类并推荐非遗内容,提升了非遗传播的效率。通过这种智能化的推荐机制,敦煌舞能够实现精准化和区域化的传播,从而更有效地触及并吸引世界各地的受众。

集合了多种数智技术的数字虚拟人成为推动中国非遗国际传播的新行动者。数字虚拟人打破了物理时空壁垒,可以自由穿梭于二维与三维空间,并且形象造型不受限制,可以根据非遗主题进行场景化塑造,这使数字虚拟人具备了文化传播的天然优势。数字虚拟人以强大的号召力发挥着文化中介者的角色,通过对敦煌舞的"创作"和"再创作"推动非遗的"转译"。无论天妤还是伽瑶,她们蕴含的敦煌文化内涵和呈现的敦煌舞蹈风姿均代表着敦煌乃至中国的文化形象,成为推动我国非遗出海的关键行动者。

(三)在文明交流互鉴中点亮民族精神标识

立足于当前新发展阶段与世界百年未有之大变局,党中央对于国际传播的战略部署,从"讲好中国故事、传播好中国声音"发展成二十大的"增强中华文明传播力影响力""深化文明交流互鉴",这体现出党中央对我国国际传播能力要求的系统性升维。

敦煌舞艺术工作者注重挖掘与弘扬敦煌文化及其历史遗存中蕴含的精神标识,在赓续敦煌文脉中提升了互学互鉴、共荣共生的文化自觉性。他们秉持高度的文化自信,将一系列敦煌舞经典剧目作品上传至全球性数字平台,听取海外观众的反馈,解答他们的疑惑。同时,面向世界观众,用芭蕾舞这一国际化的艺术语言诠释敦煌故事、敦煌文化,以兼具个性和共性的舞蹈表达,展现了中华文化的深厚底蕴和独特魅力。

数智技术的运用丰富了敦煌舞国际传播的产品样态,形成了"非遗＋游戏""非遗＋动画""非遗＋数字虚拟人"等文化产品,这些产品是全球"Z世代"和"α世代"普遍关注的内容。"Z世代"和"α世代"基于趣缘观念的朋辈社交突破了由国别、民族带来的身份限制,通过个体的兴趣取向偏好和共同价值追求形成了话语扩张[①],促使海外社交平台"敦煌飞天热"的出现和裂变式话题传播,提升了敦煌舞元素的国际影响力。

大型节事活动为文明交流互鉴提供了仪式化的传播空间。近年来,敦煌抓住"一带一路"政策机遇,连续七年举办丝绸之路(敦煌)国际文化博览会,累计有来自100多个国家和地区的5 400多名嘉宾参会,获得50多个国家和地区的1 000多家媒体报道,已经成为丝绸之路沿线国家乃至世界各国人民文化交流、思想融汇、民心相通的纽带[②]。第七届丝绸之路(敦煌)国际文化博览会期间,敦煌舞艺术工作者与乌兹别克斯坦、蒙古国和美国等国家的舞蹈团体同台表演,促进了丝路文化艺术的交流互鉴,以音乐舞蹈等艺术语言为东西方文化架起了交流交融之桥[③]。

第二节 西游新篇:"黑悟空"再塑中华新神话

北京时间2024年8月20日上午10时,《黑神话:悟空》(*Black Myth: Wukong*)正式发布,这是由中国游戏开发公司游戏科学(Game Science)开发的一款动作角色扮演游戏。这款游戏以中国古典文学名著《西游记》为背景,讲述玩家所操控的主角"天命人"的冒险故事。它不仅在游戏玩法上力求创新,在美术设计、剧情构建等方面也深度挖掘了中国传统非物质文化的元素,向全球玩家展示了中国非物质文化的独特魅力。上线首日,该游戏在蒸汽平台(Steam)同时在线玩家数超过210万,登顶全球排行榜[④],影响力迅速超越游戏产业本身,成为一个跨界的文化现象。

由于存在文化隔阂、语言障碍、市场竞争、用户偏好等问题,中国传统名著在海外传播中一直面临诸多挑战。为了克服这些障碍,《黑神话:悟空》游戏团队采取了多项策略。项目团队通过文化适应性设计,将中国传统文化元素与现代游戏设计结合,创造出既具中国特色又具普遍吸引力的艺术风格。同时,团队实施高质量的多语言本地化翻译,确保不同语系玩家的无障碍体验,例如,游戏中有句中文台词"眠来多由梦相见,西天取经路不变",翻译团队将其译为"Sleep often comes from dreams, but the journey to the West remains unchanged",向海外用户传达出游戏中"天命人"的宿命感,暗示游戏的故事情节以及主角

---

① 李厚锐.面向"Z世代"的精准化国际传播[J].上海交通大学学报(哲学社会科学版),2023,31(9):53-62.
② 李国辉,薛创,边振虎.加强国际传播能力建设的敦煌实践[J].传媒,2024(2):62-64.
③ 宜学洲.《相约敦煌》喜迎文博盛会,国际文化交流演出精彩纷呈[EB/OL]. https://wlt.gansu.gov.cn/wlt/sczl/202409/173991151.shtml.[访问时间:2024-10-24].
④ 澎湃号・湃客_澎湃新闻.《黑神话:悟空》发售日,我们记录了66个与它有关的数字[EB/OL]. https://www.thepaper.cn/newsDetail_forward_28476917.[访问时间:2024-10-22].

的命运多舛。该游戏借助精准市场营销，在 Twitter、Facebook、Instagram 等主流平台上进行宣传，构建传播矩阵，提高品牌知名度，并根据不同市场的特点定制营销方案。游戏还将非遗（如山西彩塑、陕北说书等）融入其中，既保留了传统艺术形式的精髓，又通过数字手段使其焕发新生，促进了非遗的现代转型。

虽然《黑神话：悟空》游戏的背景设定深深植根于中国传统文化，但现代的讲述方式和视觉风格使其在国际社会获得较好的传播效果。"黑悟空"中蕴含了哪些非遗，是如何将诸多非遗整合进游戏的？它又是如何掀起西游新篇，并以独有的方式让海外用户接受中华神话的？本节将进行详细的介绍。

一、基本信息：西游记的历史沿革与多元价值

《西游记》是中国古代四大名著之一，其故事源远流长，经历了从口头传说到书面文学的漫长演变过程。作为一部经典的民间文学类非遗，《西游记》不仅承载了丰富的历史文化信息，还展现了中华民族的智慧和创造力。

（一）民间文学类非遗：西游的"前世今生"

《西游记》的故事最早起源于唐代玄奘法师西行取经的真实历史事件。据史书记载，唐太宗贞观年间，僧人玄奘历经千辛万苦，前往印度求取佛经，历时 17 年，最终带回大量佛教经典[①]。随着时间的推移，关于玄奘取经的传说逐渐被文人墨客记录下来，形成了一系列文学作品，如《大唐三藏取经诗话》《西游记》杂剧等。其中，最为著名的是明代小说家吴承恩所著的《西游记》。吴承恩在前人基础上，对这些传说进行了系统的整理和创作，赋予了故事更加丰富的情节和深刻的主题[②]。吴承恩在《西游记》中塑造了孙悟空、猪八戒、沙僧等经典角色，通过他们的冒险经历，展现了人性的善恶、智慧与勇气。书中不仅包含丰富的佛教思想，还融入了道教、儒家等多元文化元素，使其成为一部集大成之作。

近年来，随着互联网的普及，《西游记》的故事在网文和游戏中得到了新的发展。目前最为成功的作品莫过于《黑神话：悟空》（见图 5-2-1）。该游戏通过现代技术手段，将传统文化与数字娱乐结合，吸引了大量海内外受众。唐玄奘西天取经的故事也在 2021 年经国务院批准列入第五批国家级非遗名录。

（二）西游记与"黑悟空"的价值

1. 文化价值

《西游记》是中国古代四大名著之一，其故事源远流长，涵盖了丰富的历史、神话、宗教和哲学内容。其中的主人公孙悟空、唐僧、猪八戒、沙僧等角色，各自代表了不同的性格和

[①] 周秋良.《西游记》小说之前的观音书写——以"玄奘西行"题材为中心[J]. 中南大学学报（社会科学版），2017，23(5)：184-189.
[②] 杨光熙.《大唐三藏取经诗话》到《西游记》中救赎主题的发展与演变[J]. 浙江社会科学，2009(9)：93-97,117,128.

图 5-2-1　黑神话:悟空

(资料来源:《黑神话:悟空》官网[EB/OL]. https://www.wegame.com.cn/wukong/?adtag=pay2002024060404.[访问时间:2024-10-22].)

品质,如勇敢、智慧、忠诚、坚韧等。在《黑神话:悟空》中,玩家扮演的主角"天命人"需要前往多个西游故地冒险,冒险过程中会欣赏到《西游记》中描绘的神州美景,也会面临诸多磨难,会遇到很多西游故友,也会遭遇强大的对手。玩家唯有凭借优秀的品质才能通过非玩家角色(non-player character,NPC)的考验,取得圆满的结局。

《黑神话:悟空》在文学上是对《西游记》的致敬,同时又进行了大胆的创新。游戏不仅完美地再现了原著中的经典情节和人物,还加入了新的故事线和角色,使整个故事更加丰富和引人入胜。例如,游戏中的孙悟空不再是单纯的英雄形象,而是更加立体和复杂,展现出更多人性的一面。这种现代视角的解读也使《西游记》更加贴近现代观众的审美和价值观,使古老的文化元素与现代价值观融合。

2. 艺术价值

《西游记》中的许多场景和角色,如花果山水帘洞、火焰山、雷音寺等,以及孙悟空的金箍棒、猪八戒的九齿钉耙等,都具有强烈的画面冲击力。但这些形象虽然在文学作品中被描述得栩栩如生,但并不能给读者带来绝佳的视觉体验。《黑神话:悟空》采用了最先进的图形渲染技术和动态捕捉技术,创造了高度沉浸式的视觉体验。在视觉层面,游戏中对山西玉皇庙、浙江铁佛寺、隰(xí)县小西天等多处名胜古迹进行了近乎完美的复刻(见图 5-2-2、图 5-2-3)。在听觉层面上,游戏中设计大量音效,融入"陕北说书"等非遗元素,还采用了 1986 年版电视剧《西游记》主题曲《云宫迅音》。这使得《黑神话:悟空》在文学、音乐等方面均具有丰富的艺术价值。

3. 情绪价值

在这个强调感受的时代,"情绪价值"一词的蹿红几乎构成了评价的一极,是文化资源

(左为山西隰县小西天大雄宝殿内景，右为游戏场景)

图 5-2-2　小西天复刻

(左为晋城玉皇庙的二十八星宿塑像之一"亢金龙"，右为游戏场景)

图 5-2-3　玉皇庙复刻

(资料来源：济宁新闻.《黑神话：悟空》里的中国古建取景地，都在这了！[EB/OL]. https：//baijiahao. baidu. com/s?id=1808086545942287061&wfr=spider&for=pc. [访问时间：2024-10-22].)

转化最终能否抵达受众心灵的一根标尺①。《黑神话：悟空》不仅在技术和艺术上取得了显著成就，更重要的是它的情绪价值。通过高度沉浸的视觉和音效体验，以及互动设计，游戏使玩家深入参与到故事之中，体验胜利的喜悦、失败的沮丧和探索的兴奋。游戏默认语言为简体中文，保留了中文原声和文化元素，如"悟空""金箍棒"等，增强了玩家的文化自豪感。同时，游戏中的中国风配乐，如 1986 年版电视剧《西游记》的主题曲《云宫迅音》，唤起了许多玩家的童年回忆。游戏的成功不仅让玩家感到自豪，还激发了集体意识，许多玩家在社交媒体上通过弹幕、评论等形式表达情感，形成了积极向上的社区氛围。《黑神话：悟空》通过丰富的情感内容和沉浸式体验，为玩家提供精神休憩和情绪供给，满足了个

---

① 徐宁，陈洁.从悟空"摇身一变"看文化资源转化[N].新华日报，2024-09-18(5).

体心灵的价值诉求,同时也呼应了社会大众特别是青年受众对优秀传统文化的热爱和对中华民族伟大复兴的自豪感。

二、案例综述:"赛博悟空"重走西游国际之路

《西游记》的故事主线是唐僧师徒西行取经,沿着天竺之路寻求佛教真谛,这一旅程不仅是一次地理上的远征,更是一次文化和精神的探寻。在现代,以《黑神话:悟空》为代表的"赛博西游后传",则通过数字技术与国际传播的路径,开启了全新的文化出海之旅。这一过程不仅展示了中华非遗在数字时代的全新生命力,也为国际文化交流与互鉴提供了新的范例。

(一)数智媒体场域下西游文化的适切性危机

1. 文化隔阂与语言障碍

《西游记》作为中国古典文学的瑰宝,其内容深深植根于中国传统文化和宗教信仰。书中涉及道教和佛教的神灵系统,这些内容不仅对于非中文背景的读者来说较为陌生,而且在翻译的过程中也存在一定的困难。例如,"乾、震、坎、艮、坤、巽、离、兑"这样的八卦名称以及其他专有名词[①],若直接将这些名词按音译为英文,虽然有助于保留原文的文化特性,但对于不熟悉这些概念的读者来说,无疑增加了理解的门槛。若省略或简化这类名词,则会导致读者对原文文化背景的理解不够深入。《西游记》在中国文化中承载了特定的历史和社会意义,但在西方文化中可能缺乏相应的共鸣点,这种文化背景的差异会导致理解上的偏差,影响西游文化的国际传播效果。

为克服《西游记》传播中的文化隔阂与语言障碍,需要从多层次的注释与解释、采用异化与归化相结合的翻译策略、利用多媒体和可视化工具、加强跨文化交流与合作、提升译者的专业水平以及创新传播方式和渠道等多个方面入手,以有效提升《西游记》在国际市场的接受度和影响力,促进中华文化的国际传播。

2. 创意表现力欠缺与西化改编扭曲

在海外,以《西游记》为蓝本的改编作品多是对原著的直接复述,缺乏新颖性的情节设计与独特的叙事视角。例如,日本于1978—1980年推出电视剧《西游记》(见图5-2-4),尽管在视觉呈现与表演艺术上取得了一定突破,但在故事架构与情节编排上并无特别之处。西游改编过程中的文本变形现象同样值得关注。文化元素的失真、故事背景的随意调整以及情节的简化乃至扭曲,是此类改编中常见的问题。为了适应目标市场的审美偏好,一些改编作品在角色设定上进行了大幅度修改,导致原作的文化精髓丧失。例如,韩国的tvN频道2017年播出的电视剧《花游记》(见图5-2-5)将故事背景置于现代韩国,并

---

① 杨向男.归化和异化视域下的"大闹天宫"翻译——以韦利、余国藩译本为例[J].名作欣赏,2020(8):93-96,99.

引入了爱情主题,虽然赢得了观众的喜爱,但对原作精神内核的改变亦引发了讨论①。

图 5-2-4　日本 1978 年《西游记》

（资料来源:百度百科[EB/OL]. https://baike.baidu.com/item/%E8%A5%BF%E6%B8%B8%E8%AE%B0/13989053?fr=ge_ala. [访问时间:2024-10-23].）

图 5-2-5　韩国 2017 年《花游记》

（资料来源:百度百科[EB/OL]. https://baike.baidu.com/item/%E8%8A%B1%E6%B8%B8%E8%AE%B0/20862127?fr=ge_ala. [访问时间:2024-10-23].）

《西游记》在国际传播中所遇到的创意表达力局限与西化改编导致的文本变形,成为其全球化传播中的两大障碍。为促进《西游记》在全球范围内的有效传播,有必要在保持其文化特性和历史价值的同时,进行具有创造性的二次创作与合理改编。同时,应加强跨文化交流与合作,提高翻译人员的专业素养,确保文化元素的精准传达,以实现《西游记》在全球市场上获得更广泛的接受与认同。

3. 跨文化数字传承专业人才短缺

对《西游记》内容进行创新性的二次创作和改编,需要一定的数字技术应用能力,包括基本的数字编辑技能,如视频剪辑、动画制作,以及熟练运用虚拟现实、增强现实等智能技术,此外,还需要懂传播的国际化专业翻译人才,为海外受众提供本土化沉浸式的体验。当前国内从事文化传播的专业人员中,真正具备复合型技能的人才凤毛麟角。跨文化传播人才的短缺限制了《西游记》故事在海外市场的多样化呈现,难以满足不同文化背景下的受众需求。因此,有效促进《西游记》的国际传播,还需要一批既懂中国文化又了解国际文化市场的专业人士,在准确把握不同文化间差异的基础上,通过适当的翻译和改编策略,消除文化隔阂,使《西游记》的故事更加贴近当地观众的生活经验。

---

① 光明网. 从《西游记》看中国古典文学的海外传播之路[EB/OL]. https://epaper.gmw.cn/zhdsb/html/2022-11/16/nw.D110000zhdsb_20221116_1-06.htm. [访问时间:2024-10-22].

(二) 文化出海背景下"赛博悟空"的开拓性意义

1. 数字技术与传统文化融合的典范

在全球化与数字化的双重浪潮下,《黑神话:悟空》作为《西游记》这一古典文学作品中孙悟空形象的现代化呈现,不仅承载着深厚的中华文化底蕴,同时也展现了数字技术与传统文化融合的无限可能。《黑神话:悟空》游戏项目组利用高精度建模与逼真的物理引擎、先进的动作捕捉技术、虚拟现实、增强现实等手段,使得"赛博悟空"将传统故事以更加生动、直观的形式展现给全球观众。全球最为权威、评价最为苛刻的游戏网站之一幻想游戏网络(Imagine Games Network, IGN)直言《黑神话:悟空》为"中国游戏行业的里程碑",并且 IGN 海外对其打出高达 8.0 的评分,IGN 中国更是打出满分 10.0 分。根据全球游戏评分网站 M 站(Metacritic)统计,截至 2024 年 8 月 17 日凌晨,52 家全球媒体平均给出了 82.0 分的评价。其中,GamingBolt、God is a Geek、GamersRD 以及中国游戏网站游民星空均给出满分评价。还有 8 家媒体给出高于 90.0 分(或 10.0 分制中的 9.0 分)的评价[1]。

2. 全球化语境下的文化认同与共鸣

《黑神话:悟空》不仅仅是一种艺术表现形式上的创新,更重要的是它在不同文化背景的受众中激发了强烈的文化认同感与情感共鸣[2]。随着全球化进程的加速,跨文化交流日益频繁,如何让传统文化在保持自身特色的同时获得更广泛的接受度,成为文化传播领域的重要课题。"赛博悟空"通过其独特的叙事方式与视觉风格,成功地跨越了语言和文化的障碍,使得来自不同国家和地区的人能够理解和欣赏这一源自东方的故事。此外,它还促进了中外文化的交流互鉴,为构建人类命运共同体贡献了力量,成为中华文化走向世界的一张亮丽名片。该游戏的预告片在 YouTube 上发布后,获得了超过 1 000 万次的观看量,评论区充满了来自世界各地玩家的赞誉。

3. 创新传播模式对相关产业的推动作用

从产业发展的角度来看,《黑神话:悟空》的出现及其成功推广对于推动中国乃至全球文化及相关产业的发展具有重要意义。它开创了一种全新的文化传播模式——通过数字媒体平台进行内容创作与分发,这种模式不仅降低了文化传播的成本,提高了效率,而且能够更好地满足年轻一代消费者的需求。此外,"赛博悟空"项目的实施过程中,涉及多个领域的跨界合作,如影视制作、周边产品设计等,这不仅促进了相关产业链条的形成与发展,也为其他传统文化资源的开发利用提供了宝贵的经验。亚马逊(Amazon)、拼多多跨境电商平台(Temu)、亿贝(eBay)和易趣(Etsy)等跨境电商平台纷纷上架了《黑神话:悟空》的周边产品,包括紧箍圈、金箍棒 T 恤、手链等(见图 5-2-6)。这些平台利用自身跨

---

[1] 每日经济新闻. 52 家全球媒体给出 82 分均分,IGN 中国打满分《黑神话:悟空》评分解禁[EB/OL]. https://epaper. gmw. cn/zhdsb/html/2022-11/16/nw. D110000zhdsb_20221116_1-06. htm. [访问时间:2024-10-24].
[2] 王强春.《黑神话:悟空》跨文化传播策略与路径研究[J/OL]. 学术探索,1-7[2024-10-24].

全球物流链和庞大用户群,迅速将这些周边产品推向了世界各地的消费者①。这些跨境电商平台不仅满足了不同地区消费者的需求,还进一步提升了游戏品牌的知名度和影响力。

三、案例点评:数字技术赋能"赛博悟空"的全球传播路径

(一) 老故事新技术助力"赛博悟空"跨越文化障碍

1. 文化元素的本土化调整

《黑神话:悟空》不仅继承了《西游记》原著的精神内核,更通过现代视角对经典故事进行了创新性的解读,这意味着不仅要保留原汁原味的中国文化特色,还要考虑目标市场的文化背景和审美偏好。因此,在游戏角色设计方面,主角"天命人"的形象既保留了传统的猴王特征,又在服装和武器的设计方面融入了现代审美。游戏使用全景光线追踪和DLSS3.5光线重建技术,为玩家提供了超高清的画质与流畅的动态响应。这种现代化的视觉呈现方式使得角色形象更加鲜活。

同时,为了确保不同文化背景下的玩家能够无障碍地享受游戏,《黑神话:悟空》在海外版本的翻译上投入了大量精力。游戏中的对话、任务描述等文本内容均经过精心翻译,并根据目标市场的文化特点进行了适当调整。在英文版中,开发团队会特别注意避免使用可能引起误解或不适的文化典故,同时也加入一些西方玩家熟悉的幽默元素以增强游戏的娱乐性。例如,英文版灵吉菩萨(《黑神话:悟空》中的人物,初次登场于游戏的第二章,见图5-2-6)的配音中加入了一些苏格兰口音的元素,尽管大英博物馆展出的佛头是观音菩萨,但游戏中的"无头菩萨"仍使外国网友纷纷联想到英国历史上曾经偷盗中国文物的行为。这种细致入微的本土化调整不仅提升了游戏的可玩性,也促进了中外文化的交流与融合。

图5-2-6 《黑神话:悟空》中的灵吉菩萨

(资料来源:小霉同学.《黑悟空:悟空》无头之谜[EB/OL]. https://baijiahao.baidu.com/s?id=1809682606365760366&wfr=spider&for=pc.[访问时间:2024-10-25].)

---

① 搜狐网.《黑神话:悟空》:游戏周边引爆跨境电商新热潮[EB/OL]. https://news.sohu.com/a/804378859_122028456.[访问时间:2024-10-25].

2. 视觉艺术的国际化表达

《黑神话:悟空》在视觉艺术方面进行了大胆的探索,旨在创造一种既符合中国传统美学又具有国际吸引力的艺术风格。游戏采用了高质量的三维建模和渲染技术,结合细腻的光影效果,为玩家呈现了一个既奇幻又真实的东方世界。通过高质量显示设备,玩家可以身临其境地探索花果山水帘洞、火焰山、小西天等经典场景,近距离感受中国古代建筑的魅力以及山川湖泊的自然之美。这种高度互动的体验方式不仅让玩家对中国传统文化有了更为直观的认识,也为游戏增添了一份神秘而浪漫的色彩。

《黑神话:悟空》在视觉设计上巧妙地将东方的传统美术风格与西方的现代视觉元素结合,形成了独具特色的艺术风格。一方面,游戏中的部分 CG① 采用了水墨画风来描绘人物和环境,以此向中国传统绘画致敬;另一方面,又借鉴了欧美游戏中的光影效果和色彩搭配技巧,营造出既古典又时尚的画面效果。每章过场动画备受好评,第五回结尾CG《不由己》更是被赞为大师之作(见图 5-2-7)。许多海外玩家希望《黑神话:悟空》官方推出衍生动画。这种跨文化的视觉呈现不仅丰富了游戏的艺术表现力,也吸引了世界各地的玩家。

图 5-2-7 《黑神话:悟空》中第五章过场 CG《不由己》

(资料来源:游戏 AI 菌. 外网玩家盛赞《黑神话》过场 CG,希望游科做衍生动画![EB/OL]. https://baijiahao.baidu.com/s?id=18087373880039376145&wfr=spider&for=pc.[访问时间:2024-10-25].)

3. 故事叙述的全球化视角

在全球化的今天,一个故事想要成功出海,一种文化要想获得国际认可,就必须具备人文关怀和引起情感共鸣②。《黑神话:悟空》在故事叙述上采取全球化视角,试图超越地域和文化的界限,讲述一个人类共通的主题——英雄的成长与救赎。游戏中,主角"天命人"从一个名不见经传的猴子逐渐成长为一个有责任感的英雄,这个过程不仅反映了个人成长的历程,也隐喻了每个人面对困难时的勇气与坚持。此外,游戏中还穿插了许多关于

---

① CG 指计算机图形学(computer graphics)在游戏中的应用,主要用于制作游戏内的场景、人物和剧情相关的动画或图片。

② 唐润华,李小男. 国际传播中 IP 运营的效能提升价值及实现路径[J]. 现代传播(中国传媒大学学报),2022,44(7):54-63.

友情、爱情、自我实现等主题的情节。这些主题具有广泛的共鸣基础,无论在东方还是西方社会,都能引发人们内心深处的情感共鸣。

同时,游戏还巧妙地将中国传统文化中的哲学思想(如道家的自然观、儒家的道德观等)融入故事叙述,让玩家在享受游戏乐趣的同时,也能感受到中华文化的独特魅力。通过展现不同文化之间的交流与碰撞,游戏传递了一种积极的信息——在全球化的今天,我们应该学会尊重并欣赏彼此之间的差异,共同构建一个和谐共存的美好未来。

(二) 多渠道传播网络拓展"赛博悟空"的国际影响力

1. 社交媒体平台的精准定位与内容定制

在当今数字化时代,社交媒体已成为品牌传播不可或缺的重要工具。游戏团队在多个国际主流社交媒体平台上建立了官方账号,如 Twitter、Facebook、Instagram、YouTube 等,通过这些平台发布游戏预告片、开发日志、幕后花絮等内容,吸引了大量粉丝的关注。例如,在 YouTube 上,团队发布了高质量的游戏预告片、开发者日志和幕后花絮,这些内容不仅展示了游戏的精美画面和丰富剧情,还让玩家了解了游戏背后的创意和技术细节。在 Instagram 上,则更多地分享了游戏中的艺术概念图和角色设计图,吸引了大量对视觉艺术感兴趣的用户。通过社交媒体平台、游戏直播平台和国际游戏展会等多种渠道,成功地扩大了游戏在全球范围内的知名度和影响力。

2. 游戏直播平台的互动体验与社区建设

游戏直播平台是连接开发者与玩家最直接的桥梁之一。《黑神话:悟空》通过与推趣(Twitch)、哔哩哔哩(Bilibili)等知名直播平台合作,组织了一系列线上线下相结合的活动,有效提升了用户参与度和游戏知名度。在线上,官方会邀请知名主播进行试玩直播,实时解答观众疑问,同时设置弹幕抽奖、互动问答等环节,增加观看乐趣。线下则举办见面会、角色扮演(cosplay)等活动,鼓励玩家分享自己的游戏体验,促进玩家间的交流与互动。这些举措不仅有助于构建积极健康的社区氛围,也有利于收集用户反馈,为后续的产品优化提供参考依据。此外,《黑神话:悟空》还善于利用短视频平台(如 YouTube),激发网友的创作热情,网友们也进行二次创作,发布简短有趣的游戏片段或参与挑战赛,从而形成病毒式传播效应。例如,国外博主 Red Arcade 在其所发布的视频中使用独特幽默感,对游戏设计和游戏剧情进行调侃,让许多海外玩家体会到《黑神话:悟空》的幽默梗[①]。国内玩家也创造出了"广智救我"等网络爆梗。

3. 国际游戏展会的现场展示与品牌曝光

国际游戏展会是展示最新游戏作品和技术创新的重要平台。通过参加这些展会,可以有效提升游戏品牌的国际影响力。无论是电子娱乐展览会(Electronic Entertainment Expo,E3)、科隆国际游戏展(gamescom)这样的大型综合性展会,还是中

---

① Red Arcade. Black Myth Wukong: TOP 100 FUNNY MOMENTS! [EB/OL]. https://www.youtube.com/watch?v=9sSjGUaWFHM&t=287s.[访问时间:2024-10-26].

国国际数码互动娱乐展览会（ChinaJoy）等特色展会，《黑神话：悟空》都精心准备展台布置和演示内容，力求给参观者留下深刻印象。如在 2024 年 ChinaJoy 展会期间，官方安排了多场互动活动，如试玩体验、打卡拍照等，吸引了数千名观众参与。知名存储品牌致态也主动参与，发起话题♯CJ2024 行者无畏 天命致远♯、♯CJ2024 万事皆态猴了♯等，观众参与即可随机获得联名海报、精美水杯等礼品[①]。此外，在科隆国际游戏展上，《黑神话：悟空》同样引起欧洲众多媒体的兴趣，多家国际媒体对其进行了报道，进一步扩大了国际影响力。通过这些国际展会的现场展示和品牌曝光，《黑神话：悟空》不仅吸引了大量潜在玩家的关注，还与全球游戏行业建立了更紧密的联系，为游戏的全球化发展奠定了坚实的基础。

（三）数字营销与跨界合作焕发"赛博悟空"的经济活力

1. 关键意见领袖营销与粉丝经济的双向驱动

在互联网时代，关键意见领袖（key opinion leader，KOL）已成为品牌营销的重要力量。《黑神话：悟空》深谙此道，通过与知名博主、游戏主播及社交媒体红人合作，迅速扩大了游戏的影响力和市场份额。这些 KOL 们不仅拥有庞大的粉丝基础，还能以其个人魅力和专业能力为游戏背书，增加用户的信任感。例如，《黑神话：悟空》官方曾在 2023 年与 Twitch 上最具商业价值的游戏主播之一费利克斯·伦耶尔（Félix Lengyel，网名 xQc）进行合作。在 xQc 的直播中，《黑神话：悟空》官方邮寄了一个神秘包裹，这一事件不仅吸引了 xQc 数百万粉丝的高度关注，还引起了游戏界媒体的广泛报道。相关数据显示，该次直播的实时观看人数超过了 293 000，产生了强烈的市场反响，极大提升了游戏的国际知名度[②]。邀请知名游戏主播进行直播试玩，不仅展示了游戏的独特魅力，还通过互动环节吸引了大量观众参与讨论。这种 KOL 营销与粉丝经济相结合的模式不仅提高了游戏的知名度，也给后续的产品销售带来了显著的增长。

2. 品牌联名与 IP 联动创造共赢局面

为进一步拓展市场并提升品牌价值，《黑神话：悟空》积极探索与其他知名品牌或 IP 的联名合作。此类合作通常基于双方品牌的互补性和共同的目标市场，通过资源共享和优势互补，实现互利共赢的局面。具体而言，品牌联名与 IP 联动，不仅能够增加品牌的曝光率，还能通过定制包装和促销活动直接促进销量的增长。《黑神话：悟空》已与多个知名品牌展开了跨界合作，包括但不限于海信、比亚迪、瑞幸咖啡、滴滴青桔、联想拯救者、微星和吉考斯工业等，这些合作涵盖家电、汽车、餐饮、出行、电子产品等多个领域。通过联合营销活动，不仅提高了《黑神话：悟空》的品牌知名度，还增强了其在不同消费群体中的影响力。例如，与比亚迪的合作将《黑神话：悟空》的角色形象应用于新能源汽车的宣传，进

---

① 中关村在线. 致态参展 2024ChinaJoy，《黑神话：悟空》主题展台惊艳亮相［EB/OL］. https://baijiahao. baidu. com/s?id=1805473630195994600&wfr=spider&for=pc.［访问时间：2024-10-26］.

② SocialBook.《黑神话：悟空》的全球爆火，有这几位海外游戏达人的功劳！［EB/OL］. https://zhuanlan. zhihu. com/p/719667678.［访问时间：2024-10-26］.

一步提升了品牌的科技感和时尚感①;与瑞幸咖啡的联名活动,通过推出限定饮品和联名包装,为消费者提供了独特的"集邮"体验,有效提升了品牌的好感度和忠诚度②。这些成功的案例表明,品牌联名与 IP 联动不仅是提升品牌知名度的有效手段,也是推动产品销售的重要途径。通过这些合作,《黑神话:悟空》不仅扩大了自身的市场影响力,还为合作伙伴带来了新的增长点,实现了双赢的效果。

3. 旅游景点的组织与推广

随着《黑神话:悟空》在全球范围内引发的文化热潮,其背后所承载的中国传统文化元素,尤其是与《西游记》相关的文化符号,成为连接中国与世界的桥梁。数字技术不仅为《黑神话:悟空》的全球传播提供了新的平台,也促进了与旅游景点的深度结合。据统计,《黑神话:悟空》在全国范围内精心选取了 36 个具有代表性的景点作为游戏背景,其中山西省的取景地多达 27 处,涵盖小西天、玉皇庙、铁佛寺等多处历史文化遗址。根据相关数据,截至 2024 年 8 月 20 日下午 4 点,山西旅游的搜索热度较前一日同一时段上升了 17%,其中朔州旅游的搜索热度更是激增 91%,晋城旅游的搜索热度也上涨了 63%③。为了进一步推动《黑神话:悟空》与地方文化的融合,2024 年 8 月 22 日,在山西 2024 数字文旅品牌创新大会上,山西省文化和旅游厅正式启动了"跟着悟空游山西"活动,并发布了具体的旅游线路。此次活动名为"天命人集结令",特别邀请《黑神话:悟空》的首批通关者免费前来山西,体验古建筑的魅力和地方美食的独特风味。这一举措不仅增强了游戏与现实世界的互动,也进一步提升了山西旅游的品牌形象④。《黑神话:悟空》通过跨界合作的方式,不仅有效提升了自身品牌的国际影响力,还为相关旅游景点的组织与推广开辟了新的路径,展现了数字时代下文化传承与经济发展的双赢局面。未来,随着数字技术的不断进步和应用范围的持续扩大,《黑神话:悟空》将在全球文化传播中发挥更加重要的作用。

第三节　中华太极:传统武术的全球云端共享

2023 年 10 月 8 日,杭州第 19 届亚运会正式落下帷幕。在此次亚运会中,中国选手童心在武术项目女子太极拳太极剑全能决赛中斩获金牌,随后"大象新闻"抖音官方账号发布的比赛视频点赞量攀升至 10 万,海内外用户纷纷在社交平台分享自己练习太极的视频,引发一轮全球"太极热"。这次比赛受到众多关注,不仅是因为选手童心赛场中巾帼不让须眉的气质,更是由于作为非遗的太极拳,在此次亚运会上的亮相给世界打出了一张中华名片。

---

① 央广网. 比亚迪与《黑神话:悟空》达成全球战略合作,携手书写中国神话[EB/OL]. https://auto.cnr.cn/hy/20241021/t20241021_526947920.shtml. [访问时间:2024-10-26].
② 财联社. "猴王"爆了瑞幸系统![EB/OL]. https://www.cls.cn/detail/1769016. [访问时间:2024-10-26].
③ 前瞻网. 山西有望成最大赢家!《黑神话》1:1 复刻 27 处文物古建筑,游客呼吁山西一定要接住泼天的富贵. 网易新闻[EB/OL]. https://www.163.com/dy/article/JA4E8O4M051480KF.html. [访问时间:2024-10-26].
④ 经济日报. 原来 4 年前,山西文旅就与《黑神话:悟空》"双向奔赴"了![EB/OL]. https://m.gmw.cn/2024-08/27/content_1303832626.htm. [访问时间:2024-10-26].

太极拳作为中华优秀传统文化的重要组成部分,承载着古老文明,传承着悠久文化。在传统媒体时代,由于传播渠道少、内容单一等因素,太极拳的传播效果不理想。2024年7月,党的二十届三中全会提出:探索文化和科技融合的有效机制,加快发展新型文化业态。迅猛发展的数字技术赋能非遗太极的传播,太极拳得以利用社交媒体、实时直播、线上仪式、在线课堂等数字化手段突破以往的传播限制。据统计,目前全球已有150多个国家和地区的上亿人在习练太极拳。

1982年,全国武术工作会议确立武术国际推广的战略方针,太极拳的国际传播开始启动;今天,太极拳在数字技术的助力下实现了全球推广与传承,成为展示国家形象和文化软实力的重要非遗之一。

一、基本信息:太极拳的历史价值与挑战机遇

(一) 太极拳的发展历史

太极拳是以中国传统儒、道哲学中的太极、阴阳辩证理念为核心思想,集陶冶情操、强身健体等多种功能于一体,结合了传统易学的阴阳五行之变化、中医经络学、古代的导引术和吐纳术所形成的一种中国传统拳术。"太极"一词源自《周易·系辞上》,"易有太极,是生两仪"。"太"表示"最""极致",强调一种极限和最大状态。"极"意为极点、顶点或是终极,代表事物发展到最高点的极致状态或最本质的状态。结合起来,"太极"的整体含义就是宇宙的终极本源,是一切事物尚未分化时极端统一的状态。"拳"作为一种武术形式,源于中国古代兵法和技击术,早在战国、秦汉时期,就有各种拳法的流传。"拳"通常指武术中的拳法或套路,具体到太极拳中,不仅指手部打击动作,还包括姿势、动作、技巧,以及身体、呼吸、意念的协调。

太极拳以柔缓、连贯的动作为主要特点,讲究"以意领气"和"以气运身",强调阴阳平衡与以柔克刚,注重内外兼修以及身心的和谐统一。太极拳通过慢节奏的拳法练习、推手对练、内功修炼等方式,帮助习练者增强体质。太极拳在发展过程中分化为众多流派,其中比较著名的流派有5种:陈氏、杨氏、吴氏、武氏和孙氏。太极拳不同流派的动作各不相同且招式繁杂,因此难以统一,学习和推广都面临困难。1956年,原国家体委组织国内部分专家,在传统杨式太极拳的基础上,本着删繁就简、循序渐进、易学易记、便于推广的原则,选取了24式创编而成"24式简化太极拳",是当前社会上流传范围最广、学习人数最多的一套太极拳动作。

关于太极拳的真正起源,各大学者和流派众说纷纭,大致可以归纳为两类观点:一类认为太极拳是明人陈王庭所创,发源于陈家沟;另一类认为在此之前早有太极拳,大约由南朝韩拱月、程灵洗开始,经唐时许宣平、李道子,宋时程珌,元时张三丰,明清时王宗岳、蒋发,清中叶陈长兴发展起来[①]。但可以肯定的是,太极拳的形成必然经历了漫长的过

---

① 冯志强等.太极拳全书[M].北京:学苑出版社,2000:1-7.

程,是一项随着社会和时代的发展,不断创新和完善的运动。

(二)太极拳的文化和医学价值

1. 文化价值

太极拳具有多重文化价值,主要集中在哲学、艺术和精神层面。在哲学层面上,太极拳体现了中国古代哲学中的道家思想,尤其是《老子》中阴阳平衡的观念。太极拳动作缓慢柔和,强调动静结合、刚柔并济,体现了阴阳相生相克、相互转化的理念,通过动作与内在的和谐,表达出以静制动、以柔克刚的道理。在艺术层面上,太极拳动作具有很强的艺术观赏性,即形式美。太极拳的拳式从大自然中吸取灵感,形成了"白鹤亮翅""野马分鬃""金鸡独立"等仿生象形的动作①。在"白鹤亮翅"中,右手高举,左手下沉,左脚脚尖轻点地,整个身体随着手臂而展开,形似白鹤,给人一种轻盈和舒展的视觉冲击感。这种动作的仿生美能让观众从中感受到自然之美与生命力的融合。在精神层面上,太极拳的习练讲究内心的平静和心神合一,它不仅是一种锻炼身体的方式,更是一种修身养性、陶冶情操的实践。在打太极拳的过程中,人们能够跟随身体运动的节奏,在动静之间感受呼吸的频率,培养耐心、专注、平和的心态,与中国的儒释道文化相契合。

2. 医学价值

太极拳在医学上具有显著的价值,尤其是在预防和辅助治疗某些慢性疾病、提高身体素质和健康水平等方面。首先,太极拳作为一种有氧运动,能够改善和提高心肺功能,增强肺活量。长期练习太极拳不仅能够降低血压、改善血管弹性,从而有效预防高血压、心脑血管疾病,而且对于慢性呼吸系统疾病患者、哮喘患者等来说,同样是一种非常有效的辅助治疗手段。其次,太极拳强调动作的轻柔连贯和身体的协调与平衡,定期练习可以增强下肢肌肉力量,提升平衡感,对于老年人来说可以有效降低跌倒、骨折等风险。在打太极的过程中,身体随着动作舒展,能够促进关节活动和肌肉拉伸松弛,有助于缓解慢性疼痛,如关节炎、腰间盘突出、颈椎病等。最后,太极拳还与我国的中医文化存在众多契合点,如阴阳调和、天人合一、五行之气等②。因此,太极拳在中医中的价值体现在调和身体以达到内部阴阳平衡、疏通经络以达到体内气血的顺畅流动等,促进身体各系统健康运作,体现了中医的整体观和自我调节的观念。

(三)太极拳传播面临的挑战与机遇

1. 传统媒体时代太极拳传播的局限

传统媒体时代,报刊、广播和电视媒介几乎占据了整个传播领域,为太极拳在社会范围内的传播提供了条件,但同样也在内容呈现、信息传播、受众互动等方面面临局限。首先,内容呈现单一化,更新频率低。在报纸上,太极拳内容大都以图文的形式呈现,而太极

---

① 李德赋,王冬慧,敬继红.谈太极拳的观赏价值[J].体育研究与教育,2011,26(S2):125-126.
② 杨泓.太极拳助推中医文化传承与国际传播研究[D].南京:南京中医药大学,2024.

拳讲究动作连贯,静态的图文无法为受众展示太极拳动作的运动轨迹和流畅性。在广播中,单纯依靠口头讲解而不呈现画面,同样无法使受众在脑海中形成对太极拳的完整认识。对于电视而言,太极拳相关节目制作周期长、更新速度慢,难以维持受众兴趣。其次,信息传播受到较大的时空限制。电视节目或报纸上登载的太极拳内容通常有固定的时间或版面限制,无法提供更详细、系统的太极拳知识。最后,与受众的互动性差。报纸、广播、电视是单向传播的大众媒介,在传播太极拳内容的过程中,受众难以进行反馈。因此,无法测定传播效果、受众偏好和需求,这使得改进内容、制作个性化和有针对性的节目等变得困难,对太极拳在更大范围内的传播和推广产生阻碍。

2. 数字时代太极拳传播的机遇

(1) 社交媒体实现太极拳差异化传播

数字媒体凭借可交互性、多样性、个性化、可复制性以及传播速度快等特征,成为太极拳数字化传播的最佳选择。市场上社交平台种类繁多,使得太极拳相关内容可根据平台类型实现差异化传播。

例如,在"好物推荐"类型的小红书平台中,太极拳传播内容主要以"太极养生"和"大V种草"两种为主。账号"气派太极·健身"主要传授传统陈氏太极拳和24式太极拳,以及自创的美容养颜"太极禅瑜伽/行禅"。该账号目前已有粉丝27.4万,其发布的太极拳视频内容共计获得128.1万赞。拥有47.5万粉丝的网络大V"山尼爱太极"通过拍摄国外太极变装视频、在日常vlog中加入习练太极拳的镜头等,将太极拳与留学生活、养生、化妆结合,为太极拳加入现代性、个性化元素,提升了太极拳对粉丝的吸引力与影响力。当前,该账号中与太极拳相关的视频内容共计获得200多万点赞,其中一条以《32岁,8年太极感悟》为标题的视频点赞数量超5.8万,收藏量达1.2万。在消遣类型的抖音平台中,大部分太极拳内容则以1分钟内的个性化展示为主,如账号"文文小可爱"主要通过音乐节奏卡点、运镜等展示太极拳动作的有力和优美。

(2) 实时直播实现数字共在与互动

随着互联网的发展和社交媒体的应用,"直播+"对兰德尔·柯林斯(Randall Collins)认为互动仪式中的"身体共在"的因素进行了重构[1]。用户进入抖音平台的太极拳直播间,跟随老师在屏幕前共同习练,实现了数字的共在与互动,为太极拳传播注入新动能。相较于传统的面对面授课以及提前录好的教学视频,"直播+太极"的形式能最大限度地超越地理空间的限制,实现与太极拳名师、专业人士的数字"面对面"。观众在学习过程中可以随时通过弹幕提出问题并及时收到反馈,有助于实现传者受者的双向互动,维持学习热情。依靠大数据技术、算法推荐技术等,平台能够将太极拳直播间推送给搜索过相关关键词的用户,实现精准推送,提高传播效率。例如,抖音上太极专业人士开设直播教学的账号有"太极孙清华""钩玄太极讲堂"等,这些账号在直播间中采取较为一致的教学模式,即教师出镜带练,观看者在屏幕前实时跟练。教学过程中,教师与弹幕沟通,随时

---

[1] 迟可.互动仪式链视角下的抖音直播用户互动研究[D].长春:吉林大学,2022.

解决观看者的疑惑,并就疑难点进行深入讲解。通过在线直播叠加实时反馈的方式,加深观众与教师之间的数字连接,实现屏幕中太极拳习练的共同参与和实时互动。

(3) 线上纪念仪式打造集体记忆

2022年12月17日,为庆祝太极拳申遗成功2周年,传递太极精神,弘扬中华非遗,河南焦作陈家沟举办以"共享太极,共享健康"为主题的线上庆祝活动启动仪式,在线邀请全国、全球的太极拳专业人士和爱好者共同观看。仪式中发布了"全球太极一小时习练计划""全国太极一张图""太极大师免费公益教习月""百名书法大家太极楹联送全球"等文化互动内容和文旅公益举措。由张艺谋导演担任艺术指导的沉浸式体验大作《印象·太极》进行全球线上首演。仪式中还进行了太极拳快闪活动,专业人士、爱好者、网络大V等将自己在当地标志性建筑前打太极拳的视频通过云端分享至会场,从陈家沟开始,在全国70余个城市、全球20余个国家接力展开。当晚,仪式在线直播1 000架无人机组合成太极图、太极拳招式图的表演,将科技、艺术与太极拳完美结合。

埃米尔·涂尔干(Émile Durkheim)在对纪念仪式的分析中强调,记忆作为原始社会的一个基本特点,是形成和维持集体意识的重要基础[①]。此次活动不仅实现了太极拳在全国、全球的实时传播,更打造了属于太极拳爱好者群体的集体记忆,培养了在场成员对太极拳文化的归属感与认同感,强化了群体内部的凝聚力与荣誉感,推动了太极拳文化和历史的延续性。

(4) 在线课堂创新学习形式

随着公众对知识和自我教育的需求不断增长,数字技术催生了在线开放课堂。由网易云课堂与教育部爱课程网携手推出的在线教育平台中国大学慕课(massive open online course,MOOC),共开设30门与太极拳相关的课程。其中学习人数最多的是由北京体育大学开设的"24式太极拳"和武汉理工大学开设的"太极拳文化与功法习练"。"24式太极拳"共35个学时,内容涵盖了太极拳的基本身型、手型、手法、步法、24式动作精细分解教学,以及24式太极拳的中医养生机理。该课程共有2 542人参加,课程评价分数为4.5分,获得众多学生好评。"太极拳文化与功法习练"分为12周教学,共38个学时,由易鹏教授亲自教学示范。内容包括太极拳传承脉络与流派风格、24式动作教学、功法习练与欣赏、养生与健身机理以及太极拳国内外发展,教学由中华传统文化导入,到太极拳基本功法习练、套路演示、技击实战等,适合新手人群学习。该课程共有1 372人参加,课程评分为4.8分。

二、案例综述:云端共享赋能太极拳全球传播

(一) 人工智能革新太极拳传播与习练

作为中国传统武术的代表,太极拳独特优美的动作赋予其丰富的美学和文化价值。但在传统媒体时代,太极拳的教学、表演与传播长期受到地域、媒介和形式的限制。随着人工

---

① 李兴军.集体记忆研究文献综述[J].上海教育科研,2009(4):8-10,21.

智能技术的迅猛发展,非遗的传播方式正在经历深刻转型。人工智能的引入打破了过去的传播壁垒,使太极拳能够依靠三维建模、增强现实、虚拟现实等技术实现展示与传播形式的变革,将太极拳动作准确、直观地展示在观众面前。这种太极拳展示与传播形式的新样态为中华传统武术加入科技感与现代性,为提升国际吸引力与传播力注入数字新动能。

数字虚拟人成为太极拳动作展示新载体,虚实结合打造出沉浸式传播场景。2023年9月21日,新华网与杭州第19届亚运会组委会宣传部联合发布杭州亚运会功夫创意视频《功成》(见图5-3-1)。

图5-3-1 《功成》视频封面截图

(资料来源:新华网. 潮涌东方|功成[EB/OL]. http://www.news.cn/video/20230922/a7f47a6fa39d4335a49f3b5b9d6fe321/c.html.[访问时间:2024-10-26].)

《功成》讲述了新华网第一个超写实数字人、中华文化推荐官筱竹拜师功夫大师张晋的故事。数字人筱竹借助三维建模、实时渲染与交互、视觉感知等技术,形成高度真实的面部表情和自然的肢体动作,将太极拳刚柔并济、动静结合的精髓表现出来。该视频作为虚拟数字人与中华传统武术相结合的创新尝试,通过将虚拟人物与真实场景结合、虚拟人物与真实人物同台表演的方式,以沉浸式的视觉效果和现代科技完美诠释传统武术的文化意蕴,向全世界观众展现太极拳的魅力,提供了一场视觉盛宴。

人工智能技术实现了人与物的互联,智能设备实时监测身体数据,为太极拳习练提供新模式。海外运动健身手机应用软件FitOn中加入了太极拳基础动作教学课程,分为"太极:金鸡独立"(Tai Chi: Golden Rooster)、"太极:白鹤展翅"(Tai Chi: White Crane)、"太极:触膝和推手"(Tai Chi: Bruch Knee and Push Hand)、"太极:野马分鬃"(Tai Chi: Wild Horse)、"拥抱太极"(Embracing Tai Chi)5个部分,目前学习人数已超过4万人[1]。FitOn支持与智能手表相连,在太极拳运动过程中实时监测心率、卡路里消耗量等,并将数据上传至云端。应用程序收集用户运动的实时身体数据并根据数据进行排名,通过对

---

[1] 数据根据检索结果人工统计得出,详见:https://fiton.app/9ioqlpd2?r=browse/trainer/10081&invite=elastic1967&template=21.

用户运动数据的分析,结合用户课程学习类型以及所设定的运动目标,个性化推荐适合用户体能的相关课程。

(二) 社交媒体推动 PUGC 全球分享

党的二十大报告提出,要坚守中华文化立场,讲好中国故事、传播好中国声音[①]。社交媒体时代,社交平台及用户生产的优质内容增强了信息传播效能,成为讲好中华非遗故事的主阵地。

YouTube 作为全球规模最大的视频搜索和分享平台,在跨文化传播领域扮演着不可或缺的角色[②]。根据 DataReportal 平台的统计数据,截至 2023 年 4 月,YouTube 在全球拥有至少 25.27 亿用户[③],其中专业用户生产内容(professional user generated content,PUGC)是传播太极拳的主要载体。专业人士与爱好者在平台上创作出与太极拳相关的视频、图文,再经算法与用户端连接,打破了信息生产与信息消费的壁垒,从而实现信息的全球分享。

YouTube 平台中与太极拳相关的账号,依据内容可分为两类:一类为教学类账号,发布专业太极拳动作教学视频,如账号"Taichi Zidong"(@taichi.zidong,太极紫洞)、"Taiji Zen"(@taijizen,太极禅)等;另一类为分享类账号,依据创建者的喜好、账号定位等分享与太极拳相关的视频内容,如报道武术体育赛事的账号"blue hippo films"(@bluehippofilm,蓝河马电影)等。前者打造权威性,后者主打个性化,满足不同用户的个性化需求。

账号"Taiji Zen"(@taijizen,太极禅)旨在在国际上推广中华传统武术太极拳,由功夫巨星李连杰(Jet Li)和企业家马云(Jack Ma)合作的公司太极禅创建。该账号创造性地推出了"冥想课程",再加上李连杰、马云两位意见领袖的巨大影响力,赋予太极拳更多共通性的国际色彩。该账号目前已发布 61 个视频,拥有 8.31 万个订阅者。武当三丰宗传承人所创账号"Taichi Zidong"将中医穴位知识与简化版太极拳动作结合在一起,还加入气功、站立、冥想等内容,融进 5~6 分钟的短视频,视频内容简单易上手,在日常琐碎时间即可练习。该账号目前已拥有 36.9 万订阅者,共计发布 371 个视频,播放量超 625 万。账号中最热门的视频"Tai Chi Exercise for Clearing Spots and Acne on Your Face|Young and Rosy Face"(《太极运动祛斑祛痘|年轻又红润的脸庞》),将太极运动与护肤抗衰创造性结合,视频通过真人展示动作,配以英文字幕和背景音,讲解了 5 个与脸部穴位相关的简单动作,简洁易懂,播放量高达 30 万,点赞量超过了 1 万。

在分享类账号中,与国际武联、北美大学生武术联赛等合作的账号"blue hippo films"对武术体育赛事进行专业报道,为用户呈现武术赛场上太极拳的魅力。账号的播放列表视频涵盖了 2017—2024 年众多大型武术比赛,如中国武术套路锦标赛、第 16 届世界武术

---

① 习近平. 习近平著作选读(第一卷)[M]. 北京:人民出版社,2003:37.
② 陈璐瑶,赵乾坤. 文化认同理论视域下讲好中国故事的短视频跨文化传播研究——以 YouTube 创作者"阿木爷爷"为例[J]. 今古文创,2024(42):99-102.
③ DataReportal. YouTube Users, Statistics, Data and Trends[EB/OL]. https://datareportal.com/essentialyoutube-stats?rq=YouTube.[访问时间:2024-01-31].

锦标赛等。账号中播放量最高的热门视频为"［2019］Bi Ying Liang［CHN］-Taiji-1st-15th WWC"(《［2019］梁壁荧［中国］-太极-第一名-第 15 届世界武术锦标赛》),播放量高达 513 万,点赞量超 6.3 万。

(三) 在线学习平台助力太极课程推广

数智时代,在云计算、大数据、人工智能等技术的支持下,基于数据分析与挖掘技术、视频直播技术、框架开发技术的在线学习平台迅速崛起。相较于传统教育模式,在线教育具有学习时间碎片化、学习地点无限制、内容针对性强、在线互动效率高、可重复学习等优势。

优领思(Udemy)是全球最大的线上学习平台之一,任何个人和企业均可通过该平台学习、教授或开发技能,每个人既可以是学习者又可以是教学者,打破了传统教育的中心化结构。自 2010 年推出以来,该公司已经吸引了成千上万的人授课。目前网站上已经发布 6 000 多门课程,内容涵盖生活、创业、科技等多个领域。平台应用了个性化推荐与学习技术,通过大数据分析和人工智能算法,能够根据用户的学习记录、兴趣及需求提供个性化课程推荐。

Udemy 平台在太极拳课程的介绍页展示精选评论,利用网络互动进行口碑传播。平台上以"太极"为主题且评分在 4.5 及以上的课程共有 55 门,排名前三的课程分别为机构杨氏武术协会出版中心提供的"杨俊敏博士的杨氏太极初级第 1 部分"(Yang Tai Chi for Beginners Part1 with Dr. Yang,Jwing-Ming)、"杨大师的杨氏太极拳 108 式第 2 和第 3 部分"(Yang Tai Chi 108 Form Parts 2 and 3 with Master Yang),以及个人吴宇平(Wu Yuping)提供的"太极入门:减少压力、焦虑,学会放松"(Beginners Tai Chi To Reduce Stress,Anxiety and Relaxation)。其中评分最高的课程为"杨大师的杨氏太极拳 108 式第 2 和第 3 部分"。22 条课程评论内容①涉及老师讲解、课程内容质量、太极拳应用部分的讲解等(见图 5-3-2)。

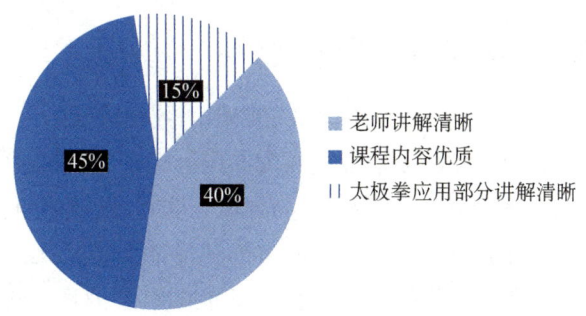

图 5-3-2　课程评价分析

(数据来源:YMAA. Yang Tai Chi 108 Form Parts 2 and 3 with Master Yang［EB/OL］. https://www.udemy.com/course/yang-tai-chi-108-form-parts-2-and-3-with-master-yang-ymaa/?couponCode＝MTST7102224A2.［访问时间］:2024-10-20］.)

---

① 数据根据检索结果人工统计得出,详见:https://www.udemy.com/course/yang-tai-chi-108-form-parts-2-and-3-with-master-yang-ymaa/?couponCode=MTST7102224A2.

其他用户浏览课程评论的过程中,能够在"接受—反馈"互动中清晰了解此课程内容的优点。平台借助口碑传播及精选评论"意见领袖式"的影响力吸引拥有相关需求的用户购买该太极拳课程。

协同推荐算法中的"基于物品的协同过滤",在 Udemy 平台太极拳课程的传播与售卖中也发挥了重要作用,如课程详情页"学生还购买了"板块(见图 5-3-3)。

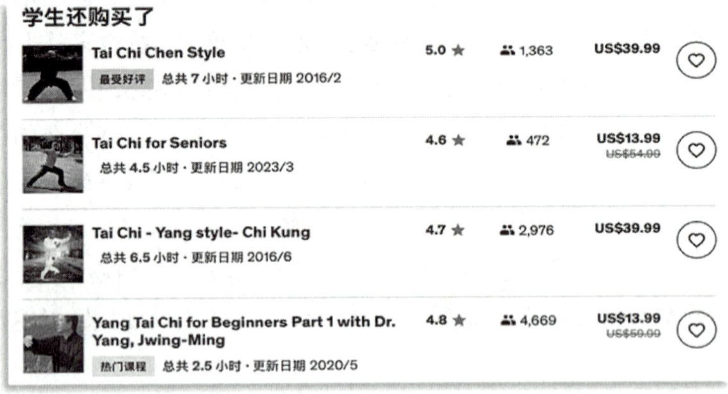

图 5-3-3　课程详情页"学生还购买了"板块

(资料来源:YMAA. Yang Tai Chi 108 Form Parts 2 and 3 with Master Yang[EB/OL]. https://www.udemy.com/course/yang-tai-chi-108-form-parts-2-and-3-with-master-yang-ymaa/?couponCode=MTST7102224A2.[访问时间:2024-10-20].)

该板块通过分析其他购买相同或相似课程的用户行为,推荐相关课程。这种推荐方式有效扩大了太极拳课程的受众面,使用户不仅仅停留在单门课程上,还能通过推荐发现更多类型的太极拳课程,打破对太极拳认知和学习的限制。

结合多种前沿数字技术的在线学习平台,利用口碑传播、协同过滤推荐等方式助力平台相关太极拳课程的推广,实现了太极拳的全球传播。

(四)多元主体协同开展对外宣传

习近平总书记在党的二十大报告中指出:"加强国际传播能力建设,全面提升国际传播效能,形成同我国综合国力和国际地位相匹配的国际话语权。"[①]在麦克卢汉所言的"地球村"时代,全球信息借助多种数字平台实现高强度互联、互动,数字化传播的优势已不再是传统文化传播所观察到的平面[②],单一传播主体和传播渠道已无法适应复杂多变的外宣需求,因此多元主体的参与成为提升对外传播效能的重要因素。在太极拳的国际传播中,不仅有国家级媒体积极参与,亦有地方媒体账号作为重要补充,多维度、多渠道、多层次对外协同宣传太极拳。

中国日报网(China Daily)与中国国际电视台(China Global Television Network,

---

① 习近平.习近平著作选读(第一卷)[M].北京:人民出版社,2023:38.
② 王俊磊,杜小伟,郭云鹏.数字化时代太极拳国际传播的机遇与挑战[J].文体用品与科技,2023(15):193-195.

CGTN）作为国家级媒体对外宣传的重要窗口，利用自身权威性和国际影响力，在外宣网站上发布太极拳相关内容，助力我国传统武术太极拳亮相国际舞台。中国日报网上，与太极拳相关的内容分为四部分：文章（articles）、评论（comments）、博客（blogs）、图片（photos）。其中，文章部分和图片部分被分享至Facebook、LinkedIn、X、微博和微信平台，多平台之间实现了信息联动。CGTN网站上，与太极拳相关的报道主要以图文、视频和音频的形式呈现，网页与其他平台联动，如Facebook、X、微博、微信等，实现了跨平台分享与传播。

在地方性媒体中，江西省抚州市地方媒体在Instagram平台创建了账号"lingting"（@lingting.china），以分享中华文化、旅游、国内新闻、趣味视频等内容为主，目前已有119万粉丝。账号中经常分享中华武术视频，以太极拳和少林功夫为主，视频大都为群众视角而非记者视角拍摄，生动自然且具有趣味性，成为国家媒体发布内容的重要补充。

除官方媒体之外，各大国外社交媒体平台上，个人账号发布的个性化内容也为太极拳的国际传播注入活力。陈氏太极拳传承人陈炳在Instagram平台创建个人账号"Chen Bing"（@chenbingtaijiacademy），既分享个人太极拳教学视频片段，又有太极拳赛事、外国友人赴华学习太极拳等视频，对于平台中的海外用户有独特吸引力。YouTube平台上的账号"昱乾太极拳"（@yuqiantaijiquan），专注个人太极拳习练和表演；账号"Chinese Kung Fu Share"（@Chinesekungfushare）以搜索分享各种精彩武术视频为主，其中包括太极拳内容。TikTok上，关注太极和经络的"taichi.zidong"、专注杨氏太极拳的"annataichi"和教授48式太极拳的"sunch996"等账号，共同形成太极拳内容创作与传播"生态圈"。

在国家级媒体、地方媒体和个人媒体的协同参与下，已经多平台、多账号、多角度搭建了太极拳的对外传播矩阵，实现了太极拳国际传播的共鸣与共振。

三、案例点评：数字技术融入太极，传统武术展示国际吸引力

（一）数字转置：数字技术融入内容创作与展示

太极拳数字化传播的前提在于其内容的数字化转置，因此，数字技术应贯穿内容创作过程。首先，动作捕捉技术将太极拳动作与内涵精准再现，在保持传统动作技艺精髓的基础上创新性形成三维模型，还可供计算机视觉技术进行实时分析。其次，云端数据库为太极拳数字内容提供大容量、无限制的存储空间，同时还可实现全球共享。最后，在太极拳数字内容呈现上，数字化的动作数据可以被整合进虚拟现实和增强现实环境。虚拟现实、增强现实和数字化信息技术的应用拉近了人与人之间的距离，给人以面对面交流的真实感[1]，使用户可以通过具身传播来感知太极拳动作的精妙之处，获得更为直观和更具沉浸感的视觉与训练感受。

---

[1] 王俊磊，杜小伟，郭云鹏.数字化时代太极拳国际传播的机遇与挑战[J].文体用品与科技，2023(15)：193-195.

(二) 智能推送：大数据算法助推内容精准触达

通过大数据和人工智能算法,社交平台、在线学习平台、对外宣传网站等可以对用户的浏览记录、观看行为数据进行精确分析,从而为用户个性化推送与其兴趣相匹配的太极拳内容。在这种智能推送之下,太极拳相关内容能够更高效、精准地到达用户界面,同时也能够为潜在用户提供接触太极拳的便捷渠道,激发他们对太极拳的兴趣。依托大数据算法的智能推送,不仅提升了太极拳在全球范围内的传播可见性,直达受众的传播模式还能减少内容传递过程中的信息折损与噪声,使传播更加有针对性。

(三) 多元媒介：社交平台促使太极拳符号出圈

随着社交媒体的普及,太极拳可通过图文、短视频、直播等形式在各类社交平台上出圈。用户生产内容、专业用户生产内容等形式为平台产出众多优质太极拳内容,使得传统武术太极拳迅速进入大众视野并获得广泛关注。在用户生产内容中,太极拳爱好者以亲身体验分享习练过程和心得,并基于账号与其他用户交流互动,增强内容的真实感和亲近性。专业用户生产内容则依托专业机构、太极拳名师的指导,提供专业权威的动作讲解、太极文化介绍等高质量内容。这种多元内容既能够满足用户对太极拳的好奇与探索,还能够满足专业练习者学习提升的需求。此外,社交媒体轻松化、娱乐化的氛围也在一定程度上降低了用户对太极拳文化理解的门槛,短视频、短图文迎合受众碎片化的阅读学习方式,消除其对异域文化的陌生感。社交平台让中华传统武术得以在更广泛的文化区域中找到共鸣,吸引不同文化背景的用户交流讨论,增强了太极拳的国际引力。

(四) 跨屏传播：数字技术为太极拳传播打开云端窗口

在数字时代,太极拳不再局限于线下的面对面教学和表演,而是依托各种屏幕直接进入全球用户视野。中国太极拳名师课程、国际太极拳赛事、太极拳表演等,均可通过社交平台、在线学习平台、直播平台、视频网站等多种数字媒介进行传播。跨屏支持使得太极拳传播不受时空限制,利用视频播放和实时直播技术,实现全球云端窗口全时观看,可降低海外用户接触太极拳内容的技术阻碍,提升太极拳的国际传播效果。

(五) 数字理念：数字创意、连接与共享维持向心力

太极拳实现国际传播不仅依靠数字技术赋能,更需要深层次数字理念维持全球向心力。数字创意理念下,探索创新太极拳多元传播形式。整合了人工智能、深度学习、物理引擎、自然语言处理、语音合成及计算机视觉等技术的虚拟数字人可成为太极拳教学的新型载体,融进虚拟现实和增强现实环境中为学习者打造全新学习体验和形式。数字连接理念下,人与物的互联为太极拳传播提供新思路。搭载健康监测技术的智能手表可供学习者在锻炼过程中随时监测自身身体状况,选择性习练太极拳动作。将不同区域的人实

时连接起来的视频会议软件为太极拳线上同屏实时交流提供渠道。数字共享理念下,坚持太极拳内容全球开放、可触达,积极推进太极拳线上社区的建立,为全球学习者提供开放性沟通平台,促进太极拳知识资源在全球范围内无障碍流通与共享。秉承数字创意、连接和共享理念,可为太极拳这一传统文化赋予更为广泛的包容性,使其在全球化背景下展现出不同以往的文化吸引力与向心力。

第四节 新郑黄帝拜祖祭典:华夏文化数字化文明互鉴

祭拜是中国传统礼俗文化的重要组成部分,在中国政治史和文化史上都具有重要的地位。《礼记》写道:"凡治人之道,莫急于礼。礼有五经,莫重于祭。夫祭者,非物自外至者也,自中出生于心也,心怵而奉之以礼,是故唯贤者能尽祭之义。贤者之祭也,必受其福。"[1]祭拜活动中蕴含着中华传统文化,是中华民族上下五千年发展中形成的文化结晶。随着时代的发展,祭拜活动的文化价值被挖掘,并逐渐演变成了一种文化活动,祭典中的传统文化也变成了中华传统文化的重要组成部分。祭典仪式凝聚的中华优秀传统文化和民族情感激发了参与者的民族之魂和爱国之心,唤起他们对中华民族共同体的忠诚[2]。新郑黄帝拜祖祭典作为目前知名度较高、影响范围较广的国家祭典活动,于2008年被列为国家非遗的扩展项目,对中华传统文化的传播具有重要作用。

借助数字化传播手段,新郑黄帝拜祖祭典不断扩大祭典的传播范围,提高祭典的海内外影响力。每年活动期间,祭典联合其他国家的电视台进行国际大联播,并开通"云拜祖"活动,设立相关的网站和微博传播黄帝文化。祭典通过多种数字化手段扩大黄帝祭典的影响力,使中华优秀传统文化得以实现全球互鉴。新郑黄帝拜祖祭典的海外传播不仅可以唤醒海外华人的集体记忆和民族意识,增强海外华人的民族情感和民族认同,同时也可以向国际社会展现中华传统礼俗,扩大中华传统文化的国际影响力。

一、基本信息:新郑黄帝拜祖祭典历史沿革与多元价值

(一)新郑黄帝拜祖祭典的发展历史

新郑黄帝拜祖祭典历史悠久。自先秦起,在以中岳嵩山为中心的中原地区,就有大规模祭拜轩辕黄帝的传统,几千年以来一直在中原地区代代相传[3]。到了元代,《元典章》规定伏羲、神农、黄帝仍由国家来祭祀,下令各地设立三皇庙。于是全国各地普建三皇庙,遍

---

[1] 礼记[M].上海:上海古籍出版社,1987:266.
[2] 方刚."炎黄祭典"仪式教育价值的人类学解读[J].河南大学学报(社会科学版),2022(6):132-136,156.
[3] 蔡亚玲.黄帝故里拜祖大典的文化价值论析[J].河南农业,2020(18):59-60.

及全国郡、府、州、县,至少有1700多座①。明清及民国时期,全国祭祀黄帝的状况类似宋元。中华人民共和国成立之后,除陕西省人民政府多次赴黄陵县黄帝陵祭祀外,民间的大型祭拜活动逐渐停止。直到改革开放后,官方才开始继续举行大型的黄帝拜祖祭典。20世纪90年代初,河南省新郑市政府把农历三月三确定为寻根拜祖日。1992—1999年,新郑市政府主办炎黄文化旅游节,以旅游的形式吸引国内民众了解炎黄文化。2000—2005年,新郑市政府将祭拜黄帝作为炎黄文化旅游节的主要内容,这是当地政府传播炎黄文化的重要策略。2006年,黄帝拜祖祭典由河南省政协主办,中央电视台的国际频道、新闻频道和综艺频道同时直播,黄帝拜祖祭典的传播范围进一步扩大。同时,这次拜祖祭典首次形成了大典的9项仪程。至此,黄帝拜祖祭典正式形成规制。2008年,国务院把新郑黄帝拜祖祭典确定为国家级非遗的扩展项目。2009年,拜祖祭典的主题被确定为"同根同祖同源、和平和谐和睦"。随着媒体传播范围的不断扩大,黄帝拜祖祭典的海内外影响力也逐渐扩大(见图5-4-1)。2015年,腾讯开发出祭拜黄帝的手机应用软件,主办方也开通了黄帝拜祖祭典官方微博和微信客户端。国内外华人可以通过电脑和智能手机观看直播、参与互动,使黄帝拜祖祭典成为海内外华人可以共同参与的仪式。从整个发展历程来看,黄帝故里的祭拜逐渐从小规模的民俗活动,发展至政府主持的文化活动,再到政府主导的公祭活动,最终形成了一个独具河南地域特色的,社会知名度和美誉度非常高的传统文化品牌②。

图 5-4-1　新郑黄帝拜祖祭典照片

(资料来源:李点.共襄文化盛典 汇聚奋进力量——甲辰年黄帝故里拜祖大典综述[J].协商论坛,2024(5):19-22.)

目前,黄帝拜祖祭典主要分为9项仪程,分别是盛世礼炮、敬献花篮、净手上香、行施

---

① 霍纪超.论信仰民俗的历史变迁和功能嬗变——以新郑黄帝拜祖祭典为例[J].信阳师范学院学报(哲学社会科学版),2013(6):96-99.
② 蔡亚玲.黄帝故里拜祖大典的文化价值论析[J].河南农业,2020(18):59-60.

拜礼、恭读拜文、高唱颂歌、乐舞敬拜、祈福中华、天地人和①（见图5-4-2）。每年祭典可能会增加其他环节,如甲辰年祭典在9项仪程开始前增加了黄帝像启幕环节,在寻根门广场、同心广场、轩辕桥和故里祠前进行澄心、知史、明礼等系列特色迎宾仪式,有古代最高等级乐舞"八佾舞"以及编钟、古筝演奏等节目,甲骨文四方柱、杜岭方鼎、篆书竹简等依次呈现,为嘉宾和观众献上视听盛宴②。祭典仪程充分体现了传统文化与新时代的结合,是中华优秀传统文化在新时代的发展。

图5-4-2 新郑黄帝拜祖祭典"敬献花篮"仪程

（资料来源：李点.共襄文化盛典 汇聚奋进力量——甲辰年黄帝故里拜祖大典综述[J].协商论坛,2024(5):19-22.）

（二）新郑黄帝拜祖祭典的多元价值

1. 文化价值

黄帝文化是中华优秀传统文化的代表,认真研究和弘扬黄帝文化,既有历史意义,又极富时代内涵,对增强民族凝聚力、向心力,振奋民族精神具有极为重要的作用③。2019年的《己亥年黄帝故里拜祖大典拜祖文》强调"中华文明,源远流长""薪火相传,世代景仰""千秋风流,代有华章"（见图5-4-3）,突出了黄帝拜祖祭典所具有的文化价值和传承意义。黄帝拜祖祭典的举办和传播可以让更多炎黄子孙了解黄帝文化等中华优秀传统文化,增强人们的民族文化认同感和自信心。

2. 经济价值

黄帝拜祖祭典的举办不仅是中华传统礼俗文化的传承,也带动了当地经济的发展。

---

① 刘亚辉,董艳竹,陈凯等.炎黄子孙共拜祖,祈福祈愿祈新程——壬寅年黄帝故里拜祖大典隆重举行[J].协商论坛,2022(5):4-8.
② 李点.共襄文化盛典 汇聚奋进力量——甲辰年黄帝故里拜祖大典综述[J].协商论坛,2024(5):19-22.
③ 新郑市人民政府网站.新郑2015年政府工作报告[EB/OL].https://public.Twitterinzheng.gov.cn/D04Twitter/6308235.jhtml.[访问时间：2024-10-28].

每年祭典的举办都会吸引大量海内外游客参加。2015年,新郑市共接待游客430万人次,旅游产业总收入11.6亿元①,黄帝拜祖祭典的举办促进了河南省旅游经济的发展。祭典结束后,当地政府还会举办相关的经贸活动,为当地招商引资,推动河南省经济发展。在2017年拜祖祭典新郑经贸活动中,签订的合同总金额达385亿元,其中有房地产项目、中原家居城项目、新郑能源互联网产业园项目、民生电商(郑州)物流金融产业园项目等②。黄帝拜祖祭典在基本的文化传播功能外,衍生了经济价值,为当地产业引进投资,带动当地经济发展。黄帝拜祖祭典不仅承载了中华民族的优秀传统文化,还承载了助力当地经济建设发展的重任。

3. 社会价值

"文化认同是民族成员对本民族文化的承认、认可和赞同,由此产生归属意识,进而获得民族文化自觉的过程。"③黄帝是海内外华侨的共同先祖,祭拜黄帝可以唤醒海内外华侨的集体记忆,增强彼此同根同祖同源的意识,有利于中华民族大团结。2014年以来,台北市与新郑市联动举办

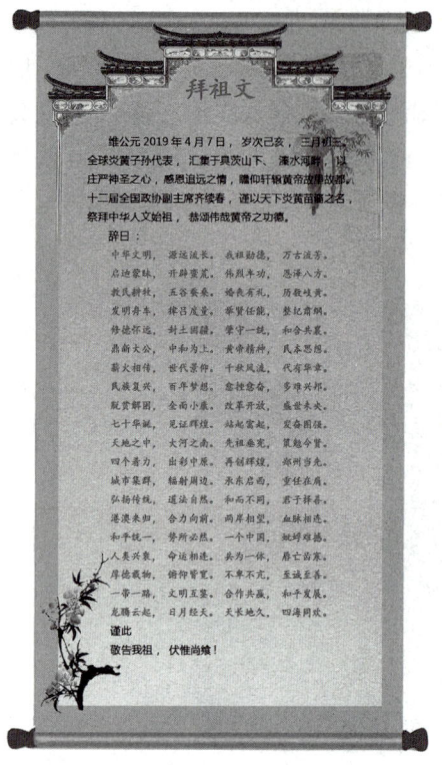

图 5-4-3　己亥年黄帝拜祖祭典拜祖文

(资料来源:凤凰新闻.己亥年黄帝故里拜祖大典拜祖文[EB/OL]. https://ishare.ifeng.com/c/s/7li6ba2g75l.[访问时间:2024-10-28].)

"同时同像同主题同拜黄帝"活动,使拜祖祭典成为交流的重要平台。同时,新郑黄帝拜祖祭典进行了全球直播,不仅使海外华人可以远程祭拜黄帝,同时也让更多外国人有机会观看新郑黄帝拜祖祭典,促进中华传统文化在国际社会上的传播,提高中华传统文化的国际影响力。

(三)新郑黄帝拜祖祭典的发展机遇

1. 社交平台扩大传播范围

一直以来,限制非遗出海的因素之一是传播渠道的匮乏。国际传播渠道的缺失影响了非遗的国际传播范围。随着新媒体的快速发展,Facebook、Twitter等社交媒体提供给所有人平等交流的机会;TikTok的成功出海,使我国在海外的发声平台不断扩大。平台媒体的快速发展为新郑黄帝拜祖祭典的国际传播提供了新机遇。祭典可以充分借助这些

---

① 新郑市人民政府网站.新郑2015年政府工作报告[EB/OL]. https://public.Twitterinzheng.gov.cn/D04Twitter/6308235.jhtml.[访问时间:2024-10-28].
② 史嘉维.新郑黄帝故里拜祖大典带来的经济影响[J].经济研究导刊,2017(32):121.
③ 詹效美,王仕民.文化认同下的政治认同[J].中国社会科学,2013(9):29.

平台媒体，扩大祭典的海外传播范围，提高祭典在海外的影响力。

2. 技术更迭创造新内容

近年来，虚拟现实、增强现实等技术的发展为非遗传播提供新机遇，使非遗从传统的二维传播走向三维传播。在新郑黄帝拜祖祭典的线上传播中，主办方加入元宇宙、虚拟现实全景、扩展现实灯光秀、AI虚拟技术视频，通过文化IP、动画特效、互动游戏等产品，让参与者"身临其境"，沉浸式体验源远流长的中华文明。从黄帝兴农业、造舟车、推历法、缫丝制衣等历史典故，大河村、双槐树、郑州商城等遗址遗迹，黄河、嵩山等人文景观中汲取核心元素，网上拜祖平台让过去停留在纸面上的"轩辕黄帝"形象鲜活起来，立体展示黄帝文化特色、黄河文化内涵和中原文化特质①。技术的发展为祭典的海外传播提供更多种可能性。

3. 现代理念引领祭典创新

以往，非遗侧重保存与传承，但随着对非遗传承认识的加深，我国对非遗的传承与保护政策也发生了改变。重视活态传承与传播成为非遗传承工作的重点。在活态传承理念的影响下，主办方积极创新祭典内容，将现实与虚拟技术相结合，将庄重仪程与年轻语态相结合，使新郑黄帝拜祖祭典在数字时代焕发出了新活力。

二、案例综述：数字技术助推祭典国际化步伐

随着新郑黄帝拜祖祭典由民间主导的活动转变为官方主导的活动，祭典的传播范围不断扩大，在海内外的影响力也越来越大。黄帝拜祖祭典的国际传播不仅能团结海内外中华儿女，提高民族凝聚力和自信心，还能让国外了解中华优秀传统文化，扩大传统文化影响力。

（一）国际大联播带动祭典全球共赏

2006年丙戌年黄帝拜祖祭典首次实现电视和网上同步视频直播。中央电视台新闻频道、国际频道同时进行现场直播。此外，祭典还实现了网络视频直播，网络信号覆盖欧洲、北美、大洋洲20多个华人集中的国家和地区，这些国家和地区的华人可收看拜祖祭典全过程②。随着直播技术的不断发展，2024年甲辰年黄帝拜祖祭典的全球直播矩阵规模进一步扩大，除中央广播电视总台中文国际频道、凤凰卫视、河南卫视以及省内各地市广播电视台及所属县级融媒体中心等电视媒体进行海外直播外，人民日报客户端、新华社客户端、中国日报Facebook和Twitter账号、今日头条、抖音、新浪微博、百度、腾讯、搜狐、网易、顶端、大象、正观、"郑州＋"客户端，郑州晚报抖音号，郑州晚报微信、微博、支付宝生

---

① 2024甲辰年黄帝故里拜祖大典在河南新郑举行[N].光明日报，2024-04-09(4).
② 看郑州.【拜祖大典】黄帝故里拜祖大典历届盛况[EB/OL]. https://baijiahao.baidu.com/s?id=1597174346962610822&wfr=spider&for=pc.[访问时间：2024-10-28].

活号等新媒体也同步进行网络海外直播①（见图5-4-4）。技术的不断发展和主办方的不断努力使黄帝拜祖祭典的海外传播平台数量不断增加，直播平台的种类也更加多样化，海外传播的范围不断扩大，传播影响力不断提升。

图5-4-4　甲辰年黄帝拜祖祭典直播画面

（资料来源：大象新闻.回看：甲辰年黄帝故里拜祖大典［EB/OL］.https://www.hntv.tv/news/3/1778216703828631554.［访问时间：2024-10-28］.）

海外直播平台数量不断增加的同时，黄帝拜祖祭典的全球直播内容也更加丰富。癸卯年黄帝拜祖祭典国际大联播中，邀请新郑黄帝故里文化研究会秘书处的刘伟鹏做客直播间，全方位解读黄河文化、黄帝文化的历史渊源；同时，还通过线上连线的方式对海内外华人进行访谈②。除了丰富直播环节外，在直播过程中，主办方还不断推出相关的短视频作品，实时更新祭典进程，让无法观看直播的华人可以及时了解大典进程。

随着直播平台的不断增多和直播内容的不断丰富，海内外华人观看直播的数量也不断增加。庚子年黄帝拜祖祭典全网综合点击量已突破22.1亿人次③。黄帝拜祖祭典的全球直播可以全方位展示中国传统文化，彰显中华文化的厚重。在直播中穿插相关专家的讲解，可以让海内外华人以及外国人在欣赏祭典的同时，了解祭典背后蕴含的黄帝文化。黄帝拜祖祭典的全球直播可以使海外华人看到并参与黄帝拜祖祭典。一些海外华人因为种种原因无法回到国内，拜祖祭典的形式和仪式激发了他们内心的认同感，从而使他们获得归属感④。黄帝拜祖祭典将不同空间地域的海外华人与祖国连接起来，用数字技术呈现出海内外华人共同拥有的文化符号，激活海内外华人的集体记忆，增强中华人民的

---

① 百家河南.三月三，归故里，拜轩辕！［EB/OL］.https://baijiahao.baidu.com/s?id=17960039557825257338&wfr=spider&for=pc.［访问时间：2024-10-28］.
② 郑州新闻广播.关于黄帝拜祖的这件事，我们已经坚持了17年［EB/OL］.https://www.163.com/dy/article/I2VH0T6P0514989U.html.［访问时间：2024-10-28］.
③ 央视网.点击量突破22.1亿人次！线上线下同祈福 黄帝故里拜祖大典举行［EB/OL］.https://news.cctv.com/2020/03/26/ARTIBKt3fQTEnN1NLNddWGMB200326.shtml.［访问时间：2024-10-28］.
④ 蔡亚玲.黄帝故里拜祖大典的文化价值论析［J］.河南农业，2020(6)：59-60.

归属感。

(二)影片宣传强化祭典文化符号

习近平总书记在党的二十大报告中指出:增强中华文明传播力影响力,坚守中华文化立场,讲好中国故事、传播好中国声音,展现可信、可爱、可敬的中国形象,推动中华文化更好走向世界。自2017年起,郑州市电影电视家协会等联合制作的《回家》《归来》《5 000年很长吗》等一系列双语献礼片相继在海内外上映,成为对内对外传播传统文化的重要载体。《回家》这部献礼片完整地讲述了一个游子回家的故事,并将戏曲、家乡面、黄帝崇拜等文化元素融入其中,突出表达了作品主题。2023年癸卯年黄帝拜祖祭典献礼片《5 000年很长吗·万物生》在还原场景的基础上,呈现人文始祖轩辕黄帝在衣食住行、文化科技等方面的成就,展现中华民族和平、和睦、和谐的品德,彰显中国的文化自信。其中,黄帝拜祖祭典献礼影片《5 000年很长吗·双连壶》荣获"金天使"奖,并被组委会授予"中华文化国际传播力奖"[1]。

除了宣传片的海外传播外,微纪录片也成为当地宣传祭典的文化载体。一些媒体在拍摄微纪录片时,拓展拍摄内容,转换拍摄视角,以外国人的视角呈现中国的祭拜文化。如《老外看拜祖》这部微纪录片,由郑州人民广播电台特邀中国国际广播电台保加利亚籍主持人鲁杰采访体验拜祖祭典,记录了她在郑州感受黄河文化、姓氏文化、饮食文化、黄帝文化的诸多细节和感悟[2]。微纪录片《老外看拜祖》得到了海内外多家中文电台的支持,官方网站也同步上线,向全世界推广黄帝文化。纪录片作为一种记录历史和现实的重要载体,在串联中国特色与中国故事元素,践行"联接中外、沟通世界"使命,提升国际话语权等方面无疑扮演着重要角色[3]。相较于纪录片,短视频"短、平、快"的特点使拜祖祭典更容易传播和被人接受。癸卯年黄帝拜祖祭典进行国际大联播的同时,推出了《老外说拜祖》等系列短视频,不仅营造了三月三全球华人、炎黄子孙共拜轩辕的浓厚氛围,而且用外国人的视角呈现黄帝拜祖祭典,提高了黄帝拜祖祭典的国际传播效果。

(三)云拜祖创新国际交流新方式

黄帝拜祖祭典也积极利用数字化传播手段,开发网上拜祖平台,供无法现场参加祭典的人们进行网上祭拜。2020年受新冠疫情影响,网上拜祖平台全新亮相,支持海内外中华儿女以"全球华人共战疫,轩辕黄帝佑中华"为主题的网上拜祖,凝聚华人力量[4]。随着数字技术的不断发展,网上拜祖平台也不断更新升级,网上拜祖的功能越来越多样化。2024年,网上拜祖已升级成云拜祖5.0版本,功能更加丰富。除基本功能外,2024年的云

---

[1] 正观新闻. 郑州作品《5 000年很长吗·双连壶》获第18届中美电影节"金天使"奖[EB/OL]. https://baijiahao.baidu.com/s?id=1748708994031177168&wfr=spider&for=pc.[访问时间:2024-10-27].
[2] 杨丽萍.《老外看拜祖》首映[N].郑州日报,2014-05-20(8).
[3] 黄典林,张榆泽. 纪录片国际传播的内容创新、关系升维和价值连接[J]. 电视研究,2024(6):30-33.
[4] 澎湃新闻. 庚子年黄帝故里拜祖大典于3月26日举行,推出网上拜祖平台[EB/OL]. https://baijiahao.baidu.com/s?id=1660754338881241870&wfr=spider&for=pc.[访问时间:2024-10-27].

中国非物质文化遗产数字传播经典案例研究报告

图 5-4-5　云拜祖小程序内容

（资料来源：中原网."云拜祖"火上全国热搜！网友：拜祖祈福仪式感拉满[EB/OL]. https://roll.sohu.com/a/768920087_120046968.[访问时间：2024-10-27].）

拜祖平台还利用增强现实、虚拟现实等技术，不断开发新板块（见图 5-4-5）。AI 板块全面升级为"AI 游故里"，网友们不仅能够轻松一键变装，与黄帝故里景区的寻根门、系祖坛、故里祠、轩辕殿等标志性建筑合成合照，更能生成视频分享至朋友圈及各大短视频平台。"熊熊跃动"游戏则以趣味性与知识性相结合的方式，让网友们通过跳跃的方式游览黄帝故里景区的各个建筑，同时深入了解黄帝兴农业、造舟车、推历法等伟大功绩[①]。云拜祖小程序的趣味性和互动性不断增强，激发了人们的互动兴趣，使人们能够在沉浸式互动中了解和传播黄帝文化。更新后的小程序刚一上线，就受到了海内外华人的热烈欢迎。

为了方便海外华人体验云拜祖小程序，官方媒体与海外新媒体平台进行全方位联动，不仅在 Facebook、Twitter、Instagram 等海外社交媒体平台发布相关链接，还通过环球网、凤凰网、正观新闻、"wherezhengzhou"等账号发布小程序推文；在加拿大枫华之声网、欧洲北欧时报网、日本中文导报网、意大利欧洲华人报网、巴基斯坦华商新闻网等 20 家海外华文媒体网站上设置登录入口，方便海外用户通过这些入口直接登录云拜祖平台[②]。通过设置多种进入方式，可以让更多海内外华人参与黄帝拜祖祭典，同时在平台上设置多种互动内容，吸引年轻人的关注。

三、案例点评：黄帝拜祖祭典的国际传播效果

（一）数字技术助推祭典出海

媒介技术和数字技术的发展使得黄帝拜祖祭典突破了原有的实地参加方式，增添了新的仪式化传播形式。大典主办方积极引进新的数字直播技术，电视直播和网络直播同步进行，全方位满足海内外华人的观看需求。丹尼尔·戴扬（Daniel Dayan）、伊莱休·卡

---

① 大河网."云拜祖"5.0 版终于来啦！[EB/OL]. https://baijiahao.baidu.com/s?id=17952187001186104048&wfr=spider&for=pc.[访问时间：2024-10-27].
② 大河网."云拜祖"5.0 版终于来啦！[EB/OL]. https://baijiahao.baidu.com/s?id=17952187001186104048&wfr=spider&for=pc.[访问时间：2024-10-27].

茨(Elihu Katz)指出,电视媒体将远距离的观众拉至仪式现场,在实现了仪式场地的置换的同时,使远在天边的观众也能感受仪式当下的情感魅力①。网络直播的出现则进一步将海外观众拉至祭典现场,使更多的海外受众可以体会到黄帝拜祖祭典的文化魅力。黄帝拜祖祭典使用多种直播形式,积极利用各种新媒体平台,从电视直播到网络直播,不断丰富祭典的直播种类、拓宽祭典的直播范围,传播网络覆盖全球华人的聚集区。

主办方积极布局海外市场,开发云拜祖平台,将现实的祭拜活动转化为虚拟的祭拜活动,使祭拜从线下走向线上,减少了时空距离对海外受众的限制,海内外参加人数逐年增加(见图5-4-6)。根据癸卯年黄帝拜祖祭典的数据,2020—2022年拜祖大典全球全网点击量都超20亿人次,网上拜祖平台参与人数逐年攀升,分别达到1 630万、5 865万、6 369万人次②。同时,祭典主办方积极采用人工智能、虚拟现实等数字技术,将原有的单一拜祖功能扩展,开发出多种互动小游戏,如换装、熊熊跃动等,使海外受众在异国他乡实现网上祭拜,并通过互动游戏体会祭典所蕴含的文化魅力。

图 5-4-6　云拜祖小程序宣传图片

(资料来源:河南省人民政府门户网站. 共赴一场"云拜祖"! 甲辰年黄帝故里拜祖大典祈福平台正式上线[EB/OL]. https://www.henan.gov.cn/2024/04-02/2972545.html.[访问时间:2024-10-27].)

(二) 影片出海再塑集体记忆

本尼迪克特·安德森(Benedict Anderson)在谈到集体记忆时,强调"集体记忆能突破时空演变书写文化的历史坐标。通过集体记忆维系的地方、人物、事件等能讲述文化从哪里来和到哪里去的故事……"③以文化为内核的集体记忆作为民族重要的精神财富,在民族文化认同的构建中作为媒介发挥着独特的效果。宣传片和纪录片通过呈现特定的画面符号

---

① [美]丹尼尔·戴扬,伊莱休·卡茨. 媒介事件:历史的现场直播[M]. 麻争旗,译. 北京:北京广播学院出版社,2000:24-28.
② 河南日报客户端. 寻根中原 拜祖轩辕——写在癸卯年黄帝故里拜祖大典举行之际[EB/OL]. https://baijiahao.baidu.com/s?id=1763896105673765196&wfr=spider&for=pc.[访问时间:2024-10-27].
③ [美]本尼迪克特·安德森. 想象的共同体——民族主义的起源与散布[M]. 吴叡人,译. 上海:上海人民出版社,2009:102.

和语言符号,展现全世界共同拥有的文化内容和文化价值,以此唤醒人们的集体记忆。

黄帝拜祖祭典的双语献礼影片,从画面、语言等不同方面展现了黄帝文化中蕴含的全世界共有的文化理念。如《5 000 年很长吗》,通过在画面中展现轩辕黄帝走在人群最前方,刻画其领导者的形象,并用特写镜头细致刻画众人手中的陶器、轩辕黄帝及身边人物的饰物,暗喻已经揭开人类文明的序曲①。这种画面可以直观地呈现黄帝所代表的中华文化,同时唤醒全世界人民对于远古文明的集体记忆。除了在画面中呈现特定器物外,一些语言或者字幕也可以唤醒全世界人民所拥有的共同情感。《回家》等微电影系列献礼影片和《归来》音乐献礼影片画面解说词中出现了许多城市,如美国纽约、中国台北等地点。影片中字幕和画面的转变可以让不同地区的人民在收看影片的时候找到情感上的共鸣,从而被影片中的情感所感染。

为了减少传播误差,部分视频也开始转变叙事主体,以外国人的第一视角展开,用外国人的口吻叙述黄帝拜祖祭典所蕴含的文化。这种纪录片的叙述方式有利于缩小不同文化之间的传播距离,打破中华传统文化和国外受众之间的壁垒。如《老外说拜祖》系列短视频,由两名外国人体验并介绍祭典的祭拜习俗,这一系列短视频在海内外平台上取得了比较好的传播效果。中华传统文化的意义建构在具有象征意义的符号的不断排列组合中完成,传统文化的国际传播在信息接收者对所传送的符号与意义的匹配勾连中实现。由于不同地方的语言不同,黄帝拜祖祭典对外传播的实现则需要在匹配勾连的过程中增加"二次编码",即翻译。以外国人的视角讲述黄帝拜祖祭典的仪程和习俗,可以减少翻译过程中的误差,提高国际传播效果。

(三)多方合作提升国际影响力

为推进黄帝拜祖祭典的国际传播,当地政府和祭典主办方积极寻求多方合作,以提升黄帝拜祖祭典在海外的传播影响力。政府、媒体、社会组织、企业、个人等主体协同,可以统合各类优势,激发各方积极性,明确各自治理边界,从而实现中华文化海外传播的高效破局②。

首先,黄帝拜祖祭典主办方积极寻求海外媒体的合作。2008 年,祭典刚被确立为国家级非遗扩展项目时,祭典的海外直播主要是通过国内主流媒体的海外频道进行的,如中央电视台国际频道等。随着祭典传播手段的不断丰富,参与祭典直播的海外媒体也更加多样,如 2024 年甲辰年黄帝拜祖祭典中,一些海外媒体加入祭典的直播,包括新西兰 TV33 华人电视台、西澳华语广播电台等华语广播媒体③。除了与海外主流媒体的合作外,祭典主办方也积极寻求与国外社交媒体的合作,在 Facebook、Twitter 等平台上都有

---

① 王子丰,白志如.黄河文化双语宣传片叙事话语分析——以黄帝故里拜祖大典系列献礼影片为例[J].东南传播,2022(10):26-29.
② 张恒军.多元主体协同治理:中华文化海外传播的新趋势[J].对外传播,2018(9):3.
③ 郑州新闻广播. 18![EB/OL]. https://mp. weiTwitterin. qq. com/s?__biz＝Mjk4ODU1NjE0MA＝＝&mid＝2652649181&idTwitter＝2&sn＝9245363cc1abea832f1183621f7835d8&chksm＝81f6dedeb68157c8acf65a4dd6e89cc55933f603f8f5207f0c556234c1d19910d6f88afe3f9e&scene＝27.[访问时间:2024-10-27].

官方账号进行直播。多方媒体力量的合作使得黄帝拜祖祭典的海外传播范围不断扩大。

其次,黄帝拜祖祭典的主办方也积极寻求与个人的合作,以发挥国内外华人华侨、留学生、访问学者、国际友人等的作用。祭典在直播过程中会邀请相关领域的专家或者其他国家的媒体记者进行访谈,丰富直播内容;在拍摄黄帝拜祖祭典的相关纪录片时,会邀请外国人参与拍摄,展现中华传统文化的吸引力。

最后,除了与媒体、个人的合作,黄帝拜祖祭典还与一些华人组织、企业进行合作,全方位传播黄帝拜祖祭典的文化价值。

(四)受众单一限制海外传播

沃尔特·李普曼(Walter Lippmann)在《幻影公众》中提出"局外人"的概念,意指普通公众因信息资源不平等、社会环境不同,无法对社会公共事务做出有效的分析判断而沦落到局外人的位置①。随着黄帝拜祖祭典逐渐成为一项具有国际影响力的文化活动,祭典的主要参加群体也发生了变化,处于中上阶层的海外华人成为祭典的主要参与群体,获得普通华人难以得到的现场观看或者"上台表演"的机会。尽管云拜祖等小程序给海外华人提供了平等的互动机会,但处于中低阶层的华人群体几乎难以与祭典产生更深层次的互动。事实上,处于中低阶层的海外华人群体仍对中华文化抱有极强的认同感,同时对于中华文化的学习也有极大的兴趣②。浅层次的数字互动使得中低阶层的华人群体在仪式中旁落于局外人的境地,难以与祭典建立内心深层次的情感链接,影响祭典在海外的进一步传播。

海外华人群体在跨文化语境中长期生活,其文化认同与思想观念不可避免地受到居住国文化的涵化影响。在此背景下,黄帝拜祖祭典的海外传播需要建构动态适应性框架。传播内容需要突破地理边界,依据不同国家或地区的文化背景进行本土化重构。通过提炼祭典核心文化元素并结合目标区域的文化特征调整叙事维度,扩大对海外华人社群的传播范围并引起情感共鸣。此外,在传播路径上,一方面,祭典主办方可以依托社交媒体与视频平台的交互特性,通过话题互动、线上祭祀等形式提高受众参与度;另一方面,也可以建立内容共创机制,鼓励海外观众对黄帝拜祖祭典进行二次创作,提升黄帝文化的渗透效率。

(郑素侠　张　莹　刘浩哲　陈炫绮　孟　岩)

本章思考与讨论

1. 在全球化和数智化进程中,传统非遗的传播方式发生了哪些变化?
2. 我国传统非遗如何借助数字游戏传播实现"借船出海"?
3. 在非遗的国际传播中,如何防止盗版和侵权行为,以保护原创内容的版权?
4. 如何借助数字化传播手段提升海外观众对我国传统非遗的理解和体验?

---

① [美]沃尔特·李普曼.幻影公众[M].林牧茵,译.上海:复旦大学出版社,2013:25-33.
② 刘泽彭,陈奕平,等.华侨华人在国家软实力建设中的作用研究[M].广州:暨南大学出版社,2018:455.

本章参考文献

[1] 冯志强等.太极拳全书[M].北京:学苑出版社,2000.

[2] 礼记[M].上海:上海古籍出版社,1987.

[3] [美]丹尼尔·戴扬,伊莱休·卡茨.媒介事件:历史的现场直播[M].北京:北京广播学院出版社,2000.

[4] [美]本尼迪克特·安德森.想象的共同体——民族主义的起源与散布[M].吴叡人,译,上海:上海人民出版社,2009.

[5] [美]沃尔特·李普曼.幻影公众[M].林牧茵,译,上海:复旦大学出版社,2013.

[6] 刘泽彭,陈奕平,等.华侨华人在国家软实力建设中的作用研究[M].广州:暨南大学出版社,2018.

[7] 付印明.敦煌舞的发展历程[J].中国民族博览,2015(8):108,110.

[8] 易婷.论我国敦煌舞的来源及发展脉络[J].黄河之声,2016(10):114-115.

[9] 闫哲.数字化背景下的舞蹈嬗变——以近年河南卫视传统节庆晚会中的舞蹈为例[J].东方艺术,2024(2):43-48.

[10] 雷文宣,解学芳.从封存式到活态化:中华优秀传统文化的数智化创新[J].出版广角,2023(19):11-18.

[11] 常宏.虚拟数字人在非遗传承发展中的应用[J].人民论坛,2024(2):103-105.

[12] 周凯.非物质文化遗产保护传承的痛点与瓶颈[J].非遗传承研究,2023(4):1.

[13] 邓小娟,刘梦涵.构建中国"敦煌舞派"传承弘扬敦煌文化[J].舞蹈,2022(2):98-101.

[14] 苏畅."世界方法"与"中国表达":数智时代非遗国际传播之道——以成都市非物质文化遗产为例[J].四川戏剧,2023(12):99-102.

[15] 李沁,姜俣,刘入豪.面向文明交流互鉴的国际传播本体转型与未来进路[J].中国编辑,2024(7):49-55.

[16] 李海涛,钟新,王鹏.大型赛事对中国国际传播的影响和意义——以北京冬奥会为例[J].社会科学家,2022(4):135-141.

[17] 吴瑛,施懿.从"Z世代"到"阿尔法世代":地方国际传播的年轻态力量[J].对外传播,2024(6):44-47.

[18] 周秋良.《西游记》小说之前的观音书写——以"玄奘西行"题材为中心[J].中南大学学报(社会科学版),2017,23(5):184-189.

[19] 杨光熙.《大唐三藏取经诗话》到《西游记》中救赎主题的发展与演变[J].浙江社会科学,2009(9):93-97,117,128.

[20] 杨向男.归化和异化视域下的"大闹天宫"翻译——以韦利、余国藩译本为例[J].名作欣赏,2020(8):93-96,99.

[21] 王强春.《黑神话:悟空》跨文化传播策略与路径研究[J].学术探索,1-7[2024-10-24].

[22] 唐润华,李小男.国际传播中IP运营的效能提升价值及实现路径[J].现代传播(中国传媒大学学报),2022,44(7):54-63.

[23] 李兴军.集体记忆研究文献综述[J].上海教育科研,2009(4):8-10,21.

[24] 王俊磊,杜小伟,郭云鹏.数字化时代太极拳国际传播的机遇与挑战[J].文体用品与科技,

2023(15):193-195.

[25] 李德赋,王冬慧,敬继红.谈太极拳的观赏价值[J].体育研究与教育,2011,26(S2):125-126.

[26] 林小美,余沁芸,王晓燕.新时代太极拳国际传播的价值追求与路径思考——兼论太极拳国际传播的主要成就与经验[J].体育科学,2022,42(6):31-41.

[27] 王宁.太极拳的历史起源及演进[J].普洱学院学报,2022,38(1):56-58.

[28] 闫保庆,陈雷,侍晓明.太极拳起源之探究[J].运动,2018(4):142-143,138.

[29] 潘有崇.高逼真虚拟数字人制作技术的研究与应用[J].价值工程,2024,43(28):91-94.

[30] 丁省伟,储志东.武术国际传播研究综述(2011年—2021年)[J].湖北体育科技,2022,41(9):796-801.

[31] 李东蕾."5W"模式下太极拳国际化传播中存在的问题及其对策研究[J].当代体育科技,2022,12(5):188-190.

[32] 李乾丙,王相飞,周榕.中国民族传统体育文化国际传播效果提升的影响因素与组态路径——基于YouTube热门视频的实证分析[J].武汉体育学院学报,2024,58(5):35-42.

[33] 宋力岩,韩冬梅.MOOC环境下课程创建的体验与思考——以Udemy平台为例[J].现代教育,2014(10):34-35.

[34] 冯妍,范梦茜.数字技术赋能少林文化国际传播的路径选择[J].中阿科技论坛(中英文),2024(10):10-13.

[35] 陈璐瑶,赵乾坤.文化认同理论视域下讲好中国故事的短视频跨文化传播研究——以YouTube创作者"阿木爷爷"为例[J].今古文创,2024(42):99-102.

[36] 杜刚,武杰.协同论视域下新时代国家文化传播力提升策略研究[J].系统科学学报,2025(2):116-121.

[37] 方刚."炎黄祭典"仪式教育价值的人类学解读[J].河南大学学报(社会科学版),2022(6):132-136,156.

[38] 蔡亚玲.黄帝故里拜祖大典的文化价值论析[J].河南农业,2020(18):59-60.

[39] 霍纪超.论信仰民俗的历史变迁和功能嬗变——以新郑黄帝拜祖祭典为例[J].信阳师范学院学报(哲学社会科学版),2013(6):96-99.

[40] 刘亚辉,董艳竹,陈凯等.炎黄子孙共拜祖,祈福祈愿祈新程——壬寅年黄帝故里拜祖大典隆重举行[J].协商论坛,2022(5):4-8.

[41] 李点.共襄文化盛典 汇聚奋进力量——甲辰年黄帝故里拜祖大典综述[J].协商论坛,2024(5):19-22.

[42] 范选伟.解读"黄帝文化"[J].新闻爱好者,2006(7):36.

[43] 詹效美,王仕民.文化认同下的政治认同[J].中国社会科学,2013(9):29.

[44] 黄典林,张榆泽.纪录片国际传播的内容创新、关系升维和价值连接[J].电视研究,2024(6):30-33.

[45] 李丹.互联网群体传播时代传统文化的仪式性传播[J].现代视听,2020(9):29-32.

[46] 王子丰,白志如.黄河文化双语宣传片叙事话语分析——以黄帝故里拜祖大典系列献礼影片为例[J].东南传播,2022(10):26-29.

[47] 张恒军.多元主体协同治理:中华文化海外传播的新趋势[J].对外传播,2018(9):3.

[48] 迟可.互动仪式链视角下的抖音直播用户互动研究[D].长春:吉林大学,2022.

[49] 杨泓. 太极拳助推中医文化传承与国际传播研究[D]. 南京:南京中医药大学,2024.

[50] 李雅筝. 在线教育平台用户持续使用意向及课程付费意愿影响因素研究[D]. 合肥:中国科学技术大学,2016.

[51] 成兆文. 更好地传承敦煌文化精神[N]. 甘肃日报. 2019-07-26(5).

[52] 徐宁,陈洁. 从悟空"摇身一变"看文化资源转化[N]. 新华日报,2024-09-18(5).

[53] 2024甲辰年黄帝故里拜祖大典在河南新郑举行[N]. 光明日报. 2024-04-09(4).

[54] 杨丽萍.《老外看拜祖》首映[N]. 郑州日报,2014-05-20(8).

[55] 赵丽瑾. 以数字视听新方式展现敦煌的壮丽景象[EB/OL]. https://news.gmw.cn/2024-03/02/content_37179497.htm.[访问时间:2024-10-13].

[56] 王秀丽. 新质生产力背景下数智技术重构非遗传播新样态[EB/OL]. https://feiyi.gmw.cn/2024-05/22/content_37337265.htm.[访问时间:2024-10-13].

[57] 数字人天妤. 天妤两岁啦！主创团队分享天妤生命力三大要素[EB/OL]. https://mp.weixin.qq.com/s/BoV3WbpBcMV5ukhceztBNg.[访问时间:2024-10-17].

[58] 程依铭,孙彦川. 让敦煌舞跨出千年洞窟,走进亿万心灵[EB/OL]. https://npaper.ccmapp.cn/zh-CN/?date=2023-06-30&page=3&Hid=649d7be685e850c078d889d4.[访问时间:2024-10-17].

[59] 中国甘肃网. 绘就"一带一路"人文交流合作新画卷[EB/OL]. http://gscn.com.cn/gsnews/system/2024/09/20/013205377.shtml.[访问时间:2024-10-24].

[60] 澎湃号·湃客_澎湃新闻.《黑神话:悟空》发售日,我们记录了66个与它有关的数字[EB/OL]. https://www.thepaper.cn/newsDetail_forward_28476917.[访问时间:2024-10-22].

[61] 光明网. 从《西游记》看中国古典文学的海外传播之路[EB/OL]. https://epaper.gmw.cn/zhdsb/html/2022-11/16/nw.D110000zhdsb_20221116_1-06.htm.[访问时间:2024-10-22].

[62] 每日经济新闻. 52家全球媒体给出82分均分,IGN中国打满分《黑神话:悟空》评分解禁[EB/OL]. https://epaper.gmw.cn/zhdsb/html/2022-11/16/nw.D110000zhdsb_20221116_1-06.htm.[访问时间:2024-10-24].

[63] 搜狐网.《黑神话:悟空》:游戏周边引爆跨境电商新热潮[EB/OL]. https://news.sohu.com/a/804378859_122028456.[访问时间:2024-10-25].

[64] Red Arcade. Black Myth Wukong: TOP 100 FUNNY MOMENTS![EB/OL]. https://www.youtube.com/watch?v=9sSjGUaWFHM&t=287s.[访问时间:2024-10-26].

[65] 中关村在线. 致态参展2024ChinaJoy,《黑神话:悟空》主题展台惊艳亮相[EB/OL]. https://baijiahao.baidu.com/s?id=1805473630195994600&wfr=spider&for=pc.[访问时间:2024-10-26].

[66] SocialBook.《黑神话:悟空》的全球爆火,有这几位海外游戏达人的功劳![EB/OL]. https://zhuanlan.zhihu.com/p/719667678.[访问时间:2024-10-26].

[67] 央广网. 比亚迪与《黑神话:悟空》达成全球战略合作,携手书写中国神话[EB/OL]. https://auto.cnr.cn/hy/20241021/t20241021_526947920.shtml.[访问时间:2024-10-26].

[68] 财联社. "猴王"爆了瑞幸系统![EB/OL]. https://www.cls.cn/detail/1769016.[访问时间:2024-10-26].

[69] 前展网. 山西有望成最大赢家!《黑神话》1∶1复刻27处文物古建筑,游客呼吁山西一定要接住泼天的富贵[EB/OL]. https://www.163.com/dy/article/JA4E8O4M051480KF.html.[访

问时间:2024-10-26].

[70] 经济日报.原来4年前,山西文旅就与《黑神话:悟空》"双向奔赴"了![EB/OL]. https://m. gmw. cn/2024/08/27/content_1303832626. htm.[访问时间:2024-10-26].

[71] DataReportal. YouTube Users, Statistics, Data and Trends[EB/OL]. https://datareportal. com/essentialyoutube-stats?rq=YouTube.[访问时间:2024-01-31].

[72] 习近平.高举中国特色社会主义伟大旗帜 为全面建设社会主义现代化国家而团结奋斗:在中国共产党第二十次全国代表大会上的报告[EB/OL]. http://cpc. people. com. cn/20th/n1/2022/1025/c448334-32551580. html.[访问时间:2023-04-21].

[73] 新郑市人民政府网站.新郑2015年政府工作报告[EB/OL]. https://public. Twitterinzheng. gov. cn/D04Twitter/6308235. jhtml.[访问时间:2024-10-28].

[74] 看郑州.【拜祖大典】黄帝故里拜祖大典历届盛况[EB/OL]. https://baijiahao. baidu. com/s? id=15971743469626108228&wfr=spider&for=pc.[访问时间:2024-10-28].

[75] 百家河南.三月三,归故里,拜轩辕![EB/OL]. https://baijiahao. baidu. com/s? id=1796003955782525733&wfr=spider&for=pc.[访问时间:2024-10-28].

[76] 郑州新闻广播.关于黄帝拜祖的这件事,我们已经坚持了17年[EB/OL]. https://www. 163. com/dy/article/I2VH0T6P0514989U. html.[访问时间:2024-10-28].

[77] 央视网.点击量突破22.1亿人次!线上线下同祈福 黄帝故里拜祖大典举行[EB/OL]. https://news. cctv. com/2020/03/26/ARTIBKt3fQTEnN1NLNddWGMB200326. shtml.[访问时间:2024-10-28].

[78] 正观新闻.郑州作品《5 000年很长吗·双连壶》获第18届中美电影节"金天使"奖[EB/OL]. https://baijiahao. baidu. com/s? id=1748708994031177168&wfr=spider&for=pc.[访问时间:2024-10-27].

[79] 澎湃新闻.庚子年黄帝故里拜祖大典于3月26日举行,推出网上拜祖平台[EB/OL]. https://baijiahao. baidu. com/s?id=1660754338881241870&wfr=spider&for=pc.[访问时间:2024-10-27].

[80] 大河网."云拜祖"5. 0版终于来啦![EB/OL]. https://baijiahao. baidu. com/s? id=1795218700118610404&wfr=spider&for=pc.[访问时间:2024-10-27].

[81] 环球网.《世界互联网发展报告2023》:大国关注信息基础设施建设,5G网络已覆盖全球三成人口[EB/OL]. https://baijiahao. baidu. com/s?id=1782050210542188814&wfr=spider&for=pc.[访问时间:2024-10-27].

[82] 河南日报客户端.寻根中原 拜祖轩辕——写在癸卯年黄帝故里拜祖大典举行之际[EB/OL]. https://baijiahao. baidu. com/s? id=1763896105673765196&wfr=spider&for=pc.[访问时间:2024-10-27].

[83] 郑州新闻广播. 18![EB/OL]. https://mp. weiTwitterin. qq. com/s?__biz=Mjk4ODU1NjE0MA==&mid=2652649181&idTwitter=2&sn=9245363cc1abea832f1183621f7835d8&chksm=81f6dedeb68157c8acf65a4dd6e89cc53933f603f8f5207f0c556234c1d19910d6f88afe3f9e&scene=27.[访问时间:2024-10-27].

[84] 人民网-国际频道.甲辰年英国华侨华人恭拜轩辕黄帝大典在伦敦圆满举行[EB/OL]. http:// world. people. com. cn/n1/2024/0326/c1002-40203348. html.[访问时间:2024-10-27].

第六章

素质教育与非物质文化遗产数字传播

非遗人才培养始终是非遗保护与传承的重要内容之一。随着非遗传承人老龄化日益严重,人才培养方式单一与年轻人认知缺乏也成为数字时代非遗保护与传承的突出问题。自2019年起,国家相继颁布了《非物质文化遗产传承发展工程实施方案》《关于进一步加强非物质文化遗产保护工作的意见》《"十四五"非物质文化遗产保护规划》等文件,将非遗人才培养放在重要位置,明确要拓宽非遗人才培养的渠道,推动传统非遗传承方式和现代教育体系相结合,不断创新非遗传承人的培养方式①。

在《关于进一步加强非物质文化遗产保护工作的意见》中提出,将非遗纳入国民教育体系,构建非遗课程体系和教材体系②。作为中华优秀传统文化的重要组成部分,非遗教育也逐渐贯穿学前教育、基础教育、职业教育、高等教育、公共教育等各领域,非遗技艺特长也逐步被纳入国民教育体系和学校美育工程。数字技术在教育领域的广泛应用让传统非遗更有效地参与学校教育各个环节,也不断地融入各层级的素质教育,不断培育当代的非遗传承人才,提高年轻人与公众对非遗的认识和保护意识,提升对中华文化的认同感和自豪感,推动非遗活化传承与数字化保护。

本章选取了杭州市求知小学、北京师范大学南山附属学校、上海大学上海美术学院数据创新工作室以及广州市文化馆(广州市非物质文化遗产保护中心)这4个在非遗数字化教育方面的代表性案例,分别从中小学科艺教育、高校创新实践及公共普及教育的视角进行深入分析。杭州市求知小学凭借学校锦灰堆拓数字平台、新媒体运营等方式,打造了独具特色的非遗美育课堂,其课程介绍也被写入浙江省义务教育教科书;北京师范大学南山附属学校致力于科学技术与艺术文化的融合,开创5个跨学科的非遗数字化研学项目,创新了中学教育中的科艺交融新实践;上海大学上海美术学院以非遗创新基地、数字非遗课程和非遗研修班为平台,通过数字科技赋能、师生共创,不断探索非遗在高校教育中的传承与保护新路径;广州市文化馆积极推动非遗数字传承与文化资源共享,在国内数字赋能非遗创新发展方面名列前茅。本章将重点分析中国非遗数字保护与传播在素质教育方面的优秀案例,推动非遗在数字时代的活化传承和教育发展。

---

① 教育部:将非遗人才培养摆在国策重要位置! 全面推进将非遗传承特长纳入国民教育体系和学校美育工程! [EB/OL]. https://news.qq.com/rain/a/20231107A0847000. [访问时间:2024-12-01].
② 中共中央办公厅 国务院办公厅印发《关于进一步加强非物质文化遗产保护工作的意见》[EB/OL]. https://www.gov.cn/gongbao/content/2021/content_5633447.htm. [访问时间:2024-12-01].

第一节　美育熏陶：杭州求知小学数字化非遗育人新篇章

2023年9月，一款来自杭州市求知小学融合锦灰堆拓精湛技艺的竹节拎环麻布袋，作为杭州亚运会官方精心筹备的馈赠佳品，优雅地踏上了国际舞台。这一艺术珍品不仅承载着锦灰堆拓技艺深厚的历史文化底蕴，更以其独特的魅力，在全球范围内吸引了中外嘉宾的瞩目与赞赏，极大地拓宽了这一传统技艺的国际认知度与美誉度。借助杭州亚运会这一国际盛事的东风，锦灰堆拓技艺的亮相向世界生动展现了中华文化的自信风采与无穷魅力，彰显了非遗在当代社会中的重要价值与深远影响，为中国传统文化的传承与发展注入了新的活力与希望。

杭州市求知小学是锦灰堆拓技艺的非遗保护单位，学校的片庐博物馆是杭州地区唯一一家锦灰堆拓技艺保护场馆，学校副书记、副校长赵士华是该项目的代表性传承人[1]。在保护与传承锦灰堆拓技艺过程中，杭州市求知小学将这一技艺纳入学校美育课程，巧妙运用数字化手段，帮助学生便捷地获取数字学习资料、参与在线讨论和提交作品等，极大地提升了学习的效率和效果。那么，杭州市求知小学是如何使锦灰堆拓技艺在现代科技的赋能下，实现从濒临失传到焕发新生的华丽转身的？接下来，本节将具体介绍杭州市求知小学关于锦灰堆拓技艺数字化复兴和校园美育的探索之路。

一、基本信息：杭州求知小学数字非遗教育概述

（一）杭州求知小学非遗教育基本情况

杭州市求知小学（见图6-1-1）创办于2000年，秉承"为每个孩子的成长服务，让每个师生的生命更精彩"的办学理念，坚持真、知、和、爱的核心价值观，建设多元、开放、融合、理解的校园文化，培养具有国际视野和创造能力的现代人。学校重点衍生出丝绸扎染、科技创新、绿茵足球、古瓷新语4个特色项目[2]，通过20余年的坚守与发展，以"传承技艺、传递美德、传播文化"为发展目标，逐渐走出了一条非遗艺术与校园美育相融合的特色教育道路。其中，古瓷新语以"拓观千秋、五育融合"为理念，围绕杭州市拱墅区非遗项目锦灰堆拓技艺，提供了一种创新形式的中小学美育课程和非遗进校园活动样板，成为杭州市求知小学在非遗传承与美育方面的新兴特色和重点项目。其"瓷言片语"课程简介也于2019年12月被编入浙江人民美术出版社的《义务教育教科书·美术教师用书》（第二

---

[1] 锦灰堆拓：金石学里观千秋［EB/OL］. https://baijiahao.baidu.com/s?id=17800524543279191728&wfr=spider&for=pc.［访问时间：2024-12-20］.
[2] 杭州市求知小学［EB/OL］. https://www.gongshu.gov.cn/art/2024/6/13/art_1229773158_162085.html.［访问时间：2024-12-07］.

版）五年级下册①。

图 6-1-1　杭州市求知小学

（资料来源：非遗艺韵 润泽童心 杭州市求知小学探索非遗艺术与校园美育融合之路［EB/OL］. https：//mp. weixin. qq. com/s?__biz=MzA5NDIxNzU3OA==&mid=2654201676&idx=2&sn=ad94129ed7df583a1a6560 6f4fe3e32c&chksm=8a4ea68e8e14fb36185c10b5bd3ff8e7779656fa75b7d3f73a85fa6613abc816c6e3647b3061&scene= 27［访问时间：2024-12-05］.）

在传承与创新的交织中，杭州市求知小学以其深厚的文化底蕴和前瞻的教育视野，为非遗的数字化教育开辟了一片新天地。通过不断探索与实践，学校不仅守住了非遗技艺的根脉，而且让其在数字时代绽放出更加璀璨的光芒。该校于 2021 年成为第三批全国中小学中华优秀传统文化传承学校②。

（二）杭州求知小学数字非遗教育资源

在探索传统文化与现代科技融合的道路上，杭州市求知小学以其独特的视角和实践，为非遗教育与传承书写了生动的一章。学校深刻理解到，数字时代下的非遗教育不仅需要保留传统技艺的精髓，更需要借助现代技术手段，让古老的文化遗产焕发新的活力。因此，在数字非遗教育资源上，杭州市求知小学走出了一条既传统又创新的路子。

在非遗教育硬件设施方面，学校以现代化的多媒体教学网络，为非遗技艺的数字化展示和学习提供了技术支持。在校内设立了劳动园和蚕桑园，为丝绸扎染技艺的学习提供了从源头开始的实践环境，丝绸扎染体验项目也连续多年被评为杭州市"最具品质体验点"等。学校建有片庐博物馆，既是非遗项目锦灰堆拓技艺互动馆，用于日常技艺教学，还是浙江省陶艺教育实验基地、杭州市中小学美术研究基地、拱墅区民家工作室和杭州求知

---

① 杭州市求知小学校长陈群云："云翼"赋能，让每个师生的生命更精彩［EB/OL］. https：//m. thepaper. cn/baijiahao_ 17417038.［访问时间：2024-12-20］.
② 教育部办公厅关于公布第三批全国中小学中华优秀传统文化传承学校名单的通知［EB/OL］. http：//www. moe. gov. cn/srcsite/A17/moe_794/moe_628/202112/t20211209_586130. html.［访问时间：2024-12-07］.

小学的求知廉课堂,成为非遗交流互动的多功能数字教育场所。

在非遗教育软件资源方面,学校建设了包含丝绸扎染、锦灰堆拓等非遗技艺在内的教育资源库,主要有教学课件、案例分享、作品展示等教学资源,供师生学习和参考。丝绸扎染的数字课程包含视频教程、在线互动平台、虚拟实验室等多种形式,增强了学生的学习体验和效果,并于2022年被评为浙江省精品数字教育课程,标志着学校在非遗技艺数字化教学方面取得了显著成果。

学校还积极与国际各大知名机构进行合作与研讨,为学生提供了更具远见的思考视野。学校的丝绸扎染项目也在国际舞台上展示,如第八届世界绞缬染织研讨会,并与国内外大师同台交流,提升了非遗技艺的国际影响力。学校制作的锦灰堆拓纹饰竹节拎环麻布袋作为杭州亚运会官方馈赠的礼品之一,进一步传播了中华优秀传统文化。通过参与学术交流等活动,学生不仅能够接触到当下热门的非遗技艺动态,还能提升自己的专业素养和创新能力。

二、案例综述:杭州求知小学美育课堂让非遗技艺重焕光彩

(一) 锦灰堆拓简介与生存困境

1. 传统技艺类非遗:锦灰堆拓

锦灰堆拓(见图6-1-2)脱胎于锦灰堆画,并融入了金石传拓技艺,这种技艺最早可追溯至秦代,具有悠久的历史。作品往往以古代文物、书画残片等为创作素材,通过巧妙的组合和拓制,再现了古代文化的精髓。

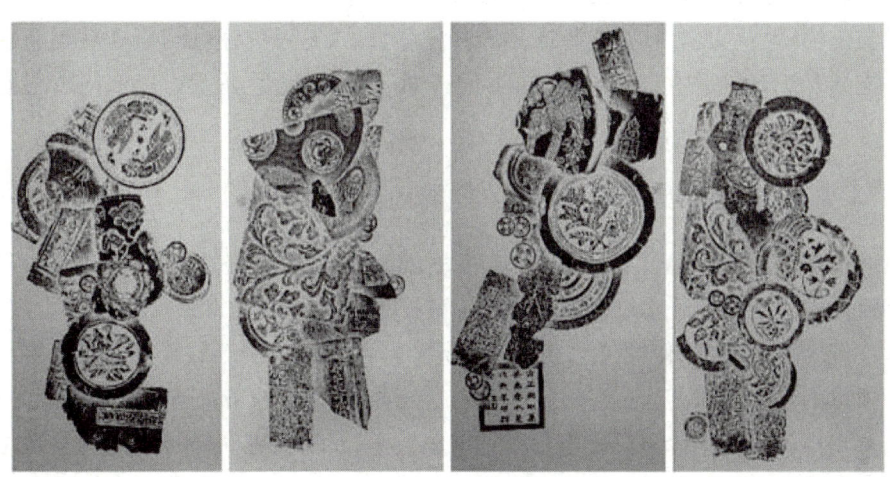

图 6-1-2 锦灰堆拓

(资料来源:杭州求知小学里隐藏着一座锦灰堆拓"博物馆"[EB/OL]. https://news.qq.com/rain/a/20211127A06QQ600[访问时间:2024-12-07].)

锦灰堆拓艺术是锦灰堆的创新形式。在当代,锦灰堆拓艺术不仅保留了传统的技艺

和风格,还不断融入新的元素和创新理念。一些艺术家在继承传统的基础上,进行了大胆的创新和尝试,使得锦灰堆拓艺术焕发出新的生机和活力。同时,随着科技的发展,数字化技术等也被应用到锦灰堆拓的制作和保存中,为这一传统艺术形式的传承和发展提供了更多的可能性和空间。例如,赵士华及其学生在锦灰堆拓艺术实践工作坊中创作了大量赏心悦目的作品,包括锦灰堆拓书签、锦灰堆拓宫扇、锦灰堆拓立轴等。这些作品不仅展示了锦灰堆拓技艺的魅力,也体现了传统文化在当代的传承和创新。

2. 锦灰堆拓的生存与传承困境

作为杭州本地的传统技艺类非遗,锦灰堆拓的生存与传承面临3个主要困境。一是非遗技艺自身的复杂性。锦灰堆拓技艺要求画家具备多方面的艺术才能,作品虽看似杂乱,但实际上"神散而形不散"。这对创造者的审美能力和写实能力有极高要求,使得技艺传承面临人才短缺的危机。二是作品鉴赏存在门槛。观赏锦灰堆拓作品,普通民众难以领略其深邃的韵味与独特的美感。这一艺术瑰宝以其元素的撕裂、残缺、污浊,构筑出一种超脱凡俗的凌乱之美,却也因此显得晦涩难懂。在数字化时代的洪流中,人们的目光被那些琳琅满目、形式多样的艺术作品填满。然而,对于锦灰堆拓这一古老而神秘的技艺,公众的兴趣与认知却十分有限,锦灰堆拓犹如蒙尘的明珠,未被世人广泛发掘与珍视。三是传承人断层与人才流失。锦灰堆拓技艺,这一古老的艺术瑰宝,正面临着传承人青黄不接、人才流失严重的严峻挑战。由于市场需求并不高涨,随着老一辈艺术家的逐渐淡出,年轻一代中愿意投身此技艺者寥寥无几,导致技艺传承的链条出现断裂,人才梯队建设堪忧。这一现状无疑给锦灰堆拓技艺的未来蒙上了一层阴影,亟须采取有效措施,吸引并培养更多有志青年投身于这一传统文化的保护与传承。

尽管锦灰堆拓技艺在当代面临一定的保护危机,但通过校园教育传承、数字技术手段的记录与传播,以及文创周边、服装饰品的开发等方式,这一非遗项目正在获得新的生命力。在这场守护与传承中,杭州市求知小学犹如一座灯塔,照亮了锦灰堆拓技艺前行的道路。

(二)数字化赋能非遗教育,杭州求知小学破局前行

面对锦灰堆拓技艺在数字时代传承与发展的困境,杭州市求知小学勇担重任,积极探索数字化传承的新路径。学校充分利用现代科技手段,将锦灰堆拓技艺融入日常教学,不仅让这一传统技艺在校园内生根发芽,更通过数字平台的广泛传播,让更多人了解和爱上了这一独特的艺术形式。从技艺的传承与创新,到传播渠道的拓宽与数字化应用的深入,杭州市求知小学以其独特的教育理念和先进的数字技术,为锦灰堆拓技艺的复兴注入了强大的动力。

1. 打破技艺壁垒,实现传承创新

锦灰堆拓艺术实践工作坊位于杭州市求知小学的校园深处,与一座古色古香的古陶瓷标本博物馆即片庐博物馆比邻而居。其负责人是学校副校长赵士华老师,也是锦灰堆

拓技艺项目的代表性传承人①。在保护与传承过程中,赵老师大胆尝试国画与锦灰堆拓的巧妙融合,探索新的艺术境界。

锦灰堆拓技艺核心在于积金聚石与叠拓构成。前者是物质之基,需要搜集金石文物无数,考验鉴赏者的独到眼光;后者则是技艺之魂,要求传拓者技艺精湛,更要具备深厚的美术造诣,方能驾驭纷繁复杂的画面构成,将百件金石文物精妙叠拓于一纸之上,重现其历史风貌。

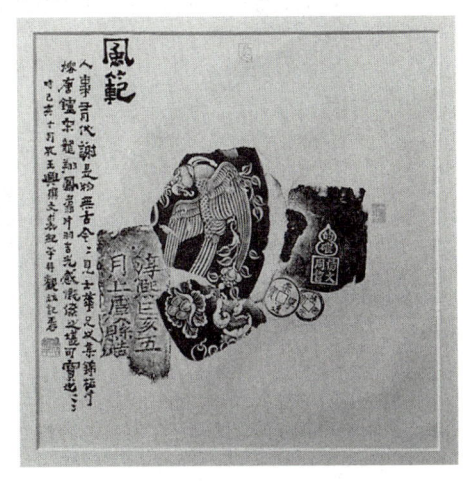

图 6-1-3　锦灰堆拓作品

锦灰堆拓是将锦灰堆上的纹饰、图案、文字等信息,通过拓印的方式复制到纸张上的一种艺术形式。自古以来,锦灰堆拓因追求破碎美的艺术特色,徘徊于主流之外。面对这样的困境,锦灰堆拓需要打破艺术边界,以新的思考方式来重新诠释传统②。面对传统锦灰堆拓墨色深沉、层次单一的局限,赵老师巧妙借鉴国画中的虚实浓淡处理手法,为锦灰堆拓注入了新的生命。他独创的片庐锦灰堆拓便是这一融合的成果(见图6-1-3)。在学校博物馆的显赫位置,一幅名为《锦灰堆拓·清溪山远图》的巨作(138 cm×415 cm)赫然在目,这是片庐社团师生们共同的心血结晶。

(资料来源:"指津·非遗谭"大运河非遗讲坛第 9 期开讲[EB/OL]. https://ori. hangzhou. com. cn/ornews/content/2024 - 10/24/content_8804588. htm. [访问时间:2024-12-05].)

2. 转变应用方向,探索多样发展

在数字化时代的洪流中,杭州市求知小学以其锦灰堆拓艺术实践工作坊(见图6-1-4)的深厚底蕴与创新精神,不仅在全国中小学生艺术节的舞台上大放异彩,更以"IP 化"战略为引领,开辟了非遗传承的新纪元。通过"三传三发"③教育模式的实施,工作坊在传承技艺、美德与文化的同时,也深度挖掘了学生的潜能,培养了学生的艺术才能,激发了无限创意,给美育品牌的深化与升华注入了强劲动力。

值得一提的是,锦灰堆拓 IP 的精准定位与数字化传播策略为非遗的传承与发展开辟了新的天地。片庐师生以数字技术为笔,将传统纸本艺术作品巧妙转化为数字元素,这一过程不仅是对技艺的革新,更是对文化传播方式的颠覆性突破。他们将这些经典图案融入帆布包、丝巾、桌旗等现代生活用品,使"旧时王谢堂前燕"得以"飞入寻常百姓家",实现了传统与现代的完美融合,也让锦灰堆拓这一非遗技艺以更加亲切、实用的方式走进大众视野。

---

① 教育周刊|杭州求知小学里隐藏着一座锦灰堆拓"博物馆"[EB/OL]. https://news. qq. com/rain/a/20211127A06QQ600.[访问时间:2024-12-05].
② 韩飞飞,夏楠. 锦灰堆在当代艺术语境下的应用研究[J]. 合肥师范学院学报,2023,41(5):96-100.
③ "三传三发"模式即传承技艺、传递美德、传播文化,发现潜力、发现才能、发挥创意。杭州市求知小学探索非遗艺术与校园美育融合之路[EB/OL]. https://edu. hangzhou. com. cn/content/2024-08/07/content_8770465. htm.[访问时间:2025-03-25].

图 6-1-4　锦灰堆拓艺术实践工作坊

（资料来源：杭州求知小学里隐藏着一座锦灰堆"博物馆"[EB/OL]. https://news.qq.com/rain/a/20211127A06QQ600.[访问时间：2024-12-05].）

这一策略的核心在于拓宽锦灰堆拓的应用渠道，通过数字化手段的迁移与运用，使其不再局限于艺术鉴赏的狭小空间，而是能够渗透到人们日常生活的方方面面。这种跨界融合不仅提升了锦灰堆拓的知名度和影响力，更让更多人有机会了解、品鉴、欣赏并传播非遗。在数字化浪潮的推动下，锦灰堆拓正以一种全新的姿态，向世界展示着中华文化的独特魅力与无限可能。

3. 尝试数字传播，寻求全新突破

（1）新媒体让非遗技艺"破圈"而出

学校利用片庐视频号和抖音号等新媒体平台，精心策划了一系列集技艺演示、作品深度解析、创作者匠心独运及文化情境再现于一体的视频内容，坚持每周至少一期的频率，不仅极大地提升了锦灰堆拓技艺的社会认知度与文化特色标识，还成功地在数字空间中开辟了非遗传承的新路径。这一系列举措不仅让锦灰堆拓技艺在数字化时代找到了破局之道，更借助杭州亚运会这一国际盛事的舞台，向世界生动展现了中华文化的深厚底蕴与自信风采，让古老的艺术之花在全球化的今天绽放出更加璀璨的光芒。

（2）媒体平台让非遗课程走向千家万户

学校的锦灰堆拓艺术实践工作坊作为非遗锦灰堆拓技艺的传承与展示平台，不仅让学生亲身体验和学习这项技艺，还通过学习强国平台向更广泛的受众传播其文化价值。

学校借助学习强国平台的强大影响力与广泛覆盖面，将锦灰堆拓的精湛技艺与文化价值以图文并茂、视频互动等形式生动展现，使得这一传统艺术不再局限于工作室或学校，而是跨越了地域与时间的限制，得到更广泛的流传。这种数字化的传播方式不仅极大地提升了锦灰堆拓的社会认知度与文化影响力，更激发了公众对于非遗的浓厚兴趣与保护意识。

（3）数字传播唤醒全民保护"新意识"

更为重要的是,这种数字化传播策略让更多人有机会"读懂"非遗、"爱上"非遗,进而参与非遗的传承与保护。无论是通过在线学习掌握锦灰堆拓的基本技艺,还是在日常生活中选择使用锦灰堆拓文创产品,都是对非遗的一种有力支持。在这个过程中,锦灰堆拓艺术实践工作坊不仅成为非遗数字化传播的典范,更为传统文化的现代传承与发展开辟了新的思路与方向。

三、分析点评:数字技术助力美育教育,传统非遗重焕校园新生

(一) 数字理念培植非遗保护氛围

1. 基于数字共享理念,拓展教育传播途径

传统美育教学往往受限于教学资源,如专业师资、教学材料等,难以提供丰富多样的美育体验。在快节奏的现代生活中,学生们往往更容易被数字娱乐吸引,对传统美育内容兴趣不高。如何在传承传统文化的同时,融入现代元素,激发学生的创新精神,是美育教育的一大难题。

杭州市求知小学通过建设数字化非遗教育资源库,包括教学课件、案例分享、作品展示等,极大地丰富了教学资源。同时,利用多媒体教学网络,学生可以随时随地进行学习,打破了时间和空间的限制。数字共享平台为校内锦灰堆拓的数字课程提供了广阔且开放的展示平台。学校通过抖音、视频号、学习强国等新媒体平台,进一步扩大锦灰堆拓的传播范围和受众群体,增强公众对非遗的认知和认同,促进非遗共享和传承。

2. 依托数字教育手段,扩大非遗传播影响

在科技迅猛发展的今日,数字技术可以轻松地将实体物品分类、压缩、打包,最后以数字形式呈现在人们面前[1]。数字化教育途径帮助锦灰堆拓技艺从校园走向社区,再由社区走向全国乃至世界。杭州市求知小学通过创建锦灰堆拓数字课堂,利用高清影像资料、动态模拟软件等数字化教学手段,为学生提供了一种沉浸式的学习体验。这种教学方式不仅降低了学习难度,提高了学生的学习兴趣,还鼓励学生主动探索、积极建构自己的知识体系,也为其他学校提供了可借鉴的模式。其成功经验表明,数字化技术可以有效解决美育教学中的传播受限的问题,提高美育的有效性与影响力。

3. 结合数字化技术,提升非遗传承效果

数字化技术为非遗的传播拓展了更多可能性。通过将纸本作品转化为数字图案,并介入跨界的文创开发,如帆布包、丝巾、桌旗等,积极推动学生与社会参与的非遗数字创新,进一步拓展锦灰堆拓的应用领域和市场价值。杭州市求知小学在传承锦灰堆拓技艺的过程中,没有简单地复制传统,而是结合现代审美和技术手段进行创新。例如,将锦灰

---

[1] 杨时荣.锦灰堆图式在陶瓷绘画中的创作实践研究[D].景德镇:景德镇陶瓷大学,2024.

堆拓技艺融入现代生活用品设计，实现了传统文化的现代转化。这种做法既保留了传统文化的精髓，又赋予其新的生命力和时代感，让传统文化在传承过程中不断适应新的社会环境和技术条件。这种数字化与创意产业的结合，不仅给传统非遗的传承注入了新的动力，也为锦灰堆拓带来了更多的社会认可和文化辨识度。

（二）数字技术融入非遗教育环节

1. 创意应用环节

杭州市求知小学在非遗创意方面，通过将锦灰堆拓技术与数字创意技术巧妙融合，不仅让这项古老艺术得以新生，更极大地拓宽了其应用边界，让精致细腻的锦灰堆图案不再局限于纸面，而是跃然于手提包的每一寸纹理，点缀在雨伞的每一片雨珠滑落之处，乃至融入桌旗的每一次轻抚。

杭州市求知小学在美育过程中强调以学生为中心，关注学生的全面发展，充分尊重学生的兴趣和创造力，鼓励学生参与锦灰堆拓技艺的创作和创新。通过举办展览、参加比赛等方式，为学生提供了展示自己才华的舞台，增强了学生的自信心和成就感。学校带领学生进行非遗创意创新，不仅突破了传统技艺的表现形式，更紧密地将艺术与生活相连，满足了现代人对文化韵味与实用美学相结合的日常用品的深切向往，实现了从艺术欣赏到生活应用的华丽转身。

2. 教育应用环节

杭州市求知小学通过创建锦灰堆拓数字课堂，借助高清影像资料、动态模拟软件、交互式3D体验等数字化教学手段，生动呈现原本深奥复杂的锦灰堆拓技艺，使其变得既直观又富有趣味性，极大地降低了学习难度，提升了学生兴趣与学习效率。

在学校构建的非遗数字教育生态下，向学生展示、传播了锦灰堆拓的历史渊源、文化内涵与制作工艺，更在无形中播撒下美育的种子，激发了学生对传统文化的浓厚兴趣与深切认同，培养了新一代的文化传承人。学校的锦灰堆拓技艺传承项目还被评为"我是亚运代言人——杭州市中小学优秀社团"，这进一步证明了学校在美育方面的卓越成就。

3. 传播应用环节

在传播应用方面，锦灰堆拓技艺幸运地搭乘了杭州亚运会这一国际盛事的数字宣传快车，并依托数字平台的社会化传播，以前所未有的广度和深度触达全球观众。杭州市求知小学通过精心策划的数字传播策略，让学校师生共创的锦灰堆拓作品在国内外社交媒体上引发热烈反响，实现从地域性文化向全球性美学的华丽转身。更以数字美育为桥梁，连接起不同文化背景的人，共同感受这份来自东方的艺术瑰宝，实现了真正意义上的"文化无界，技艺共享"，促进了非遗文化的传承与发展，形成了良好的社会氛围。

（三）数字资源整合非遗社会保护

1. 多样数字资源展示

杭州市求知小学充分利用数字资源的连接互通特性，通过构建锦灰堆拓技艺数字平台,对锦灰堆拓技艺的相关资源(如技艺展示、作品图片、教学视频等)进行数字化整合和发布,为校内学生及公众提供便捷、全面的了解途径,也为锦灰堆拓技艺在校内外的传承和发展提供坚实的基础。

2. 多元主体共同参与

杭州市求知小学联合杭州市共青团、杭州市文化广电旅游局等官方机构积极为锦灰堆拓的非遗活动进行线上和线下的推广,不仅扩大了锦灰堆拓技艺的影响力,也为其传承和发展提供了政策支持和资源保障,共同推动了锦灰堆拓技艺的数字化传播和社会化保护。

3. 多功能数字交流空间

首先,杭州市求知小学的非遗数字教育平台为学生提供在校内外学习非遗的多元渠道,使其能够更加便捷地了解锦灰堆拓技艺的历史背景、文化内涵和传承现状,提升对锦灰堆拓技艺的认知与兴趣。其次,也为技艺传承者、爱好者和研究者提供了交流互动的空间,促进他们开展技艺传承与创新发展的讨论与研究。最后,还为其他社会公众提供了参与非遗保护的机会,激发大家的保护意识和参与热情。

第二节 科艺交融:北师大南山附校数字非遗实践新思考

在全球化与数字化的双重背景下,非遗的传承与发展面临着前所未有的挑战与机遇。作为承载民族记忆与文化血脉的宝贵财富,非遗面临着前所未有的挑战。一方面,传统生活方式的变迁导致许多非遗项目的生存空间日益缩小;另一方面,年轻一代对于现代科技的热衷使得传统技艺的学习和传承变得困难重重。数字技术、虚拟现实、增强现实、人工智能等技术的介入,为传统非遗的记录、传播、创新与发展开辟了全新的可能,也吸引了更多年轻人关注并参与非遗的保护与传承。

2024年10月,在由教育部中外人文交流中心与北京市科学技术研究院联合主办的第五届"中外人文交流小使者"科技人文(集体)全国总展示活动中,北京师范大学南山附属学校(以下简称北师大南山附校)学子的数字非遗实践案例以其卓越的表现力、深厚的文化底蕴以及开放包容的国际视野,大放异彩,荣获3项全国一等奖,并在同年12月由教育部中外人文交流中心和香港特别行政区政府教育局主办的"'人文交流小使者'展示中国香港行活动"中赢得了广泛赞誉与高度认可。该案例融合科技与艺术,赋能非遗文化,通过跨学科整合、协同创新,探索数字非遗教育新路径,培养创新人才,成效显著,是科艺交融实践的典范。本节将以北师大南山附校的5个跨学科非遗数字化研学项目为例,介绍该校在科技与非遗交融方面的教育实践,展示在中学教育中科技推动非遗传承的新引擎作用,提升中学生对中国传统非遗的认知与兴趣,培养他们的非遗保护与传承意识,探索非遗纳入国民教育体系的创新实践。

一、基本信息：北师大南山附校数字非遗教育概述

北师大南山附校是北京师范大学与深圳市南山区人民政府于2000年合作创办的一所12年一贯制的现代化公立学校，是北京师范大学在北京外创办的第一所附属学校。在数字非遗教育方面，学校一直致力于践行"五育并举"的教育理念，秉承"个性化的全面发展"办学理念，通过一系列富有创意的项目，积极探索非遗与科技的融合之路，让古老的非遗在现代科技的助力下焕发新生。学校精心策划并实施了5个跨学科非遗数字化研学项目——"阮韵视界""数艺变脸""数字双节棍""3D孔雀舞影演"和"数控互动皮影戏"，取得了显著成效，不仅激发了学生对传统文化的兴趣，而且培养了他们的文化自信与创新精神。

非遗作为国家和民族的文化瑰宝，其传承与保护尤为重要。随着数字化技术的快速发展，数字非遗教育成为保护非遗的重要手段。当前，中学数字非遗教育正处于初步探索阶段。一方面，随着信息技术的飞速发展，数字化手段为非遗的记录、传播与教学提供了前所未有的便利；另一方面，受限于教育资源、师资力量与技术水平等因素，中学数字非遗教育的普及程度与深度仍有待提升。

北师大南山附校在数字非遗教育方面开展了诸多尝试与探索。一是在建校初期，将非遗教育纳入课程体系，通过开设非遗课程、举办非遗相关文化活动等方式，提高学生的非遗意识和传承能力。例如，学校充分利用深圳作为移民城市的多元文化背景，特别邀请了非遗传承人进入校园，为学生提供与传统非遗面对面的学习和体验机会。二是为学生提供数字化学习资源，使学生能够在线上进行自主学习和探究。三是学校积极组织关于非遗知识、数字化教学技术等内容的培训活动，提升教师的数字化水平和非遗教学能力。四是积极探索和创新数字非遗教育资源的硬件开发与应用，形成了一套独特的教育模式：引入虚拟现实和增强现实设备创建沉浸式的学习环境；利用先进的传感器技术记录学生的每一次训练数据，包括动作轨迹、速度、力度等数据信息，为后续分析和评估提供了丰富素材；开发机器人训练设备（如双节棍、川剧变脸训练机器人），通过高精度的机械臂和关节活动，能够精确地模拟双节棍的基础和高级组合动作，并开展实时动作分析和提出改进建议；研发可智能分析与反馈的"数码探"设备（见图6-2-1），结合视觉、语音捕捉系统和人工智能算法，对学生的非遗探究训练数据进行深度挖掘、分析与识别，为非遗的数字化创新提供有力的技术支持。五是依托5个跨学科非遗数字化研学项目，开展非遗的创新传播与普及教育，探索数字非遗教育新路径：构建"数字化＋"非遗学练平台，赋能文化传承与创新；深挖"智慧化＋"非遗德育内涵，创新教育模式与育人实践；探索'沉浸式＋'文旅文创教育新路径，开启文化传承与创新的新航向；孵化"数智化＋"非遗STEM[①]教育项目，培养科艺交融的创新人才；运用"互动式＋"创新非遗传播机制，拓宽文化传承的广度与深度。

---

① STEM是科学（science）、技术（technology）、工程（engineering）、数学（mathematics）英文首字母的缩写。

图 6-2-1　北师大南山附校自主研发的非遗"数码探"仪器

(资料来源:北师大南山附校提供)

二、案例综述:北师大南山附校数字非遗教育的探索与创新

(一) 中学数字非遗教育的困境

随着数字技术的普及与应用,非遗的数字化传播与应用在社会层面日渐增多。但是,在中学开展和推广数字非遗教育仍面临诸多困境。

1. 教育资源不均

不同地区、不同学校的非遗教育资源差异显著,部分学校因缺乏必要的硬件设施与软件支持,难以开展有效的数字非遗教育。同时,随着数字化技术的不断更新,非遗的数字教学资源和数字技术手段也随之更新。然而,目前仍有很多学校在资源整合和技术更新方面存在困难,大范围推广与普及数字非遗教育效果不尽如人意。

2. 师资力量薄弱

对于中学数字非遗教育而言,既懂非遗又懂数字技术的跨学科教师相对匮乏。尽管数字非遗教育受到越来越多的中学重视,但师资短缺和培训不足导致数字非遗教育难以深入开展,这是制约其发展的重要因素。

3. 教学内容单一

部分中学的数字非遗教育仍停留在简单的信息展示与知识传授阶段,缺乏数字化深度互动与创新教育实践。学生面对如此情况,难免会因缺乏兴趣而参与度较低。因此,激发学生对传统非遗的兴趣,提高学生学习积极性和主动性,是当前中学数字非遗教育面临的重要挑战。

(二) 北师大南山附校的数字非遗教育探索

为应对中学数字非遗教育所面临的困境,北师大南山附校策划了"阮韵视界""数艺变脸""数字双节棍""3D孔雀舞影演""数控互动皮影戏"5个研学项目,通过开发非遗项目训练机器人、利用虚拟现实与增强现实技术建立虚拟教练系统、构建智能分析与反馈系统以及举办线上线下国际交流活动,创造出一个充满活力的学习环境,创新了中学数字非遗教育方式,极大地提高了学生的学习兴趣和参与度。

1. 数字非遗教育探索之"阮韵视界"

(1) 阮与阮乐

阮是一种非常古老的中国乐器,相传西晋竹林七贤之一的阮咸善于弹奏此乐器,因而该乐器被后世称为"阮咸",也称为阮。阮起源说法很多,据汉代至魏晋时期的文字和史学资料记载,大致起源于秦朝。当年秦朝派遣百万军人和劳工修筑长城,使用"鼗"(táo)作为号令器具,形状是一种较大的拨浪鼓(见图 6-2-2)。修长城是非常辛苦且枯燥的工作,闲时人们为了娱乐给鼗绑上弦,用来弹奏音乐,就发明了名为"弦鼗"的乐器,又因为修长城的劳工以男人为主,所以这件乐器也被称为"秦汉子",而这也就是三弦和秦琵琶这两种乐器共同的祖先。

到了汉武帝时期,在与西北外族和亲政策的大背景下,汉人与胡人的联系逐渐紧密,政治、经济、文化的交融也越来越多。念及远嫁公主们的思乡之苦,皇帝便命当时的制琴工匠在秦琵琶的基础上,融入古筝、古琴、箜篌、筑(中国古代汉族弦乐器,形似琴,有十三弦,弦下有柱)等多种乐器的韵味,同时还能够满足骑在马背上演奏的条件,打造了"汉琵琶"。这种乐器的发明也为向西域更广泛地传播汉人音律文化做出了贡献①。

图 6-2-2　鼗鼓,俗称"拨浪鼓"　　图 6-2-3　日本正仓院 唐传螺钿紫檀阮咸

(资料来源:国家大剧院. 寻找消失的声音——阮咸的重生[EB/OL]. https://www.chncpa.org/zwzt/spzt/jdysjtzt/videos/ztyyh/202207/t20220708_243250.shtml. [访问时间:2024-11-04].)

阮的结构包括琴头、琴杆和音箱,琴杆修直,上端连琴头,下端接音箱(见图 6-2-3)。琴杆上附有指板,影响音准和手感。阮的演奏技巧丰富,右手的指法有弹、挑、勾、抹、扣、划、轮、拂、分、摇、扫、滚等 30 多种,左手的指法有泛、打、带、滑、推、拉、吟、纹等 10 多种。

20 世纪 50 年代后,阮经过一系列改良,发展成了一个形制由大到小、声部由低到高

---

① 冯满天. 寻找消失的声音——阮咸的重生[R]. 国家大剧院经典艺术讲堂,2022-07-08.

的"弹拨家族",包括高音阮、小阮、中阮、大阮和低音阮。这些改良使得阮在独奏、合奏和伴奏中都有广泛的应用,极大地丰富了其艺术表现力。

阮乐的代表作品包括《酒狂》《幽远的歌声》《丝路驼铃》等。其中,《丝路驼铃》的音乐片段还被运用到李安导演的电影《卧虎藏龙》中,该影片曾荣获第73届奥斯卡最佳原创配乐等多项大奖。

（2）阮的创新实践

"阮韵视界"巧妙地将非遗中的阮乐元素与现代科技视野结合,旨在创造一种全新的、跨越感官障碍的艺术欣赏体验(见图6-2-4)。其中,大思政研学项目"生如夏花"是学校基于阮和阮乐开发的创新实践代表性项目。该项目旨在让听障人士"看见"阮乐,利用音频可视化技术,将阮乐的旋律转化为视觉画面,让听障人士也能感受到音乐的魅力。这一创新不仅丰富了阮乐的表现形式,还拓宽了传统非遗的受众范围。

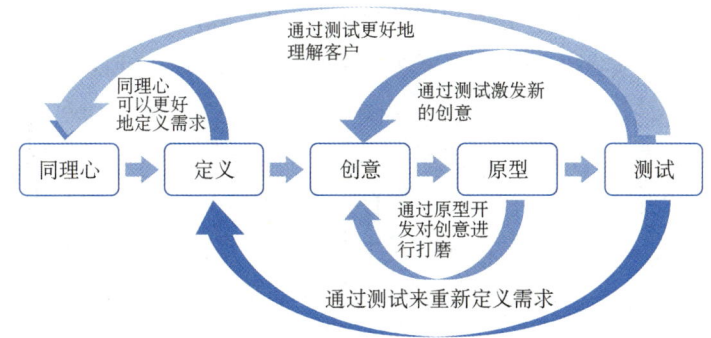

图6-2-4 "阮韵视界"数字化思维结构——设计思维五步法

（资料来源：北师大南山附校提供）

首先,该项目由问题驱动,引发学生对于阮乐传播受众的关注。阮是中国古典民乐的代表,距今已有2 000多年的历史。历经时光洗礼,它以独特的魅力向世人展示其艺术价值和文化内涵。然而,享受如此优雅的国韵之声,对于失聪者却成为奢望。北师大南山附校学子在生活中感受到听障人士无法享受音乐的痛苦,开始思考如何帮助听障人士打开一扇欣赏艺术之门,欣赏如夏花一样绚丽的阮乐。

其次,引导学生探索创新,让听障人士"看见"阮乐,不仅能够为听障人士提供音乐欣赏的可能性,还能提升社会包容性和艺术的普及,并为此找到了实践依据：①无论是否存在听力障碍,每个个体都应享有平等与无障碍接触和欣赏艺术的机会,而提供视觉音乐体验有助于实现艺术欣赏的无障碍,体现社会对于不同群体需求的关注和平等对待的原则。②视觉音乐疗法认为,听力障碍人士可以通过灯光变化的方式来感受音乐。通过将阮乐与现代科技结合,可以为听障人士提供一种新的音乐体验方式,帮助他们在无声的世界中感受到音乐的美好。③阮乐是中国传统文化的重要组成部分,听障人士能够通过视觉体验、了解并欣赏中国传统音乐的魅力,有助于普及和传承这一古老的音乐文化。④将阮乐与现代灯光科技结合,展现了科技与艺术融合的新趋势,不仅推动了现代科技在教育领域的应用,也为艺术创新提供了新方向,促进了艺术与科技的共同进步(见图6-2-5)。

```
同理心    ——  喜欢阮乐引发的思考:
                失聪的人如何感受阮乐的美妙?
定义问题  ——  偶然的发现:
                眼睛、指骨可以感受乐器震动,"听"到阮声
生成创意  ——  通过查找资料:
                了解到视觉音乐疗法骨传导。
原型打造  ——  课题:视(触)觉声音如何帮助失聪者欣赏音乐?
                设计:TiVA视觉声音装置
                      K-MAD触觉声音装置
测试验证  ——  实验:寻找失聪志愿者进行测试
                结果:让失聪者感受到音律的美妙
                      让实验者看到别人脸上的微笑
```

图 6-2-5 "阮韵视界"数字化探究过程与实践步骤

(资料来源:北师大南山附校提供)

最后,鼓励学生开展实践,利用创新的技术手段,将阮乐的美妙旋律转化为视觉艺术(见图6-2-6)。一是完成技术实现。采用先进的音频处理技术,实时将阮乐的音频信号转换成动态的视觉图案,通过LED屏幕展示,然后开发互动软件和实物,让观众通过移动设备与展示互动,增强参与感。二是开展内容创作。精选具有代表性的阮乐曲目,确保音乐的文化内涵和艺术价值得到充分体现,再与艺术家合作,根据阮乐的特点和情感,设计独特的视觉图案和色彩搭配。三是进行教育推广。举办阮乐与视觉艺术结合的工作坊,邀请听障人士和音乐爱好者共同参与,并在博物馆或文化节上设立"声彩阮韵"展区,展示项目成果,宣传阮乐文化。通过项目实施,促进阮乐及中国传统文化在全球范围内的传播,提高社会对听障人士的关注和理解,促进无障碍环境的建设。

(1) 技术测试

(2) 实验研究

(3) 应用设计

(4) 作品制作

(5) 国际交流

(6) 走进社区，造福市民

图 6-2-6　阮的创新实践

（资料来源：北师大南山附校提供）

2. 数字非遗教育探索之"数艺变脸"

(1) 川剧变脸

川剧源于四川地区，2006年被列入我国首批国家级非遗名录。川剧变脸则是川剧表演艺术中最具特色的技艺之一，是川剧中用于塑造人物的一种特技，以快速、神秘、震撼的手法揭示剧中人物的内心及思想感情的变化，即把不可见、不可感的抽象的情绪和心理状态变成可见、可感的具体形象——脸谱。

川剧变脸的历史可以追溯到古代，最初起源于古代战争中的伪装术，后来逐渐演变成一种独特的表演艺术。在川剧中，变脸不仅是一种表演技巧，更是塑造人物性格和推动剧情发展的重要手段。川剧变脸的表演技巧主要包括：抹脸，将化妆油彩涂在脸的某一特定部位上，用手往脸上一抹即可变色；吹脸，适合粉末状的化妆品，演员在舞台上将粉末吹在脸上，从而变色；扯脸，事先将脸谱画在绸子上，贴在脸上，通过舞蹈动作一张一张地扯下来；运气变脸，通过气功使脸变色，通常用于表现特定的情感变化。

(2) 川剧变脸的创新实践

"数艺变脸"项目融合现代科技，给传统变脸艺术注入新的活力，同时拓展其传播渠道，培养新一代的观众和传承者。学校充分利用深圳的高科技优势，积极探索智能科技与变脸艺术的融合之路，以期解决传统变脸艺术的传播困境。

在"数艺变脸"项目中，学校进行了深入的数字化创新探索（见图6-2-7）。利用计算机视觉、人脸识别等前沿技术，将识别系统与变脸艺术结合，开发出自动化装置，实现了变脸艺术的数字化呈现。同时，学校还通过迁移学习、元学习等算法，将传统变脸艺术的元素迁移到新的媒介或样式中，为变脸艺术带来了全新的表现形式。此外，学校还注重将AI艺术的原创性特点融入变脸艺术，通过算法和机器学习技术，产生独具特色的变脸艺术作品。这些数字化创新探索不仅给传统变脸艺术注入了新的活力，也为其在现代社会中的传播与推广提供了有力支持。

通过"数艺变脸"项目的实施，北师大南山附校取得了显著的实践成果。一方面，学校成功地将传统变脸艺术与现代科技结合，开发出了具有互动性和趣味性的数字化产品，如

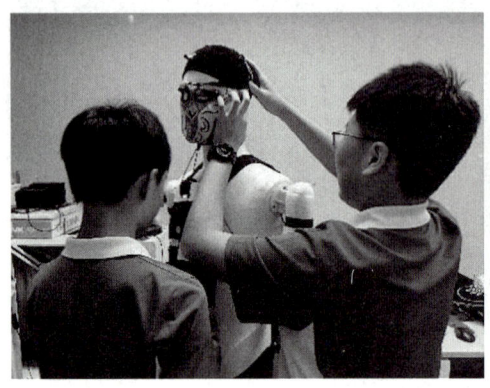 

图 6-2-7 学生开展"数艺变脸"实践

(资料来源:北师大南山附校提供)

包含数字交互元素的变脸艺术表演、数字化面具库等(见图6-2-8)。这些产品不仅丰富了变脸艺术的表现形式,也提高了其吸引力和传播力。另一方面,学校积极将"数艺变脸"项目融入中小学AI教育课程,让学生在动手实践中学习川剧变脸的历史、技巧与文化内涵,从而培养了新一代的观众和传承者。通过融合现代科技与传统艺术,该项目不仅为传统变脸艺术注入了新的活力,也为其在现代社会中的传播与推广提供了有力支持。

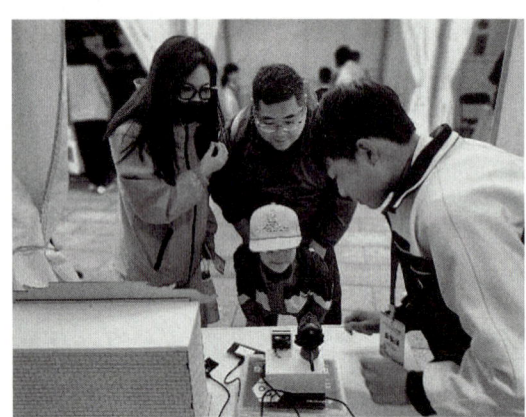 

图 6-2-8 "数艺变脸"数字化产品

(资料来源:北师大南山附校提供)

3. 数字非遗教育探索之"数字双节棍"

(1) 双节棍

双节棍又名二节棍、双截棍、两节棍、二龙棍。双节棍的历史源远流长,是伴随着古代战争的需要而产生发展的。它的原形是梢子棍,梢子棍由打麦的农具连枷演变而来,连枷用于农作物脱粒,最早诞生于古埃及,距今有3 500多年的历史。作为一种短小精悍、威力巨大的武器,双节棍不仅在中国古代流传下来,还随着李小龙等武术家的推广,在世界各地广泛流传。如今,双节棍不仅是一种武术器械,更是一种承载着丰富文化内涵和民族精神的文化遗产①。

（2）双节棍的创新实践

"数字双节棍"项目主要依托自主开发的"数字双节棍"教学平台,让学生在虚拟环境中安全、高效地练习双节棍技巧,同时深入了解其背后的历史故事与文化寓意。

在"数字双节棍"项目中,北师大南山附校通过3个环节进行了深入的数字化创新探索。首先,开发双节棍训练机器人。学校研发了能够模拟双节棍动作的机器人,这些机器人不仅能展示基础技巧,还能进行高级组合动作的演示。通过精确的机械臂和活动关节,机器人能够高度精准地执行和重复复杂的双节棍动作,为学习者提供实时的动作分析和改进建议。其次,建立虚拟教练系统。利用虚拟现实与增强现实技术,虚拟教练可以指导学习者完成各种双节棍动作,同时提供即时反馈,帮助纠正错误。通过增强现实练习场景,学习者可以在不同的环境和场景中测试和提升自己的技能,增加学习的趣味性。最后,搭建智能分析与反馈系统。学校利用高科技动作捕捉系统记录学习者的训练数据,通过AI算法进行分析,向学习者提供详细的训练报告和改进方向。系统能够识别动作中的微小误差,帮助学习者在科学的指导下高效训练。同时,AI系统还能根据每个学习者的体能条件和技术基础,生成个性化的训练计划。

"数字双节棍"教学平台不仅让学生在虚拟环境中安全地练习双节棍技巧,还通过讲述双节棍背后的历史故事与文化寓意,培养了学生的文化自信与创新精神。同时,将双节棍的流畅动作和打击感与音乐节奏结合,设计出的减压课程也帮助学生缓解了生活和工作中的压力。通过线上线下跨文化双节棍交流活动,特别是设立机器人参与的挑战赛,学校展示了数字双节棍的魅力,增加了比赛的观赏性和趣味性,也吸引了国内外爱好者的参与,促进了跨文化交流。另外,"数字双节棍"项目通过科技赋能,让双节棍的教学和训练效率得到了显著提升,为双节棍这一传统武术文化在中学教育中的传播提供了新途径,也为其他传统文化的传承与发展提供了可借鉴的经验。

4. 数字非遗教育探索之"3D孔雀舞影演"

（1）傣族孔雀舞

傣族孔雀舞于2006年被列入首批国家级非遗名录,是我国傣族民间舞中最负盛名的传统表演性舞蹈,流传于云南德宏、西双版纳等傣族聚居区,其中以云南省西部瑞丽市的孔雀舞(傣语为"嘎洛勇")最具代表性。在傣族人民心目中,"圣鸟"孔雀是幸福吉祥的象征,孔雀舞是傣族人民最喜爱的民间舞蹈。孔雀舞以浓郁的地缘民族风格、鲜明的艺术个性独树一帜,它的舞步律动、手势造型、舞蹈形态、情感表达等都有鲜明特点,体现了稻作舞蹈文化的特征,其形其神,均渗透着东方舞蹈的审美风韵。

孔雀舞历史悠久,明代《南诏野史》记载:"婚娶长幼跳舞,吹芦笙为孔雀舞。"相传1 000多年前,傣族领袖召麻栗杰数模仿孔雀的优美姿态而学舞,后来民间纷纷效仿,经过历代民间艺人加工成型流传下来。东汉时,傣族首领曾多次派遣使者到洛阳表演孔雀舞、

---

① 杨琦,金长杰.双节棍的发展与价值初探[J].科技信息,2010(14):2.

魔术、杂技等。可见,孔雀舞在当时已有相当高的水平。

傣族孔雀舞是傣族先民情趣的流露,也是神话人物叙事性的肢体语言,在孔雀舞飘逸动态的结构背后,蕴涵着傣族人丰富的生命意义。它昭示着艺术起源于人类对大自然的模仿与崇拜,也构建了傣族民众族群识别的标志和强化生命记忆的景象,是傣族民族历史上非常具有生命意义、民族特色和审美情趣的一种舞蹈[①]。

（2）孔雀舞的创新实践

"3D孔雀舞影演"项目旨在利用虚拟现实技术,让学生仿佛置身于云南的热带雨林,与孔雀共舞,感受舞蹈的韵律美与自然之美。通过这一项目,学校希望能够提升学生的审美情趣,同时促进非遗的传承与创新。

第一,学校利用虚拟现实技术,通过设计传感器捕捉观众的动作,观众可以通过手势控制、触摸交互等方式操纵全息投影图像,与虚拟孔雀共舞,增加参与感和娱乐性,创造出与观众互动的、身临其境的孔雀舞表演体验(见图6-2-9)。第二,学校利用人工智能与机器学习技术,分析孔雀舞的舞步和动作,提供个性化的训练建议和反馈,并通过AI算法创建了新的舞蹈编排,结合传统孔雀舞的元素与现代舞蹈的创新,满足学生的个性化学习需求。第三,学校通过数字平台与社交媒体的巧妙运用,借助短视频的传播力,吸引更多年轻观众的关注和传播,将孔雀舞的视频和教学内容迅速传播到各地,扩大了孔雀舞的受众基础。第四,学校积极与其他文化和艺术形式进行合作,实现跨界合作与文化融合。例如,与电子音乐、现代艺术等结合,创造跨界艺术作品,展示孔雀舞的美与独特性。最终,"3D孔雀舞影演"项目通过数字化手段对傣族孔雀舞进行了生动传承,加深了学生对傣族文化的了解和认同,培养了学生的审美情趣和文化自信。

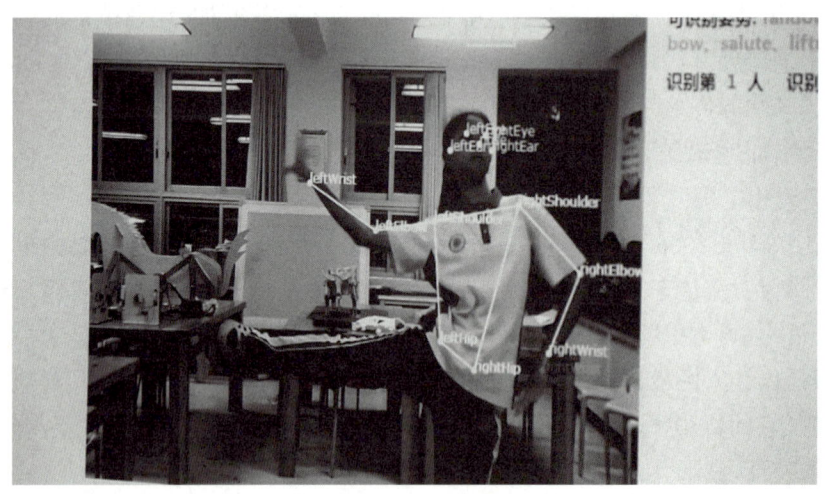

图6-2-9　捕捉孔雀舞动作

（资料来源:北师大南山附校提供）

[①] 云南省文化和旅游厅.当非遗邂逅云南:傣族孔雀舞——让世界看到云南[EB/OL].https://dct.yn.gov.cn/html/2212/17_26928.shtml.[访问时间:2024-11-04].

5. 数字非遗教育探索之"数控互动皮影戏"

（1）皮影戏

皮影戏又称"影戏""灯影戏"或"土影戏"，是一种用蜡烛或燃烧的酒精等光源照射兽皮或纸板做成的人物剪影以表演故事的民间戏剧（见图6-2-10）。表演时，艺人们在白色幕布后面，一边操纵戏曲人物，一边用当地流行的曲调唱述故事，同时配以打击乐器和弦乐，有浓厚的乡土气息。

图6-2-10 皮影戏

（资料来源：中国通辽网. 电影始祖——皮影戏[EB/OL]. https://www.tongliaowang.com/2024/03/29/99680245.html.[访问时间：2024-11-04].）

皮影戏始于西汉时期，盛行于唐朝，至北宋时广为流传，元代时逐渐传到国外，是中国具有代表性的非遗之一。皮影戏色彩富丽堂皇，对比强烈鲜明，可以分为：头茬类，身段类，坐骑类，云朵类，桌椅陈设类，花、草、景类，动物变化类，等等①。

（2）皮影戏的创新实践

"数控互动皮影戏"的设计思路主要有两个方面：一是利用数字技术降低皮影戏的学习和欣赏门槛，使其更加易于被年轻人接受；二是通过互动体验，增强皮影戏的吸引力，让更多人能够亲身参与并感受到这一传统艺术的魅力。

因此，"数控互动皮影戏"主要通过数字化内容创作、数字化应用开发、数字化交互、研发智能皮影机4个环节完成项目实践。一是通过360°全景摄像技术，提供沉浸式观看体验，让观众仿佛置身于皮影戏的表演现场。二是开发了数字化应用，让用户在虚拟环境中亲自操作皮影，进行故事创作，激发用户创造力和兴趣，深入体验表演乐趣。三是运用智能技术增加皮影戏的交互功能，使皮影能够识别观众并做出相应的动作，增强皮影戏与观众的互动性。四是研发智能皮影机，让更多人能够轻松掌握皮影操作技巧，降低了皮影戏表演的门槛，提高了表演的效率和质量（见图6-2-11）。

该项目不仅在学校内部开展丰富的实践活动，举办皮影戏与现代科技结合的节庆活动，如光影节、互动艺术展等，而且在社区、文化节等公共场所设置数控互动皮影戏体验区，吸引了大量公众参与体验，还通过网络平台向更广泛的受众展示成果。通过线上线下结合

---

① 中国通辽网. 电影始祖——皮影戏[EB/OL]. https://www.tongliaowang.com/2024/03/29/99680245.html.[访问时间：2024-11-04].

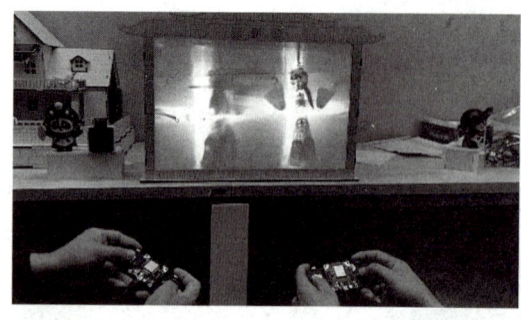

图 6-2-11　智能皮影机

（资料来源：北师大南山附校提供）

的展示方式，"数控互动皮影戏"项目进一步扩大了皮影戏的受众群体，提升了公众参与度。

三、分析点评：科技点亮非遗，文化薪火相传

在国民教育体系内，北师大南山附校以数字非遗为引领，探索一条充满创新与传统韵味的中学教育之路。通过一系列富有创意和实践意义的数字非遗项目，不仅促进了学生的全面发展，还构建了新时代德育新体系，推动了教育的数字化转型，汇聚了社会各方的力量，并点亮了学校特色的科艺融合教育之路。

（一）以优势项目为突破，构建新时代德育新体系

阮乐艺术深植于中华民族优秀传统文化，蕴含着"和"与"包容"等人文精神内核。在中学阶段引入阮乐教学，不仅能够极大地丰富校园文化建设的精神底蕴，还能激发青年学生的文化共鸣，增强他们的文化认同感和归属感，从而树立起坚定的文化自信[1]。在实践中，北师大南山附校率先以"数字非遗·阮乐可视化"项目为创新点，巧妙地将古老的阮乐与现代数字技术融合，为包括失聪者在内的特殊群体开辟了接触和欣赏非遗音乐的新途径。众多研究表明，通过多媒体技术、动画等手段实现的音乐可视化治疗，将视觉与听觉系统紧密结合，让音色、旋律、节奏与色彩、形状的变化交相辉映，在多重感官的协同刺激下，能够发挥唤醒、促进、激励、抚慰、宣泄等多重精神心理作用，为特殊群体带来更为良好的治疗（或体验）成效。

为深植优秀传统文化根基，北师大南山附校积极探索"非遗"文化传承新路径，该校通过创新的音频可视化技术，巧妙地将阮乐的悠扬旋律转化为生动的视觉画面，使得音乐之美不再局限于听觉的享受，而是通过视觉的直观呈现，让每个人都能深切感受到非遗音乐的独特魅力。这一实践不仅极大地丰富了学生的艺术体验，还潜移默化地培养了他们的同理心和包容精神。北师大南山附校采取多元化的策略，除了在校本课程开发、校园广播、课间音乐播放以及自媒体公众平台上积极推广外，学校还鼓励学生走出校园、走进社

---

[1]　沈小松.论在中学开展阮咸教学的意义[J].当代音乐，2023(12)：85-87.

区,主动传播非遗文化,为弘扬和传承中华优秀传统文化贡献自己的力量。通过这些举措,学校依托非遗活态传承创新德育载体,在文化传承中开辟德育创新特色路径。

(二) 以数字非遗为切点,促中学教育数字化转型

北师大南山附校以数字非遗为切入点,推动教育的数字化转型,通过一系列富有创意的数字非遗项目,给教育注入了新的活力。

以数字变脸增智,激发教育创新活力。师生们利用增强现实技术,将传统川剧变脸艺术与现代科技结合,让学生在互动体验中学习变脸的历史、技巧与文化内涵。这一项目不仅增强了学生的文化素养,还激发了他们的学习兴趣和创新思维,给教育创新注入了新的活力。

以数字双节棍健体,探索以体育人新模式。通过虚拟教练、在线挑战赛等形式,结合传统武术双节棍与现代数字技术,不仅传授武术技能,更强调身心健康与团队协作的重要性。这一项目不仅强健了学生的体魄,还培养了他们的意志力和团队精神,探索出了一条以体育人的新路径。

以数字孔雀舞育美,营造美育文化氛围。利用虚拟现实技术,让学生仿佛置身于云南的热带雨林,与孔雀共舞,感受舞蹈的韵律美与自然之美。这一项目不仅提升了学生的审美情趣,还激发了他们对传统文化的热爱与尊重,营造了向美而行的美育文化氛围。

以数字皮影促劳,搭建劳动教育新舞台。通过数字平台,让学生参与皮影戏的设计、制作与表演,不仅锻炼了他们的动手能力,还让他们在实践中理解了劳动的价值与创造的乐趣。这一项目为劳动教育搭建了一个新的平台,让学生在实践中学习、在创造中成长。

教育是引领学生通向美好生活的桥梁,而非遗教育资源与学生实际需求及现代技术融合程度的不足,以及应试教育体系与非遗教育追求多样性目标之间的冲突,构成了当前中学非遗教育发展的核心动因。解决这一矛盾正是教育改革持续探索与努力的方向。在此背景下,北师大南山附校秉持立德树人的宗旨,精心规划并推行了 5 类跨学科的非遗数字化研学项目,这些项目不仅促进了非遗文化的传承与创新,还构建了一个集数字非遗树德、增智、健体、育美、促劳于一体的五育融合新体系,为学生的全面发展提供了强有力的支撑(见图 6-2-12)。

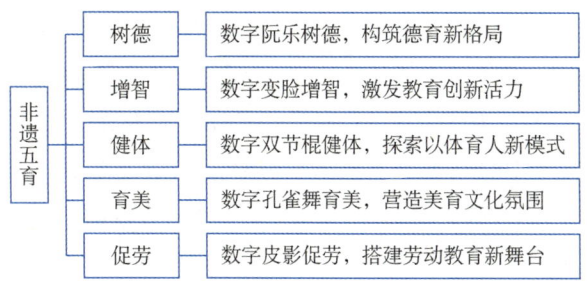

图 6-2-12　数字非遗驱动的五育融合创新体系

(资料来源:北师大南山附校提供)

(三)以非遗活动为桥梁,汇聚社会各方力量

北师大南山附校凭借其对非遗传承的深刻认识与热情,精心策划并成功实施了5个充满创意的数字非遗研学项目,这些项目如同一座坚实的桥梁,紧密地连接了学校、家庭与社会(包括各类文化机构)。这些项目不仅深化了学校内部对非遗文化的教育与研究,还极大地提升了家庭与社区对非遗文化的认知度与参与度,给非遗文化的传承与发展注入了新的活力。

在家校共建的进程中,学校通过线上线下活动,带动学生居家学非遗、用非遗、创非遗等活动。在活动中,学生们在家长的陪伴、指导下,共同探索非遗文化的奥秘,体验传统文化的魅力,实现了亲子共学共成长的美好愿景;社区居民则有机会深入了解身边的非遗宝藏,增强对本土文化的认同感与自豪感。

在社校共建的框架下,学校定期举办一系列丰富多彩的数字非遗进校园活动,如数字非遗展览、线上互动体验、公益讲座、非遗技艺工作坊等,旨在通过多样化的形式吸引社会机构、非遗传承人及广大市民的热情参与。活动中,我们看到学子们充分利用身边的非遗资源,如茶楼中的川剧变脸表演、武馆中的双节棍技艺展示、歌舞团的孔雀舞艺术演出等,将非遗文化融入日常学习与生活。非遗传承人通过现场演示与教学,有机地参与学校的非遗教育。

这一系列举措不仅营造了良好的社会文化氛围,还极大地促进了文化的交流与融合,增强了社会的凝聚力与向心力。

(四)以非遗课程为契机,点亮特色教育之路

北师大南山附校紧紧把握数字非遗教育这一独特契机,深入挖掘并充分利用学校所在区域丰富的非遗资源,巧妙结合现代数字技术进行创新性的开发与整合,成功打造出了一系列具有鲜明学校特色与文化底蕴的课程体系与校园文化景观。学校不仅开设了丰富多彩的非遗课程,如传统手工艺创作、地方戏曲欣赏与表演、民间音乐演奏等,还定期举办形式多样的非遗活动,如非遗文化节、非遗技艺展示与交流会、非遗技艺交流活动等,旨在让学生在学习过程中深刻感受传统文化的独特魅力与深厚智慧,从而在他们心中种下文化自信的种子,激发他们的创新精神与实践能力。

通过这些举措,北师大南山附校不仅点亮了学校特色教育之路,使其在众多学校中脱颖而出,更为学生的全面发展提供了强有力的支撑。学生们在参与数字非遗课程与活动的过程中,不仅增长了知识,拓宽了视野,还锻炼了动手能力、团队协作能力以及解决问题的能力,为他们未来的人生道路奠定了坚实的基础。同时,这些活动也促进了学生对本土文化的认同与热爱,增强了他们的社会责任感与使命感,为传承与弘扬中华优秀传统文化贡献了自己的力量。

第三节　活化再现：上海大学师生共创非遗保护新路径

2024年6月，福建省沈绍安漆艺博物馆举办了一场特别的活动。在这次传统漆艺数字化工作营中，学生们展示了许多基于数字技术的创意设计成果，如利用生成式人工智能（AIGC）技术重现漆艺制作场景、用数字人沈绍安介绍脱胎漆器、基于流漆工艺的数字互动展示装置、三维扫描生成的虚拟在线空间①……种种设计生动地诠释了漆艺这一传统非遗在数字时代的无限可能性，让来访的参观者惊叹不已，也吸引了来自全国各地的专家学者和社会公众的目光。《中国文化报》、光明网等多家主流媒体纷纷报道，网络上更有超过百万次的关注，让古老的漆艺焕发新生②。

在这场数字赋能传统漆艺的盛会背后，是来自上海大学上海美术学院（以下简称上大美院）、闽江学院美术学院等高校单位的支持。其中，上大美院的数据创新工作室（以下简称创新工作室）多年来一直致力于探索数字技术赋能非遗保护的路径，并取得了一系列卓越成果。工作室运用动作捕捉、眼动仪、脑电波传感器等数据采集设备，提取非遗技艺独特基因，实现对非遗的数字化保护。创新工作室将数字技术与创意设计结合，探索非遗的活化再现，给非遗的传承和发展注入新的活力。

然而，数字技术是如何将非遗技艺的精髓转化为触手可及的体验的？创新工作室是如何将数字化与创意设计结合，为非遗传承开辟新的道路的？本节接下来将带领大家共同探索数字科技赋能非遗保护的全新路径，揭示上海大学师生共创非遗保护新路径的奥秘，并展望数字技术在非遗传承中的无限潜力。

一、基本信息：上大美院构建数字非遗教育体系

（一）平台建设：搭建数字非遗创新基地

上大美院以"学科知识服务社会"为理念，积极构建数字非遗基地。上海公共艺术协同创新中心（以下简称创新中心）成立于2014年，是上海市教育委员会和上海大学上海美术学院共同设立的产学研机构，致力于整合传统文化资源与当代文化资源，围绕非遗手工艺保护传承与创新设计等领域，积极培养创新教育人才③（见图6-3-1）。创新工作室成立于2016年，是以信息设计及数据科学为基础的实践研究型工作室，致力于设计学与数据

---

① 漆妙夜·2024 传统漆艺数字化工作营[EB/OL]. http://shu-iids.com/contents/research/lacquer-night/detail.html. [访问时间：2024-10-26].
② 黄国勇. 千年漆艺数字焕新[EB/OL]. https://npaper.ccmapp.cn/zh-CN/?date=2024-08-01&page=8&Hid=66aa35f4ad671156bf849a30. [访问时间：2024-10-31].
③ 上海大学上海美术学院. 上海公共艺术协同创新中心[EB/OL]. https://safa.shu.edu.cn/mygk/xkpt/shggysxtcxzx.htm. [访问时间：2024-10-25].

科学等交叉学科范畴内的艺术、人文、科技等多个领域的融合,开展一系列关于数据可视化、数据艺术、数据智能等前沿方向的创新与实践研究(见图6-3-2)。目前,创新工作室将数字科技与非遗传承相结合,从科研与教学的不同角度为数字产业培养高端人才,给数字科技赋能非遗传承提供了重要的实践平台①。

图6-3-1 上海公共艺术协同创新中心

(资料来源:上海大学上海美术学院.上海公共艺术协同创新中心[EB/OL]. https://safa.shu.edu.cn/mygk/xkpt/shggysxtcxzx.htm.[访问时间:2024-10-25].)

图6-3-2 上海大学上海美术学院数据创新工作室

(资料来源:工作室简介.上海美术学院数据创新工作室[EB/OL]. http://shu-iids.com/.[访问时间:2024-10-25].)

(二)教学设计:设置数字非遗相关课程

上大美院积极将数字科技融入教学体系,设置了一系列数字艺术设计方向的课程,培养学生将数字技术应用于非遗传承和创新设计的能力。相关课程有:"跨文化设计",该课程以跨文化视角探讨非遗与当代设计的结合,可以培养学生将非遗元素融入当代设计作品;"信息可视化设计",这一课程教授数据可视化设计方法,能够指导学生将数字技术应用于非遗传播和展示②;"互动装置艺术",该课程是数字媒体艺术专业学生培养体系中的核心课程,通过训练学生将数字技术应用于非遗体验和互动设计,提升学生进行创意表达的能力等③。上述课程涵盖了本科、硕士等不同学位层次,为高校师生和设计师等群体提供交流学习的机会,并通过数字非遗相关的培训和学术活动,形成了一个完整的数字非遗人才培养体系。

(三)社会教育:举办数字非遗研修班

2015年,上海大学响应国家政策,依托上海市公共艺术协同创新中心搭建非遗研培教学基地,整合了上海美术学院、文化遗产和信息管理学院等专业师资,并邀请上海设计师群体、品牌企业、行业协会等社会力量,为非遗传承人提供多元化的教学资源和实践机

---

① 工作室简介.上海美术学院数据创新工作室[EB/OL]. http://shu-iids.com/.[访问时间:2024-10-25].
② 研究生教育.上海公共艺术协同创新中心[EB/OL]. http://www.ipublicart.com/education?_=5d5b5fc2fe5b3100064620c9.[访问时间:2024-10-25].
③ 课程.上海美术学院数据创新工作室[EB/OL]. http://shu-iids.com/courses.html#.[访问时间:2024-10-25].

会。迄今为止,已举办28期研修班(见图6-3-3、图6-3-4)、3期培训班、2期研习项目,培养了880余名传统工艺行业领军人才及相关从业者[①]。

图6-3-3　研修班授课现场

图6-3-4　研修班在线授课

(资料来源:【PACC非遗课堂】长三角传统工艺非遗数字化探索与创新实践.上海公共艺术协同创新中心[EB/OL]. https://m.163.com/dy/article/HQVOBP7F05149GE3.html.[访问时间:2024-11-10].)

上大美院举办的长三角传统工艺数字化建设研修班主要面向非遗传承人群,提供数字化技能相关培训(见图6-3-5、图6-3-6)。该研修班在2021—2022年度绩效考核中获评优秀,彰显了上大美院在数字非遗研培方面的领先地位和成果。研修班围绕"强基础、拓眼界、增学养"研培教学理念,展开非遗理论基础、数字化技术拓展、非遗数字化实践3个课程模块。数字化技术拓展课程包括数字化技术应用在非遗存档、展示、转化、传播等方面的专题讲座,内容包括非遗数字藏品综述、智能技术赋能传统工艺、非遗与短视频制作、非遗造物与数字摄影等。非遗数字化实践课程包括考察调研及综合创作,内容包括"非遗+直播课程及实战演练""非遗+短视频拍摄及实战演练""非遗+三维扫描技术"等。此外,还开设有"非遗+AI人工智能图形生成"工作坊等探索内容[②]。

图6-3-5　研修班媒体宣传

图6-3-6　研修班学员成果展示

(资料来源:中国非物质文化遗产传承人研修培训计划2021—2022年度绩效考核优秀成果展.数字技术助力非遗传承　培养新时代青年传承人[EB/OL]. https://www.cacta.cn/2023/topic_3/detail_10.html#:~:text=2022%20%E9%95%BF%E4%B8%89%E8%A7%92%E4%BC%A0%E7%BB%9F.[访问时间:2024-10-19].)

---

① 中国非物质文化遗产传承人研修培训计划2021—2022年度绩效考核优秀成果展.数字技术助力非遗传承 培养新时代青年传承人[EB/OL]. https://www.cacta.cn/2023/topic_3/detail_10.html#:~:text=2022%20%E9%95%BF%E4%B8%89%E8%A7%92%E4%BC%A0%E7%BB%9F.[访问时间:2024-10-19].
② AI绘画工作坊.非遗×数据实验室[EB/OL]. http://www.shu-iids.com/ich-data-lab/project_workshop_ai_drawing.html.[访问时间:2024-10-25].

研修班教学过程,通过上海市公共艺术协同创新中心的微信公众号、短视频平台等进行专题报道。研修班与上海人民广播电台"非遗来了"栏目共同策划3期节目,邀请5位学员走进电台讲述非遗故事,累计收听60万人次。学员们也在学习过程中纷纷创建自己的非遗直播间,在研培班期间及之后不断进行传播宣传。学员们还围绕"我和我的非遗研修班"为主题,创作了20多条短视频,内容涵盖技艺展示、访谈对话、创作实践等内容,并分享到小红书、视频号等平台。

二、案例综述:提取非遗数据基因,推动非遗特色保护

(一) 数据视角:因"技"制宜提取非遗独特基因

传统手工艺的每一个环节都蕴藏着大量不确定因素,需要手工艺人凭借智慧和经验进行巧妙处置。正是这些不确定因素体现了不同手工艺门类与手工艺人强烈的地方意趣和个人特征,也构成了手工技艺相较于机械化生产方式的独特魅力。这些因人而异的独特因素,如同中国传统造物文化中独特的基因,记录着非遗技艺的精髓和传承脉络[①]。

过往非遗保护的研究大多聚焦于寻找技艺之间的共性,试图总结概括出某种非遗传统技艺的规律与知识体系。然而,每一个手工艺者本身、每一次创作的过程都可能是独特的,这些都是非遗技艺中不可复制的基因。创新工作室试图借助数据技术,找到保存非遗技艺独特基因的方式,将"无形"的技艺转化为"有形"的数据,实现对非遗的数字化保护。

1. 土族盘绣传承的数字密码

起源于青海省东北部的土族盘绣是中国土族刺绣中最主要的绣法,距今已有1500多年的历史,更被列入第一批国家级非遗名录[②]。其成品色彩缤纷华丽,图案逼真写实,具有浓厚的民族艺术特色。盘绣也是土族妇女一生的必修课,其传承主要以母女间的口传身教为主,也在姊妹、妯娌、婆媳间传承。

创新工作室运用脑电波读取设备Mindwave Mobile、肌电手环等数据采集设备,对盘绣"师承"过程进行了细致研究,试图从数据视角解构盘绣的传承密码(见图6-3-7)[③]。Mindwave Mobile利用放置在前额的一个传感器和放置在耳部的电极触点进行脑电波信号测量,采集8个维度的数据以及eSense指数值。eSense指数值是ThinkGear脑电波传感器模块放大原始脑电波信号并过滤了环境噪声及肌肉组织运动产生的干扰,然后通过对处理后的信号应用eSenseblem感知混合算法进行计算得到的,用于表示专注度和放松度。

[①] 非遗技艺的数据基因. 非遗×数据实验室[EB/OL]. http://www.shu-iids.com/ich-data-lab/project_data_gene.html. [访问时间:2024-10-27].
[②] 土族盘绣. 中国非物质文化遗产网[EB/OL]. https://www.ihchina.cn/project_details/13993?gXW=nk4871852.ppt5728673. [访问时间:2024-10-27].
[③] 非遗技艺的数据探秘. 一次土族盘绣技艺传承的数据实验[EB/OL]. http://www.shu-iids.com/projects/secrets-of-inheritance/index.html. [访问时间:2024-10-28].

第六章 | 素质教育与非物质文化遗产数字传播

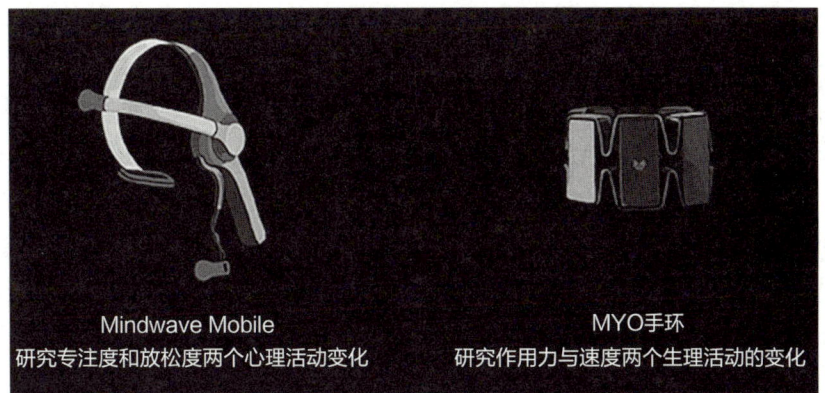

图 6-3-7　可穿戴技术数据采集设备

（资料来源：非遗×数据实验室.解构藏文［EB/OL］.http://www.shu-iids.com/ich-data-lab/project_story_decode_tibetan.html.［访问时间：2024-10-28］.）

　　实验中使用加拿大创业公司 Thalmic Labs 推出的创新性臂环 MYO 手环采集手臂的表面肌电信号，测出佩戴者手势变化时肌肉的变化。MYO 由 8 块生物电传感器单元组成，内置三轴加速器、三轴陀螺仪，可以采集到肌电图（EMG）、加速度、陀螺仪和方向 4 个维度的数据，以此分析刺绣过程中的手势、运动以及用力之间的差异（见图 6-3-8）。

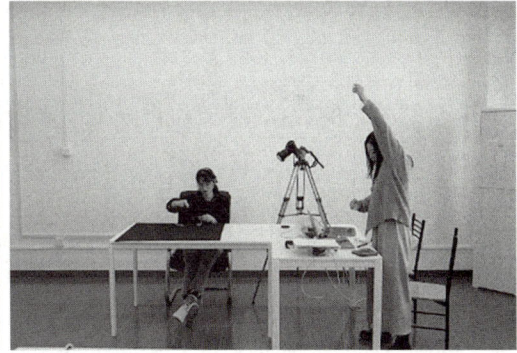

图 6-3-8　刺绣实验过程采集数据环节

（资料来源：非遗×数据实验室.非遗技艺的数据探秘.数据故事：一次土族盘绣传承的数据实验［EB/OL］.http://www.shu-iids.com/ich-data-lab/project_secrets_of_inheritance.html.［访问时间：2024-10-27］.）

　　创新工作室选择了一位经验丰富的盘绣传承人李老师和一位学习盘绣的新手学徒张学徒作为研究对象，并采集了师徒二人刺绣过程中的脑电波、肌电数据、用线长度等数据。脑电波数据显示，李老师在刺绣过程中，冥想度区域相对多于专注度区域，体现出经验丰富的她能够更加放松地进行刺绣。张学徒则呈现出更高的专注度，反映出她作为初学者在学习过程中需要更加集中注意力，且更为吃力。

　　肌电数据则揭示了师徒二人在刺绣过程中肌肉运动的差异。张学徒的用力程度明显比李老师更高，且刺绣过程中肌肉运动剧烈，这与她作为初学者在学习过程中需要更多地

313

运用肌肉力量来控制针线有关。李老师则能够更加娴熟地控制针线,肌肉运动更加平稳,这体现了长期训练带来的熟练程度。

这一研究说明,数据采集设备能够有效地收集和记录盘绣传承过程中的关键信息,有助于外界深入地观察了解盘绣的技艺特点和传承规律(见图6-3-9)。一方面,将传感器等数据采集技术应用于盘绣的学习和传承过程,有助于建立盘绣技艺数据库,为传承人提供科学的学习和教学资料,并为未来人工智能辅助教学提供数据基础。另一方面,数据采集技术将盘绣传承过程直观地展示出来,既展现了盘绣的精妙之处,也可以吸引更多人关注和学习这门古老技艺。

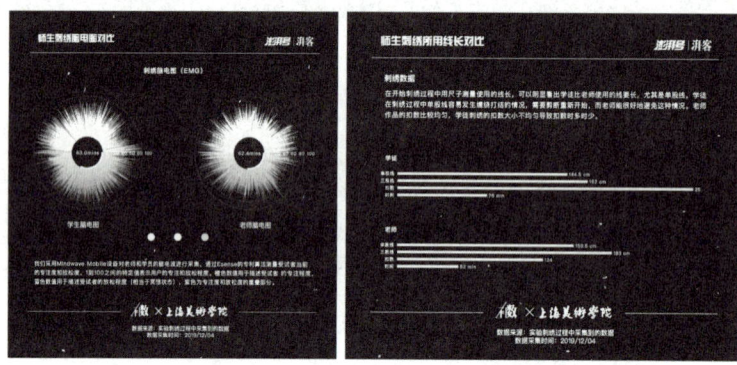

图6-3-9 刺绣实验过程中采集到的数据

(资料来源:澎湃美数课. 当非遗撞上脑肌电,一次土族盘绣技艺传承的数据实验 | 有数[EB/OL]. https://mp.weixin.qq.com/s/pZzhKCtbRBK088G47xldcw. [访问时间:2024-10-28].)

"盘绣技艺的数据探秘"项目获得了澎湃新闻、青年报等多家主流媒体的专题报告[①],引起了社会广泛关注。2020年,该项目在太平洋可视化大会数据故事大赛中获得最佳数据故事提名。2021年,该项目在全国第六届大学生艺术展演活动上展出。2023年,这一项目受邀在第四届中国设计大展及公共艺术专题展上特别展出。

2. 藏族书法风格的数据解析

藏文书法作为藏族文化艺术的重要组成部分,以字体种类多、书写快而闻名于世,并在藏文化流行地区得到广泛应用。多姿多彩的藏文书法不仅具有较高的艺术价值,而且蕴藏着丰富的文化内涵。2008年,藏文书法经国务院批准列入第二批国家级非遗名录[②]。

为了更深入地理解藏文书法独特风格特征的机理,创新工作室继承了土族盘绣项目中的研究方法,邀请藏文书法传承人和专业研习汉字书法的学生,让他们分别书写《玛吉阿米》这首诗歌的藏文版与汉文版。通过测量肌电、脑电波等数据,对藏文书法和汉字书法书写者的脑部活动和肌肉运动进行数据记录和分析。除了脑电和肌电数据外,项目中

---

① 杨宝宝. 上海大学生尝试用人工智能传承非遗,用舞蹈疗愈疾病. 澎湃新闻网[EB/OL]. https://www.thepaper.cn/newsDetail_forward_10416896. [访问时间:2024-10-28].
② 藏文书法(果洛德昂洒智). 中国非物质文化遗产网[EB/OL]. https://www.ihchina.cn/art/detail/id/14154.html. [访问时间:2024-10-28].

还进行了图像、视频等数据的采集,以期全面观察藏文书法书写的特点。

首先,创新工作室使用脑电波读取设备 Mindwave Mobile 对藏文书法传承人以及汉字书法书写者的脑电数据进行采集(见图 6-3-10)。实验结果表明,汉字书法的书写更容易受到书写内容的影响,书写者需要更加灵活地调整笔锋和力度,因而脑电数据显示出更高的专注度和更频繁的放松状态转换;藏文书法则相对稳定,书写者更加注重字形的规范性,脑电数据显示出更稳定的专注度和较少的放松状态转换(见图 6-3-11)。

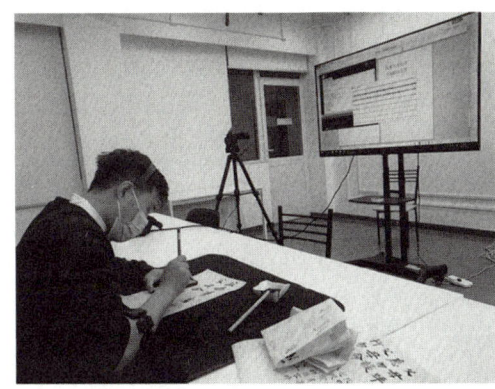 

图 6-3-10　汉藏书法异笔同书实验

(资料来源:非遗×数据实验室. 异笔同书[EB/OL]. http://www.shu-iids.com/ich-data-lab/project_story_anaysis_tibetan.htmll. [访问时间:2024-10-28].)

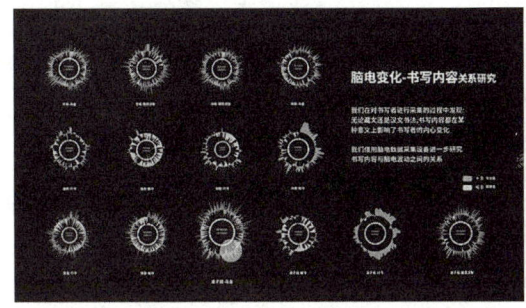 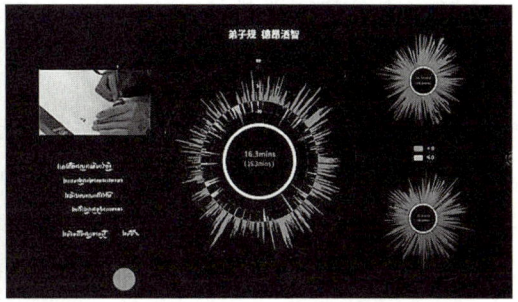

图 6-3-11　脑电变化与书写内容对应关系

(资料来源:非遗×数据实验室. 异笔同书[EB/OL]. http://www.shu-iids.com/ich-data-lab/project_story_anaysis_tibetan.htmll. [访问时间:2024-10-28].)

其次,实验中使用 MYO 手环采集书写者右手臂的表面肌电信号,使用了方差来计算肌电的数据值,再用平滑算法处理成更便于观察的 EMG 数据变化趋势曲线。从肌电数据来看,汉字书法的书写更加连贯,肌肉运动较为平缓;藏文书法书写中,肌肉活动更为频繁和剧烈,这与文字书写工具的特点和字体结构密切相关。

汉文书法通常使用毛笔,毛笔的柔软性和多变性可以创造出汉字书法中丰富的线条变化,如粗细、浓淡、笔锋等,反映出字体的不同风格;藏文书法则主要使用竹笔,竹笔的硬朗和笔锋的稳定性更适合书写藏文字体,书写时更强调字形的准确性和笔画的整齐划一,并且竹笔需要频繁蘸墨,毛笔则不需要。

再次,工作室对书写的藏汉诗歌进行词语拆解,借助 T 分布随机邻域嵌入(T-Distributed Stochastic Neighbor Embedding,TSNE)聚类算法,对 840 个藏文和汉字的单体素材图像根据"字形"的不同特征进行了差异分析。实验结果显示:其一,汉字图形是接近正方形的不规则多边形,藏文字则更为修长,视觉上更符合黄金审美比例;其二,汉字书法字体笔画变化较多,风格更加多样化,而藏文字体风格则比较统一,体现出藏文字体的规范性和简洁性。

最后,创新工作室将"墨水比"的概念引入文字结构的对比,利用图像分析工具得出对应词语的用墨量大小。结果发现,藏文词语书写时单位面积内"墨水量"大多是高于汉字的。这也从一个侧面体现出了藏文书法装饰性强的特点。

"藏族书法的数据解析"项目一经推出,就获得了很大的社会关注,曾入围 2021 年电气电子工程师可视化论坛艺术展览(IEEE Visualization Conference Arts Program,VISAP)和中国可视化大会艺术展览(China Visualization Art Program,China VISAP)。在相关设计比赛中,该项目获奖无数,曾获 2021 年中国数据内容大赛最佳数据内容金奖、2021 年第七届两岸新锐设计竞赛·华灿奖华东赛区一等奖及全国赛区三等奖、2021 年第三届中国大学生创意节总决赛创意新媒体艺术二等奖[①]。

(二) 特色保护:创意设计实现非遗活化再现

创新工作室将数字化技术与创意设计结合,为非遗的创造性转化和创新性发展提供了新的机遇,主要体现在 3 个方面。第一,数字设计可以活化非遗生产。数字技术为非遗保护提供了新的工具和方法,通过参数化设计、AIGC 等手段,让传统文化以更生动、更具吸引力的方式呈现。第二,创意设计可以活化非遗消费。通过创意设计融合传统文化和现代文化元素,能够创造出更具时尚感和符合当代消费者喜好的作品,满足市场需求。第三,趣味设计可以活化非遗传播。多维互动体验能够让观众更主动地参与其中,提升对非遗的理解和兴趣,内容创新则可以增强受众对非遗的情感共鸣。

1. 数字设计活化非遗生产

在当今数字化浪潮的推动下,非遗生产已不再局限于传统的手工艺制作,更需要与现代科技融合。以参数化设计和人工智能赋能非遗,正成为非遗传承的重要方向,并催生着更有创意的设计,将非遗生产带入新的格局。

在"吾带当风"项目中,将参数化设计运用于非遗竹编。创作团队发现,传统竹编工艺的传承以手艺人为主,缺少数字化保护与传承的手段。于是,创作团队在保留竹编纹样独特的可识别性与装饰性的基础上,以敦煌飞天物质文化遗产与可穿戴的装置艺术为灵感,探索了竹编线性材料的穿戴艺术体验,解锁了竹编工艺展示的新途径(见图 6-3-12)。这

---

① 解构藏文. 非遗×数据实验室[EB/OL]. http://www.shu-iids.com/ich-data-lab/project_story_decode_tibetan.html.[访问时间:2024-10-28].

不仅突破了竹编的传统应用范围,更是把竹编转化为一种行走的新型艺术体①。

图 6-3-12　结合传统竹编纹样与敦煌飞天吴带特点的未来感穿戴艺术

(资料来源:公共艺术协同创新中心.【研究生作品秀】格局打开!参数化设计赋能非遗传承[EB/OL]. https://mp. weixin. qq. com/s/WDCn_kElORCBMhrXGH1x0w. [访问时间:2024-10-29].)

参数化设计最大的优势在于其高度的灵活性和可控性。设计师借助参数化设计软件,通过参数设置,可以轻松改变设计方案,快速生成多种可能性。这使得传统工艺的设计不再局限于经验积累,而是可以借助数字力量变得更加高效,也让以传统方式难以实现的创意变得更加容易呈现。

除了参数化设计,人工智能辅助下的创意设计也给非遗生产注入了新的活力。以 AI 绘画工具为例,它可以将非遗相关从业人员的设计需求自动转化为符合他们需要的图案,并生成融入图案的传统工艺品效果图(见图 6-3-13)。这对于非遗从业人员而言,无疑是一个巨大的助力。这意味着他们不再需要花费大量时间学习现代设计知识,而是可以通过 AI 工具快速获得灵感,并进行个性化的设计(见图 6-3-14)。

图 6-3-13　利用人工智能进行自动设计

(资料来源:非遗×数据实验室.文化遗产与智能创新[EB/OL]. http://www. shu-iids. com/ich-data-lab/project_workshop_mural. html. [访问时间:2024-10-25].)

---

① 【研究生作品秀】格局打开!参数化设计赋能非遗传承.公共艺术协同创新中心[EB/OL]. https://mp. weixin. qq. com/s/WDCn_kElORCBMhrXGH1x0w. [访问时间:2024-10-29].

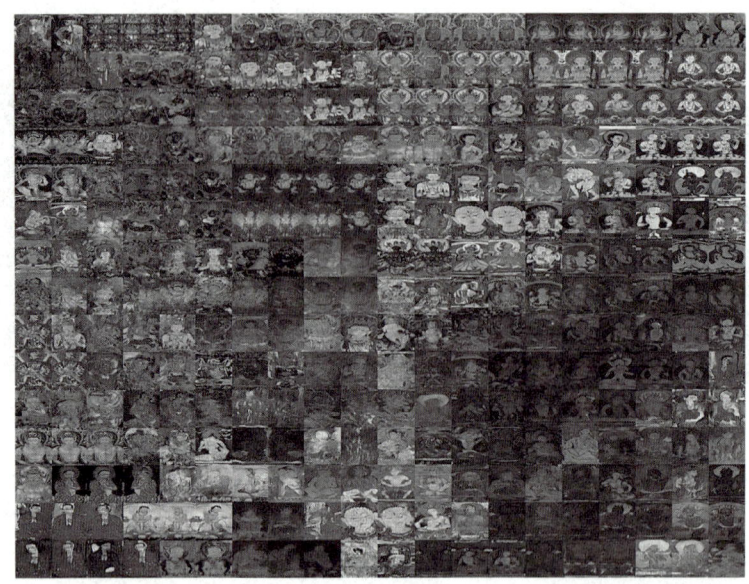

图 6-3-14　PG-GAN 模型生成的数千个不同的壁画图案

（资料来源：非遗×数据实验室. 文化遗产与智能创新[EB/OL]. http://www.shu-iids.com/ich-data-lab/project_workshop_mural.html. [访问时间：2025-03-28].）

整体来看，借助参数化设计和 AI 工具，非遗从业人员可以更轻松地进行设计创作，突破传统设计理念的束缚，创造出更多新颖、符合现代审美的作品。这说明数字设计可以提升非遗产品的经济价值和市场竞争力，这不仅能为非遗从业者创造更稳定的经济来源，也可以鼓励更多人参与到非遗的传承工作中。

2. 创意设计活化非遗消费

现代社会中，非遗不仅面临生产端传承断层的问题，还面临传统手工艺市场萎缩的困境。单纯的数字化保护还不足以满足现代社会对文化消费的需求，更重要的是对非遗元素进行创意设计，融入现代生活场景，实现非遗消费的活化，这是当下文化产业发展的重要课题。

创新工作室携手徐汇艺术馆举办的"纪念西藏和平解放 70 周年特展——13—15 世纪日喀则地区壁画艺术专题展"为创意设计活化非遗消费提供了宝贵的经验[①]。西藏壁画作为珍贵的文化遗产，面临着自然环境和人为因素的侵蚀。为了保护濒危的文化遗产，创新工作室团队对西藏壁画进行了高精度扫描，并运用虚拟展示技术，将壁画永久保存并再现于数字空间。

数字技术是壁画保护的基础，创意设计只有在这个基础之上才成为可能。创新工作室团队在展览中，以"万物之灵、超越之境"为主题，利用数字技术对壁画进行了二次创作，打造了"藏轮""灵鸟之森"等互动装置。"藏轮"装置利用循环旋转呈现动画效果，让观众

---

① 【非遗传承】"东西共融·创意启航"，守护非物质文化遗产的数字化创新之路. 公共艺术协同创新中心[EB/OL]. https://mp.weixin.qq.com/s/uo7R_wOkUxFS9FYHm28smw. [访问时间：2024-10-30].

看到多个壁画形象"活"了起来;"灵鸟之森"利用手绘动画形式,将包含了一条河与各种动物的壁画原作重新演绎,增添了动态美感和时代感。这些互动艺术装置打破了传统壁画展览中观众只能被动观看的静态模式,将二维的壁画转化为多维的艺术空间,让观众更直观地感受西藏壁画的艺术魅力,也使得壁画艺术焕发出新的生命力。

这种数字技术与创意设计的结合使得西藏壁画不仅得到了有效的保护和传播,更获得了观众的青睐。无独有偶,2024年6月,创新工作室团队在福州沈绍安漆艺博物馆开展了传统漆艺数字化工作营活动,团队成员在数字化设计框架下,结合创意设计手段,以数字化形式重新演绎传统漆艺①:从利用AIGC技术重现漆艺制作场景,到开发流漆工艺的数字互动展示装置;从数字人导览系统提升参观体验,到三维扫描提供在线的虚拟空间体验(见图6-3-15、图6-3-16)。这些设计有助于让漆艺文化以更生动便捷的方式触达大众,让观众获得良好参观体验,也给传统非遗脱胎漆艺的保护、创新与活化利用注入新的动力。

图6-3-15　互动装置等方式为观众提供沉浸式的文化体验

(资料来源:公共艺术协同创新中心.【非遗传承】"东西共融·创意启航",守护非物质文化遗产的数字化创新之路[EB/OL]. http://www.shu-iids.com/ich-data-lab/projects/2021-tcd-workshop/index.html.[访问时间:2024-10-21].)

图6-3-16　传统漆艺数字化部分成果展示

(资料来源:福建省民间文艺家协会.传统漆艺数字化工作营为数字博物馆赋能[EB/OL]. https://mp.weixin. qq.com/s?__biz=MzAwNDUyODg1Mw==&mid=2664921547&idx=3&sn=ef03819818afb4d177c2f40f3775bb14&chksm=80095671b77edf67b5cebc48a0af8652741f852e597b39300b7f4f517b7df448e33dfdb540d3&scene=27.[访问时间:2024-11-01].)

---

① 漆妙夜·2024传统漆艺数字化工作营[EB/OL]. http://shu-iids.com/contents/research/lacquer-night/detail. html.[访问时间:2024-10-26].

整体来看,数字技术加持下的创意设计有利于将传统与现代融合,将非遗转化为具有时代气息、符合当代审美、具有市场竞争力的文化产品,实现非遗的传承与创新,推动相关文化产业可持续发展。

3. 趣味设计活化非遗传播

现代社会中,传播对于非遗保护具有极其重要的作用。只有通过传播,非遗项目才能被社会公众了解和关注,方有机会获得社会各界的价值认同和保护热情。数字技术的应用为非遗传播开辟了新的可能性。其中,基于数字技术的趣味设计扮演着至关重要的角色,它不仅可以将非遗以更生动的方式呈现,赋予非遗新的生命力,而且能够扩大非遗传播范围,获得更多年轻群体的关注和喜爱,使其在当代社会得以更好地传承。

创新工作室将数字技术与非遗民俗舞"打莲湘"结合,创作了互动作品"莲动"①(见图6-3-17)。创作团队运用"触觉设计者"(TouchDesigner)软件,将打莲湘的动作数字化,并结合 Kinect 交互装置,设计了新八节莲湘操,让观众通过沉浸式的互动体验,深入感受打莲湘的精髓和魅力。观众可以通过互动装置,将自己的动作转化为数字动态效果,在清脆的响声中,感受打莲湘的精髓和魅力。这种趣味性的呈现方式重塑了打莲湘的风采,在提升了观众对打莲湘的兴趣的同时,也将传统民俗舞蹈带到了更广阔的平台。

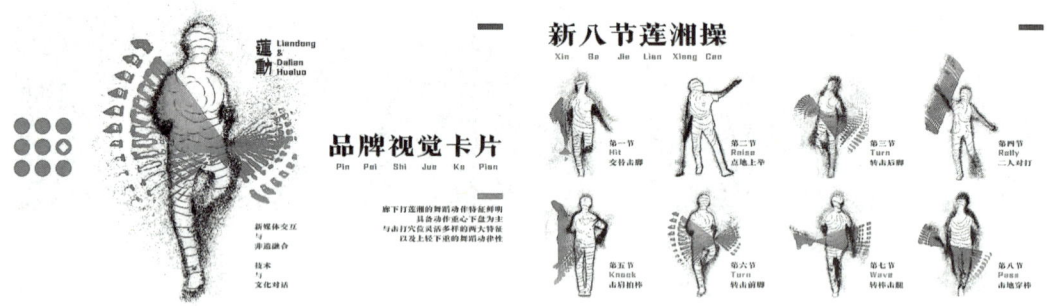

图 6-3-17　上海传统民俗舞蹈"打莲湘"的新媒体互动设计

(资料来源:公共艺术协同创新中心.【研究生作品秀】声声入耳,步步生花,以数字艺术重塑打莲湘的风采[EB/OL]. https://mp.weixin.qq.com/s/5OzI87J_yx6-dTwRMmsVlg.[访问时间:2024-10-23].)

在创新工作室的另一个项目皮影动画《独角梦》中,创作团队将皮影戏这一非遗元素与时下流行的街头文化结合,用充满节奏感的原创嘻哈(Hip-Hop)音乐,讲述了现代年轻人追逐梦想的成长故事(见图6-3-18)②。这个视频以一首 Hip-Hop 与一出皮影戏融合的方式演绎出来,产生了火花四溅的效果,实现了"见人""见物""见生活"的非遗活态传承。

动画中的人物造型、画面场景设计都遵循了传统皮影的平面化特征,充满着镂空的光

---

① 【研究生作品秀】声声入耳,步步生花,以数字艺术重塑打莲湘的风采. 公共艺术协同创新中心[EB/OL]. https://mp.weixin.qq.com/s/5OzI87J_yx6-dTwRMmsVlg.[访问时间:2024-10-23].
② 公共艺术协同创新中心. 皮影 RAP 动画,梦想唱出来[EB/OL]. http://ipublicart.com/education/641fffe527edee60040c9362.[访问时间:2024-10-23].

图 6-3-18　上海传统民俗舞蹈"打莲湘"的新媒体互动设计

（资料来源：公共艺术协同创新中心. 皮影 RAP 动画，梦想唱出来. [EB/OL]. http://ipublicart.com/education/641fffe527edee60040c9362. [访问时间：2024-10-23].）

影美感，体现出皮影戏独特的艺术魅力。细节之处也经过精雕细琢，如女孩 3 套服饰上的纹样、代表海浪的水波纹、象征人物性格的独角兽角等。同时，动画的剧情和音乐也与现代年轻人的审美和生活契合，有效地扩大了皮影戏的受众群体，让更多人了解和喜爱这种古老的艺术形式。

上述两个案例都体现了趣味设计在非遗传播中的重要作用，通过对非遗的数字化重塑和创意设计，可以吸引更多年轻群体关注和喜爱非遗，突破非遗传播的局限性，促进非遗产品的推广。当非遗产品与现代文化元素实现了融合创新，传统文化也展现出新的活力。

三、分析点评：非遗融入高校教育，师生共创非遗数字保护新路

随着时代发展，非遗保护面临着严峻的挑战，传统家传制、师徒制已难以满足现代传承需求。高校作为文化传承的重要基地，承担着将非遗融入教育教学的责任[①]。要通过数字技术与教育模式的创新，培养更多非遗保护与传承的跨界人才，为非遗保护开辟新路径。

（一）数字技术聚能升级，优化非遗保护底层逻辑

数字技术升级为非遗保护提供新的手段，通过数字化采集、人工智能设计和数据可视化呈现，提升保护效率、赋能产品开发并增强传播魅力。

1. 数字采集技术升级，提升非遗保护效率

新数字技术赋能非遗保护，提升了保护效率。传统的数字采集技术可以对传统手工技艺的工具、材料、作品进行高精度扫描，并生成可视化的三维模型，用于展示和研究。但是，非遗技艺是动态的，仅靠高精度扫描和建模技术难以实现对非遗基因的完全破解。于是，工作室使用动作捕捉、眼动仪、脑电波传感器、三维动态扫描、肌电手环等数据采集设

---

① 王天岚. 基于非遗视角下的高校艺术教育"创新创业"人才培养新模式[J]. 吉林广播电视大学学报，2018(6)：103-104.

备,可以在时间和空间的4个维度中记录、分析甚至复原非遗技艺手工艺者的动作、注视点、脑部活动甚至肌肉变化。每一次的记录和捕捉都是提取非遗数据基因的过程,每一份数据文件中保存的就是手工艺者的一次制作过程的基因片段。通过对这些数据的分析,可以更好地理解非遗技艺的奥秘,实现对非遗技艺数据基因的破解,并将其转化为技艺档案,应用于教学和创新设计。

2. 人工智能参与设计,赋能非遗产品开发

人工智能作为信息生产传播领域的新兴科技,给传统手工艺非遗的保护与推广带来新的方法手段[1]。创新工作室在收集非遗技艺的相关数据后,基于深度学习技术对搜集到的非遗数据进行训练,构建可以自动生成图案、纹饰、设计方案的人工智能模型[2]。工作室正在探索用人工智能辅助非遗匠人进行创新设计,使其更符合当代审美,以克服传统非遗作品一成不变的局限。工作室也积极向非遗传承人和相关人员提供人工智能技术培训,帮助他们提高非遗产品的开发和制作效率,更好地实现非遗的活态传承和创新发展。

3. 数据呈现方式优化,增强非遗传播魅力

数据可视化技术创新能够有效促进非遗的学习和传播。随着博物馆纷纷把文化遗产数字化并开源共享,非遗也应顺应数字潮流,结合新技术优化数据可视化方案,进一步扩大非遗传播的受众范围。创新工作室在数据可视化技术探索方面做了许多积极的尝试,如使用动画演示展示传统刺绣的针法、编织的技巧等,将"只可意会不可言传"的技艺转变为更加直观的学习体验。又如基于三维建模还原非遗传承人劳作的场景,运用虚拟现实技术构建沉浸式体验场景,学习者通过可穿戴设备能与传承人一起学习技艺,身临其境地感受非遗技艺的魅力。

(二)高校教学模式创新,培养非遗保护跨界人才

非遗的保护和传承需要创新,而创新依赖人才的培养。上大美院在非遗教学模式改革创新方面做出了积极探索,构建了新型非遗教学体系,培养了一大批具有跨界思维的复合型人才,给非遗的传承与发展注入了新的活力。

1. 数字应用提升高校非遗课程效能

高校作为文化传承的重要基地,肩负着保护和传承非遗的历史使命。非遗蕴含着丰富的教育价值,是一种优质的教育资源[3]。高校教育对非遗的保护与传承有促进作用,非遗也能充分释放高校教育的价值,尤其是提升高校美育水平。上大美院在探索新型非遗课程方面卓有成效:一方面,学院通过创新工作室将新型数字应用引入非遗课程,涵盖非遗数字化保护、数字化呈现、数字化传播等方面内容;另一方面,学院积极组织了面向社会的研培教学实践和技艺理论研究等课程,鼓励传承人向数字化转型,从活态传承走向创新

---

[1] 樊传果,孙梓萍.人工智能赋能下的传统手工艺非物质文化遗产传播[J].传媒观察,2021(8):68-73.
[2] 大数据能否真正破解"非遗"的"基因密码".人民网[EB/OL].http://sh.people.com.cn/n2/2022/0114/c350122-35095705.html.[访问时间:2024-10-25].
[3] 张泰城,何建良.非物质文化遗产融入高校教育的路径研究[J].国家教育行政学院学报,2012(12):11-15.

性传承,从数字化保护走向数字化赋能,继而推动传统工艺高质量发展。

2. 数字课堂创新高校非遗人才培养

任何文化在延续的过程中都是在继承中的创新、在创新中的发展,非遗也不例外。从教育的视角看,大学生的创新能力与创新精神是在学习文化的过程中获得的,因此,非遗教育可以激发大学生的创新能力[①]。上大美院十分重视对大学生进行非遗教育。首先,学院教育学生了解非遗背后的历史和文化内涵,增强学生对非遗的理解和认同。其次,学院通过展示式、音像式、参与式、体验式、研究式等多种教学方法,利用多媒体网络教育方式,可以将图、音、像、文结合起来,对非遗项目进行全方位、多角度的综合表达,使之形象化、具体化、序列化,促进学生创新思维的提升。最后,学院开展项目式教学,邀请非遗传承人和数字技术专家共同授课,让学生参与非遗保护和传承的实际项目,在实践中锻炼他们的创新能力。

3. 数字传播促进高校非遗跨界合作

本案例还体现出,数字传播对非遗保护的社会教育具有重要的意义。传统非遗传承容易受到思维局限,往往缺乏创新的活力。数字传播能够帮助非遗传承人拓宽传统推广渠道,探索新媒体环境下的传播路径。例如,上大美院和快手合作,打造了快手非遗学院[②]。通过线上直播课的形式,展示了非遗传承人的跨界合作与创新成果,在不同专业、不同领域、不同文化之间构建起"1+1=∞"的文化艺术效应[③]。上大美院鼓励非遗传承人与其他领域的人才跨界合作,将非遗与现代设计、科技、商业等领域融合,整合社会多元力量建立非遗跨界创新生态圈[④]。上述举措为非遗传承和创新设计培养了一批具有跨界思维的复合型人才,不仅吸引了更多人关注并喜爱非遗,也推动传统非遗回归当代生活,提升了非遗的当代活力和社会影响力。

(三) 产学研创协同发展,形成非遗保护社会合力

高校应发挥自身优势,与社会各界协同合作,通过产学研一体化、非遗文化产业发展和数字化教学平台建设,促进非遗成果转化、助力乡村扶贫振兴,并营造开放式学习氛围,共同推动非遗传承与发展。

1. 推进产学研一体化,促进非遗成果转化

高校建设非遗产学研一体化平台,能够提高非遗教学成果转化率,并培养学生的创新创业能力[⑤]。本案例中,上大美院创设了集非遗传承实践、教学研究、创新设计、技能锻

---

① 王天岚.基于非遗视角下的高校艺术教育"创新创业"人才培养新模式[J].吉林广播电视大学学报,2018(6):103-104.
② 快手非遗学院.上海大学专场|神仙非遗CP跨界出圈? 公共艺术协同创新中心[EB/OL]. http://ipublicart.com/education/5f731ad6d0d6b100277ae6d2.[访问时间:2024-10-31].
③ 章莉莉.非遗手工艺的活态传承和文化创新[J].上海艺术评论,2016(5):44-47.
④ 张昱雯,张明.艺术改变社会:上海公共艺术协同创新中心的探索之路[J].装饰,2019(7):64-71.
⑤ 赵博文,李克军.高校非物质文化遗产传承教育体系构建的逻辑机理与创新实践[J].贵州民族研究,2023,44(1):215-221.

炼、科研创新和社会服务于一体的产教融合教学模式,该模式培养了大批非遗领域的跨界复合型人才,实现了多方合作共赢。

上大美院还积极实施非遗转化计划,通过承办非遗传承人研修班等方式,促进非遗资源的发掘、转化、设计与再生①。多项由上大美院数据创新工作室牵头的非遗成果转化成功案例展现了高校如何以特定非遗项目为基础,利用新型数字技术,整合国内外设计资源,汇聚传承人、高校教师、学生、企业等多方力量,共同开发符合当代审美的非遗文创产品。工作室的成功在于将数字技术与创意设计结合,将非遗元素融入现代生活场景,不仅提升了非遗技艺与文化的传播力和影响力,也让非遗成果走出校园、进入市场,为非遗匠人带来经济收益,创造良好的社会效益。

2. 发展非遗文创产业,助力现代乡村振兴

当代非遗要获得可持续发展,必须将传统技艺与当代社会需求进行有效结合,转化为具有文化价值等高附加值的商品,从而激发当代消费者的文化消费需求,与市场产生良性互动。还可以通过与文旅、游戏、快消领域公司合作,进而推动非遗产业化发展。

上大美院围绕非遗相关文化产业,将其与国家乡村振兴和全面扶贫政策结合,开拓出一条面向落后乡村地区的特色非遗扶贫之路②。即通过帮助落后乡村地区的非遗匠人、传统工艺从业者解决工艺难题、提升设计水平,从而提高非遗产品品质,培育品牌,拓展市场。此举不但帮助偏远地区的非遗匠人摆脱贫穷,靠手艺走向富裕,带动地方经济发展,还为非遗的传承和创新发展做出了积极贡献③。

3. 开发数字化教学平台,营造开放式学习氛围

上大美院积极利用网络信息媒体优势,整合形成交互的多媒体网络教育方式,促进非遗的保护与传承。例如,建立非遗教育网站,整合相关资源信息,为师生提供广阔的交互的非遗教学资源。同时,采用非遗网络授课模式,通过网上授课、网上讨论、网上答疑等方式,让学生在交互中更加有效地学习,打破地域和时间的限制,让更多人参与非遗学习和传承。

第四节 文化共享:广州市文化馆打造公民非遗素养新场域

非遗是民族文化的精髓和历史记忆的重要载体,其保护与传承工作尤为重要且紧迫。作为岭南文化中心地和海上丝绸之路起点,广州市凭借深厚的历史文化底蕴和丰富的非遗资源,在非遗保护与创新传承方面进行了诸多积极探索与实践,以广州市文化馆(广州

---

① 冯远. 持守与开新——上海大学上海美术学院变革进行时[J]. 美术,2020(8):31-33.
② 非遗扶贫路上的上海青年|"数据故事"助匠人走出贫困. 青春上海[EB/OL]. http://www.why.cn/wx/article/2020/10/01/16015158561047278659.html. [访问时间:2024-10-19].
③ 马盛德. 非遗扶贫,激发乡土文化的创新活力. 人民网[EB/OL]. http://www.jyxjjc.gov.cn/jyjwqfy/jyjwlswh/202010/t20201027_238105.html. [访问时间:2024-10-19].

市非物质文化遗产保护中心)为突出典范。广州市文化馆是广州公共文化服务体系的重要组成部分和非遗保护的核心机构,近年来在非遗传承和文化共享领域取得了显著成效,尤其在数字赋能非遗的创造性转化和创新性发展方面,做出开创性尝试,走在全国前列。

本节聚焦广州市文化馆在非遗保护与文化共享方面的创新实践,通过深入分析其打造的多个成功案例,如"广州非遗通识讲堂"慕课、"非遗课来了"课程品牌、"非遗广州红"非遗主题漫步地图活动、非遗奇妙剧场巡演活动、元宇宙漫步街区活动等,探讨其在数字传播时代如何有效应对非遗传承的新需求与挑战,实现非遗的创造性转化和创新性发展。同时,本节还将从公共文化服务体系建设、文旅融合发展等角度,分析广州市文化馆在推动非遗传承与文化共享方面的积极作用。

一、基本信息:广州市文化馆的历史沿革与传承价值

(一) 广州市文化馆简介

广州市文化馆是广州市重大文化设施和重点民生工程,也是目前全国最大的文化馆[①],其前身是1956年正式宣布成立的广州市群众艺术馆,于2009年6月正式更名并沿用至今。自成立以来,广州市文化馆作为广州市公共文化服务体系的重要组成部分,在群众文艺创作和理论研究、公益文化艺术培训、非遗保护、组建示范性中心团队、公共数字文化服务、总分馆制建设、文旅志愿服务、对外民间文化交流等方面发挥着积极作用。2008年起,广州市文化馆4次通过全国评估,被评定为"国家一级文化馆"[②]。2019年11月,广州市文化馆入选国家级非遗代表性项目保护单位名单,获得对粤绣(广绣)的保护资格[③]。2024年2月,广州市文化馆被选定为"广州十大文化地标"(见图6-4-1)[④]。

广州市非物质文化遗产保护中心(以下简称广州市非遗保护中心)隶属于广州市文化馆,于2007年2月13日正式挂牌成立[⑤],2023年随广州市文化馆迁址,共同组成岭南文化新地标——广州市文化馆新馆。广州市非遗保护中心是广州市市级非遗保护专业机构,主要负责执行全市非遗保护的规划、计划和工作规范,组织实施和指导开展全市非遗的普查、认定、申报、保护和展览、宣传、推介及交流传播工作[⑥]。以2023年为例,广州市非遗保护中心从非遗活动、非遗展览、阵地建设、学术课题研究4个方面开展非遗保护

---

① 董敏. 聚焦新型文化综合体:文化馆未来高质量发展的构思[J]. 大众文艺,2023(21):4-6.
② 广州市文化馆官网. 广州市文化馆简介[EB/OL]. https://www.gz-arts.com/portal/collectInformation/information/information-detail?id=583285029437882368&-appId=1580077391125491713.[访问时间]:2024-10-13].
③ 中国政府网. 文化和旅游部办公厅关于公布国家级非物质文化遗产代表性项目保护单位名单的通知[EB/OL]. https://www.gov.cn/xinwen/2019-12/01/content_5457358.htm.[访问时间]:2024-10-14].
④ 广州市文化广电旅游局."文旅最广州系列名录"之十大文化地标发布 文化与地标牵手 打造城市记忆点[EB/OL]. https://wglj.gz.gov.cn/gkmlpt/content/9/9504/post_9504068.html#913.[访问时间]:2024-10-14].
⑤ 广州市非物质文化遗产保护中心官网. 非遗中心简介[EB/OL]. https://gz-arts.com/portal/introduction?appId=1334448863601025026.[访问时间]:2024-10-13].
⑥ 广州市非物质文化遗产保护中心,非遗中心介绍[EB/OL]. https://ichgz.com/portal/introduction?appId=1334448863601025026.[访问时间]:2025-03-28].

工作,传承和发展广府特色非遗,具体活动如举办首届广州"非遗在校园"优秀课例遴选与展示活动、主办非遗特展"'一带一路'背景下的广作华章——从外贸商品到非遗保护"、运营广州市首个挂牌的市级非遗主题图书馆即广州市文化馆非遗主题图书馆、正式发布与中山大学中国非遗研究中心合作编写的《新时代非遗保护的广州实践:广州市非遗传承发展报告》等①。

图 6-4-1　广州市文化馆

(资料来源:广州市人民政府.喜迎文化馆盛会,广州奋力书写公共文化服务新篇章[EB/OL]. https://www.gz.gov.cn/zt/zzyyzq/wlzx/content/post_9942645.html.[访问时间:2024-10-27].)

(二) 广州市文化馆功能

1. 文化展示功能

2023 年 4 月 23 日,广州市文化馆发布《广州市文化馆高品质发展规划(2023—2025 年)》(以下简称发展规划),聚焦公共文化服务和非遗传承发展两大机构职能,建设新型文化综合体②。广州市文化馆的展览主要分为两大类:其一是非遗展览,其二是书画、雕塑等群众喜闻乐见的艺术展③。非遗展览多位于广州市文化馆新馆内的中心阁,综合采用实物、视频、触屏、体感互动设备等多媒体技术手段④,数字赋能打造传统和现代相

---

① 广州市文化馆微信公众号.回首 2023|广州市非遗保护中心陪伴你的春夏秋冬[EB/OL]. https://mp.weixin.qq.com/s/NrcF8ghgFZt7HhzJEJNxOw.[访问时间:2024-10-18].
② 腾讯网.《广州市文化馆高品质发展规划(2023—2025 年)》正式发布,广州市文化馆要建设新型文化综合体[EB/OL]. https://news.qq.com/rain/a/20230423A09ORN00.[访问时间:2024-10-18].
③ 南方都市报.探寻·广州市文化馆:三千场活动让你进门是游客,出来是行家[EB/OL]. https://baijiahao.baidu.com/s?id=1800219180622283490&wfr=spider&for=pc.[访问时间:2024-10-18].
④ 搜狐网.广州市文化馆新馆中心阁"花城百花开——广州非物质文化遗产展"[EB/OL]. https://news.sohu.com/a/765781763_121124776.[访问时间:2024-10-18].

结合、虚拟和现实相交融的沉浸式非遗体验空间,全景式、多样态展现岭南非遗特色,弘扬中华优秀传统文化。广州市文化馆新馆中心阁共有5层,第1层是特展区,第2—5层共同作为"花城百花开——广州非物质文化遗产展"常设展区,用"粤韵流芳""食在广州""岁时节庆""医养岭南""南拳强身""广作华彩""羊城古仔"7个板块描绘广州非遗总体面貌,展现岭南文化精粹①(见图6-4-2)。

图6-4-2 市文化馆新馆中心阁"花城百花开——广州非物质文化遗产展"

(资料来源:搜狐网.广州市文化馆新馆中心阁"花城百花开——广州非物质文化遗产展"[EB/OL]. https://news.sohu.com/a/765781763_121124776.[访问时间:2024-10-18].)

2. 艺术观赏功能

广州市文化馆新馆是广州市重大文化设施和重点民生工程,地处广州市新中轴线南段的中心位置海珠区,坐落在风景优美的海珠湖东北侧,总建筑面积5.4万平方米,总用地面积约14.2万平方米②。广州市文化馆新馆项目总设计师倪阳介绍,新馆以"十里红云一湾水,八桥画舫十六亭"为设计主题,通过高低错落、层次递进,把汉唐风格的典雅大气和岭南园林的柔美秀气和谐统一,"为广州打造新的文化体验空间"。其设计理念源自古诗词对荔湾的描述,"一湾水"是园林建设的主线,两侧分设场馆、园林建筑等,包括公共文化中心、翰墨园、曲艺园、广府园、广绣园等多组主题园林建筑,呈现出堆山理水、相地造园的设计布局③,促成自然生态与文化艺术的融合,搭建起传统与现代的交流平台(见图6-4-3)。

3. 社会服务功能

在广州市文化馆发布的发展规划中,公共文化服务是其除非遗传承发展外,另一重要机构职能,并将"实施服务效能倍增计划,推动新馆实现服务人数倍增、服务产品倍增、服务效能倍增,提供更多更好的公共文化服务(见图6-4-4);实施文旅深度融合行动计划,

---

① 搜狐网.广州市文化馆新馆中心阁"花城百花开——广州非物质文化遗产展"[EB/OL]. https://news.sohu.com/a/765781763_121124776.[访问时间:2024-10-18].
② 广州市文化馆官网.广州市文化馆简介[EB/OL]. https://www.gz-arts.com/portal/collectInformation/information/information-detail?id=583285029437882368&appId=1580077391125491713.[访问时间:2024-10-13].
③ 广州市人民政府.全国最大文化馆 广州文化新地标[EB/OL]. https://www.gz.gov.cn/zlgz/whgz/content/mpost_8962593.html.[访问时间:2024-10-18].

（1）广州市文化馆新馆公共　　（2）广州市文化馆新馆　　　　（3）广州市文化馆新馆
　　文化中心　　　　　　　　　　　广绣园　　　　　　　　　　　曲艺园

图 6-4-3　广州市文化馆新馆

（资料来源：广州市人民政府. 全国最大文化馆 广州文化新地标[EB/OL]. https://www.gz.gov.cn/zlgz/whgz/content/mpost_8962593.html. [访问时间：2024-10-20].）

加强跨行业文旅合作与联动，争创全国首家 4A 级景区中的文化馆；实施社会化参与示范计划，鼓励社会力量依法依规参与新馆公共文化设施运营管理；实施数字化提升计划，培育文化＋科技融合发展新业态；实施规划研究先行计划，开展新型城市文化综合体评价标准研究等项目；实施文化交流传播拓展计划，打造立足湾区、面向世界的民间文化交流中心"作为这一阶段的发展方向①。数据显示，截至 2024 年 10 月 26 日，2024 年中国文化馆年会主阵地广州市文化馆已开展线上线下文化惠民活动超过 2 000 场次，其中社会力量参与的比例超过 40％，通过以社会合作丰富公共文化服务供给、以公开招募开展部分场馆的合作运营、以公开招租开展公共文化辅助性服务、以收取场地使用费优化部分场馆的使用、以合作分成探索文化创意产品开发等 5 种模式，创新社会力量参与路径，为群众提供了更丰富的文化活动和体验，提升公民文化素养②。

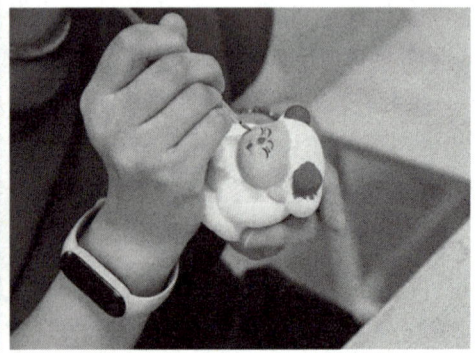

图 6-4-4　抟土绕潮音——泥塑体验季闭幕式暨潮州音乐普及专场展演

（资料来源：羊城派. 跨地域联动，千年非遗流芳：广州市文化馆泥塑体验季圆满落幕[EB/OL]. https://baijiahao.baidu.com/s?id=1814315627453306121&wfr=spider&for=pc. [访问时间：2024-10-31].）

---

① 腾讯网.《广州市文化馆高品质发展规划（2023—2025 年）》正式发布，广州市文化馆要建设新型文化综合体[EB/OL]. https://news.qq.com/rain/a/20230423A09ORN00.[访问时间：2024-10-18].

② 南方新闻网. 年会抢先看！带你走进 2024 年中国文化馆年会举办地[EB/OL]. https://baijiahao.baidu.com/s?id=1813972100354373905&wfr=spider&for=pc.[访问时间：2024-10-27].

二、案例综述：数字化赋能非遗传承，虚实融合多维传播

(一) 开设广州非遗数字课程

1. 发展背景：数字时代非遗传承新需求与新挑战

广州有着丰富的非遗，包括广绣、广彩、广东醒狮、广州木雕、广州榄雕、粤剧等。近年来，随着数字技术的飞速发展，各种互联网平台为非遗的传承与发展提供了多样且新颖的形式，如短视频、直播、有声书、vlog 等。一方面，这些数字传播新形式丰富了广州非遗的传播样态，拓展了人们了解非遗信息的渠道，满足了广大非遗爱好者的求知需求；另一方面，帮助非遗传承人提高了他们的关注度和影响力，借助数字技术完整、真实、细致地记录非遗技艺，让更多人参与非遗的保护和传播，避免非遗技艺在时间长河中变形和流失。其中，以慕课为代表的数字课程在广州非遗的传承发展中扮演着重要角色，广州市非遗保护中心推出的代表性项目包括"广州非遗通识讲堂"慕课和"非遗课来了"课程品牌（见图6-4-5）。

图 6-4-5 "广州非遗通识讲堂"慕课（左）与"非遗课来了"（右）

（资料来源：广州非遗微信公众号.非遗通识慕课｜一起来涨知识吧！[EB/OL]. https://mp.weixin.qq.com/s?__biz＝MzA5MjI3NzEwMQ＝＝&mid＝2651843464&idx＝1&sn＝945248033633d0f30f820097de69b180&chksm＝8b94db8abce3529c71ecf4ad2fb5ecd4906281ee8dad680a4cbabb1f93af526950c607ddee42&scene＝27.［访问时间：2024-10-20］；搜狐网. 2023年"非遗课来了"，有温度的非遗新体验[EB/OL]. https://www.sohu.com/a/742980432_121124748.［访问时间：2024-10-20］.）

2. 创新形式：多元授课方式展现广府本土特色非遗

2022年，广州市非遗保护中心推出"广州非遗通识讲堂"慕课，观看平台包括"广州非遗"微信公众号、抖音号以及微信视频号（见图6-4-6）。该课程以广州非遗为主线，分为"穗地风流话非遗——广州非遗概述""四时民俗各千秋——广州民俗和民间文学""广式演艺最识玩——广州传统表演艺术""中西合璧好手艺——广州传统工艺""养生有道看广府——广式养生之道"5章，用28集展示丰富多彩的广州非遗项目[①]。慕课讲授者包含多

---

① 广州非遗微信公众号.非遗通识慕课｜一起来涨知识吧！[EB/OL]. https://mp.weixin.qq.com/s?__biz＝MzA5MjI3NzEwMQ＝＝&mid＝2651843464&idx＝1&sn＝945248033633d0f30f820097de69b180&chksm＝8b94db8abce3529c71ecf4ad2fb5ecd4906281ee8dad680a4cbabb1f93af526950c607ddee42&scene＝27.［访问时间：2024-10-20］.

位非遗代表性传承人,如粤剧国家级代表性传承人欧凯明、岭南古琴省级代表性传承人谢东笑、广东醒狮省级代表性传承人赵伟斌,帮助非遗爱好者更为完整、准确地了解我国非遗(见图6-4-7)。

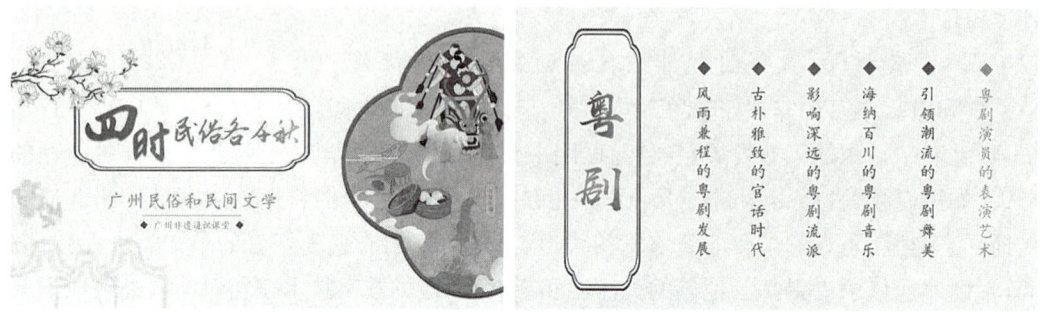

图6-4-6 "广州非遗通识讲堂"慕课

(资料来源:四时半夏微信公众号.多彩非遗零距离,广州非遗通识慕课新鲜出炉啦[EB/OL]. https://mp.weixin.qq.com/s/XF9T19m-SxjJ5I_vW5Lx9A.[访问时间:2024-10-25].)

图6-4-7 2023年"非遗课来了"之广东醒狮专场

(资料来源:搜狐网.2023年"非遗课来了",有温度的非遗新体验[EB/OL]. https://www.sohu.com/a/742980432_121124748.[访问时间:2024-10-20].)

2023年广州市文化馆新馆落成开放后,依托新馆优美的生态环境和多样化、沉浸式的园区场景设计,自2009年创立的口碑好课"非遗课来了"打开了线上线下同步授课的新局面。最初,"非遗课来了"仅开设春秋两季培训班,后来围绕"依时而作的广式生活"这一主旨重设课程,突出非遗与二十四节气、重大传统节日等日常生活重要时节的紧密关联,形成了包含单次体验课、系列培训班、大型公开课、网络慕课在内的多平台、体系化、沉浸式授课模式,更好地搭建起广州非遗和广大市民之间的互动桥梁,助力非遗传承发展,完善公共文化服务体系,丰富群众性文化活动,让非遗真正成为可以书写、可以触摸、可以感受、可以传承的传统文化。2023年,"非遗课来了"以春、夏、秋、冬为背景,打造了非遗美食荟、非遗运动会、非遗工匠汇、非遗健康汇等非遗课子品牌,共计实施11个主题、27场非遗活动,涉及37项非遗项目,线下课约覆盖7 500人次,线上总观看量达248万①,让高质量非遗课走进千家万户,惠及不同年龄段、非遗了解程度不一的潜在受众,借助数字传播拉近触达距离,展现非遗魅力。

3. 社会效能:"文化+科技"赋能传统岭南文化数字传播

发展规划中提到"实施数字化提升计划,培育文化+科技融合发展新业态"②。广州市是岭南文化中心地和海上丝绸之路起点,非遗资源丰富且特色鲜明。随着非遗保护的理念日益深入人心,以文化馆、博物馆、档案馆为代表的非遗保护机构愈发重视非遗传承发展的方式,在数字技术的辅助下不断创新传播载体,提出"文化+科技""非遗+互联网"等创新传播路径,在留存传统技艺的基础上,进一步调用多样化数字媒体技术,活化非遗资源,扩大非遗传统文化的普及度和影响力。据"广州非遗通识讲堂"慕课的拍摄方半夏文化介绍,"不同于以往,本次非遗通识课堂依据网络受众的实际认知水平和接受能力,融合广州非遗地域文化特色,从章节课题进行升级,打破传统课程枯燥无味的单向内容输出,以诗意的阐述为传统文化注入文学韵味,并通过现代化、年轻化、多元化的呈现方式,营造轻松活泼的授课环境",以期达到"向观众阐发广州非遗所承载的生活智慧、文化内涵、历史脉络、地域特色、多彩内容、传承方式、保护成果,展现广州独有的文化品格,充分增添广州市民群众文化自信,并向全国各地民众展示广州优秀传统文化风采"的传播目的③。

(二)助力城市非遗文化活动

1. 活动背景:城市公共文化活动的重要组成

作为广州市的非遗保护专业机构,广州市非遗保护中心积极执行与配合广州市的文化宣传和非遗宣传等活动,如"文化和自然遗产日"广州非遗宣传展示、广州非遗街区(北京路)开街、"广州红幸福城"等系列活动。通过活动,连接非遗传承人、本土非遗项目与广大市民,不断探索数字技术与线下活动的联动,让传统非遗更好地走进市民生活、更具生活气息,在推广与宣传广州特色非遗的同时,推动广州非遗的创造性转化和创新性发展,塑造广州城市公共文化特色。

2. 联合互动:线上线下多渠道推动城市活动

(1)创建全国首个元宇宙非遗街区

广州非遗街区(北京路)及其元宇宙非遗街区④是全国首个实现线上线下同步开放的

---

① 搜狐网.2023年"非遗课来了",有温度的非遗新体验[EB/OL]. https://www.sohu.com/a/742980432_121124748.[访问时间:2024-10-20].
② 羊城派.《广州市文化馆高品质发展规划(2023—2025年)》正式发布,广州市文化馆要建设新型文化综合体[EB/OL]. https://baijiahao.baidu.com/s?id=1763975808890324278&wfr=spider&for=pc.[访问时间:2024-10-22].
③ 四时半夏.多彩非遗零距离,广州非遗通识慕课新鲜出炉啦[EB/OL]. https://mp.weixin.qq.com/s/XF9T19m-SxjJ5I_vW5Lx9A.[访问时间:2024-10-22].
④ 广州日报.全国首创元宇宙非遗街区,广州非遗街区(北京路)今日开街[EB/OL]. https://baijiahao.baidu.com/s?id=1735411704428366791&wfr=spider&for=pc.[访问时间:2024-10-27].

非遗街区,2022年6月12日在由广州市文化广电旅游局主办、广州市非遗保护中心等单位共同承办的2022年"文化和自然遗产日"广州非遗宣传展示主会场暨广州非遗街区(北京路)开街仪式上正式亮相。广州非遗街区(北京路)(见图6-4-8)位于广州市越秀区,在历史文化底蕴和文旅资源方面具有天然的区位优势,北临南越王宫博物院(王宫展区)和城隍庙,西南为老城区千年商圈,与北京路商圈交错成为老城区一条重要的城市中轴线,上承千年城脉,下启文脉新声,内蕴着广州人的乡愁记忆并在时代召唤下被赋予"岭南非遗重要展示窗口"的新身份、新使命。广州非遗街区(元宇宙)(见图6-4-9)是以北京路骑楼为原型搭建的虚拟公共文化空间,活动参与者来到现场体验区后,即可借助VR眼镜进入具有广府特色的元宇宙非遗集市,一览广彩、广绣、榄雕、箫笛、通草画、象牙微雕、岭南古琴、西关打铜等广州非遗项目的精妙工艺。除了欣赏运用三维数字建模的非遗精品,参与者还可在现场的"联通5G+北斗"无人零售车自助购买非遗产品,全面体验集文化、场景和消费于一体的非遗新模式。据悉,广州非遗街区未来还将开展二期建设,陆续开放二、三楼的展示空间,增加非遗剧场、大师工作室、非遗普及教育研学、沙龙书吧、休闲娱乐、文创商店等功能,建设成集赏、游、购、娱于一体的粤港澳大湾区非遗交流中心。

图6-4-8 广州非遗街区(北京路)

 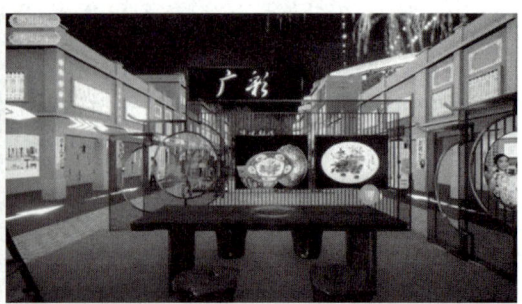

图6-4-9 广州元宇宙非遗街区

(资料来源:广州日报微信公众号. 全国首创,就在广州![EB/OL]. https://mp.weixin.qq.com/s/xsiUO0ERZFvrNOJUv7uIsA.[访问时间:2024-10-27].)

（2）支持"非遗广州红"系列活动

"非遗广州红"①是"广州红幸福城"城市形象网络宣传活动的重要子品牌，自2021年举办至今已有四届，是外界认识广州、发现广州的名片之一。作为主要的协办和支持单位之一，广州市非遗保护中心已连续多年支持"非遗广州红"活动举办。2021年，该活动以"非遗广州红 同袍粤味浓"为主题在永庆坊举办了"非遗广州红"游园会，通过线下沉浸式游园会结合直播、短视频等网络传播形式，打造一场非遗与科技跨界融合的游园会②。2022年的"非遗广州红"活动以"非遗广州红，邂逅元宇宙"为主题在珠江边太古仓开设元宇宙虚拟营地，并将虚拟营地一比一复刻到线下，解锁虚拟体验与真实场景结合的非遗传播全新玩法③。2023年的"非遗广州红"活动以"非遗粤传承 漫步广州红"为主题，秉承"非遗就在生活中"核心理念，开展了可以感受传统文化之美、非遗技艺之美、广州生活之美的非遗主题漫步地图（见图6-4-10），"线上＋线下、参观＋体验"的沉浸式非遗奇妙剧场巡演，以及更新升级后的"非遗广州红"元宇宙漫步街区三大板块活动，通过线上、线下结合的方式串联广州市100余个城市空间。2024年"非遗广州红"活动主题为"非遗广州红焕新粤生活"，构成了"1个主题展＋5个卫星分展＋7个非遗工作室"的全市多点的"非

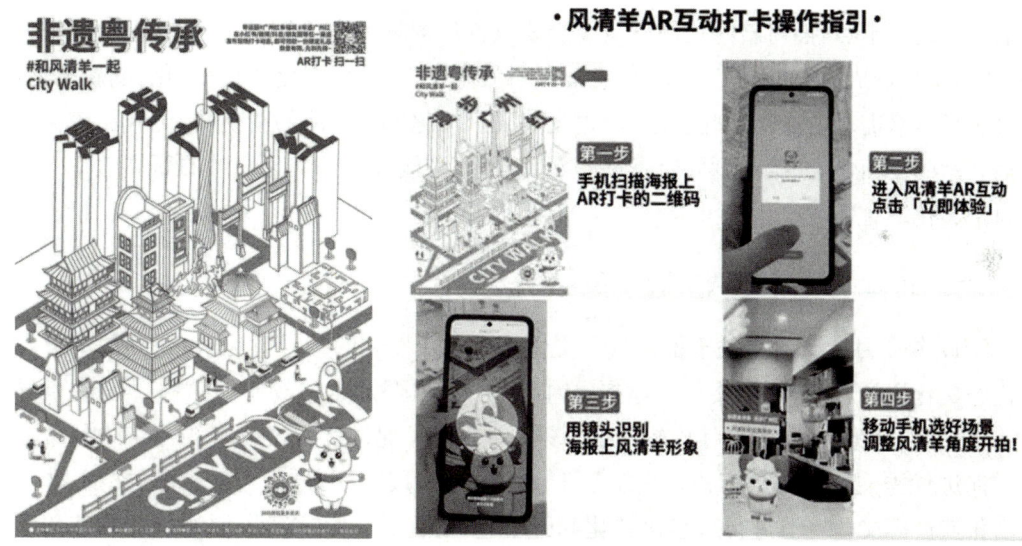

图6-4-10 "非遗主题漫步地图"活动

（资料来源：南方Plus.漫步广州红！这份非遗主题Citywalk攻略请收好[EB/OL]. https://baijiahao.baidu.com/s?id=1782899243642771655&wfr=spider&for=pc.[访问时间：2024-10-23].）

---

① 光明网."非遗广州红"探索数字赋能非遗传播[EB/OL]. https://digital.gmw.cn/2023-12/15/content_37031149.htm.[访问时间：2024-10-15].
② 互联网大厂与非遗传承人跨界联动，传播岭南文化[EB/OL]. https://baijiahao.baidu.com/s?id=1716868070212054260&wfr=spider&for=pc.[访问时间：2025-03-28].
③ "非遗广州红"元宇宙虚拟营地线上线下同步开营[EB/OL]. https://baijiahao.baidu.com/s?id=1744044842150119296&wfr=spider&for=pc.[访问时间：2025-03-28].

遗＋艺术＋数字＋生活"体验之旅①。

3. 社会影响："互联网＋非遗"拓展沉浸式公共文化空间

广州市非遗保护中心连续多年支持各项非遗推广与传播活动,并积极推进"互联网＋非遗",通过构建线上与线下的沉浸式公共文化空间,为非遗的传承发展开辟新路径,也深刻影响了社会文化生态的多个层面。以全国首创元宇宙非遗街区为例,广州非遗街区(元宇宙)依托数字化技术,突破时空限制,链接了现实场景与虚拟世界,将传统非遗融入现代生活,并探索元宇宙在非遗场景中的应用②。通过沉浸式漫步元宇宙非遗街区,活动参与者不仅能够在新奇体验中学习更多非遗知识,加深对优秀传统文化的认识,还能在虚拟现实互动中深刻感知广府非遗的独特魅力与文化价值,增强对本土文化的认同感和自豪感。越秀区文化广电旅游体育局副局长何愿飞表示:"让文物活起来,将非遗用起来,让市民最大限度地参与到文化遗产的保护与利用中是我们的初心和使命。"③

三、分析点评:从非遗传承到文化共享,建设新型文化综合体

《广州市文化馆高品质发展规划(2023—2025年)》提到,广州市文化馆在新馆落成开放的重要发展节点,面对新时代高质量发展要求,以"国际一流、国内标杆、湾区核心"为发展目标,将打造成具有世界一流水平,全面展示岭南文化、红色文化、海丝文化、创新文化,充分满足群众需求的城市文化新地标,建设集群众文化艺术生活的新空间、优秀传统文化传播展示的新窗口、文旅深度融合发展的新场景、粤港澳大湾区文化交融的新高地于一体的新型文化综合体④。

(一) 传统文化数字展示的新窗口

2017年4月,《文化部关于推动数字文化产业创新发展的指导意见》,指出要"充分发掘优秀文化资源,提高数字文化产业品质内涵,讲好中国故事,弘扬中国精神"⑤。在引导数字文化产业发展方向的具体内容方面,该文件强调了促进优秀文化资源数字化的重要性:"促进优秀文化资源数字化。实施数字内容创新发展工程,鼓励对艺术品、文物、非物质文化遗产等文化资源进行数字化转化和开发,实现优秀传统文化资源的创造性转化和

---

① 即将启动!非遗主题数字艺术展来了,必打卡指南 get→[EB/OL]. https://mp.weixin.qq.com/s?__biz=MzA4MTgxNjMzOQ==&mid=2652165042&idx=2&sn=588c3ff7b9a5b4c389634fcf2dca314a&chksm=8564fa308464c8cae221592bf8d8c60019c9ba53a4b413d30c9858e01be3d5752d0c4955fbf7&scene=27.[访问时间:2025-03-28].
② 广州日报. 全国首创元宇宙非遗街区,广州非遗街区(北京路)今日开街[EB/OL]. https://baijiahao.baidu.com/s?id=1735411704428366791&wfr=spider&for=pc.[访问时间:2024-10-27].
③ 广州日报. 全国首创元宇宙非遗街区,广州非遗街区(北京路)今日开街[EB/OL]. https://baijiahao.baidu.com/s?id=1735411704428366791&wfr=spider&for=pc.[访问时间:2024-10-27].
④ 董敏. 聚焦新型文化综合体:文化馆未来高质量发展的构思[J]. 大众文艺,2023(21):4-6.
⑤ 中国政府网. 文化部关于推动数字文化产业创新发展的指导意见[EB/OL]. https://www.gov.cn/gongbao/content/2017/content_5230291.htm.[访问时间:2024-10-30].

创新性发展。依托地方特色文化,开发具有鲜明区域特点和民族特色的数字文化产品。加强现代设计与传统工艺对接,促进融合创新。依托文化文物单位馆藏文化资源开发数字文化产品,提高博物馆、图书馆、美术馆、文化馆等文化场馆的数字化智能化水平,创新交互体验应用,带动公共文化资源和数字技术融合发展。"①

广州市文化馆新馆作为广州城市文化新地标,2023年全馆共计接待公众进馆超过117万人次,组织开展各类群众文化活动3 912场次,线上线下惠及群众9 981.98万人次②,在非遗传承发展、文化共享等方面发挥了重要作用,成为传承和推广非遗的重要平台。据广州市文化馆非遗保护部副部长董帅介绍,2024年广州市文化馆的重点非遗活动有"参赞天地——岭南传统中医药非遗宣传展示季""粤剧文化推广季""广州牙雕推广季""岭南盆景系列展"等,实现从单一展览到综合性展示季的突破,涵盖展览、讲座、表演、体验、研学、义诊、文创等多种呈现形式,与社会各界力量合作赋能非遗,实现"非遗+"跨界融合③。借助数字化手段,广州市文化馆成功将传统文化与现代科技结合,让市民在互动体验中感受非遗的文化魅力。同时,这也为馆内各类非遗活动拓宽了受众群体,提升了文化服务的覆盖面和便捷性,实现了岭南文化、红色文化、海丝文化、创新文化等特色文化的广泛传播,进一步推动了广州市文化事业和文化产业的繁荣发展。这一系列举措正是对《文化部关于推动数字文化产业创新发展的指导意见》中关于数字文化产业创新发展的要求的具体实践。广州市文化馆正成为传统文化数字展示的新窗口。

(二) 群众文化数字服务的新空间

针对公共文化服务体系建设和体制机制创新的新形势,广州在全国率先提出并试点建设"公共文化共同体"④。广州市文化馆地处城市新轴线南段的中心位置,周边聚集着广州艺术博物院(广州美术馆)、广州图书馆、广州人民艺术中心、白鹅潭大湾区艺术中心、广州粤剧院等公共文化设施。依托新馆的场馆优势和区位优势,广州市文化馆组织开展了多次艺术展览、活动展演、文化培训、研学体验等惠民活动,吸引大批市民游客参观游览。据统计,2024年国庆假期期间,广州市文化馆接待入馆市民游客日均过万人次,同比增长31.4%,单日最高入馆量超1.25万人次,入馆游客平均停留时长2.69小时⑤。国庆期间的非遗主题展览有中心阁一楼特展厅的"抟土绕潮音——大吴泥塑艺术展暨广州美

---

① 中国政府网. 文化部关于推动数字文化产业创新发展的指导意见[EB/OL]. https://www.gov.cn/gongbao/content/2017/content_5230291.htm. [访问时间:2024-10-30].
② 广州日报. 跃上新高度 广州进行时⑥|市文化馆去年接待公众超117万人次,闯出文化馆文旅深融新路[EB/OL]. https://baijiahao.baidu.com/s?id=17881100723245539693&wfr=spider&for=pc. [访问时间:2024-11-01].
③ 南方都市报. 探寻·广州市文化馆:三千场活动让你进门是游客,出来是行家[EB/OL]. https://baijiahao.baidu.com/s?id=1800219180622283490&wfr=spider&for=pc. [访问时间:2024-11-01].
④ 广州市文化广电旅游局. 喜迎文化馆盛会,广州奋力书写公共文化服务新篇章[EB/OL]. https://wglj.gz.gov.cn/gzdt/zwxx/content/post_9933257.html. [访问时间:2024-11-01].
⑤ 南方新闻网. 年会抢先看!带你走进2024年中国文化馆年会举办地[EB/OL]. https://baijiahao.baidu.com/s?id=1813972100354373905&wfr=spider&for=pc. [访问时间:2024-11-01].

术学院2023年大吴泥塑研修班成果展"以及中心阁前广场的"翠脉常青——岭南盆景艺术传承推广季"系列活动①。广州市非遗保护中心通过策划组织这些文化活动,不仅丰富了市民的文化生活,还提升了公众对艺术和文化的欣赏能力。

2024年11月6日,2024年中国文化馆年会在广州市文化馆举办,并于当日发布了《2024文化馆网络传播效果评估报告》。该报告指出,各文化馆在新媒体平台的发布量稳步增长,原创内容日益丰富,注重策划与创意,紧跟时事热点,使用多个网络平台,总体呈现出专业度、可信度和趣味度并重的特点,下一步应注重运用新型传播技术和各类新媒体平台,提升内容表现力、优化互动方式、延展服务覆盖面、提升服务影响力,以网络传播能力建设推动事业发展和文化传承②。广州市文化馆馆长董敏介绍:"我们还会逐步增加网络传播的科技含量,不断探索直播展演、线上观展、云课堂、AI虚拟形象等新形态,让文化馆变得更可亲、更好玩。"③作为全国最大的文化馆,目前广州市文化馆已形成全方位、多层次、多声部的"1+N"全媒体传播矩阵,以微信公众号为网络传播主阵地,积极开拓官方网站"广州群文网"、抖音、小红书等线上平台的网络传播工作。以短视频为例,市文化馆在新媒体平台开设了"馆藏轶闻录""活动集结令""探觅灵感地""漫游文化馆"4个板块,运用多样化表达方式来介绍市文化馆的服务与优势④。例如,由广州市文化馆自主策划、拍摄和制作的短剧《逛馆轶事之粤圈太子爷》《半日游馆攻略(文艺篇)》于2024年7月在抖音官号上线,两组视频发布仅15天便收获近10万播放量,吸引更多年轻人关注文化馆日常活动和特色非遗。凭借优良的基础条件和丰富的数字服务实践经验,广州市文化馆已入选"沉浸城市故事会"国家级项目,未来将沿着扎实的发展规划继续贯彻落实国家文化数字化战略,助力中华优秀传统文化的创造性转化和创新性发展⑤。

(三)文旅融合数字发展的新场景

2021年,中华人民共和国文化和旅游部在《"十四五"文化和旅游发展规划》中提出,力争到2025年,我国社会主义文化强国建设取得重大进展,文化事业、文化产业和旅游业高质量发展的体制机制更加完善,人民精神文化生活日益丰富,中华文化影响力进一步提升,中华民族凝聚力进一步增强,文化事业、文化产业和旅游业成为经济社会发展和综合

---

① 南方新闻网.非遗绽放花城,2024年国庆黄金周广州市非遗活动精彩纷呈[EB/OL]. https://baijiahao.baidu.com/s?id=1811778905338797550&wfr=spider&for=pc.[访问时间:2024-11-01].
② 新华网.2024年中国文化馆年会|打造群众文化活动品牌 助力文化馆"破圈"发展[EB/OL]. https://www.xinhuanet.com/info/20241113/3a0231be5131421f8fcaa64d7b02c151/c.html.[访问时间:2024-11-18].
③ 文旅中国.文化馆网络传播效果评估|路径多了,效果如何?[EB/OL]. https://baijiahao.baidu.com/s?id=1816138833259258084&wfr=spider&for=pc.[访问时间:2024-11-19].
④ 文旅中国.文化馆网络传播效果评估|路径多了,效果如何?[EB/OL]. https://baijiahao.baidu.com/s?id=1816138833259258084&wfr=spider&for=pc.[访问时间:2024-11-19].
⑤ 羊城派.广州市文化馆成功入选全国"公共文化空间品牌"案例[EB/OL]. https://baijiahao.baidu.com/s?id=1777064551859010252&wfr=spider&for=pc.[访问时间:2024-11-18].

国力竞争的强大动力和重要支撑①。文章《浅析文旅融合背景下文化馆工作开展——以广州市文化馆为例》总结了文旅融合背景下市文化馆开展工作的3点思路：第一，园林游览与文化体验结合；第二，非遗大展与旅游结合；第三，群众文化演出与旅游结合。在此基础上，文章另外提出了3条已有实践、有待巩固加强的创新发展路径：第一，加强数字平台建设，打造"互联网+文旅"发展模式；第二，提高社会参与度，促进优质资源共享；第三，推出具有地方文化内涵的文创产品②。通过这些措施，广州市文化馆成功打造了一个集文化、旅游、教育于一体的综合性平台，不仅让市民在参与文化活动的过程中感受到传统文化的魅力，也为外地游客提供了深入了解广州文化的窗口。

2023年8月，经广州市旅游资源规划开发质量评定（认定）委员会组织评定，广州市文化馆成为国家3A级旅游景区③，为广州文化旅游增添了新的活力。2023年12月，"游戏中的广州"文旅科技创意联动系列活动启动仪式在广州市文化馆举办，活动结合游戏、元宇宙、虚拟数字人等多样化数字技术丰富文旅内涵，线上线下双向联动，以数字科技带动文旅发展。广州市游戏行业协会会长王娟认为："通过'游戏中了解+实景中探索'相结合方式实现了线上线下的互相导流；方言和音乐的融入打破时间和空间限制弘扬当地传统特色文化；同时在开展合作的时候根据游戏IP的用户群体进行画像分析，并根据用户偏好进行文旅结合内容的筛选和确定，使融合效果最大化。"④广州市文化馆作为城市文化新地标多次"破圈"，为推动广州文化旅游融合发展贡献了一股具有深厚文化底蕴的力量。

（黄馨舒荷　罗东才　王子伦　金　天　龙靖宜）
第三节资料提供：上海大学上海美术学院李谦升副教授）

本章思考与讨论

1. 如何将数字非遗教育与美育课堂有机结合，创新和普及义务教育阶段的艺术实践活动，提升学生对非遗的文化认知与兴趣？

2. 如何依托数字技术将非遗融入中学教育，有效融合科学与艺术，实现对中学生的素质培养与能力提升？

3. 如何利用数字技术更好地提升公众对非遗的认知度和参与度，引导社会公众参与非遗保护和传承的行动？

4. 公共文化服务机构如何通过"互联网+非遗"模式，在数字传播时代创新非遗传承与社会教育路径？

---

① 中国政府网. 文化和旅游部发布《"十四五"文化和旅游发展规划》[EB/OL]. https://www.gov.cn/xinwen/2021-06/04/content_5615466.htm. [访问时间：2024-11-02].

② 梁艺露. 浅析文旅融合背景下文化馆工作开展——以广州市文化馆为例[J]. 西部旅游，2023(2)：82-84.

③ 广州市文化广电旅游局. 广州市文化广电旅游局关于确定广州市文化馆旅游区为国家3A级旅游景区的公告[EB/OL]. https://wglj.gz.gov.cn/gkmlpt/content/9/9156/post_9156066.html#16235. [访问时间：2024-11-18].

④ 搜狐网. "科技+文旅"助力广州文旅高质量发展，"游戏中的广州"上新[EB/OL]. https://www.sohu.com/a/756310562_100116740. [访问时间：2024-11-18].

 **本章参考文献**

[1] 封晶.锦灰堆文创产品的设计与实践创新研究[J].美术文献,2024(5):142-144.
[2] 封晶.非遗文创产品色彩设计创新实践研究——以锦灰堆文创产品为例[J].色彩,2024(5):105-107.
[3] 韩晓文.锦灰堆艺术在服装设计中的创造性转化研究[J].鞋类工艺与设计,2023,3(13):6-8.
[4] 韩飞飞,夏楠.锦灰堆在当代艺术语境下的应用研究[J].合肥师范学院学报,2023,41(5):96-100.
[5] 欧阳昱伶."当代锦灰堆造型"实践的建构研究[J].艺术品鉴,2023(14):139-142.
[6] 申楠.非遗数字化传播战略SWOT模型研究[J].同济大学学报(社会科学版),2023(1):58-67.
[7] 孙传明,李毅真.科技创新背景下非物质文化遗产传播路径研究[J].歌海,2022(3):24-27.
[8] 沈小松.论在中学开展阮咸教学的意义[J].当代音乐,2023(12):85-87.
[9] 罗永平,吴民.论川剧变脸的生态困境与应对措施[J].戏剧文学,2014(3):4.
[10] 吴佩谕.数字化推动非物质文化遗产传承与可持续发展研究——以川剧为例[J].中原文学,2024(36):27-29.
[11] 李二辉,刘庆.浅析传统武术器械双节棍[J].当代体育科技,2013,3(16):2.
[12] 杨琦,金长杰.双节棍的发展与价值初探[J].科技信息,2010(14):2.
[13] 熊妮,郭瀚繁."非遗"语境下当代傣族孔雀舞的传承现状[J].浙江艺术职业学院学报,2023,21(2):85-91.
[14] 陈文清,杨舒曼,吴丽萍.中国非遗皮影戏的传承与保护研究[J].喜剧世界(下半月),2024(8):13-15.
[15] 张泰城,何建良.非物质文化遗产融入高校教育的路径研究[J].国家教育行政学院学报,2012(12):11-15.
[16] 王天岚.基于非遗视角下的高校艺术教育"创新创业"人才培养新模式[J].吉林广播电视大学学报,2018(6):103-104.
[17] 章莉莉.非遗手工艺的活态传承和文化创新[J].上海艺术评论,2016(5):44-47.
[18] 张旻雯,张明.艺术改变社会:上海公共艺术协同创新中心的探索之路[J].装饰,2019(7):64-71.
[19] 冯远.持守与开新——上海大学上海美术学院变革进行时[J].美术,2020(8):31-33.
[20] 樊传果,孙梓萍.人工智能赋能下的传统手工艺非物质文化遗产传播[J].传媒观察,2021(8):68-73.
[21] 赵博文,李克军.高校非物质文化遗产传承教育体系构建的逻辑机理与创新实践[J].贵州民族研究,2023,44(1):215-221.
[22] 董敏.聚焦新型文化综合体:文化馆未来高质量发展的构思[J].大众文艺,2023(21):4-6.
[23] 梁艺露.浅析文旅融合背景下文化馆工作开展——以广州市文化馆为例[J].西部旅游,2023(2):82-84.
[24] 杨时荣.锦灰堆图式在陶瓷绘画中的创作实践研究[D].景德镇:景德镇陶瓷大学,2024.

[25] 陈思兰."锦灰堆"空间观念在现代拼贴绘画中的应用[D].西安:西北大学,2022.
[26] 吴筠."锦灰堆"拼贴艺术语言在平面设计中的应用[D].沈阳:沈阳师范大学,2021.
[27] 王亚南."锦灰堆"艺术创作形式在平面设计中的应用研究[D].杭州:浙江理工大学,2023.
[28] 冯满天.寻找消失的声音——阮咸的重生[R].国家大剧院经典艺术讲堂,2022-07-08.
[29] 锦灰堆拓:金石学里观千秋[EB/OL]. https://baijiahao.baidu.com/s?id=17800524543279 19172&wfr=spider&for=pc.[访问时间:2024-12-20].
[30] 杭州市求知小学[EB/OL]. https://www.gongshu.gov.cn/art/2024/6/13/art_1229773158_162085.html.[访问时间:2024-12-07].
[31] 杭州市求知小学校长陈群云:"云翼"赋能,让每个师生的生命更精彩[EB/OL]. https://m.thepaper.cn/baijiahao_17417038.[访问时间:2024-12-20].
[32] 教育部办公厅关于公布第三批全国中小学中华优秀传统文化传承学校名单的通知[EB/OL]. http://www.moe.gov.cn/srcsite/A17/moe_794/moe_628/202112/t20211209_586130.html. [访问时间:2024-12-07].
[33] 非遗艺韵 润泽童心 杭州市求知小学探索非遗艺术与校园美育融合之路[EB/OL]. https://mp.weixin.qq.com/s?_biz=MzA5NDIxNzU3OA==&mid=2654201676&idx=2&sn=ad94129ed7df583a1a65606f4fe3e32c&chksm=8a4ea68e8e14fb36185c10b5bd3ff8e7779656fa75b7d3f73a85fa6613abc816c6e3647b3061&scene=27.[访问时间:2024-12-05].
[34] 杭州求知小学里隐藏着一座锦灰堆拓"博物馆"[EB/OL]. https://news.qq.com/rain/a/20211127A06QQ600.[访问时间:2024-12-05].
[35] 川剧[EB/OL]. https://www.ihchina.cn/project_details/13161/.[访问时间:2024-11-04].
[36] 中国通辽网.电影始祖——皮影戏[EB/OL]. https://www.tongliaowang.com/2024/03/29/99680245.html.[访问时间:2024-11-04].
[37] 云南省文化和旅游厅网站.当非遗邂逅云南:傣族孔雀舞——让世界看到云南. https://dct.yn.gov.cn/html/2212/17_26928.shtml.[访问时间:2024-11-04].
[38] 大数据能否真正破解"非遗"的"基因密码"[EB/OL]. http://sh.people.com.cn/n2/2022/0114/c350122-35095705.html.[访问时间:2024-10-25].
[39] 上海美术学院.上海公共艺术协同创新中心[EB/OL]. https://safa.shu.edu.cn/mygk/xkpt/shggysxtcxzx.htm.[访问时间:2024-10-25].
[40] 工作室简介.上海美术学院数据创新工作室[EB/OL]. http://shu-iids.com/.[访问时间:2024-10-25].
[41] 研究生教育.上海公共艺术协同创新中心[EB/OL]. http://www.ipublicart.com/education?_=5d5b5fc2fe5b3100064620c9.[访问时间:2024-10-25].
[42] 课程.上海美术学院数据创新工作室[EB/OL]. http://shu-iids.com/courses.html#.[访问时间:2024-10-25].
[43] AI绘画工作坊.非遗×数据实验室[EB/OL]. http://www.shu-iids.com/ich-data-lab/project_workshop_ai_drawing.html.[访问时间:2024-10-25].
[44] 黄国勇.千年漆艺数字焕新[EB/OL]. https://npaper.ccmapp.cn/zh-CN/?date=2024-08-01&page=8&Hid=66aa35f4ad671156bf849a30.[访问时间:2024-10-31].
[45] 快手非遗学院.上海大学专场|神仙非遗CP跨界出圈?.公共艺术协同创新中心[EB/OL]. http://ipublicart.com/education/5f731ad6d0d6b100277ae6d2.[访问时间:2024-10-31].

[46] 中国非物质文化遗产传承人研修培训计划 2021—2022 年度绩效考核优秀成果展.数字技术助力非遗传承 培养新时代青年传承人[EB/OL]. https://www.cacta.cn/2023/topic_3/detail_10.html#:~:text=2022%20%E9%95%BF%E4%B8%89%E8%A7%92%E4%BC%A0%E7%BB%9F.[访问时间:2024-10-19].

[47] 非遗扶贫路上的上海青年|"数据故事"助匠人走出贫困.青春上海[EB/OL]. http://www.why.com.cn/wx/article/2020/10/01/160151585610472786559.html.[访问时间:2024-10-19].

[48] 漆妙夜·2024 传统漆艺数字化工作营[EB/OL]. http://shu-iids.com/contents/research/lacquer-night/detail.html.[访问时间:2024-10-26].

[49] 非遗技艺的数据基因.非遗×数据实验室[EB/OL]. http://www.shu-iids.com/ich-data-lab/project_data_gene.html.[访问时间:2024-10-27].

[50] 土族盘绣.中国非物质文化遗产网[EB/OL]. https://www.ihchina.cn/project_details/13993?gXW=nk4871852.ppt5728673.[访问时间:2024-10-27].

[51] 非遗技艺的数据探秘.一次土族盘绣技艺传承的数据实验[EB/OL]. http://www.shu-iids.com/projects/secrets-of-inheritance/index.html.[访问时间:2024-10-28].

[52] 杨宝宝.上海大学生尝试用人工智能传承非遗,用舞蹈疗愈疾病.澎湃新闻网[EB/OL]. https://www.thepaper.cn/newsDetail_forward_10416896.[访问时间:2024-10-28].

[53] 藏文书法(果洛德昂洒智).中国非物质文化遗产网[EB/OL]. https://www.ihchina.cn/art/detail/id/14154.html.[访问时间:2024-10-28].

[54] 解构藏文.非遗×数据实验室[EB/OL]. http://www.shu-iids.com/ich-data-lab/project_story_decode_tibetan.html.[访问时间:2024-10-28].

[55] 【研究生作品秀】声声入耳,步步生花,以数字艺术重塑打莲湘的风采.公共艺术协同创新中心[EB/OL]. https://mp.weixin.qq.com/s/5OzI87J_yx6-dTwRMmsVlg.[访问时间:2024-10-23].

[56] 皮影 RAP 动画,梦想唱出来.研究生教育.公共艺术协同创新中心[EB/OL]. http://ipublicart.com/education/641fffe527edee60040c9362.[访问时间:2024-10-23].

[57] 【研究生作品秀】格局打开!参数化设计赋能非遗传承.公共艺术协同创新中心[EB/OL]. https://mp.weixin.qq.com/s/WDCn_kElORCBMhrXGH1x0w.[访问时间:2024-10-29].

[58] 【非遗传承】"东西共融·创意启航",守护非物质文化遗产的数字化创新之路.公共艺术协同创新中心[EB/OL]. https://mp.weixin.qq.com/s/uo7R_wOkUxFS9FYHm28smw.[访问时间:2024-10-30].

[59] 广州市文化馆官网.广州市文化馆简介[EB/OL]. https://www.gz-arts.com/portal/collectInformation/information/information-detail?id=5832850294378823688&appId=1580077391125491713.[访问时间:2024-10-13].

[60] 中国政府网.文化和旅游部办公厅关于公布国家级非物质文化遗产代表性项目保护单位名单的通知[EB/OL]. https://www.gov.cn/xinwen/2019-12/01/content_5457358.htm.[访问时间:2024-10-14].

[61] 广州市文化广电旅游局."文旅最广州系列名录"之十大文化地标发布 文化与地标牵手 打造城市记忆点[EB/OL]. https://wglj.gz.gov.cn/gkmlpt/content/9/9504/post_9504068.html#913.[访问时间:2024-10-14].

[62] 广州市非物质文化遗产保护中心官网.非遗中心简介[EB/OL]. https://gz-arts.com/portal/introduction?appId=1334448863601025026.[访问时间:2024-10-13].

[63] 广州市文化馆微信公众号.回首2023|广州市非遗保护中心陪伴你的春夏秋冬[EB/OL]. https://mp.weixin.qq.com/s/NrcF8ghgFZt7HhzJEJNxOw.[访问时间:2024-10-18].

[64] 广州市人民政府.喜迎文化馆盛会,广州奋力书写公共文化服务新篇章[EB/OL]. https://www.gz.gov.cn/zt/zzyyzq/wlzx/content/post_9942645.html.[访问时间:2024-10-27].

[65] 腾讯网.《广州市文化馆高品质发展规划(2023—2025年)》正式发布,广州市文化馆要建设新型文化综合体[EB/OL]. https://news.qq.com/rain/a/20230423A09ORN00.[访问时间:2024-10-18].

[66] 南方都市报.探寻·广州市文化馆:三千场活动让你进门是游客,出来是行家[EB/OL]. https://baijiahao.baidu.com/s?id=1800219180622283490&wfr=spider&for=pc.[访问时间:2024-10-18].

[67] 搜狐网.广州市文化馆新馆中心阁《花城百花开——广州非物质文化遗产展》[EB/OL]. https://news.sohu.com/a/765781763_121124776.[访问时间:2024-10-18].

[68] 广州市人民政府.全国最大文化馆 广州文化新地标[EB/OL]. https://www.gz.gov.cn/zlgz/whgz/content/mpost_8962593.html.[访问时间:2024-10-18].

[69] 羊城派.跨地域联动,千年非遗流芳:广州市文化馆泥塑体验季圆满落幕[EB/OL]. https://baijiahao.baidu.com/s?id=1814315627453306121&wfr=spider&for=pc.[访问时间:2024-10-31].

[70] 南方新闻网.年会抢先看！带你走进2024年中国文化馆年会举办地[EB/OL]. https://baijiahao.baidu.com/s?id=1813972100354373905&wfr=spider&for=pc.[访问时间:2024-10-27].

[71] 广州非遗微信公众号.非遗通识慕课|一起来涨知识吧！[EB/OL]. https://mp.weixin.qq.com/s?__biz=MzA5MjI3NzEwMQ==&mid=2651843464&idx=1&sn=945248033633d0f30f820097de69b180&chksm=8b94db8abce3529c71ecf4ad2fb5ecd4906281ee8dad680a4cbabb1f93af526950c607ddee42&scene=27.[访问时间:2024-10-20].

[72] 搜狐网.2023年"非遗课来了",有温度的非遗新体验[EB/OL]. https://www.sohu.com/a/742980432_121124748.[访问时间:2024-10-20].

[73] 四时半夏微信公众号.多彩非遗零距离,广州非遗通识慕课新鲜出炉啦[EB/OL]. https://mp.weixin.qq.com/s/XF9T19m-SxjJ5I_vW5Lx9A.[访问时间:2024-10-25].

[74] 羊城派.《广州市文化馆高品质发展规划(2023—2025年)》正式发布,广州市文化馆要建设新型文化综合体[EB/OL]. https://baijiahao.baidu.com/s?id=1763975808890324278&wfr=spider&for=pc.[访问时间:2024-10-22].

[75] 光明网."非遗广州红"探索数字赋能非遗传播[EB/OL]. https://digital.gmw.cn/2023-12/15/content_37031149.htm.[访问时间:2024-10-15].

[76] 广州市人民政府."非遗广州红"让非遗传承火起来[EB/OL]. https://www.gz.gov.cn/zlgz/wlzx/content/post_9375082.html.[访问时间:2024-10-23].

[77] 南方Plus.漫步广州红！这份非遗主题Citywalk攻略请收好[EB/OL]. https://baijiahao.baidu.com/s?id=1782899243642771655&wfr=spider&for=pc.[访问时间:2024-10-23].

[78] 广州海珠发布微信公众号.1.6亿关注！非遗新体验！[EB/OL]. https://mp.weixin.qq.com/s/Xcs36FIOcmBHlYsG_gokPQ.[访问时间:2024-10-26].

[79] 广州日报.全国首创元宇宙非遗街区,广州非遗街区(北京路)今日开街[EB/OL]. https://

baijiahao. baidu. com/s?id=17354117044283667918&wfr=spider&for=pc. [访问时间:2024-10-27].

[80] 广州日报微信公众号. 全国首创,就在广州! [EB/OL]. https://mp. weixin. qq. com/s/xsiUO0ERZFvrNOJUv7uIsA. [访问时间:2024-10-27].

[81] 中国经济新闻网. 老城市如何焕发新活力——广州以数字技术赋能文旅产业调查[EB/OL]. https://www. cet. com. cn/whpd/whrd/10119721. shtml. [访问时间:2024-10-28].

[82] 中国广州发布微信公众号. 正式开街!北京路又上新,一起去"行花街"![EB/OL]. https://mp. weixin. qq. com/s/Fnxlusx8LL7-fCRZoY7uWg. [访问时间:2024-10-28].

[83] 中国政府网. 文化部关于推动数字文化产业创新发展的指导意见[EB/OL]. https://www. gov. cn/gongbao/content/2017/content_5230291. htm. [访问时间:2024-10-30].

[84] 广州日报. 跃上新高度 广州进行时⑥|市文化馆去年接待公众超117万人次,闯出文化馆文旅深融新路[EB/OL]. https://baijiahao. baidu. com/s?id=17881100723245396938&wfr=spider&for=pc. [访问时间:2024-11-01].

[85] 南方都市报. 探寻·广州市文化馆:三千场活动让你进门是游客,出来是行家[EB/OL]. https://baijiahao. baidu. com/s?id=18002191806222834908&wfr=spider&for=pc. [访问时间:2024-11-01].

[86] 广州市文化广电旅游局. 喜迎文化馆盛会,广州奋力书写公共文化服务新篇章[EB/OL]. https://wglj. gz. gov. cn/gzdt/zwxx/content/post_9933257. html. [访问时间:2024-11-01].

[87] 南方新闻网. 非遗绽放花城,2024年国庆黄金周广州市非遗活动精彩纷呈[EB/OL]. https://baijiahao. baidu. com/s?id=18117789053387975508&wfr=spider&for=pc. [访问时间:2024-11-01].

[88] 新华网. 2024年中国文化馆年会|打造群众文化活动品牌 助力文化馆"破圈"发展[EB/OL]. https://www. xinhuanet. com/info/20241113/3a0231be5131421f8fcaa64d7b02c151/c. html. [访问时间:2024-11-18].

[89] 文旅中国. 文化馆网络传播效果评估|路径多了,效果如何?[EB/OL]. https://baijiahao. baidu. com/s?id=18161388332592580848&wfr=spider&for=pc. [访问时间:2024-11-19].

[90] 羊城派. 广州市文化馆成功入选全国"公共文化空间品牌"案例[EB/OL]. https://baijiahao. baidu. com/s?id=17770645518590102528&wfr=spider&for=pc. [访问时间:2024-11-18].

[91] 广州非遗微信公众号. 广州非遗开放日|非遗绽穗城,跨界破圈,全民乐享文化盛宴![EB/OL]. https://mp. weixin. qq. com/s?__biz=MzA5MjI3NzEwMQ==&mid=2651860309&idx=2&sn=09d04dbe58484295ca7574bbcead0e49&chksm=8ad83e6779a83ac4dc69ac3b97c7d3b79e6bea0ee978c7c93cc401b17fc13cb41eeed27cda9b&scene=27. [访问时间:2024-11-01].

[92] 中国政府网. 文化和旅游部发布《"十四五"文化和旅游发展规划》[EB/OL]. https://www. gov. cn/xinwen/2021-06/04/content_5615466. htm. [访问时间:2024-11-02].

[93] 广州市文化广电旅游局. 广州市文化广电旅游局关于确定广州市文化馆旅游区为国家3A级旅游景区的公告[EB/OL]. https://wglj. gz. gov. cn/gkmlpt/content/9/9156/post_9156066. html#16235. [访问时间:2024-11-18].

[94] 搜狐网. "科技+文旅"助力广州文旅高质量发展,"游戏中的广州"上新[EB/OL]. https://www. sohu. com/a/756310562_100116740. [访问时间:2024-11-18].

第七章

文娱创意与非物质文化遗产数字传播

非遗是民族文化的瑰宝,它承载着深厚的历史记忆和独特的精神价值。随着数字化技术的发展,如何让非遗在现代社会焕发新的生命力,成为文化传承和创新的重要课题。在全球化的背景下,非遗的保护与传播不再仅仅依赖传统的形式,而是借助数字技术和文娱产业的新兴力量,走向更加广泛的受众群体,尤其是年轻一代。动画电影、电视连续剧、数字游戏和文化纪录片,这些现代文娱形式正成为非遗数字传播的关键载体。

本章将深入探讨如何通过文娱创意的力量,推动非遗的数字化传播。本章选取了《雄狮少年》《去有风的地方》《原神》和《非遗里的中国》4个在文娱创意方面表现突出的非遗数字传播案例,展示它们在推广非遗方面的独特作用和创新实践。动画电影《雄狮少年》将中国传统狮舞文化与现代动画技术相融合,创造了一个既具视觉冲击力又富有情感共鸣的作品,为非遗的数字传播开辟了新的路径;电视连续剧《去有风的地方》则通过长期的播出和情感沉淀,将云南的非遗元素植入剧集,深刻影响了观众对地方文化的认同,也引发了一波云南非遗旅游热潮;数字游戏《原神》在国内外游戏领域表现突出,以互动性和沉浸感为特色,让玩家在虚拟世界中亲身体验中国传统文化,成为非遗传播的新型载体;文化纪录片《非遗里的中国》则通过真实记录的方式,展示了中国丰富的非遗文化资源,帮助观众通过影像深刻感知和理解这些非遗。

以上4种非遗数字传播形式各具优势,能够通过创意和技术手段,为我国非遗提供多角度、多层次的创新传播路径。无论是动画电影中的视觉冲击、电视剧中的情感共鸣、游戏中的互动体验,还是纪录片中的真实记录,都在推动非遗以更加多元的传播与传承方式示人,尤其能激发年轻人对非遗的兴趣与热爱,并在他们心中播撒传承与弘扬中华传统文化的种子。接下来,本章将通过具体的创作与传播实践,探讨文娱创意如何推动非遗数字传播,并揭示数字技术对非遗传承和创新的深远影响。

第一节 动画电影:《雄狮少年》虚实结合传承狮舞精魂

《雄狮少年》作为我国本土原创动漫电影,自2021年上映以来就收获了超高口碑,被中国中央电视台点评为表达文化自信的代表。该片聚焦国家级非遗狮舞这一小众非遗项目,让人们看到了非遗同动漫结合大放异彩的可能性。

作为中国传统民间艺术的重要代表,狮舞又称"狮子舞""狮灯""舞狮""舞狮子",具有悠久的历史和独特的文化内涵,是中华传统节庆活动中的重要象征。其传承和发扬曾一度面临艺术失传和受众老化的双重困境,尤其是在现代快节奏的社会环境中,如何让年轻一代接触并认同这项非遗成为一大难题。然而,随着动画电影《雄狮少年》的出现,狮舞找到了新的传播途径。该片上映后,非遗狮舞迅速引发了广泛的社会讨论,影片通过虚拟影像与现代叙事将狮舞这一非遗以生动的方式呈现给观众,深受各地群众喜爱,展现了数字媒介在非遗传承中的巨大潜力。

在数字化传播方面,《雄狮少年》借助精美的动画制作与细腻的狮舞动作设计,对狮舞的核心技艺与文化精髓进行了高度还原与艺术表达。通过动画这一现代视觉语言,影片不仅突破了狮舞在传统表演中所受的时空局限,还借助网络平台的广泛传播,将狮舞推向了全球观众。与此同时,影片通过情感化的叙事,唤起了观众对传统文化的共鸣,尤其是年轻一代对狮舞文化的重新认识和认同,成功让这一传统非遗与年轻观众建立了情感连接。

非遗的传承与传播需要扎根于人们的日常生活,类似《雄狮少年》的影视动画通过深入挖掘非遗符号,最大限度地还原非遗传统民俗活动场景,使精神文化符号与当代价值观的趋向一致,让当代年轻人在传统文化中获得文化自信。少年强则国强,非遗数字化传播是一种创新探索[①]。

一、基本信息:狮舞非遗的历史沿革与多元价值

(一)狮舞简介

狮舞,作为中国传统文化中的重要表现形式,拥有2 000多年的悠久历史和浓郁的民族特色。狮舞最早起源于汉代的军事操练,逐渐演变为一种具有深厚文化内涵的民俗表演,成为中国节庆活动中的重要组成部分。狮舞分北狮和南狮,北狮主要流行于长江以北,重在写形,主要表现狮子的习性,当前收录在国家级非遗名录中的北狮有"狮舞(徐水舞狮)""狮舞(天塔狮舞)"等(见图7-1-1)。南狮又称醒狮,从北狮脱胎而来,以广东等地的狮舞具有代表性,其重在写意,主要表现狮子昂扬威猛的形象,当前收录在国家级非遗名录中的南狮有"狮舞(广东醒狮)""狮舞(黄沙舞狮)"等。据统计,2006—2022年,共有5批23支民间狮舞被列入国家级非遗名录(见表7-1-1)。

表7-1-1 入选国家级非遗名录的狮舞项目情况

年份	批次	项目名称	申报地区
2006	第一批	狮舞(徐水舞狮) 狮舞(天塔舞狮) 狮舞(黄沙舞狮) 狮舞(广东醒狮)	河北省徐水县 山西省襄汾县 浙江省临海市 广东省广州市 广东省佛山市 广东省遂溪县

[①] 徐丹.文化符号视角下非遗文化影视化研究——以《雄狮少年》醒狮文化为例[J].今古文创,2022(36):72-74.

（续表）

年份	批次	项目名称	申报地区
2008	第二批	狮舞（白纸坊太狮） 狮舞（沧县舞狮） 狮舞（丰城岳家狮） 狮舞（小相狮舞） 狮舞（槐店文狮子） 狮舞（席狮舞） 狮舞（布依族高台狮灯舞）	北京市 河北省沧县 江西省丰城市 河南省巩义市 河南省沈丘县 广东省梅州市 贵州省兴义市
2011	第三批	狮舞（马桥手舞狮） 狮舞（古陂总狮、犁狮） 狮舞（松岗七星狮舞） 狮舞（青狮） 狮舞（藤县狮舞） 狮舞（田阳壮族舞） 狮舞（高台狮舞）	上海市闵行区 江西省信丰县 广东省深圳市 广东省揭阳市 广西壮族自治区藤县 广西壮族自治区田阳县 重庆市
2014	第四批	狮舞（黎川舞白狮）	江西省黎川县
2021	第五批	狮舞（上川黄连胜醒狮舞） 狮舞（瑶族布袋木狮舞）	广东省深圳市 广东省清远市

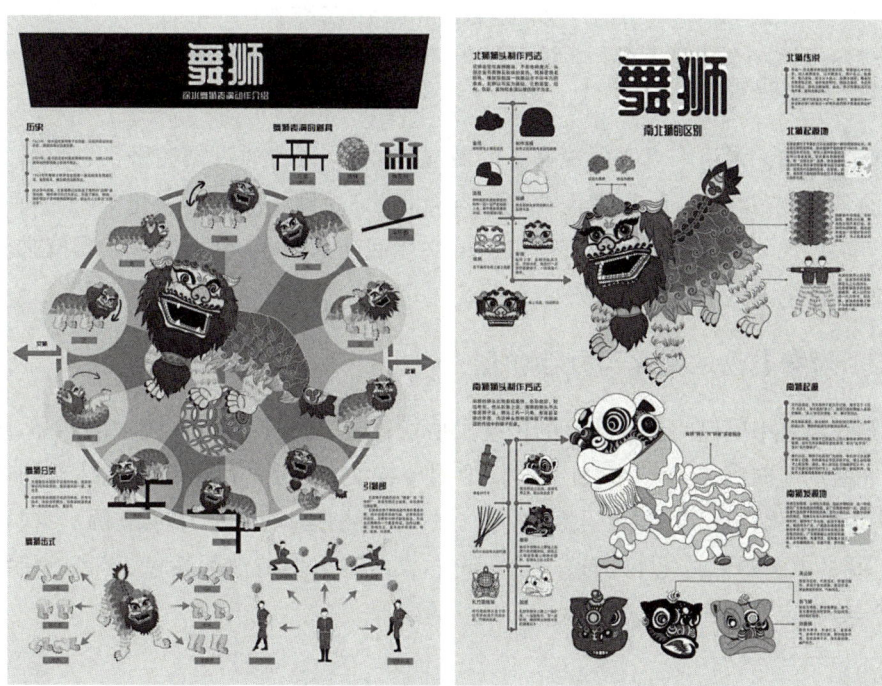

图 7-1-1 狮舞（徐水舞狮）、南北狮区别

（资料来源：徐水舞狮文创设计［EB/OL］. https://www.gtn9.com/work_show.aspx?id=3DE90A5FC3EBEE06.［访问时间：2024-10-11］.）

狮舞具有悠久的历史遗产、文化自信、民族认同、艺术欣赏和社会和谐价值①。《雄狮少年》塑造的是狮舞(广东醒狮)(见图7-1-2),其作为岭南文化的代表,以刚猛有力的舞步和传神的狮头操控技艺闻名遐迩,2006年入选了第一批国家级非遗名录,2019年在中共中央、国务院印发的《粤港澳大湾区发展规划纲要》中被列为倡导弘扬的岭南文化代表之一。狮舞承载着岭南人的乡愁,紧系岭南民心,是岭南公认的非遗。作为岭南地区共有、共续、共享的特色民俗文化,狮舞兼具公共价值和地域特色,展现出丰富的岭南文化意涵②。狮舞融合了武术、音乐、舞蹈,蕴含着南粤人的精神价值、思维方式和文化意识,在中华传统文化的长河中占据不可或缺的位置。

图7-1-2 狮舞(广东醒狮)节日庆典

(资料来源:喜气洋洋贺新春!广州天河石牌正月初一醒狮采青纳福[EB/OL]. https://www.sohu.com/a/757498645_100116740.[访问时间:2024-10-11].)

狮舞的表演艺术追求真实再现狮子的威猛与灵动,舞者通过操控狮头、狮尾,完美展现狮子的各种神态与动作。舞者需要高度配合,以呈现狮子的情感变化与行为特征。每一个细节都展现了舞者精湛的技艺与丰富的文化底蕴,为观众呈现出一场具有强烈视觉冲击力的表演艺术。

(二) 狮舞非遗的文化与社会价值

狮舞表演是中国民间庆祝节日的传统民俗仪式,是中国传统民间艺术的结晶,现已从民间节气活动走向竞技舞台,成为一项将中国传统文化、历史和运动有机结合的体育赛事,并朝着科学化、组织化、国际化的方向发展③。特别是以狮舞(广东醒狮)为代表的岭南狮舞,既是中国狮舞文化不可或缺的一部分,又具有鲜明的地区特色、丰富的传统文化内涵和审美趣味④。

---

① 樊坤,袁丽.民间传统舞龙舞狮非遗现状分析与传承发展研究[J].广州体育学院学报,2021,41(1):45-47,73.
② 谢中元.论醒狮文化传统存续的内在基础——以民众需求与观念认同为视角[J].佛山科学技术学院学报,2022,40(2):5-10.
③ 雷强,雷军蓉.我国龙狮运动可持续性发展战略研究——基于SWOT矩阵组合分析[J].北京体育大学学报,2017,40(2):128-136.
④ 陈明.南狮文化传承与发展的影响因素及对策分析[J].玉林师范学院学报,2019,40(1):65-67.

1. 文化传承的象征意义

狮舞作为一种古老的表演艺术,承载了丰富的文化内涵。它不仅在节庆活动中象征着吉祥如意,还承载了祈福纳祥、驱邪避害的文化功能。通过代代相传,狮舞成为中华民族传统文化认同的象征,凝聚了民族精神,反映了中华文化中的团结与合作精神。在现代社会中,狮舞不仅是一种表演形式,更成为连接传统与现代的重要文化纽带。

2. 技术与艺术的双重价值

狮舞技艺以其独特的艺术表现力,展现了中华文化中的刚柔并济之美。狮舞的舞步讲究沉稳有力,舞者通过精确的动作、灵活的翻腾与跳跃,展示出狮子的威猛与敏捷。狮舞中的狮头、狮尾等道具设计同样体现了中国传统手工艺的精湛技巧,融入了雕刻与绘画艺术,使整个表演更加生动传神,具有极高的艺术价值。

3. 体育健身的娱乐价值

狮舞(广东醒狮)具有一定的技巧性且与武术密切相关,其动作及步形比较多,坚持长期练习才能较好掌握其中的动作和技巧,这有助于人们养成体育锻炼的习惯[①]。狮舞的快、慢、动、静等节奏变化对提高人们的速度、灵敏、力度等素质也有很大的帮助。此外,狮舞表演的时间一般比较长,可以锻炼人们的耐力,提高心肺功能。因此,经常参加狮舞表演有助于人们身体素质的提高,有助于培养健康的体魄。狮舞(广东醒狮)集合了音乐、武术、舞蹈等元素,不仅在听觉上创造了喜悦的气氛,也能提供视觉上的享受,是一种健康休闲、娱乐身心的好方式。

4. 社区凝聚力与社会价值

狮舞作为传统节庆活动的一部分,不仅具有娱乐功能,更在维系社区和社会团结中发挥了重要作用。通过集体表演,社区成员共同参与其中,增进了彼此的情感联结和文化认同。狮舞表演通过象征性的动作传递祈福、团结的寓意,成为维系社会和谐与共同信念的重要文化实践。如今,狮舞不仅在国内广泛传播,也通过各种文化交流活动走向国际舞台,成为中华文化的象征之一。

5. 教育意义与传承价值

在传承层面,狮舞技艺的教育价值日益凸显。作为非遗,狮舞的技艺传承不仅依赖传统的师徒制,还逐渐融入现代教育体系。通过校园和社区活动,狮舞技艺得到推广,并向青少年传递传统文化的价值观念和表演技巧。同时,狮舞技艺中的团队合作精神和集体意识也成为现代社会教育中培养青少年协作能力的有效工具,帮助他们在体验文化的过程中培养团队意识与民族认同感。

二、案例综述:狮舞非遗的危机与动画数字化传播的契机

(一)狮舞技艺传承与保护现状

2006年,狮舞(广东醒狮)被正式列入国家级非遗名录,这是对狮舞文化价值的肯定。

---

① 胡容娇. 岭南醒狮的发展及其价值研究[J]. 体育文化导刊,2012(2):136-138.

然而,非遗的保护不仅仅在于名录的认定,更在于活态的传承与传播。随着社会的快速变迁,南狮舞在面对现代文化冲击时,逐渐暴露出传承机制断裂、文化表现形式局限、人才流失等多方面的危机。虽然狮舞被列入了国家级非遗名录,但其生存与延续并未因此变得轻松,相反,如何让这一传统民间艺术在当代社会中继续焕发生机,成为迫切需要解决的问题。

1. 自然因素的影响

狮舞文化生态在传统社会中更多受到自然因素的影响,随着社会的发展,自然因素对狮舞文化生态的影响逐渐减弱,使狮舞文化生态面临传统物态文化失传、文化认同动摇、传统狮舞习俗衰落的困境。《中国非物质文化遗产保护发展报告(2018)》指出,许多依赖自然环境的非遗项目正面临生存危机,狮舞技艺也不例外。

首先,随着生产力的发展,取材于自然的狮舞器具逐渐被强化塑料与化学纤维替代,"刻木为头,丝作尾"的物态文化逐渐失传[①]。同时,生产劳动对自然的依赖逐渐减少,狮舞文化与其承载的自然因素层面的价值诉求逐渐脱离,导致缺失了价值支撑的传统狮舞习俗逐渐衰落。例如,传统土家族的舞草狮曾是村民祈求风调雨顺、五谷丰登的文化载体,但随着自然因素对当地生产重要性的下降,祈求风调雨顺的舞草狮活动也逐渐衰落。如何在新时代处理好狮舞非遗的生存和发展,如何利用数字化传播狮舞文化,成为亟待解决的新课题。正如一些学者指出的,数字技术的应用为非遗项目的保护和传播提供了新的路径,但具体如何实施仍需深入研究和实践。

2. 表现形式的局限

狮舞表演传统上主要出现在节庆、庙会、重大庆典等特定场合,这种单一的展示方式限制了其受众的范围。随着社会的快速发展和人们生活方式的改变,观众的审美需求和娱乐偏好日益多元化。传统的狮舞表演形式相对固定,缺乏创新,难以满足现代观众特别是年轻一代的审美期待。现代娱乐形式层出不穷,如网络游戏、电子竞技、影视娱乐、流行音乐等,对传统文化艺术形成了巨大的冲击。狮舞作为一种传统艺术,如果不进行创新和改良,难以在激烈的文化竞争中保持吸引力。

此外,狮舞的文化传播和表现形式相对单一,主要依靠现场表演和有限的媒体报道。缺乏与新媒体和数字技术的融合,使得狮舞在年轻群体中的传播受限。许多狮舞队伍缺乏专业的宣传和推广手段,无法充分利用互联网和社交媒体来扩大影响力。同时,狮舞技艺的理论研究和文字材料相对匮乏,缺乏系统的记录和整理[②]。这不仅影响了狮舞文化的学术研究深度,也限制了其在教育领域的传播和应用。学校教育中对狮舞文化的关注度不高,相关课程和活动较少,导致年轻一代对狮舞技艺的了解和兴趣不足。

3. 传承机制的断裂

狮舞文化的传承传统上依赖师徒制,通过口传心授的方式代代相传。然而,现代社会

[①] 周丽,童胜玢,王维燕,等.舞狮文化生态发展困境与应对策略[J].体育文化导刊,2022(8):65-70,78.
[②] 程文广,张崇龙,张生开.我国学校体育资源配置失衡问题研究:基于扎根理论的分析[J].沈阳体育学院学报,2019(4):24-32.

的快节奏生活和年轻一代兴趣的多元化使得这一传统传承方式面临巨大挑战。年轻人对狮舞技艺的兴趣逐渐减弱,更倾向于选择新兴的娱乐方式,传统技艺的吸引力不足,导致传承人后继乏力。同时,城市化进程和经济压力促使大量农村中青年劳动力外出务工,留在家乡从事狮舞技艺学习的人数锐减。狮舞技艺的学习周期长,体力和技巧要求高,加之缺乏稳定的经济收入,进一步削弱了年轻人学习和传承狮舞的热情。

此外,随着老一辈传承人的年龄增长,许多技艺精湛的狮舞艺人逐渐淡出舞台,而新的传承人又未能及时跟上,导致传承链条出现断层。传统的师徒传承方式缺乏系统的教育机制和支持,无法适应现代社会对文化传承的需求。同时,狮舞活动的参与者最初以当地农民和武术群体为主,通过走访及查阅文献资料得知,狮舞活动人群最初以广州周边当地农民和武术群体人员为主[①],但随着社会结构的变化,这些群体的人员构成也发生了改变。缺乏有效的传承机制和吸引年轻人的措施,使得狮舞技艺的延续面临严峻挑战。如何在现代社会中激发年轻一代对狮舞文化的兴趣,建立完善的传承体系,已成为狮舞技艺保护与发展的关键。

(二)虚实结合,技艺新生:狮舞非遗的动画传播

1. 构建狮舞主题的文化景观

中国非遗深受地域和生存环境的影响,其"活态"特质源于特定的文化背景和生活环境。《雄狮少年》通过动画这一媒介,成功再现了狮舞非遗所依赖的广东地区环境,帮助观众更直观地感受到这一文化的地域特征。影片通过对广东小镇的精细刻画,将传统狮舞的生活场景(如田间小道、狮舞训练场地、狮舞用品店铺等)细腻展现,使观众得以沉浸其中,深入理解狮舞文化背后的生活和民俗气息。

随着现代化进程的推进,狮舞文化逐渐面临生存环境的改变。影片巧妙展现了这种文化的困境:现代社会对经济利益的过度追求使得传统狮舞技艺逐渐边缘化,狮舞文化不再像过去那样成为社会生活的重要组成部分,而是面临被遗忘的风险。《雄狮少年》通过描绘小镇中人们对狮舞价值的重新认识和反思,揭示了狮舞文化如何在现代社会中寻求自身定位,力求传达狮舞民俗在现代社会存在之窘迫,目的在于唤起大众对传统民俗陨落的关注。通过对狮舞文化景观的创新构建,影片不仅重现了狮舞这一非遗的历史根基,还通过现代化的视觉表达引发了观众对文化传承的深刻思考。这种通过动画重建非遗文化景观的方式,不仅增强了传统非遗的文化传播力,也为观众理解并传承狮舞文化提供了新的视角和途径。

2. 还原狮舞现场的视听体验

《雄狮少年》借鉴了狮舞(广东醒狮)的一些表演内容、狮头造型,并利用三维动画技术进行了高度还原,让观众在影片中看到了较为直观具象的狮舞[②]。狮舞相关的场景主要

---

① 李杨奎,黄东怡. 利益相关者理论视角下岭南醒狮文化发展研究[J]. 当代体育科技,2023,13(22):123-126,132.
② 郝宗庆. 基于中国非遗文化的新国风动画电影研究[D]. 哈尔滨:哈尔滨师范大学,2023.

有：初次接触狮舞（主人公阿娟在村里看到舞狮表演，激发了他对狮舞的兴趣），训练场景（阿娟与伙伴们一起学习狮舞，包括基本功练习和团队配合），初次表演（他们参加了当地的一次小型狮舞活动，第一次在公众面前展示），与对手比赛（与其他狮舞队伍进行较量，展示技艺并提升自我），高潮表演（影片结尾的重大狮舞比赛，体现了主角的成长和团队的凝聚力）。这些狮舞相关的场景累计约占影片总时长的三分之一，充分展现了狮舞文化和主角的成长历程。

狮舞（广东醒狮）的表演内容十分丰富，《雄狮少年》对其采青、抢青、过高桩的表演内容进行了借鉴。采青是狮舞（广东醒狮）最常见的表演内容，通常是猎取挂在高处或置于地上的青菜或利是（红包）。有时为了增添娱乐性，采青还会采用不同的方式，如采高青、采地青、采凳青等，并配以各种特技动作，如上肩、叠罗汉、上杆等[①]。抢青是指不同的狮队同时争夺同一份青，场面激烈，富有竞争性。过高桩则是一种高难度的狮舞表演形式，狮子需要在高桩或竹竿上完成复杂的动作，展示出高超的技巧和胆识。在影片中，这些传统的狮舞表演形式多次出现。在影片开头，阿娟与陈家村狮队队长陈壮成争夺红包时就借鉴了狮舞（广东醒狮）过高桩上杆采高青的表演方式（见图7-1-3），两人单持狮子头在竹竿上你争我夺，为观众呈现出了惊险刺激的一幕。与张村狮队进行采青比拼以及最后狮舞大赛中的第4个环节均借鉴了狮舞（广东醒狮）的采凳青（见图7-1-4）。最后狮舞大赛中的第3个比赛环节还借鉴了狮舞（广东醒狮）的抢地青表演。此外，在影片最后狮舞大赛的加时赛环节中（见图7-1-5），借鉴了狮舞（广东醒狮）的过高桩表演。尤其值得一提的是影片开头阿娟与陈壮成在竹竿上争夺红包的片段，有约5分钟的篇幅。这一段不仅展示了传统狮舞的高超技巧和紧张氛围，还为剧情的发展奠定了基础，给观众留下了深刻的印象。

图7-1-3 《雄狮少年》中的过高桩上杆采高青

图7-1-4 《雄狮少年》中的采凳青

---

① 李思雨.论动画"中国学派"的艺术呈现与美学特质[D].长春：东北师范大学，2021.

图 7-1-5 《雄狮少年》中的采凳青

狮舞(广东醒狮)的狮头造型注重装饰,色彩较为艳丽,在狮头造型上主要有刘备、关羽、张飞之分,吸收了粤剧人物头饰手法,表现出对英雄人物敬慕的心理欲求①。其中,关羽狮头的特点是以红色为主色调,象征忠诚和勇武。狮头常配有浓密的黑色眉毛,眼神威严,额头上装饰着二龙戏珠或火焰等图案,顶部还会有三叉戟形状的装饰物,整体造型威风凛凛,表现出关羽的英勇气概。在《雄狮少年》中,阿娟的狮头就借鉴了关羽狮头的设计,并在装饰和色彩上进行了还原,凸显出传统狮舞的神韵与文化内涵(见表 7-1-2、图 7-1-6)。

表 7-1-2 南狮造型因子基因图谱

名称	因子原型	纹样解析	纹样来源	因子特征线提炼
造型因子1			关羽狮(眼睛)	
造型因子2			刘备狮(鼻子)	
造型因子3			张飞狮(嘴巴)	
造型因子4			黄忠狮(耳朵)	
造型因子5			马超狮(外轮廓)	

(资料来源:李微,倪春洪.岭南舞狮文化在文创产业中的演绎[J].包装工程,2022,43(24):277-286.)

---

① 刘妹.城市品牌形象视域下佛山特色文化符号提炼与分析研究[J].设计,2020,33(17):44-47.

图 7-1-6　狮舞(广东醒狮)的关羽狮头(左)与《雄狮少年》中的关羽狮头(右)

(资料来源:锣鼓一声响,醒狮来开年,进来沾喜气,事业生意步步高升 1.[EB/OL].http://www.sohu.com/a/451519013-670981.[访问时间:2025-03-24];《雄狮少年》电影截图)

此外,影片在配乐与音效上精心设计,成功还原了狮舞现场的视听体验。传统的鼓点、锣声和钹声贯穿狮舞表演的各个场景,节奏明快而富有力量,营造出紧张而热烈的氛围。特别是在关键的狮舞比赛和采青比拼中,音乐随着情节的发展逐步升温,鼓点的加速和音效的强化使观众仿佛置身于真实的狮舞现场,感受到狮子的威猛与舞者的激情。这样的视听效果不仅增强了影片的感染力,也使传统狮舞文化得以更生动、更立体地呈现。

3. 丰富狮舞艺术的立体呈现

动画的虚实结合特性赋予了狮舞艺术更广阔的表现空间,突破了现实世界物理法则的限制,能够展现无限的想象力和创造力。《雄狮少年》中,制作团队利用动画特有的表现手法,将狮舞动作与幻想元素巧妙融合。例如,影片中狮子在空中完成连续的高难度翻转,穿越云层与光影交错的空间,这些在现实中难以实现的动作,通过动画得以生动呈现。狮子的毛发随风飘动,狮眼炯炯有神,甚至还能展现出情感变化,这些细节都增强了观众的沉浸感。通过夸张的动作设计和丰富的视觉效果,影片不仅展示了狮舞的力量与美感,还赋予了传统艺术新的生命力。

在传统的表演中,观众的观看角度和距离往往有限,无法全面感知狮舞的细腻细节。这种超越现实的表现方式让观众仿佛置身于一个奇幻的狮舞世界,感受到传统文化与现代技术融合所带来的震撼。动画为狮舞艺术插上了想象的翅膀,通过三维建模、动态捕捉技术以及多角度镜头设计,精细呈现狮舞的每一个动作细节,从狮头的每一个表情到舞者的精准配合,都能够通过动画的镜头语言完美展现,使其不再受制于现实的物理限制,能够自由地表达创作者的思想和情感。这种创新的艺术表达不仅提高了影片的观赏性和艺术性,也为传统狮舞文化的传播和发展开辟了新的路径。年轻观众在欣赏影片的同时,能够感受到狮舞艺术的魅力,激发深入了解和传承传统文化的兴趣。

三、分析点评：狮舞的动画创新与数字化传播之路

（一）数字技术赋能非遗：跨越时空的广泛传播与跨文化理解

1. 打破时空限制，实现广泛传播

在传统的非遗传播中，技艺的传承和展示往往局限于特定的时间和空间。狮舞这种富有仪式感的表演通常出现在节庆或重要活动中，依赖现场表演和观众的即时体验。然而随着数字技术的发展，动画等媒介突破了这些限制，成为传播非遗的重要工具。《雄狮少年》正是通过动画这种现代化的数字载体，将狮舞这种需要特定场景的表演形式成功带入了全球观众的视野。

动画的虚拟空间允许狮舞技艺不再受限于地域和现场观众，全球各地的观众都可以通过影视平台轻松接触到这一技艺，甚至在电影下架后仍可以通过网络平台进行长期传播和回放。这种"长尾效应"使得狮舞文化能够持续影响观众，成为文化传播中的重要力量。此外，数字化的狮舞技艺还可以通过网络社交平台、短视频等新兴媒介进行二次传播，从而扩大受众群体，形成一种数字文化的连锁反应。正是因为动画在时间和空间上的灵活性，狮舞技艺的普及和传播得以突破传统局限，实现广泛的跨文化传播。

2. 视觉语言的普适性，促进跨文化理解

动画作为一种视觉媒介，其高度的表现力和普适性使其成为非遗跨文化传播的有力工具。《雄狮少年》不仅展示了狮舞技艺的细节，还通过动画独有的美学手法，将狮舞的力量、节奏、仪式感等元素以直观的方式呈现给全球观众。由于动画具有跨越语言和文化的优势，狮舞文化中的动作和表演通过视觉符号得以全球化传播，使得观众能够轻松理解其中的文化内涵。此外，用动画电影的叙事方式刻画人间烟火气，能够拉近受众与影片的距离，更好地推动非遗传播与传承。

不同于传统的语言或文字叙述，动画通过视觉传达，让来自不同文化背景的观众无须具备语言或特定文化知识，便能感知狮舞的艺术表现和文化象征。这种不受语言障碍限制的传播方式极大地增强了非遗的国际化传播力。尤其在全球化时代，动画成为一种重要的跨文化交流媒介。例如，《雄狮少年》中的狮舞技艺通过流媒体平台传播至多个国家后，受到了广泛的关注，甚至激发了部分外国观众对中国传统文化的兴趣和学习热情。这种视觉语言的普适性促使非遗从区域性表演转变为国际观众可以理解和欣赏的文化现象。

（二）动画叙事中的情感共鸣与文化认同：传统非遗的现代化传播路径

1. 非遗狮舞情感共鸣与文化传承

动画不仅是非遗技艺的传播工具，更通过现代叙事结构与情感化的故事塑造，实现了与观众的深层次连接。《雄狮少年》推动了传统文化传承与发展这一时代课题，自觉担当

起传承和弘扬传统文化、促进其创新发展的责任。事实表明,电影显示出深刻的文化意义,以融合少年成长和传统民俗文化传承的方式对传统文化进行现实表达,呼吁社会各界关注非遗的传承,借助动画这一文化载体加快非遗在当代的转型发展。

《雄狮少年》中,退役"狮王""咸鱼强"为了生存选择听从妻子阿珍,转行经营一家"咸鱼铺",而主人公阿娟虽学习狮舞却在比赛结束后回归现实,进城打工。"咸鱼强"和阿娟隐喻传统民俗狮舞的传承危机,狮舞人与"咸鱼强"境遇相同,为了养家糊口不得不转行从事他业,在底层艰难求活。但"咸鱼强"教阿娟及小伙伴狮舞,阿娟在比赛中将"狮头"挂在擎天柱上,无不显示出狮舞人最后的倔强和孤傲,这也象征现实中一些不甘传统民俗走向衰灭的民间艺人在与传统非遗没落命运做抗争,从而引发各界对非遗的传承以及传统文化在当代如何发展的高度关注。这种深层次的文化和情感共鸣使得狮舞技艺的传播不再是单向的展示,而是一种互动式的文化体验,激发了观众对狮舞所蕴含文化精神的认同与共鸣。

2. 动画叙事引发年轻观众的非遗文化认同

随着现代化进程加速,传统非遗在年轻人中的传承呈现断层状态。《雄狮少年》展现了传统民俗狮舞在现代化进程中遭遇的传承问题,讨论了传统文化如何在现代文明的冲击下得以传承和发展[①]。要让传统非遗焕发新生,就必须与现代生活重新建立联系。动画影视作品通过符合现代审美的方式,将非遗融入其中,有助于吸引年轻观众并增强他们的文化认同感。数据显示,2023年,我国动漫行业整体市场规模达2 219亿元,动漫用户突破5亿人[②]。

《雄狮少年》不仅展示了狮舞技艺,更通过叙事引发年轻观众的情感共鸣。影片上映后,其在猫眼和淘票票平台的评分均维持在9.0以上,观影人群中35岁以下的观众占比超过70%,表明该影片成功吸引了大量年轻受众,成为传统文化与现代观众对话的有效媒介。狮舞这一非遗以一种更符合现代审美观念的形象呈现在观众视野,让非遗重新在现代青年人中焕发生机,让其文化内涵得到更加广泛的传播。

3. 寓教于乐推动传统非遗的娱乐化传播

非遗传承的一个核心挑战在于如何吸引年轻一代的关注。传统文化由于其深厚的历史背景和复杂的技艺要求,往往显得难以接近。然而,动画通过生动的视觉表现与娱乐化叙事,使得传统技艺如狮舞变得更具吸引力。《雄狮少年》通过动画的精彩演绎,使狮舞技艺更加生动有趣,吸引了大量年轻观众的关注。

这种寓教于乐的方式不仅提升了非遗的吸引力,还通过故事中的成长与团队合作等元素,引发了年轻观众的情感共鸣,激发了他们对传统文化的兴趣。这种传播方式不仅有助于狮舞的技艺传承,也为非遗在年轻一代中的延续打下了坚实基础。

[①] 徐丹. 文化符号视角下非遗文化影视化研究——以《雄狮少年》醒狮文化为例[J]. 今古文创,2002(36):72-74.
[②] 前瞻产业研究院. 2024—2029年全球及中国动漫产业发展前景与投资战略规划分析报告[EB/OL]. https://bg.qianzhan.com/report/detail/fb130adb3f3844ca.html.[访问时间:2024-09-20].

(三) 数字平台助推非遗:多渠道协作与互动深化传播

1. 多平台协作扩展传统非遗传播范围

数字化平台的广泛应用为非遗的传播提供了多元化的渠道。《雄狮少年》通过 YouTube、抖音、微博等社交媒体平台,形成了数字化的传播矩阵。观众可以通过这些平台讨论、分享与狮舞相关的内容,扩大了非遗的受众群体。这种多平台协作的传播模式增强了观众的参与感,使非遗不再局限于静态展示,而成为观众主动传播的话题,形成了自发的文化推广效应。

2. 社交媒体提升传统文化的传播热度

社交媒体平台为传统文化提供了快速积累流量的渠道(见图 7-1-7)。《雄狮少年》上映后,微博上"♯雄狮少年♯"话题的讨论量达数百万条,播放量突破数亿次,迅速引发了对狮舞文化的广泛讨论。抖音平台上的短视频播放量突破 10 亿次,进一步提升了狮舞技艺的曝光率。年轻用户通过短视频和社交平台了解并参与对狮舞的讨论,为这一古老技艺注入了新的生命力。

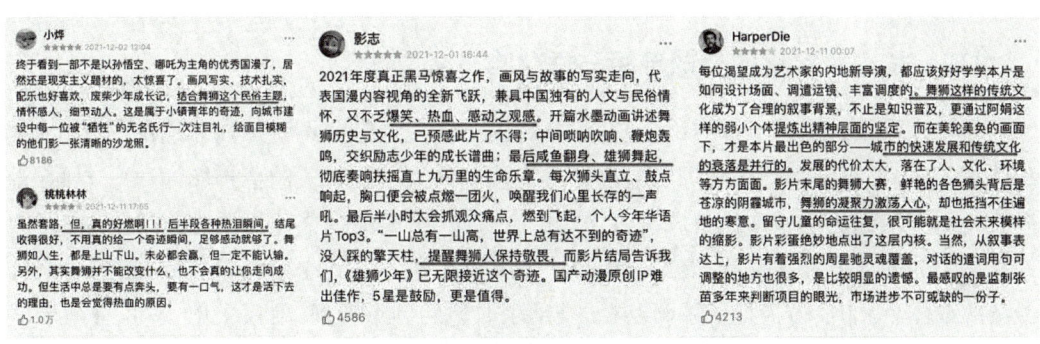

图 7-1-7 观影用户通过社交平台进行讨论

(资料来源:豆瓣电影《雄狮少年》评论区[EB/OL]. https://search.douban.com/movie/subject_search?search_text=%E9%9B%84%E7%8B%AE%E5%B0%91%E5%B9%B4&cat=1002.[访问时间:2024-10-11].)

3. 互动与社区参与深化文化传播

数字平台的互动性使观众能够更加深入地参与传统非遗传播。通过评论、点赞、分享等互动方式,观众不仅成为狮舞的被动接受者,还能积极推动文化传播。例如,在动画电影《雄狮少年》上映一周年之际,电影中的人气角色"咸鱼强"在快手平台进行了直播首秀(见图 7-1-8)。直播中,"咸鱼强"化身的虚拟主播,不仅展示了狮舞等才艺,与直播间粉丝亲密互动,还与快手达人主播连麦形成跨次元联动。最终,两小时的直播收获互动次数超 20 万,累计观看次数近 4 000 万,最高同时在线 8.3 万人。此外,数字平台上的社区互动,如狮舞体验活动和线上课程,构建了一个数字化的南狮文化社区。这种线上线下结合的传承模式增强了观众的文化认同感与归属感,使狮舞的传播更加深度、广泛。

图 7-1-8　直播截图

（资料来源：《雄狮少年》"咸鱼强"变虚拟主播，近 4 000 万人次观看其直播[EB/OL]. https://baijiahao.baidu.com/s?id=1753060351277180724&wfr=spider&for=pc.[访问时间：2024-10-11].）

（四）非遗数字化的全球传播与文化自信的重塑

在国家政策的感召下，需要坚定文化自信、把握时代脉搏，不断加强非遗的保护、传承和传播工作，守正创新，有"融"乃强，描绘粤港澳各族人民新时代的精神图谱。一方面，狮舞文化既有浓郁的地域文化特质又有深厚的人文素养，是岭南文化的活态化传承，在国内外有一定的知名度和美誉度，有助于提升中华文化影响力。另一方面，利用动画等数字化传播的载体，为非遗传播提供了新路径，推动了非遗的创意转型，增强文化认同，有助于坚定文化自信。

1. 非遗技艺的数字化保存与互动传播

狮舞精神是中华民族顽强不屈的民族魂，承载着中国人超越传统导向的进取精神和特异风格[1]。《雄狮少年》通过数字化技术为非遗技艺的保存和传播开辟了新的途径。影片不仅以动画形式生动再现了狮舞技艺，还利用现代技术手段进行数字化保存，使这一传统文化得以在虚拟空间中长久存续。通过数字化记录，狮舞的每一个动作细节得以精准保存，避免了传统口传心授方式中技艺流失的风险。

更重要的是，数字化的互动传播方式给非遗注入了新的生命力。观众不仅能够通过观看动画感受狮舞的精湛技艺，在未来还可以通过虚拟现实等技术进行沉浸式体验，参与到狮舞的技艺学习中。这种沉浸式的互动传播模式让传统的狮舞表演不再局限于单向的展示，而是为观众提供了参与和体验的机会，从而扩大了非遗的受众群体，增强了其在数字时代的传播效力。

---

[1] 刘颖,郭琼.基于岭南醒狮文化的主题民宿空间设计研究[J].家具与室内装饰,2021(2):118-121.

2. 动画与全球文化认同的建构

《雄狮少年》通过动画这种具备全球传播力的媒介,不仅在国内大获成功,还通过国际电影节和流媒体平台进入了全球市场。动画作为视觉语言突破了文化和语言的壁垒,使得狮舞这一非遗能够在全球范围内广泛传播。影片在奈飞(Netflix)上线后,全球播放量在3个月内突破1 500万,特别是在东南亚等地区表现突出。

这不仅是非遗技艺的传播,更是中国文化认同的重构过程。通过动画媒介,中国非遗融入全球文化交流,并在新的文化语境下焕发出新的生命力。《雄狮少年》通过展示狮舞文化,增强了国际观众对中国传统文化的理解与认同,成为文化软实力的重要体现。

3. 文化自信与非遗的全球化传播

传统非遗与当代动漫影视作品的结合不仅提升了文化的全球影响力,还增强了国民的文化自信。《雄狮少年》通过狮舞这一非遗技艺,展现了中国文化的深厚底蕴和价值观。影片通过国际化的传播,提升了中国文化在全球的影响力。中央电视台新闻频道高度点评《雄狮少年》,该片"表达文化自信,弘扬民族精神,少年强则国强"。《雄狮少年》表达了中国的文化自信和民族精神,让更多国际观众通过影片感受到中国的文化力量。

千年来,狮舞这一传统民俗在广东地区代代相传,因其寓意美好,在民间备受欢迎,同时也名扬海外,随着时间的推移逐渐形成了狮舞文化,借助数字化载体,更是受到世界各地华人的喜爱,实现了在世界范围内的广泛流传。通过这种全球化传播,中国非遗不仅在国内焕发新生,还向世界展示了中国的文化魅力。影片的成功彰显了文化自信在全球传播中的重要性,同时为非遗提供了一个能够与现代娱乐和全球观众深度对话的平台。

第二节 电视连续剧:《去有风的地方》展现遗韵新风尚

在数字化浪潮和现代传播手段的推动下,非遗正以全新的方式被赋予新的生命力。云南少数民族非遗多姿多彩,这些宝贵的文化遗存代表了民族的历史记忆与生活智慧。然而,现代化与城市化的冲击使许多非遗濒临消失。如何在新时代背景下有效传承非遗?如何提高人们尤其是年轻人对非遗保护的认识?传播的作用不容忽视。联合国教科文组织提倡"采用不同的方式和方法,包括电影电视和多媒体产品,来促进不同民族间以及不同社会群体间的创新"[①]。影视剧作为一种大众文化传播媒介,凭借其直观性和情感表达,实现了交互传播和实时沟通,也让非遗的价值和内涵在各类大众传播实践中得到广泛传递,成为助力非遗焕发生机的重要方式。

数字化创意的运用使传统技艺得以突破时间和空间的束缚,通过丰富多样的传播手段传递至更广泛的受众面前,"传播也是保护"的理念正在得到更多人认可。电视连续剧《去有风的地方》以云南大理为背景,将非遗融入叙事主线,它的热播使得木雕、扎染、刺绣

---

① 丁靖.非遗的广播传播策略探讨[J].中国报业,2012(14):140-141.

等非遗引发社会各界的关注,受到消费者的追捧。本节以云南非遗为切入点,探讨在影视剧《去有风的地方》推动下,如何通过数字化手段给传统文化注入新的活力,以流量赋能非遗,为非遗的传承传播提供另一个空间,从"非遗+文旅""非遗+电商"等方面实现云南非遗从保护到活化的跨越式发展。

一、云南非遗现状与传承之路

云南是我国少数民族最多、文化多样性最为典型的省(区、市),各民族在漫长的历史长河中创造了多姿多彩、特色鲜明的非遗,是我国非遗最为丰富的地区之一,承载了各族人民深厚的历史记忆与文化认同。然而,随着现代化进程的加快和城市化的推进,云南的非遗传承面临着许多挑战与困境。为了有效保护和传承这些珍贵的文化遗产,探索新的传播方式成为当务之急。

(一)云南非遗的多样现状

目前,云南省共有非遗代表性传承人17 600多人,其中国家级125人[①]。截至2023年7月底,云南省拥有国家级非遗代表性项目127项、省级非遗代表性项目686项、州(市)级非遗代表性项目3 015项、县(区)级非遗代表性项目7 766项,另有3个项目列入联合国教科文组织非遗名录[②]。这些项目包括"格萨(斯)尔""剪纸(傣族剪纸)""中国传统制茶技艺及其相关习俗"等,涵盖了手工技艺、传统医药、表演艺术、民俗等多个类别。

这些非遗项目充分展现了云南作为一个多民族地区的文化多样性和独特性。例如,彝族火把节、纳西族东巴画、傣族泼水节等都是国家级非遗代表性项目,具有极高的文化价值和历史意义。此外,云南还拥有大量省级和市级、县级非遗项目,这些非遗涵盖了从日常生活习俗到宗教信仰的方方面面,深刻反映了各族人民的生活方式和精神世界。为了更好地了解这些云南非遗的具体情况,可以参考表7-2-1,详细地展示了云南省非遗项目概况及非遗传承人的分布。

表7-2-1 云南16个跨境民族国家级、省级非遗名录和传承人统计表

类别	全省	全省少数民族	全省跨境民族
人口(人)	45 966 766	15 349 186	12 490 332
占全省总人口比重(%)	100	33.39	27
占全省少数民族人口比重(%)	100	100	81.37
国家级名录(项)	105	89	68
占全省国家级名录比重(%)	100	84.76	64.76

---

① 朱宁宁.云南抢救记录非遗传承人精湛技艺[N].法治日报,2024-07-23(5).
② 侯婷婷.担当新的文化使命努力建设文化强省[N].云南日报,2023-07-31(1).

(续表)

类别	全省	全省少数民族	全省跨境民族
国家级传承人(人)	69	63	56
占全省国家级传承人比重(%)	100	91.30	81.16
省级名录(项)	376	309	241
占全省省级名录比重(%)	100	82.18	64.10
省级传承人(人)	1 074	797	618
占全省省级传承人比重(%)	100	74.21	57.54

(资料来源：赵伦娜,张渊彧.政府视角下少数民族"非遗"保护与传承研究——以云南省为例[C]//贵州民族大学人文科技学院.2024年人文与科技主题研讨会论文集.中国人民大学,西南民族大学,2024:14.)

(二) 云南非遗的文化精髓与社会价值

云南的非遗具有重要的文化和社会价值。它不仅是各族人民历史和文化记忆的象征,也在丰富的传统节庆、手工艺、表演艺术中承载了民族的情感与认同感。通过刺绣、扎染、木雕等手工艺,人们能够理解民族美学和自然观;通过传统歌舞和节庆活动,人们体验到了文化的凝聚力和社会的和谐共处。非遗是云南各族人民生活中不可或缺的一部分,它塑造了当地独特的文化氛围和生活方式。

(三) 云南非遗传承中的困境与挑战

非遗具有活态性、民间性、生活性、生态性几大特征[①]。尽管云南的非遗资源丰富,但其传承面临着许多挑战,在传承人保护方面,显示出传承人老龄化、性别差异明显、收入水平低等弊端。

1. 代际交接断裂

代表性传承人是非遗保持活态的核心因素,他们既是非遗的创造者,也是非遗的承载者和传递者。作为创造者,他们将时代化、地域化元素融入非遗,让新鲜血液的注入使得非遗焕发新的活力;作为承载者,具有非物质性、依附性的传统技艺必须靠传承人来掌握和展现;作为延续者,传承人通过收徒等传习活动,将非遗技艺传授给新一代。

云南省许多掌握核心技艺的老一辈传承人逐渐年迈。数据显示,云南国家级非遗代表性传承人年龄结构老龄化严重,其中60~90岁年龄段者占据主要部分,50~60岁年龄阶段的仅有6名。随着高龄传承人的相继逝去,他们所掌握的珍贵非遗技艺也将不复存在,非遗保护事态可谓十分严峻[②]。年轻一代对传统文化的兴趣不足,导致传承后继乏人。此外,部分非遗项目主要依赖口传心授的方式,缺乏系统的整理和数字化记录,致使文化内容容易丢失。在市场化的冲击下,非遗产品的经济效益低,传承人生计困难,使得

---

① 贺学君.关于非物质文化遗产保护相关理论的再思考[J].民间文化论坛,2009(2):16-19.
② 王光杰,官波."非遗"代表性传承人保护对策——以云南省为例[J].经济研究导刊,2024(9):54-56.

技艺的可持续发展更加艰难。

2. 性别偏向明显

传承人性别构成差异较大。据统计,目前云南国家级非遗代表性传承人共125人,其中男性97人,女性28人,男性占比77.6%[①]。可以看出,男性占绝大多数,女性只占较少一部分。在选择下一代传承人时,许多云南非遗项目都有"传男不传女"的传统习俗,其中以工艺类非遗最为典型,如纳西族东巴造纸技艺和阿昌族户撒刀锻制技艺均只传给本家族中的男性。这样的传承方式将女性排除在外,消减了本就匮乏的后继人才,使非遗传承陷入困境。

3. 性别偏向明显

云南乡村覆盖面较广,大多数非遗代表性传承人都居住在远离城区且信息闭塞的山区乡村。因此,受教育水平也普遍较低,以初中及以下学历为主,拥有高中及以上学历的传承人凤毛麟角。传承人受教育程度会直接影响非遗保护和传承。另外,非遗保护的一线工作人员的专业素养普遍偏低,缺乏知识储备。例如,许多云南地方的文化站、文化馆的工作人员在实际工作中缺乏专业知识、技能和方法,在如何对非遗进行正确分类、如何做调查研究、如何进行记录等方面都不太清楚。导致非遗项目申报文件上出现答非所问、粗糙简略、结构混乱等问题,从而不能准确、全面、真实地反映该项非遗的情况,严重影响了专家的评审和非遗的申报。

此外,文化传承环境的变化也是一个重要的挑战。随着农村人口大量向城市迁移,许多传统文化失去了原有的生活土壤,非遗技艺逐渐被边缘化。对于那些曾经与日常生活紧密相连的传统文化元素来说,脱离了生活语境,也就失去了传承的根基。

二、影视创意赋能非遗:数字时代的传承与创新

中国社会科学院舆情调查实验室首席专家刘志明教授认为:"走进衣食住行里的非遗才能更好地传承。促进非遗消费、推动产业高质量发展,是非遗保护传承最有效的途径。"[②]《去有风的地方》作为一部充满风土人情文化气息的电视剧,深入展现了中国多样的非遗,包含剑川木雕、白族扎染、白族刺绣、白族三道茶、乳扇、甲马和瓦猫等多种非遗元素(见图7-2-1)。这些非遗不仅丰富了剧情中的吃穿住行,更是展现了云南非遗的独特魅力。

(一)元素融入:多维非遗焕发文化新生

1. 大理非遗之食:味觉叙事重现文化风味

在云南,喜洲粑粑、烤饵块、生皮、烤乳扇、豌豆粉等被称为"舌尖上的非遗",是云南最

---

① 非物质文化遗产保护中心.国家级非物质文化遗产代表性项目代表性传承人[EB/OL]. https://www.ihchina.cn/representative.html.[访问时间:2024-10-13].

② 国内首份非遗电商发展报告出炉[J].新西部,2021(9):144.

图 7-2-1　联合国教科文组织、人民网等官媒点名表扬

（资料来源：新浪微博［EB/OL］. https://weibo.com/1973319807/MqxpBp5bD?pagetype=profilefeed.［访问时间：2024-10-13］.）

常见的小吃，极具民族性和地域性特点。其中，煮茶和乳扇是《去有风的地方》中两个具有代表性的非遗饮食元素。该剧通过主要人物的口述、制作、体验等方式，将白族文化中的三道茶技艺和乳扇技艺巧妙融入剧集叙事。

作为手工技艺类型的非遗项目，技艺的手法、环节与整个过程是核心所在。该剧将煮茶和乳扇的技艺与剧情融合，在推进故事内容的同时，通过剧中主要角色将非遗技艺一一呈现。例如，白族三道茶技艺既是简单的饮品享用，更是中华茶文化的突出体现（见图 7-2-2）。该剧将采茶、晾晒、烘焙、煮茶的过程通过女主这条主线展现出来，牢牢抓住观众的视线，加深观众对白族三道茶技艺的认知与记忆；有关乳扇的叙事，则是通过该剧

图 7-2-2　在婚礼上敬献白族三道茶

（资料来源："中国传统制茶技艺及其相关习俗"申遗成功！［EB/OL］. http://news.sohu.com/a/611548379_121284943.［访问时间：2024-10-17］.）

主要人物阿桂婶之口,向观众讲述了乳扇的由来与作用,不仅呈现了乳扇从牛奶采集、加热、凝结到最后手工拉制的每一个详细步骤,而且向观众娓娓道来其中的文化内涵以及对当地居民的重要意义。

2. 大理非遗之衣:视觉盛宴绣绘时尚传承

扎染与刺绣作为大理传统手工艺的重要代表,是《去有风的地方》中体现地方服饰文化的重要非遗元素。剧集通过角色体验、场景设计以及穿戴展示等多种方式,将这些技艺的工艺之美与文化意义融入叙事,展示了白族服饰文化的传承与创新。

扎染是大理白族传统纺织染色技艺,已有1 500多年历史,体现了浓厚的民族特色(见图7-2-3、图7-2-4)。剧集中,女主角许红豆与男主角谢之遥亲身参与扎染制作,从挑选布料、手工缝扎到浸染染料,展现了扎染技艺复杂而富有创造力的过程。通过布料在染料中反复浸泡、晾晒后绽放出的独特图案,剧集不仅为观众带来一场视觉盛宴,还深入挖掘了扎染作为生活艺术的文化价值。例如,许红豆扎染出的披肩在剧中反复出现,不仅作为剧中人情感交流的媒介,更象征着扎染技艺的传承意义。

图7-2-3 白族扎染

(资料来源:乐享云南|布·大理白族扎染[EB/OL]. https://m. thepaper. cn/baijiahao_19677683. [访问时间:2024-10-17].)

刺绣作为大理白族另一重要的手工艺形式,则体现了更为细腻的文化符号(见图7-2-5)。剧中,许红豆学习刺绣的情节贯穿多个重要场景,通过她从一针一线的学习中领悟白族刺绣的工艺精髓,展现刺绣在日常生活中的应用与文化内涵。剧集还通过刺绣的图案设计,融入了花卉、鸟兽等带有祈福寓意的文化符号,使刺绣不再只是服饰装饰的点缀,更成为传递美好愿望的重要载体。通过展示刺绣在衣物、荷包、头饰等日常用品中的运用,该剧使观众得以更深入地了解白族服饰文化的精髓。剧集通过扎染与刺绣技艺的视觉化呈现,不仅强化了非遗技艺与现代影视的结合,更在潜移默化中拉近了观众与传统文化的距离,为非遗的保护与推广提供了新的可能。在丰富电视剧的视觉感官与文化内容之外,更为重要的是让观众认识、了解非遗,在一定意义上推动非遗的关注和传承[①]。

---

① 徐妮娜,张鑫亭. 电视剧《去有风的地方》的文化价值浅析[J]. 声屏世界,2023(9):23-25.

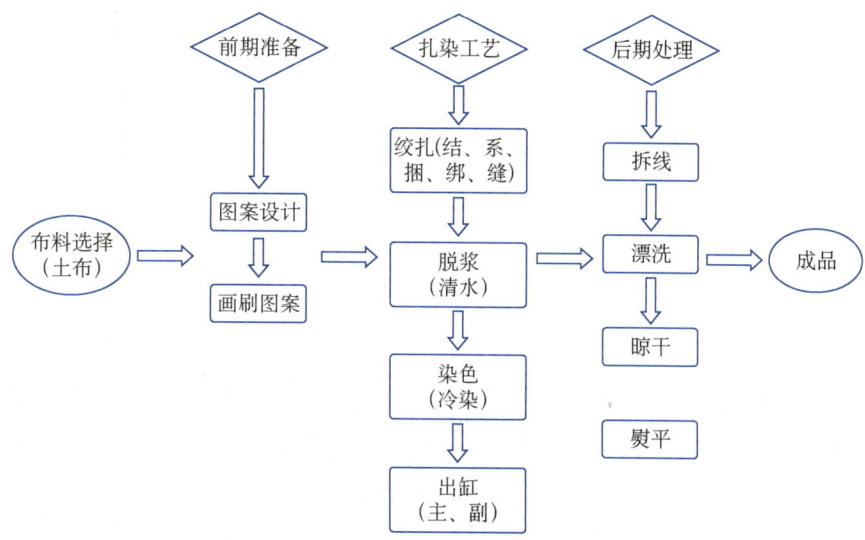

图 7-2-4　白族扎染工艺流程图

(资料来源:李尚书,石珮锦,杨婷,等.白族扎染技艺的特点、价值与传承[J].武汉纺织大学学报,2017,30(5):16-21.)

图 7-2-5　白族刺绣

(资料来源:白族刺绣:指尖上的艺术,丝线中的美好[EB/OL].https://www.sohu.com/a/351276819_170373.[访问时间:2024-10-17].)

3. 大理非遗之住:空间诗意承载乡土记忆

在"住"的维度上,《去有风的地方》通过对大理传统民居的呈现,展示了木雕、甲马、瓦猫等非遗技艺在居住文化中的丰富内涵。这些技艺不仅为剧中的建筑空间增添了文化氛围,更通过情节推进展现了非遗艺术在日常生活中的应用与意义。

剑川木雕以其细腻精巧与雄浑大气兼具的风格,被誉为"滇西工艺瑰宝",是大理传统建筑装饰的重要组成部分(见图 7-2-6)。在剧中,木雕广泛应用于人物活动的民居场景,雕刻工匠的日常工作更成为剧集重要的叙事内容之一。例如,通过镜头对民居门楣、窗格以及家具细节的特写,观众可以感受到木雕工艺的复杂性与美学价值。剧中还细致描绘了木雕工匠选料、雕刻、打磨的过程,展现了这一技艺背后匠人精神的延续。

甲马和瓦猫是云南传统民间信仰的重要载体(见图 7-2-7、图 7-2-8),在剧集中以其独特的形式展现了居住文化的精神内涵。甲马是一种用于祈福辟邪的木刻印刷品,剧中通过主人公参与制作甲马的情节,展示了这种民俗艺术的工艺流程与文化意义。观众不仅可以看到甲马从木板雕刻到印刷成品的完整过程,还能感受到它在白族民间生活中祈福迎祥的重要作用。瓦猫作为一种云南民居屋脊上的装饰物,兼具实用性与艺术性。在剧集中,瓦猫不仅作为画面中的点缀出现,还通过角色口述与民俗活动的展示,揭示了瓦猫作为守护者的象征意义。例如,当剧情需要表现家园的温馨与传统文化的底蕴时,瓦猫便成为画面中不可或缺的文化符号。剧中还多次通过特写镜头,展现瓦猫的雕刻细节与象征内涵,使这一非遗元素得以鲜活呈现。

图 7-2-6 剑川木雕

(资料来源:(文化)剑川木雕:传承千年技艺[EB/OL]. https://www.sohu.com/a/614812431_267106.[访问时间:2024-10-17].)

图 7-2-7 剧中的非遗元素之甲马　　图 7-2-8 剧中的非遗元素之瓦猫

(资料来源:大美非遗|白族甲马——活在民间的木刻版画技艺[EB/OL]. https://www.sohu.com/a/614722953_267106.[访问时间:2024-10-17];乐享云南|非遗·昆明瓦猫[EB/OL]. https://new.qq.com/rain/a/20231124A0798J00.[访问时间:2024-10-17].)

通过对木雕、甲马与瓦猫的精致描绘,《去有风的地方》将传统技艺的美学价值与民居文化的精神表达完美结合,为观众构建了一幅充满非遗魅力的居住画卷,同时也传递出对白族传统生活方式的尊重与热爱。

综上所述,《去有风的地方》通过生活的方方面面,全面呈现了木雕、扎染、刺绣、煮茶、乳扇等多种非遗的魅力。这些非遗元素不仅丰富了剧情,也让观众在潜移默化中感受到中国传统文化的深厚底蕴与艺术价值。《在有风的地方》通过对这些非遗的生动展示,既表达了对传统文化的敬意,也呼吁更多人关注和参与非遗的保护与传承。

(二) 文旅融合:乡村振兴助推云南旅游新风尚

1. 非遗文旅实现剧集新引力

非遗与影视剧的碰撞不仅是文化传播的成果,也给云南旅游带来了巨大的推动力。通过剧中对云南自然风光、传统文化和乡村生活的细致展现,云南丰富多彩的非遗项目走入观众视野,给云南旅游注入了新动能。观众对这一地区的美景与人文有了更多的向往,"跟着许红豆吃大理鲜花饼""今年春节一起来云南旅游""总要去一趟有风的地方"等相关话题席卷微博、抖音、小红书等各大社交平台,进而激发了观众赴实地探访的欲望。飞猪发布消息称,《去有风的地方》开播一周,云南相关搜索量暴涨,大理增长近2倍,沙溪古镇增长10倍多,凤阳邑暴涨50倍。百度指数显示[①],"云南""大理"百度指数峰值较一个月前增长近2倍,"沙溪古镇"增长近4倍。鲜花饼、乳扇等云南特色美食在购物App中搜索量连续7天持续增长,大理鲜花饼多次登顶淘宝热搜。

线上热度持续发酵(见表7-2-2、图7-2-9)的同时,大理线下热度同样持续攀升。携程《2023年春节旅游市场预测报告》显示:2023年春节假期目的地为云南的整体旅游订单量同比增长238%,订单均价同比增长25%,2023年春节云南旅游订单交易额及预计旅游人次排名分别居全国第2位、第1位。"一部剧带火一座城"已不再是单独的个案,逐渐成为文旅影视共同协调发展的行业现象。这种由影视剧带动的文旅融合模式,不仅给当地经济注入了新的活力,也通过游客的互动参与,进一步推动了非遗的传承和推广。

表7-2-2 《去有风的地方》播出前与播出中取景地省际关注度基尼指数[②]

	沙溪古镇	喜洲古镇	大理古城
播出前	0.442 371 29	0.587 640 89	0.310 737 23
播出中	0.337 505 62	0.444 059 36	0.330 089 9

(资料来源:肖凝,胡宇霏.论影视文化资源对取景地网络关注度的影响——以电视剧《去有风的地方》为例[J].中国集体经济,2023(30):146-149.)

2. 多方共创非遗文旅新生态

非遗文旅的融合是推动非遗保护和乡村振兴的重要途径。近些年,各级政府出台了相关的政策,越来越多的新型模式与非遗结合,形成"非遗+文创""非遗+旅游""非遗+乡村振兴""非遗+影视"等形式,打开了非遗的市场,提高了民众对非遗的重视程度,带动了非遗地区经济的发展和文化的传承,提升了我国的文化软实力和竞争力。

[①] 搜狐新闻.电视剧《去有风的地方》的文化意蕴[EB/OL].https://www.sohu.com/a/630453125_411282.[访问时间:2024-11-21].

[②] 用省际基尼系数(0~1)衡量各省(区、市)对《去有风的地方》取景地关注度的分布均衡性,数值越高,表明关注越集中。播出前较高的基尼系数显示关注多集中于传统旅游或经济强省(区、市),而播出后系数下降,反映剧集热播带动了更多省(区、市),尤其是取景地所在区域的关注度提升,表明影视内容能有效打破地域信息壁垒,推动"冷门地区"文旅资源曝光,助力区域经济均衡发展。

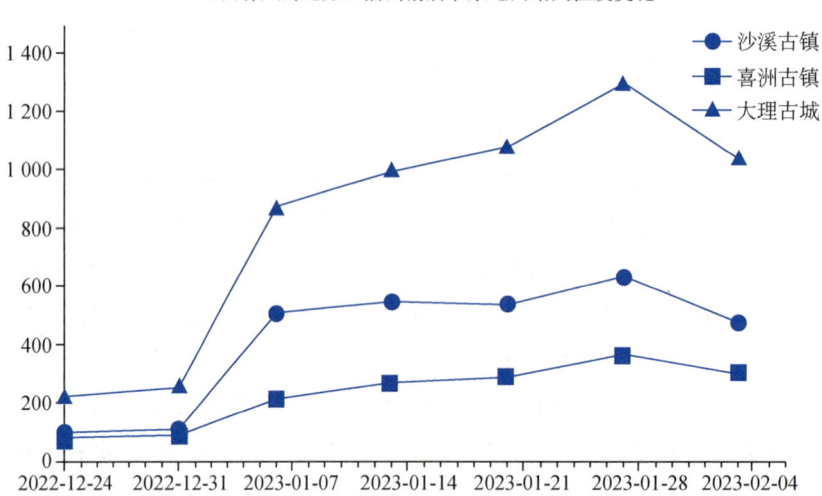

图 7-2-9　播出前后取景地网络关注度变化(周)

(资料来源：肖凝,胡宇霏.论影视文化资源对取景地网络关注度的影响——以电视剧《去有风的地方》为例[J].中国集体经济,2023(30):146-149.)

非遗文旅的结合不仅促进了当地经济的发展,也为非遗的活态传承提供了新路径,使得传统文化能够在旅游活动中得到更好的保护和传承。通过影视、文化、旅游的深度融合,《去有风的地方》成功地打造了一个以非遗为核心的文旅生态圈,这种多方共创的模式不仅让传统技艺得到了更广泛的传播和保护,也为云南当地的经济发展提供了可持续发展的动力。

3. 节事引发非遗传播新话题

云南丰富多彩的民族民间传统节日和庆典是展示、传承、弘扬非遗项目的大好时机。云南多地将传统节日与劳动节、国庆节等公共假日结合,让原本一个地域、一个族群的节日成为多地游客共同参与、具有狂欢性质的节日。其他类型的非遗也可以融入传统节日类非遗,形成立体式非遗传播样态,如利用节庆活动的机会,安排一些技艺性的非遗传习活动。

一是提升互联网语境下传承和传播非遗的自觉意识、使命担当。节庆、歌舞等较为动态、参与性强的非遗项目比较容易为公众关注。为了防止少数民族古籍等静默项目流失,可以通过数字化和网络平台推广,增加互动性和可接触性。二是使传承人得到群众的公认,从而提高非遗传人的社会知名度和自身的传承使命感、责任感。三是通过云南本地的非遗传统节日进一步吸引游客参与,增加与游客的情感交流(见图7-2-10)。

三、非遗影视传播的分析与解读:数字化创意赋能下的非遗新生

非遗通过影视剧的传播展现了其在现代社会中的活化潜力。电视剧不仅为非遗的保护和传承提供了新路径,也将现代文化与传统文化联结起来。本节将从非遗在影视中的传播效果、文化认同以及乡村振兴等方面对《去有风的地方》进行深入分析与点评。

图 7-2-10　2023 年云南火把节狂欢

（资料来源：当"有风的地方"遇上"火炎焱燚"[EB/OL]. https://finance.sina.cn/2024-07-03/detail-incavisu8602816.d.html.[访问时间：2024-10-17].)

（一）构建数字化传播全景，展现跨越时空的非遗

1. 全方位、多平台传播的矩阵搭建

长篇电视连续剧的形式为非遗提供了深层次、细节化和互动性的展现途径，立体化呈现了非遗的观赏性与文化魅力。电视剧《去有风的地方》充分利用全方位、多平台的数字化传播方式，对云南非遗进行了广泛传播。该剧不仅在湖南卫视等星级卫视黄金时段播出，还同步上线至爱奇艺、腾讯视频等主流网络视频平台，让观众能够随时随地观看，尤其迎合了年轻群体碎片化和移动化的观影习惯。同时，剧组通过抖音、微博等社交媒体广泛推广剧集内容，发布幕后花絮、非遗技艺展示等短视频，与观众形成实时互动，构建了以内容、互动和传播为核心的多维传播矩阵。这一矩阵不仅成功覆盖了国内主流社交媒体和视频平台，还通过国际化传播途径提升了该剧的海外影响力。

在国外，《去有风的地方》通过爱奇艺国际版、YouTube 等平台上线，面向东南亚、北美、欧洲等地区观众。该剧以其精美的画面、深厚的文化内涵和对白族非遗的生动展示，受到海外观众的热烈欢迎和好评（见图 7-2-11）。《南华早报》(*South China Morning Post*)也曾撰文评价该剧，称其不仅是一部展示中国传统文化的优秀作品，更是让世界了解中国乡村复兴和非遗传承的重要窗口。

图 7-2-11　《去有风的地方》社会层面传播效果

（资料来源：去有风的地方：纽约时报盛赞刘亦菲！[EB/OL]. http://www.douban.com/group/topic/281836088/?_i=28720486Axqb-7.[访问时间：2025-03-25].)

这种国内外联动的传播模式不仅在国内掀起了云南非遗的关注热潮,也通过国际化平台让更多海外观众感受到中国非遗的魅力与艺术价值。这充分彰显了中国传统文化在数字化和全球化时代的强大传播力与影响力。

2. 智能技术推动非遗传播的精准覆盖

在数字化传播过程中,《去有风的地方》巧妙运用大数据和人工智能,实现了非遗传播的精准覆盖和个性化推荐。根据《2023年中国网络视听发展研究报告》,中国在线视频用户规模已达10.4亿,其中80%以上的用户通过智能推荐功能获取内容①。腾讯视频和爱奇艺等视频平台利用用户观看行为数据(如搜索记录、停留时间、互动行为等),对观众兴趣进行建模,并精准推送《去有风的地方》中与非遗相关的情节和短视频,提高了传播效率与转化率。同时,抖音等短视频平台的智能分发算法进一步放大了非遗传播的覆盖范围。平台推荐机制将陶艺、扎染等技艺展示的视频推送给潜在兴趣用户,例如,以"体验非遗技艺"为核心的相关短视频播放量在抖音上已超过3亿②。这种算法驱动的传播方式显著提升了非遗的曝光度,与传统传播方式相比,通过大数据与智能算法进行个性化推送的内容,其观看量和互动量提升了30%~50%。智能技术确保非遗内容能够高效触及目标受众,不仅增强了传播效果,还进一步促进了受众与传统文化的情感连接,为非遗保护与传承注入新的活力。

3. 多主体协作的互动传播

数字化时代的显著特征之一是即时互动性和广泛的社会连接。《去有风的地方》通过多主体协作,将非遗传播的互动性和参与性提升到新的高度。剧组、演员、社交媒体平台、非遗传承人、观众等多方主体各司其职,共同构建了一套具有高度互动性的传播网络,达成了传统文化在数字环境中的创新传播效果。

首先,剧组和演员作为传播的核心主体,承担了非遗内容的创造与输出任务。在剧集制作阶段,剧组以严谨的态度深入挖掘非遗的历史与内涵,并通过情节设计、视觉呈现等手段,将非遗以更生动的形式展现给观众。演员则通过角色塑造,将非遗技艺融入角色的行为与情感,使观众更易于感知这些传统文化的魅力。剧外,演员还通过直播、短视频等形式宣传非遗,以更个性化的方式拉近与观众的距离。其次,社交媒体平台作为关键的传播渠道,为非遗传播提供了技术支持和流量资源。例如,抖音平台与剧组合作发起的"体验非遗技艺"挑战活动,为观众参与非遗传播提供了便捷的入口。这种活动鼓励用户通过短视频记录和分享自己动手尝试陶艺、扎染、刺绣等非遗技艺的过程,形成了大量用户生产内容。平台不仅提供了分发内容的渠道,还通过算法推荐将非遗相关视频推送给更多潜在观众,扩大了传播范围。同时,非遗传承人作为文化的核心承载者,也在这场协作中扮演了重要角色。他们以技术指导、文化讲解等方式参与传播活动,为观众体验非遗提供专业支持。例如,在"体验非遗技艺"活动中,传承人通过线上教学视频或直播展示技艺制

---

① 中国网络视听节目服务协会.2023年中国网络视听发展研究报告[R].2023.
② #体验非遗技艺 话题播放量统计,通过抖音App搜索相关话题获取实时数据.

作过程,不仅提升了活动的专业性,还直接拉近了大众与传统文化的距离。最后,观众作为互动传播的终端主体,通过参与和分享,将非遗传播的链条进一步延伸。观众在社交媒体上分享自己的非遗体验作品或发表相关感想,不仅推动了内容的二次传播,还通过评论、点赞、转发等形式与其他用户和主体形成互动。这种广泛的互动让非遗超越了单向传播的限制,成为社会热点和讨论主题,持续发酵。

通过多主体协作的互动传播,《去有风的地方》实现了传统非遗技艺从小众文化到大众话题的转变。一方面,非遗内容借助多方力量在数字平台上不断扩大受众范围,使更多人认识并了解非遗;另一方面,观众在互动过程中对非遗产生了更深的情感共鸣,进一步增强了非遗的社会认同与传播动力。这种协作传播不仅推动了非遗技艺在数字时代的创新表达,还为非遗保护和传承注入了持续发展的活力。

(二)建立传统非遗当代认同,引发青年的情感共鸣

电视剧作为一种贴近年轻人生活的媒介,能够有效地激发他们对非遗的兴趣和认同感。剧中年轻角色对非遗的探索和学习拉近了非遗与当代年轻观众的距离。角色的个人成长与传统技艺的结合让观众在情感上产生共鸣,从而促进非遗在年轻群体中的传播与认同。这种传播不仅是文化的复述,更是一种情感和价值的传递。数字化创意的应用使得传统技艺的学习过程变得更加趣味化和互动化,吸引更多的年轻人关注和参与,形成了新的文化传承链条。

1. 年轻角色与非遗传承的情感连接

随着国家对非遗保护的重视,电视剧制作者也开始有意识地在电视剧中展现非遗,如今,融入非遗内容已成为电视剧创作的新风尚[①]。《去有风的地方》面对非遗传承难题时,通过一对木雕师徒的故事,反映了非遗技艺在现代社会中的现实困境。通过年轻个体困境折射行业挑战,使这一主题具有普遍意义,增强了年轻观众的情感共鸣。传统技艺的传承不仅仅是对一项技能的掌握,更是对生活态度与自我认知的塑造。在剧中徒弟夏夏重回师父身边学习木雕的过程中,剧集不仅展现了非遗技艺的传承,也让观众看到了技艺对年轻一代心态和价值观的影响与重塑,这种情感连接不仅使得观众在心理上更易于接受非遗,也激励了更多年轻人参与非遗传承的过程。

2. 个体体验带来的文化理解与认同

普及非遗知识、讲好非遗故事,传播不仅可以让非遗"活"起来,由静态保护向动态保护转化,还可以创新方式,打造持续、有影响力的品牌活动。通过跨媒介、融媒界、线上线下交互体验的升维式发展,让非遗触达更为广泛的年龄群体、覆盖更多元文化圈层、获得更广阔发展的空间。

为了满足观众对剧中非遗技艺的浓厚兴趣,云南旅游部门联合非遗传承人,推出了陶艺体验、传统编织等特色文化体验项目,形成了文化与旅游相结合的特色线路(见图 7-2-12)。

---

① 卢思冰.从嵌入到融合——以非遗为内容的电视剧创作研究[J].文化产业,2022(31):46-48.

这些体验式的旅游项目让游客不仅能够观赏当地的美景,还能够亲身体验非遗技艺,使非遗的传播从被动展示走向了主动体验,让人们实地感受传统文化的独特魅力。深度的文化体验不仅让年轻人能够在轻松的氛围中参与到非遗中,逐渐形成对传统技艺的认同和尊重,帮助年轻观众更加深入地理解非遗,推动非遗的代际传承,同时也实现了非遗从展示品到体验品的角色转变,有助于增强大众的文化认同感和自豪感。

图7-2-12 《去有风的地方》同款非遗体验

(资料来源:小红书)

(三)依托电商多渠道分销,实现乡村非遗的创新发展

1. 电商平台赋能非遗传播

电商平台为非遗产品的传播提供了前所未有的便利(见表7-2-3)。过去,非遗手工艺品由于地域限制,多限于本地销售,受众范围较窄。然而,电商平台通过其广泛的覆盖和便捷的购买流程,打破了这一限制。以《去有风的地方》为例,剧中描绘的乡村手工艺品通过电商平台迅速走向全国,甚至全球。剧中男主角谢之遥一行借助短视频、直播宣传非遗,提高非遗销量,剧外非遗传承人的商品销量也被大幅拉动。消费者无论身处何地,只需要轻点鼠标,便能购买到来自偏远乡村的独特非遗产品。这种无界化的销售模式使得非遗产品能够突破时间和空间的束缚,以更快的速度、在更广的范围传播开来。

表7-2-3 我国主要非遗电商平台一览表

名称	类型	承办单位	主要业务	特点
淘宝	C2C	阿里巴巴集团	非遗商品零售,非遗商品拍卖,非遗跨境销售	用户类型更丰富,用户之间的需求更多样,用户量增加对成本增加要求并不大
美团	B2C	北京三快在线科技有限公司	提供非遗商品团购业务,以非遗为主题的美食、酒店旅游、娱乐休闲等品类	品牌知名度高,价格亲民,是更多非遗团购用户的首选,重视服务模块

(续表)

名称	类型	承办单位	主要业务	特点
抖音	B2C	北京微播视界科技有限公司	非遗类短视频业务,非遗类直播业务,非遗类广告变现	传承人与消费者间互动性较强,视频短小精悍、内容有趣,草根性,创作者门槛较低
采遗网	B2B2C	采一(北京)非物质文化遗产保护有限公司	非遗电子商务,举办教育传承活动,开发非遗公益项目,协助申遗	专注非遗的垂直细分领域,提供有针对性的定向服务,提供专业的品牌保障
中国非物质文化遗产博览会	公益性非遗专业网站	山东省人民政府	非遗电子商务,线上展览非遗项目,云赏非遗	影响力大,规模高,项目多、品类全,资源庞大

(资料来源:施丁琪,胡婧怡,马晶梅.我国非遗电商平台优化研究[J].北方经贸,2023(7):68-70.)

剧中的怀兰姨通过电商让云苗村的非遗手艺和非遗特产走进千家万户,乘着乡村振兴的春风,带领云苗村的绣娘们通过自己的辛勤劳动走上了致富的康庄大道。剧外,通过电商平台的全球化传播,非遗产品不仅获得了更高的市场曝光率,还打破了文化的局限。来自不同国家和文化背景的消费者通过网购平台了解并认同这些传统文化产品,进而在全球范围内形成文化的多样性交流与互动。这种现象不仅促进了非遗产品的商业价值提升,也进一步推动了非遗的全球认知与认可。

2. 社交电商与直播增强观众互动

社交电商和直播带货是近年来电商领域的两大创新,它们在《去有风的地方》中起到了桥梁作用,将非遗产品与广大消费者紧密相连。通过直播,非遗手艺人得以亲自展示产品的制作过程,向观众讲述每一件作品背后的文化故事。例如,夏夏用直播的方式宣传剑川木雕这一非遗,更是拍摄出系列视频"师父再打我一次"爆红全网,将木雕技艺展示给了远在城市的观众,观众不仅可以看到匠心工艺的复杂过程,还能即时互动,了解更多关于非遗的细节和历史。

剧中展示的手工艺制作通过直播平台这种"看得见的手工艺"和"能互动的文化体验",使得消费者不仅是简单的购买者,更成为非遗的传播者与保护者。通过即时的反馈和互动,消费者与非遗建立了情感上的联系,从而激发了他们对文化产品的兴趣与认同。这种模式不仅提升了非遗产品的销售量,还为非遗的传播与传承创造了更多维度的互动场景,实现"互联网+非遗"的活态传播。

3. 非遗产品的品牌文化传播

随着电商平台的快速发展,乡村非遗产品在销售层面获得了广泛渠道,同时在品牌化和产业化进程中也取得了显著突破。《去有风的地方》通过剧中人物返乡创业的实践,生动诠释了非遗产品从乡村小作坊走向市场品牌化的过程,为乡村非遗发展提供了新思路。

剧中,返乡创业的谢之遥借助"讲故事"的方式,为乡村手工木雕注入品牌文化。他以木雕作品背后的匠心精神为切入点,将传统工艺的文化价值转化为品牌核心。通过展现木雕制作的复杂工序以及工匠对传统技艺的执着追求,谢之遥赋予乡村木雕产品更深层次的文化内涵,使其从普通的乡村手工艺品提升为承载地方文化记忆的品牌商品。

剧外,这种思路启发了非遗产品品牌化的广泛实践。通过电商平台,乡村非遗产品得以脱离区域限制,直面更广阔的市场。借助数字化工具,非遗品牌可以通过短视频、直播带货等形式向消费者传递产品背后的历史与故事,强化文化认知。例如,以大理扎染、木雕为代表的非遗手工艺品,通过"非遗直播间"等新媒体渠道展示,不仅激发了消费者的购买兴趣,还增强了品牌的市场竞争力。

品牌化过程给非遗产品带来了深远影响。一方面,品牌定位与文化包装使传统非遗产品由地方特产转型为具有独特文化符号的商品。以地域文化为核心的品牌故事帮助非遗产品在市场中塑造差异化形象,提升了非遗产品的知名度与美誉度。另一方面,通过现代化营销策略,非遗产品摆脱了季节性和局限性,逐步走向持续化和多样化发展。乡村非遗品牌因此具备了较强的市场抗风险能力,给非遗技艺的传承与创新注入了新活力。更重要的是,电商渠道不仅推动了非遗产品的销售,还给乡村经济注入了活力。通过品牌化发展,乡村非遗产品从单一的手工艺品销售逐步延伸至全产业链运营,带动了相关产业的联动效应,如物流、包装设计及文化旅游等产业。剧中表现出的返乡创业模式为乡村非遗的发展提供了可借鉴的范本,即通过品牌化与市场化的结合,让传统非遗融入现代生活,创造出既保留传统又焕发新生的可持续发展路径。

品牌文化传播不仅是非遗产品走向市场的重要手段,更是非遗传承和创新的有力工具。《去有风的地方》用具体实践和故事化叙述,展现了非遗品牌化发展中讲好"文化故事"的重要性,为乡村非遗产品的创新发展开辟了新的路径。

第三节　数字游戏:《原神》激发非遗沉浸传播心流体验

非遗的数字化随着互联网技术的迅猛发展而不断推进,作为年轻人参与度最高的互联网应用之一,数字游戏逐渐成为非遗数字化保护、传承和传播体系中的一个新亮点。游戏产业凭借其独特的互动性与沉浸感,逐渐成为备受瞩目的文化传播媒介,不仅具备覆盖全球的广泛性,还能够激发年轻一代对传统文化的兴趣与热爱。《"十四五"文化发展规划》中推进非遗进网络的制度设计也必将吸引越来越多的非遗传承人携手游戏厂商试水"游戏+非遗"这一非遗数字化新形式。"游戏+非遗"的模式不仅弘扬非遗,还给文化教育和全球交流带来了积极的影响。

近年来,数字游戏与非遗的融合案例层出不穷,并屡屡在网络上引发强烈回响。风靡全球的数字游戏《原神》因其与非遗的深度融合频频出圈。从云堇这一融合戏曲元素的新角色及其演唱的戏歌《神女劈观》,到以中国传统皮影戏为灵感设计的益智类玩法"纸映戏",再到非遗纪录片《流光拾遗之旅》,《原神》不仅展现了戏剧、地方风俗、饮食、节庆等非遗的符号形式,还深入挖掘文化内涵,通过游戏的互动体验让玩家理解并内化非遗。通过这一过程,非遗真正走进了国内外玩家的心中,向全球用户展现了中国非遗的独特魅力。本节将以《原神》为案例,探讨非遗如何借助游戏这一媒介进行有效传播,并分析其在非遗保护和推广方面的实践经验与成果。

一、非遗危机与数字游戏的传播价值

(一) 非遗数字游戏现状

非遗作为凝结了中华民族几千年文化思想的技艺,反映了一个社区或文化群体的历史、价值观、信仰和生活方式。虽然人们已经意识到非遗保护与传承在我国文化传承和文化自信方面发挥着重要的作用,然而,现实中的非遗传承和保护仍面临着严峻挑战。一方面是代际传承的问题,总体来看现在年轻一代对传统技艺和文化兴趣不大,尤其是技艺复杂、需要长期学习的非遗项目,面临后继无人的困境;另一方面是现代化和全球化的压力,可能导致非遗元素淡化或消失。因此,亟须通过创新的传播手段唤起社会对非遗的重视,并吸引更多年轻人参与其中。

1. 非遗数字游戏概况

数字游戏与非遗的结合在各方尝试之下已具备了多种形式,或完全根据非遗项目进行游戏开发和设计,或在现有的游戏框架基础上灵活融入表演艺术、节庆仪式、传统技艺等非遗元素。按其游戏功能划分主要有 3 种类型:教育应用型的严肃游戏、休闲娱乐型的网络游戏以及虚拟仿真型的智能体感游戏。专门围绕非遗项目而开发的严肃游戏具有教育和传承非遗的社会功能,也能够在社会层面让人重新思考数字游戏的价值[①]。

数字游戏对于非遗元素的青睐主要源于游戏玩家对传统文化的追逐。许多网络游戏为了吸引更多的 Z 世代年轻人,往往会给游戏打上"古风""国潮"等标签,这类标签的内核实际上是中华优秀传统文化,而非遗作为中华优秀传统文化的重要组成部分,也就自然成为游戏厂商在进行游戏开发时使用的元素。更有甚者,网络游戏极致娱乐性的背后开始呈现出一种"去娱乐化"倾向,即游戏厂商开始重新思考游戏的意义,为其增加具有人文关怀和社会价值的内容。在这种趋势下,纵然网络游戏仍然以营利为首要目的,但部分网游已经呈现出一种"文化偏向",如《王者荣耀》《和平精英》《逆水寒》《天涯明月刀》等现象级网游中都包含大量的传统文化元素,其中部分游戏场景、游戏活动、角色服饰以及技能道具甚至完全以非遗为主题所设计。

2. 非遗数字游戏困境

尽管非遗数字游戏在传播传统文化和吸引年轻受众方面取得了一定成效,但在发展过程中依然面临诸多难题。首先,文化还原与创新之间的平衡难题是非遗数字游戏的一大挑战。游戏开发需要兼顾非遗的真实性与玩家体验的趣味性,但过于忠实于原始形式

[①] 刘卫红,李海石.非物质文化遗产文化类功能游戏的本体设计及社会功能[J].科学咨询(科技·管理),2019(4):56-57.

可能使游戏缺乏吸引力,而过度创新则可能使非遗元素变得符号化甚至失去核心价值。此外,市场营利与文化传播的矛盾也在制约非遗数字游戏的发展。严肃游戏由于面向小众群体而缺乏商业回报,网络游戏虽然传播范围更广,但过度商业化可能稀释非遗的教育意义,甚至变成单纯的营利工具。

与此同时,技术与文化结合的深度不足也是一个重要问题。尽管虚拟现实和增强现实等技术为非遗数字化提供了更多可能性,但许多游戏仅停留在展示层面,未能深入挖掘非遗的技艺传承逻辑或社会价值。这种浅层结合导致玩家对非遗的理解流于表面,难以产生深刻的文化认同。更为严峻的是,开发与运营的资金压力使得许多非遗数字游戏难以持续推进。开发一款高质量的非遗游戏需要大量的文化调研和技术投入,而市场的有限规模和用户群的特定定位使得资金回报难以支持持续的更新与维护。非遗数字游戏的成长路径因此常被局限,未能充分展现其潜在价值。

综合来看,非遗数字游戏的困境不仅涉及文化与商业的平衡,还牵涉技术、市场以及社会认知等多重挑战。突破这些困境需要社会各方协作,通过政策支持和行业创新,共同探索更具生命力的发展模式。

(二)数字游戏助力非遗传播

1. 游戏创作体现非遗保护理念

随着互联网技术的进步,数字游戏成为非遗数字化保护、传承与利用的新亮点。非遗中丰富的创作灵感和文化资源给网络游戏注入了新的活力,而用户对国风游戏的喜爱也为非遗的保护与传承孕育了大批拥趸。将非遗融入游戏,依托游戏独有的叙事方式,不仅能提高游戏趣味性和内涵,还能让传统文化在新的时代焕发新的生命力。

《原神》是一款由上海米哈游网络科技股份有限公司(以下简称"米哈游")开发的一款开放世界角色扮演游戏,自2020年发布以来受到了全球玩家的广泛欢迎,成为一款现象级的国产游戏。该游戏的设计理念融合了现代游戏技术与中国传统文化元素,构建了一个充满幻想的虚拟世界——提瓦特大陆。通过将非遗元素巧妙地融入游戏场景、角色与情节,《原神》不仅为玩家提供了丰富的文化体验,也为非遗的数字化传播提供了创新途径。

2. 非遗元素融入游戏动因与目标

"游戏+非遗"的跨界融合创新之所以成为可能有两个方面的原因:一方面,数字游戏作为一种新兴的文化载体,需要非遗为之提供文化创作资源;另一方面,游戏作为一种文化传播媒介,在传承和推广非遗方面具有重要作用,它为非遗提供了一个全新的传播渠道,通过互动性和娱乐性吸引受众。玩家可以在游戏中亲身体验非遗元素,如传统技艺、民间传说、民间故事和民间习俗,这有助于加深玩家的文化认知。

Z世代所具有的民族自豪和文化自信使之对国潮文化元素商品展现出强劲的消费能力[①],

---

① 国潮如何真正"潮"起来?这份洞察报告给出答案[EB/OL]. https://tech.gmw.cn/2022-06/16/content_35815951.htm. [访问时间:2024-10-19].

规模化的 Z 世代游戏用户对于传统文化的重度偏好,恰如其分地桥接了网络游戏和非遗。对日渐缺少关注的非遗来说,游戏无疑是能让年轻人重拾非遗兴趣的最佳载体之一[①]。对新一代年轻人来说,这种互动学习的方式有助于加速非遗技艺的传承。游戏叙事可以通过情节和角色设计模拟非遗技艺和文化活动,允许玩家在虚拟环境中亲身体验制作过程,使玩家对非遗有不一样的感悟。

可以说,《原神》在设计中大量引入非遗元素,旨在通过游戏这一互动性极强的媒介,推广和保护濒危的文化遗产,使年轻一代更加熟悉并认同传统文化。通过沉浸式体验,玩家得以在游戏中逐步了解和接触非遗,培养对传统技艺的兴趣与情感认同。此外,游戏叙事通过情节和角色设计,有效引导玩家探索非遗元素,激发玩家对非遗的兴趣。玩家可以扮演角色,参与非遗活动,在互动中深入了解非遗的背景和历史,感受文化的魅力。这种情感参与不仅促进了玩家对非遗的认同,还与他们建立了情感联系,鼓励玩家更深入地了解和传承非遗。

3. 非遗数字游戏开辟全球传播新路径

游戏能够跨越地域和语言的障碍,将非遗传播到全球。《原神》自 2020 年发布以来,凭借其精致的画面和开放世界设计,在全球范围内迅速走红。游戏中的非遗元素通过丰富多样的游戏内容传递给全球玩家,实现了中国传统文化的创新性文化输出。例如,《神女劈观》视频推出了 13 种语言版本,上线至全球 170 多个国家和地区,在哔哩哔哩的播放量超过 3 000 万,在 YouTube 上播放量超过 800 万,成为国产游戏文化输出的典范。

数字游戏《原神》截至 2024 年的全球全平台收入已突破 90 亿美元。根据游戏分析公司廷伯夥伴(Niko Partners)的数据,该游戏的全球下载量已超过 2.18 亿,在全球移动端的总收入已经突破 90 亿美元,其中中国市场收入超过 50 亿美元,占比达到 55%。因此,"游戏+非遗"已经成为非遗传播的新路径,也为非遗数字化迈入活态发展阶段创造了新的契机。

二、数字游戏中非遗元素的多模态嵌入

数字游戏与传统非遗的融合不同于以往的非遗数字化保存与展示形式(将非遗以数据的形式储存于数据库中或以文字、图片及视频的形式发布于社会化媒体上),而是把非遗融入游戏道具、角色服饰、背景音乐、主题活动、场景搭建等方方面面,实现了传统非遗的多元化呈现。同时,数字游戏与传统非遗的融合从空间、时间以及受众 3 个维度,分别实现了线上与线下、现代与传统以及不同圈层受众的融合。

[①] 刺猬公社. 传承传统文化,游戏或许能做得更好[EB/OL]. https://mp. Weixin. qq. com/s/14P-a9NAyK8bwqdF9LUIQQ. [访问时间:2024-10-19].

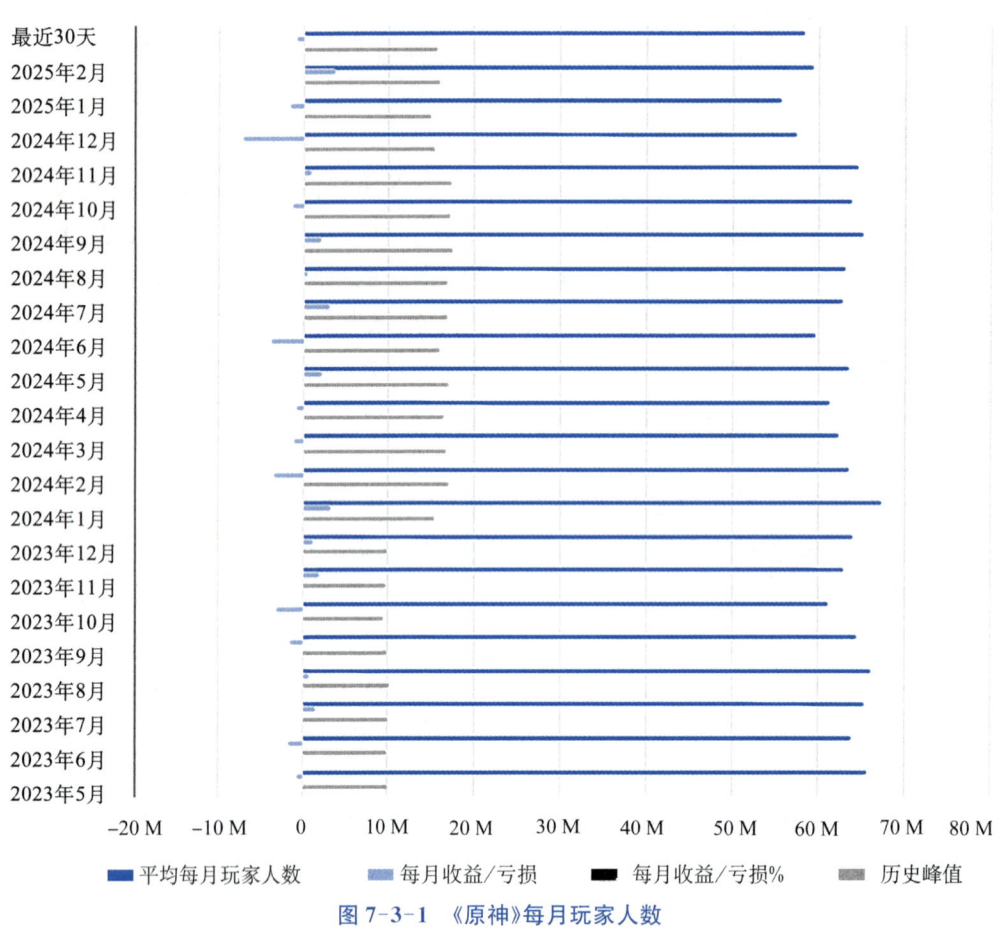

图 7-3-1 《原神》每月玩家人数

(资料来源:游戏《原神》玩家统计[EB/OL]. https://activeplayer.io/genshin-impact/. [访问时间:2024-10-19].)

(一)《原神》游戏中的非遗元素解析

数字游戏《原神》构建了一个名为提瓦特大陆的虚拟世界,大陆由 7 个国度组成,每个国度都有不同的文化背景,其中,璃月是基于中国传统文化建构的,包含丰富的中国传统文化典型意象,具有鲜明的中国特色和中国风格。游戏通过将真实的非遗元素融入虚拟环境、角色和故事情节,使玩家在探索和冒险过程中逐渐接触和体验中华文化的深厚底蕴。

1. 非遗建筑技艺

在璃月地区,游戏场景中的诸多建筑都可以体现中国在建筑方面的精湛非遗技艺。例如,璃月港中间的空中廊桥可以看到很多中国古建筑的影子,像雍和宫万福阁、宋代山西二仙庙、唐代敦煌壁画中空中走廊等(见图 7-3-2,图 7-3-3)。这些建筑风格不仅借鉴了中国古典建筑元素,如雕梁画栋、飞檐斗拱等,其背后也蕴含了中国古代建筑技艺,如木构架结构搭建技艺、传统斗拱系统以及精美的雕刻技艺等。

图7-3-2 敦煌壁画

图7-3-3 游戏中璃月港城楼

（资料来源：艺术|樊锦诗：敦煌壁画中空前绝后之作——《无量寿经变》[EB/OL]. https://www.sohu.com/a/377066529_735732.[访问时间：2024-10-19]；【原神】璃月港的一日[EB/OL]. https://www.bilibili.com/video/BV1DU4y1R7o7/.[访问时间：2024-10-19].）

以斗拱结构为例，群玉阁的建筑形态展现了斗拱在古代建筑中的重要作用。斗拱是中国传统建筑中的木构件，位于柱头和横梁之间，不仅具有结构承重的实际功能，还作为装饰性元素提升建筑的整体美感。《原神》中，群玉阁的斗拱在细节上进行了精准还原，无论比例还是色彩，都传递出浓郁的中国传统建筑风格。这种设计让玩家在视觉上体验到古建筑的恢宏与精美，同时也暗示了中国传统建筑在力学和艺术平衡上的高度智慧。在游戏中，群玉阁不仅作为一个功能性建筑存在，很多故事情节和角色活动也围绕它展开。例如，游戏主线任务之一中，玩家需要参与修复群玉阁的过程，通过这一任务，玩家不仅能感受到建筑的雄伟与壮丽，还能从中领略中国古代匠人的技艺传承与文化内涵。这种虚拟化的呈现方式不仅增强了玩家对中国非遗建筑技艺的感性认识，还以沉浸式体验强化了文化传播的效果。《原神》通过对细节的精准再现，让玩家在体验游戏过程中了解到中国传统建筑的美学特征和复杂工艺，感受中国非遗建筑技艺的独特魅力和文化内涵。

2. 非遗饮食文化

饮食是一个地区风土人情的集中展示，成为具有地域色彩的象征物。中华美食种类丰富，饮食的做法不乏非遗技艺的呈现。在游戏设定中，璃月地区的饮食以中国特色非遗美食为原型，进行了游戏化改编与美化，如仙跳墙、腌笃鲜、荷叶糯米鸡等。其中，璃月的特色美食仙跳墙（见图7-3-4），其现实原型名叫佛跳墙，是我国福建地区的著名美食，聚春园佛跳墙制作技艺于2008年列入我国第二批国家级非遗名录。"浅尝一口，细滑软嫩；细抿几分，回味悠长。从此魂牵梦萦自难忘。"游戏中短短几句就描绘出仙跳墙鲜香细腻的口感，配上精致的插图，更加勾起玩家对这种非遗美食的无限遐想。这些虚拟化的美食以生动的叙事、精美的图像呈现以及游戏玩法的互动性，成功将现实中的非遗饮食文化融入虚拟世界，让玩家在轻松愉悦的氛围中感受中国传统美食的独特魅力。这种结合不仅提升了玩家的代入感，也为非遗的数字传播提供了一种创新模式。

3. 非遗传统戏曲

除了游戏背景音中的中国民乐元素，如古筝、琵琶、竹笛、二胡等，最值得一提的是戏

377

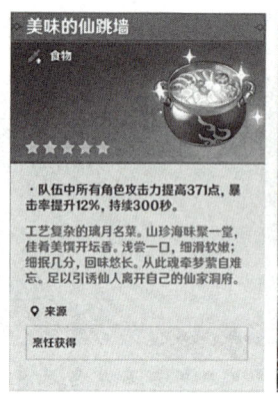

图7-3-4　璃月特色美食仙跳墙(左)与璃月港城楼(右)设计对比

(资料来源:原神璃月美食推荐[EB/OL]. https://www.365gangqin.com/news/3026.html.[访问时间:2024-10-19];藏在罐子里的国家级非遗美食,时光熬制的佛跳墙[EB/OL]. https://www.sohu.com/picture/442536769.[访问时间:2024-10-19].)

剧。我国是传统戏剧大国,昆曲、粤剧、京剧、皮影戏、藏戏等已被列入联合国教科文组织非遗名录。在角色设计上,《原神》在特征、形象到技能等方面,全方位融入了我国传统戏曲元素。例如,角色云堇被视为京剧文化的承载体和传播窗口(见图7-3-5)。一是在角色特征上,云堇被定位为璃月地区的艺术家,善于演唱传统戏曲璃月戏,而璃月戏则借鉴了中国国粹京剧。通过游戏任务和角色背景故事,玩家可以深入了解璃月戏这一虚拟戏曲形式及其与现实戏曲的联系,从而对传统戏曲艺术产生浓厚兴趣。二是在角色形象上,云堇的设计参考了花木兰、穆桂英、梁红玉等戏曲经典角色装扮,提取了戏曲元素如脸谱、

图7-3-5　云堇的角色设计与京剧刀马旦

(资料来源:跨界《原神》中国戏曲在海外又火出圈了[EB/OL]. https://baijiahao.baidu.com/s?id=1721621187417323943&wfr=spider&for=pc.[访问时间:2024-10-19];京剧旦角的手势,美哭了![EB/OL]. https://huaban.com/pins/4308206665.[访问时间:2024-10-19].)

服饰、纹样等,保留了京剧戏服中的帽上绒球、外衣云肩、背后靠旗等元素,通过抽象转化的方法进行再创作①,完成由现实戏曲装扮到游戏化造型的设计过程。三是在角色技能设计上,云堇的战斗动作灵感来源于京剧表演中的经典动作,如"旋子"。"旋子"是京剧武打中常见的腾跃旋转动作,展现出角色优美的身姿和强大的表现力。此外,云堇的技能还融合了古典舞蹈和传统武术中的"舞花枪"动作,赋予其优雅而有力的战斗表现。这种创意设计让玩家在战斗中能够直观感受到传统戏曲表演的韵律美感和文化内涵。

《神女劈观》的唱段部分由著名京剧荀派花旦杨扬演唱,角色的戏曲魅力吸引了大量玩家进行二次创作,甚至衍生出豫剧、黄梅戏、秦腔、川剧等多个版本。不少评论都直言,不是年轻人不喜欢传统戏剧,只是缺少了一种媒介让年轻人引起共鸣。《神女劈观》作为戏曲的一种衍生形式,在国内激起巨大水花。一声"可叹",不仅让视频斩获超3 000万的播放量,还被央视与新华社等一流媒体点名报道,让传统戏曲在青年群体中圈粉无数。通过这种创新的数字化呈现,戏曲文化在年轻玩家中获得了新的关注和理解,感知中华文化语境,惊叹非遗戏剧文化的魅力。

4. 非遗传统服饰

服饰是人类物质文明与精神文明的结晶,是文化传承的重要载体。在《原神》中,璃月地区角色的服饰设计充分体现了中华传统服饰的美学精髓和非遗技艺的独特魅力。例如,角色刻晴的服饰设计便是中国传统服饰与现代游戏美学相结合的典范。

刻晴的裙摆采用了中国传统颜色绀色,绀色是一种深邃而庄重的蓝紫色调,常见于中国传统服饰中的高级面料,象征典雅与高贵。绀色的运用不仅增强了刻晴这一角色的视觉识别度,也隐喻了中国传统文化中对自然和谐的追求。同时,她的服饰细节中融入了传统盘扣的元素。盘扣作为中国传统服饰的重要装饰部件,既具有实际的功能性,也展现了中华传统服饰设计的精巧与优雅。刻晴的腰侧和领口处都采用了盘扣设计,通过细致的描绘让玩家直观感受到传统服饰的典雅气质。

除了刻晴的角色设计,璃月地区的非玩家角色(NPC)服装也广泛融入了传统服饰元素。例如,许多NPC穿着带有盘扣装饰的旗袍和马褂。旗袍和马褂作为中华传统文化的重要组成部分,其制作技艺已被列入国家级非遗名录。旗袍的修身与马褂外袍的宽松结合,不仅展现了服饰艺术的多样性,也隐含了中国服饰文化中"阴阳平衡"的哲学追求。制作旗袍和马褂的传统技艺尤为注重细节,如精美的刺绣工艺和手工缝制的盘扣。这些技艺需要匠人精湛的手艺,反映了中华民族悠久的纺织与服饰文化传统。以盘扣技艺为例,这种独特的服饰扣具以绳结或布条盘绕形成复杂图案,不仅是一种连接服饰的实用部件,更是体现服饰装饰美学的重要元素。《原神》中,设计团队对盘扣的纹样进行了抽象化处理,使其既符合传统服饰风格,又能融入虚拟世界的美学风格。通过细腻的服饰建模和动态效果,玩家可以清晰感受到传统盘扣的造型美感和艺术张力。

---

① 徐茜.广东非遗元素在游戏角色设计中的应用研究[D].广州:广州大学,2023.

5. 非遗节事民俗

在互联网时代,非遗节庆不再仅仅是现实生活中重要的文化活动,更成为数以亿计游戏玩家在虚拟世界中开展集体活动的重要方式。非遗节庆文化通过数字化形式不断创新,赋予了传统节日属于这个时代的表达方式。《原神》作为深受年轻人喜爱的数字游戏,成功构建了中国非遗民俗节庆的赛博"新景观",通过虚拟平台将传统文化传播到全球玩家的视野中。

海灯节是《原神》中最具代表性的节事民俗活动之一。该活动融合了中国春节和元宵节的节庆符号及文化寓意,为玩家提供了一种沉浸式的文化体验。在游戏中,全球玩家共同参与放飞霄灯、燃放烟火、赏花灯和猜灯谜等活动,不仅感受到节日仪式感,还通过这些互动玩法增强了对非遗的认同感。放飞霄灯作为游戏中的核心活动,其灵感来源于传统的孔明灯。这一活动背后蕴含着中国人对新年祈福和团圆美好生活的向往,玩家通过放飞霄灯,将自己的祝愿投射到游戏的虚拟天空中,完成了一次寓意深远的文化仪式。此外,海灯节还巧妙地融入了其他传统节庆与民俗活动(见图7-3-6)。例如,纸映戏的设计灵感取自中国传统皮影戏,又被称为"纸影戏"。在游戏中,纸映戏被设定为璃月的一项传统技艺,由纸制成的"演员"和幕布构成,手艺人通过操作让角色上演精彩好戏,完美还原了传统皮影戏的独特形式。同时,纸鸢(风筝)与舞兽戏(舞狮)等传统民俗也融入活动。玩家可以制作并放飞纸鸢,通过舞兽戏表演感受到节日的热闹氛围。此外,传统鲤鱼灯也作为节日道具登场,其造型与灯光效果象征着节庆中的吉祥寓意。这些非遗元素通过虚拟化再现,既保留了传统节日的历史意义,又以现代化的手段赋予其新的生命力。

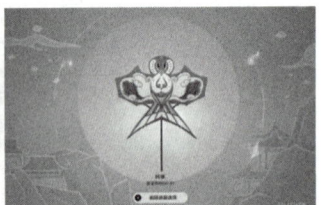

图7-3-6 纸映戏(左)海灯节(中)风筝(右)

(资料来源:《原神》游戏截图)

更为特别的是,海灯节在游戏中还结合了现代科技与互动体验,如虚拟灯光秀与玩家互动的祈福玩法,营造出一种全新的节日表达方式。通过这些精心设计,游戏在呈现传统文化仪式感的同时,也增强了玩家的参与感与代入感,使得非遗民俗节庆文化在数字环境中焕发出新的活力。通过对非遗节事民俗的数字化转化,《原神》不仅使玩家能够体验到传统文化的温馨与庄重,还探索出了一条将非遗与虚拟世界深度融合的传播新路径。这样一种赛博化的节日体验方式不仅让传统文化成功"破圈",也使其在全球范围内得到了更广泛的关注与认可。

6. 非遗传统舞蹈

在璃月场景中,部分角色的背景信息与美术设计深受中国地方风俗的启发。其中,角色魈的设计集中展现了我国传统舞蹈文化中独具特色的非遗——傩舞。魈的人物背景复杂,结合了民间传说与原始宗教的象征元素,而其核心技能"靖妖傩舞"更是对傩舞这一非遗的创新呈现。施展该技能时,魈会佩戴面具,这不仅是战斗的信号,也是对传统傩舞中仪式性的致敬。

傩舞作为国家级非遗,起源于原始社会的图腾崇拜,最初以驱逐邪祟、祈福安康为目的。其历史可追溯至商代。经过数千年的演变,傩舞逐渐形成了以腊月祭祀和驱邪为核心的民俗仪式传统,广泛流行于长江以南地区。傩舞的表演通常需要佩戴面具,面具的样式、色彩和象征意义因地区而异,但都具有强烈的宗教和艺术特色。《原神》中,魈的傩舞面具以黑、蓝、金为主色,这些醒目而神秘的配色不仅在视觉上吸引玩家,也强化了角色身上神秘而庄严的驱邪色彩。在魈的攻击动作设计中,游戏团队将傩舞的传统动作与角色使用长柄武器的战斗姿态相结合。傩舞本身以刚劲有力的舞姿和强烈的仪式感著称,魈的动作灵感显然借鉴了这些特质。其攻击过程中融入了舞蹈般的翻跃、旋转以及伞状劈砍动作,这些设计一方面展现了舞蹈的灵动与力量,另一方面也凸显了角色驱邪护佑的神圣使命感。通过将传统傩舞与游戏美学深度融合,魈的技能不仅具备极强的视觉冲击力,也让玩家在战斗中直观感受到傩舞的独特文化内涵。

(二)延伸非遗:数字化传播的新样态

1. 非遗纪录片与游戏联动

《原神》不仅通过游戏本身传播非遗,还通过纪录片展示了非遗技艺。2023 年 8 月,米哈游旗下游戏《原神》发布的非遗纪录片《流光拾遗之旅》聚焦金银细工等历史悠久的中国传统技艺,通过邀请非遗传承人还原游戏元素并记录过程,向国际受众展示并介绍了各种精美的非遗技艺(见图 7-3-7)。目前在超过 200 个国家和地区发行,制作了 15 种语言字幕版本,首期发布仅 3 天,全网播放量就已超过 400 万。

图 7-3-7 非遗纪录片《流光拾遗之旅》

(资料来源:《流光拾遗之旅》纪录片截图)

值得一提的是,在《仙闻篇·龙泉青瓷》中,该片用独特的游戏视角展示龙泉青瓷的制作过程,并以游戏道具为原型烧制青瓷(见图 7-3-8)。《流光拾遗之旅》也受到了玩家的好评,许多网友留言感叹非遗之美:"以前对各种瓷没有太大感触,但了解瓷器创作的流程后,我不得不向一代代手艺人的匠心致敬。""现代游戏与历史文化的结合,让全世界看到我们中国文化、中国技艺的博大精深。"也有海外网友表示,"《原神》让我了解中国文化,瓷器很独特,背后的故事更动人。"2023年10月,联合国教科文组织选用该视频宣传龙泉青瓷,证明了非遗突破"次元壁"跨界融合的潜力,"非遗＋网游"为非遗数字化迈入活态发展阶段创造了新契机。

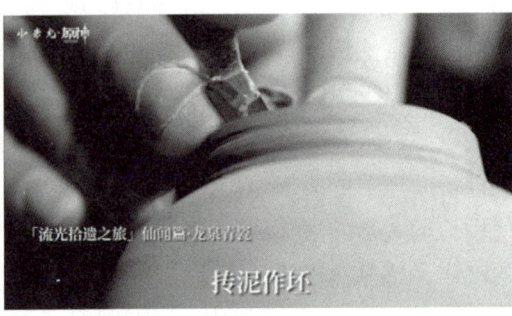

图7-3-8 《原神》非遗纪录片《流光拾遗之旅》中的《仙闻篇·龙泉青瓷》

(资料来源:《流光拾遗之旅》纪录片截图)

2. 非遗短片与游戏联动

除了游戏相关文本外,在海灯节期间,《原神》结合安徽歙县的鱼灯节发布了新春短片《鱼灯》(见图7-3-9)。"现实中的非遗技艺,经历世代相传,源于民间智慧与对美的追求。我们将用精巧的技艺来定格这些意蕴悠长的旅途瞬间。"视频通过展示"游子千里,灯燃家在"的故事,抛出了对青年群体、传统文化、故乡亲情三者的关系的讨论。游戏设计者通过将非遗与游戏内的节庆仪式文化相结合,使网络游戏中的虚拟空间实现了向现实空间的"奔赴",玩家形成"破次元"的错觉感,传统文化记忆因此被唤醒,玩家对于网络游戏中的仪式文化产生了更强烈的文化认同感。

图7-3-9 《原神》非遗短片《鱼灯》

(资料来源:《鱼灯》纪录片截图)

3. 传统非遗与现代创意设计的结合

数字游戏《原神》将中国的技艺、民俗等非遗有机融合进行线下传播,充分利用种类丰富的非遗产品与游戏IP深度融合,通过因地制宜、因势利导的方式打造传统非遗与现代创意设计的结合。

2023年,上海市文化和旅游局主办、米哈游协办的"非遗新体验"第二届国潮文创设计大赛中,数字创新赛道要求参赛者同时采用非遗与《原神》元素进行创作,用年轻新颖的方式讲述传统人文故事,承载厚重文化内涵(见图7-3-10)。例如,以南京绒花技艺制作的"浮生一梦原神绒花配饰"取材于《原神》中的角色;作品《藏镜仕女图》运用蜡染技艺,结合了《原神》的游戏元素;《掐丝珐琅画》则以掐丝、点蓝为主要工序,与流沙工艺结合。这些创作不仅展现了古老技艺与现代游戏的奇妙融合,也拓宽了非遗的传播途径,激发了"虚拟+现实"传播的新样态和新活力。

图7-3-10　第二届国潮文创设计大赛(左)、非遗蜡染《原神》藏镜仕女(中)、非遗掐丝釉画(右)

(资料来源:第二届国潮文创设计大赛"数字创新"组与"中医药"组获奖作品出炉[EB/OL]. https://mp.weixin.qq.com/s/eoQW-OjjKBm_zpBw3utfpw. [访问时间:2024-10-19].)

三、非遗与数字游戏的互融共生分析

(一) 非遗与数字游戏的共赢关系

1. 丰富中国传统文化的传播内容

以游戏为媒传播中国传统文化能够丰富中国传统文化的传播内容,实现多种中国传统文化元素的融合。《原神》将充满东方文化意象的锦绣河山、中式建筑融入游戏场景,使用二胡、古筝、马头琴等编排的中国古典音乐作为游戏背景音乐,还设计以元宵节为原型的海灯节的游戏限时活动,节日期间璃月港上空霄灯闪烁,让玩家足不出户也能感受到中国传统节日的氛围。此外,《原神》的点滴细节中还蕴含着中国传统的服饰文化、丧葬文化、饮食文化、价值观等。

2. 非遗传播中的游戏媒介优势

数字游戏以其沉浸式体验的特点,通过视觉、听觉和互动环节,让玩家深入感受非遗的魅力。《原神》借助精美的游戏画面和虚拟体验,在传播非遗的过程中,积极探索人类共通的情感和价值观,找到不同文化之间的"共振区间"[①],使玩家在娱乐的同时自然地学习非遗,突破了非遗传播的时空限制。

非遗游戏作为媒介,将非遗元素巧妙融入游戏设计中,降低了文化传播的门槛,使更多人能够轻松了解非遗。非遗游戏的叙事内容蕴含丰富的民族精神与国韵审美,在制作过程中可以充分发挥游戏媒介的特性,运用多样化的叙事手段,实现在不同空间对不同类型非遗元素的跨时空呈现,不仅让用户体验到游戏机制的独特性,还通过非遗游戏的叙事内容与交互式互动体验,达到了寓教于乐的效果,潜移默化地传播了非遗带给人的美育精神与民族文化[②]。

3. 非遗内容的跨文化传播潜力

优秀的游戏作品已成为传承中国非遗的新支点、推动文化输出的新亮点和数字经济发展的新基点。《原神》作为一款全球化的游戏,以非遗为内涵,以中国游戏为媒介,以中式价值观为核心,在全球超过200个国家和地区发行,用户数量过亿。其通过多语言版本和全球推广,将中国传统文化传播给不同语言和文化背景的玩家,让更多海外年轻人接触并了解真实、生动的中国非遗和中国故事。玩家通过游戏中的角色、场景和故事逐步接触并理解中国非遗。例如,《原神》中璃月的背景音乐采用琵琶、古筝等中国民族乐器,为国外玩家带来了全新的听觉体验;华光林则以张家界的奇幻山水为原型,获得了国内外玩家的广泛好评。这种跨文化传播方式极大地提升了非遗的国际知名度(见图7-3-11)。

此外,游戏《原神》2023年新春短片以非遗鱼灯为主题,在国外网站掀起热潮,不仅展现了非遗之美,还打动了观众的心。非遗通过这种方式得以在全球范围内扩展影响力,成为中外文化交流的重要载体。值得一提的是,《原神》中的《神女劈观》被《人民日报》海外版第十版特别提到,称赞其在创新创作中传播中华传统文化的感染力。在YouTube上,云堇演唱的《神女劈观》播放量已超过七百万次,作为一部带有文化代沟的戏曲作品,能在海外平台取得如此成绩实属不易。评论区中不仅有"被感动到哭"的留言,还有更多玩家表示希望了解并学习中国传统戏曲文化(见图7-3-12)。甚至有外国玩家为此组建乐队,在各大展台表演《神女劈观》,进一步印证了《原神》作为中国文化输出最成功的产品之一的影响力。

在数字传播的模式下,游戏为文化交流创造了一个互通平台,跨地域、跨文化的玩家可以通过非遗游戏交流并分享各自的文化。无论在国内还是海外发行,非遗游戏都可作为"通用工具"实现跨文化交流,助力数字艺术教育与民族文化传播,让玩家在游戏中爱上中华文化,使非遗传承不再受地域限制。近年来,米哈游在二次元领域不断推动非遗"破

[①] 郑林玲."游戏出海"背景下中国传统文化跨文化传播研究:以剧情PV《神女劈观》为例[J].科技传播,2022(19):132-134,141.

[②] 曹伟锋,韩卫娟.游戏媒介视域下非遗传播策略研究[J].视听,2023(7):148-151.

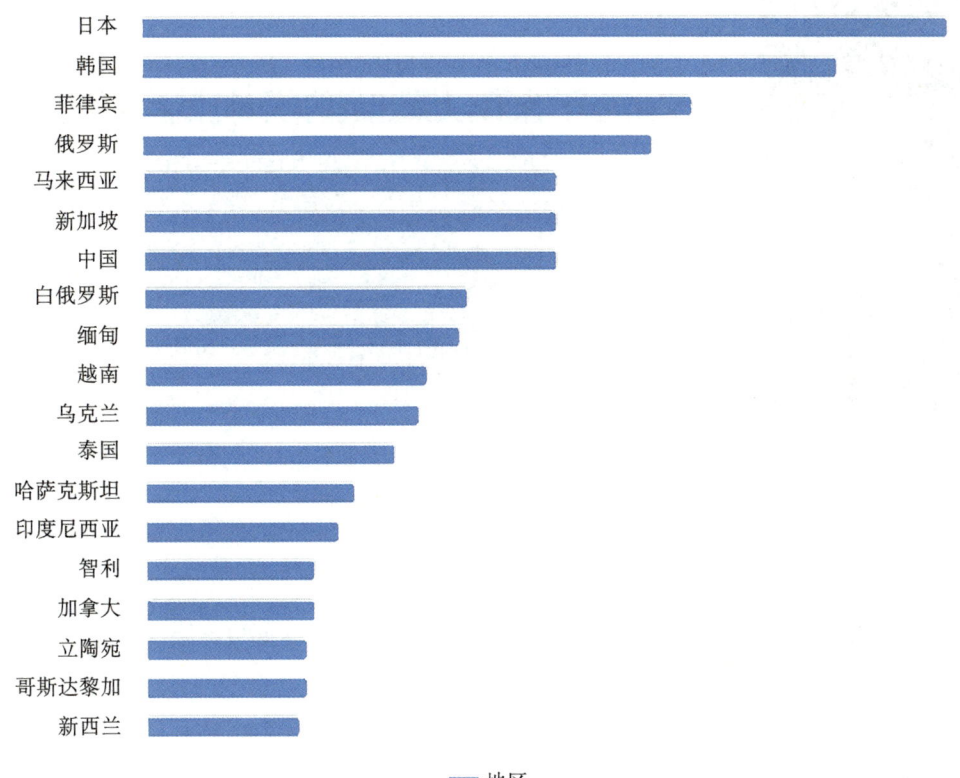

图 7-3-11　按地区划分的《原神》玩家分布

（资料来源：游戏《原神》玩家统计[EB/OL]. https://activeplayer.io/genshin-impact/.[访问时间：2025-03-25].）

壁"，助力中华文化进入全球青年的视野。2023 年 8 月 24 日，《原神》推出最新一期非遗纪录片《流光拾遗之旅》，以 15 种字幕版本形式在全球发布，向世界各地玩家展示了"万般青绿，自成一色"的青瓷烧制过程[①]。以游戏出海为基础，《原神》成为外国玩家了解中国文化和非遗的极佳窗口，成为提升我国非遗国际传播影响力的新路径。

（二）数字化手段对非遗传播的启发

1. 非遗数字化的可持续发展潜力

《原神》等数字游戏的成功案例展示了非遗在数字化进程中的可持续发展潜力。传统文化借助数字媒介得以活化，吸引了更多年轻人的关注。这种方式不仅有助于保护非遗，还通过不断的更新与创新，使其更好地融入现代生活。游戏的传播特性使得非遗游戏产品能够为用户提供多感官参与的体验，使原本难以在现实中展示的抽象非遗概念，通过游戏这一媒介得到生动形象的呈现。游戏中的探索乐趣使非遗的学习过程更加吸引人，玩

---

① 宣晶. 以青瓷复现游戏，助力非遗"破壁"二次元[N]. 文汇报，2023-08-25(5).

图 7-3-12 《原神》外网评论(左)与海外掀起京剧热潮(右)

(资料来源:从《原神》全球大火,来谈谈文化输出、文化自信、软实力的提升[EB/OL]. https://baijiahao.baidu.com/s?id=17214737116414429787&wfr=spider&for=pc.[访问时间:2024-10-19];《原神》以京剧文化输出登报[EB/OL]. https://baijiahao.baidu.com/s?id=1721379422323526939.[访问时间:2024-10-19].)

家通过主动探索和互动,而不是被动接收信息,逐渐与非遗建立起更深层次的联系。

2. 非遗社群营销的创新实践

随着社交媒体的不断发展和消费方式的升级,社群营销成为将具有相似兴趣的人聚集在一起的有效方式。通过连接用户和与用户的互动,社群营销能够实现用户价值。社群中的舆论领袖会产出优质原创内容,其追随者再对这些内容进行加工传播,最终形成具有爆发式传播潜力的链条。米游社作为《原神》开发公司米哈游旗下的游戏社区,汇聚了大量对璃月等中国传统文化元素进行研究讨论的玩家,评论区里对于中国非遗的讨论和对作者分析的补充营造了良好的交流氛围,让更多《原神》玩家了解非遗。同时,米游社聚集了大量《原神》用户,通过分析和解读游戏中的非遗元素,不同职业和群体的玩家在游戏中感受和体验了中国非遗的独特魅力。游戏玩家们在网络游戏的持续互动过程中凝聚成不同的"社区",并形成了网络空间的自我认同。

3. 非遗传播中的移动新媒体广告

随着 5G 时代的到来,新媒体移动端迅速发展,全球移动广告市场也在快速增长。新媒体广告通过多样的传播媒介和平台,向用户推广产品、服务和理念。H5 广告因其视觉多样性、内容趣味性、参与便捷性及独特的交互性,受到了广泛关注。其技术的延展性使得 H5 广告在市场上不断创新,迅速成为新媒体广告的一匹黑马。《原神》发布了多款 H5 小游戏,并嵌入了 H5 广告。例如,《歌行世间》作为《原神》2.0 版本的主题曲(OST)宣传作品,玩家需要通过与游戏界面中的元素互动来收集线索,如点燃灶火、旋转罗盘等。其中的万安罗盘制作技艺已于 2006 年被列入国家级非遗名录,而点燃灶火又称为祭火,这项古老的非遗活动从成吉思汗时代流传至今。玩家在完成任务的过程中,不仅认识了中国传统罗盘和点燃灶火等非遗技艺,还初步了解了它们的用法,有效促进了中国非遗的传播。

4. IP文旅联名活动对非遗传播的启示

在信息时代，互联网的高速发展改变了传统的营销模式。非遗的创新发展是其在新时代传承和发扬的关键。与新兴IP的联名合作不仅能借助IP的知名度提升非遗的讨论度，还能为非遗注入时代活力，助其在新时代更好地传承和延续。

《原神》的IP优势与众多景区的资源相结合，打破次元壁，实现了相互赋能。米哈游曾借助《原神》融合上海徐汇区的非遗，举办了一系列富有创意的活动，以非遗的方式展现《原神》中的各种元素。在这些活动中，玩家可以自主完成《原神》主题剪纸，通过剪纸的历史演变体验中国传统艺术的独特美感。《原神》在传播中国传统文化时，并非简单地将游戏元素置于文化场景中，而是将游戏与非遗作品有机融合，让玩家亲手制作非遗作品，真正体验非遗。此举开创了以"非遗+游戏"为特色的青年文化传播新模式，使非遗传播更加深入，不再流于形式，更具实际意义。

5. 人工智能技术与数字游戏的融合发展

随着人工智能技术在数字游戏领域中的推广，智能体感游戏以沉浸式体验的方式极大地优化了非遗的传承效果，同时也在一定意义上扩大了非遗的受众。尽管目前智能体感游戏与非遗结合的实例尚不多见，但业界和学界对该模式的可行性探讨却已方兴未艾：将智能设备MYO臂环与皮影结合，玩家通过臂环进行人机交互，从而在游戏过程中亲自完成对皮影戏的演绎[1]；借助Unity3d（实时3D互内容创作和运营平台）引擎和Kinect智能传感器设计的京剧体感游戏，玩家可以通过肢体动作将指令反馈给传感器，从而完成对游戏中人物的控制，实现对京剧表演的亲身体验[2]。人工智能技术手段将为非遗传播提供更多可能性。未来可以探索进一步增强游戏中互动性的方法，如增加更多动态的文化任务，让玩家在参与过程中更加主动地了解非遗技艺与文化仪式，使非遗在数字时代焕发出新的生命力。

（三）非遗传播的社会效应与文化认同

1. 增强非遗数字沉浸感

"文化记忆"概念由扬·阿斯曼（Jan Assmann）于20世纪90年代提出，研究的是被群体、组织、社会共同分享、流传和建设的记忆形式，是不同民族、国家对自身历史积淀的文化所保留的集体记忆力[3]。数字游戏《原神》通过融入大量非遗元素，巧妙地利用大众媒介从玩家的文化记忆中提取信息，进而激活他们对非遗的记忆，使其与游戏产生情感共鸣。随着社会的不断发展，人们参与游戏不仅为了娱乐，还为了在虚拟世界中找到归属感，排解现实生活中的寂寞与孤独。《原神》通过融合中国传统文化与游戏内容，使玩家可

---

[1] 卜羽,韩帆,陈曦.智能设备游戏在非遗传承中的应用研究——以皮影戏为例[J].戏剧之家,2018(27):219-220.
[2] 谢欣,梁国伟.基于网络体感游戏空间技术的京剧传播研究[J].文化遗产,2015(2):14-21.
[3] 金寿福.扬·阿斯曼的文化记忆理论[J].外国语文,2017,33(2):36-40.

以借助角色视角,体验游戏剧情,感受异世界的风土人情,进而增强游戏中的沉浸感和体验感。

2. 培养年轻一代文化认同

作为一种重要的文化载体,数字游戏能够有效增强年轻一代对传统文化的认同感。复旦大学潘霁教授认为,热门游戏将中华文化元素融入年轻人的日常生活,增强了文化的吸引力、感召力与融合力。

"一句'无他,但手熟尔',背后是无数手艺人前赴后继的坚守。"有年轻网友表示,自己通过《原神》认识了非遗,并被传承人的精神深深感动(见图7-3-13)。通过现代化的呈现方式,《原神》让人们不仅仅是被动地接受非遗,而是让青年成为非遗的主动传播者与继承者。玩家在娱乐中学习并接受这些非遗元素,促进了非遗的传承与文化认同。非遗不再是被"凝视"的他者,而是融入人们日常生活的有机组成部分。

图 7-3-13 原神纪录片《流光拾遗之旅》热评

(资料来源:《流光拾遗之旅》纪录片评论区[EB/OL]. https://www. bilibili. com/video/BV11R4y187kj/?spm_id_from=333.337. search-card. all. click. [访问时间:2024-10-20].)

非遗游戏有助于建立文化自信、增强文化自觉,促使人们与文化产生积极情感联系,这是非遗传播成功的关键。当玩家亲身体验这些文化元素时,他们会与文化产生共鸣,从而更加深刻地理解和认同自己的文化。这种文化认同不仅有助于培养文化自信,还让玩家感受到保护与传承非遗的责任。

3. 保护与传播文化多样性

在当今跨文化传播的背景下,深耕中华优秀传统文化,推进文化自信与文化强国建设是我国文化产业发展的重要目标。游戏作为高附加值的数字文化创意产品,具有活跃度、曝光度和广泛覆盖度,受到众多年轻人的喜爱和认可,借助游戏传播中国传统文化具有其他媒介无法比拟的优势。《原神》的成功表明,非遗在数字游戏中的应用不仅有助于保护文化多样性,还可以通过跨文化传播的形式,增进国际社会对中国文化的理解与尊重。非遗在游戏中的呈现推动了文化交流与互鉴,为构建更加包容与多元的文化生态做出了积极贡献。此外,《原神》还宣布与上海公共交通卡股份有限公司合作推出《流光拾遗之旅》交通卡,每售出一张交通卡,都会为"社会大美育"课堂项目捐款,开展免费非遗课程体验活动,让更多人了解、体验、亲近和保护非遗。

第四节 文化纪录片:《非遗里的中国》呈现中华历史文明

非遗是中华优秀传统文化的瑰宝和国家软实力的重要源泉,然而,随着社会发展和时代变迁,众多的非遗随着时间的推移而逐渐消失,非遗的传播已迫在眉睫。让更多的人了解和传承非遗,一直是我国努力的方向。大型电视纪录片《非遗里的中国》在地化言说非遗生态,通过非遗的文化空间建构、集体记忆激活、匠心精神传承和东方美学呈现,以新时代创新的方式,数字化展呈非遗灵韵,探索了非遗在艺术和科技上的应用,在守正创新的同时,促进了中华优秀传统文化的高质量传播,让观众在非遗的活化绽放中建构起对民族和文化的认同,是传承与拓展非遗生命力的有效形式。

源头活水,润泽千年,透过非遗看中国,实际上指向五千年绵延不断的中华文明史。如何通过非遗这一中华文明的缩影见微知著地展现文化中国?在异彩纷呈的读图时代,如何确保非遗既能"活"起来,构建新颖的影像样态,又能"火"起来,营造多维的呈现效果,成为守护、传承和展示非遗需要加以重视的问题。本节接下来将带领大家共同探索非遗项目的活态传承与创新发展。

一、非遗传承的多维探索:历史溯源与现代实践

非遗的创新呈现和当代表达是新时代推动中华优秀传统文化创造性转化、创新性发展,强化中华文化认同的重要路径。2022年12月30日起,《非遗里的中国》在央视综合频道播出。该节目共11集,走进11个省(区),涵盖10大类非遗项目,把非遗作为连接民族历史和现代生活的重要桥梁。撷取纪录片、文化访谈、歌舞表演、影视大片等多种节目形式精华,通过传统遇见现代和非遗寻根的文化探索,从"器"出发访人、学技、忆史、悟思,带领观众在现代生活中沉浸式寻访和体验活化的非遗,为文化节目建构文化认同提供了创新思路。

(一) 访人:非遗工匠的传承与影响

正如《考工记》所述,"百工之事,皆圣人之作也",非遗传承人是非遗最直接的创造者与守护者。《非遗里的中国》所展示的非遗,无一不是工匠精神的化身。以非遗工匠为叙

事线索,通过工匠故事展现非遗技艺的独特魅力和其在现代社会中的活态传承,将个体的注意力集中在非遗传承人和非遗项目上,采用多元互动的方式感受其文化内涵,以情感连接参与者,从而推动观众与非遗互动的过程,实现传受主体双方的共情传播。

通过非遗代表性传承人质朴无华的讲述,流淌的是源远流长的非遗,凸显出非遗的民族性与历史性。梅葛非遗传承人罗英、罗志军即兴传唱,展示赤梅葛、山梅葛以及娃娃梅葛等彝族的远古史诗;阿尺木刮非遗传承人李碧清踏歌起舞,表现傈僳族歌颂自然的原真理念;莆田木雕传承人郑春辉以苍古樟木为卷、刻刀作笔,木屑轻扬尽显《清明上河图》中的汴京盛景,这件打破吉尼斯世界纪录的透雕作品以精微之致描摹宏大之象,亦凝聚着匠人"择一事终一生"的坚韧执着;唯一入选联合国人类非遗名录的陶瓷类项目龙泉青瓷传统烧制技艺,代表性传承人徐朝兴从业达67年之久,先后在哥弟绞胎、露胎装饰、青瓷玲珑、灰釉跳刀等工艺领域取得重要突破,于陶瓷史的卷轴间开出创新之花(见图7-4-1)。

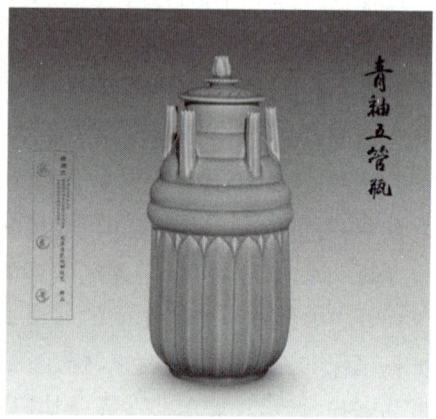

图 7-4-1 莆田木雕传承人郑春辉雕刻作品(左)、非遗龙泉青瓷烧制技艺传承人徐朝兴雕刻作品(右)

(资料来源:莆田木雕:小小雕刻刀 讲好中国故事[EB/OL]. https://www.sohu.com/a/617317664_267106.[访问时间:2024-10-22];中国工艺美术大师介绍-徐朝兴[EB/OL]. https://baijiahao.baidu.com/s?id=1715840708299473674.[访问时间:2024-10-22].)

同时,工匠不仅是非遗技艺的传承者,也是非遗价值的体现者。新生代的创新应用人、非遗守护人亦在实践中践行非遗的保护、传承与发扬,凸显出非遗的现实性与时代性。通过深入挖掘工匠的个人经历、传承理念和对非遗技艺的创新努力,节目使观众更好地理解非遗工匠如何在现代生活中坚守传统技艺的核心价值。例如,山人乐队以梅葛为灵感,结合西方交响乐元素进行创作,云南民族歌舞团则将洒托闭、腊腊邓、阿尺邓等传统阿尺木刮动作融入现代潮流街舞,创新传承让非遗正年轻。

(二)学技:非遗技艺的文化传播与认同

《非遗里的中国》通过对非遗技艺的展示,让观众沉浸式体验中华非遗的超凡技艺与旺盛生命力,推动了非遗技艺的现代传播。节目呈现的技艺不仅是历史的积淀,也是现代生活的一部分。在现代传播形式的助力下,这些技艺得以通过多维度的视听语言触达更多受众,使传统技艺在更广泛的社会群体中获得文化认同。非遗技艺的现代传播并不仅是技艺的展示,更是文化传承理念的普及和精神价值的再现。

在"河北篇"中,主持人与体验嘉宾一起感受河北省的非遗之美。节目组来到易县太行水镇进行地缘性的"田野"录制。太行水镇是国家级非遗代表项目锣鼓艺术(常山战鼓)、花丝镶嵌制作技艺以及传统工艺活盘旱船、驴肉火烧制作技艺等的发源地。节目通过体验团观摩了花丝镶嵌的"搓丝"技巧和驴肉火烧的精制流程,并跟随花丝镶嵌制作技艺国家级传承人马福良学习技艺,完成了非遗的原生态呈现,引发受众对文化传承和乡土情怀的深度共情(见图7-4-2)。

图7-4-2 花丝镶嵌的"搓丝"技艺

(资料来源:花丝镶嵌,0.2毫米金丝上织出绝美非遗[EB/OL]. http://wenhua.youth.cn/whyw/202206/t20220605_13747269.htm.[访问时间:2024-10-22].)

(三)忆史:非遗故事的历史溯源与现代启示

文化节目对非遗故事的讲述多采用历史梳理的顺时序方式,为观众勾画非遗从过去到现在的发展图景,而《非遗里的中国》创新地采用逆时序的寻根叙事,从非遗创新应用的现实向国家民族"过去"的记忆寻根。非遗项目得以回溯其历史起源和发展轨迹,深入探索了非遗与中华文明之间的内在联系,并将这种联系与现代社会的文化需求相结合,使观众能够在历史脉络中理解非遗的现代意义。节目不仅仅是对历史的简单叙述,更是一种带有现代视角的解读,启发观众在当前社会中更好地认识和保护非遗。

同时,《非遗里的中国》在"当下"语境下还原"过去"、阐释"未来"。前期文化场景的塑造让不少观众在看节目时纷纷留言发表自己与该地区过去的文化记忆。例如,在江苏非遗篇中,观众评论"宝藏地区真好玩""藕粉圆子我最爱"等。在记忆的历史的层面,节目则作为传播载体,将本土的非遗尽可能地通过节目形式呈现给后代。这既是对中华民族守正不守旧、尊古不复古的进取精神在新时代的有力回应,也是文化节目在认知、空间、身份、价值与审美上构建文化认同、凝聚民族精神力量、增强民族自豪感和提升文化自信的创新尝试。

(四) 悟思：非遗传播的现代价值与创新路径

非遗作为中华文明的活态象征，在现代社会中具有多重价值。《非遗里的中国》通过多种形式的文化表达，促使非遗与现代社会产生更紧密的联系。节目引导观众思考如何在全球化和数字化的语境下，借助多元传播手段和创新方式，使非遗在当代社会焕发新的生机与活力，并推动其在新时代的创新发展与广泛传播。

在《非遗里的中国》"山西篇"中，通过左权开花调（国家级非遗代表性项目），体现出了山西人扎根乡土、积极农耕、热爱劳动的地方文化；通过绛州鼓乐与翼城花鼓（国家级非遗代表性项目），展现山西的乡土故事，感受山西人对黄土与黄河的爱。从这些音乐舞蹈中，观众也感悟到山西非遗精神的延续与传承，更沉浸在三晋儿女在农耕背景下热爱劳动、歌颂劳动的精神中。此外，人们常说"一方水土养一方人"，山西有刀削面制作技艺还有山西老陈醋。提到山西饮食，有着"无醋不成味"的说法，老陈醋酿制技艺（美和居老陈醋酿制技艺）是国家级非遗代表性项目（见图7-4-3）。面与醋的背后实质上隐藏的是山西人对这片土地深沉的爱，让屏幕前在外闯荡的山西游子生出无尽的思乡之情。

图7-4-3　国家级非遗项目老陈醋酿制技艺

（资料来源：第五批国家级非遗·四川|酿醋技艺［EB/OL］. http://www.scpublic.cn/news/wx/detail?newsid=480325.［访问时间：2024-10-22］.）

二、传统非遗的数字化转型与现代化应用

在传统的认知中，非遗作为历史积淀，被认为是民间定期举行的展示传统文化的群众性活动，有一种存在于过去、保护于当下，与现代生活相去甚远的天然距离感。《非遗里的中国》成为非遗的载体，通过荧幕空间打破地理间隔，在非遗项目发源地以互动情境体验的方式构建非遗空间，解决了观众和非遗距离上的"场所"难题。节目通过非遗在文化街区的流动，打造了文化历史记忆"被唤醒的空间"和"被尘封的时间"，让受众得以"在场"和"身处其中"，感受非遗的新时代面貌。

(一) 非遗的多维空间建构

1. 非遗古街的活态场景

中国是幅员辽阔、历史悠久的多民族国家,在漫长的文明发展中积淀着丰富厚重的地方性文化资源。其中,非遗作为"某一地域空间中特殊生活群体所共享的动态思想与技能"①,便是地方文化根脉滋养下孕育而出的地方性知识,具有突出的独特性与民族性。以地域为坐标,深入挖掘并集中展示具有浓郁地方特色与民俗风情的非遗项目,通过差异化的在地言说还原"各美其美,美美与共"的中国非遗生态,全面且鲜活地展示文化中国切片。

具体而言,为充分凸显各地非遗生态的多样性,节目将水韵江苏、山海福建、多彩云南等非遗大省确立为各期主题篇章,既清晰明确地划分地域,又生成广阔多元的诠释空间。同时,"迤西文化名邦"楚雄光禄古镇(云南篇)、"川黔走廊、茶盐古道"泸州尧坝古镇(四川篇)以及"千年古渡"台州葭沚老街(浙江篇)等古镇街区作为历史底蕴深厚、文化气息浓郁的现实空间已极具辨识度与地方性。在此基础上打破非遗在物理空间的离散式分布,从本地近千项非遗名录中郑重择取代表性项目,将其汇集于古镇街区内,通过舞台表演、情景演绎等方式将现实空间转译为非遗特色秀演的媒介空间,进一步促使观众在媒介漫游中获取虚拟在地的媒介地方感。

在第一期浙江篇中,选取了浙江台州葭沚老街作为拍摄地点。参与展演的非遗项目中,有47%出自台州,而台州葭沚老街具有近千年的历史,文化底蕴深厚,非常具有代表性。其中,每项非遗项目都会按照非遗的类型进行分门别类的划分,并设有一个专属摊位进行文化展示,达成非遗生态局部与整体的和谐统一,为观众认识理解非遗搭建了立体的认知空间和路径,能清晰感知根植于过去、成长于当下的具有生命力的活化非遗。

2. 非遗符号的空间转换

为了让观众深入了解非遗,《非遗里的中国》利用作为文化符号的空间,从非遗传承空间、生产空间和表演空间出发为受众搭建三维立体、提供沉浸式互动体验的非遗展演空间。首先在传承空间上,节目面向非遗传统社区人群,讲述非遗在现实生活中的融合、延续与传承。这种传承空间是基于血脉的自然传承,是日常的一杯白茶、一份刀削面、一个驴肉火烧……将融于生活却被忽略的非遗技艺和文化精神重新带回公众视野。其次在生产空间上,节目通过影视化拍摄将非遗作为消费商品进行细节化和全方面展示,以满足观众的好奇,回应对非遗生存发展问题的关注。最后在表演空间上,通过搭建舞台展演的现场空间、歌舞秀演的艺术空间、非遗技艺短片的影像空间、非遗体验的在场空间,从创新传承、艺术表达、技术再现等角度帮助观众多维理解非遗。

(二) 非遗的东方美学呈现

审美认同是非遗认同的核心,是社会沟通的重要纽带。《非遗里的中国》"把艺术创造

---

① 蔡仲.现代化转型中"地方性知识"如何自处[N].中国科学报,2019-3-6(8).

力和中华文化价值融合起来"①,利用非遗创新秀演的艺术化表达和影视艺术的审美实践,让非遗蕴含的东方美学有了切实可见的表象,使审美有了感官体验的落实,借此构建了中华文化的想象共同体、审美共同体,培育了观众的审美共通感,更呈现出非遗的东方之美。

1. 影视表达提升非遗审美共通感

审美共通感的培育对构建文化认同具有心理、精神和情感层面的重要意义。审美共通感的"扩展性思维"构组意义社群,通过美的邀请、审美交往达到由"共通感"至"共同体"的尝试,重振公共领域②。《非遗里的中国》以"思想+艺术+技术"的融合,运用 AI、5G、8K 分辨率、计算机图形学(computer graphics,CG)特效、扩展现实场景、超微距摄影、微缩景观等影视技术手段,对非遗进行细节化、精致化、生活化、故事化、艺术化的影视表达,邀请观众体验基于"生活的共同性"获得的中华非遗美学。观众通过影像、固有认知和自身经验的交互,建立影像思维与记忆模式,实现对非遗思想性、艺术性、实用性和创新性的理解,也因这种影视化的艺术交流建立起文化共同体的想象,借由非遗之美憧憬未来的美好社会,提升对中华优秀传统文化的普遍审美感知力、审美鉴赏力,构建超越地域、亲缘的具有生机活力和凝聚力的民族文化共同体③。

2. 创意秀演打造非遗美学

在非遗的创新表达上,《非遗里的中国》和中国国家歌舞剧院联袂合作,将非遗符号与艺术表达结合,在一舞一曲中阐述非遗所蕴含的东方美学与华夏智慧。在莆田精微透雕的创意秀演《雕·栉》中,《清明上河图》木雕作为舞蹈背景,木屑为雪雨,刻刀所过之处即成屋舍楼宇和人物山海,刀刀尽显北宋都城热闹生活。福鼎白茶《茗·心》创新秀演中,舞台设在茶山中,舞蹈与自然融合,艺术化还原茶山采茶、晒场晒茶看青、作坊凋萎干燥等制茶步骤,再于九里溪竹筏上舞蹈,还原白茶成茶后于水中沉浮的场景,最后秀演和美景归于茶杯,形成万千美好归于杯中山水的景象(见图 7-4-4)。《绣江南》

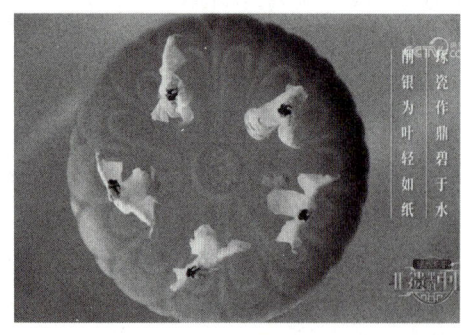

图 7-4-4 非遗创意秀

(资料来源:《非遗里的中国》视频截图)

---

① 习近平. 在中国文联十一大、中国作协十大开幕式上的讲话[EB/OL]. https://www.gov.cn/gongbao/content/2022/content_5667297.htm. [访问时间:2024-10-22].
② 李河成. 审美共通感的现代政治哲学意义[D]. 西安:陕西师范大学,2012.
③ 张梓涵.《非遗里的中国》:在非遗"活化"中构建文化认同[J]. 中国广播电视学刊,2023(10):42-45.

于绣绷上舞蹈,通过舞蹈动作还原苏绣远山近水的意境、鲜艳欲滴的雅荷和鱼戏水中之景。创新秀演用舞台还原生活场景,《茗·心》《酱·心》《酿艺》等将舞蹈置于自然山水和非遗作品中;《跃然纸上》《一纸千载》用身体模拟刻刀、笔墨,通过舞蹈动作还原非遗技艺。歌舞秀演展示山水自然之美、重现非遗技艺之精、凝中华文化之美,使观众欣赏到人体美、音律美、协调美、色彩美、服饰美、文化美,在和艺术、生活、他人的平等共享中共同感受东方非遗之美。

(三) 非遗"活态"传承的价值释出

1. 器道传扬:非遗创新之器

《周易》言,"形而上者谓之道,形而下者谓之器"。经千百年岁月流转而沉淀的文化瑰宝非遗,既存在有形具体的外在表现,亦蕴藏无形抽象的内在气质,有形之器与无形之道共同点染生活智慧,造就了余韵绵长的文化世界。立足当下,以新发展理念下非遗的应用实践搭建传统技艺与现代生活之间的桥梁,器道并重以弘扬非遗的当代价值。

节目以器为承载,彰显非遗在现代科技、医疗、能源等领域释放出的巨大潜能,驱动非遗技艺可持续发展。如"福建篇"中,我国自主建造的全球首艘双向破冰科考船"雪龙2"号之所以能够在冰寒极地安稳航行,轻松穿越20米冰脊,离不开国家级非遗水密隔舱福船制造技艺的古老智慧(见图7-4-5)。科技引航下,传承千年的制船技艺得以与国之重器紧密相连。再如世界首款实现人体内应用可降解医用蚕丝骨钉的问世,标志着人体内固定领域开启了蚕丝应用新时代,让来自浙江的国家级非遗辑里湖丝手工制作技艺进入大众视野。化茧成"钢"的背后,是华夏蚕丝文明永不枯竭的生命力量。同样,山西非遗人工吹制玻璃器皿技艺既助力国家激光聚变研究,探寻清洁能源以守护绿水青山,又以形随人意的高超技艺进行创作,成为"一带一路"跨文化贸易中的畅销工艺品。浴火重生中,传统非遗技艺依然蓬勃旺盛、生生不息,成为中国式现代化建设汲取智慧的不竭源泉。

图 7-4-5　全球首艘双向破冰科考船"雪龙2"号

(资料来源:(第40次南极考察·图文互动)特写:"雪龙2"号犁海破冰[EB/OL]. https://www.sohu.com/a/742282857_267106.[访问时间:2024-10-22].)

道以成器,器以载道,非遗创新之器亦为弘扬非遗内在之道提供现实路径。符合当下时代发展所需及审美意趣的创新项目仍秉承非遗所蕴藉的价值内涵,继承中华民族特有的生活理念、心性志趣与文化意识。例如,鲜花菜肴古已有之并世代相传,云南鲜花诗宴以诗为名,以花卉菜肴烹饪技艺为根,沿袭千年舌尖上的浪漫;浙江径山茶宴兴于唐、盛于宋,在梵音古琴的烘托下,和敬清寂的禅茶之道得以世代存续;全国少数民族传统体育运动会上,"吹枪""打陀螺"等先民狩猎活动成为竞技场上的民族文化亮点,古老劳动智慧融入现代体育精神。今人不但在享受非遗之道带来的心灵欢愉,也将非遗中的审美态度引进现代生活①,不断丰富它的内涵与外延。

2. 文旅"破圈":非遗之旅

中共中央办公厅、国务院办公厅在 2021 年印发了《关于进一步加强非物质文化遗产保护工作的意见》,推动非遗与旅游景区、度假区进行有机融合,建设非遗特色景区②。文化是旅游的灵魂,旅游则是文化的载体。非遗中凝结着勾连中华民族历史、当下与未来的文化记忆,《非遗里的中国》以场景的互动体验将其活化,并依托主流媒体强大的传播力在公共领域呈现,于文化记忆与旅游产业的双向赋能中,助益"非遗+旅游"文化旅游模式"破圈"流行。"非遗之旅"以旅游体验交融增强非遗与游客的互动性,为更多地方发展非遗主题旅游提供宝贵的探索经验。当非遗体验团如游客般漫步非遗主题的古道长街,移步换景间邂逅非遗与传承人,亲身体验建湖杂技、南京金箔锻制等非遗技艺,参与霍童线狮、翼城花鼓等非遗演出,交流垣曲炒祺、莆田红团等美食心得,感触晋粤川等各地的非遗时,文化记忆的多样性在场景的互动体验中被激发,在丰富旅游项目供给的同时,有效契合了游客的精神文化需求。

此外,精心打造的典型非遗旅游样本在广泛传播中获得观众与游客的高度评价,给予地方开发"非遗+旅游"模式强劲的信心与动力。仅以"江苏篇"为例,盐城创造性地将被誉为"古傩遗响、梨园奇葩"的传统戏剧淮剧与现代旅游度假结合,随着淮剧走出舞台天地,游客在度假游览时便可近距离地穿行于淮剧表演中,沉浸式体验非遗的趣味与韵味。节目播出后吸粉无数,线上,"九龙口景区"即刻成为江苏旅游的热搜关键词,众多观众发布"淮剧原来这么有意思""想去拜师学习蓝印花布"等弹幕热评,助推节目全媒体热度持续升温;线下,游客纷纷前往景点,"打卡"节目中的非遗项目,亲身体验非遗魅力,感知深厚的文化记忆(见图 7-4-6)。景区亦循环播放节目片段,吸引游客驻足观看,形成非遗传播与旅游宣传协同发展的良性循环。火了非遗,又热了景区,使非遗成为地方文旅宣介的金名片,切实为文化旅游铺设通途。

3. 国际合作:非遗海外之融

非遗为世界解读中华文明与理解当代中国提供了重要线索,是展现中国软实力与文化魅力的有效途径。讲好非遗的中国故事既要挖掘非遗所蕴含的历史文化内涵,又要展

---

① 李智,柏丽娟.品味区隔:视频博客青年创作者的圈层拆合与表演策略研究[J].重庆邮电大学学报(社会科学版),2022,34(5):152-160.
② 李杨.会泽"非遗"资源在本科实践教学中创新应用——以昆明城市学院为例[J].文化创新比较研究,2022,6(35):151-156.

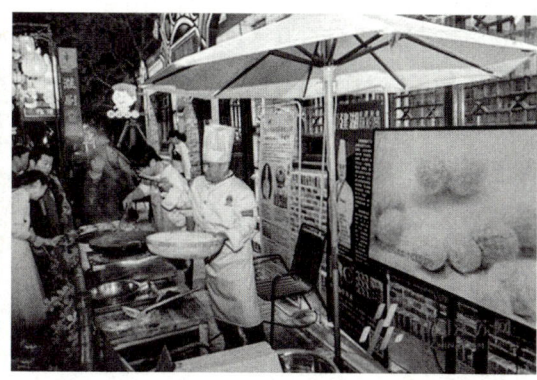

图 7-4-6　传统非遗碰撞现代文旅

（资料来源：央视《非遗里的中国》走进盐城建湖九龙口［EB/OL］. https://jsnews.jschina.com.cn/yc/a/202305/t20230505_3209841.shtml.［访问时间：2024-10-22］.）

现非遗在当代的社会创造力、跨文化对话国际合作以及最终实现可持续和平与发展中的潜力。

节目运用富有中国特色的方式讲述中国故事，全面而充分地呈现中国历史文化传统的独特存在、中国非遗传承保护的独特思路，让世界各国人民立体、全面、深入地理解中国非遗保护和传承的生动实践和特殊贡献。在国际合作方面，在"云南篇"中，彝族历史叙事长诗梅葛在滇中光禄古镇演出，该节目的演员来自中国、白俄罗斯、哈萨克斯坦、乌克兰等多个国家，古老史诗融合国际音乐，千年歌舞唱出了新韵律，引发国内观众的共情，拉近与国外观众的距离，与世界进行了完美融合。

三、当代非遗的情感共鸣与传播路径

（一）非遗匠心价值认同

非遗体验对文化价值认同有着深刻的诠释意义，除了讲述非遗历史和代际传承的故事，还通过非遗创新文化产品的讲解呈现、文化实践的亲身体验、文化观念的深刻解读、文化社群的共同体认、文化个体的故事讲述，全方位地深化观众对于非遗的多维认同，以沉浸式的文化体验共享对大国工匠的认知、情感，及其精神与价值。

1. 基于器物的价值认同

《非遗里的中国》创新采用文化体验的方式，带领观众欣赏器物之美、聆听传承故事、体验技艺难度、感受坚守与创新的匠心精神及价值观念。如在第二集木雕（莆田木雕）非遗项目的讲述中，节目带领观众领略创下吉尼斯世界纪录的木雕作品《清明上河图》，作品雕刻最细的地方只有3毫米且工艺复杂、纤毫毕现，展现出木雕的极致精美；通过嘉宾体验雕刻圆圈，衬托作品难度和精湛技艺；通过展现同一段木材背面雕刻存于台北"故宫博物院"的清朝版《清明上河图》，讲述非遗传承人郑春辉对传统文化的共同传承，感受匠人

的民族情怀;从郑春辉不满足于已有的技法经验,挑战"穿越"24座城市的百米立体木雕长卷《京杭大运河》的故事,读懂传承人勇于创新、自我突破的精神;为感谢莆田母亲河木兰溪养育之情创作的《百里兰溪图》,体现出中国人对乡土的热爱。节目从传承人的个体经历反映中国匠人自古以来精益求精、革故鼎新、热爱国族、传承坚守与仁爱感恩的精神价值。观众从见物、见技到见人、见智,实现对非遗器物艺术、经济、科技等方面的价值认知和对民族精神文化的价值认同。

2. 基于技艺的价值认同

以非遗技艺体验还原非遗的原真性,让观众体验非遗发源地人们的生活状态,感受对美好生活的追求,加深对非遗沉淀的民族情感、智慧和精神的理解与认同(见图7-4-7)。在第九集内蒙古之行中,嘉宾和非遗传承人一起体验蒙古包营造技艺,这是一项需要家人共同合作的工作,是蒙古族牧民家庭团结共御自然风险的智慧体现。在第四集体验傈僳族阿尺木刮歌舞的过程中,可以发现追求人类文明与自然环境共生就是傈僳族的生活本质,这种对自然的美好祝福和对生活的热切期盼也是中华民族一直以来的价值追求。第七集中,嘉宾与非遗传承人谈论对广东点茶技艺"要浓要淡"的理解,从一杯茶感受分享和平衡带来的和谐之美。这些沉浸式的荧幕体验使观众作为"在场"亲历者见证和"参与"非遗发展,通过对技艺的体验认识非遗背后的人文美与精神美,深刻感受非遗传承人对非遗的热爱、坚守、创新、领悟与反思,将对非遗传承人匠心精神的感悟内化为自身对中华优秀传统文化价值观的认同。同时也强化了观众作为记忆与认同主体的"当时在场"和"交流互动",提升民族精神的归属意识和对文化的价值认同。

图7-4-7 蒙古包营造技艺(左)、广东点茶技艺(右)

(资料来源:【走近非遗】蒙古包营造技艺[EB/OL]. https://m.sohu.com/a/308292735_648639.[访问时间:2024-10-22];千拾百非遗申报案例 | 传统点茶技艺[EB/OL]. https://baijiahao.baidu.com/s?id=1771023628402162558&wfr=spider&for=pc.[访问时间:2024-10-22].)

3. 基于感官的价值认同

体验团在游历非遗项目的过程中借助多重感官信息彰显非遗的丰富内涵。在《非遗里的中国》的"山西篇"中,节目组在山西省晋中市灵石县的王家大院开启游历体验之旅。游历开始于绛州鼓乐(国家级非遗代表性项目)的秀演《斗鼓秀》,蔡国庆、单霁翔等嘉宾参与在场体验,感受"花敲干打""以鼓叙情"的视听震撼;继而体验团来到静升镇的非遗美食街,沉浸式参与传统面食制作技艺(龙须面和刀削面制作技艺)(国家级非遗代表性项目)和垣曲炒棋制作技艺(山西省第二批省级非遗代表性项目)等,用细腻的触觉感受非遗质感;接下来又移步至老陈醋酿制技艺(美和居老陈醋酿制技艺)(国家级非遗代表性项目)现场,通过嗅觉和味觉体验山西陈醋的醇香。仅在这期节目中,体验团便游历了近20项非遗项目,以视觉、听觉、触觉、嗅觉、味觉等全感官系统参与、阐释了非遗的丰富内涵。

(二) 在非遗活化中构建文化认同

1. 人民性话语讲述非遗故事

"人民的非遗,人民共享"是非遗人民性的理念体现,也是人民参与非遗保护的实践表述。非遗要满足观众的精神文化需求,就要尊重非遗的人民性,用面向大众的人民性话语表述,建立起非遗和观众之间平等、年轻、多元的对话体系,带领观众理解非遗所勾连的过去、当下和未来的文化记忆。《非遗里的中国》展现多元视角和情感分享,以及对"晦涩"非遗项目的通俗解释,帮助观众更好地理解非遗,同时强化非遗源于日常生活、发展惠于生活的观念,重新关注非遗作为"日用而不知"的具体存在,正以悄无声息的方式重新焕发生命力,重塑人们的生活。这种打破非遗与生活距离的与民同在的"共时经历",打造了非遗和观众互动交流的格局,塑造了群体历史感与集体记忆,强化了民族身份和文化认同。

2. 互动仪式实现非遗共情传播

"所谓互动仪式,指的是小范围内即时即地发生的面对面的人际交流,它们是生活世界中人与人之间最凡常不过的仪式性交往。"[①]其中,相互关注与情感连带是推进互动仪式过程的关键。节目采用的是"主持人+专家+演员"的多元化嘉宾设计,这种形式的组合可以使非遗有多层次的解读方式,他们所抒发的情感也会引导观众的情感走向,以及在心灵产生共鸣力量。例如,在"浙江篇"中,嘉宾在尝试龙泉青瓷烧制技艺的"跳刀"技艺后,演员陈数在谈及非遗时表示:"我们不应该站在旁观者角度来学习非遗,应该多多接触,加深了解。"单霁翔和撒贝宁则从专业视角表达:"通过重新挖掘龙泉青瓷的魅力,一抹梅子青跨越千年时光传承了下来。"不同主体的发声,让观众体会到了台上一分钟、台下十年功的精神内涵,以及非遗持续传承、薪火生生不息的价值观念。

3. 沉浸式体验让非遗"活"起来

充分考量受众的接受度已成为非遗影像传播的基本共识,以"体验"为轴线展开的节目框架在一定程度上突破了既往电视节目和纪实影像的固有范式,通过记录介入、亲临现场、再现历史等途径探索非遗革新的新"活"法,以"体验"为关键词,经由多重体验让受众由被动的"凝视"转向主动的"介入",将"冷静的观察非遗模式"转向"热情的参与非遗模式"。《非遗里的中国》在陕西、河北、四川、江苏、云南等十余省份的历史街区、文化古镇等

---

① 邓昕. 被遮蔽的情感之维:兰德尔·柯林斯互动仪式链理论诠释[J]. 新闻界,2020(8):9.

非遗现场展开节目录制,完成非遗访谈在现场、非遗观演在现场、非遗互动在现场、非遗表达在现场的全程现场拍摄。

作为中华文明重要发祥地之一的陕西省,拥有91项国家级非遗,766项省级非遗。节目的"陕西篇"遴选了陕北说书、耀州窑陶瓷烧制技艺等10余项互动性强的典型项目,使体验团具身参与非遗秀演、展示与制作环节,同非遗项目、非遗传承人、非遗现场等展开火热互动,深度体验"周秦汉唐有遗风,煌煌三秦自雄浑"的三秦文化。主持人与体验嘉宾参与到国家级非遗代表性项目陕北说书的现场互动之中,与陕北说书代表性传承人曹伯炎进行互动演绎,对体验团展开即兴的"互动说唱";还亲身参与到长安泥塑、黑茶制作技艺等非遗项目的制作互动中,与聚集人群共担"困苦"、分享激动,使亘古亘今、日新又新的中华文化经由互动仪式跃然"屏"上。

(三)多维传播:全方位立体传播非遗信息

多维传播模式是一种在传播过程中,利用多种媒介、多种方式、多种层次、多种角度传递信息的策略,通过运用丰富多样的信息传递手法,实现更广泛、深入、有效的传播效果。《非遗里的中国》巧妙运用多媒体传播矩阵和多元传播方式,有效传播了丰富的文化信息,让观众深入感受文化魅力,通过跨平台联动、跨媒介融合、跨地域狂欢构建了多媒体传播矩阵,从而激发观众对文化的热爱与传承。

1. 跨平台联动提升非遗认知

利用网络平台的互动协作与各平台高效融合,构建出一个完整而紧密的传播网络,从而实现信息最大化的文化传播。除了在央视综合频道直播外,《非遗里的中国》还在电脑端和移动端实行在线直播与点播模式,与自媒体平台携手,通过全网转发的方式,在每期节目播放前后进行宣传推广,进一步扩大节目的受众群体。此外,央视网、央视频、微博等平台联动,让观众能够根据自己的实际需要选择合适的时间进行观看。这种灵活的播出形式和多样化的观看渠道不仅提高了节目的收视率,也为节目带来了较好的口碑。

2. 跨媒介融合呈现非遗信息

在跨媒介融合过程中,《非遗里的中国》利用不同的媒介形式呈现信息,以丰富的信息表现力和感染力,增强了节目的吸引力。在为观众带来艺术和美感的同时,也善于运用新兴科技,将虚拟现实、增强现实等技术与传统的非遗项目结合,巧妙展现出非遗项目的科技性和创新性,不仅强化了观众的观感体验,也给非遗项目赋予了时代气息。例如,在介绍四川酿酒技艺时,《非遗里的中国》借助图文、音频、视频等多种媒介形式展示酿酒过程,让观众感受到了文化艺术与科技创新相结合的可塑性。

3. 跨地域狂欢联动非遗传播

《非遗里的中国》巧妙地通过与地方媒体的紧密联动,实现了一场场涵盖全国各地域的狂欢式传播。节目以非遗项目为主要内容,每期都会深入全国不同的地域。由于节目在各地都备受关注,当地的政府网站、新闻媒体、自媒体等多个传播渠道成为这场跨地域狂欢中不可或缺的传播力量,不仅实现了非遗信息的高效传播,也为观众呈现出更加全面、多元的非遗世界。

4. 多元传播功能体现非遗价值

《非遗里的中国》通过运用不同方式来传递非遗信息,不仅实现了对非遗项目的全面介绍和深入解读,还实现了对观众的有效文化教育和愉悦娱乐。其在融合多种传播功能方面具有两大特点:一是根据非遗项目的特性和价值,有选择地突出特定的传播功能,以体现非遗项目的意义和作用;二是根据受众的需求和偏好突出特定传播功能,以激发受众兴趣、满足受众期待。例如,在介绍广东粤绣(潮绣)时,《非遗里的中国》将教育功能作为主要传播功能,通过讲述刺绣的历史、技法、图案等,向观众展示了刺绣作为一种民族文化符号和女性文化表达的意义和作用。同时,节目将娱乐功能作为辅助的传播功能,通过呈现刺绣制作过程中的趣闻轶事、刺绣作品中的美丽风景、刺绣活动中的欢乐气氛等,向观众展示了刺绣作为一种生活乐趣和社会交往的意义和作用。

5. 多元传播形式弘扬非遗精神

《非遗里的中国》将讲述、展示、体验等传播形式有机结合起来,根据不同的非遗项目和受众特点,选择合适的传播形式来达到不同的传播目的和效果。例如,通过非遗创新秀演,将非遗与现代艺术结合,创作出了一些令人耳目一新的作品;通过沉浸体验,让人们走进非遗传承人的生活和工作环境,亲身体验非遗作品的制作过程和技艺要求;通过还原非遗绝技,展现非遗传承人在面临困境和挑战时,如何坚持和弘扬非遗精神。

(江雪歌)

本章思考与讨论

1. 动画作为非遗数字传播媒介之一,在视觉、情感、文化3个层面如何增强非遗传播效果?

2. 数字技术和智能推荐可以提升非遗的精准传播,但如何确保非遗在这一过程中避免商业化"流量逻辑"的侵蚀,保留其原本的文化精神与价值?

3. 在游戏与非遗融合过程中,如何开发更多互动机制,激励玩家自主探索和创作,以增强非遗传播深度?

4. 纪录片在非遗传播扮演着何种角色?其优势和局限分别是什么?

本章参考文献

[1] 金寿福.扬·阿斯曼的文化记忆理论[J].外国语文,2017,33(2):36-40.

[2] 徐丹.文化符号视角下非遗文化影视化研究——以《雄狮少年》醒狮文化为例[J].今古文创,2022(36):72-74.

[3] 樊坤,袁丽.民间传统舞龙舞狮非遗现状分析与传承发展研究[J].广州体育学院学报,2021,

41(1):45-47,73.

[4] 谢中元.论醒狮文化传统存续的内在基础——以民众需求与观念认同为视角[J].佛山科学技术学院学报,2022,40(2):5-10.

[5] 雷强,雷军蓉.我国龙狮运动可持续性发展战略研究——基于SWOT矩阵组合分析[J].北京体育大学学报,2017,40(2):128-136.

[6] 陈明.南狮文化传承与发展的影响因素及对策分析[J].玉林师范学院学报,2019,40(1):65-67.

[7] 胡容娇.岭南醒狮的发展及其价值研究[J].体育文化导刊,2012(2):136-138.

[8] 周丽,童胜玢,王维燕,等.舞狮文化生态发展困境与应对策略[J].体育文化导刊,2022(8):65-70,78.

[9] 程文广,张崇龙,张生开.我国学校体育资源配置失衡问题研究:基于扎根理论的分析[J].沈阳体育学院学报,2019(4):24-32.

[10] 李杨奎,黄东怡.利益相关者理论视角下岭南醒狮文化发展研究[J].当代体育科技,2023,13(22):123-126,132.

[11] 刘妹.城市品牌形象视域下佛山特色文化符号提炼与分析研究[J].设计,2020,33(17):44-47.

[12] 刘颖,郭琼.基于岭南醒狮文化的主题民宿空间设计研究[J].家具与室内装饰,2021(2):118-121.

[13] 贺学君.关于非物质文化遗产保护相关理论的再思考[J].民间文化论坛,2009(2):16-19.

[14] 王光杰,官波."非遗"代表性传承人保护对策——以云南省为例[J].经济研究导刊,2024(9):54-56.

[15] 国内首份非遗电商发展报告出炉[J].新西部,2021(9):144.

[16] 徐妮娜,张鑫亭.电视剧《去有风的地方》的文化价值浅析[J].声屏世界,2023(9):23-25.

[17] 刘卫红,李海石.非遗文化类功能游戏的本体设计及社会功能[J].科学咨询(科技·管理),2019(4):56-57.

[18] 郑林玲."游戏出海"背景下中国传统文化跨文化传播研究:以剧情PV《神女劈观》为例[J].科技传播,2022(19):132-134,141.

[19] 曹伟锋,韩卫娟.游戏媒介视域下非遗传播策略研究[J].视听,2023(7):148-151.

[20] 卜羽,韩帆,陈曦.智能设备游戏在非物质文化遗产传承中的应用研究——以皮影戏为例[J].戏剧之家,2018(27):219-220.

[21] 谢欣,梁国伟.基于网络体感游戏空间技术的京剧传播研究[J].文化遗产,2015(2):14-21.

[22] 张梓涵.《非遗里的中国》:在非遗"活化"中构建文化认同[J].中国广播电视学刊,2023(10):42-45.

[23] 李智,柏丽娟.品味区隔:视频博客青年创作者的圈层拆合与表演策略研究[J].重庆邮电大学学报(社会科学版),2022,34(5):152-160.

[24] 邓昕.被遮蔽的情感之维:兰德尔·柯林斯互动仪式链理论诠释[J].新闻界,2020(8):9.

[25] 郝宗庆.基于中国非遗文化的新国风动画电影研究[D].哈尔滨:哈尔滨师范大学,2023.

[26] 李思雨.论动画"中国学派"的艺术呈现与美学特质[D].长春:东北师范大学,2021.

[27] 徐茜.广东非遗元素在游戏角色设计中的应用研究[D].广州:广州大学,2023.

[28] 李河成.审美共通感的现代政治哲学意义[D].西安:陕西师范大学,2012.

[29] 朱宁宁.云南抢救记录非遗传承人精湛技艺[N].法治日报,2024-07-23(5).
[30] 侯婷婷.担当新的文化使命努力建设文化强省[N].云南日报,2023-07-31(1).
[31] 宣晶.以青瓷复现游戏,助力非遗"破壁"二次元[N].文汇报,2023-08-25(5).
[32] 蔡仲.现代化转型中"地方性知识"如何自处[N].中国科学报,2019-03-06(8).
[33] 中国网络视听节目服务协会.2023年中国网络视听发展研究报告[C].2023.
[34] 非物质文化遗产保护中心.国家级非物质文化遗产代表性项目代表性传承人[EB/OL]. https://www.ihchina.cn/representative.html.[访问时间:2024-10-13].
[35] 搜狐新闻.电视剧《去有风的地方》的文化意蕴[EB/OL]. https://www.sohu.com/a/630453125_411282.[访问时间:2024-11-21].
[36] 国潮如何真正"潮"起来?这份洞察报告给出答案[EB/OL]. https://tech.gmw.cn/2022-06/16/content_35815951.htm.[访问时间:2024-10-19].
[37] 刺猬公社.传承传统文化,游戏或许能做得更好[EB/OL]. https://mp.Weixin.qq.com/s/14P-a9NAyK8bwqdF9LUIQQ.[访问时间:2024-10-19].
[38] 中国网信网.第47次《中国互联网络发展状况统计报告》[EB/OL]. http://www.cac.gov.cn/2021-02/03/c_1613923423079314.htm.[访问时间:2024-10-19].
[39] 习近平.在中国文联十一大、中国作协十大开幕式上的讲话[EB/OL]. https://www.gov.cn/gongbao/content/2022/content_5667297.htm[访问时间:2024-10-22].

第八章

产业经济与非物质文化遗产数字传播

非遗凭借独特的历史文化价值愈发成为我国文化自信的重要载体。但因其具有一定流变性与脆弱性，通过数字技术对其进行活态化传承及价值转化成为非遗保护实践的一个重要路径。数字传播延展着非遗的内涵与价值，也改变了非遗的传播受众、传播形态和传播机制，从而将其转化为数字经济中的文化资本。

非遗数字化传播拓展了其原有的社会功能，相关产品与服务涵盖了线下体验与线上数字虚拟体验两大类，与文化娱乐、休闲旅游、艺术教育等消费业态深度耦合，商品属性强的非遗项目更是有力推动着产业经济数字化营销的实现。总体来说，在数字消费语境下将非遗纳入数字表达体系、提供相关文化消费服务，可以推进非遗价值的社会化认同，增强非遗持有者的文化自觉意识，满足当前人民群众日益增长的精神文化需求，无论对虚拟经济还是实体产业发展都具有重要意义。

本章选取了"腾讯智展-数字故宫""华为音乐·非物质文化遗产音乐推广计划"、京东京造非遗技艺电商平台和网易手游《如鸢》4个在非遗产业化发展方面具有代表性的数字传播案例，进行深入分析。"腾讯智展-数字故宫"通过对故宫非遗藏品的数字展览，开展非遗新形式的文化推广与保护工作；"华为音乐·非物质文化遗产音乐推广计划"为广大用户打造了非遗音乐为主的数字平台；京东京造通过数字化电商平台，实现非遗产业链升级，给非遗技艺的产业化发展带来了新机遇；网易手游《如鸢》将乙女国风类游戏与城市文化、传统非遗有机融合，推动扬州文旅新发展。通过研究这些案例，分析中国非遗在产业化发展道路上的新探索与新实践，为传统非遗在数字时代的新发展提供产业思路与创新思考。

第一节 腾讯智展：开创非遗藏品展览新模式

2023年5月18日，正值国际博物馆日，"博物馆、可持续性与美好生活"的主题激起了人们对文化遗产的深刻思考。腾讯与故宫博物院携手合作，盛大举办了主题为"'新'中有数，共'创'未来"的发布会，呈现故宫博物院"数字故宫"建设的丰硕成果，更体现了对未来文化服务模式的展望与思考。

"腾讯智展"是腾讯公司推出的一个创新项目，旨在利用前沿信息技术进行文化遗产的推广与保护工作。该项目既彰显了腾讯在科技领域的头部地位,更体现其对文化传承的深切关怀。通过数字技术的进一步赋能,"腾讯智展"邀公众共同见证传统文化在现代科技助力下焕发的新生。这一里程碑式的成果展示力求提升文化服务的质量与广度,让数字文化更加深入人心,更好地惠及每一个对文化有渴求的人。它不仅展示了数字技术如何赋予文化新的生命力,更推动了文化传播的广泛应用,激发了大众对文化参与的热情。此次活动的成功举办标志着腾讯在文化遗产保护与传播领域迈出了坚实一步,也昭示着数字技术在推动文化发展方面的无限可能。未来,腾讯将继续探索、推动数字文化的普及与发展,让更多人共享文化之美,用实际行动支持文化的传承与创新。

作为"腾讯智展"的一个特色项目,"数字故宫"通过线上线下展览,不仅在文化传播和教育方面具有重要意义,还给经济产业带来了显著的助力(见图8-1-1)。它结合增强现实、虚拟现实等先进的展示技术,为观众提供了新颖独特的互动体验,吸引了大量游客,提升了故宫博物院的访问量;同时,带动了旅游、餐饮及相关产业的发展,进一步盘活周边经济,积极探索"文化+""旅游+"等发展模式,为艰难转型的文化产业注入了新的生机与活力,展现出非遗数字化发展的广阔前景。借助数字化的浪潮,"腾讯智展"正致力于在传承与创新之间找到灵活的平衡点,让每一个人都能在文化的海洋中汲取滋养,享受更美好的生活。本节接下来将带领大家共同探索"腾讯智展"中的非遗藏品展览新模式。

图8-1-1 共"创"未来——5·18"数字故宫"建设成果发布会

(资料来源:故宫博物院."共享""创新"助力数字文物走向大众[EB/OL]. https://minghuaji.dpm.org.cn/article/detail?id=21462.[访问时间:2024-11-04].)

一、基本信息:故宫非遗藏品的独特魅力与多元价值

(一) 故宫非遗藏品简介

故宫,又称紫禁城,坐落于中国北京市的心脏地带,凝聚了明清两代的历史精髓。作为古代皇宫,它以宏伟的建筑规模和复杂的结构布局而闻名于世,是世界上现存最大的、保存

最为完好的木质结构古建筑群之一,堪称建筑艺术的巅峰之作。其鲜艳的红墙金瓦和气派的殿堂体现了中国古代工匠无与伦比的智慧与创造力,凝聚了北方威严与南方精致的建筑特色,每一个院落、每一道门槛都藏着深厚的历史故事,吸引着无数游客和学者前来探寻。这一雄伟的宫殿群历经风雨洗礼,依然屹立在历史的舞台上,静静讲述着曾经的辉煌与悲欢。

故宫不仅是中华民族的精神象征,是中国文化自信的重要载体,更是世界文化遗产的珍贵瑰宝,是全人类共享的文化财富。它拥有丰富的文物藏品与艺术珍品,涵盖书法、绘画、器物等多个领域,集中展现了中国古代的政治制度、建筑美学、工艺美术、宫廷文化等多个方面的精华。其中,许多故宫藏品与国家级非遗项目紧密相关,它们既是非遗技艺的物质化呈现,也为非遗的传承提供了实物见证。这些文物被称为非遗藏品,特指与非遗相关的物质实体,包括传统手工艺制品、礼仪用品、历史遗存等文物,不仅丰富了故宫文物的内涵,更记录着中华文明的悠久历史与文化交流的辉煌历程。

1. 雕刻工艺

雕刻器物是故宫非遗藏品的重要组成部分之一。雕漆、玉雕等手工艺品不仅展现了古代工艺师们精湛的雕刻技艺,也直接反映了国家级非遗的文化内涵,更是中华民族智慧与美学的生动体现。

雕漆工艺是国家级非遗代表性项目"漆器髹饰技艺"的重要组成部分,以其细腻的技法和丰富的色彩而著称。例如,故宫的彩绘漆涡纹方耳杯(见图 8-1-2)、剔红栀子花纹圆盘(见图 8-1-3)等漆器,不仅是漆器艺术的代表作,更是这一技艺代代传承的典范。故宫博物院藏有漆器 1.8 万多件套,其中以清代漆器数量占比最大,尤其以乾隆朝为代表的清中期漆器为漆器藏品的重要组成部分[①]。工匠们能熟练运用刮、剖、刻等技法,展现出一块普通木材的独特纹理与层次,使其化身为光彩夺目的艺术品。每一笔、每一画均蕴含着匠人的心血与情感,深刻反映了他们对生活的理解与对美的追求。

图 8-1-2　彩绘漆涡纹方耳杯　　　　图 8-1-3　剔红栀子花纹圆盘

(资料来源:漆器-故宫博物院[EB/OL]. https://www.dpm.org.cn/collection/lacquerwares.html.[访问时间:2024-11-04].)

---

① 张丽,邢娜,王嵩,等.朱艳华绮故宫博物院藏乾隆朝漆器展[J].收藏,2021(10):149-167,148.

玉雕也是中华传统文化的珍贵遗产。自古以来,玉石就被视为吉祥与高贵的象征,它在不同时代的表现几乎都代表了当时手工艺发展的最高水平(见图8-1-4、图8-1-5)。玉雕师们巧妙打磨天然的玉石,使其在光影间流转,展现出细腻的雕工与栩栩如生的形态。无论是一块简约的玉佩,还是一件复杂的玉器,背后都蕴含着丰富的文化寓意和深厚的历史积淀,彰显了古代工艺师对玉的尊重与热爱。

图8-1-4　故宫玉雕:白玉透雕双雁纹带扣　　图8-1-5　白玉透雕芦雁纹嵌件

(资料来源:玉石器-故宫博物院[EB/OL]. https://www.dpm.org.cn/collection/jades.html.[访问时间:2024-11-04].)

这些故宫中的雕刻技艺藏品不仅是艺术的载体,更是我国非遗传承的载体。时至今日,非遗雕刻藏品仍然以其独特的方式连接着过去与未来,提醒人们铭记并珍视中华源远流长的传统。

2. 织绣工艺

故宫博物院珍藏着大量珍贵的宫廷服饰,充分展现了古代织绣工艺的精湛与艺术的高雅。这些历代皇帝、皇后及宫女的日常装束在设计与制作上极具风格,成为古代中国服饰文化的瑰宝。

织绣是一种将艺术与实用结合的典范,精致的绣品如同流动的诗篇,讲述着古人对自然、生活及情感的细腻观察。织绣工艺展现了国家级非遗苏绣、苏州缂丝织造技艺等项目,故宫的藏品有缂丝花卉册(见图8-1-6)、刺绣荷包(见图8-1-7)等,都展现了我国织绣技艺的高超水平。故宫博物院藏有织绣文物13万余件,包括服饰、材料、陈设用织绣品和织绣书画4类。通过一针一线,绣工们将色彩与形态巧妙结合,创作出各种图案,从花鸟虫鱼到历史故事,无不渗透着匠人的灵感与情感。织绣不只是手艺的展现,更是文化情感的寄托,凝聚了对生活美好的向往与追求。

故宫的宫廷服饰不仅具备高度的艺术价值,更是古代社会生活、政治背景和封建文化变迁的直接物证。这些服饰通过精美的造型、丰富的色彩和细腻的工艺,揭示了中国古代服饰文化的独特风貌,也成为后世研究古代宫廷生活和社会结构的重要依据。

3. 绘画技艺

绘画作为故宫非遗藏品中一种重要的艺术形式,蕴含着深厚的历史与文化底蕴。其

 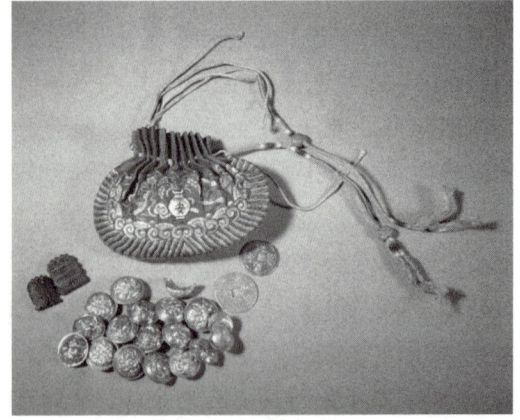

图8-1-6 故宫织绣:缂丝花卉册　　　　　　　图8-1-7 刺绣荷包

(资料来源:织绣-故宫博物院[EB/OL]. https://www.dpm.org.cn/collection/lacquerwares.html.[访问时间:2024-11-04].)

作品涵盖了多种独特的绘画技艺,如传统水墨画、宫廷画、工笔画、水陆画等,不仅在地方文化中代代相传,呈现出鲜明的地域特色,也体现着中国悠久的文化传统与哲学思想。

传统水墨画以其含蓄隽永、自成一格而被誉为中国传统艺术的典范(见图8-1-8)。画家们用水与墨的无限变化,将自然的精髓与人文的情感融会于一体,生动地描摹出山川河流的壮丽与人文之美。每一幅画作都如同一首流动的诗,既有墨色的浓淡干湿,又有笔法的虚实结合,展现出作家对自然深刻的感悟与思考。

图8-1-8 故宫水墨画:戴进墨松图卷

(资料来源:绘画-故宫博物院[EB/OL]. https://www.dpm.org.cn/collection/paint/232944.[访问时间:2024-11-04].)

宫廷画以其华丽而细腻的风格,对帝王生活及典礼场景进行了生动的再现。这类绘画不仅是一种艺术表现,反映了统治者的审美趣味和政治理念,其对皇家生活的还原也展示了盛世的绚烂与荣耀,是研究古代社会历史、文化、政治和经济的重要资料。

工笔画则以极其精细的笔触和逼真的细节著称,画家们通过精准的描绘,将花鸟虫鱼或历史人物的形象栩栩如生地呈现在画布之上。这种技艺不仅需要高超的绘画技巧,更是对艺术家耐心与专注力的考验。工笔画传统在社区中延续,成为人们共同的文化自豪感来源,不仅能展示个人才华,更体现了家族与乡土的深厚联系。

故宫的绘画艺术既是历史的见证,也是文化的承载。每一幅画作都传递着艺术家的情感与思想,展现了中华民族丰富的精神世界与深邃的文化内涵。这些技艺不仅具有高度的艺术价值,更承载着历史的记忆与文化的意义。在当今时代,故宫通过保护与传承这些传统技艺,使得绘画艺术在新的文化语境中重新焕发光彩,让更多人得以亲身体验那份历久弥新的艺术魅力。

此外,故宫中的非遗藏品还有陶瓷珐琅、书法绘画、首饰家具等,也都是历史的见证、文化的承载,更是非遗的传承。

(二)故宫非遗藏品的多元价值

故宫作为中国历史与文化的璀璨象征,绝不仅仅是一个巍峨的建筑群,更是一座丰饶的非遗宝库,承载着历史的厚重、艺术的熏陶、社会的脉动与经济的智慧。这些中国非遗的瑰宝展现了故宫的多元价值,跨越历史、艺术、社会与经济等多个层面,深刻地影响着中华文化的传承与发展。

1. 历史的厚重

故宫的每一座宫殿、每一条走廊都见证了无数宫廷故事,承载着悠久的历史记忆。故宫不仅是权力的象征,它的建筑风格、礼仪规范以及文化传统均反映了当时的社会结构与价值观。通过对历史典籍的珍藏与研究,故宫为后世提供了宝贵的文化资料,使得今天的人们可以更深入地理解和思考中华民族的历史进程与文化根源。

2. 艺术的熏陶

故宫博物院收藏有大量珍贵的文物和艺术品,从瓷器、书画到玉器、织绣,每一件展品都展现出卓越的工艺与深邃的文化内涵,体现着中华民族的智慧与美学巅峰。故宫通过不断举办各类艺术展览与讲座,向公众普及传统艺术,传递着民族自豪感,同时也为现代艺术的创作提供了源源不断的灵感。

3. 社会的脉动

在现代社会中,故宫不仅是一处历史遗址,更是文化交流与社会活动的重要场所。随着城市的快速发展,故宫积极与现代生活接轨,举办丰富多彩的文化活动,如音乐会、文化节和对话沙龙,日益成为传统与现代对话的桥梁。这些活动不仅吸引了众多文化爱好者与学者,更促进了不同文化之间的沟通与理解,增强了社会的凝聚力与文化认同感。

4. 经济的智慧

随着文化产业的发展,故宫的文化资源也逐渐转化为经济效益。丰富的文化遗产吸引了大量国内外游客,促进了旅游业的繁荣。故宫博物院推出的各类文创产品将传统文化元素与现代设计结合,不仅满足了市场需求,更推动了文化创意产业的发展。这一切不仅给故宫带来了可观的经济收益,也为广大文化从业者创造了就业机会,进一步彰显了文化与经济的深度融合。故宫作为非遗的宝库,以其深厚的历史、独特的艺术、丰富的社会活动与智慧的经济运作,不断影响和丰富着中华文化的内涵,展现出无与伦比的多元价值。

二、案例综述:非遗藏品的经济挑战与新机遇

(一)数字时代下非遗藏品的经济挑战

在数字时代,非遗藏品面临着多方面的经济挑战,这些挑战不仅影响着文化传承的方式,也影响到非遗藏品的经济模式和可持续发展。

1. 数字化转型压力

随着信息技术的迅猛发展,数字化转型已成为各行各业的必然趋势,非遗藏品也不例外。传统的展示方式和传播渠道已难以满足现代观众的需求,面对这一转型趋势,文化机构和传承者承受着巨大的压力。

非遗藏品的魅力需要通过生动而富有创意的数字化手段来呈现。然而,数字化转型并非易事。文化机构常常面临经费不足、技术人员匮乏等诸多挑战。更重要的是在这一过程中如何保持非遗藏品的文化内涵与传统价值,这是一个亟待解决的关键问题。过度的商业化与表面化可能导致文化的异化,使得非遗藏品失去其根本的文化意义。因此,如何在技术创新与文化传承之间找到平衡点,使非遗藏品在数字时代焕发出新的生命力,成为当下文化传承者不可回避的责任与使命。

2. 盈利模式单一

当前非遗项目的盈利主要依托展览门票以及文创产品销售,盈利模式较为单一。然而展览门票的收入受限于游客流量,而季节变化、社会经济状况以及公众的文化消费趋势等多种因素都影响着游客的游览行为。此外,作为附加收入来源的文创产品销售往往受到市场竞争的激烈影响。随着越来越多的文化旅游项目不断涌现,非遗藏品衍生产品的同质化问题也日渐显现,难以有效吸引目标消费者的持续关注。

对多种因素的依赖性、不确定性使得非遗藏品盈利波动显著,难以形成稳定的收入基础,在面对现实挑战时显得尤为脆弱。因此,非遗藏品的盈利模式亟须创新,以打破这一单一依赖的窘境。

3. 资金投入巨大

非遗项目的保护与修复所需的资金投入庞大。为了确保古建筑的安全与稳定,专业的监测与定期检修是不可或缺的环节;古物的保存更需要精细周到的护理,任何细微的失误都可能导致不可逆转的损害,这些无不需要耗费巨额的资金。此外,专业技术团队的配合、各种先进设备与材料的支持都要求庞大且持续的资金投入。因此,长期的财政支持成为这一过程的必然需求,而多数非遗项目常常面临资金短缺的困境。

(二) 腾讯携手故宫，开创非遗藏品展览新模式

腾讯公司与故宫博物院的合作是一个典型案例，展示了如何通过科技力量推动传统文化的数字化转型。这种合作不仅加速了非遗的传播，也为文化遗产的保护和展示树立了新的标杆，开辟了经济新机遇。

1. 前沿技术提升展览体验

"腾讯智展"凭借虚拟现实、增强现实及人工智能等前沿技术，为用户提供了一种前所未有的沉浸式展览体验。这些技术让观众能够身临其境，通过虚拟环境与展品深度互动，极大地增强了展览的吸引力。观众不再是单纯的旁观者，而是在一个互动式的文化空间中，与历史的脉动和艺术的灵动进行了一场亲密的对话。

运用增强现实技术，非遗藏品得以"复活"（见图8-1-9）。用户使用手机或平板电脑，指尖轻轻一画，展品的历史背景、制作工艺及文化内涵便跃然眼前。这种互动方式不仅提升了观众的参与感，更让文化教育变得生动而直观。在虚拟场景中，用户能够看到一件古老瓷器的制作过程，仿佛时间回溯到几百年前，艺术匠人在炉火旁一丝不苟地雕琢每一个细节。此外，这种技术的运用还使得知识传播更加有效。通过精心设计的解说与多媒体内容，观众可以在视觉与听觉的双重体验中，深入理解非遗的价值与意义，形成更深刻的情感共鸣。展品与观众之间的距离因此被拉近，传统文化在科技的帮助下，焕发出新的生命力与吸引力。

图 8-1-9　故宫腾讯沉浸式数字体验展 AR 技术

（资料来源：故宫博物院[EB/OL]. https://www.dpm.org.cn/classify_detail/257023.html.[访问时间：2024-11-04].）

借助这样的高科技展览模式，非遗得以更加广泛地传播，让人们在享受艺术之美的同时，也在心灵深处播撒下文化的种子。无疑，这一创新尝试不仅是对传统展览形式的颠覆，更是对文化遗产保护与传承方式的深刻探索，给未来的文化展览带来了无限可能。

2. 推动数字化文创产品开发

结合故宫博物院丰富的文化资源与腾讯强大的技术力量，双方进行了一系列数字化

文创产品创新。这些产品涵盖故宫主题的手机壁纸、独特的表情包及精美的数字收藏品,深受年轻消费者的喜爱。在数字收藏方面,腾讯与故宫的合作更是引领了一场文创产品的新风尚。数字收藏品的稀缺性和可收藏性使它们在社交互动中成为一种新颖的文化表达方式,激发了消费者对传统文化的关注和热爱。通过平台购买和收藏数字艺术品开始成为年轻一代追求个性与文化自信的符号。

这一系列文创产品的成功彰显了传统文化与现代科技的完美结合。这不仅为故宫的文化传播开辟了新的渠道,更为文化产业的发展探索了可持续的创新路径,推动了非遗的数字化、年轻化发展与普及。

3. 打造创新互动学习平台

借助游戏化的学习方式,互动式学习平台成功吸引了年轻一代用户深入探索传统文化,"故宫探秘"是其中较具有代表性的一个标杆。这一平台通过精心设计的游戏情节与角色,带领用户畅游于故宫的每一个角落,让用户在娱乐的同时轻松熟悉、了解相关历史与文化知识。在每一次任务中,他们需要解锁谜题、完成挑战,同时也在潜移默化中了解故宫历史、艺术和文物背后的故事。在这个虚拟世界里,用户会发现每一件文物都有其独特的故事,每一处建筑都承载着历史的印记。举个例子,玩家可能需要在游戏过程中收集散落在故宫各处的文物碎片,拼凑出一幅历史场景画卷,而这些碎片蕴含的文化内涵也会引发他们对那个时代的思考与理解。

如此创新的学习模式不仅让传统文化在年轻人中得到推广,更使得文化教育变得生动而富有意义。借助这种富有交互性的学习体验,历史不再是枯燥的记忆,而是变成了一段段引人入胜的旅程,用户与文化的连接亦愈发紧密,对传统文化的理解愈发透彻。

4. 大数据赋能服务传播

腾讯的大数据技术赋予故宫博物院分析访客行为与偏好的强大能力,从而有效优化展览布局和内容更新,使各项展览更贴近公众的兴趣与需求。这一技术的引入极大提升了故宫的服务质量与文化传播效果,使其在新时代的文化场域中焕发出新的生机。

通过对访客数据的系统分析,故宫能够洞悉观众的参观习惯、关注点及互动频率,从而巧妙地调整展览主题、安排展品位置,甚至设计互动体验。这种基于数据驱动的决策模式使得故宫的展览不再是简单的文物展示,而是充满趣味和教育意义的文化体验。例如,通过分析发现某一特定类型的历史文物备受青睐,故宫便可以将此类展品集中展示,或是结合现代技术进行数字化再现,从而吸引更多观众前来参观。

在大数据技术的帮助下,故宫不仅能提升参观体验,更为文化产业的可持续发展开辟了新的可能。通过深度挖掘数据的价值,故宫将传统文化以更加灵活和高效的方式带给公众,让每一次展览都成为文化交流与碰撞的盛宴。

三、分析点评:"腾讯智展"引领文化传播与经济增长共赢新模式

"腾讯智展"是一个利用现代数字技术对非遗藏品的文化资源进行展示和传播的项

目,这个项目不仅增强了文化的可访问性和普及性,还为文化机构的经济增长提供了新的动力。

(一) 提升文化资产可见性和访问性

1. 实现全球可达

"腾讯智展"利用在线平台,使得全球观众可以随时随地浏览展品等文化资源。无论身处何地都可以通过互联网轻松访问高质量的展品图片、详细的背景资料及多语种解读,这种全面的可达性不仅扩展了故宫的观众群体,更让海外的文化爱好者得以动态化、碎片化地了解和欣赏故宫瑰宝,促进了全球范围内的文化交流与互动。

2. 扩展教育资源

"腾讯智展"超越传统的展览体验,整合了丰富而多元的教育资源,包括详细的历史背景介绍、艺术品的深度剖析以及相关历史人物与事件的探讨等。这些资源对于教育机构而言尤为重要,教师可以运用这些材料设计丰富多彩的课程和教学活动,进而增强学生的学习体验与效果。通过数字平台,教育不再受限于物理空间,提升了学习方式的多样性与灵活性,让更多学生在探索历史文化的过程中收获知识的乐趣。

3. 提高互动参与

借助先进的数字化工具和平台,观众能够通过互动功能沉浸式体验文化资产。通过点击、拖动、缩放等简单操作,就能使观众深入了解每一件展品;虚拟现实与增强现实等先进技术更是让用户能以身临其境的方式感受文物的历史意涵,如"虚拟步入"故宫的宏伟宫殿,体验浓厚的历史氛围。这种新颖的互动体验在提升观众参与感的同时,加强了他们对文化资产的理解与认同,进而形成一种更为深沉的文化连接。

(二) 打开新兴经济增长领域

1. 推动数字内容商业化

"腾讯智展"通过售卖数字化的展品复制品、虚拟现实体验包、高清图像及专题文化影片等创新产品,为故宫创造了可观的收入来源。这些数字产品满足了消费者日益增长的文化消费需求,让用户即便不亲临现场也能享受到与故宫展览相关的内容与体验,从而显著提升了故宫的商业价值与市场竞争力。

2. 打开电子商务新渠道

"腾讯智展"的在线商店提供多样化商品,从书籍、文创产品到艺术复制品等应有尽有,满足了不同消费者的需求与偏好。通过电子商务为故宫开辟新的商业渠道,不仅丰富了文化消费的选择,也提升了用户的购物体验与便利性。

3. 促进国际合作与推广

近十年来,故宫博物院积极引进国际文物展览,并组织赴外及我国港澳台地区文物展览46次,通过与全球博物馆、文化机构及商业伙伴的深度合作,持续开展文明互鉴的交流共赢。在加强故宫非遗藏品的品牌影响力、吸引旅游收入与商业投资的同时,这种跨界合作还扩大了中华文化的传播力和影响力。

第二节　华为音乐：谱写非遗音乐产业新篇章

2024年9月13日,中国数字音乐产业大会在厦门召开,"华为音乐·非物质文化遗产音乐推广计划"在本次大会上赢得"年度原创音乐扶持项目"奖项。"华为音乐·非物质文化遗产音乐推广计划"基于鸿蒙生态,以数字技术赋能非遗音乐,为用户打造文化瑰宝的数字平台。

非遗音乐面临着自身的传统性与社会发展的现代性相博弈的境况,实现非遗音乐的创造性转化和创新性发展是非遗音乐发展的关键,这需要多维度的努力与尝试。在教育层面,将非遗音乐纳入学校教育体系是创造性转化和创新性发展重要的一环。从小学到大学的每个阶段都可以设置专门的非遗音乐课程,通过专业音乐教师讲解、民间艺人进校示范等方式,让年轻一代从小就可以接触和了解非遗音乐的魅力与内涵,培养他们对非遗音乐的兴趣和鉴赏能力,为非遗音乐的传承和创新储备人才。在市场拓展方面,推动非遗音乐与商业演出深度融合。专业的演出团队利用其专业优势可以对非遗音乐进行重新编排,打造具有观赏性和感染力的音乐盛宴。例如,将传统的昆曲音乐与音乐设计结合,通过在各大平台演出,吸引大量观众观看,在获取经济效益的同时提升非遗音乐的知名度和影响力。同时,鼓励非遗音乐与影视产业协同发展。影视配乐是一个广阔的天地,优秀的非遗音乐可以为影视作品增色不少。当导演拍摄具有传统文化背景的影视作品时,音乐制作人可以巧妙地将非遗音乐元素融入其中,如在古装剧中使用古筝、二胡等乐器演奏的非遗音乐片段。随着影视作品的热播与爆火,非遗音乐也能走进千家万户,提升其知名度与影响力。另外,社区在非遗音乐的创新发展中也发挥着不可忽视的作用。社区可以定期举办非遗音乐活动,并在活动中设置非遗音乐体验区,邀请居民参与,让居民亲自尝试演奏一些简单的非遗乐器,或是参与小型的非遗音乐合唱、合奏,增强民众对非遗音乐的亲近感,形成良好的非遗音乐发展的社会氛围。

从口口相传到数字化平台构建,非遗音乐通过数字技术实现了其创造性转化和创新性发展。那么,非遗音乐是如何实现这种从无到有的转变的呢?数字时代下非遗音乐面临着什么样的困境,又如何实现重生呢?接下来,本节将带领大家共同探索非遗音乐数字化之路。

一、基本信息：非遗音乐的历史沿革和文化价值

(一)音乐曲艺类非遗：传统音乐与曲艺

传统音乐和曲艺历史悠久,是我国各民族长期生活和艺术实践的结晶。
传统音乐种类繁多,涵盖民间歌曲、民间器乐、戏曲音乐等多个领域。民间歌曲如蒙

古族的长调、苗族的飞歌等,以其独特的旋律和演唱方式,展现了不同民族的生活风貌和情感世界。民间器乐如江南丝竹、广东音乐等,以其细腻的演奏技巧和丰富的表现力,为人们带来了美妙的听觉享受。戏曲音乐则是中国传统戏曲的重要组成部分,如京剧、昆曲、越剧等,以其独特的唱腔和音乐风格,成为中国文化的瑰宝。

曲艺是一种说唱艺术,包括评书、相声、快板、大鼓等多种形式。曲艺作品通常以幽默风趣的语言和生动的表演,讲述历史故事、民间传说和社会生活,具有很高的艺术价值和文化内涵。

传统音乐和曲艺不仅是一种艺术形式,更是一种文化传承。它们承载着各民族的历史记忆、文化传统和价值观,是中华民族优秀传统文化的重要组成部分。步入高度媒介化的现代社会后,传统音乐和曲艺面临着诸多挑战,如传承人的缺乏、市场需求的变化、数字技术的不充分利用等。因此,我们需要加强对传统音乐和曲艺的保护和传承,让这些珍贵的文化遗产得以延续和发展。

(二)音乐曲艺类非遗:非遗音乐价值

1. 文化价值

非遗音乐历史悠久,承载着各民族独特的文化和历史,有着深厚的文化底蕴。它犹如一座活着的文化宝库,见证了岁月的流转和民族的变迁,每一段旋律、每一个音符都蕴含着特定的文化符号和价值观念①。例如,古琴艺术"广陵派"中《流水》《大胡笳》等传统琴曲(见图8-2-1),寄托了"伯牙子期,知音难寻"等文化内容。这些琴曲不仅是音乐的表达,更是对真挚友谊和高尚情操的追求。它们以音乐为载体,传承着中华民族对友情、品德和人生境界的深刻思考。

非遗音乐中的歌词往往反映了民间的生活习俗、宗教信仰和道德规范,是研究民族文化的重要资料。通过传唱非遗音乐,人们可以更好地了解和传承本民族的文化传统,增强民族认同感和凝聚力。

2. 艺术价值

非遗音乐以自身独特的旋律、节奏、和声体系展现了高度的艺术创造力。不同地区、

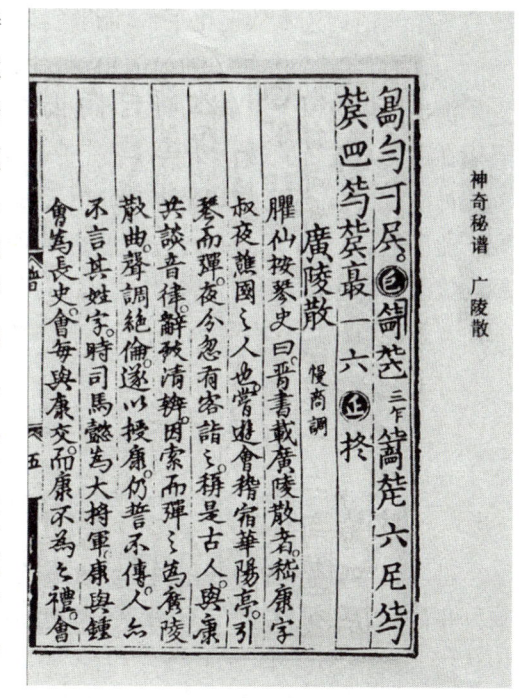

图 8-2-1 广陵散曲谱

(资料来源:广陵散[EB/OL]. https://www.zgbk.com/ecph/words?SiteID=1&ID=183740.[访问时间:2024-11-04].)

---

① 袁彦伯,冯洋. 本质、多元与发展——音乐类"非遗"传承和保护耦合性研究[J]. 音乐生活,2022(9):18-22.

不同民族的非遗音乐各具特色,有的激昂奔放,有的婉转悠扬,有的古朴深沉。此外,非遗音乐的演唱和演奏技巧也非常独特,如民间歌手的原生态唱法、民族乐器的精湛演奏技法等,都体现了人类对音乐艺术的不懈追求。同时,非遗音乐还常常与舞蹈、戏剧等艺术形式相结合,形成综合性的艺术表演,为观众带来更加丰富多彩的艺术享受。这些音乐作品以其丰富的表现力和感染力,触动着人们的心灵,也体现了其独特的艺术价值。

3. 教育价值

非遗音乐走进校园,为学生们打开了一扇了解传统文化的窗户。通过学习非遗音乐,学生们不仅可以感受到传统文化的魅力,增强对民族文化的认同感和自豪感,还可以培养学生的音乐素养和审美能力,进而提高他们的综合素质。

对此,学校可以开设非遗音乐课程,将非遗音乐纳入学校的音乐教育体系,让学生们系统地学习非遗音乐的历史、文化和艺术价值。此外,学校还可以邀请非遗音乐传承人走进校园举办讲座和演出,组织学生参加非遗音乐比赛和活动,让学生们近距离接触非遗音乐,从而激发学生们学习非遗音乐的热情和兴趣。

4. 经济价值

非遗音乐蕴含着经济价值,往往可以给地方与传承人带来巨大的经济效益。开发传统音乐类非遗的艺术数字化平台,能够实现非遗的附加价值,提高经济效益。

一方面,非遗音乐可以通过演出、唱片、音乐版权等形式实现商业价值。优秀的非遗音乐演出可以吸引大量观众,带来可观的票房收入。同时,非遗音乐的唱片和音乐版权也可以在市场上进行交易[①],给传承人带来经济收益。

另一方面,非遗音乐产品也是地方元素和内涵的重要载体,因而可以与旅游、文化创意产业等结合,开发出具有地方特色的旅游产品和文化创意产品。例如,以非遗音乐为主题的旅游线路、音乐纪念品、音乐主题餐厅等可以吸引游客,促进地方经济的发展。此外,非遗音乐还可以通过网络平台进行传播和推广,拓展市场空间,提高经济效益。

二、案例综述:数字时代非遗音乐的困境与新生

(一) 困境与镣铐:数字技术的缺乏限制自身发展

进入数字时代,非遗音乐的创新和发展面临着很多困难。一方面,非遗音乐往往经由口耳相传的方式进行教学和传播,影响范围小,使得非遗音乐难以在更广泛的地域和人群中传播,限制了其影响力的拓展。而且非遗音乐的传承方式依赖少数传承人的记忆和技艺,一旦传承人出现断层,珍贵的非遗音乐就可能面临消失的危机,极易遭遇流失和断代的风险。另一方面,数字化平台和数字化人才的缺乏限制了非遗音乐的发展。在当今数字化高速发展的时代,人们对于音频质量的要求越来越高,而传统的录制方式可能无法捕捉非遗音乐的细腻之处和独特魅力。例如,许多传统民族音乐由于录制条件的限制,音质

---

① 李江.数字化非物质文化遗产的著作权保护——以民歌"花儿"为例的分析[D].扬州:扬州大学,2020.

并不能满足用户需求,导致其在数字音乐市场上缺乏竞争力。这不仅削弱了非遗音乐的经济价值,也使得其在与现代音乐的竞争中处于劣势。

此外,数字技术的缺乏还导致非遗音乐在推广和宣传方面面临困难。如今,互联网平台成为传播的基础设施,若没有数字化平台的支持,非遗音乐难以通过网络渠道进行广泛传播,无法吸引更多的年轻听众。同时,缺乏数字化人才也使得非遗音乐在创新和融合方面受到限制,难以与现代音乐元素结合,创造出更具吸引力的音乐作品[①]。

1. 传播受限与竞争落后

非遗音乐传播范围窄,加剧落后局面。在现代社会,信息传播速度极快,各种流行音乐能够借助互联网和多媒体平台迅速传遍全球,而传统非遗音乐往往局限于口耳相传,且地域性明显,这使得其传播范围极为有限,大多只能在特定的地区、特定的人群中流传。很多优秀的非遗音乐作品因此被埋没,无法被更多的人了解和欣赏。同时,口耳相传的方式也容易受到时间和空间的限制,一旦传承链条出现断裂,就可能导致某些珍贵的音乐技艺失传。此外,由于地域性的限制,非遗音乐在与其他地区的文化交流和融合方面也存在困难,难以吸收新的元素和创意,进一步加剧了其落后的局面。

2. 创新不足与产品缺位

非遗音乐产品化不够,经济价值低。在市场经济的大环境下,缺乏有效的产品化运作使得非遗音乐难以获得足够的经济支持。一方面,非遗音乐的表现形式较为单一,往往局限于传统的演唱和演奏方式,缺乏与现代艺术形式的融合创新。这使得非遗音乐在吸引年轻观众和市场关注方面存在困难,难以形成具有竞争力的文化产品。另一方面,由于缺乏专业的市场营销和推广,非遗音乐的知名度和影响力有限,难以打开更广阔的市场。没有足够的经济回报就难以吸引更多的人才投入非遗音乐的传承和发展,从而形成恶性循环。

3. 传承缺位与人才流失

非遗音乐难以打动年轻人,造成人才流失。现代社会的快节奏生活和多元化的娱乐方式使得年轻人对传统的非遗音乐缺乏兴趣。非遗音乐往往被认为是古老、陈旧的艺术形式,与年轻人娱乐化、碎片化的生活方式和审美观念存在较大差距。同时,非遗音乐的学习和传承需要投入大量的时间和精力,且经济回报较低,这也使得很多年轻人望而却步。由于缺乏年轻一代的传承者,非遗音乐的传承面临着巨大的危机。人才的流失也使得非遗音乐在创新和发展方面失去动力,难以适应时代的变化和需求。

(二)破镜与新生:数字技术赋能非遗音乐

面对非遗音乐在数字时代遭遇的困难,华为音乐以其强大的技术实力和创新精神,为非遗音乐注入新的活力(见图8-2-2)。

第一,华为音乐利用先进的人工智能技术,对非遗音乐进行智能分类和精准化推荐。

---

① 吴钰萱.文旅融合背景下的非遗保护与传承探讨[J].文化产业,2022(30):139-141.

图 8-2-2　华为音乐

(资料来源:华为音乐官网[EB/OL]. https://consumer.huawei.com/cn/mobileservices/music/. [访问时间:2024-11-04].)

通过大数据技术分析用户的音乐喜好和收听习惯,华为音乐能够精准地为用户推荐符合其口味的非遗音乐作品。这不仅增加了用户发现和欣赏非遗音乐的机会,也为非遗音乐的传播提供了更加便捷的途径。

第二,华为音乐积极开展与非遗音乐相关的线下活动。例如,举办非遗音乐文化节、音乐会、华为音乐鹿蜀计划等,邀请非遗音乐传承人现场表演,让更多的人亲身感受非遗音乐的魅力。同时,华为音乐还通过直播等形式,将这些线下活动传播到更广泛的地区,让无法亲临现场的用户也能欣赏到精彩的非遗音乐表演。

第三,华为音乐还注重与教育机构的合作,推动非遗音乐走进校园。通过开展音乐讲座、工作坊等活动,让学生们了解非遗音乐的历史、文化和艺术价值,培养他们对非遗音乐的兴趣和热爱。这不仅有助于非遗音乐的传承,也为培养新一代的音乐爱好者和文化传承者奠定了基础。

1. 丰富非遗音乐内容,领略文化的博大精深

通过与各地的非遗传承人、音乐机构合作,华为音乐广泛收集整理了大量各民族各种类的非遗音乐资源(见图8-2-3),并将这些珍贵的非遗音乐和曲目都呈现在数字平台上,从而极大地丰富了非遗音乐内容。无论是悠扬的蒙古族长调、欢快的苗族飞歌,还是古朴的江南丝竹、激昂的广东音乐,都能在华为音乐平台上找到。这些丰富多样的非遗音乐作品为用户打开了一扇了解不同民族文化的窗户,让他们能够领略到中华传统文化的博大精深。与此同时,华为音乐还对这些曲目进行了精心的分类和推荐,方便用户根据自己的喜好进行选择和欣赏,极大提升了用户对非遗音乐的体验感。

2. 强化非遗音乐体验,注入发展新活力

华为音乐的高清空间音频的长处就是其内容音质达到了无损级别,不仅具备突出的空间感和临场感,也能够包含更加丰富声音信息量与更加清晰的声音细节,可以更好地重

图 8-2-3　华为音乐非遗专区

（资料来源：以科技助力非遗文化传承，华为音乐空间音频让传统民乐重焕"新声"[EB/OL]. https://tech.chinadaily.com.cn/a/202403/21/WS65fbb084a3109f7860dd657a.html.[访问时间：2024-11-04].）

现演唱者在录音室或音乐现场的表现，给用户带来更为沉浸真实的听觉体验。① 当用户戴上耳机播放一首非遗音乐曲目的时候，仿佛置身于古老的音乐殿堂。空间音频技术让音乐的每一个音符都变得更加生动立体，让用户仿佛能够触摸到音乐的灵魂。这种极致的听觉体验不仅能让用户更好地欣赏非遗音乐的艺术魅力，也给非遗音乐的传承和发展注入了新的活力。

3. 吸引社会受众关注，提升知名度与影响力

数字媒体时代，年轻人成为网络用户的主力军。华为音乐深知年轻人是文化传承的重要力量，因此在平台设计和内容推荐上，充分考虑了年轻人的喜好和需求，通过与知名音乐制作人、歌手合作，推出一系列具有现代感和创新性的非遗音乐作品，迎合年轻人的阅读偏好。同时，华为音乐还举办各种线上线下活动，如非遗音乐挑战赛、音乐讲座等，让年轻人有机会近距离接触非遗音乐，感受其独特的魅力。这些举措不仅提高了非遗音乐在年轻人中的知名度和影响力，也为非遗音乐的传承培养了新一代爱好者②。

4. 用户参与数字推广，扩大传播范围

华为平台通过高质量的非遗音乐吸引用户，同时允许用户进行自我创作。华为音乐为用户提供了一个开放的音乐创作平台，鼓励用户以非遗音乐为素材，进行音乐创作和分享。用户可以通过华为音乐的创作工具将非遗音乐与现代音乐元素结合，创作出具有个性的音乐作品。这种用户参与的方式不仅激发了用户的创造力和想象力，也给非遗音乐的传播和推广提供了新的途径。同时，华为音乐还通过社交媒体、音乐平台等渠道，对用户创作的优秀作品进行推广，让更多的人了解和欣赏非遗音乐。

---

① 以科技助力非遗文化传承，华为音乐空间音频让传统民乐重焕"新声"[EB/OL]. https://tech.chinadaily.com.cn/a/202403/21/WS65fbb084a3109f7860dd657a.html.[访问时间：2025-03-31].

② 中国日报中文网. 以科技助力非遗文化传承，华为音乐空间音频让传统民乐重焕"新声"[EB/OL]. https://tech.chinadaily.com.cn/a/202403/21/WS65fbb084a3109f7860dd657a.html.[访问时间：2024-11-04].

5. 非遗音乐产品化,提升经济价值

借助数字化平台,非遗音乐能够实现产品化,从而获得更好的经济效益。华为音乐通过与音乐版权方、音乐制作公司合作,推出了一系列非遗音乐数字专辑、音乐周边产品等。这些数字产品不仅满足了用户对于高质量音乐的需求,也创新了非遗音乐的盈利模式,为非遗音乐的传承和发展提供了经济支持。同时,华为音乐还积极探索非遗音乐与其他产业的融合发展,如与旅游、文化创意产业等相结合[①],开发出具有地方特色的旅游产品和文化创意产品。这些举措不仅提高了非遗音乐的经济价值,也为地方经济的发展做出了贡献。

三、分析点评:科技承载非遗音乐旋律,数字化奏响音乐传承之章

(一)通过数字化技术实现非遗音乐传承保护

1. 以数字化技术吸引社会参与

在吸引年轻人方面,音乐平台利用其便捷的移动端应用和个性化推荐功能,将非遗音乐以新颖的方式呈现给年轻一代。通过举办线上非遗音乐分享活动等,并在社交媒体平台上广泛宣传这些活动,激发年轻人的热情,吸引更多年轻人的关注和参与[②]。例如,"用现代节奏演绎非遗民歌",鼓励年轻人发挥创意,将非遗音乐与流行元素结合,创造出属于他们的音乐作品。

在吸纳数字化人才方面,华为音乐积极与高校、科研机构合作,开展非遗音乐数字化项目。邀请专业的音乐技术人才、数据分析师等参与其中,共同探索如何利用先进的数字化技术更好地传承和保护非遗音乐。这些人才不仅具备专业的技术能力,还对非遗音乐有着浓厚的兴趣和热爱,他们的加入给非遗音乐的数字化传承注入了新的活力。

2. 以数字化技术丰富非遗内容

除了包含汉族、藏族、苗族、白族等富有不同特色的民歌演唱,数字化音乐平台还深入挖掘各民族的音乐文化内涵,为每一种民歌附上详细的介绍和背景故事。在民乐演奏方面,不仅有广东、江浙等地极具地域特色的民乐演奏,华为音乐还邀请专业的音乐学者和演奏家对这些民乐进行深入解读和演绎。通过录制高质量的演奏视频、举办线上音乐会等形式,让用户近距离感受民乐的魅力。同时,利用虚拟现实和增强现实技术,为用户打造沉浸式的民乐演奏体验,使其仿佛置身于古老的音乐殿堂之中。

3. 以数字化技术实现非遗教育

借助数字化平台,华为音乐与教育机构合作,推出非遗音乐教育课,这些课程涵盖

---

① 中国旅游新闻网.新疆:"非遗+旅游"成效显著[EB/OL].https://www.ctnews.com.cn/fyly/content/2023-03/22/content_139095.html.[访问时间:2024-11-04].
② 刘琦,王露露,孔德民.音乐类非物质文化遗产建档的应用方向研究——基于传承与传播的关系辨析[J].档案学研究,2020,34(2):90-97.

非遗音乐的历史、文化、演奏技巧等方面。这种将传统文化与现代教育相结合的创新实践拓展了教育内容，丰富了教学手段，使得非遗音乐教育更加生动和有效，也实现了民族音乐学理论价值的社会化转换。通过教育实践，实现了非遗音乐在现代社会中的活态传承。

（二）借助数字化技术带动非遗音乐创新发展

1. 非遗音乐的数字互通

数字化平台的移动性和低门槛能够让用户随时随地参与非遗音乐的保存和创作。华为音乐推出了"非遗音乐共创计划"，邀请用户上传自己录制的非遗音乐作品，或者对现有非遗音乐进行改编和创作。平台为用户提供专业的音乐制作工具和教程，帮助他们更好地发挥创意。同时，设立奖励机制，对优秀的作品进行表彰和推广，激发用户的参与热情。

通过数字化平台，用户还可以与非遗音乐传承人互动交流。例如，举办线上问答活动、直播讲座等，让用户有机会向传承人请教问题，从而更深入地了解非遗音乐的传承故事和技艺精髓。这种互动交流不仅促进了非遗音乐的传承，也为非遗音乐的创新发展提供了新的思路和灵感。

2. 非遗音乐的产业融合

通过数字化平台，非遗音乐的产业融合不仅实现了自身的传播和应用，而且带来了显著的经济效益。尤其是华为音乐的实践，利用其鸿蒙生态和分布式、系统级 AI 技术，助力数字音乐的创作、分发和体验。在内容分发层面，华为音乐基于盘古大模型的系统级 AI 能力和对用户偏好的洞察，提升了内容分发效率，使得非遗音乐内容能够更高效、精准、个性化地触达广泛的受众用户。在内容体验层面，华为音乐打通端到端的全链路高清音频，保障非遗音乐内容无损传送，同时实现跨端无缝流转畅听，提升了高品质内容传播的广度和深度。

此外，华为音乐还通过与音乐厂牌合作，上线了多品类的非遗音乐歌单，如非遗古调、民族原创、乡韵情怀、戏曲传承、国乐名家、民乐新潮等，进一步丰富了非遗音乐的内容生态[①]。

华为音乐通过其先进的技术和平台，使得非遗音乐以全新的形式和体验接触到更广泛的听众，这不仅促进了非遗音乐的传承，也为相关产业创造了经济价值。

（三）聚焦数字技术完成非遗音乐创新全流程

1. 资源收录环节：数字化修复与保存

在收录各地各民族的非遗音乐时，华为音乐组建专业的音乐采集团队，深入偏远的少

---

① 今报在线. 华为音乐亮相 2024 IMX 国际音乐季，共话鸿蒙时代的非遗音乐传承[EB/OL]. https://m.tech.china.com/redian/2024/1028/102024_1594551.html. [访问时间：2024-11-04].

数民族地区和乡村，寻找那些濒临失传的非遗音乐，对收录的非遗音乐进行数字化修复和保存。利用先进的音频修复技术去除杂音、提高音质，确保每一首音乐都能以最佳的状态呈现给用户。同时，建立完善的数字档案管理系统，对每一首音乐进行详细的标注和分类，方便用户查询和欣赏。华为音乐通过与音乐版权伙伴合作，加快构建类型丰富的音乐内容生态，曲库规模达到数千万，致力于将"好音乐"带给 7.3 亿终端用户。

2. 平台创新构建环节：融入民族特色文化元素

用民族特色的用户界面（user interface，UI）设计，赋予非遗音乐独特的文化特色。华为音乐的设计团队深入研究各民族的文化元素，并将其融入平台的界面设计，对不同民族的非遗音乐配以不同的文化元素，为受众搭建沉浸式场景。例如，对于蒙古族的非遗音乐，设计以蓝天白云、草原骏马为主题的界面；对于傣族的非遗音乐，设计以热带雨林、孔雀为主题的界面。这些独特的设计不仅美观大方，还能让用户在使用平台的过程中，感受到浓厚的民族文化氛围。华为音乐打造了空间音频专区，涵盖流行、古典、国风、环境声及影视剧主题曲等不同品类音乐，提供高品质、沉浸式的音乐体验。

3. 数字音乐呈现环节：增强立体感与层次感

借助空间音频技术，提高非遗音乐音质，呈现高品质音乐。华为音乐不断优化空间音频技术，为用户带来更加逼真的听觉体验。例如，在录制非遗音乐时，采用多声道录音技术，捕捉音乐的每一个细节和空间感。同时，利用人工智能算法，对音频进行优化处理，增强音乐的立体感和层次感。华为音乐服务通过与鸿蒙 3（HarmonyOS 3）的联动，实现了音频服务在各终端之间的无缝流转，覆盖用户从 1 到无限的听音场景，实现"终端即场景，场景即服务"，带领用户进入"全场景智能化听音"新时代。

4. 数字平台宣传环节

在华为及社会各界的共同努力下，非遗音乐逐渐走向全国、走到世界。华为音乐与北京环球音像等合作伙伴深度合作，探索民乐及古典音乐在全场景应用中的创新体验；"华为音乐·非物质文化遗产音乐推广计划"在2024 年中国数字音乐产业大会上获得"年度原创音乐扶持项目"奖项，体现了行业对其的高度认可；华为音乐亮相 2024 国际音乐季（International Music Expo，IMX），秉承"技术赋能艺术"的宗旨，利用其技术优势，如菁彩声（Audio Vivid）音频编解码标准和空间音频技术，创新地录制和表达非遗音乐（见图 8-2-4）。在技术的加持下，非遗音乐更具空间感、临场感和流动感，仿佛拥有了生命，推动了非遗音乐的传播，也为非遗音乐文化的保护与传承做出了更多贡献，让传统音乐在数字音乐产业时代实现高质量发展。

图 8-2-4　国际音乐季非遗部门

（资料来源：华为音乐登陆 2024IMX 音乐季，探讨鸿蒙非遗音乐传承新路径［EB/OL］. https://www. msn. cn/zh-cn/news/other/ar-AA1t3Ghy?ocid＝BingNewsSerp#.［访问时间：2024-11-04］.）

第三节　京东京造：助力非遗产业数字新营销

在二十四节气中的立夏这天，京东自有品牌京东京造携手全球著名旅行指南品牌孤独星球（Lonely Planet），在知乎平台发起了一场关于非遗的话题讨论活动："令你印象最深刻的非遗是什么？如何通过商业化和产业化帮助地方非遗走出去？"[①]该话题上线几天内，浏览量便超过了60万，并吸引了550多位优秀答主积极参与讨论。尤其是一些知乎"大V"发布精彩回答，持续激发网友们对非遗的热情关注。

京东京造通过数字化电商平台，实现产业链的升级，给非遗技艺的发展带来了新的机遇。一是利用其强大的数字化技术和平台优势，京东京造打破地域限制，将非遗产品更广泛地推向市场，让更多的消费者了解和接触非遗技艺。通过大数据分析技术精准了解消费者需求，为非遗产品的设计和开发提供有力依据，生产出更符合市场需求的非遗产品。二是整合产业链资源，京东京造为非遗技艺提供从原材料采购、生产加工到销售推广的一站式服务。通过与非遗传承人合作，共同打造高品质的非遗产品，提升其附加值和市场竞争力。利用电商平台的品牌建设和营销推广，提高非遗品牌的知名度和美誉度，给非遗技艺的传承和发展注入新的活力。三是加强与政府、社会组织的合作，共同推动非遗技艺的产业化发展。政府可以出台相关政策，加大对非遗技艺的扶持力度，为非遗产业化发展提供政策保障和资金支持。社会组织可以发挥自身优势，开展非遗技艺的培训、交流等活动，提高非遗传承人的专业素养和创新能力。

通过各方共同努力，京东京造帮助非遗技艺实现文化传承和产业升级，让非遗技艺真正走向世界。接下来，本节将带领大家具体了解京东京造如何通过非遗技艺的文化传承实现非遗产业升级，不断探索非遗技艺的创新创造之路。

一、基本信息：非遗技艺的历史和价值

（一）非遗技艺简介

非遗技艺源远流长，其历史可以追溯到久远的过去。自古以来，烙画葫芦以其精湛的工艺和独特的艺术魅力在民间广泛流传。工匠们用烙铁在葫芦表面精心勾勒出各种图案，有山水风景、人物故事、花鸟鱼虫等，每一件烙画葫芦作品都仿佛在诉说着一段古老的传说。皮影戏更是充满了奇幻色彩（见图8-3-1）。在灯光的映照下，色彩斑斓的皮影人物在白色幕布上活灵活现地舞动，演绎着精彩的故事。从神话传说到历史典故，从民间趣事到英雄传奇，皮影戏以其生动的表演形式和丰富的文化内涵，深深地吸引着观众。

[①] 知乎令你印象最深刻的非遗是什么？如何通过商业化和产业化帮助地方非遗走出去[EB/OL]. https://www.zhihu.com/question/530660126.[访问时间：2024-11-04].

图 8-3-1　皮影戏(江汉平原皮影戏)

（资料来源：皮影戏(江汉平原皮影戏)[EB/OL]. https://wlt.hubei.gov.cn/hbsfwzwhycw/wszt/ctxj/202005/t20200519_2278194.shtml. [访问时间：2024-11-04].）

这些丰富的艺术形式不仅展现了古代劳动人民的智慧和创造力,也反映了不同历史时期的社会风貌和人们的生活状态,深受人们喜欢。它们历经岁月的洗礼,依然散发着独特的魅力。

(二) 非遗技艺的价值

1. 文化价值

非遗技艺承载着中华民族的民族情感和文化希冀,如汉服等技艺产品,展现了中华古代文化的庄重与典雅。汉服的裁剪、刺绣、纹饰等每一处细节都蕴含着深厚的文化内涵,它不仅是一种服饰,更是历史的见证和文化传承的载体。汉服的款式多样,从庄重的礼服到日常的便服,反映了不同朝代的审美观念和社会等级制度。同时,与汉服相关的发簪、玉佩、香囊等配饰,作为非遗技艺的结晶,同汉服共构了一个丰富多彩的文化世界。

除了汉服,还有许多其他的非遗技艺也承载着中华民族的文化记忆,如传统的造纸术、印刷术,极大地推动了人类文明的传承与发展,做出了不可磨灭的贡献。古老的陶瓷技艺以其精美的造型和独特的釉色,展现了中国人民对美的追求和对生活的热爱。还有传统的木雕、石雕等工艺,工匠用精湛的技艺雕刻出一个个栩栩如生的形象,传递着中华民族的价值观和精神追求。

2. 经济价值

非遗产品具有丰富的经济效应。中国社科院发布的《2021非物质文化遗产电商发展报告》显示,非遗产品消费者已达亿级规模,年轻一代成为非遗消费的主力军。随着人们对传统文化认同感的日益增强,非遗产品的市场需求量也在持续扩大(见图8-3-2)。许多非遗产品不仅在国内市场广受欢迎,还受到国际市场的青睐,成为中国文化输出的重要载体。

图8-3-2 京东汉服截图

(资料来源:京东[EB/OL]. https://re.jd.com/search?keyword=%E6%B1%89%E6%9C%8D&enc=utf-8.[访问时间:2024-11-04].)

非遗产业的发展能够带动相关产业(如原材料供应、加工制造、包装设计、物流运输等)的繁荣。许多地方还通过发展非遗产业,吸引了大量游客前来参观体验,促进了旅游业发展,为当地经济增长提供了新的动力。此外,非遗产业还能创造大量就业机会,为社会的稳定和发展做出贡献。

二、案例综述:京东京造带来的非遗产业焕新

(一)传统产业化下非遗产业的痛点

进入数字时代,非遗产业的发展面临诸多问题。其中很大一部分是由于传统技艺传承人远离市场,不懂消费者喜好。此外,缺乏线上推广能力也是一大重要原因。

在当今这个快节奏发展的数字时代,非遗产业虽然蕴含着深厚的文化底蕴和独特的

艺术价值,但在发展过程中却面临诸多困难与挑战。大多数传统技艺传承人专注于对技艺的传承与打磨,往往沉浸在自己的艺术世界里,缺乏对市场动态的敏锐洞察力。长期封闭的创作环境让他们与瞬息万变的市场日渐疏离,更不了解当下消费者不断变化的喜好和需求。例如,年轻一代消费者追求时尚、个性和创新,更倾向于选择具有现代设计感和实用性的产品。然而,传统技艺传承人可能因不熟悉这一群体的消费心理,依旧按照固有的传统模式进行创作,导致作品与市场需求脱节。

同时,随着互联网的飞速发展,线上推广已成为产品走向市场的重要途径。但传统技艺传承人可能由于不熟悉各种社交媒体平台、电商平台的运作规则和推广技巧,缺乏线上推广的能力和意识,而无法更广泛和有效地将自己的非遗作品展示给受众。在如今这个信息爆炸的时代,没有强大的线上推广能力,非遗作品难以引起消费者的关注,极易被淹没在海量的信息之中。即便一些具有极高艺术价值的非遗作品,也可能因为缺乏推广渠道而无法实现其应有的市场价值,从而限制了非遗产业的进一步发展壮大。

1. 平台匮乏与推广不够

很多非遗产业以线下渠道为主,缺乏与互联网广泛群体直接对话的能力。线下销售渠道往往只能覆盖当地或周边地区,这种有限性难以触达更广泛的消费群体。比如,一些偏远地区的非遗手工艺品,可能只能在当地的集市或小型展销会上销售,无法被更多的人了解和购买。成本高昂、效果有限的线下推广也无法实现线上平台的精准营销和大规模传播。另外,线下推广通常需要投入大量的人力、物力和财力,如参加展会、举办活动等。但这些方式的受众范围较小,再加上缺乏线上平台的支持,非遗产品难以达到广泛和迅速的传播效果,导致消费者对非遗产品的了解和认知度不高。在信息传播迅速的互联网时代,如果非遗产品仅依靠线下渠道进行传播,则难以跟上时代的步伐。对于消费者而言,这会增加他们了解非遗产品的时间和精力,进而增加了他们购买的难度。

2. 规模微小与亟待创新

非遗是古老的,但是同样需要创新。传统非遗工艺要融入现代生活并转化成适合现代人的消费品,确保定价合理、品质优良、规模量产,提升自我造血能力,才能实现真正的传承和发展。目前,许多非遗产品的生产规模较小,难以满足市场需求。一方面,这是由于非遗技艺通常需要手工制作,生产效率较低,而且传承人的数量有限,难以大规模生产。另一方面,由于市场需求的不稳定,为避免库存积压,非遗产品的生产企业不敢贸然扩大生产规模。此外,现代消费者的需求日益多样化,他们更加注重产品的个性化和创新性。如果款式、功能等方面较为单一的非遗产品不能与时俱进,无法满足消费者的需求,就很容易被市场淘汰。此外,非遗产品的定价往往较高,超出了普通消费者的支付能力,这也限制了非遗产品的市场推广。这种高定价主要是由于非遗产品的原材料、人工、工艺等方面的生产成本较高。同时,由于生产规模小,难以实现规模化生产来降低成本,这导致非遗产品的价格难以降低。

3. 山寨假冒与质量不齐

传统平台上存在山寨假冒现象，需要借助数字化平台对市场产品进行检测和制约，以实现规模化、标准化、现代化的生产方式。山寨假冒产品不仅损害了非遗传承人的合法权益，还严重影响了非遗产品的市场声誉。一些不法商家为了追求利润，会模仿非遗产品的外观和工艺，制作假冒伪劣产品，以低价出售。这些山寨产品的质量往往无法保证，消费者购买后可能会对非遗产品产生不良印象，从而影响整个非遗产业的发展。此外，由于缺乏标准化的生产流程和质量检测体系，不同非遗传承人在制作产品时可能有不同的工艺和标准，这就导致非遗产品的质量参差不齐，消费者难以判断非遗产品质量好坏，从而增加了消费者的购买风险。同时，传统手工制作的生产方式虽然具有独特的艺术价值，但生产效率低，难以满足大规模市场需求，不利于非遗产业的可持续发展。传统生产方式往往依赖个人的技艺和经验，无法实现标准化和规模化生产，这也进一步限制了非遗产业的发展空间。

（二）数字技术赋能非遗产业化

针对非遗技艺的产业化发展面临的诸多困境，京东京造基于对市场趋势的精准洞察、对产业供应链的助攻升级、与大众市场的直连，逐渐成为助力非遗传承、升级非遗产业的重要落点。

在市场趋势方面，京东京造深入调研消费者的需求变化，敏锐地捕捉人们对于传统文化回归的渴望以及对高品质、个性化产品的追求。随着现代生活节奏的加快，人们越发渴望从传统文化中汲取宁静与力量，而非遗技艺所蕴含的独特魅力正好满足了这一需求。京东京造准确地把握这一趋势，将非遗技艺与现代生活紧密结合，推出既具有传统文化底蕴又符合现代审美和使用需求的产品。例如，在时尚领域，将非遗刺绣工艺融入现代服饰设计，打造独具特色的时尚单品，既满足了消费者对时尚的追求，又传承了古老的刺绣技艺。

在产业供应链的助攻升级方面，京东京造充分发挥自身在供应链管理方面的优势，对非遗产业的供应链进行全面优化。从原材料的采购到生产加工，再到产品的包装和配送，京东京造都进行了严格的把控和管理。这包括：深化与优质原材料供应商的合作，确保非遗产品使用的原材料品质上乘；引入先进的生产技术和设备，提高生产效率和产品质量；优化包装设计，提升产品的附加值和品牌形象；完善物流配送体系，确保产品能够快速、安全地送达消费者。通过对产业供应链的升级，京东京造为非遗产业的发展提供了坚实的保障。

在与大众市场的直连方面，京东京造利用自身庞大的用户基础和强大的营销渠道，将非遗产品直接推向大众市场。通过京东电商平台、社交媒体、线下体验店等多种渠道，更多的消费者能够了解和接触非遗产品。同时，京东京造还积极开展各种促销活动和品牌推广活动，提高非遗产品的知名度和美誉度。例如，开展非遗文化节、非遗产品直播带货等活动，吸引了大量消费者的关注和参与。通过与大众市场的直连，京东京造给非遗产业的发展注入了新的活力。

1. 数字化电商平台打开销售通道

京东京造助力非遗技艺产品打破传统的生产壁垒，为其与大众市场牵线搭桥（见图8-3-3）。在传统商业模式下，非遗技艺产品常常受到地域限制和销售渠道狭窄等因素的制约，难以广泛触达大众市场。京东京造的数字化电商平台拥有庞大的用户群体和高效的物流配送体系，能够将非遗技艺产品迅速推向全国各地乃至全球市场。通过平台的大数据分析，还可以精准地了解消费者的需求和喜好，为非遗技艺产品的生产和销售提供有力的指导。例如，根据消费者的反馈，非遗传承人可以对产品进行优化和创新，使其更符合市场需求。同时，京东京造还为非遗技艺产品提供了专业的品牌推广和营销服务，帮助非遗传承人提升品牌知名度和产品销量[①]。

图 8-3-3　世界滇红之乡合作京东京造

（资料来源：搜狐网［EB/OL］. https://www.sohu.com/a/563728110_120091533.［访问时间：2024-11-04］.）

2. 数字化电商平台协力标准化流程

京东京造协助店家制定批量化生产的标准流程，提升产品质量稳定性，降低综合成本，从而实现非遗产业链的标准化。非遗技艺产品通常以手工制作为主，缺乏标准化的生产过程，这就导致产品质量不稳定，成本较高。京东京造利用数字化技术，对非遗技艺产品的生产流程进行优化和规范，制定科学合理的标准流程。通过标准化生产，不仅能够提高产品的质量稳定性，降低次品率，还能提高生产效率，降低综合成本。此外，标准化流程也能为非遗技艺的传承和发展提供有力的保障，确保技艺的精髓得以保留和传承。例如，京东京造可以与非遗传承人合作，共同制定生产标准，并对原材料的选择、生产工艺、质量检测等环节进行严格把控，确保产品符合市场需求、达到质量标准。

3. 数字化电商平台适配更多用户

数字平台实现了非遗产品对于更多用户群体的适配（见图8-3-4）。不同的用户群体

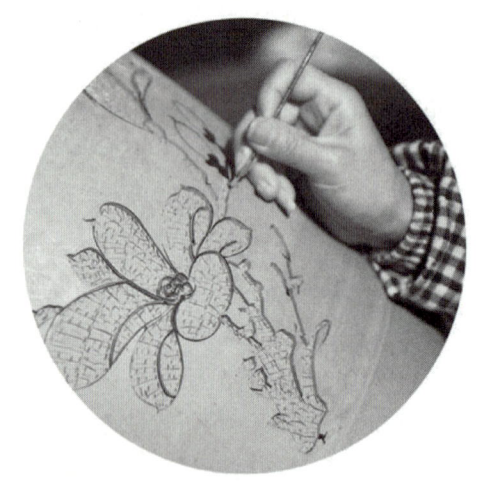

图 8-3-4　云南建水紫陶制作过程中的陶坯刻花环节

（资料来源：人民网［EB/OL］. http://ent.people.com.cn/n1/2022/0412/c1012-32396579.html.［访问时间：2024-11-04］.）

---

① 小唯.唯品会发布全国首份非遗新经济消费报告 非遗消费活力与潜力巨大［J］.商学院，2019（7）：1；上海非遗《2022非物质文化遗产消费创新报告》发布，五大新趋势值得关注［EB/OL］. https://whlyj.sh.gov.cn/wbzx/20221130/f8b253291b2b4589b7bf987357c1a23e.html.［访问时间：2024-11-04］.

对于非遗产品的需求和喜好各不相同,京东京造的数字化电商平台可以根据用户的需求和偏好,为其推荐适合的非遗产品。例如,对于年轻消费者,平台可以推荐具有时尚设计感和创新性的非遗产品;对于中老年消费者,平台可以推荐具有传统文化内涵和实用性的非遗产品。京东京造不仅通过精准的用户适配,提升非遗产品的市场占有率和用户满意度,还根据用户反馈和数据分析,不断优化产品设计和服务,满足用户的个性化需求。

4. 数字推广提高非遗产品影响力

京东京造通过知乎等互联网平台推广非遗产品,实现非遗的产业推广。在数字时代,互联网平台成为信息传播的重要渠道①。京东京造充分利用知乎等互联网平台的影响力和传播力,开展非遗产品的推广活动。通过发布优质内容、举办线上活动、与用户互动等方式,提高非遗产品的知名度和美誉度。同时,京东京造还与知乎等平台合作,邀请专家学者、非遗传承人等进行知识分享和交流,让更多的人了解和认识非遗。例如,京东京造在知乎上开设非遗专题,发布非遗技艺介绍、产品推荐、用户故事等内容,吸引用户的关注和参与,还举办非遗知识问答活动,邀请用户参与答题,赢取非遗产品奖品,从而提高用户的参与度和对非遗产品的认知度。

5. 数字产品刷新新时代非遗产品

借助数字化平台,非遗产品不仅摆脱了传统的束缚,更迈向未来,成功实现了时代化的创新。数字技术为非遗产品的创新开辟了广阔的空间,带来了无限的可能性。通过数字化设计、三维打印、虚拟现实等技术的运用,传统的非遗技艺与现代科技得以结合,创造出具有时代特色和创新精神的非遗产品。例如,利用三维打印技术制作的非遗工艺品,不仅可以保留传统工艺的精髓,还可以实现个性化定制和批量生产,满足不同用户的需求。同时,数字产品通过互联网平台进行展示和销售,能够让更多的人欣赏和购买新时代的非遗产品。此外,京东京造还利用数字化平台开展非遗教育和培训活动,培养更多的非遗传承人,推动非遗产业的可持续发展。

三、分析点评:数字化平台深挖创新,非遗产品守正开花

(一) 着力数字化电商平台对于非遗产品化的助力

1. 以数字化技术实现非遗产品标准化

数字化平台对于质量参差不齐的非遗产品进行标准化管理。在传统的非遗生产模式中,由于缺乏统一的标准和规范,不同传承人、不同生产批次的非遗产品常常存在质量差异。这不仅影响了消费者的购买体验,也不利于非遗产品的品牌建设和市场推广。数字化平台通过引入先进的质量检测技术和管理系统,能够对非遗产品的生产过程进

---

① 李臻,巴胜超.云上非遗:"非遗购物节"与扶贫营销模式研究[J].品牌研究,2021(4):30-37.

行全面监控和管理,确保每一件产品都符合统一的质量标准。例如,利用大数据分析技术对生产过程中的关键环节进行实时监测,及时发现和解决质量问题;通过建立质量追溯体系,让消费者清楚地了解产品生产过程和质量信息,增强消费者对非遗产品的信任度。

图 8-3-5　京东京造欢娱联名国风 T 恤

(资料来源:品牌如何玩好"非遗文化"营销? 京东京造给你讲明白了! [EB/OL]. https://www.sohu.com/a/563728110_120091533. [访问时间:2024-11-04].)

2. 以数字化技术实现非遗产品现代化

京东京造也在通过更现代、更时尚的设计,吸引年轻人对非遗产品的青睐。当今时代,年轻人成为消费市场的主力军,无论对产品的设计感、时尚感,还是个性化程度,都提出了更高的要求。为了让非遗产品更好地融入现代生活、吸引年轻人的关注,数字化平台积极推动非遗产品的现代化设计。一方面,通过与知名设计师、设计机构合作,将现代设计理念与非遗技艺结合,打造既具有传统文化韵味又符合现代审美需求的产品(见图 8-3-5)。另一方面,利用数字化设计工具和技术,如三维打印、虚拟现实等,为非遗产品的设计和创新提供更多可能性。例如,通过三维打印技术,快速制作出非遗产品的样品,方便设计师进行后续的修改和优化;借助虚拟现实技术,让消费者在购买前直观感受产品的效果和使用场景,从而提高购买决策的准确性①。

3. 以数字化技术实现非遗产品大众化

京东京造通过数字化技术,吸引更多的用户群体关注非遗。非遗产品往往具有较高的文化价值和艺术价值,但由于生产规模较小、价格较高等原因,一直以来都难以走进大众生活。数字化平台通过创新的营销模式和渠道拓展,努力让非遗产品实现大众化。例如,利用社交媒体、直播平台等新兴渠道进行产品推广和销售,让更多的人了解和认识非遗产品;通过开展众筹、定制等活动,满足消费者的个性化需求,同时降低产品的生产成本和价格;与旅游、文化等产业进行深度融合,打造具有地方特色的非遗旅游产品和文化创意产品,吸引更多的游客和消费者关注非遗。

(二) 深挖数字化对于非遗技艺产品传承的赋能

1. 非遗技艺产品带来的经济效益

非遗技艺产品的产业化发展不仅能够传承和弘扬传统文化,还能够带来显著的经济效益。通过数字化平台的推广和销售,非遗产品的市场需求不断扩大,生产规模也逐渐增

---

① 人民网"非遗"技艺活力再现(创造性转化创新性发展纵横谈・解读国风国潮)[EB/OL]. http://ent.people.com.cn/n1/2022/0412/c1012-32396579.html. [访问时间:2024-11-04].

加,从而带动了相关产业的发展,如原材料供应、加工制造、包装设计、物流运输等。同时,非遗技艺产品的高附加值也为传承人带来可观的经济收入,提高了他们的生活水平,激发了他们传承和创新的积极性。此外,非遗产业的发展还能够创造大量的就业机会,促进地方经济的繁荣和社会的稳定[①]。

2. 非遗技艺产品传播的文化价值

非遗技艺产品是传统文化的重要载体,它们承载着历史的记忆、民族的智慧和文化的精髓。通过数字化平台的传播和推广,非遗技艺产品能够让更多的人了解和认识传统文化,增强民族自豪感和文化自信心。同时,非遗技艺产品的国际化传播也能够促进不同国家和地区之间的文化交流和合作,提升国家的文化软实力。例如,通过参加国际文化展览、举办文化交流活动等方式,将非遗技艺产品推向世界舞台,让世界各国人民共同领略中华文化的魅力。

第四节　网易手游：带动非遗文旅产业新发展

近年来,游戏行业蓬勃发展,越来越多的游戏开发者开始积极探索游戏与城市文化的深度融合。在这一发展浪潮中,网易游戏《如鸢》以其卓越的表现从众多游戏当中脱颖而出,成为业界的亮点。《如鸢》的公测活动在扬州瘦西湖畔盛大举行,主办方特别策划了一场名为"绣衣楼河灯祈福夜"的直播活动,这不仅标志着《如鸢》与扬州文化旅游的深度合作正式启动,也为双方的长期合作拉开了序幕(见图8-4-1)。活动通过精心设计的场景布置与传统文化的巧妙融合,吸引了大量玩家与游客踊跃参与。仿佛在一夜之间,扬州的文化魅力得以生动地展现在世人面前。

图8-4-1　《如鸢》和扬州文旅联动

(资料来源:网易网.和扬州联动文旅的《如鸢》,怎么就把汉式美学给带火出圈了[EB/OL]. https://www.163.com/dy/article/JD1VRA1P0511CVBI.html. [访问时间:2024-11-04].)

然而,网易手游《如鸢》的魅力远不止于此。它敏锐地捕捉到了乙女类及国风类游戏

---

① 苏晓萍.电商时代非物质文化遗产的传承与发展途径研究[J].企业导报,2014(16):2.

市场的巨大潜力,并深入挖掘了游戏与城市文化旅游及非遗之间的内在逻辑。在游戏设计中,大量融入扬州独特的非遗元素,这不仅让玩家沉浸于绚丽的游戏世界,更生动传播了当地悠久的文化,让每一位参与者都能感受到传统文化的精髓。这种创意不仅为玩家提供了一种新颖独特的游戏体验,也给扬州的经济发展注入新的活力,推动了城市文化的复兴与创新。

接下来,本节将带领大家深入探讨数字游戏在非遗与旅游经济中的深远影响,揭示其经济效益如何给地方发展带来强劲动力。我们将共同探讨数字游戏如何超越单纯的娱乐功能,成为文化传播的重要载体,推动非遗的传承与创新,进而促进地方经济的繁荣与可持续发展。

一、基本信息:扬州传统非遗的独特魅力与多元价值

(一)扬州传统非遗简介

扬州,这座具有深厚历史文化底蕴的城市,不仅以其美丽的园林和悠久的历史著称,更因其璀璨的非遗而享誉世界。扬州的非遗以其独特的多样性、深厚的历史根基和卓越的艺术价值,展现了中华文化的非凡魅力。

1. 手工艺术

(1)扬州漆器

扬州漆器的髹漆工艺种类十分丰富,其工艺上承接明代,螺钿镶嵌、百宝嵌、剔红等盛名不衰,波罗漆(犀皮)、八宝灰、刻漆、填漆、戗金、描金、描银、描漆、剔黑、嵌银丝、嵌珐琅、仿紫砂漆、绿沉漆、针刻、堆漆、镶斑竹、硬木多宝嵌等工艺,较明代呈现出更为丰富的面貌[1]。在扬州漆器的制作过程中,工匠们精心雕琢,历经多道繁复工序,从底漆的细致涂抹到正漆的精准上色,每一步骤都彰显着他们对艺术的无限执着和追求。漆器上精美的彩绘、细腻的雕刻以及复杂的镶嵌工艺,使得每一件作品不仅是一件实用的器物,更是一件不可多得的艺术珍品。扬州漆器中的花鸟、人物和山水等图案,都蕴含着丰富的文化内涵,展示着扬州人民深厚的历史底蕴和审美情趣(见图8-4-2)。此外,漆器的耐用性和防水性使其在日常使用中同样具有实际价值,成为传统艺术与现代生活和谐融合的典范。

(2)扬州剪纸

扬州剪纸以其线条的清新秀丽和流畅自如著称,构图精巧而不失雅致,形象夸张却简洁有力,技法在变化中不断创新,形成了独特的艺术魅力,堪称中国南方民间剪纸艺术的瑰宝。扬州剪纸所选用的纸张主要是安徽产的手抄宣纸,这种纸张厚薄适中,无色染,质地平整[2],为扬州剪纸艺术提供了完美的载体。扬州剪纸以单纯为美,在大小、刚柔多种

---

[1] 张燕.奇技百端——试析清代扬州漆器工艺[J].故宫博物院院刊,1994(4):38-44.
[2] 剪纸(扬州剪纸)[J].中国民族教育,2024(6):65.

第八章 | 产业经济与非物质文化遗产数字传播

图 8-4-2　雕刻细腻的扬州漆器

（资料来源：扬州漆器-百度百科[EB/OL]. https://baike.baidu.com/item/%E6%89%AC%E5%B7%9E%E6%BC%86%E5%99%A8/205262#reference-1.[访问时间：2024-11-04].）

主调的变化中，求得画面的疏密、曲直、长短、刚柔、枯润、开合的协调，体现出多样统一的艺术规律（见图 8-4-3）。

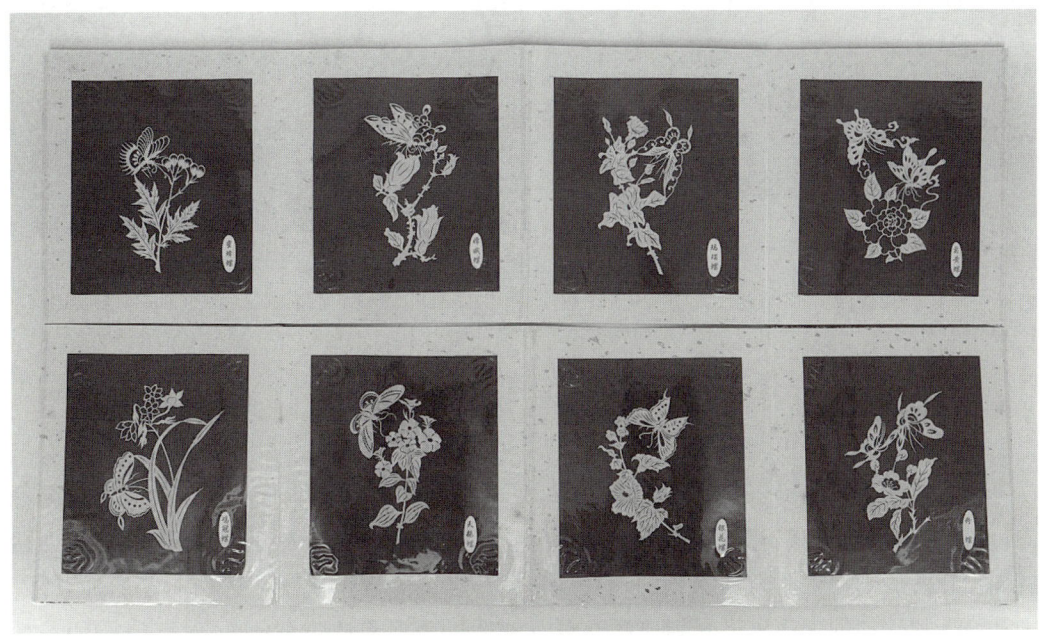

图 8-4-3　张永寿先生《百蝶恋花图》

（资料来源：南昌市中国工艺美术大师博物馆.[EB/OL]. http://www.mmcac.cn/works/detail?queryMap.id=341.[访问时间：2024-11-04].）

时光流转，扬州剪纸不仅承载着深厚的本土民俗文化，更逐渐融入现代艺术的潮流，吸引了众多艺术爱好者与游客的目光，成为他们关注的焦点和收藏的珍品。扬州剪纸作为一门精湛的手工技艺，亦是文化传承的重要媒介，深深植根于人们的心中，有着世代相传的文化精髓。

（3）扬州玉雕

扬州是我国玉器的主要产区之一，琢玉工艺源远流长。巧夺天工的扬州玉雕不仅承载了汉族几千年的玉文化，而且具有鲜明的民族特色和地方风格。经过几千年的发展演变，扬州玉雕成为中国玉雕工艺的重要流派，扬州也成为全国玉器的主要产地[①]。在扬州玉雕的创作过程中，工匠们秉承以质取胜的理念，精心选用各类优质玉石，雕琢出层次分明、线条流畅的玉雕佳作。每一件作品都经过无数次的精心琢磨与细致打磨，彰显出工匠们超凡的工艺技巧和对艺术的敏锐感知。传统的动物、植物以及祥瑞图案在玉石上得以充分展现，既包含丰富的象征意义，又能体现玉石本身的自然之美。扬州玉雕在国内享有盛誉的同时，也逐渐走向了国际舞台，吸引着众多收藏家和艺术爱好者的目光。通过这些精美的作品，扬州玉雕不仅传递了文化的厚重感，更向世人展现了中国优秀传统工艺的无穷魅力（见图8-4-4）。

图8-4-4　精美的玉雕作品

（资料来源：搜狐网.《发现非遗之美》——扬州玉雕[EB/OL]. https://www.sohu.com/a/332266615_100302947. [访问时间：2024-11-04].）

2. 表演艺术

（1）扬州评话

扬州评话是地域民俗文化的活化石，其文本、演出和传承中，涉及当地民俗的众多分支，包括生产生活、习俗礼仪、艺术、方言、节庆等。通过对民俗生活的艺术再现，扬州评话展现出旺盛的内在生命力和深刻的内在底蕴[②]。这一流行于扬州地区的曲艺形式，以其幽默诙谐和生动的表演风格受到广泛欢迎。评话的表演者通过细腻的语言、夸张的表情与肢体动作，将故事情节活灵活现地呈现在观众面前。每场演出，艺人不仅讲述传统的民间故事，还巧妙融入现代生活中的观察与思考，增添了亲切感与时代气息。扬州评话内容多样，涵盖历史传奇与民间故事，既有趣味横生的搞笑片段，也有深刻的人生哲理，引人发

---

① 钱钰华.论扬州玉雕的艺术风貌[J].安徽职业技术学院学报,2016,15(1):50-53.
② 徐昕.扬州评话中的民俗文化——以清代到民国的传统书目为中心的考察[J].作家天地,2023(14):162-164.

笑又发人深省。此外,扬州评话讲究节奏和音调的变化,使得表演富有节奏感,在诙谐与严肃之间自如切换,深受各个年龄段观众的喜爱。评话不仅是一门艺术,更是扬州人民生活方式和文化情感的生动体现。

(2) 扬州曲艺

扬州曲艺包括扬州清曲等多种曲艺形式,以地方特色的语言和独特的表演方式吸引着听众。扬州清曲作为这一艺术的典型代表,以其清新脱俗的旋律和流畅自然的语言,展现出扬州特有的文化底蕴。艺术家们常常融合唱、念、做、打等多种表现手法,通过音乐与表演的完美结合,营造出浓厚的艺术氛围。每一场曲艺演出都是一场视听盛宴。演出者通过优美的曲调传达情感,借助生动的肢体语言和富有感染力的表情,抓住观众的心。此外,扬州留下了大量《扬州画舫录》《扬州竹枝词》等记载曲艺发展史的珍贵文献资料,使得扬州曲艺的历史理论研究具有得天独厚的条件[①]。扬州曲艺在剧本创作上下足了功夫,在保留传统的经典作品的基础上,不断吸纳新的题材与元素,使这门传统艺术始终保持向上发展的生命力。扬州曲艺不仅是文化的传承,更是地方特色和民众情感的集合,彰显了扬州独有的历史魅力与艺术风范。

3. 扬州盐商文化

扬州盐商文化作为扬州历史上一段辉煌的篇章,曾对城市的经济与文化发展产生深远的影响。盐业的繁荣不仅将扬州推向了商贸中心的宝座,更在经济昌盛的背后孕育了独特的社会文化景观。盐商们凭借其巨大的财富,不仅投资于商业,还大力支持文化、教育与艺术的发展,促进当时文人墨客的聚集与交往,形成了一个充满活力的文化氛围。扬州的园林、书院以及众多文人雅士的活动,无不深受盐商文化的润泽。盐商文化不仅是经济的象征,还是社会地位和文化品位的体现,传承着一种追求品质生活的价值观。时至今日,这种文化现象仍旧鲜活。通过流传的传说、民间故事和历史遗迹,我们依然能够窥见扬州昔日的辉煌和其深厚的文化积淀。

(二) 扬州传统非遗的多元价值

扬州历史悠久,是全国首批24座历史文化名城之一,也是汉文化的重要承载地之一。扬州非遗不仅是中国传统文化宝库中的瑰宝,其蕴含的价值也在多个维度上对现代社会具有深远的影响和重要的意义。

1. 历史价值

扬州的非遗作为历史传承的重要载体,承载着悠久的历史记忆与传统习俗。通过一代代人的传承,这些文化形式不仅保存了扬州人民的生活印记,更融汇了中国文化的精髓。以扬州剪纸、扬州玉雕等非遗项目为例,它们不仅反映了古代工艺的高超技艺,还展示了历史时期的社会生活、风俗习惯及人们的思想观念。这些艺术形式无疑是连接过去与现在的重要纽带,帮助我们在欣赏之余,回顾历史、理解传统,激发对文化根源的深切

---

① 姜庆玲.扬州曲艺的传统资源与现代发展[J].曲艺,2011(3):19-21.

认同。

2. 艺术价值

扬州的非遗艺术,如漆器、玉雕等,以其精湛的手工技艺和经典的美学理念,展现了非凡的审美价值。这些艺术作品不仅是物质文化的代表,更在形式与内涵上展现了深厚的文化意蕴。传统艺术的技法与理念为现代艺术家和设计师提供了丰厚的灵感源泉,促使他们在创作中融入传统元素,探索新的艺术形式与表现手法。这种跨时代的对话不仅丰富了当代艺术的表现形式,也无声地延续了扬州历史悠久的文化血脉。

3. 社会价值

非遗的文化活动,如传统节庆和民俗表演,不仅是文化传承的重要途径,更增强了社区成员之间的联系。这些活动搭建了一个共同参与和体验的平台,促进了社区的和谐与团结。在欣赏演出、参与习俗的过程中,居民彼此的情感纽带加深,形成了更为紧密的社区关系。这种社会价值不仅体现在文化的传递与共享上,更增强了个人和集体的归属感,激发了人们对传统文化的热爱与认同。

4. 经济价值

扬州的非遗是其吸引游客的重要因素,尤其是当地的手工艺品和传统美食,已经成为游客的购物和体验首选。这些非遗产品不仅展示了扬州的独特魅力,也给当地经济注入了新的活力。通过将传统非遗元素融入现代设计和产品开发,不仅能够创造可观的经济价值,还能提升产品的文化内涵和市场竞争力。这种融合不仅助力了当地手工艺人的持续发展,还为地方经济的繁荣开辟了新的生机,形成了以文化为核心的经济增长点。

二、案例综述:扬州传统非遗面临的经济挑战与新机遇

(一)数字时代下扬州传统非遗面临的经济挑战

随着数字技术的迅猛进步和广泛渗透,扬州非遗的传播与保护迎来了前所未有的新机遇。然而,这一变革在经济领域也带来了一系列挑战。

1. 缺乏有效商业模式

在激烈的市场竞争中,许多非遗项目面临缺乏创新的商业模式的问题。传统手工艺品或文化产品往往依赖线下销售渠道,导致市场范围和盈利能力受到限制,缺乏灵活多样的商业策略(如会员制、订阅服务或线上线下结合的体验模式),使得这些文化项目在现代市场中难以生存和发展。为了应对这一挑战,非遗项目亟须探索新的商业模式,如通过跨界合作和文化旅游的结合,吸引更多的消费者。

2. 技术融合存在困难

尽管数字技术给非遗提供了丰富的展示和销售平台,但将传统技艺与现代数字工具有效融合,依然存在技术和创意上的挑战。许多非遗项目在利用社交媒体、电子商务以及增强现实/虚拟现实等新技术时,常常缺乏相关的技术支持和专业知识。这种技术鸿沟不

仅影响了非遗的数字化传播,还限制了其吸引力。要解决这一问题,非遗工作者需要不断学习新技术,并与技术机构合作,探索数字艺术表达的新方式,以增强文化的互动性和体验感。

3. 非遗产品竞争力不足

在信息爆炸的时代,消费者面临着众多选择,这使得传统非遗产品在现代商品面前显得竞争力不足。尽管扬州的非遗底蕴深厚,但没有有效的品牌营销和市场推广,很多优秀的文化产品可能会在市场上失去吸引力。年轻消费者对新奇、个性化的产品更加青睐,而传统非遗产品如果不能适应他们的需求与口味,就容易被淘汰。因此,提升品牌形象、加强与新兴市场的连接,以及创造独特的消费体验,将是提升非遗产品竞争力的关键所在。

(二)《如鸢》带动扬州非遗文旅产业新发展

数字游戏作为当今世界最受欢迎的娱乐形式之一,提供了一个独特的平台,可以将传统文化与现代技术结合,创造全新的文化产品。通过与网易手游《如鸢》的跨界合作,扬州的非遗得以实现创新性传播与商业化转型,这不仅给传统文化注入了新的活力,也为经济发展开辟了新的可能性。

1. 传统文化与游戏深度融合

《如鸢》加入了大量的汉文化元素,在游戏中融入历史名城、特色作品、古代建筑等元素。《如鸢》中含有大量可供考证的国风元素(见图 8-4-5):金错刀、五铢钱、博山炉、玉冠……这些游戏中常见的道具都能在博物馆中找到原件。游戏中搭建的场景与作品还原了扬州的城市风貌,依托数字游戏促进当地历史和文化传播,古老的扬州也焕发新魅力。

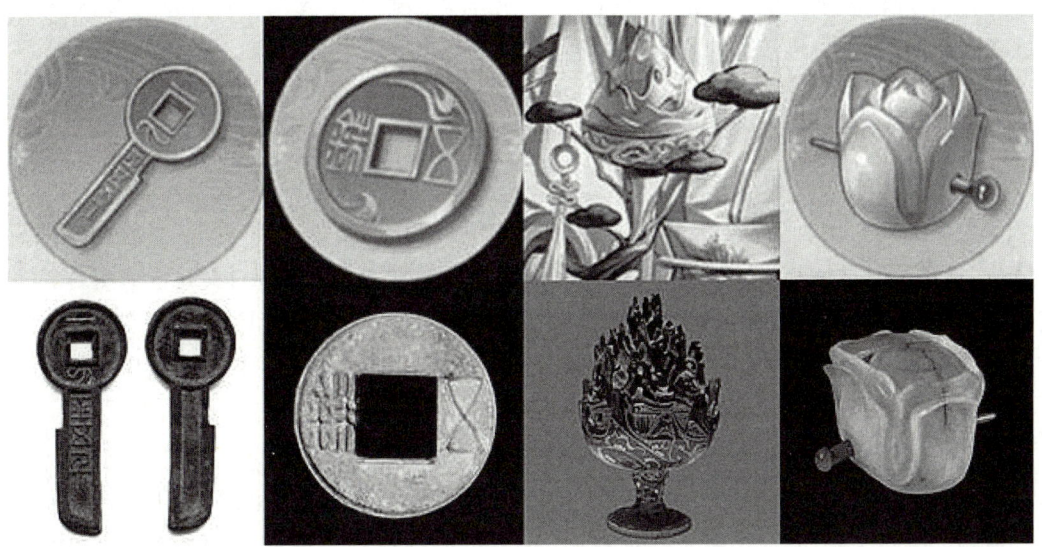

图 8-4-5 《如鸢》中与现实对应的大量设计元素

(资料来源:网易网. 和扬州联动文旅的《如鸢》,怎么就把汉式美学给带火出圈了[EB/OL]. https://www.163.com/dy/article/JD1VRA1P0511CVBI. html. [访问时间:2024-11-04].)

2. 独特的数字交互感官体验

《如鸢》不单是一款游戏,更是一个展示传统文化的互动平台。在游戏的世界里,马头琴、笛子等中国传统乐器的音色通过数字化的形式呈现出来,深深感染了玩家,对于这些乐器的音调和韵律形成了一种自发的讨论氛围。尤其在Z世代中,这种互动大大提升了他们对传统文化的感知与理解。玩家在享受游戏乐趣的同时,也深刻感受到传统文化的魅力,增强了文化自信心,从而激发出对非遗的向往与认同。

3. 打造文旅融合新场景

文化赋能经济,经济助推社会效益提升,从数实融合出发,深挖扬州的汉文化内涵,新时代的文旅正由浅层次的"打卡联动"转向深层次的融合发展。通过深入挖掘扬州的汉文化内涵,游戏不仅为游客提供了"打卡"的新方式,更通过文化体验,推动了文创、旅游等领域的消费增长。新场景的打造使得扬州的汉文化不仅在本地熠熠生辉,也吸引了更多来自外界的关注与互动,成为推动当地经济增长的新引擎。

4. 践行扬州非遗当代价值

《如鸢》通过剧情的生动演绎和服饰的精心打造,全方位地推广扬州的非遗。玩家在游戏中不仅能欣赏到角色服饰的视觉盛宴,更能深刻感受到扬州的传统工艺与文化意涵。每个角色都承载着一个故事。通过游戏这一媒介,非遗被赋予新的生命,真正做到了将文化与娱乐结合,体现了传统文化的社会价值。

三、分析点评:"游戏+文旅"开创文化传播和经济发展多赢新格局

在当今日益变化的文化传播环境中,"游戏+文旅"的新模式不仅为文化体验增添了活力,更为经济发展开辟了新的可能性。这一融合不仅提升了参与者的互动体验,还赋予教育新的形式,使得传统文化在现代社会生根发芽。

(一)增强文化体验互动和教育价值

1. 以数字游戏吸引社会参与

数字游戏的互动性极大地增强了文化体验的吸引力。通过游戏内的任务设计和故事情节,玩家可以身临其境地体验传统文化,完成特定的挑战,以获得对文化内容更深刻的理解。例如,在游戏中,玩家可能需要解锁关于古代建筑的历史知识,或是参与传统节日的庆祝活动,这样的参与方式能够激发他们的好奇心与热情,从而主动深入探索文化的美妙。

2. 以数字游戏附加教育价值

数字游戏也在无形中被附加了教育价值。通过精心设计的游戏机制,教育内容被自然地融入游戏。比如,在探索古代文化时,玩家可能会遇到需要回答相关历史问题的情节,成功回答之后才能继续游戏的进程。这种方式不仅让教育变得趣味无穷,还让知识更易于被年轻一代接受和吸收。教育不再是枯燥地照本宣科,而是在娱乐的过程中自然而

然地融入玩家的生活。

3. 以数字游戏实现非遗普及

借助数字游戏,非遗能够被更广泛地传播与普及。游戏不仅为玩家提供了可视化的文化场景,还增加了玩家对非遗的认知与理解。例如,游戏中可能重现扬州剪纸、传统工艺品制作等非遗项目,玩家可以在游戏中学习这些文化,从而在未来的生活中也可能继续关注和参与相关文化活动。这种大众化的传播方式是传统文化与现代生活之间的重要桥梁。

(二)打开市场与收入来源

1. 数字游戏打开经济市场

"游戏+文旅"模式为经济市场注入全新动力,尤其在吸引年轻受众方面展现了巨大潜力。数字游戏的普及性以及便捷的网络平台打破了地理和语言的障碍,使文化内容能够快速触达全球用户。这一模式不仅让更多的人有机会接触传统文化,还提升了文化旅游的知名度,促进了目的地的经济增长。在这个过程中,文化与科技的交融使得文化传播的边界逐渐扩大,形成了更加多元化的文化市场。

2. 数字游戏增加收入来源

此外,数字游戏为文旅产业创造了新的收入来源。通过增设虚拟门票、游戏内销售文化商品、定制角色和皮肤等售卖方式,文旅业实现了经济收入的多元化。这些新的收入流不仅为文化遗产的维护与传承提供了资金支持,还为相关产业链的发展提供了助力。例如,玩家购买的文化商品可以是与当地历史和文化相关的物品,从而增加文化的附加值。

(三)促进文化传播和交流

游戏作为一种强有力的文化传播工具,能够有效促进不同文化的交流与理解。在"游戏+文旅"的模式下,游戏不仅仅是娱乐工具,更是介绍和传播本土文化的平台。通过游戏,国际用户可以在不出国的情况下预览和体验其他国家的文化景观和历史故事,这种体验可以增加他们对实地旅游的兴趣,并促进文化旅游业的国际合作与发展。

(袁 侃 石小川 李宇尧 张耀方 冯雨婷 帅克凡)

本章思考与讨论

1. 如何借助数字化,通过展示非遗藏品进一步实现更广泛的传播与社会教育?
2. 非遗音乐如何在数字技术保护与创新流程中焕发新生?
3. 数字化技术在非遗产品的市场营销中起到了何种作用?
4. 数字游戏在非遗文旅产业发展中具有什么独特优势?

本章参考文献

[1] 张丽,邢娜,王嚣,等.朱艳华绮故宫博物院藏乾隆朝漆器展[J].收藏,2021(10):149-167,148.

[2] 李梓郡,杨译超.非遗视野下传统音乐的市场需求与保护策略[J].山西财经大学学报,2022,44(S2):252-255.

[3] 袁彦伯,冯洋.本质,多元与发展——音乐类"非遗"传承和保护耦合性研究[J].音乐生活,2022(9):18-22.

[4] 曹章琼.关于建立少数民族音乐数据库的若干思考[J].人民音乐,2010(8):40-42.

[5] 孔庆夫,宋俊华.论音乐类非物质文化遗产的生态、传承与传播[J].星海音乐学院学报,2018(1):12.

[6] 刘琉,王露露,孔德民.音乐类非物质文化遗产建档的应用方向研究——基于传承与传播的关系辨析[J].档案学研究,2020,34(2):90-97.

[7] 侯洁,古力哪尔·麦买提.文旅融合背景下新疆传统音乐类非物质文化遗产经济价值评价研究[J].商业经济,2024(7):155-157.

[8] 吴钰萱.文旅融合背景下的非遗保护与传承探讨[J].文化产业,2022(30):139-141.

[9] 何昭丽,米雪."少数民族非物质文化遗产保护"与"旅游开发"双赢发展研究[J].广西民族研究,2017(5):149-155.

[10] 苏晓萍.电商时代非物质文化遗产的传承与发展途径研究[J].企业导报,2014(16):2.

[11] 李臻,巴胜超.云上非遗:"非遗购物节"与扶贫营销模式研究[J].品牌研究,2021(4):30-37.

[12] 于凤静,王文权.直播:非遗网络价值呈现的创新策略研究——以西南少数民族地区为例[J].当代传播,2019(4):3.

[13] 许倩.乡村振兴背景下非遗产品跨境电商发展策略研究——以苗绣为例[J].电子商务评论,2024,13(3):6123-6128.

[14] 张豪,付贤丽,王博,等.电商成为马尾绣非遗文化遗产发展的新途径[J].中文科技期刊数据库(全文版)社会科学,2017(11):27.

[15] 小唯.唯品会发布全国首份非遗新经济消费报告 非遗消费活力与潜力巨大[J].商学院,2019(7):1.

[16] 欧素菊.社会化电商环境下基于文化空间的非遗创造性转化内涵,挑战与破解机制[J].文化产业,2023(1):163-165.

[17] 张燕.奇技百端——试析清代扬州漆器工艺[J].故宫博物院院刊,1994(4):38-44.

[18] 剪纸(扬州剪纸)[J].中国民族教育,2024(6):65.

[19] 钱钰华.论扬州玉雕的艺术风貌[J].安徽职业技术学院学报,2016,15(1):50-53.

[20] 徐昕.扬州评话中的民俗文化——以清代到民国的传统书目为中心的考察[J].作家天地,2023(14):162-164.

[21] 姜庆玲.扬州曲艺的传统资源与现代发展[J].曲艺,2011(3):19-21.

[22] 李江.数字化非物质文化遗产的著作权保护——以民歌"花儿"为例的分析[D].扬州:扬州大学,2020.

[23] 董路霞.我国非遗主题图书出版的现状及优化路径研究——以当当网,京东商城非遗类畅销书榜单为例[D].郑州:河南大学,2020.

[24] 何春晖.我国非遗文创产品众筹研究[D].武汉:武汉轻工大学,2021.

[25] 王小娅.非物质文化遗产在抖音的传播现状及策略研究[D].武汉:中南财经政法大学,2020.

[26] 朱碧玉.设计参与京东电商扶贫新模式研究[D].长沙:湖南大学,2020.

[27] 故宫博物院网."共享""创新"助力数字文物走向大众[EB/OL].https://minghuaji.dpm.org.cn/article/detail?id=21462.[访问时间:2024-11-04].

[28] 南昌市中国工艺美术大师博物馆网[EB/OL].http://www.mmcac.cn/works/detail?queryMap.id=341.[访问时间:2024-11-04].

[29] 中国旅游新闻网.新疆:"非遗+旅游"成效显著[EB/OL].https://www.ctnews.com.cn/fyly/content/2023-03/22/content_139095.html.[访问时间:2024-11-04].

[30] 中国日报中文网.以科技助力非遗文化传承,华为音乐空间音频让传统民乐重焕"新声"[EB/OL].https://tech.chinadaily.com.cn/a/202403/21/WS65fbb084a3109f7860dd657a.html.[访问时间:2024-11-04].

[31] 今报在线.华为音乐亮相2024 IMX国际音乐季,共话鸿蒙时代的非遗音乐传承[EB/OL].https://m.tech.china.com/redian/2024/1028/102024_1594551.html.[访问时间:2024-11-04].

[32] 中国科技.新疆:京东京造撬动非遗传承新动力,联合Lonely Planet共助非遗走入寻常百姓家[EB/OL].https://tech.china.com.cn/roll/20220509/387397.shtml.[访问时间:2024-11-04].

[33] 上海非遗《2022非物质文化遗产消费创新报告》发布,五大新趋势值得关注[EB/OL].https://whlyj.sh.gov.cn/wbzx/20221130/f8b253291b2b4589b7bf987357c1a23e.html.[访问时间:2024-11-04].

[34] 网易网.和扬州联动文旅的《如鸢》,怎么就把汉式美学给带火出圈了[EB/OL].https://www.163.com/dy/article/JD1VRA1P0511CVBI.html.[访问时间:2024-11-04].

图书在版编目(CIP)数据

中国非物质文化遗产数字传播经典案例研究报告/薛可,郭斌主编.--上海:复旦大学出版社,2025.5.
(非遗数字传播研究).--ISBN 978-7-309-17954-5
Ⅰ.G122
中国国家版本馆 CIP 数据核字第 20259A4J60 号

中国非物质文化遗产数字传播经典案例研究报告
ZHONGGUO FEIWUZHI WENHUA YICHAN SHUZI CHUANBO
JINGDIAN ANLI YANJIU BAOGAO
薛 可 郭 斌 主编
责任编辑/李 荃

复旦大学出版社有限公司出版发行
上海市国权路 579 号 邮编:200433
网址:fupnet@fudanpress.com http://www.fudanpress.com
门市零售:86-21-65102580 团体订购:86-21-65104505
出版部电话:86-21-65642845
上海四维数字图文有限公司

开本 787 毫米×1092 毫米 1/16 印张 28 字数 613 千字
2025 年 5 月第 1 版
2025 年 5 月第 1 版第 1 次印刷

ISBN 978-7-309-17954-5/G·2692
定价:88.00 元

如有印装质量问题,请向复旦大学出版社有限公司出版部调换。
版权所有 侵权必究